中国政法大学
竞争法研究中心
The CUPL Center for Competition Law

纪念《反垄断法》实施十周年

反垄断行政执法典型案件分析与解读（2008-2018）

时建中　焦海涛　戴　龙◎编

FAN LONG DUAN XING ZHENG ZHI FA
DIAN XING AN JIAN FEN XI YU JIE DU (2008-2018)

中国政法大学出版社
2018 · 北京

图书在版编目（CIP）数据

纪念《反垄断法》实施十周年：反垄断行政执法典型案件分析与解读：2008-2018/时建中，焦海涛，戴龙编. —北京：中国政法大学出版社，2018.7

ISBN 978-7-5620-8453-2

Ⅰ.①纪…　Ⅱ.①时…　②焦…　③戴…　Ⅲ.①反垄断法－行政执法－案例－中国　Ⅳ.①D922.294.5

中国版本图书馆CIP数据核字(2018)第172031号

出版者　中国政法大学出版社

地　址　北京市海淀区西土城路25号

邮寄地址　北京100088信箱8034分箱　邮编100088

网　址　http://www.cuplpress.com（网络实名：中国政法大学出版社）

电　话　010-58908285(总编室)　58908334(邮购部)

承　印　固安华明印业有限公司

开　本　720mm×960mm　1/16

印　张　38.25

字　数　565千字

版　次　2018年7月第1版

印　次　2018年7月第1次印刷

定　价　114.00元

编写说明

2018年是《中华人民共和国反垄断法》（以下简称《反垄断法》）实施十周年。我国《反垄断法》虽然起步较晚，但十年来发展迅速，不仅立法体系日趋完善，执法与司法工作也积累了丰富经验。在我国《反垄断法》的实施步入新阶段，尤其是统一的执法机构——国家市场监督管理总局成立的背景下，有必要对《反垄断法》实施以来的执法与司法案件进行梳理，对其中的典型案件予以分析，以便在总结经验的基础之上，为《反垄断法》之后的实施提供方向。

我们的初衷是收录《反垄断法》实施以来的所有案件，并对这些案件进行整理、分类与评析。但在收集过程中，因时间有限，以及精力、能力制约，我们难以对这些案件进行详细分析，更不要说对所有的案件作出点评。最终形成的两本编著——《反垄断行政执法典型案件分析与解读（2008－2018）》和《反垄断诉讼典型案件分析与解读（2008－2018）》，主要是案件汇编的性质，同时也加上了适当的案件评析。

这两本书的内容，总体上分为两部分：一方面，将我们能够收集到的所有执法与司法案件，按照《反垄断法》规定的行为类型予以了列举，列举的内容包括“案件事实”和“处理决定/法院裁判”两部分；另一方面，借助中国政法大学竞争法研究中心（CCCL）与法制网联合举办的“庆祝《反垄断法》实施十周年”系列活动，我们评选出了“十大反垄断法治事件”“十大反垄断行政执法案件”“十大反垄断司法案件”（即“三个十大”），对其中的两个“十大案件”，我们邀请了相关专家进行介绍与评析。这样处理，既能保证案件的全面性，也能兼顾案件的典型性。我们希望大家能对《反垄断法》实施以来的案件处理概况有个整体了解，又能对其中具有较大理论与制度意义或者社会影响的典型案件予以特别留意。

此外，关于这两本书，还有几个问题需要特别说明：

第一，在案件汇编部分，尽管我们试图收录所有案件，但有些案件的处理决定或法院裁判尚未公布，新闻媒体也未予报道，所以也就无法收录。另外，有些案件已进入执法或司法程序，但尚未有处理结果或法院裁判，这类案件我们也没有收录。

第二，考虑到篇幅限制，我们对收录的不少案件做了内容删减。在收集案件时，如果有执法决定或法院裁判，我们均从中摘取案件内容。但不论是执法决定还是法院裁判，在案件事实认定之外，都有大量的说理性内容，将这些内容全部收录不仅没有必要，还会大大增加本书篇幅。制作案件汇编的目的，主要是提供“案件线索”，即告知大家存在这样的案件，至于案件的具体内容，在有了“案件线索”之后，很容易就能找到。

第三，收录的“十大反垄断行政执法案件”和“十大反垄断司法案件”，完全是根据多轮的投票结果确定的。对于案件的影响力，每个人的判断标准不同，所以，入选的案件未必真的具有更大的影响力，未入选的案件也不意味着影响力就一定有限。

第四，对入选的每个案件，我们都配有相关专家的评析。每份评析均是独立作品，仅代表评析人个人的观点。为了保证评析的全面与深入，有的案件可能存在多位专家点评，他们的观点可能不同，甚至相反。即便是不同的案件，如果涉及相同或类似行为，不同专家的评析也可能发生观点交锋。

第五，有些评析来自先前的已发表论文，现在看来，有些内容可能存在不够全面、不够准确等问题（如论文写作时相关法律规范尚未颁布，现已颁布），所以在收录时，我们做了必要的删节和调整。希望作者予以谅解！

案件汇编是一项基础性工作，虽谈不上多大的创新，但也是我们的心血结晶。尤其是中国政法大学民商经济法学院和国际法学院的多位博士与硕士研究生，在案件收集与整理方面，付出了大量劳动。这些同学包括：李恩汉、郝俊淇、杨婧、梁笑冬、王佳倡、魏若竹、黄琪、盛盛、高维钊、谭冰玉、魏溢男、郭家昊、万兴梦、张莹莹、李天慧、王媛、姚力熙、程笑男 、钟诗敏 、孔德越、史梦宇、陈冲、孙昕怡、徐迪、张晓艳、时武涛、马栋、苏厚阳、段昂尊、周义博、姚舜禹、胡彦羽、陈航、王思捷等。

我们期望，在《反垄断法》实施十周年之际，通过案件梳理与解读，能够为《反垄断法》的实施总结经验，为《反垄断法》的制度完善提供方向。

这是我们献给《反垄断法》十周年的礼物！

编者

2018 年 7 月

目 录

第一部分　十大反垄断行政执法案件及评析

第一部分

十大反垄断行政执法案件及评析

在我国《反垄断法》颁布实施十周年之际，中国政法大学竞争法研究中心联合法制网举办了“庆祝《反垄断法》实施十周年”系列活动。活动的核心内容之一，是进行“十大反垄断法治事件”“十大反垄断行政执法案件”和“十大反垄断司法案件”（即“三个十大”）的评选工作。

经过长时间准备，2018年5月19日，“三个十大”评选工作正式启动。我们筛选出《反垄断法》实施以来150余起相关事件和案件素材，在中国政法大学竞争法研究中心的微信公众号和法制网上正式对外发布，由社会各界参与“三个十大”的评选活动。同时，我们也通过电话、邮件等方式联系理论界与实务界的多位专家、律师及相关工作人员，邀请他们参与“三个十大”的评选工作。

初选结果确定之后，2018年7月6日，我们又将排名前十五的“三个十大”事件/案件在网上公开发布，再次进行网络评选投票征求意见，最终确定的“十大反垄断行政执法案件”如下：

1. 高通公司滥用市场支配地位案
2. 利乐公司滥用市场支配地位案
3. 可口可乐公司收购汇源公司案
4. 茅台、五粮液价格垄断案
5. 国家市场监督管理总局建议纠正内蒙古公安厅行政性垄断案
6. 马士基、地中海航运、达飞设立网络中心经营者集中案
7. 艾司唑仑药品垄断协议案
8. 中国电信与中国联通宽带业务涉嫌垄断案
9. 内蒙古移动涉嫌滥用市场支配地位案
10. 美敦力公司价格垄断案

对入选的每个案件，我们均邀请了相关专家予以点评。我们期望，在《反垄断法》实施十周年之际，通过对案件进行梳理与解读，能够为《反垄断法》的实施总结经验，为《反垄断法》的制度完善提供方向。

案件1　高通公司滥用市场支配地位案

〔案件概要〕

国家发改委于2013年11月对高通公司立案调查，确认高通公司从事了以下滥用市场支配地位行为：①滥用在无线标准必要专利许可市场的支配地位，收取不公平的高价专利许可费，包括对过期无线标准必要专利收取许可费、要求被许可人将专利进行免费反向许可；②滥用在无线标准必要专利许可市场的支配地位，在无线标准必要专利许可中，没有正当理由搭售非无线标准必要专利许可；③滥用在基带芯片市场的支配地位，将签订和不挑战专利许可协议作为被许可人获得当事人基带芯片的条件。

2015年2月10日，国家发改委作出决定，对高通公司处以2013年度我国市场销售额8%的罚款，计60.88亿元人民币。

〔案件评析〕

高通公司垄断案评论

时建中 *

高通案涉及全球竞争中知识产权最为密集的无线通讯行业，遇到了反垄断法实施中最为棘手的问题——知识产权行使与反垄断之间的交叉与冲突，同时，发生在中国反垄断法治初创时期——反垄断执法机构年轻且面临复杂而巨大的外在压力，因此，自2013年11月国家发改委对高通公司启动反垄断调查以来，直到作出最终处罚决定，该案一直倍受全球瞩目。

---

* 时建中，法学博士，中国政法大学教授、副校长、经济法专业博士生导师，中国政法大学竞争法研究中心主任。

一、高通公司的市场支配地位

国家发改委对高通公司的调查涉及两个相关市场：无线标准必要专利许可市场和基带芯片市场。高通公司在上述两个相关市场具有支配地位是适用《反垄断法》第三章的前提。

（一）高通公司在无线标准必要专利许可市场具有市场支配地位

CDMA、WCDMA和LTE均为全球范围内的主流移动通信标准。在第二代移动通信标准中，广泛应用的包括CDMA和GSM标准；在第三代移动通信标准中，广泛应用的包括WCDMA、CDMA和TD－SCDMA标准；LTE是唯一得到广泛应用的第四代移动通信标准。虽然第二代、第三代移动通信标准有多个，但电信网络运营商获得网络运营牌照，需投入大量资金建设符合相关标准的网络，无线通信终端制造商和基带芯片制造商开发符合相关标准的产品亦需进行大量投入，在同代际标准之间进行转换成本高且缺乏必要性和驱动力，同代际已广泛应用的不同移动通信标准之间不存在现实可行的替代性。在不同代际的移动通信标准中，CDMA、WCDMA作为第二代、第三代移动通信标准和LTE之间存在演进关系，但已采用CDMA、WCDMA标准的运营商在采用LTE标准时，普遍要求支持LTE标准的终端设备必须同时兼容CDMA、WCDMA标准，且这一要求在相对长的时间内不会改变。因此，在不同代际及同代际不同的移动通信标准中，CDMA、WCDMA和LTE技术标准当前均不存在现实可行性的替代性标准。

一项无线通信专利因被纳入CDMA、WCDMA和LTE技术标准而成为无线标准必要专利，该专利对相关技术标准具有了唯一性和不可替代性，排除了其他竞争性的专利。由于无线标准必要专利是实现特定无线通信技术标准必须要实施的专利，无线通信终端制造商生产销售符合技术标准的产品必须获得无线标准必要专利许可。从需求替代分析，无线通信终端制造商生产特定的无线通信终端，纳入相关技术标准的每一项无线标准必要专利都不可或缺，都是必须要实施的技术专利，并且每一项无线标准必要专利的特性和用途都具有唯一性，没有其他替代性专利；从供给替代分析，每一项无线标准必要专利都具有唯一性，在被相关无线通信技术标准采纳并发布和实施后，不存在实际的或者潜在的替代性供给。因此，每一项无线标准必要专利许可均单独构成一个独立的相关产品市场。由于高通公司将持有的无线标准必要专利进行组合许可，在本案中，相关产品市场为高通公司持有的各项无线标准必要专利单独构成的相关许可产品市场的集合。

各相关无线通信技术标准由不同地域市场的大量无线标准必要专利组合而成，有关无线通信技术标准的制定和采纳均超越了国家界限。由于专利授权、使用和保护均具有地域性，单独构成一个独立相关产品市场的每一项无线标准必要专利的地域市场均为一个特定的国家或者地区。本案中，由于高通公司将持有的无线标准必要专利进行组合许可，无线标准必要专利许可的相关地域市场为高通公司持有的各项无线标准必要专利的国家或者地区市场的集合。

调查查明，在CDMA、WCDMA和LTE无线通信技术标准中，高通公司均持有数量不等的无线标准必要专利。国家发改委认定，高通公司在相关无线标准必要专利许可市场具有市场支配地位，主要事实和理由如下：

1. 高通公司在相关市场占有100%的市场份额

对于每一项无线标准必要专利许可独立构成的产品市场，高通公司均占有100%的市场份额。同时，高通公司分别持有构成CDMA、WCDMA和LTE无线通信技术标准的多项无线标准必要专利，相关无线标准必要专利相互叠加，构成了覆盖特定无线通信技术标准的无线标准必要专利组合，高通公司在该无线标准必要专利组合构成的许可市场上占有100%的市场份额，不存在市场竞争。根据《反垄断法》第19条第1款第1项的规定，可以推定高通公司在无线标准必要专利许可市场具有市场支配地位。

2. 高通公司具有控制无线标准必要专利许可市场的能力

由于高通公司持有覆盖CDMA、WCDMA和LTE技术标准的无线标准必要专利组合，无线通信终端制造商生产经营符合CDMA、WCDMA和LTE技术标准的无线通信终端，需要从高通公司获得相关无线标准必要专利组合许可，否则不能进入市场参与竞争，并将面临高通公司提起的专利侵权诉讼和禁令救济等风险，潜在被许可人与高通公司达成相关无线标准必要专利组合许可协议是唯一的选择。有证据表明，高通公司拥有超过200家无线标准必要专利被许可人，且绝大多数被许可人与高通公司签订的专利许可协议中的许可条件是高通公司单方面确定的，被许可人缺乏制约高通公司市场力量的客观条件和实际能力。因此，在高通公司持有的无线标准必要专利组合构成的许可市场，高通公司并不面临较强的有效约束，在较大程度上具有控制专利许可费、许可条件以及阻碍、影响其他经营者进入相关市场的能力。

3. 无线标准必要专利的被许可人对高通公司高度依赖

无线通信终端制造商制造和销售符合CDMA、WCDMA和LTE技术标准的产品，必须使用高通公司的无线标准必要专利。由于高通公司的每一项无线标准必要专利覆盖相关技术标准的不同方面，每一项无线标准必要专利对无线通信终端制造商均不可或缺。任何一项无线标准必要专利的缺失，均可能导致无线通信终端制造商的产品不能与网络互通，不能满足客户需求和获得监管部门的入网许可。因此，无线通信终端制造商对高通公司的无线标准必要专利组合许可高度依赖，高通公司具有支配性的市场力量。

4. 其他经营者不能进入相关市场

无线通信技术标准是一种统一的技术规范，以实现无线通信终端的兼容、互联和互通，在一项专利成为CDMA、WCDMA和LTE技术标准的无线标准必要专利的同时，其他竞争性技术则可能被排除在该技术标准之外。CDMA、WCDMA和LTE技术标准被实施后，任何被纳入标准的技术若要改变，通常会给运营商和设备制造商带来难以承受的成本，其他竞争性技术被纳入该技术标准的可能性更低。因此，其他经营者无法进入高通公司持有的无线标准必要专利组合许可构成的相关市场。

（二）高通公司在基带芯片市场具有市场支配地位

基带芯片是实现无线通信终端通信功能的重要部件。由于不同无线通信技术标准依托不同的无线标准必要专利，符合不同技术标准的基带芯片在特性、功能等方面均不相同。从需求替代分析，无线通信终端制造商生产用于CDMA、WCDMA和LTE网络的产品，必须采用支持实施相应技术标准的基带芯片。由于CDMA、WCDMA和LTE基带芯片在功能和用途上不具有可替代性，无线通信终端制造商采购基带芯片，不会因为一种基带芯片价格等因素的变化，寻求采购实施其他技术标准的基带芯片。从供给替代分析，基带芯片的研发和生产制造具有较强的技术性，其他经营者进入该市场存在较强的壁垒。同一制造商生产CDMA、WCDMA和LTE的基带芯片依托不同的技术和平台，不会根据不同基带芯片的需求量、价格等变化进行快速转产，不同的基带芯片供应之间不具有强替代性。因此，CDMA、WCDMA和LTE基带芯片之间彼此不可替代，国家发改委调查涉及的基带芯片市场细化为三个不同的相关产品市场：CDMA基带芯片市场、WCDMA基带芯片市场和LTE基带芯片市场。

基带芯片在运输、销售、使用和进出口等方面均不存在明显的地域障碍。基带芯片制造商在全球范围销售基带芯片，并通常与其他基带芯片制造商进行全球性竞争。无线通信终端制造商会基于功能、价格、质量、品牌等因素考量，在全球范围内选择采购不同的基带芯片。因此，在本案中，CDMA基带芯片、WCDMA基带芯片和LTE基带芯片的相关地域市场为全球市场。

调查查明，高通公司在CDMA基带芯片市场、WCDMA基带芯片市场和LTE基带芯片市场均具有市场支配地位，主要事实和理由如下：

1. 高通公司在相关市场的市场份额均超过二分之一

根据Strategy Analytics的报告数据，高通公司2013年在CDMA基带芯片市场、WCDMA基带芯片市场和LTE基带芯片市场的市场份额分别为93.1%、53.9%和96%，均超过了50%。根据《反垄断法》第19条第1款第1项的规定，可以推定高通公司在上述基带芯片相关市场具有市场支配地位。

2. 高通公司具有控制基带芯片销售市场的能力

根据Strategy Analytics的报告数据，高通公司在基带芯片市场长期处于领先地位。从2007至2013年已连续六年稳居全球基带芯片销售第一的位置，占有的市场份额明显高于其他竞争对手。在CDMA基带芯片市场只有高通公司和威睿电通（VIA TELECOM）两家公司，而威睿电通2013年只占有不到7%的市场份额；在LTE基带芯片市场，2013年，位居第二的韩国三星电子株式会社占有的市场份额只有2%左右。因此，在CDMA和LTE基带芯片市场，高通公司具有较强的控制市场的能力。在WCDMA基带芯片市场，2013年联发科（MTK）的市场份额为15.5%，英特尔为11.8%，博通公司为9.3%，均远低于高通公司53.9%的市场份额。联发科近年所占市场份额略有上升，但竞争力主要体现在中低端市场，且同等规格的基带芯片推出时间远落后于高通公司，其在全球市场上并不能与高通公司展开有效竞争。因此，高通公司在WCDMA基带芯片市场同样具有一定程度控制市场的能力。

3. 主要无线通信终端制造商对高通公司的基带芯片高度依赖

在全球范围内，基带芯片制造商数量有限，高通公司在CDMA、WCDMA和LTE基带芯片市场均占有最大的市场份额，无线通信终端制造商选择基带芯片制造商的空间受限，对高通公司高度依赖。同时，由于高通公司生产的基带芯片在技术、功能等方面具有优势，特别是在中高端基带芯片市场的竞争优势更为明显，无线通信终端制造商为使生产销售的产品更具有竞争力，有选择高通公司基带芯片的较强倾向性和偏好，对高通公司的基带芯片具有高度依赖性。

4. 其他经营者进入基带芯片市场的难度较大

基带芯片的研发和生产制造具有较强的技术性，属于技术密集型产业，潜在经营者进入基带芯片市场难度较大，通常会面临终端操作系统支持、运营商测试、国家监管部门入网许可、技术出口管制、开发和上市周期长等现实进入门槛。因此，其他经营者进入基带芯片市场并有效参与市场竞争的难度较大。

根据《反垄断法》第18条、第19条第1款第1项的规定，国家发改委依据上述因素，认定高通公司在CDMA基带芯片市场、WCDMA基带芯片市场和LTE基带芯片市场具有市场支配地位。

本案调查过程中，高通公司未提出证据证明其在CDMA基带芯片市场、LTE基带芯片市场不具有市场支配地位。高通公司提出，在WCDMA基带芯片市场并不具有市场支配地位，主要事实和理由：按销售量计算，高通公司在WCDMA基带芯片市场所占市场份额不到50%，且WCDMA基带芯片市场存在有效的市场竞争。然而，本案中，高通公司WCDMA基带芯片销售额的市场份额相对于销售量市场份额而言，更能体现高通公司在该相关市场的市场力量。2013年，高通公司WCDMA基带芯片销售收入份额超过50%、销售量份额不到50%的情况，表明高通公司相关基带芯片平均售价高于其他经营者的平均售价，更高的平均售价进一步证明了高通公司在WCDMA基带芯片市场具有一定的支配能力。并且，市场份额仅是分析和认定高通公司在该相关市场是否具有市场支配地位的因素之一。

二、高通公司实施的滥用市场支配地位行为及竞争损害

（一）搭售行为

1. 没有正当理由，将基带芯片销售与专利许可搭售

据有关资料显示，高通公司在销售芯片时，明确要求对方先签署专利许可协议，否则拒绝供应芯片。而且，高通公司在与厂商的芯片供应协议中甚至规定，如果许可协议违约，高通公司有权终止芯片供应协议；许可协议终止而未续签，也将导致不能再获得芯片供货。高通公司将芯片销售与实施专利许可捆绑，属于搭售型的滥用市场支配地位的行为。

虽然无线通信标准必要专利及其许可与符合无线通信标准的基带芯片及其生产和销售密切相关，但是，无线通信标准必要专利与符合无线通信标准的基带芯片是完全不同的，且相互独立的两个相关产品，无线通信标准必要专利的许可与符合无线通信标准的基带芯片生产和销售分属两个不同的相关市场。

众多同时具有产品研发和销售业务以及知识产权许可业务的公司，都是把销售产品和专利许可分开进行，单独销售产品，在希望收取许可费时单独展开许可谈判，并不会借助产品销售要求对方以先缴纳许可费为供货条件。但高通公司却利用自己在芯片市场上的支配地位，在出售芯片时捆绑其专利许可，包括捆绑设备商本来没有许可需求的非标准必要专利，这是明显的滥用市场支配地位的行为。

高通公司基于捆绑芯片及其专利的交易模式，迫使客户购买芯片产品，

必须先购买专利使用授权。不签订专利使用授权协议，客户不仅无法获得高通公司的芯片，甚至无法获得其他芯片公司的芯片。由于高通公司在芯片市场具有市场支配地位，这样的交易模式，一方面，强化了高通公司在这两个市场的市场份额和交易地位；另一方面，使得高通公司在这两个市场的市场支配地位有效互补。其结果是限制了这两个市场的竞争，并加大了对终端设备客户的纵向约束，迫使客户接受不利的交易条件。可见，高通公司将基带芯片销售与专利许可搭售，造成的竞争损害十分明显。

2. 没有正当理由，标准必要专利搭售非标准必要专利

在标准技术条件下，标准必要专利具有唯一性和不可替代性，而非标准必要专利则通常都存在可替代性技术。也正因为此，前者需受“公平合理无歧视许可原则”即“FRAND 原则”的限制；后者不负 FRAND 许可义务。可见，标准必要专利与非标准必要专利是性质完全不同的两种独立的相关产品。

据相关资料显示，高通公司在专利许可中仅提供一揽子打包许可，从未向被许可人提供对标准必要专利与非标准必要专利的可选择方案。惧于其在专利许可市场的支配地位以及专利许可与芯片供货的捆绑关系，在与高通公司的许可交易中，交易相对人没有任何议价能力，只能全盘接受高通公司一揽子的打包许可。

在专利技术谈判中，权利人理应给出其自认为构成标准必要专利的专利清单以及部分对应性分析，以便对方能进一步评估整个专利包的价值并基于此达成合适的许可费率及其他条件。然而，在交易实践中，高通公司并不给被许可人提供专利清单信息，交易双方处于严重的信息不对称地位。

正如 IDC 案所认定的，将标准必要专利与非标准必要专利进行搭售，对无线通信专利许可市场上的其他权利人也产生不利的排除和限制竞争影响。

第一，搭售的结果是淡化了标准必要专利与非必要专利的区别。这将导致必要专利权利人在必要专利许可市场上的市场力量延伸到非必要专利许可市场上，迫使被许可人在不具有谈判地位的情况下为不必要的许可支付高额不合理的费用。

第二，搭售排除了其他非标准必要专利的竞争。由于高通公司强迫被许

可人接受一揽子许可，被许可人在为它的非标准必要专利支付了许可费后也就不会再选择其他权利人的可替代技术，限制了其他权利人的许可市场发展。

第三，剥夺了被许可人的选择权。高通公司的一揽子许可是强迫性的，剥夺了被许可人根据自身情况选择交易的权利人，这违反了公平贸易原则且缺乏正当理由。

第四，被许可人不一定使用了非标准必要专利但要付费，提高了许可费，加大了被许可人的负担。对非标准必要专利而言，产品是否侵权需要经过复杂的法律分析和技术判断才能确定。而且，对同一个权利人来说，其持有的非标准必要专利数量要远远多于标准必要专利。被许可人在并不一定使用高通公司非标准必要专利的情况下被迫无条件支付许可费，这导致被许可人的负担加大，额外承担了本不需要支出的高额费用。

（二）附加其他不合理的交易条件

1. 没有正当理由，强迫被许可人将专利进行免费反向许可

国家发改委调查查明，高通公司在许可无线标准必要专利过程中，没有正当理由，向被许可人附加一些不合理的交易条件。例如，强迫某些被许可人免费进行反向许可，拒绝向被许可人就反向许可的专利支付合理的对价，在某些无线标准必要专利许可谈判中并不实质性地考虑和评估被许可人专利的价值。

高通公司在其年报中披露，“在绝大多数情况下，我们对我们被许可人技术和知识产权的使用并不要求我们就我们产品的销售支付许可费。在少数许可下，我们才有义务就产品销售支付许可费。”[1]而中国终端制造厂商就恰恰属于这“绝大多数情况”。依据高通公司与中国终端制造厂商所签署的许可协议，中国终端厂商需要将自己的相关专利免费授权给高通公司乃至高通公司的其他客户，甚至当高通公司的许可终止、中国终端厂商要立即停止使用高通公司知识产权时，高通公司仍有权继续使用中国终端厂商免费许可给它的知识产权。

〔1〕 参见高通公司2012年年报第11页。

在本案调查过程中，高通公司就免费获得被许可人的专利反向许可从三方面提出抗辩理由：第一，高通公司从被许可人获得专利反向许可是为了保护高通公司的业务及基带芯片客户免受专利侵权的困扰；第二，高通公司公要求免费反向许可是与被许可人总体价值交换的一部分；第三，许多中国被许可人不拥有在实质价值上能够交换的专利组合。

事实上，中国通讯企业多年来投入大量的研发成本积累了数万项专利，已在全球3G和4G通讯技术和标准中占据重要地位。例如，中国的中兴、华为专利数量远远高于其他国外厂商；华为每年授权的中国专利，已经持续多年保持第一。这些企业在与其他厂商交易时可以借这些专利来收取许可费或者通过交叉许可来降低对方的许可费率。然而，在与高通公司交易时，高通公司利用市场支配地位要求免费获得这些专利的使用许可，这些专利的价值为零。如果长期不能获得合理的回报，高通公司的行为将严重打击中国企业技术创新动力和信心，最终阻碍相关技术市场的创新和公平竞争。而且，高通公司要求免费专利反许可变相地提高了自身的专利许可费，损害了下游产业的合法利益。因此，国家发改委认为，高通公司提出的抗辩理由不成立，要求高通公司获得被许可人专利反向许可应当尊重被许可人的创新成果，对被许可人反向许可的专利价值予以考虑，特别是部分中国被许可人同样持有高价值的专利组合。高通公司不能出于保护高通公司业务及基带芯片客户免受专利侵权困扰的考虑，而完全否定中国被许可人所持有专利的价值，利用在无线标准必要专利许可市场和基带芯片市场的支配地位，要求被许可人将持有的相关专利向高通公司及高通公司客户进行免费许可。

根据调查取得的证据，国家发改委认为，高通公司未能提供有效证据证明，高通公司在专利许可中对某些被许可人反向许可的专利支付了相应的对价。高通公司提出的免费反向许可是与被许可人总体价值交换的一部分，缺乏事实和证据支持。高通公司提出的主张与事实不符，不能证明高通公司要求专利免费反向许可具有公平性。

此外，高通公司没有正当理由却强迫某些被许可人将持有的相关非无线标准必要专利向高通公司进行许可；要求某些被许可人不能就持有的相关专利向高通公司及其客户主张权利或者提起诉讼。对此，高通公司提出的抗辩理由亦未得到国家发改委的采信。

2. 在基带芯片销售中附加不合理条件

根据国家发改委的调查，高通公司将签订和不挑战专利许可协议作为被许可人获得高通公司基带芯片的条件。如果潜在被许可人未与高通公司签订包含不合理许可条件的专利许可协议，高通公司则拒绝与该潜在被许可人签订基带芯片销售协议并拒绝向其供应基带芯片；如果已经与高通公司签订专利许可协议的被许可人与高通公司就专利许可协议产生争议并提起诉讼，则高通公司将停止向该被许可人供应基带芯片。在调查过程中，高通公司对于将签订和不挑战专利许可协议作为向被许可人供应基带芯片的条件这一事实未予否认，但提出该行为具有合理性。

国家发改委认为，无线通信终端制造商使用高通公司的无线标准必要专利应当支付公平、合理的专利许可费，但高通公司在专利许可要约中包含了过期专利收费、要求被许可人进行专利免费反向许可、没有正当理由搭售非无线标准必要专利许可等不合理条件，利用在基带芯片市场的支配地位，以不供应基带芯片相要挟，强迫潜在被许可人签订包含不合理条件的专利许可协议，该行为不具有合理性。同时，被许可人与高通公司就专利许可协议产生争议并提起诉讼是被许可人的权利，而高通公司基于在基带芯片市场的支配地位，在基带芯片销售中附加不挑战专利许可协议的不合理条件，实质上限制甚至剥夺了被许可人的上述权利，将不挑战专利许可协议作为高通公司向被许可人供应基带芯片的前提条件，没有正当理由。

国家发改委同时认为，由于高通公司在基带芯片市场具有支配地位，潜在的和实际的被许可人对高通公司的基带芯片高度依赖，如果高通公司拒绝提供基带芯片，则潜在的或者实际的被许可人可能无法进入或者必须退出相关市场，无法有效参与市场竞争。高通公司利用在基带芯片市场的支配地位，要求潜在被许可人签订包含不合理条件的许可协议，限制被许可人就专利许可协议提出争议和提起诉讼的权利，将不接受高通公司不合理专利许可条件的潜在的或者实际的被许可人排挤出市场，排除、限制了市场竞争。

基于前述事实和理由，国家发改委认定，高通公司没有正当理由，在基带芯片销售中附加不合理条件，要求被许可人签订包含不合理条件的专利许可协议，要求被许可人不挑战与高通公司签订的专利许可协议，违反《反垄断法》第17条第1款第5项关于禁止具有市场支配地位的经营者在交易时附加不合理交易条件的规定。

值得特别指出的是，以上认定只适用于与中华人民共和国境内市场竞争和消费者利益密切相关的高通公司针对无线通信终端在中华人民共和国境内制造时，或者在中华人民共和国境内销售时所实施的无线标准必要专利的许可行为和基带芯片销售行为。

（三）以不公平的高价销售商品

1. 过高的专利许可费

国家发改委查明，截至2014年1月1日，在高通公司持有的无线标准必要专利中，有部分相关专利已经过期，且包含一定数量的重要无线标准必要专利。CDMA技术于1995年开始商业应用，高通公司此前申请的很多核心CDMA无线标准必要专利已经过期，而高通公司与被许可人签订的CDMA和WCDMA专利许可协议，均包括相关过期的核心CDMA无线标准必要专利。[1]众所周知，全球主要国家给予专利的有效保护期均为20年，显然，高通公司向中国企业许可的标准专利中，有的专利在许可时即已过期，有的专利的剩余有效期要短于许可期。但是，基于自身的市场支配地位，高通公司并不向被许可人提供专利清单，说明专利的权利期间等信息，损害了被许可人的知情权。而且，高通公司与被许可人签订的长期甚至无固定期限的许可协议中约定了一直不变的专利许可费标准。高通公司明知对外许可的专利组合中包含有过期的无线标准必要专利，但是仍然要求被许可人为这些过期或者即将过期的专利支付全额许可费。

在本案调查过程中，高通公司提出，虽然每年都有一些专利到期，但有更大数量的新专利进入到专利包中，不存在对过期专利收取专利许可费的问

〔1〕 http://jjs.ndrc.gov.cn/fjgld/201503/t20150302_666170.html.

题。然而，已过期专利中，主要是CDMA技术标准必要专利，甚至是核心的标准必要专利；高通公司虽然声称每年都有新增专利，但实际上多为非标准必要专利。少数新增的标准必要专利，在标准已封板的情况下也多为特性补充性质，并非基础性的核心标准必要专利。例如，WCDMA标准的首个版本R99的封版时间是2000年3月，而高通公司新增专利均是在该日期之后。因此，国家发改委认为，即使如高通公司所抗辩的不断有新的专利加入到专利组合中，并且总体上专利组合中的专利数量有所增加，但是，专利组合中的专利数量并不必然反映其价值。毫无疑问，高通公司应该向被许可人披露各项标准必要专利的专利期限等具体信息，定期披露专利包动态变化信息，并据此审视原有许可费标准。

高通公司对过期专利强制收取许可费，在给自己带来了巨额不合理收益的同时，加大了被许可人的生产经营成本。而且，在高通的芯片销售与专利许可的捆绑协议中对专利许可期限没有约定，例如WCDMA协议，因而被许可人对过期专利的付费义务实际成为一种永久义务。被许可人如果主张停止支付过期专利的许可费，芯片采购业务也将被终止。因此，高通公司将过期专利纳入计费范围对相关市场的竞争和产业的损害十分明显。

同时，有必要说明的是，在国家发改委正式对外公布的处罚决定中，将高通公司没有正当理由要求被许可人免费反向许可专利，认定为高通公司违反《反垄断法》第17条第1款第1项规定，实施的“以不公平的高价销售商品”的滥用市场支配地位的行为。对此，本人认为，从行为构成角度分析，高通公司的这一行为更符合《反垄断法》第17条第1款第5项所禁止的没有正当理由“在交易时附加其他不合理的交易条件”的情形，在效果上起到了助推高通公司向被许可人以不公平的高价销售商品的作用。

2. 高通公司收取许可费的费率及计算标准的评论

（1）国家发改委的认定和处罚决定。国家发改委还查明，在高通公司对外许可的专利组合中，无线标准必要专利具有核心价值，非无线标准必要专利不必然对所有的无线通信终端具有价值，无线通信终端制造商不必然需要获得当事人的非无线标准必要专利许可。高通公司的无线标准必要专利主要涉及无线通信技术，而不涉及无线通信终端的外壳、显示屏、摄像头、麦克风、扬声器、电池、内存和操作系统等。高通公司在将无线标准必要专利和非无线标准必要专利进行一揽子许可的同时，以无线通信终端的整机批发净售价作为计算专利许可费的基础。〔1〕

国家发改委认为，高通公司对外许可的专利组合中包含了具有核心价值的无线标准必要专利和对被许可人价值并不确定的非无线标准必要专利。对于被迫接受高通公司一揽子专利许可的被许可人，高通公司在坚持较高许可费率的同时，以超出高通公司持有的无线标准必要专利覆盖范围的整机批发净售价作为计费基础，显失公平，导致专利许可费过高。

鉴于以上原因，国家发改委在决定中责令高通公司，对为在中华人民共和国境内使用而销售的无线通信终端，不得在坚持较高许可费率的同时，以整机批发净售价作为计算无线标准必要专利许可费的基础。

（2）电信国际组织的共识及其他司法辖区判例确立的原则。国际社会对专利许可费的共识是：所有专利权人对一个产品所收取的累加许可费率上限应该是10%以下，应能让产品制造商合理承受，否则就是一种巧取豪夺。早在UMTS（即WCDMA）标准制定之初的1999年，国际标准组织ETSI成立的UMTS IPR Working Group曾耗费很长时间调查后发布了一个关于3G通讯标准的知识产权相关报告，〔2〕该报告就指出，在一个标准下收取的最高累加费率（MCR）是个位数是合理的，而且被调查的很多公司认为5%已较高了。2002年爱立信、诺基亚、DOCOMO等公司联合达成一致，同意依据各自在WCDMA标准必要专利中所持的占比来收取许可费率，以使得MCR控制在个位数，并促使其达到5%以内。〔3〕

---

〔1〕 据有关资料披露，针对CDMA，高通公司向中国企业收取的许可费为3%左右；针对WCDMA，收取的许可费为5%左右；针对LTE，收取的许可费为4%左右。这些许可费均是以被许可人销售的终端产品的整机批发净售价为计算基数。

〔2〕 见UMTS IPR工作组报告，"Industry Reflection Period Report of the UMTS IPR Working Group"，p. 5、p. 10.

〔3〕 见行业厂家声明报道："Industry leaders NTT DoCoMo，Ericsson，Nokia and Siemens，and Japanese manufacturers reach a mutual understanding to support modest royalty rates for the W－CDMA technology worldwide"，pp. 1－2.

美国已有多个判例[1]确立了一个司法原则：“除非能证明是专利功能驱动了整个产品的购买需求，否则专利赔偿/许可费计算应基于最小的实施了专利的可销售单元。而基带芯片正是合适的最小的实施了专利的可销售单元。”[2]

（3）高通公司许可费政策缺少正当理由。

第一，高通公司的基带芯片及专利智能终端产品批发净售价的贡献只是部分而非全部。高通公司的无线通信技术仅是覆盖了终端中的基带芯片部分，并不能覆盖整机中的所有硬件及软件系统。基带芯片之外的硬件、软件对一部智能终端产品的功能和售价是同样至关重要的。更何况，影响智能手机整机售价的还包括营销费用、研发费用、物流费用等重要因素，这些与高通公司的专利毫无关系。换言之，高通公司基带芯片和专利对整机批发净售价的贡献只是部分而非全部。

第二，高通公司确定的专利许可费率明显过高。产品的价值和利润系由技术、资本、被许可人的生产和经营活动等因素共同创造，因此，专利许可使用费总额只能是产品利润中的一部分而不应是全部，且单一专利权人并未提供产品全部技术，故单一专利权人仅有权分享与其专利贡献相对应的部分利润。2013年中国手机企业的利润均值不足0.5%，却仍然要按照高通公司单方宣布的专利许可费率，将手机零售价的5%交给高通。该费率水平远远高于中国终端企业的利润水平，严重偏离高通公司的贡献度，无视了其他知识产权、经营活动和资本等因素对于利润的贡献。因此，高通公司在坚持较高许可费率的同时，基于整机批发净售价计算许可费实际是赚取了不合理的利润，对基带芯片市场和智能手机产业的损害非常明显，当然也减损了消费者的福利。

第三，高通公司必须改变目前的许可费政策。值得注意的是，国家发改

〔1〕如 Cornell University v. Hewlett - Packard Co 案、Lucent Techs.，Inc. v. Gateway 案、IP Innovation L. L. C. v. Red Hat，Inc 案、LaserDynamics Inc. v. Quanta Computers 案、GPNE Corp. v. Apple，Inc. 案等。

〔2〕见2014年4月 GPNE Corp. v. Apple，Inc 案判决书（No. 12 - CV - 02885 - LHK，2014 WL 1494247）。

委在处罚决定中并没有责令高通公司停止以整机批发净售价作为计算无线标准必要专利许可费的基础，也没有责令高通公司降低许可费率，更没有明确具体的许可费率标准。而是“责令高通公司，对为在中华人民共和国境内使用而销售的无线通信终端，不得在坚持较高许可费率的同时，以整机批发净售价作为计算无线标准必要专利许可费的基础。”根据国家发改委的决定，高通公司必须改变目前的许可费政策，只能采取以下三种措施的一种：其一，若坚持较高许可费率，就应当降低计算许可费的标准，而不应当以整机批发净售价作为计算无线标准必要专利许可费的基础；其二，若坚持以整机批发净售价作为计算无线标准必要专利许可费的基础，就应当降低许可费率，而不应当坚持较高许可费率；其三，在降低许可费率的同时，降低计算许可费的标准。

三、对国家发改委处罚决定的评价

本案系《反垄断法》在知识产权领域的适用，相对于《反垄断法》在传统领域的适用，本案至少在以下方面极具特殊性：相关市场界定的特殊性、市场支配地位认定的特殊性、滥用市场地位行为认定的特殊性。在本案中，国家发改委还需要区分：标准必要专利与非标准必要专利、公共标准与事实标准、技术市场与产品市场、结构性救济与行为性救济、FRAND 原则在本案中的具体实现。对于国家发改委这样一个年轻的反垄断执法机构而言，无疑是一个挑战。令人欣慰的是，国家发改委在这个案件中，不仅表现出了反垄断执法的专业态度和精神，而且表现出令人信服的执法理念和原则。

第一，正确地处理了维护竞争与保护创新的关系。国家发改委对高通公司的反垄断执法，一方面要恢复基带芯片和无线通信标准必要专利市场的竞争秩序，为进一步不断激励创新提供竞争性的市场环境，另一方面要保护各相关当事人的创新，推动前述两个相关市场不断提高竞争的层次。

第二，坚守了反垄断行政执法行为的合理边界。国家发改委以事实为依据，以法律为准绳，责令高通公司停止推动价格畸高的不合理、不合法行为。与其他司法辖区确立的“最小可销售单元”一样，在坚持专利技术与产品售价贡献度相匹配的前提下，对高通公司计算许可费提出了要求，即“对为在中华人民共和国境内使用而销售的无线通信终端，当事人不得在坚持较高许可费率的同时，以整机批发净售价作为计算无线标准必要专利许可费的基础”，但并没有介入到高通公司与被许可人关于许可费的商业谈判之中，更没有替代双方确定许可费率。可见，国家发改委保持了反垄断执法机构的身份，而是不是市场价格的决定者。这样不仅可以更好地发挥市场在资源配置中的决定作用，而且可以更好地发挥政府的作用。

第三，对《反垄断法》在知识产权领域的适用初步形成了“严慎并济”的执法理念。在本案中，对于高通公司明显违反中国《反垄断法》的行为，国家发改委予以明令禁止。与此同时，国家发改委充分注意到无线通信产品及行业具有专利密集型的特性，相关市场的技术和产品处于不断创新的状态，故在对高通公司的处罚决定中，表现出了应有的谨慎，协调着竞争与创新的互动关系。

第四，反垄断执法分析框架趋于更加明晰。分析国家发改委对高通公司的处罚决定，可以十分明显地归纳出国家发改委对于滥用市场地位的案件的执法分析框架，即判定涉嫌违反中国《反垄断法》的经营者是否具有市场支配地位、依据相关证据认定经营者是否实施了滥用市场支配地位的行为、分析相关行为有无损害竞争的效果，在此基础上，分析经营者有无正当理由。综合以上因素，作出是否处罚以及如何处罚的决定。

第五，国家发改委明确并细化了专利授权行为的《反垄断法》边界，具体表现为：①经营者不得滥用在无线标准必要专利许可市场的支配地位，收取不公平的高价专利许可费；②经营者不得对过期无线标准必要专利收取许可费；③经营者不得要求被许可人将专利进行免费反向许可；④经营者不得滥用在无线标准必要专利许可市场的支配地位，在无线标准必要专利许可中，没有正当理由搭售非无线标准必要专利许可；⑤在一定程度细化了 FRAND 原则，即“对为在中华人民共和国境内使用而销售的无线通信终端，当事人不得在坚持较高许可费率的同时，以整机批发净售价作为计算无线标准必要专利许可费的基础”；⑥提高了专利授权的透明度，即进行无线标准必要专利许可时，应当向被许可人提供专利清单。

总之，《反垄断法》第55条的规定表明，中国在制定《反垄断法》时奉行了竞争法适用于知识产权的行使而不适用于知识产权的存在（Competition rules apply to the exercise not to the existence of IPRs）的思想。国家发改委对高通公司案的处理，充分践行了这一立法思想。反垄断行政执法的目标与《反垄断法》的立法目标一致，即为了预防和制止垄断行为，保护市场公平竞争，提高经济运行效率，维护消费者利益和社会公共利益，促进社会主义市场经济健康发展。换言之，反垄断行政执法的目的不是为了限制竞争，不是为了损害创新，不是为了扼杀具有市场支配地位的企业。当然，也不是为了排挤外国企业。事实上，中国反垄断执法机构，已经形成并在不断完善“竞争中立”的执法理念。

不公平定价反垄断规制的核心问题

——以高通案为视角

苏华 *

支配企业的不公平定价是剥削型滥用行为的主要表现形式，被多数国家《反垄断法》明确禁止，美国等少数国家是不公平定价反垄断规制的例外。本文以高通反垄断调查为视角，总结剥削型与排他型滥用行为的分类与意义，梳理不公平定价的评估方案，包括：资本收益率分析法、销售利润率分析法、价格比较法、综合评估法，评析对单独的不公平定价行为启动反垄断规制的必要性与考量因素。在此基础上，本文批驳了对不公平定价持宽容态度的片面性与局限性。

一、高通涉嫌滥用市场支配地位行为及法律责任

国家发展改革委高通反垄断调查始于2013年11月。高通案是支配企业涉嫌滥用知识产权，通过价格手段剥削客户和消费者，排斥竞争、加强支配地位、实现高价的典型，涉嫌违反我国《反垄断法》第17条第1款第1项、第3项、第5项，以及第55条。

根据《反垄断法》第17条，如果国家发展改革委证明高通涉嫌实施滥用支配地位行为，高通应承担举证责任以证明其行为具有公平性和正当理由，没有排除、限制相关市场的竞争。如果高通不能完成上述举证责任，国家发展改革委将有法律和事实依据认定高通行为构成滥用，并依据《反垄断法》第46条进行处罚，包括责令停止违法行为，没收违法所得，并处

---

* 苏华，中国社会科学院美国研究所副研究员。本文原载《中国价格监管与反垄断》2014年第8期。

罚款。

表1　高通涉嫌违法行为的主要表现、定性与分类

主要表现	定性	分类
以整机作为专利许可费计价基础收取高费率	不公平高价	剥削型滥用
要求免费反许可	不公平低价	剥削型滥用
对过期专利收费	不公平高价	剥削型滥用
将标准必要专利与非标准必要专利捆绑许可	捆绑	排他型滥用
将芯片销售与专利许可相捆绑	捆绑	排他型滥用
拒绝对芯片生产商许可专利	拒绝交易	排他型滥用

二、滥用行为的分类与规制不公平定价的法律依据

（一）剥削型与排他型滥用行为：分类与意义

支配企业的滥用行为可大致分为剥削型和排他型两类。剥削型滥用是指支配企业尽可能提高销售价格或压低购买价格，榨取客户或消费者，包括不公平定价与歧视定价，不公平定价可进一步分为不公平高价和不公平低价。排他型滥用是指支配企业为排斥竞争，实施歧视定价、掠夺定价、折扣、排他交易、拒绝交易、搭售与捆绑等行为。

需要澄清的是，两类行为在个案中经常同时出现，剥削型滥用是排他型滥用的目的，排他型滥用是剥削型滥用的手段。比如，高通涉嫌收取不公平高价许可费是一系列剥削与排他行为共同作用的结果。此外，同一种行为在个案中可能同时或分别显示出剥削性和排他性，比如歧视定价。因此，滥用行为的分类并非泾渭分明。分类有助于建立分析框架，但僵化分类对深入评估可能造成障碍。

（二）不公平定价反垄断规制的可行性与必要性

各国反垄断执法经验显示，由于涉及竞争性价格水平的认定，规制不公平定价具有相当高的难度和不确定性。如果排他行为是导致不公平定价的原

因，规制排他行为能够成为矫正不公平定价的有效途径。这是不公平定价案例相对较少的客观原因。有必要指出的是，有评论者将不公平定价案例数量相对较少这一事实，作为反垄断法不宜规制不公平定价的论据之一，是前提为真但结论为假的无效论证，缺乏解释力和说服力。[1]

市场失灵决定了不公平定价反垄断规制的可行性与必要性，本文第四部分将进一步论述。有必要强调的是，规制不公平定价的难度不应被夸大，需要根据个案情形加以判断，不公平定价的反垄断规制并非不可完成的任务。如在英国纳普（Napp）制药公司案中，英国公平交易办公室（OFT）采用了价格比较法，通过比较 Napp 在不同地域、不同时间、对不同客户的定价，以及竞争者的价格水平，OFT 发现所有比较结果均显示出显著差距。OFT 同时采用销售利润率分析法，发现 Napp 销售利润非常高。在定性过程中，OFT 并未遇到任何实质性分析困境，本案因此堪称“I know when I see it”（一目了然），是不公平定价的代表性案例。[2]本文第三部分将进一步梳理价格比较法和销售利润率分析法。

此外，单独的不公平定价案例（未伴有明显的排他行为）存在于各国实践中，特别是涉及公用事业和国有企业定价行为的案例。如在德国燃气价格案中，德国联邦卡特尔局对 35 家天然气供应商展开调查，认定其中 30 家供应商构成过高定价。该案于 2008 年以供应商提交承诺促进竞争、并向消费者支付 4.44 亿欧元赔偿结案。[3]

（三）我国《反垄断法》规制不公平定价不以排他型滥用为前提

我国《反垄断法》以保护市场公平竞争，维护消费者利益和社会公共利益为主要立法目的，未明确区分剥削型与排他型滥用，第 17 条明确禁止支配企业以不公平的高价销售商品或以不公平的低价购买商品。因此，根据我国

---

〔1〕 大卫·埃文斯、张艳华、张昕竹：“反垄断法规制不公平定价的国际经验与启示”，载《中国物价》2014 年第 5 期。

〔2〕 OFT Case CA98/2/2001, Napp Pharmaceutical Holdings Ltd, 30 March 2001; Napp Pharmaceuticals Holdings Limited and Subsidiaries v. Director General of Fair Trading,〔2002〕CAT1.

〔3〕 See “The German Household Gas Case”, in OECD, Policy Roundtables: Excessive Prices, 2011, pp. 101 – 103.

《反垄断法》，不公平定价的规制不以支配企业实施排他型滥用行为为前提。

有评论者主张，“中国……适宜采用当下的国际共识，即尽可能少地提起不公平定价诉讼，如果受理此类案件，则涉及知识产权的应与排他的竞争策略有关”。结合其前后论据，换句话说，该评论者主张，反垄断法不应规制支配企业的知识产权费率，费率无论有多高均是对创新的奖励，除非该企业同时实施排他型滥用行为。〔1〕该论调基于美国实践，对我国《反垄断法》进行限缩解释，曲解立法原意，缺乏合法性。同时，该论调与制衡标准必要专利持有人的FRAND原则所要求的公平、合理、无歧视精神相违背，使FRAND费率的反垄断规制陷入尴尬之境。

前述评论者曲解我国《反垄断法》，如果以其观点为高通辩护，结果只能是弄巧成拙。由于高通涉嫌一系列剥削与排他型滥用行为，即使对《反垄断法》进行限缩解释，高通的不公平定价行为一旦被认定也应当依法受到规制。

三、不公平定价的评估方法

规制不公平定价的前提是评估支配企业的定价是否过高或过低，以至严重偏离竞争性价格而显失公平，最终导致消费者福利损失。在个案中认定某一价格是否不公平的过高或过低并非易事。根据国家发展改革委《反价格垄断规定》，认定“不公平的高价”和“不公平的低价”应当考虑的因素包括：销售价格或者购买价格是否明显高于或者低于其他经营者销售或者购买同种商品的价格；在成本基本稳定的情况下，是否超过正常幅度提高销售价格或者降低购买价格；销售商品的提价幅度是否明显高于成本增长幅度，或者购买商品的降价幅度是否明显高于交易相对人成本降低幅度；以及其他需要考虑的相关因素。简言之，《反价格垄断规定》明确列出了价格比较法和销售利润率分析法，同时为采用其他评估方法留下空间。

个案实际情形是选择评估方法的最重要因素。在执法机构能够借助的一

〔1〕大卫·埃文斯、张艳华、张昕竹：“反垄断法规制不公平定价的国际经验与启示”，载《中国物价》2014年第5期。

系列理论与方法中，差异主要体现在评估对象、评估标准以及评估所依据的信息。在经合组织2011年政策圆桌报告《过高定价》中，研究人员基于各国执法中经济分析方法的应用，根据精确度与可靠性提出了三个可选方案，依次包括：资本收益率分析法、销售利润率分析法、价格比较法。[1]

（一）资本收益率分析法

不公平定价通常意味着畸高的资本收益率。资本收益率分析法考察“资本成本”和“资本收益”的关系，通过分析支配企业的资本收益率，以确定其是否获得显著高于竞争性市场所预期的正常收益率。如果在个案中可行，资本收益率分析法目前被认为是评估不公平高价的最优选择。

从会计的角度，资本收益率的评估依据是已动用资本收益率（ROCE）。该指标考察公司息税前利润（EBIT）与既定期间已动用资本的比值，旨在根据加权平均资本成本（WACC）确定正常的资本收益率。

从财务的角度，资本收益率关注的是净现值（NPV）与内部收益率（IRR）。与已动用资本收益率不同，内部收益率考察期间开始与结束时的现金流数据，同时估算已动用资本的价值。研究显示，内部收益率作为资本收益率的评估指标被公司广泛采用。[2]

进行资本收益率分析需要注意三个问题。第一，以会计收益率作为资本收益率的替代性指标可能具有误导性，因为会计收益率可能有别于资本收益率。第二，执法机构需要评估支配企业一段时间内的收益率，而非企业整个生命周期收益率，这一实践更为复杂，因而也更容易出错。第三，确定资产价值是困难的，确定无形资产的估价更富挑战性。

资本收益率分析法的难度还体现在四个方面。第一，不同的折旧法对会计收益率产生明显影响。第二，对于多产品公司，如果业务运营涉及多部门，成本与资产在各部门间的适当分配颇具难度。第三，跨国公司的财务状况受转移定价的影响。第四，风险因素受制于投资者的评估，在不同时间段可能

[1] OECD, Policy Roundtables: Excessive Prices, 2011, pp. 62 – 71.

[2] OFT, Assessing Profitability in Competition Policy Analysis, Economic Discussion Paper6, prepared by OXERA, 2003.

发生显著变化。但是，尽管存在各种技术性困难，上述模型已被许多反垄断执法机构在个案中成功运用。比如，英国 OFT 在 Napp 案成功采用了资本收益率分析法。

（二）销售利润率分析法

在个案中，如果资本收益率分析缺乏可操作性，销售利润率分析法可作为一个次优方案。销售利润率分析法又称价格－成本比较法，或成本加合理利润比较法，它关注价格与成本的差额，通过考察产品价格减去成本之后与价格的比值（即，p－c/p）衡量销售利润率。销售利润率分析法的原始依据是，在完全竞争条件下，价格等于边际成本，偏离边际成本的价格是市场力量的直接信号。当然，完全竞争仅是一种假设的理想状态。

销售利润率分析法的关键是确定产品的成本结构，这一貌似简单的分析框架实践起来却难以一蹴而就。个案分析中可能涉及的成本概念包括：边际成本（MC）、平均总成本（ATC）、平均可变成本（AVC）、平均固定成本（AFC）、短期平均成本（SRAC）、长期平均成本（LRAC）、长期平均增量成本（LRAIC）、长期平均可避免成本（LRAAC）等。恰当确定产品成本结构首先需要根据个案情形，在前述成本概念中作出取舍。

有评论者指出，销售利润率分析法对于创新密集型行业是无效的，该测试对于知识产权产品没有经济意义，因为边际成本相对于产品价值非常低，进而主张反垄断法不宜规制知识产权的高定价。[1]该主张构成了一个无效论证。以高通案为例，第一，执法机构不会仅仅根据高通专利与芯片产品边际成本低，就直接认定高通行为构成不公平定价。第二，根据高通案具体情形，执法机构能够判断前述各成本概念是否有助于定性，进而判断该案是否有必要采用销售利润率分析法。第三，如本节所述，销售利润率分析法并非不公平定价的唯一评估方法。即使该方法对于高科技行业缺乏可操作性，也不能直接推出反垄断法不宜规制知识产权高定价的结论。

---

〔1〕 大卫·埃文斯、张艳华、张昕竹："反垄断法规制不公平定价的国际经验与启示"，载《中国物价》2014 年第 5 期。

（三）价格比较法

价格比较法是评估不公平定价的第三个可选方案，主要包括地域价格比较、历史价格比较、竞争者价格比较三种类型。

三种比较类型各有优缺点以及需要特别注意的因素。比如，地域价格比较要求相比较的地域市场具有足够的可比性，否则直接的价格比较可能缺乏任何实际意义。竞争者价格比较则要求考量支配企业与所比较企业的成本，以及支配企业所处的特定市场环境，否则直接的价格比较有可能得出误导性结论。比如，个案中的较高价格可能并不表示该定价构成了不公平高价，而可能意味着较低价格构成了掠夺定价。

表2　价格比较法：类型与若干案例〔1〕

类型	案例
地域价格比较（关注企业在不同地域市场上的价格、成本或利润率水平）	欧盟 United Brands 案、欧盟 Helsingborg 港口案、德国燃气价格案、瑞士移动网络接入费率案、英国 Napp 案、阿尔巴尼亚移动电话费率案
历史价格比较（关注支配企业不同时期的价格、成本或利润率水平）	欧盟 United Brands 案、欧盟 British Leyland 案、德国燃气价格案、捷克有线电视案、英国 Napp 案
竞争者价格比较（关注支配企业竞争者价格、成本或利润率水平）	欧盟 United Brands 案、英国 Napp 案

此外，笔者认为，可以将客户价格比较作为价格比较法的第四种类型。支配企业对不同客户设置不同的价格，在一定条件下有可能被认定为剥削型或排他型歧视定价。但是，客户价格差别有时能够辅助不公平定价的认定，因而在不公平定价案件中不应被忽视。比如，在英国 Napp 案中，Napp 公司对其缓释吗啡产品在销往大型医院渠道时实施排他低价，销往社区药店渠道时实施剥削高价，客户价格差别成为 OFT 认定 Napp 实施过高定价的一个重要因素。OFT 同时认定 Napp 对大型医院渠道的排他低价违法，但未使用“掠夺定价”这一概念，推定 Napp 产品定价未低于成本。尽管 OFT 决定书中未最

〔1〕 引证案例分别转引自 OECD, Excessive Prices, 第 98－100、95－97、101－103、279－280、31、177、287、104－105、71、216－219 页。

后定性，但 Napp 实施的客户差别定价有可能单独构成剥削型歧视定价。

Napp 案进一步说明，剥削型滥用和排他型滥用的界限并非泾渭分明。就价格行为而言，形式上不同的定价行为能够相互辅助；形式上相同的定价行为从不同角度观察可能分别构成剥削型或排他型滥用。因此，应避免僵化分类对深入评估造成障碍。除表 1 列出的主要涉嫌违法行为，高通还涉及对不同客户的歧视定价。该行为是否能够支持不公平高价的认定，是否有必要被单独认定为歧视定价均是值得思考的问题。

（四）综合评估法

寻求评估不公平定价的普适方法显然是困难的。资本收益率分析法、销售利润率分析法、价格比较法三种方案彼此独立。在个案中，依赖一种方案可能难以保证评估结果足够可靠，如果数据可获得，同时采用一种以上方案，相互验证评估结果能够提高可靠性。因此，根据个案情形同时采用多种可选方案的综合评估法是明智的。

比如，瑞士竞争委员会在 2007 年移动网络接入费率案中，通过整合多种方法分析评估瑞士电讯公司（Swisscom）的价格、利润和成本，最终认为所有证据充分证明瑞士电讯实施了过高定价。[1] 在英国 Napp 案中，公平贸易办公室通过运用“优势证据法”分析得出可接受的利润率。[2]

四、应对单独的不公平定价行为：何时启动反垄断规制

高通同时涉嫌剥削型和排他型滥用行为，应根据我国《反垄断法》进行合法性评估与规制。但是，对于单独的不公平定价案件，即，支配企业实施过高或过低定价但未伴有明显的排他行为，《反垄断法》的作用不应被忽视。特别是，我国现阶段正处于全面深化市场经济改革时期，不公平定价的反垄断规制具有显著的现实意义和必要性。本节对此略作展开。

对单独的不公平定价案件是否有必要启动反垄断规制，大致能分出两个

---

〔1〕 Switzerland Competition Commission, Terminierung Mobilfunk, LPC 2007/2, pp. 241－399.

〔2〕 OFT Case CA98/2/2001, Napp Pharmaceutical Holdings Ltd, 30 March 2001; Napp Pharmaceuticals Holdings Limited and Subsidiaries v. Director General of Fair Trading, 〔2002〕 CAT1.

阵营。以美国为代表的极少数国家可以称为“自由放任派”。此派主张《反垄断法》不应干预支配企业单独的高定价行为，干预有可能打击动态效率，而高价吸引市场进入，因此市场能够自我矫正，所以《反垄断法》应仅仅关注支配企业的排他行为。

与自由放任派形成对比的是以欧盟为代表的“规制派”，包括欧盟所有成员国，也包括许多非欧盟国家和地区，如印度、俄罗斯、南非以及我国台湾地区。规制派认为不公平定价导致消费者福利损失，特别是在一定条件下市场失灵，丧失自我矫正能力，因此《反垄断法》有必要规制支配企业的定价行为，而支配企业同时实施排他行为并非认定不公平定价的前提。

尽管在立法与法理上基本形成共识，规制派认识到不公平定价案件的复杂性，主张审慎执法，基于经济学和法学文献，总结出启动规制的若干考量因素。下述考量因素实质提高了启动规制的门槛，并非各国法律的强制性规定，但逐步被执法机关参照，用以评估对不公平定价启动反垄断规制是否必要，以及是否与执法重点相一致，因而对我国有一定的借鉴意义。

（一）相关市场存在非暂时性高进入障碍

相关市场存在非暂时性高进入障碍是最为重要的考虑因素。进入障碍可以理解为相对于在位企业，意欲进入相关市场的企业所必须承担的额外成本，包括：管制障碍、规模经济、必要资本量及沉没成本、在位企业的排他策略等。当相关市场存在非暂时性高进入障碍时，比如，当管制障碍导致市场竞争匮乏，竞争压力无法在可预期的时间内矫正支配企业的不公平定价，反垄断执法机构也无法通过规制在位企业的排他行为有效矫正其定价行为。此时，执法机关即有必要关注和规制支配企业的不公平定价行为。市场进入障碍越高，持续时间越长，反垄断执法的必要性就越显著。

（二）经营者基于排他权或特殊权利取得超级支配地位

第二个考量因素是经营者是否基于排他权或特殊权利取得超级支配地位或近乎垄断地位。支配企业的市场力量越大，市场在可预期的时间内自我矫正的能力就越弱。如果超级支配地位是基于既往或现有法定排他权或特殊权利而取得，如：市场化改革中的国有企业或行政性垄断企业，《反垄断法》应特别关注该等企业的不公平定价行为。

（三）相关市场缺乏行业监管机构或行业监管失灵

当相关市场缺乏行业监管机构或行业监管失灵时，《反垄断法》有可能成为最后的救济措施，因而有必要规制企业的不公平定价行为。行业监管失灵既可能表现为监管者由于被“俘获”而不作为，也可能表现为监管者的授权职责未包括价格规制。

五、对不公平定价持宽容态度的片面性与局限性

根据经合组织2011年政策圆桌报告《过高定价》，在提交答复的15个经合组织成员国、欧盟以及8个观察员国家与地区中，仅有美国、澳大利亚、墨西哥、印尼4国不直接通过《反垄断法》规制单独的过高定价行为，是“例外”而非“惯例”。这种例外有其历史、经济和政治原因。前述各国一方面通过开放市场、促进竞争确保价格合理，另一方面以其他手段规制高价，并非对不公平高价放任自流。

有关不公平高价的争论在世界范围内仍在继续。但将“个别国家例外论”标榜成反垄断规制的“国际共识”，是对经合组织《过高定价》报告的仓促概括。[1]而为不公平高价行为披上效率与创新的炫目外衣，纯属断章取义、误导公众。值得注意的是，个别国家官方、企业及其顾问近年来大力呼吁：《反垄断法》不是价格管制的恰当工具，自由定价权是企业经营自主权的核心；以《反垄断法》干涉高定价、高利润，企业创新与投资动力均有可能被严重挫伤。

主张审慎、稳健的反垄断执法有理有据，是现代反垄断制度的必然要求，但没有理由武断地将定价行为的反垄断规制简单等同于价格管制。价格管制通常由行业监管者对受监管行业的价格进行事前规制，与反价格垄断执法的事后规制措施具有实质区别。而且，定价行为的反垄断规制并不要求执法机

〔1〕 大卫·埃文斯、张艳华、张昕竹：“反垄断法规制不公平定价的国际经验与启示”，载《中国物价》2014年第5期。

构必须明确设定具体费率。比如，在IDC案中，国家发展改革委未直接干预许可费率，通过限制IDC滥用禁令救济而保护善意被许可人，为消除该案涉嫌垄断行为的后果提供了有效救济。

此外，规制不公平高价可能挫败创新与投资的观点不应被夸大，该观点并不能正当化任何企业所有的定价策略。正如高通案所展示的，对于支配企业制定的高价或区别定价，客户往往因为别无选择而不得不承受，客户与竞争者的创新与投资动力均备受打击。在支配企业及其客户和竞争者之间厚此薄彼的反垄断执法缺乏合理性与正当性。因此，反垄断执法机构对支配企业限制竞争、攫取最大利润、损害消费者福利的不公平定价行为需要保持警惕，根据个案具体情形及中国市场竞争条件，批判借鉴他国经验，做到有理有利有节，切实维护市场公平竞争。

六、结语

高通专利许可模式并非基于与被许可人的公平谈判，而是滥用市场支配力量的结果，剥削下游厂商和消费者，排斥竞争，显著缺乏公平性和正当理由，涉嫌违反《反垄断法》，也违背高通作为标准必要专利持有人必须遵守的FRAND承诺。高通的专利许可模式实质损害中国市场竞争和消费者福利，阻碍创新，不符合包容性发展和全球技术发展大趋势。不公平高价许可费、苛刻的许可条件加捆绑，最终会将专利保护推进死胡同。因此，高通的专利许可模式需要改变。比如，判断合理许可费有若干方法与考量因素，高通有可能根据“最小销售单元”原则，以其标准必要专利覆盖的基带芯片组为基础计费。

以美国公司为代表的技术密集型跨国企业依靠其产业引领和技术优势，惯常以知识产权保护之名，行知识产权滥用之实。一方面强推高标准的知识产权保护，另一方面设置知识产权网络，攫取畸高许可费，通过搭售、捆绑、恶意诉讼等手段，打击竞争，剥削消费者。我国是技术输入大国，高通案说明知识产权滥用行为应引起政府和企业的高度重视，知识产权滥用的反垄断规制将成为执法的重要内容。

案件2　利乐公司滥用市场支配地位案

〔案件概要〕

国家工商行政管理总局于2012年1月立案调查利乐涉嫌滥用市场支配地位行为。经查，2009－2013年期间，利乐实施了下列滥用市场支配地位行为：①没有正当理由，在销售纸基无菌包装设备时搭售包材；②没有正当理由，与大陆市场中唯一的牛底纸生产商佛山华新包装股份有限公司及其子公司珠海经济特区红塔仁恒纸业有限公司合作开发牛底纸时，要求后者排他性地为利乐及其关联公司生产液态包装原纸；③实施排除、限制竞争的忠诚折扣，包括追溯性累计折扣和个性化目标折扣。

国家工商行政管理总局认为，利乐公司的上述行为分别违反了《反垄断法》第17条第1款第5项、第4项和第7项的规定，构成了滥用市场支配地位行为，并据此责令利乐公司停止违法行为，对利乐公司处以2011年度在中国大陆相关商品市场销售额7%的罚款，合计667 724 176.88元人民币。

〔案件评析〕

利乐滥用市场支配地位案的示范价值

孟雁北 *

2012年1月，国家工商行政管理总局根据相关企业投诉，对利乐涉嫌滥用市场支配地位行为立案调查。经调查，国家工商行政管理总局认为，2009年至2013年期间，利乐利用其在中国大陆液体食品纸基无菌包装的设备市场（以下简称设备市场）、纸基无菌包装设备技术服务市场（以下简称技术服务市场）和纸基无菌包装材料市场（以下简称包材市场）的支配地位，实施没

* 孟雁北，中国人民大学法学院教授、博士生导师。

有正当理由搭售、没有正当理由限定交易以及排除、限制竞争的忠诚折扣行为，构成了《反垄断法》第17条第1款第4项、第5项和第7项规定的滥用市场支配地位行为，并于2016年11月对利乐滥用市场支配地位行为依法做出了行政处罚，合计罚款约6.67亿人民币。长达47页的利乐案行政处罚决定书，对利乐构成滥用市场支配地位行为进行了详尽的反垄断分析和说理，对我国反垄断执法、司法机关认定滥用市场支配地位行为，以及经营者遵守《反垄断法》的规定产生较好的示范价值。

一、利乐案体现了认定滥用市场支配地位行为严密的逻辑分析框架

在我国已经出现的一系列滥用市场支配地位案件中，已经逐渐达成一个共识，即如果要想很清晰地把滥用市场支配地位行为证成的话，通常需要认定市场支配地位、认定滥用行为且不具有正当理由、认定具有反竞争效果的三步分析框架，且在认定市场支配地位时通常需要进行相关市场界定。不过，尽管系列滥用市场支配地位案件已经形成上述分析框架的共识，但一旦到了具体的个案中，上述分析框架可能会变得复杂，已经达成共识的分析框架也会面临诸多特殊考量要素从而具有一定的灵活性。

利乐案行政处罚决定书通过论证分析回应了关于认定滥用市场支配地位行为的争议问题。例如，对于我国《反垄断法》第17条第1款第1-6项规定的搭售、限定交易等典型滥用市场支配地位行为，是否需要单独论证排除、限制竞争的后果要件就存在一定的争议，从《反垄断法》具体法律规定中也较难推导出滥用市场支配地位的分析框架中必须具备认定排除、限制竞争的后果要件，但是，如果结合反垄断法产生和发展的历史进程，尤其是反垄断法的立法目标，可以得出排除、限制竞争后果要件的不可或缺性。因为反垄断法最重要的立法目标是反对垄断行为和保护竞争，如伯吉斯所言："反垄断法的目的是简单明确和不存在争议的，就是要保护竞争。"[1]我国《反垄断

[1] [美]小贾尔斯·伯吉斯：《管制和反垄断经济学》，冯金华译，上海财经大学出版社2003年版，第168页。

法》第1条也规定："为了预防和制止垄断行为，保护市场公平竞争，提高经济运行效率，维护消费者利益和社会公共利益，促进社会主义市场经济健康发展，制定本法。"正因为如此，我国大多数滥用市场支配地位行为案件的分析框架均要求进行反竞争的效果评估。在利乐案中，反垄断执法机构也对搭售行为和限定交易行为的反竞争效果进行了分析论证。关于搭售行为的反竞争效果，执法机构认为，"利乐实施的搭售明显具有不合理性和严重的反竞争后果，因为它是在包材生产标准化和客户在市场上有很多选择的情况下，凭借其在相关设备市场或相关技术服务市场上的支配地位，以各种方式限制和诱导客户使用利乐的包材。这在本质上就是通过搭售，将其在前两个市场的竞争优势不公平地辐射到了包材市场，由此不合理地加强了利乐在包材市场上的支配地位，而且将其他包材生产商不公平地置于不利的竞争境地，从而不公平地限制了包材市场的竞争。"关于限定交易行为的反竞争效果，执法机构认为，利乐限制红塔与其他包材厂商就牛底纸项目进行合作，限制红塔使用非专有技术信息，影响红塔向其竞争对手提供牛底纸的能力，实质上是凭借其在包材市场上的支配地位，排除、限制包材市场的竞争。[1]因此，利乐案的逻辑分析框架具体为：（1）在界定相关市场的基础上认定经营者在相关市场上是否具有市场支配地位；（2）认定具有市场支配地位的经营者是否从事了《反垄断法》禁止的滥用行为；（3）分析滥用行为是否产生了排除、限制竞争的后果。该案行政处罚决定书遵循上述分析框架，层层递进，逐一展开论述，最终得出了利乐集团相关企业滥用其在设备市场、技术服务市场、包材市场的支配地位，实施了没有正当理由搭售、没有正当理由限定交易和排除、限制竞争的忠诚折扣行为的结论，逻辑严密，说理清晰，在评估反竞争效果时，面对排除、限制竞争的后果要件应否作为典型滥用市场支配地位行为成立的要件之一的争论，利乐案在滥用市场支配地位行为的认定中，体现了排除、限制竞争后果要件的不可或缺性，并通过遵循严密的逻辑分析框

〔1〕孟雁北："论禁止滥用市场支配地位行为的分析框架——以利乐反垄断案为例"，载《竞争政策研究》2017年第3期。

架力图实现反垄断法对市场主体经营自主权的尊重与限制之间的平衡，可以成为反垄断理论研究和实践探讨的一个典型案例。

二、利乐案体现了反垄断案件对个案分析原则的遵循

依据要件主义的思维范式，我国反垄断执法与司法针对滥用支配地位行为的认定已经形成了较为固定的分析框架，但是每个案件所发生的行业和领域不同，经营者商业经营模式不同，市场竞争结构和集中度不同，市场经营者的竞争力量对比不同，因此不同的滥用市场支配地位行为案件，还需要遵循个案分析原则来进行具体的认定判断。

例如，任何因素在界定相关市场时的作用都不是绝对的，需要根据案件的不同情况有所侧重。界定相关市场是检验与评估一个企业面临的竞争约束，以及其行为对竞争产生影响的重要工具之一，[1]经常会成为反垄断案件的争议焦点。为回应界定相关市场所面临的难题，不仅出现了假定垄断者测试这样的定量分析方法，也出现了一些新的分析工具。例如，定价压力测试以及其他工具被用于经营者集中案件中的相关市场界定；而在滥用市场支配地位案件中，若存在与反竞争行为的直接效应相关的证据或者其他有关滥用行为的确凿证据，这些新的分析工具也被提议使用。也有观点认为，界定相关市场本身不是目的，不是任何竞争分析都需要将界定相关市场作为分析的第一步，不是所有的案件都需要界定相关市场。根据我国《国务院反垄断委员会关于相关市场界定的指南》的规定，界定相关市场有定性分析与定量分析两种方法，其中定性分析方法的核心是需求替代分析与供给替代分析，定量分析方法主要是假定垄断者测试方法。利乐案在界定相关市场时，反垄断执法机构基于本案客观实际情况主要是从需求替代性和供给替代性两个角度进行分析，并通过《液体包装设备验收规范》将液体食品包装设备按照技术特点划分为无菌和非无菌包装设备，按照包装材料的不同划分为纸基、塑料及复合材料、玻璃和金属，对相关商品市场进行了限缩和分类。反垄断执法机

---

〔1〕 OECD. Market Definition. DAF/COMP（2012）19. p. 11.

构认为无菌设备相较于非无菌设备技术特征明显，并且更适合我国地域辽阔、产奶地主要在北方的特点，纸基包装相较于其他包装材料也更符合液态奶包装的无菌性能要求。消费者一旦选定，再转向其他包装设备具有较高的转换成本，无菌与非无菌，纸基与其他包装材料都没有可替代性，进而认定相关产品市场为纸基复合材料无菌包装设备市场。同时，也注重从市场进入障碍以及供给成本转换两方面进行供给替代分析，由于进入纸基无菌包装设备市场需要较高的资金和技术门槛，使得非无菌、非纸基的包装设备经营者无法进入该市场，即使是相邻包装设备行业的生产厂商也无法进行迅速转产，因此，认定液体食品纸基复合材料无菌包装设备市场是一个独立的相关产品市场。技术服务市场以及包材市场也是按照这样的方法进行的相关市场界定。在利乐案中，由于经营者竞争的市场范围相对清晰，就没有考虑定量分析方法、新的分析工具，或者淡化相关市场界定而直接通过竞争约束来评估经营者的市场力量，而是选择了定性分析方法，并在定性分析时同时采用了需求替代分析与供给替代分析两种替代分析方法，其他的滥用市场支配地位的相关市场界定就不一定如此，如奇虎诉腾讯滥用市场支配地位案。

再如，市场支配地位是指一个经营者或者数个经营者在相关市场具有的能够控制商品价格、数量或者其他交易条件，或者能够阻碍、影响其他经营者进入相关市场能力的市场地位。这里的“其他交易条件”，是指除商品价格、数量之外能够对市场交易产生实质影响的其他因素，包括商品等级、付款条件、交付方式、售后服务、交易选择权和技术约束条件等。这里的“阻碍、影响其他经营者进入相关市场”，是指排除、延缓其他经营者进入相关市场，或者导致其他经营者虽能够进入相关市场但进入成本大幅度提高，无法与现有经营者开展有效竞争等。根据我国《反垄断法》第 19 条和第 18 条的规定，认定市场支配地位主要有推定分析模式和认定分析模式。所谓推定分析模式，是指依照法律规定，从已知的基础事实推断主体法律状态的过程。为了降低反垄断执法机构和司法机关的评估难度，减少工作量，也为了降低当事人的举证难度，提高法律的实施效率，许多国家的《反垄断法》都规定了可以推定经营者具有市场支配地位的情形。[1]所谓认定分析模式，是指经营者是否具有市场支配地位，可以综合考量各种要素认定。目前我国反垄断执法和司法在认定市场支配地位时大多选择了认定分析模式，同时考量要素在认定作用上的权重因个案事实及具体行业特性会有所不同，这主要源于市场份额很难直接决定支配地位，决定支配地位的恰恰是"经营者控制市场的能力"，而市场份额仅仅是控制市场的结果和一般表征之一。[2]尽管具体采用何种分析模式来认定市场支配地位，应当结合个案所涉及的行为类型以及产业特点等来综合判断，但越来越多的案例表明，市场份额在决定经营者的市场支配地位时起到的作用已经相对微弱，因此推定分析模式面临被反垄断执法与司法实践搁置的可能性，甚至可能导致《反垄断法》第19条成为沉睡条款。不过，虽然利乐案在认定市场支配地位时采用的是认定分析模式，但与其他滥用案件不同的是，纵向一体化商业模式对利乐案中市场支配地位的认定有较为重要的影响。经济学上，沿产业链若干环节的业务布局称为纵向一体化，利乐对设备的经营实际上为其下游的包材及其他增值技术服务建立了可靠的分销体系，技术服务与包材也可建立密切的关联，从而最大程度地强化了利乐纵向一体化经营的盈利能力，[3]而纵向一体化的盈利能力也是衡量经营者是否具有市场支配地位的重要因素之一。利乐案在认定市场支配地位时，基于我国认定市场支配地位主要有推定分析模式和认定分析模式两种选择，遵循个案分析原则采用了认定分析模式，在认定分析模式的实施中，遵循个案分析原则关注了利乐纵向一体化商业模式对市场力量的影响，都在一定程度上验证了反垄断案件的分析论证中个案分析原则的重要性。

三、利乐案体现了反垄断案件中法律分析与经济学分析、行业分析的有机融合

反垄断案件是法律分析、经济学分析与行业分析天然融合的样本，利乐

---

〔1〕 刘继峰：《反垄断法》，中国政法大学出版社2012年版，第195页。

〔2〕 刘贵祥："滥用市场支配地位理论的司法考量"，载《中国法学》2016年第5期。

〔3〕 袁嘉、郝俊淇："滥用市场支配地位搭售行为的认定辨识——以"利乐案"为例"，载《理论与改革》2015年第4期。

案也证明了这一点。例如，滥用市场支配地位行为违法性判定除了要证明滥用行为的存在之外，还需要排除经营者的行为“具有正当理由”的情形，经营者也有权基于“正当理由”进行抗辩。经营者主要的抗辩理由是效率抗辩、安全必要性抗辩、防止搭便车抗辩、应对竞争性抗辩等。我国反垄断实践中滥用市场支配地位行为认定中的正当理由主要是指行为具有经营上的合理性，包括为了保证产品质量和安全的；为了维护品牌形象或者提高服务水平的；能够显著降低成本、提高效率，并且能够使消费者分享由此产生的利益的；是商业经营活动所允许的，如特许经营；能够证明行为具有正当性的其他理由。[1]

如果经营者进行效率抗辩，因为效率是反垄断法的重要价值目标，在波斯纳法官眼中，效率甚至是反托拉斯法的唯一价值目标，而此时的效率既包含生产效率又包括配置效率，前者强调经营者必须带来社会总福利的增加，后者则要求经营者行为需产生消费者福利，[2] 反垄断法律分析就天然地与经济学分析融合在一起了。例如，利乐案反垄断执法机构就关注到：目前经济理论研究认为，限定交易是一种很普遍的企业市场策略性行为，很多情况下会带来效率收益；限定交易行为要产生限制竞争效应需具备严格的前提条件；限定交易既可能具有效率原因，又可能具有策略性原因。限定交易的效率原因主要体现为专用性投资增加、成本节省、激励效应、降低价格非效率，帮助生产商获得终端信息等；限定交易的策略性原因主要体现为通过限定交易划分市场，排斥竞争对手，垄断被限定交易产品市场、保护其在限定交易市场的垄断地位等。认定经营者从事限定交易行为是否具有正当理由应当与行为的反竞争效果结合起来分析。在利乐案中，利乐限制红塔与其他包材厂商就牛底纸项目进行合作，限制红塔使用非专有技术信息，影响红塔向其竞争对手提供牛底纸。尽管红塔的牛底纸生产技术向商业生产转化，利乐提供了相关参数进行调整、测试，但牛底纸的生产主要由原纸供应商研发生产完成，

---

〔1〕 吕明瑜：《竞争法教程》，中国人民大学出版社2008年版，第154－155页。

〔2〕 杨文明：“滥用市场支配地位规制中的正当理由规则研究”，载《河南财经政法大学学报》2015年第5期。

原纸供应商可以根据不同企业的要求调整产品参数，向不同客户提供各种产品，因此，红塔向第三方供应牛底纸并不影响其与利乐的合作开发，利乐的限定交易行为有悖行业常识和惯例，并不具备正当理由，但同时却严重限制了包材市场的竞争。行业常识和惯例在反垄断案件中被关注的事实又体现了法律分析与行业分析的有机结合。

利乐案还将多个滥用市场支配地位行为进行系统考量和分析，该案的执法机构分别认定了利乐集团相关企业在设备市场、技术服务市场、包材市场上都具有市场支配地位，也从事了搭售、限定交易、忠诚折扣等多个滥用市场支配地位行为，这些滥用行为交织在一起，共同排除和限制了包材市场的竞争。这也从另一个侧面表明认定滥用市场支配地位行为的复杂性和高难度，只有经过充分的行业分析、经济学分析和法律分析，经过严密的反垄断论证，才能得出经营者是否具有市场支配地位，是否滥用了市场支配地位的结论。

四、利乐案体现了滥用市场支配地位行为表现的包容性与开放性

各国（地区）反垄断法中很难找到对“滥用”概念所做的解释或界定，从另一个角度也可以解释为滥用市场支配地位的行为表现是多种多样，甚至是开放的。经合组织也认为，支配地位企业为维持或者增强市场地位而实施的反竞争的商业行为。在繁杂多样的商业行为中，哪些被认为属于滥用，因个案及国家（地区）的不同而不同。在不同的司法辖区内，有些同样的商业行为可能会有不同的后果。[1]我国《反垄断法》第 6 条规定：“具有市场支配地位的经营者，不得滥用市场支配地位，排除、限制竞争。”第 17 条规定：“禁止具有市场支配地位的经营者从事下列滥用市场支配地位的行为：……⑦国务院反垄断执法机构认定的其他滥用市场支配地位的行为。”因此，具有市场支配地位的经营者所从事的造成排除、限制竞争后果的任何滥用行为，都会受到《反垄断法》的禁止。在反垄断实践中如何实现滥用市场支配地位行为表

〔1〕 参见尚明：《对企业滥用市场支配地位的反垄断法规制》，法律出版社 2007 年版，第 158 页。

现的包容性与开放性问题上，利乐案勇敢地做出了尝试，对产生排除、限制竞争的忠诚折扣行为根据我国《反垄断法》第17条规定的“国务院反垄断执法机构认定的其他滥用市场支配地位的行为”做出分析判断认定裁决。

忠诚折扣是经营者以交易相对人在一定时期内累计的商品交易数量、交易金额、交易份额为条件或根据其他忠诚度表现给予的折扣。折扣是常见的商业行为，可以促进市场竞争，有利于消费者，但是具有市场支配地位的经营者实施的忠诚折扣与特定的市场条件相结合，产生明显反竞争效果时，应当予以规制。利乐案行政处罚决定书通过论证和分析认为，利乐集团相关企业的忠诚折扣将客户不可竞争部分需求捆绑可竞争部分需求，与其他折扣叠加运用，短期内对竞争对手造成封锁，导致竞争对手长期内无法与利乐在相同或相似的成本上竞争，其实质是凭借其在包材市场的支配地位实施排除、限制竞争行为，因此构成了“其他滥用市场支配地位的行为”。利乐反垄断案以典型案例的方式明确表明：经营者具有市场支配地位本身并不违法甚至可以说是合法的，但如果经营者滥用市场支配地位，从事排除、限制市场竞争的其他滥用行为，也同样会受到《反垄断法》的禁止。

当然，在探究经营者的行为是否构成《反垄断法》禁止的滥用市场支配地位行为时，一定会存在不同观点的争论和讨论，但正是通过对像利乐案这样的典型案例的研讨，《反垄断法》的理论研究和实践能力才会不断提升，而反垄断典型案例一定会是对《反垄断法》最好的解读，也会起到倡导竞争文化的作用，并进而对市场主体的合规经营和产业健康发展起到指引作用。

利乐滥用市场支配地位案案评：颇具示范性的忠诚折扣分析框架

叶高芬*

2016年11月16日，随着国家工商行政管理总局[1]（以下简称“总局”或执法机关）对利乐滥用市场支配地位一案（以下简称“利乐案”）的处罚决定书（工商竞争案字［2016］1号）[2]的公示，公众瞩目的利乐案反垄断调查终于尘埃落定。因滥用市场支配地位，利乐公司被处以2011年度在中国大陆相关商品市场销售额7%的罚款，合计约6.68亿元人民币。根据处罚决定书，利乐公司被认定实施了三种类型的滥用市场支配地位的行为：实施无正当理由的搭售、限定交易和忠诚折扣。其中的忠诚折扣行为继Intel案[3]之后，成为学界和实务界讨论的焦点。从处罚决定书就可以看出，总局对利乐案的行政执法颇具示范性。

本文聚焦利乐案中的忠诚折扣分析框架，评析总局的行政执法亮点，并比较同等效率竞争对手测验（As Efficient Competitors Test）和提高竞争对手成本测验（Raising Rivals'Cost Paradigm）两种分析范式的适用，最后，通过比较Intel案的最新进展提出粗浅的思考。

---

* 叶高芬，法学博士，腾讯研究院竞争与发展研究中心主任，中国社会科学院国际法研究所竞争法研究中心研究人员，浙江省竞争法学研究会秘书长。本文仅代表个人观点，文责自负。

〔1〕现为国家市场监督管理总局竞争执法局，为方便叙述，本文仍使用“国家工商行政管理总局”的旧称。

〔2〕参见国家工商行政管理总局行政处罚决定书（工商竞争案字［2016］1号）。

〔3〕Intel案基本案情：因竞争对手ADM的投诉，2004年开始，欧盟委员会对英特尔公司展开反垄断调查；2009年欧盟委员会对英特尔公司罚款10.6亿欧元；英特尔公司不服，向法院起诉要求撤销委员会的决定；2014年6月欧盟初审法院驳回其诉讼请求；英特尔公司不服判决随后上诉；2017年9月欧洲法院判决将此案发回初审法院重审，本案目前仍处于审理阶段。故下文又称Intel上诉案。

一、亮点

（一）首用《反垄断法》兜底条款

我国是实行成文法的国家，由于立法技术不够成熟和转型社会中的新问题、新情况不断出现，立法者很难预设法律需要规范的所有情形，因此，成文法难免出现立法的相对滞后性。为增强法律实施的可操作性，“兜底条款”的设置成为重要立法技术之一。我国《反垄断法》里有不少兜底条款，例如第17条第1款第7项，“禁止具有市场支配地位的经营者从事下列滥用市场支配地位的行为：①……⑥；⑦国务院反垄断执法机构认定的其他滥用市场支配地位的行为”。在法律实施的初期阶段，兜底条款显然有着不可或缺的功能和价值。

对于忠诚折扣，我国《反垄断法》和执法机关有关部门规章都没有作出规定。在利乐案中，总局首开行使自由裁量权、适用《反垄断法》兜底条款之河，即，根据第17条第1款第7项这个兜底条款对忠诚折扣行为的合规性问题作出认定和规制。这种执法实践具有重要的理论和实践意义，对于企业合规也具有重大的指导价值，同时，这也说明了，已经实行十年的我国的《反垄断法》已有不能适应社会新发展之虞，《反垄断法》的修法或执法机关出台更多的细则规定，已成众望所归之事。

（二）甄别核心的忠诚折扣行为，深入分析诱导效应

1. 甄别核心的忠诚折扣行为

处罚决定书指出，2009－2013年期间，利乐在包材业务上实施的折扣种类多达数十种，且许多折扣政策同时使用。利乐的折扣政策主要包括：

第一，单一追溯累计折扣，即根据单个客户一年内购买单一品种包材的累计数量，按照预先设定的阈值给予累进折扣的折扣政策，如2009年利乐砖（TBA）、利乐枕（TFA）的年度包材销量折扣（AVD）和单品设计折扣（IDI）等。

第二，复合追溯累计折扣，即在单一追溯累计折扣的基础上，将两个以上品种的包材产品的购买数量合并累加计算，并给予统一折扣或在单一追溯

累计折扣的基础上额外折扣。

第三，个性化采购量目标折扣，即以特定客户一定时期内采购产品达到或超过目标比例或个别固定的数量为条件给予的折扣，通常采取协议、备忘录等方式实施，体现为一定价款的折让或者其他优惠措施。

第四，特别折扣（SD）或例外折扣，即根据竞争形势和客户重要程度等具体情况，在既定政策范围以外还给予部分客户额外的折扣。

第五，品类折扣（CD），即特定的包材种类和包装内容物采用特定的包材折扣。

从名目繁多的数十种折扣中，执法机关敏锐地发现三种折扣行为（单一追溯累计折扣、复合追溯累计折扣和个性化采购量目标折扣）性质相似，即都是意在巩固和提升客户对本企业产品的"忠诚度"。因而执法机关将之纳入忠诚折扣的范畴，并将忠诚折扣定义为"经营者以交易相对人在一定时期内累计的商品交易数量、交易金额、交易份额为条件或根据其他忠诚度表现给予的折扣"，[1]还从中甄别出核心和基础的忠诚折扣行为。

（1）核心的忠诚折扣行为——追溯累计折扣。执法机关在本案中重点关注的忠诚折扣—单一追溯累计折扣和复合追溯累计折扣实际上可以概括为追溯性累计销量折扣（简称追溯折扣），追溯折扣一般是与增量折扣相对而言的，追溯折扣指客户一定时期的购买量达到特定阈值时，该客户会得到某个单价折扣，该折扣追溯适用于这一时期该客户的所有累计购买量，可以溯及第一个购买量，所以又被称为 first - dollar discount；而增量折扣只针对客户的超过特定"阈值"的那些购买量提供折扣，折扣只适用于增量部分。[2]例如英航案中的英航最初采用的激励机制，即规定代售飞机票年营业额 50 万英镑以上的旅行社，如果本年度代售的飞机票超过上一年度的代售量，可以根据增加的销售额得到额外的报酬。

---

〔1〕 参见国家工商行政管理总局行政处罚决定书（工商竞争案字［2016］1 号）。

〔2〕 See Commission of the European Communities, *Guidance on the Commission's Enforcement Priorities in Applying Article* 82 *EC Treaty to Abusive Exclusionary Conduct by Dominant Undertakings*, 1 (Dec. 2008), § 36.

（2）基础的忠诚折扣行为——个性化目标折扣。个性化目标折扣是执法机关关注的基础的忠诚折扣行为。个性化目标折扣一般是相对于标准化折扣而言的。前者是根据各个客户的总购买需求来“量身定做”，以设定具体的百分比目标或购买量目标作为得到折扣的阈值。而后者所设的阈值对全部或某一客户群来说是统一的。〔1〕

2. 深入分析忠诚折扣行为的诱导效应

利乐忠诚折扣行为的诱导效应主要表现在以下两个方面：

首先，在利乐所设计的追溯累计折扣体系中，由于其折扣基数追溯累计计算，客户的总支付在阈值处会出现陡降，即在阈值附近的实际价格为 0 甚至为负数。当客户采购量达到或超过阈值时，会出现采购量增多而总支付却减少的情况，即出现总支付陡降现象。正是这种总支付倒挂现象，可以吸引客户尽可能多地购买产品，以便达到阈值享受更高折扣。追溯累计折扣的阈值间距和折扣幅度的设置是发挥诱导效应的重要因素。

而利乐公司单一追溯累计折扣和复合产品折扣〔2〕的叠加设计，是在追溯性、累计性之外增加了复合性的特点。这种折扣方案可以形成最强的“诱导效应”，从而达到最大的“忠诚度”巩固和扩张效果。

其次，利乐公司采用个性化目标折扣，根据具体客户的情况量身定做折扣方案，比如设定某一销售目标，并以该目标的实现作为获取折扣的条件，这就锁定了客户的采购比例或采购量，诱导客户保持甚至增强“忠诚度”，增加了客户更换供应商的难度，从而消除或限制客户选择其供应品的选择自由，产生很强的封锁效应。

执法机关在决定书中对以上诱导效应的实施原理进行了直观又深入的分析，具有很强的示范性。

---

〔1〕 参见叶高芬：“欧共体竞争法中的忠实折扣”，载《中国社会科学院研究生院学报》2009 年第 6 期。

〔2〕 忠实折扣根据涉及产品的种类，还可分为单一产品折扣与复合产品折扣。单一产品折扣是指，客户购买企业的单一产品在一定时期内的购买量超过一定的“阈值”时得到的折扣，而复合产品折扣，有时也被称为捆绑折扣，是指在混合捆绑销售 的情况下企业为其客户提供的折扣，即，企业将可单独出售的不同产品捆绑起来以低于单件产品总价的价格进行折扣销售。

（三）采用国际前沿的"不可竞争需求－可竞争需求"的分析思路

利乐案另一颇具示范性的做法是，经济分析中采用了国际前沿的"不可竞争需求－可竞争需求"的分析思路来分析忠诚折扣行为的杠杆效应。

由于支配地位企业往往是市场上必不可少的供应商，基于消费者喜好或其他供应商的产能限制等原因，客户的一部分购买需求只能由该支配地位企业来满足，这部分需求即"不可竞争部分"的需求，而"可竞争部分需求"则可以同时由支配地位企业和其他企业满足。

在国际上，作为比较前沿的分析思路，区分"不可竞争需求－可竞争需求"并适用"折扣配置"原则（Discount Allocation or Discount Attribution）[1]已被开始应用于一些折扣案件中，例如Intel案、PeaceHealth案[2]和Information Resources案[3]等。著名的Hovenkamp教授也曾力倡采用"折扣配置"原则分析捆绑折扣行为，即，先计算竞争性产品的实际价格（通常是该竞争性产品的目录价格减去涉案企业提供给整个捆绑件的折扣金额），再将该实际价格与涉案企业的相应产品成本相比较。[4]

利乐案的经济分析团队也采用了这个"不可竞争需求－可竞争需求"的分析思路。即，将客户的总需求分为"不可竞争部分需求"（已有订单）和"可竞争部分需求"（增量订单），并具体分析了作为支配地位企业的利乐公司如何以"不可竞争部分"的需求为杠杆来增加其在"可竞争部分"需求市场上的份额，又如何以"可竞争部分"的较低定价诱引客户仍然保持向其增量购买，从而增强购买忠诚度。

具体来说，首先，利乐的个性化目标折扣方案锁定了特定客户的采购比例和采购量，在这个过程中，将原本的可竞争部分需求变为不可竞争部分需求，有效地增加了不可竞争部分需求规模，进一步压缩了其他包材厂商的可竞争空间。其次，利乐还对两个以上系列产品实施复合追溯累计折扣政策，

---

〔1〕 参见叶高芬："美欧捆绑折扣比较研究及其启示"，载《环球法律评论》2010年第5期。

〔2〕 See PeaceHealth, 515 F. 3d 883.

〔3〕 See Information Resources Inc. v. Dun & Bradstreet Corp., 359 F. Supp. 2d 307 (S. D. N. Y. 2004).

〔4〕 See Phillip E. Areeda & Herbert Hovenkamp, *Antitrust Law* § 749b2, at 246 (Supp. 2007).

由于其中部分系列产品为不可竞争的产品系列，在复合追溯累计折扣的条件下，其它包材厂商为从利乐市场份额内获取一部分可竞争系列产品的采购量，不仅要弥补客户在可竞争系列产品上的销量折扣损失，还要补偿其在不可竞争系列产品上的折扣损失，也就是说，竞争对手给予客户的总折扣金额不能低于客户因为转移利乐包材的采购量而失去的总折扣金额。而且利乐通常把复合追溯累计折扣与单一追溯累计折扣混合使用，这无形中进一步强化了单一追溯累计折扣的封锁效应。此外，利乐的其他折扣如品类折扣和特殊折扣方案也进一步降低了竞争对手需要匹配的价格，增加了追溯累计折扣的反竞争效果。[1]经济分析团队负责人谭国富教授还指出，当需求具有弹性，企业的成本具有差异时，利乐利用条件定价行为限制和影响竞争者的价格和销量的结论依然成立[2]。

上述分析直观地展示了利乐公司如何借助垄断性需求中不可替代的地位增强其在竞争性需求中的地位。也阐明了忠诚折扣的反竞争机制主要在于支配地位企业利用不可竞争部分需求限制和影响可竞争部分需求，其反竞争效应的程度主要取决于将不可竞争部分的市场势力传导至可竞争部分的能力。利乐案中的经济分析思路对未来的反垄断行政执法和司法工作都具有很强的参考价值。

（四）注重对忠诚折扣行为效果的分析

我国《反垄断法》第1条就明确指出，保护市场公平竞争，提高经济运行效率，维护消费者利益和社会公共利益是《反垄断法》的立法宗旨。因此，具有破坏市场竞争或损害消费者利益行为效果的行为要受到干预。

在利乐案中，通过一系列严谨的法律和经济分析，执法机关指出：

（1）当受到利乐忠诚折扣影响时，其他包材厂商被迫需要在利乐总折扣的基础上再额外让利，难以在长时期内以与利乐相似的成本参与竞争，因而忠诚折扣使得竞争对手长期销量不足、利润减少和产能利用率不足，无法获

---

〔1〕 参见国家工商行政管理总局行政处罚决定书（工商竞争案字［2016］1号）。

〔2〕 See Yong Chao and Guofu Tan (2017), "All－Unit Discounts: Leverage and Partial Foreclosure in Single－Product Markets", *Canadian Competition Law Review* 30 (1): pp. 93－110.

得与利乐同等的竞争能力，这会对竞争对手造成封锁，进而影响到包材市场的竞争和下游客户及消费者利益。在这种情况下，利乐的忠诚折扣存在反竞争效果。

（2）长期看，市场竞争力和生存空间会越来越小，会造成包材厂商投资意愿和市场预期的下降，潜在的竞争者也会因为市场预期的下降而止步。而现有其他包材厂商的竞争力下降及潜在竞争者的被阻止进入，会导致包材市场竞争的减弱，并最终损害消费者福利。

（3）在市场需求快速增长的背景下，2009 年至2013 年中国大陆市场众多中小包材厂商经营状况一直没有得到明显改善，无论是毛利率还是产能利用率一直在低位徘徊，一定程度上也说明了其生存发展受到阻碍的现实。〔1〕

谭国富教授还指出，“……排挤了包材竞争企业，利乐的优势进一步放大，这种放大方式是基于它的市场地位，而不是自身的技术改进、服务改进、降价等合理方式。在短期，公平市场竞争因此无法依靠那些小型企业的竞争行为得以恢复。由此，利乐的市场力量得以维持并且扩张；虽然市场中仍然存在其他诸多小型企业，但是利乐独大的市场结构不会改变”。〔2〕当利乐将上述折扣政策和搭售包材、限定交易等行为一同使用时，就会进一步限制竞争对手的销量和利润，提高对手的成本，对竞争对手造成封锁，损害包材市场的竞争和消费者利益。〔3〕

不难发现，以上分析紧紧围绕“是否损害市场竞争”和“是否损害消费者利益”两个后果要件展开。执法机关在利乐案中的行政执法立场充分体现了其对具有市场支配地位企业所实施的忠诚折扣行为之效果的高度重视，体现了对市场竞争（而非个体竞争者）和消费者权益的保护，这种注重“效果”的执法立场和国际做法是接轨的。

---

〔1〕参见国家工商行政管理总局行政处罚决定书（工商竞争案字〔2016〕1 号）。

〔2〕参见“专家：利乐公司的忠诚折扣特性与限制竞争的机制”，中国经济网，http://www.ce.cn/xwzx/gnsz/gdxw/201612/16/t20161216_18771899.shtml.

〔3〕See Fu，X. and G. Tan，Abuse of Market Dominance under China's Antimonopoly Law：The Case of Tetra Pak，Review of Industrial Organization，forthcoming. Or 谭国富：“利乐案中的折扣政策”，2017 年5 月26 日上海财经大学反垄断经济分析学术研讨会交流材料。

二、待揭晓：采用何种分析范式，AEC or RRC

目前，对忠诚折扣的分析范式，主要有以下两种：

（一）同等效率竞争对手（AEC）测验分析范式

同等效率竞争对手分析范式（As Efficient Competitors Test，简称 AEC 测验），即假想出经济效率上与支配地位企业的效率同等的竞争对手，估算出假想竞争对手为了能参与竞争不得已必须做出的定价（有效价格），并通过“价格－成本测试法”进一步衡量该有效价格与一定的成本基准之间的关系，从而评估涉案行为是否可能将该“同等效率竞争对手”排除出有效竞争。

经常使用的成本基准有两种：平均可避免成本（average avoidable cost）和长期平均增量成本（long－run average incremental cost）〔1〕。这样的成本基准将与上述方法估算出的“有效价格”进行比较。通常来说：只要“有效价格”始终高于涉案企业的长期平均增量成本，忠诚折扣通常不会受到干预。因为，尽管涉案企业提供忠诚折扣，“同等效率竞争对手”仍然可以在保障利润的情况下参与竞争。当“有效价格”介于平均可避免成本与长期平均增量成本之间时，对忠诚折扣是否干预则还需要进一步的分析。例如，需要考察是否存在阻碍“同等效率竞争对手”扩大产能或进入市场的其它因素。当“有效价格”低于平均可避免成本时，一般来说，忠诚折扣制度能够排挤竞争对手，即使是“同等效率竞争对手”也难逃被排挤的厄运。〔2〕正如美国著名反垄断学者 Areeda & Turner 所言，平均可避免成本是企业价格决策的下限，企业若非出于排除竞争对手的目的，将价格定在平均可避免成本之下是毫无道理的。〔3〕

AEC 测验借鉴于掠夺性定价的分析思路。其基本理念是如果是效率次于

---

〔1〕 长期平均增量成本（LRAIC），是指平均每生产一个单位产品所消耗的全部成本（包括可变成本与固定成本）。

〔2〕 参见叶高芬：“欧美忠实折扣比较研究及其对中国的启示”，载《比较法研究》2010 年第 5 期。

〔3〕 See Areeda，Phillip and Turner，Donald F.，Predatory Pricing and Related Practices Under Section 2 of the Sherman Act，Harvard Law Review，Vol. 88，pp. 732－733（1975）.

支配地位企业的企业，其无法参与竞争可能是正常竞争的结果，并不必然以支配地位企业的滥用行为为原因；如果是效率相等或优于支配地位企业的企业，其无法参与竞争极大可能是支配地位企业滥用行为的结果，但无需将佐证程度提高到这一高度。在2009年Intel案中，欧盟委员会就采用了AEC测验，认定Intel的忠诚折扣行为是滥用市场支配地位的行为。

（二）提高竞争对手成本（RRC）测验的分析范式

近年来，考虑到AEC测验可能带来的第二类误差（假阴性错误），美国学者将近30年期间产业经济学领域发展的用于一般性排他性滥用行为分析的提高竞争对手成本（Raising Rivals' Cost Paradigm，简称RRC测验）分析范式用于对忠诚折扣行为的分析。[1]

RRC测验，即考量支配地位企业是否凭借忠诚折扣等排他性滥用行为，提高了竞争对手争取客户或市场份额的成本，完全或者部分地封锁了竞争对手与客户或者供应商的交易，使得竞争对手不得不减少产量或提高价格，从而使得支配地位企业自己能够扩大市场份额并提高自己的价格，最终损害消费者利益。

两种分析范式的区别在于：AEC范式着眼于低价，其核心在于确定价格是否低于成本。而RRC范式分析的重点则是客户得到折扣所必须满足的条件，而不仅仅是折扣或价格水平本身。

根据利乐案处罚决定书的相关阐述“利乐的忠诚折扣迫使竞争对手以更大的折扣幅度匹配利乐的价格并参与竞争……在可竞争部分需求有限的情况下，竞争对手参与竞争的难度加大，甚至可能退出竞争”，以上两种范式均有可能被采用。鉴于分析范式研究的最新发展，笔者仔细揣摩决定书以上这段文字之后，本文猜测利乐案采用RRC分析范式的可能性更大，因为“竞争对手参与竞争的难度加大”应即意味着竞争对手参与竞争的成本被利乐公司的系列折扣政策抬高了，从而遭到排挤。但假设处罚决定书出于一定考虑（如

[1] See Salop，Steve C.（2016），The Raising Rivals'Cost Foreclosure Paradigm，Conditional Pricing Practices and the Flawed Incremental Price – Cost Test，Working Paper，Georgetown University Law Center.

保护涉案企业商业秘密），而没有将相关成本和有效价格比较的情况公示于众，也不排除 AEC 分析范式在利乐案中的采用。毕竟，公示的处罚决定书并没有明确说明采用了何种分析范式，答案尚有待揭晓。

在未来的执法实践中，如果能在处罚决定中明确说明分析范式的具体采用将能提供更明晰的指引。对企业的合规工作更加具有指导性意义。

三、思考

（一）小缺憾：处罚决定书中未说明“对涉案企业抗辩理由的考量”

由于滥用案件需要个案评估，其评估和分析步骤通常是五步法：第一，界定相关市场；第二，认定涉案企业是否具有市场支配地位；第三，涉案企业是否实施了《反垄断法》所禁止的行为；第四，对涉案企业提出的抗辩理由的考量；第五，基于这个考量来判定涉案行为是否违法。

根据公开的《利乐公司关于国家工商总局反垄断调查决定的声明》，“利乐大中华区总裁殷长勋先生表示，在为期四年多的调查过程中，利乐公司和国家工商总局就相关问题进行了富有专业性和建设性的讨论，尽管对结果感到遗憾，但利乐公司接受国家工商总局的处罚决定，并决定不提起上诉”，[1] 我们有理由相信，在这个讨论过程中，作为涉案企业的利乐公司已经将相关抗辩理由向执法机关传达且这些抗辩理由得到执法机关的考量，并形成了双方均接受的答案。

但是，略显遗憾的是，公示的处罚决定书里没有提及“对涉案企业提出的抗辩理由的考量”相关情况。如果能做一个适当说明，利乐案的查处将更显完美。

（二）忠诚折扣也可能构成差别待遇

另外，值得思考的是在一定市场条件下的忠诚折扣与差别待遇的关系。“忠诚折扣是指企业以客户在一定时期内累计的商品交易数量或根据其它忠诚

〔1〕 参见“利乐公司关于国家工商总局反垄断调查决定的声明”，利乐公司官网，https://www.tetrapak.com/cn/about/newsarchive/tetrapakstatementcn.

度表现而提供的折扣”。可见，忠诚折扣本质上是一种附条件的折扣，其条件是客户的忠诚度。基于客户不同的忠诚度，支配地位企业的供货价格有很大差异。当交易相对人不是终端消费者，而是经营性消费者（尤其是下游市场上具有竞争关系的经营者）时，下游市场上的某一经营者其竞争优势很可能源于支配地位企业的特殊安排而非正常竞争的结果，因此，忠诚折扣也可能以此渠道破坏下游市场的竞争秩序，这种反竞争效果也值得关注。

在这些客户（交易相对人）的条件相同的情形下，其忠诚程度显然不能成为支配地位企业提供差别待遇的抗辩理由。所以，从这个意义上说，忠诚折扣可谓支配地位企业在“忠诚客户”与“一般客户”之间实施的“价格歧视”，即价格方面的差别待遇。因此，忠诚折扣也可能触犯了我国《反垄断法》第17条第1款第（6）项规定的“没有正当理由，对条件相同的交易相对人在交易价格等交易条件上实行差别待遇”。

欧盟1999年英航案的判例就表明了欧盟委员会对该问题的关注。从欧共体的判例法来看，忠诚折扣其实兼具独家交易与价格歧视的性质，比如，在英航案中，委员会认为英航对旅行社的佣金和折扣制度违反了排他性折扣制度，因为这些激励机制是为了鼓励旅行社代售英航的机票，从而排挤其他航空公司，同时，各个旅行社基于不同“目标”得到折扣的做法又违反了条约第82条第2款（c）关于禁止价格歧视的规定，因为为英航代售相同数量飞机票的旅行社并不能得到相同数量的佣金。[1]

（三）对比 Intel 上诉案后的思考

利乐案和Intel上诉案最大的共同点是都涉及忠诚折扣。与利乐公司相似，Intel公司因对四家个人电脑厂商——Dell，HP，NEC和Lenovo分别设定了个性化目标折扣这种忠诚折扣方案（只有当这些电脑制造商的相关采购达到阈值，如，Dell及Lenovo必须全部从Intel公司购买x86’中央处理芯片，HP必须购足其需求量的95%，NEC必须购足其需求量的80%时，Intel才提供折扣），其行为引发竞争执法机关的干预。

〔1〕 参见王晓晔：《欧共体竞争法》，中国法制出版社2001年版，第260页。

如上文提及的，Intel 不服欧盟委员会于 2009 年开出的 10.6 亿欧元罚单，诉至欧盟初审法院并于 2014 年遭驳回，Intel 又上诉至欧洲法院。在利乐案结案后的次年即 2017 年 9 月，Intel 迎来了“发回初审法院重审”的逆转。

然而，我们应该注意到，Intel 案出现逆转局面的原因并不是欧盟委员会的 AEC 分析范式遭到质疑，而是因为上诉法院认为初审法院没有全面评估英特尔公司提出的针对欧盟竞争委员会所做的 AEC 测验的抗辩理由。[1] 上诉法院指出，虽然初审法院遵循的是“准本身违法”原则（quasi－per se rule），但既然欧盟委员会对 Intel 案进行了 AEC 测验，初审法院就应该全面评估相关测验结果。上诉法院同时指出，此类忠诚折扣的案件就应该遵循“效果”原则（effect－based approach）进行分析。当然，在重审过程中，欧盟委员会所做的 AEC 分析范式是否能够顺利通过，或者法庭是否改为采用 RRC 分析范式，国际竞争法界都拭目以待。

而利乐案中，如前文所述，执法机关是基于行为效果而非遵循“准本身违法”原则来对利乐的涉案行为进行分析和认定。更重要的，欧盟法院推翻初审法院有关 Intel 忠诚折扣决定的理由，并不是对 AEC（或 RRC）范式的否定。因此，Intel 上诉案的发展不会对利乐案产生后续影响。

---

〔1〕 See Damien Geradin, The Intel judgment of the CJEU and its impact for EU competition law, Hong Kong Lingnan Competition Policy Forum on Dec. 15th, 2017.

案件3　可口可乐公司收购汇源公司案

〔案件概要〕

2008年11月20日，商务部对可口可乐收购汇源果汁的集中案件予以立案。审查结束后，商务部确认集中将产生如下不利影响：①集中完成后，可口可乐公司有能力将其在碳酸软饮料市场上的支配地位传导到果汁饮料市场，对现有果汁饮料企业产生排除、限制竞争效果，进而损害饮料消费者的合法权益；②品牌是影响饮料市场有效竞争的关键因素，集中完成后，可口可乐公司通过控制"美汁源"和"汇源"两个知名果汁品牌，对果汁市场控制力将明显增强，加之其在碳酸饮料市场已有的支配地位以及相应的传导效应，集中将使潜在竞争对手进入果汁饮料市场的障碍明显提高；③集中挤压了国内中小型果汁企业生存空间，抑制了国内企业在果汁饮料市场参与竞争和自主创新的能力，给中国果汁饮料市场有效竞争格局造成不良影响，不利于中国果汁行业的持续健康发展。

鉴于参与集中的经营者没有提供充足的证据证明集中对竞争产生的有利影响明显大于不利影响或者符合社会公共利益，在规定的时间内，可口可乐公司也没有提出可行的减少不利影响的解决方案，因此，商务部禁止了此项经营者集中。

〔案件评析〕

析商务部禁止可口可乐收购汇源的相关理由

潘志成 *

一、问题的提出

2009年3月18日商务部发布了2009年第22号公告，宣布禁止可口可乐

* 潘志成，上海汇业律师事务所合伙人，法学博士。本文原载《法学》2009年第7期。

收购汇源，并在公告中说明了商务部的审查过程以及作出禁止集中审查决定的理由，即可口可乐收购汇源将会对相关市场竞争产生三个方面的不利影响：①可口可乐在集中后有能力将其在碳酸饮料市场的支配地位传导到果汁饮料市场。②可口可乐在集中后将导致其对果汁饮料的控制力增强，果汁饮料市场的进入障碍将提高。③集中将挤压国内中小型果汁饮料企业的生存空间。[1]

通常在经营者集中控制的具体执法案件中，执法机构与申报集中企业双方会在法庭上就市场界定、消费者心理、反竞争效果等问题展开极具有学术理论色彩的攻防大战。例如，2007年6月，美国联邦贸易委员会为阻止两家天然食品超市——全食超市与燕麦超市之间的并购，与这两家公司展开了一场长达两年的法庭鏖战。针对该案的相关产品市场是否应界定为天然食品超市及综合性超市与天然食品超市之间是否具有替代关系等问题，作为被告的两家公司在法庭上请出三位专家证人，分别从经济学理论、食品营销理论和市场调查三个方面论证相关市场不应被过于狭窄地界定为天然食品超市及综合性超市与天然食品超市之间具有极强的替代关系。而美国联邦贸易委员会除了请出一位经济学专家证人之外，更是请出一位社会学专家证人，论证被告的食品营销理论以及相关的消费者心理市场调查证据存在方法错误，不具有证据效力。[2]在该案中美国联邦贸易委员会先是在禁令申请诉讼中败诉，后来又通过上诉驳回一审判决，最后在2009年3月才在行政诉讼中与两家公司达成同意令结束了双方的诉讼。

与该案相比，可口可乐收购汇源案则更为复杂得多：一方面是因为前者仅仅涉及横向并购的问题，而可口可乐收购汇源案还可能涉及跨碳酸饮料和果汁饮料两个不同饮料市场的混合并购问题；另一方面是因为可口可乐公司是软饮料行业的跨国巨头，其并购行为具有多方面的影响。商务部作为我国《反垄断法》规定的经营者集中控制执法机构，能否在本案中排除各种噪音和

---

〔1〕 参见中华人民共和国商务部公告［2009］第22号。

〔2〕 See FTC v. WhoIe Foods Markets Inc. and Wild OalS Markels Inc. （United States District Court of the District of Columbia，Civil Action No. 07 － 1021）.

干扰，透过层层扑朔迷离的表面现象后进行一次精准的判断和执法？值得人们期待。

笔者认为，本案中商务部在作出禁止集中审查决定的理由阐述方面还有待进一步完善。比如，传导市场支配地位和挤压生存空间作为禁止本案集中的理由均不充分；忽视了对市场进入障碍提高的理由阐述等。基于此，有必要结合审查决定理由对其中所涉及的市场支配地位传导与搭售、生存空间挤压、进入障碍等竞争问题从经济学和法学角度展开分析和讨论，以期从学理上提供支持。

二、以市场支配地位传导为理由禁止集中缺乏根据

商务部所给出的第一点理由是“集中完成后，可口可乐公司有能力将其在碳酸软饮料市场上的支配地位传导到果汁饮料市场，对现有果汁饮料企业产生排除、限制竞争效果，进而损害饮料消费者的合法权益。”

提到市场支配地位传导，学者们会很自然地联想到搭售。因为跨产品市场的收购本身只是一种市场进入行为，而若要传导收购方在另一个市场的市场支配地位，还必须借助一定的传导行为。传导行为实际上是利用收购方原产品的市场支配地位来影响新产品市场的竞争，而搭售在传统理论中就被视为这样一种行为：[1]垄断者可以借助搭售将搭售品的市场支配地位传导给被搭售品，从而不仅可以在搭售品市场和被搭售品市场获得双重垄断利益，还可以排除、限制被搭售品市场的竞争，并进而损害消费者的合法权益。[2]

〔1〕 商务部发言人姚坚于2009年3月24日以答记者问的方式明确指出可口可乐可能会以搭售的方式传导其在碳酸饮料市场的支配地位。姚坚在答记者问时指出：“为谋求其自身的利润最大化，可口可乐公司有能力在并购后利用其在碳酸软饮料市场上的支配地位，将果汁饮料与碳酸饮料搭售、捆绑销售附加排他性交易条件，将其在碳酸饮料市场上的支配地位传导至果汁饮料市场，这将严重削弱甚至剥夺其他果汁类饮料生产商与其形成竞争的能力，从而对果汁饮料市场竞争造成损害，最终使消费者被迫接受更高价格、更少种类的产品。”参见 http://mofcom. gov. cn/article/zhengcejd/bj/200903/2009030624140. html.

〔2〕 参见李剑：“搭售案件分析的困惑与解释——基于合理原则和当然违法原则的差异与融合的分析”，载《北大法律评论》2007年第8卷第1辑；李剑：“搭售理论的经济学和法学回顾”，载《云南大学学报（法学版）》2005年第2期。

围绕着市场支配地位传导和搭售理论在本案中的运用，有以下问题可以展开讨论：首先，从经济学理论来看，搭售究竟是否能传导市场支配地位，以及在何种条件之下可以传导市场支配地位？为回答这些问题，我们可以简单地回顾一下经济学中有关搭售竞争效果的理论发展：搭售可传导市场支配地位的理论属于传统搭售理论。在1970年代之后，围绕搭售的竞争效果，芝加哥学派、后芝加哥学派已经在传统理论的基础上发展出更为深入、细腻的经济分析方法。芝加哥学派认为垄断者在其垄断的搭售品市场中所能获得的最大垄断利益是固定的，在被搭售品市场为竞争市场的条件下，垄断者无法通过搭售再获得额外增加的垄断利益。因此，搭售传导市场支配地位、获取双重的垄断利润在理论上是不成立的。垄断者如果进行搭售，往往是为了降低成本、确保搭售品的质量和声誉、进行有效定价、提供新产品和新服务组合，或者为了进行价格歧视，而这些行为都不应当被认为是当然具有反竞争效果的行为。〔1〕

后芝加哥学派虽不否认搭售可以传导市场支配地位，但其认为只有在具备特定市场条件的情况下，垄断者才可能利用搭售品的市场支配地位，通过搭售来剥夺被搭售品市场中其他竞争者的机会。例如，在被搭售品市场的进入者需要一定的规模经济，而被搭售品的消费者因长期合同、信息成本或转换成本已被垄断者锁定的情况，垄断者仍然可以利用搭售品的市场支配地位，通过搭售行为在被搭售品市场获利，并给被搭售品市场的竞争和消费者利益带来损害。〔2〕1992年的柯达诉图像技术公司案，〔3〕被认为是受后芝加哥学派搭售理论影响的判例。在该案中，柯达公司拒绝向独立的影印机售后服务商出售零配件，迫使一些独立的售后服务商退出柯达的维修和售后服务市场，并迫使柯达影印机的消费者必须接受柯达公司自身的售后服务。尽管柯达公司主张其无法在售后服务市场收取超过竞争价格的高价，否则就会损失影印

---

〔1〕 See Keith N. Hylton, Michael Salinger, "Tying Law and Policy: A Desicion－theoretic Approach", *Antitrust Law Journal*, 2001.

〔2〕 See Keith N. Hylton, *The Antitrust Law: Theory and Common Law Evolution*, Cambrige Press, 2003, p. 281.

〔3〕 See Eastman Kodak Co. v. Image Technical Services, 504 U. S. 451 (1992).

机的销售量，因而不会传导市场支配地位，但法院认为消费者在购买柯达影印机后，由于难以区分和比较零配件和售后服务的价格，也难以再转换使用其他影印机，因而消费者已被柯达公司锁定。柯达公司可以将独立售后服务商排挤出柯达影印机售后服务的市场，并进而损害消费者的利益。

综合芝加哥学派和后芝加哥学派的理论观点我们可以看出，垄断者若希望通过搭售来传导市场支配地位，不能仅仅凭借其在搭售品市场的支配地位，还需要具备消费者被锁定等特定市场条件。而在本案中，碳酸饮料和果汁饮料市场似乎并不具备这样的特定市场条件，而商务部也未分析碳酸饮料市场和果汁饮料市场是否具备这样的特定市场条件。接下来讨论的第二个问题是，无论在传统的搭售理论中，还是在后芝加哥学派的搭售理论中，搭售传导市场支配地位这个命题本身还隐藏着一个前提要求，即搭售品与被搭售品之间在使用或功能方面具有某种必不可少的关联性。这种关联性可以表现为被搭售品必须使用在搭售品上，或者二者由于特定的原因在使用时无法分离。我们不妨回顾一下美国反托拉斯执法各个时期的搭售案例，均可在搭售品与被搭售品之间找到这种关联性，具体包括墨盒和打印机、[1]影片和放映机、[2]食盐和加盐机、[3]铁路运费和铁路附近土地的所有权、[4]麻醉和手术、[5]影印机售后服务和影印机等。这种情况下，如果搭售品与某一特定被搭售品通过合同或其他方式绑定后，其他被搭售品与搭售品一起使用的机会就会被剥夺，从而被搭售品在被搭售品市场竞争减弱的情况下也具备了支配地位。相反，如果搭售品与被搭售品在使用或功能上缺乏必不可少的关联性，则搭售行为并不能使得垄断者在被搭售品市场具备新的支配地位。例如某种新型纸和铅笔，即便新型纸的垄断者将新型纸和铅笔捆绑销售，由于消费者对铅笔的选择不依赖于其对新型纸的选择，因而该搭售行为不会使新型纸的垄断者在铅

---

〔1〕 See Henry v. A. B. Dic Co., 224 U. S. 1 (1912).

〔2〕 See Motion Picture Patents Co. v. Universal Film Mfg. Co., 243 U. S. 502 (1917).

〔3〕 See International Salt Co. v. United States, 332 U. S. 392 (1947).

〔4〕 See Northen Pacific Railway Co. v. United States, 356 U. S. 1 (1958).

〔5〕 See Jeffersen Parish Hospital Dist No. 2 v. Hyde 466 U. S. 2 (1984).

笔市场具备支配地位。[1]

与新型纸和铅笔的例子相类似，可口可乐公司如果将其碳酸饮料与收购后的汇源果汁饮料捆绑销售，也不会将其在碳酸饮料市场的支配地位传导至果汁饮料市场。可以设想一下，如果消费者喝完碳酸饮料之后必须再喝果汁，或者具有将两种饮料勾兑饮用的消费习惯，则当可口可乐公司的碳酸饮料具备市场支配地位并与汇源的果汁捆绑销售时，可能会减少其他果汁饮料与碳酸饮料组合在一起消费的机会，进而减少了其他果汁饮料厂商的竞争机会。如果消费者对果汁饮料的消费不依赖于其对碳酸饮料的消费，即便可口可乐公司的碳酸饮料具备市场支配地位并与汇源的果汁捆绑销售，在其他市场条件不变的情况下（例如捆绑的价格与分开销售的价格保持一致、排除广告、品牌影响力等因素的影响），不会减少其他果汁饮料被消费者购买和消费的机会，进而也不会损害果汁饮料市场的竞争，并导致对果汁饮料市场拥有支配地位。

当然，可口可乐公司的碳酸饮料和汇源的果汁饮料之间在使用和功能上不具有关联性，并不意味着这两种产品就一定不会进行搭售。但是，如果可口可乐公司真将其碳酸饮料与汇源果汁饮料搭售，则可能并非为了传导其在碳酸饮料市场的支配地位，事实上也不可能传导其在碳酸饮料市场的支配地位，而是为了其他的商业目的。

围绕市场支配地位传导和搭售理论在本案中的运用，可以讨论的第三个问题是搭售能否作为禁止可口可乐公司收购汇源的理由？通过前述讨论我们可以得出，由于缺乏特定的市场条件，而且搭售品与被搭售品之间缺乏必不可少的关联性，难以证明可口可乐搭售汇源果汁就必然会传导市场支配地位，或具有其他反竞争效果。因此，暂且不论可口可乐搭售汇源果汁是不是经营者集中执法机构设想的一个可能会出现的后果，即便可口可乐在现实销售活动中搭售汇源果汁，执法机构也不能轻易地认定这种搭售行为违法。

---

〔1〕参见［美］阿瑞达、凯普洛：《反垄断法精析：难点与案例》（第5版），中信出版社2003年版，第688页。

尽管美国最高法院在1958年的北太平洋铁路公司诉美国案中所确立的搭售当然违法原则一直未被推翻，甚至被称为是传统理论的最后避难所。[1]但在随后的判例中，法院通过对搭售品经济力量以及受到影响的贸易等条件的解读，实质上已经与适用合理原则没有很大的区别。[2]例如1984年的杰斐逊教区医院诉海德案，该案中杰斐逊教区医院将医院的手术与罗克斯公司所提供的麻醉服务通过合同方式捆绑搭售，导致该地区取得资格和行医执照的其他麻醉师无法在杰斐逊教区医院提供麻醉服务。尽管该地区有30%的病人在杰斐逊教区医院接受治疗，但最高法院认为杰斐逊教区医院不具有经济力量，而且案件材料也未显示医院的医疗服务、麻醉服务以及病人的选择受到影响，因此判决该搭售行为不违法。不仅如此，包括奥康纳等4名大法官甚至在同意判决的附词中提出要推翻北太平洋铁路公司诉美国案中所确立的当然违法原则，而对搭售改为适用合理原则予以审查。[3]

那么，经营者集中执法机构能否因集中可能导致搭售而禁止集中？在美国反托拉斯法的判例中，鲜有以集中后企业可能搭售为理由禁止集中的先例判决。[4]有学者认为，既然搭售行为可以通过反托拉斯法的其他条款和相关判例加以禁止，就没有必要在集中时仅仅因可能产生搭售而禁止该集中。[5]

综上，商务部在本案中认定可口可乐收购汇源可能导致市场支配地位传导，显然缺乏必要的市场条件，而以此理由来禁止集中则更缺乏根据。

---

〔1〕 See Alan Devlin, "A Neo－Chicago Perspective on the Law of Product Tying", *American Business Law Journal*, Fall 2007.

〔2〕 See Keith N. Hylton, *The Antitrust Law: Theory and Common Law Evolution*, Cambrige Press, 2003, p. 255.

〔3〕 See Jeffersen Parish Hospital Dist No. 2 v. Hyde 466 U. S. 2 (1984).

〔4〕 美国联邦贸易委员会前委员 Mary L Azcuenaga 在1996年 Time Warner 收购 Turner 案的不同意见书中曾表示没有此类先例判决。See Dissenting Statement of Commissioner Mary L Azcuenaga in Time Warner Inc., File No. 961－0004, http://www.ftc.gov/os/1996/09/twazcuena.htm, last visit on April 23, 2009.

〔5〕 See Robert S Schlossberg, Mergers and Acquizitions, *Understanding the Antitrust Issues* (3rd edition), American Bar Association, Section of Antitrust Law, Published by American Bar Association, 2008, p. 488.

三、以生存空间挤压为理由禁止集中亦不充分

由于商务部第三点理由中所涉及竞争问题与前文所述的第一点理由关系更为紧密，因此我们接下来可以先讨论商务部的第三点理由。商务部认为："集中挤压了国内中小型果汁企业生存空间，抑制了国内企业在果汁饮料市场参与竞争和自主创新的能力，给中国果汁饮料市场有效竞争格局造成不良影响，不利于中国果汁行业的持续健康发展。"

说到生存空间的挤压，这事实上也是一个不确定的概念。竞争必然给其他竞争者的生存空间造成挤压。美国反托拉斯法在发展早期阶段，曾一度将关注点集中于对其他竞争者的生存空间的保护上，因而如果竞争者的生存空间被挤压，对反托拉斯法而言就意味着违法。随着后期芝加哥学派的理论发展，反托拉斯法的关注点更多地集中于对整体经济效率和消费者利益的保护，因而竞争者的生存空间受到挤压不仅不意味着违法，还有可能意味着竞争度的加强，意味着消费者将享受更多竞争带来的利益。毕竟，反垄断法保护竞争，不保护竞争者。

因此，商务部以其他竞争者的生存空间受到挤压为理由禁止可口可乐对汇源的收购，可能会存在以下问题：首先，如前所述，这一理由所依据的仍然是一个比较传统的理论。在美国法院的沃伦时代，即在芝加哥学派开始主导美国反托拉斯法执法之前的1960年代，美国执法机构和法院曾依据此理论判决一些因降低生产、销售成本，提高整体经济效率，从而挤压其他竞争者生存 空间的并购违法。例如1962年布朗鞋业公司诉美国案，在该案判决中，首席大法官沃伦指出："我们必须注意国会通过保护可生存的、小的、地方业主经营的厂商来促进竞争的立法意图。国会能够宽容为了保护这些厂商和市场可能导致的偶尔过高的成本和价格，而在面对这些竞争问题时应作出有利于去集中化的判决。"[1]沃伦大法官的这种不惜牺牲整体经济效率和消费者利益来打击大企业、保护中小企业的做法，明显带有杰佛逊式的平民主义政治

〔1〕 Brown Shoe Co. v. United States，370 U. S. 294，320（1962）.

色彩，受到了许多质疑。[1]随着后期芝加哥学派开始主导反托拉斯法的执法，美国执法机构和法院在此方面已经发生了重大的转变。在1997年美国司法部和联邦贸易委员会修订的《横向合并指南》中，已经承认执法机构应审查合并所带来的效率改善。[2]而在法院的判例方面，法院也早已开始接受合并企业以增加整体经济效率为理由提出的抗辩。例如在1996年联邦贸易委员会诉巴特沃斯保健公司案中，法院认为尽管被告的并购可能减少其他竞争者的竞争机会，但该并购为消费者带来了更高质量和更低价格的医疗保健服务，因而驳回了联邦贸易委员会阻止并购的禁令请求。[3]

在可口可乐收购汇源的审查决定中，商务部没有阐述其对集中所产生的整体经济效率改善和消费者利益提高的考虑，而仅仅提到国内中小型果汁企业的生存空间受到挤压，其考虑的因素显然不够全面和充分。其次，商务部在这一点理由中，特别提到国内中小型果汁企业的保护，而这一理由还可能会引起外国投资者对我国外商投资政策产生不必要的误解。对此，执法机构应当特别明确其在规范的经济分析和法律解释基础上，如何从《反垄断法》条文中获得适用于本案事实之法律规范的解释过程，以消除不必要的误解。

我国《反垄断法》第28条规定“经营者集中具有或者可能具有排除、限制竞争效果的，国务院反垄断执法机构应当作出禁止经营者集中的决定。”由此可见，对于集中予以禁止的理由，应当是具有排除、限制竞争的效果。而如何判断一种行为是否具奋排除、限制竞争的效果，需要运用《反垄断法》第27条所列举的分析因素加以分析。而当分析出现复数结果或者结论不确定时，还需要结合《反垄断法》的条文体系和立法宗旨去进行检视。具体到本案，执法机构如何能够从对《反垄断法》第27条列举的分析因素中解读出对国内中小型企业的保护？能否将国内中小型企业的保护解释为《反垄断法》第27条中“对其他有关经营者的影响”或“对国民经济发展的影响”？而这

---

〔1〕参见［美］阿瑞达、凯普洛：《反垄断法精析：难点与案例》（第5版），中信出版社2003年版，第26页。

〔2〕See US Department of Justice and Federal Trade Commission Horizontal Mergers Guidelines (1997).

〔3〕See FTC v. Butterworth Health Corp., 946 F, Supp 2258 (W. D. Mich 1998).

种解释是否符合我国《反垄断法》的立法宗旨，即保护市场公平竞争，提高经济运行效率，维护消费者利益和社会公共利益，促进社会主义市场经济健康发展？在这些问题上商务部应该更为明确，才能为市场参与者对法律的适用和界限提供更为清晰、稳定的预期。

四、进入障碍提高可以作为禁止集中的理由

商务部给出的第二点理由是“品牌是影响饮料市场有效竞争的关键因素，集中完成后，可口可乐公司通过控制‘美汁源’和‘汇源’两个知名果汁品牌，对果汁市场控制力将明显增强，加之其在碳酸饮料市场已有的支配地位以及相应的传导效应，集中将使潜在竞争对手进入果汁饮料市场的障碍明显提高。”

实际上，商务部在此点理由中，提出了三个互不相关、分别可以独立作为禁止集中理由的观点：前面四句讲到集中将使可口可乐控制“美汁源”和“汇源”两个品牌，市场控制力得以加强，这是《反垄断法》所重点关注的一种可能具有反竞争效果的横向并购行为。第五句所提到的碳酸饮料市场的支配地位和传导效应，如前所述，其成立尚缺乏特定的条件和搭售品与被搭售品之间的关联性。而最后一句讲到的潜在竞争对手的进入障碍提高，实际上与前面所提到的集中度增加、传导放应并不存在因果关系，而这一点恰恰是本案中最值得反垄断执法机构关注的地方。

首先，商务部提到可口可乐通过收购汇源将控制“美汁源”和“汇源”两个品牌，这时，果汁饮料市场的集中度将增高。但可口可乐公司在控制了两个品牌具有更高的市场份额之后，是否就必然意味着控制力可以增强？其实并非如此，市场集中度提高仅仅是经营者集中审查分析的逻辑起点，中间还要分析市场结构、进入难易程度等多个因素，才能得出控制力是否提高的结论。

按照美国司法部和联邦贸易委员会于1997年修订的《横向合并指南》给出的方法来进行评估，审查评估的第一步是界定市场和测算市场集中度。市场集中度将运用赫芬达尔－赫希曼指数（HHI，即所有企业的市场份额的平

方数相加）计算。如果 HHI 低于 1000，则合并不会造成反竞争效果；如果 HHI 在 1000 - 1800 之间，合并后增加的指数低于 100 时，不会造成反竞争效果；如果 HHI 在高于 1800，合并后增加的指数若低于 50 时，也不会造成反竞争效果。如果计算结果显示不会对市场竞争产生影响，则无须进行下一步审查；如果计算结果显示可能会产生反竞争后果，则需进行第二步和第三步的分析。分析的第二步，是评估合并可能带来的反竞争效果，包括通过单边效果（即合并是否导致企业市场力量加强后，以至于增加其通过单方行为减少竞争的可能性）以及协同效果（即合并增加市场集中度后，市场中企业协同互动减少竞争的可能性是否增加）。与此同时，还要评估市场进入的难易程度（即潜在的竞争者进入市场的可能性和及时性，以及能否对市场中的竞争者形成竞争压力）。例如，如果果汁饮料市场的进入门槛很低，即便市场中存在着一个份额很高的厂商，其也不会具有市场控制力。因为只要该厂商一提高价格，其他潜在竞争者就会进入市场，夺取该厂商的份额。分析的第三步，是评估合并可能带来效率的改善，以及其带来的效率改善是否足以抵消其给竞争带来的不利影响。另外，还将审查评估合并是否存在拯救破产企业等合理抗辩。[1]欧共体《横向合并评估指南》、[2]日本公正交易委员会 2007 年修订的《适用反垄断法评估企业合并的指南》[3]也都采用了与美国 1997 年修订的《横向合并指南》类似的分析方法。反观商务部的分析，显然欠缺逻辑上的完整性，仅仅凭可口可乐将控制两个品牌，市场份额上升，就跳跃到控制力明显增强的结论。其次，商务部的这一点理由中认为可口可乐收购汇源可能会增加潜在竞争者进入果汁饮料市场的障碍，这恐怕是商务部禁止本案集中最为有力的理由。但首先应当明确，市场集中度的提高、控制力的增强，并非导致市场进入障碍提高的原因。相反，市场进入障碍的高低，却将影响在市场中处于支配地位的厂商对市场的控制力量。如前所述，如果一个市场不存

〔1〕 See US Department of Justice and Federal Trade Commission Horizontal Mergers Guidelines (1997).

〔2〕 Guidelines of the Assessment on Horizontal Mergers Under the Council Regulation on the Countrol of Concentrations between undertakings. (2004/C 31/03).

〔3〕 JFTC Guidelines to Application of the Antimonopoly Act Concerning Review of Business Combination, 2007.

在进入障碍，则即便该市场处于不完全竞争的状态，该市场中处于支配地位的厂商也无法通过控制产出和提高价格获得垄断利润，因为其他的潜在竞争者很快会进入市场，而夺取该占支配地位的厂商的销售额。[1]相反，如果一个市场存在进入障碍，则潜在竞争者无法进入，就会为占据市场支配地位的厂商滥用其支配地位创造了条件。因此，市场进入障碍提高应是反垄断法重点打击的行为，如果经营者集中导致进入障碍增加，则应当禁止该项集中。

经济学理论中常见的市场进入障碍有三种：一是法律限制，例如专利；二是进入的高成本，例如 Word 文字处理软件的巨额研发投入；三是广告和产品差别，"有时候企业可以通过广告和产品差别来构筑对付潜在进入者的进入壁垒。广告可以打开产品知名度并形成品牌效应。例如，百事可乐公司和可口可乐公司每年都花费上亿美元做广告，这样，潜在的竞争者要进入可乐市场就必须花费很高的成本。"[2]通过广告和产品差异化所造成的进入壁垒，不仅可以限制潜在进入者的进入，甚至可以限制已经存在于市场中的中小厂商的销售区域扩张和竞争，"例如，区域性的软饮料厂商在与百事可乐和可口可乐进行竞争时，将面临与潜在进入者同样的壁垒。"[3]

由此可见，可口可乐收购汇源所存在的最大竞争损害隐患在于，可口可乐收购汇源后，可能也会为汇源果汁投入巨额的广告费用，这样一方面会导致潜在竞争者的进入障碍提高，也限制了现存于市场中的其他中小型果汁企业拓展和竞争的机会；另一方面，通过增加汇源的知名度，或者通过标注双品牌等方式利用可口可乐品牌本身的知名度来提高汇源的知名度（这也可以视为品牌知名度的传导，但不是市场支配地位的传导），使得消费者将汇源与其他竞争产品区别开来，减少了原本具有同质性、可替代性的其他果汁饮料产品替代汇源的机会。说到这里，我们不禁想到，可口可乐的广告投入和品

---

〔1〕［美］阿瑞达、凯普洛：《反垄断法精析：难点与案例》（第5版），中信出版社2003年版，第18页。

〔2〕［美］萨缪尔森、诺德豪斯：《经济学》（第17版），萧琛主译，人民邮电出版社2004年版，第139页。

〔3〕［美］阿瑞达、凯普洛：《反垄断法精析：难点与案例》（第5版），中信出版社2003年版，第18页。

牌影响力所具有的传导品牌影响力，排除、限制潜在竞争者进入和既存竞争者拓展销售区域的效应，与商务部所给出的其他两条理由——市场支配地位传导、生存空间挤压有些形似，但又存在实质上的差别。

事实上，除了可口可乐公司之外，还有一些日用消费品行业的跨国巨头，它们的广告投入和品牌影响力所造成的竞争损害，也引起了反垄断执法机构的关注。美国也曾有一些针对其他公司的判例，例如1967年的联邦贸易委员会诉宝洁公司案，该案中的被告宝洁公司在当时已是美国日用化学品行业中的巨头，也是各行业中每年广告费用支出最高的厂商。克罗克斯公司是生产液体漂白剂的公司，而当时宝洁公司并未进入漂白剂行业，因此，在宝洁公司收购克罗克斯公司之后，联邦贸易委员会请求法院判令该项并购违法，而美国最高法院最终也认定该项并购违法。美国最高法院在判决书中指出，宝洁公司在并购后将会利用其巨额广告费用预算促销克罗克斯公司漂白剂产品，从而导致市场进入障碍提高；同时，广告和品牌效应将使得消费者降低使用其他漂白剂的弹性，而这些因素都将导致潜在竞争者的进入受阻，而且导致其他竞争者销售拓展和竞争被限制。[1]

综上，可口可乐公司巨额的广告投入和品牌影响力，的确可能增加市场进入的障碍。然而商务部在此点理由中虽提及市场进入障碍提高，但并未提及广告投入和品牌影响力，而仅仅讲到集中和市场支配地位传导导致市场进入障碍提高，似乎在说理方面不太清晰。

五、结语

商务部禁止可口可乐收购汇源所给出的三点理由，均存在有待完善之处。在本案集中所涉及的竞争问题当中，市场进入障碍的提高似乎是商务部最应当重点阐述的观点。市场进入障碍的提高，可以主要从广告投入和品牌影响力的角度，去分析其对市场进入障碍、潜在竞争者、既存竞争者等方面的影响。如果商务部能够从此角度展开论述，相信其结论将更具有说服力，也能

---

〔1〕 See FTC v. Procter&Gamble Co., 386 U. S. 568 (1967).

够获得更多理论界和实务界的支持。

至于市场支配地位传导和搭售、生存空间挤压等竞争问题，作为禁止集中的理由均不够充分。当然，商务部的分析可能基于案件中具体的事实和资料，但由于其公告并未给出详细的阐述，也未公布其分析所依据的资料，所以本文只能依据公告的内容进行初步的评论。

对商务部在本次可口可乐收购汇源案中的决定应给予鼓励和肯定。经营者集中控制的执法本身就极为复杂，商务部在经营者集中控制方面的执法必然需要一个成长和积累的过程。同时这个过程对于学者们而言也是一个对新生事物的学习和认识过程，双方可以通过相互的沟通和交流受益。

可口可乐收购汇源案的反垄断法思考

应品广 *

一、可口可乐收购汇源案引发的争议

2008年9月3日上午，汇源果汁在香港联交所发布公告，可口可乐公司以约179.2亿港元收购汇源果汁集团的全部已发行股份及未行使可换股债券。由于该项收购满足了我国《反垄断法》以及《国务院关于经营者集中申报标准的规定》关于经营者集中事先申报的要求，2008年9月18日，可口可乐公司向商务部递交了申报材料。经由初步审查和进一步审查，商务部最终于2009年3月18日否决了可口可乐收购汇源果汁的申请，认为该收购会对市场竞争造成不利影响，导致“两个传导效应和一个挤压效应”。也即是说，集中可能会导致可口可乐公司传导其市场支配地位和品牌，并对中小型果汁企业产生挤压效应。商务部否决集中的公告一出，立即引起了广泛的讨论和争议：禁止集中到底是阻碍了效率，还是维护了市场竞争、保护了消费者权益？抑或是维护了民族品牌和产业安全？实际上，自可口可乐宣布收购汇源之日起到商务部最终否决收购议案，以及收购被否决之后的一段时间以来，多方主体已经通过多种渠道表达了自己的声音。这些主体按其利益属性大致可以分成三类：第一类是与收购有直接利益关系者，包括参与集中的可口可乐和汇源两大公司及其股东和员工，以及上下游产业链的相关利益主体，如经销商和果农；第二类是与收购有间接利益关系者，包括果汁行业的现有竞争者和消费者；第三类是独立的第三方主体，包括相关领域的专家学者以及反垄断执法

---

* 应品广，上海对外经贸大学副教授，法学博士。本文原载《西南政法大学学报》2010年第6期，收录时作了删节。

机构本身等。

在这三类主体中，第一类主体发出的声音最少，因为收购本身对他们而言是有利的，从而更多的不是表达其利益诉求，而是积极参与到推动收购顺利进行的过程，并为收购成功后的企业整合和发展做准备。第二类主体发出的声音最多，因为收购成功与否事关其切身利益。比如，作为消费者的众多网民对这一收购普遍表达了不满和抵制：新浪网上一项由近 7 万名网友参与的调查显示，高达 82% 的网民反对可口可乐收购汇源；收购被否决后，在 67 787 名网友参与的“可口可乐是否涉及垄断”的调查中，68.49% 的人认为可口可乐收购汇源会形成产业垄断。广大的竞争者甚至发起了“游说商务部”的活动。[1] 这些反对的声音不仅仅从收购有可能损害公平竞争和消费者利益的角度出发，而且更多地关注收购是否将危及产业安全甚至国家安全，以及担心民族品牌的旁落。第三类主体作为独立利益主体，其所发出的声音应该是最理性的，但是也没有形成统一意见。比如，在中国人民大学举办的“传导反垄断法专业知识，培植我国市场竞争文化”——“可口可乐收购汇源案法律研讨会”上，对于商务部反垄断局的裁决，就形成了三种意见：第一种是“全面肯定论”，以王晓晔教授、吴汉洪教授等为代表；第二种是基本肯定，但认为在具体细节和具体理由未搞清楚之前，不好作出最后评价，以黄勇教授、吴宏伟教授、王丽律师、张野律师等为代表；第三种是针对裁决提出质疑、疑惑和担心的意见，以史际春教授、邓峰副教授等为代表。

可口可乐收购汇源案在本质上是一个法律问题，只有在《反垄断法》的角度下分析和考察，才能得出正确的结论。从《反垄断法》的立法目的来看，维护产业安全或国家安全、保护民族品牌以及本土企业等，都不应该成为《反垄断法》关注的目标。商务部也否定了民族品牌和贸易保护主义与本次反垄断审查有关。下文将从《反垄断法》出发，对该收购案的反垄断审查，特别是商务部的三个禁止理由作出评价。

---

〔1〕 比如国内多家果汁企业曾联名上书要求商务部就此项收购召开听证会；在 2008 年 12 月 26 日商务部召开的行业听证会上，反对意见几乎空前统一。相关的反对意见甚至直接递交给了高层。

二、可口可乐收购汇源案的反垄断法分析

经营者集中的反垄断分析是一项巨大而系统的工程，需要通过搜集和处理相关数据和材料，在界定相关市场的基础上，计算市场份额和市场集中度，继而推断市场控制力和市场影响力，然后考虑市场进入状况、效率、破产企业集中和符合社会公共利益等可豁免情况，最终在两相权衡和比较之后，作出禁止与否的决定。整个反垄断评估流程，蕴含了丰富的法学和经济学分析，绝非在网络上轻轻点击“支持”或“反对”就能作出决断。下面将从反垄断法出发，就相关市场及市场控制力、市场进入和效率抗辩等几个方面对可口可乐收购汇源案的反垄断审查过程展开分析，并对商务部的决定理由作相应评论。〔1〕

（一）相关市场及市场控制力分析

界定相关市场是分析经营者的市场地位以及集中的市场影响的必要前提。相关市场的范围越大，经营者所占的市场份额就越小，集中对竞争的损害也就越小。在本案中，将相关市场界定为饮料市场、非碳酸饮料市场、果汁市场，还是纯果汁饮料市场、中浓度果汁市场或低浓度果汁市场，对市场竞争影响的判断就会产生截然不同的影响。〔2〕商务部将此案的相关市场界定为果汁类饮料市场，理由是：果汁类饮料和碳酸类饮料之间替代性较低，且三种不同浓度果汁饮料之间存在很高的需求替代性和供给替代性。那么，在这个相关市场上两大集中企业的市场份额和市场控制力如何呢？欧睿国际信息咨询公司（Euromonitor International）的数据显示，在中国果汁市场上，汇源果汁市场份额为10.3%，可口可乐为9.7%，二者合并后的市场份额为20%。

---

〔1〕 本案并不涉及破产企业集中和中小企业集中等豁免情况，因此本文将不讨论这些问题。从相关数据和情况来看，本案也不涉及社会公共利益豁免。但是，考虑到社会公共利益是一个大框，几乎所有的利益需求都能在里面找到自己的立足点，因此对社会公共利益的考量，在分析市场控制力、市场进入以及效率抗辩时或多或少也会有所涉及。

〔2〕 果汁饮料按果汁浓度不同一般可分为三类：纯果汁是指100%果汁，中浓度果汁是指浓度为26%－99%的混合果汁，低浓度果汁是指浓度在25%以下的果汁。根据汇源果汁2008年的上半年年报，按零售额计算，汇源果汁在纯果汁市场的占有率为43.8%，在中浓度果汁市场的占有率为42.4%，在低浓度果汁市场的占有率为7.6%。

在更大的市场范围内，以销售额计算，2007 年整个软饮料市场可口可乐占 12.4%，汇源占 4.4%，合计 16.8%。另据统计，可口可乐并购汇源果汁的整体市场占有率约为 35%，比市场第二、三名的统一和康师傅合计约 39.7% 还低。〔1〕我国现阶段并无判断市场控制力的可参照标准，因此 20% 的市场份额是否可以初步推断为具有排除、限制竞争的效果，并不能作出一个明确的回答。但是从经验和常理判断，20% 的市场份额并不能对市场构成显著影响。比如，欧盟《横向合并指南》第 18 条规定：如果参与集中的企业在共同体市场或者重大部分的市场份额不超过 25%，在不影响适用条约第 81 条和第 82 条的前提下，集中特别被视为与共同体市场相协调。若以此标准，可口可乐收购汇源并不产生排除、限制竞争的严重后果。但商务部认为，可口可乐公司占全国碳酸饮料市场份额为 60.60%，且在资金、品牌、管理、营销等诸多方面已经取得竞争优势，因此可口可乐公司在碳酸软饮料市场占有市场支配地位。收购完成后，可口可乐公司有能力将其在碳酸软饮料市场上的支配地位传导至果汁市场，从而严重削弱甚至剥夺其他果汁类饮料生产商与其形成竞争的能力，最终使消费者被迫接受更高价格、更少种类的产品。可口可乐公司在碳酸饮料市场占据市场支配地位，这是毫无疑问的，但是是否能够导致商务部所说的“传导效应”，尚需考察相关市场的市场进入情况。若进入相关市场非常容易，即使集中一方占据市场支配地位，也会受到市场潜在进入的威胁，而不敢轻易降低产量提高产品价格。

（二）市场进入分析

饮料市场，包括果汁市场，相对于其他市场而言，市场进入是相对容易的。第一，果汁市场的进入并没有法律壁垒，无须取得特别许可，任何具备生产经营条件的企业都可进入。第二，进入不需要满足高行业标准，不像进入高科技领域或需投入巨大沉没成本的基础领域，只需一般规模的资金及技术即可启动。第三，果汁市场已有的竞争者和潜在的竞争者众多，对现有的

〔1〕《可口可乐喝汇源遇阻 民族情结难解》，http://www.competitionlaw.cn/show.aspx?id=4720&cid=5.

主要生产企业均构成了潜在的威胁。国际竞争网络在其《关于合并分析的推荐意见》中指出：已有竞争者的市场进入和市场扩张分析，应该成为合并是否会实质性阻碍竞争的组成部分。如果合并企业受到来自市场进入的威胁（比如进入壁垒很低，进入之后在合并前价位上定价能够获得利润），合并就不太可能会有反竞争影响。[1]目前，除了可口可乐和汇源之外，我国已经存在娃哈哈、露露、椰树、统一、康师傅和百事可乐等一批重要品牌。进入中国轻工业联合会主办的中国轻工业网，[2]点击进入饮料工业一栏，可见栏下细分了饮用水、碳酸饮料、果汁饮料、茶饮料、含乳饮料、蛋白饮料、功能饮料、饮料原料和香精饮料等专栏。单是果汁饮料项下，就列举了近300家从事果汁饮料生产的企业。虽然不排除这些企业存在交叉持股的情况，或者某些企业共同为第三家企业所控股，但是如此众多涉及生产果汁饮料的企业，从一个侧面表明了现有果汁市场竞争的激烈。如果再考虑到其他企业的进入可能性，包括生产其他饮料的企业进入到果汁行业的可能性，果汁市场的市场竞争程度就更激烈了。

商务部认为，除了可口可乐的市场支配地位有可能传导之外，还可能存在"品牌传导"：由于消费者对现有品牌的忠诚度，说服零售商改变供应商十分困难，因此，品牌构成了饮料市场进入的主要障碍。此次交易完成后，可口可乐公司将独自拥有"美汁源"和"汇源"两个最具影响力的果汁品牌，对中国果汁饮料市场的控制力将明显增强，加之其在碳酸饮料市场已有的支配地位以及相应的传导效应，集中将使潜在竞争对手进入果汁饮料市场的障碍明显提高。但是从垄断角度讲，竞争并不仅仅局限在品牌，还有价格、品种、质量、文化、消费者感受等等多个方面，某些强势品牌并不能一统天下。我国绝大多数饮料企业，不管是内资还是外资，不管企业规模大小，都介入至少两三类饮料生产。这恰好证明了这个行业不同种类产品之间几乎不存在难以逾越的技术、品牌、网络等进入壁垒。换个角度看，如果收购成功后可

---

〔1〕 Recommended Practices for Merger Analysis, http://www.internationalcompetitionnetwork.org/media/library/Cartels/Merger_WG_1.pdf.

〔2〕 中国轻工业网：http://www.clii.com.cn/.

口可乐确实将其市场支配地位和品牌效应传导至果汁市场，通过搭售、附加排他性条件和提高价格等方式获取垄断利润，反而会进一步刺激现有竞争者和潜在竞争者及时、有效、充分地进入果汁市场，来分享可口可乐公司在此市场上的超额利润。考虑到可口可乐和汇源在果汁市场的市场份额，以及果汁市场本身的市场进入情况，商务部禁止该收购，明显具有说理上的不足。

（三）效率抗辩分析

商务部或许掌握了笔者及公众尚未得知之数据和材料，或者具备其他理由和考虑，姑且认为商务部的以上判断都是正确的，下一步即应进入到效率抗辩阶段。在我国现有法律框架下，本案若要启动效率抗辩，主要有以下依据：第一，根据《反垄断法》第27条，主张集中将对技术进步和国民经济的发展产生有利影响；第二，根据《反垄断法》第28条，主张集中对竞争产生的有利影响明显大于不利影响，或者符合社会公共利益；第三，根据商务部的《经营者集中申报表》，在集中申报过程中启动效率抗辩。但是从商务部的公告以及相关解释来看，本案并未启动效率抗辩，商务部在审查过程中也并未考虑效率问题。〔1〕

1. 集中被禁止导致的效率损失

集中被禁止导致的效率损失包括直接效率损失和间接效率损失两类。直接效率损失包括：第一，正常交易费用损失，包括并购交易中商业咨询公司、会计师和律师事务所的咨询费用以及参与交易和谈判的正常费用等。第二，股价损失。比如，收购被否决后的2009年3月19日，汇源果汁复牌后即暴跌，截至收盘时股价下跌了42%；加上18日早盘急挫近20%，汇源集团创始人朱新礼的身家在两天之内便缩水33亿港元。按照可口可乐去年开出的每股12.2港元收购价计算，朱新礼的身家则缩水44.5亿港元。〔2〕第三，企业战略和资源调整损失。参与集中企业的战略设计、投资重心以及资源分配等，都

〔1〕 没有启动效率抗辩的原因可能有两个：一是集中方认为该收购并未对市场竞争构成阻碍，因此通过反垄断审查的几率很大，无须启动效率抗辩；二是如有些人所认为的，在内部反对力量的压力下，可口可乐或许是通过消极应对商务部的限制性条件来放弃收购。

〔2〕 来源于人民网：http://mnc.people.com.cn/GB/8993679.html.

会围绕着集中的启动、进行和展开而作相应调整。这时候法律是否能够给予参与集中企业一个相对清晰的反垄断审查结果预期，就显得尤为重要。比如，从2008年9月3日至今，在“等待出售”的半年里，汇源果汁自身的业务扩张几近停滞。收购被否决后，汇源已经叫停了总投资近30亿元的果汁上游基地建设项目，并陆续召回派往基地的骨干人员，转战新产品开发和营销领域。这些损失的造成，一方面是汇源对收购案的进展过于乐观的结果，另一方面也透露出了我国现有反垄断法律的模糊性和弱操作性，无法给参与集中企业一个相对稳定的预期。间接效率损失则表现为上下游产业损失，典型的是果农在这场博弈中的损失。可口可乐收购汇源的失败，直接导致了汇源新建和扩建果汁产业上游基地的战略落空，而对于已经投入大量生产成本以及寄希望于通过实施该战略改善生活的果农而言，无疑是一个巨大的打击。

2. 集中可能产生的效率提高

可口可乐和汇源若要证明集中将导致明显的效率提高，需要展开以下几个步骤：①提出并证明集中将产生哪些效率；②证明这些效率为集中所特有；③所提出的效率具有可证实性；④效率能够在一个较短的时间内得以实现；⑤集中并未导致垄断或接近垄断的市场结构；⑥集中导致的效率会给消费者或社会整体带来福利正效应。

集中能否产生效率的数据和材料主要掌握在参与集中的经营者以及反垄断执法机构手中，而目前几乎未对这些数据和材料进行公开。从目前可以获知的相关资料来看，收购最有可能产生的效率是生产效率、交易成本效率、采购和销售效率、品牌效率（广告效率）等，而后几类效率均可转化为生产效率并以生产效率的提高值来进行计算和表述。交易成本效率表现为集中将缩减中间环节，减少交易的不确定性，从而节约交易成本。比如，除了将要卖掉的上市公司，汇源集团还有很长的产业链：种子、树苗、果园、水果加工、果汁灌装；根据收购的附加协议，在同等条件下，可口可乐要优先采购汇源的浓缩汁。可口可乐能够通过集中收获一个相对稳定的采购源，减少谈判成本；汇源则可专注于上游果园产业开发，从而实现专业化效率。收购完成之后，借助于汇源已有的营销网络，可口可乐将进一步扩大营销范围，继而降低销售成本，获得的“汇源”品牌也节约了其创造和维护品牌形象的广告费用，将比自己重新创设一个品牌花费更少成本。集中往往还能导致更大的采购量，从而降低采购产品的单位价格，进而有可能降低产品价格。所有这些效率的提高，都可能会以规模经济或范围经济的形式表现出来，即收购之后可口可乐生产果汁饮料的单位成本降低，而产量（包括原来可口可乐和汇源的产量之和）不变甚至增加；或者收购之后可口可乐同时生产碳酸饮料和果汁饮料，将以更低的成本提供同样或更多的产品。若能证明上述所有效率，并最终以生产效率的形式加以量化，将能最大程度地证明收购对效率提高的巨大推动作用。

但是，尽管可以相对容易地证明这些效率能够在较短时间内实现，并且集中不会导致垄断或接近垄断的状态，比如可以将各种效率转化为生产效率进行可变成本节约和固定成本节约的量化分析，估算具体效率的实现可能性及实现时间表，通过界定相关市场和评估市场控制力来分析集中后的市场结构情况。但是，要证明它们的效率为集中所特有并必然会给消费者或社会公众带来福利上的好处却极为困难。上述所列效率类型，不仅可以通过现有的集中形式获得，也可通过内部扩张（可口可乐完全有这个能力）、建立合资企业、协议合作以及与另外更小规模的企业集中等方式得以实现，除非可以证明，通过其他方式不可能获得同等程度的效率提高，或者通过集中实现效率提高具有时间上的优势。同时，还须证明效率提高能够至少给消费者或社会公众带来好处，比如不会提价，或者增加产品的种类和质量等。但是，要证明或保证这些条件也非常困难。因此在本案中实施效率抗辩，尽管绝非不可能，却具有相当大的难度。

三、可口可乐收购汇源案的初步结论：合法但不合理

从程序上看，从立案受理、初步审查、进一步审查到最后作出决定和公布，本案的处理均符合《反垄断法》的相关规定；从实体上看，商务部作出的否定裁决也完全在其自由裁量权范围之内。因此，从合法性角度看，商务部的做法无可挑剔。但是，从其否决理由和相关表述来看，难免会引起人们

对其合理性担忧。首先，集中后经营者在相关市场的市场份额和市场控制力并不如想象中那样庞大，甚至还达不到一般推定具有反竞争影响的程度。其次，可口可乐的市场支配地位和品牌传导能力尽管存在，但是在果汁市场这样一个进入退出相对容易的市场，并不会造成严重限制竞争的影响。再次，以挤压中小企业生存空间作为否决理由，难免使人认为《反垄断法》是保护“竞争者”而非“竞争”的法律。实际上，在一个进入相对容易的市场，一个胆敢擅自提高价格降低产量的经营者会正好给中小企业带来发展契机，因为进入该市场或扩大市场份额就能与所谓的在位垄断者分享垄断利益。最后，商务部手中握有大量相关数据和材料，而面对公众如此巨大的关注，却只作了简单的陈述和说理。商务部给出的解释是，在对外披露信息时，应遵守《反垄断法》关于保密的要求。但是查看世界其他国家和地区的反垄断执法机构网站，对于集中审查结果的公布往往不会如此草率，至少应对不涉及商业秘密的相关内容予以公布，以接受社会公众的监督。

造成这种局面的原因，一方面可能来源于我国政府机构由来已久的行政作风和习惯，使其工作人员并不擅长对相关决定作理性推理和分析，特别是将这种分析过程公之于众时；另一方面可能更来源于我国反垄断法规则的模糊性和程序缺失性。对于“市场集中度”“市场控制力”“经营者集中对国民经济发展的影响”“社会公共利益”等如何界定，直接关系到集中的反竞争影响分析；而实体分析的准确适用又需要客观中立的程序规则来保证。我国现有的反垄断法体系在实体和程序方面皆存在严重缺失。可口可乐收购汇源案给我国《反垄断法》实施带来的启示，除了学者们普遍看好的竞争文化的普及之外，最大的收获或许应是加快启动细化反垄断法规则的步伐。

案件4　茅台、五粮液价格垄断案

〔案件概要〕

贵州省物价局公告称，2012年以来，茅台酒销售有限公司通过合同约定，对经销商向第三人销售茅台酒的最低价格进行限定，对低价销售茅台酒的行为给予处罚，达成并实施了茅台酒销售价格的纵向垄断协议，违反了《反垄断法》第14条规定，排除和限制了市场竞争，损害了消费者的利益。茅台酒公司的上述行为受到调查后，该公司积极配合调查，主动退还违法扣减的保证金，按照法律要求及时进行了深入整改。鉴于以上事实，对该公司依法处以2.47亿元的罚款。

四川省发改委公告称，五粮液公司利用自身的市场强势地位，通过合同约定、价格管控、区域监督、考核奖惩、终端控制等方式，对经销商向第三人销售白酒的最低价格进行限定，达成并实施了白酒销售价格的纵向垄断协议，违反了《反垄断法》第14条规定，排除和限制了市场竞争，损害了消费者的利益。在调查过程中，五粮液公司积极配合，迅速纠正违法行为，并按照法律要求进行了整改。基于此，四川省发改委对五粮液公司依法予以从轻处罚，处公司上一年度涉案销售额1%的罚款2.02亿元。

〔案件评析〕

转售价格维持垄断行为的解释论分析

——以茅台与五粮液案为具象

曾晶*

一、问题的提出

转售价格维持是指在一个纵向产品供应关系中，处在上游环节的生产商

* 曾晶，华东政法大学经济法学院讲师，法学博士。本文原载《湖南师范大学社会科学学报》2015年第3期。

或供应商，在将其产品销售给处在下游环节的销售商时，限制后者转售产品价格的行为。它是纵向限制竞争协议中一种最为常见的形式。对于转售价格维持的规制，反垄断法大体上经历了两个阶段：一是1911年美国Dr. Miles案首次确认对转售价格维持适用本身违法规则时始，这一做法持续近百年之久，成为世界各国反垄断法审查转售价格维持的基本原则；二是2007年美国联邦最高法院在Leegin案的判决中，推翻了转售价格维持适用本身违法这一先例，改而适用合理原则。这一变化不仅被认为是美国反托拉斯法十余年来最重要的进展，甚至还被认为是"标志着反托拉斯法上一个时代的结束"。〔1〕它在世界各国引起了广泛的讨论和争议，并导致各国反垄断法放松对转售价格维持的严格规制，〔2〕尤其是对我国《反垄断法》第14、15条的适用具有重要的启发意义，〔3〕即放弃本身违法规则，转而采用合理规则来考察转售价格维持的竞争效果。

2013年2月22日，四川省发改委和贵州省物价局分别对五粮液酒类销售有限公司（简称五粮液公司）和茅台酒类销售有限公司（简称茅台公司）做出了2.02亿和2.47亿元的罚款处罚。其理由归纳起来大致为："五粮液公司和茅台公司通过合同约定、价格管控、考核奖惩等方式，对经销商向第三人销售其白酒产品的最低价格进行限定，达成并实施了其白酒销售价格的纵向垄断协议，排除和限制了市场竞争，损害了消费者的利益，因而违反了《反垄断法》第14条的规定。"〔4〕

单从公布的处罚决定内容来看，四川省发改委和贵州省物价局显然只考察了《反垄断法》第14条的相关内容，而没有对第15条关于效率和公共利益抗辩的内容进行考虑。这让人觉得这两个执法机构采用的是本身违法规则，而不是合理规则，与我国《反垄断法》第14、15条的立法初衷有出入，更与

---

〔1〕 Thomas A Lambert, Dr. Miles is Dead. Now What? Structuring a Rule of Reason for Evaluating Minimum Resale Price Maintenance, William &Mary Law Review, Vol. 167, No. 3, 2009.

〔2〕 张骏："完善转售价格维持反垄断法规制的路径选择"，载《法学》2013年第2期。

〔3〕 许光耀："转售价格维持的反垄断法分析"，载《政法论丛》2011年第4期。

〔4〕 关于这两个处罚决定的具体内容，可参见四川省发改委和贵州省物价局官方网站上的通告，本文不一一赘述了。

当今先进反垄断法国家的做法不一致。当然，我们也不能仅凭这一点，就断然认定这两个执法机构在考察案件的竞争效果时，完全没有考虑第15条的规定。为了更好地了解这两个机构的真实意图，本文将根据已公开的案情，运用反垄断法的基本原理和知识来分析该案，并探寻其处罚决定是否合理，以及背后支撑其结论的理由是否充分？同时也以此为具例，引申出法解释论分析方法对我国反垄断执法的实际价值。

二、转售价格维持的反垄断分析方法

（一）本身违法规则

在反垄断法上，对转售价格维持适用本身违法规则肇始于1911年发生在美国的Dr. Miles案〔1〕（学界简称为Dr. Miles案）。该案原告Dr. Miles是一个生产专利药品的医药公司，它要求其批发商和零售商在整个产品销售过程中，价格不得低于其所规定的最低转售价格；而被告John D Park & Sons Co. 是一家药品批发商，因不愿接受原告所强加的最低价格条件，而引诱接受这种条件的药品批发商向其出售原告产品，但价格却低于原告的最低转售价格。于是，原告以恶意干涉其与上述批发商所订立的合同，并引诱它们违反合同造成相应损失为由，向法院起诉了被告，并要求法院禁止这种行为。美国法院认为："除非是涉及特殊财产，比如文物、奴隶等，否则只要财产所有权转移给买方，则卖方就不能再对该产品施加任何限制，因而根据普通法上关于财产转让规则，原告对批发商的转售价格进行限制是不合法的，无效的。"〔2〕

但原告并不赞同法院的说法。它申辩道，在药品销售中，销售网点的密度往往很重要。通常，一般药店都不愿意销售打折的药品，因而要想保持销售网点的密度，就必须限制批发商的转售价格，以免其打折销售产品。所以原告设定最低转售价格的限制是防止他人通过打折来干扰其经销体系所必需的手段。然而，联邦最高法院不接受原告这一申辩，并指出："如果经销商之

〔1〕 Dr. Miles Medical Co. v John D Park & Sons Co.，220 U. S373（1911）.

〔2〕 刘利权："转售价格维持的反垄断规制研究"，湖南大学2008年硕士学位论文，第15页。

间的协议或联合，就是为了限制破坏竞争和固定价格，则这种协议或联合对公共利益有害，是无效的”。[1]“转售价格维持的唯一目的就是破坏竞争和固定价格，它不利于人与人之间的贸易往来、买卖交易、协商谈判和合同签订”，[2]因而原告这种限制最低价格的契约，“违反了《谢尔曼法》第1条的规定，是彻头彻尾的限制，是完全的非法，应以本身违法原则来界定和处罚”。[3]可见，反垄断法在初期认为转售价格维持会严重破坏竞争者之间的竞争，因而它与联合订立价格卡特尔一样，应予以严厉禁止。[4]

之后将近一个世纪，美国反垄断法在考察转售价格维持时，都适用本身违法规则，但经过 U. S. v. Colgate&Co. 案、《公平贸易法》《米勒—泰丁斯法》《麦克盖瑞法》《消费商品定价法》、California retail Dealers Assn' v. Midcal Aluminum 案、Monsanto Company v. Spray - rite service Corporation 案等法律法规与经典案例的诠释和发展，美国对转售价格维持适用本身违法规则的范围受到了明显限制，其背后支撑的理由也得到了进一步的细化和改变。概括起来主要有两个方面：一是便利生产商之间的卡特尔；二是便利零售商之间的卡特尔，或充当支配性零售商的封锁手段。

转售价格维持之所以便利生产商之间的卡特尔，是因为它能有效监督各成员对零售商所采用的价格，有没有违背它们当初订立的协议或约定，并能及时惩罚当中的背叛者。[5]通常，生产商给零售商的价格往往是秘密的、不公开的。如果没有转售价格维持，则卡特尔就很难根据所观察到的零售价格，准确判断出其成员所给零售商的价格，因为影响零售价格的因素有很多，如零售成本、需求波动以及批发价格等。这时，卡特尔就无法及时发现并有效

---

〔1〕“Vertical Price Agreement in the Wake of Leegin v PSKS：Where Do We Stand Now?”，*University of Miami Law Review*，October 2009，p. 232.

〔2〕John D Park，Sons Co. v. Hartman，12 L. R. A. （N. S. ）146，82 C. C. A. 158，153 Fed. 24.

〔3〕何治中：“美国反垄断法对最低转售价格维持的规制原则变迁与启示”，载《金陵法律评论》2008年第2期。

〔4〕Thomas R Webb，“Fixing the Price Fixing Confusion：A Rule of Reason Approach”，*92 Yale L. J. 706*.

〔5〕Commission Decision of 21. 11. 2001 in Case No COMP/M. 2498 – UPM – Kymmene/Haindl，OJ 2002 L233，p3，recitals 82，87et seq.

惩罚其背叛者，从而不利于它的维持。[1]如果卡特尔成员都采用转售价格维持，则通过产品零售价格这一环节，就能达到有效监督的目的，因为如果产品零售价格已固定，而零售价格的高低又决定着产品销售量的多少，则生产商就不可能降低给零售商的批发价格，否则它非但不能扩大其产品的销售量，反倒会大大减少已获得的利润。此外，零售价格比批发价格更透明，更容易获得，也将更方便卡特尔对其成员的监督。因此，转售价格维持有利于生产商之间卡特尔的维持与稳定。

而转售价格维持便利零售商之间的卡特尔，或充当支配性零售商封锁手段的原因是：零售商之间一般并无直接业务往来，相关信息（尤其是价格）不对称、不透明导致它们很难形成卡特尔，即便勉强达成也不能长久，因为它们不能有效监督和惩罚背叛者。[2]但如果能使生产商固定它所有零售商的转售价格，则零售商既免除了卡特尔所需的价格谈判，节省了交易成本，又容易发现成员的背叛行为，并有效制裁背叛者，这显然有利于零售商达成并维持卡特尔。即便某个零售商是支配企业，它也希望生产商固定转售价格，因为当它涨价时，如果没有转售价格维持，消费者就会流向其竞争者，久而久之将削弱它的支配地位；而如果所有零售商都必须采用相同的价格，则它不仅能防止消费者的大量流失，还能成功阻止潜在竞争者进入到市场中来，进而封锁整个市场。然而，这并不符合生产商利益最大化的目标，因为固定转售价格会减少其产品销售量，进而减少其利润。但如果零售商或它们达成的卡特尔拥有足够强的市场力量，则生产商就不得不为之。[3]

既然转售价格维持并不完全符合生产商的利益最大化，那么它如果还执意实施这种行为，则意味着它不是为了生产商卡特尔，便是为了零售商卡特

---

〔1〕［美］赫伯特·霍温坎普：《联邦反托拉斯政策：竞争法律及其实践》，许光耀、江山、王晨译，法律出版社2009年版，第496页。

〔2〕 Feinberg R，Chr M Snyder，“Collusion with Secret Price Cuts：An Experimental Investigation”，*E-conomics Bulletin*，Vol. 3，No1－11，2003；Commission Decision of 24. 10. 2007 in Case No COMP/M. 4753－Antalis/MAP，recital 67.

〔3〕 T Overstreet，Jr A Fisher，*Resale Price Maintenance and Distributional Efficiency*：*Some Lessons from the Past*，*Contemp*，*Policy Issues 3*，1985，pp. 45－50.

尔，或充当支配性零售商的封锁手段。这只会破坏市场竞争，而没有任何好处，因而在2007年的Leegin案之前，美国反垄断法一直认为转售价格维持是本身违法的，应严厉禁止。

（二）合理规则

在本身违法规则的框架下，转售价格维持只会破坏竞争，而不会促进竞争。但随着经济学理论的发展，尤其是20世纪70年代芝加哥学派的兴起，人们逐渐认识到转售价格维持也有促进竞争的积极效果。

在芝加哥学派看来，效率是反垄断法唯一的目标，但什么是效率呢，简言之就是尽可能扩大社会总产出，[1]而转售价格维持刚好就有增加社会总产出的功能。它指出，零售商一般主要在价格上竞争，因而它没有足够的能力、动力或加价空间，对产品的售前服务[2]或广告宣传进行大量投资，而这对于某些产品的销售，尤其是某些新产品能否进入到市场，又至关重要。[3]采用转售价格维持则能解决这一矛盾，原因有二：一是转售价格维持通常高于竞争性价格，这一超出部分能有效弥补零售商提供售前服务，或进行大量广告宣传的成本；[4]二是转售价格维持会固定产品的零售价格，这消除了零售商之间的价格竞争，从而迫使它们转向服务或广告竞争。因此，转售价格维持能促使零售商提供更多地服务，[5]从而扩大产品的产出与销售。尽管它会削弱同一品牌零售商之间的竞争，但也会增强不同品牌之间的竞争，这显然对

---

〔1〕 在芝加哥学派看来，效率主要指生产效率和配置效率。生产效率是指生产商以最低的成本，生产出最多的产品。生产效率将引导社会资源流向最有效率的生产领域，从而实现配置效率。反垄断法的目的就是通过效率的最大化，即社会总产出的最大化，使消费者福利达到最大化。只要经营者的行为不减少社会总产出，未造成社会的净损失，就不应予以禁止，反之亦然。因此，芝加哥学派的论述中通常以“产出最大化”来指代效率，以“减少社会总产出”作为认定行为非法的标准。

〔2〕 H P Marvel, S McCafferty, “Resale Price Maintenance and Quality Certification”, 15 Rand. J. Econ. 1984.

〔3〕 Comanor, Wilson, “The Effect of Advertising Competition: A Survey”, 17 J. ECON. LIT. 453, 1979; Nelson: “Advertising as Information”, 82 J. POL. ECON. 729, 1974.

〔4〕 O Williamson, “Assessing Vertical Market Restrictions: Antitrust Ramifications of the Transaction Cost Approach”, 127 U. Pa. L. Rev. 953, 1979.

〔5〕 Howard P Marvel, “The Resale Price Maintenance Controversy: Beyond the Conventional Wisdom”, 63 Antitrust L. J. 59, 1994; Benjamin Klein, Kevin M Murphy, “Vertical Restraints as Contract Enforcement Mechanisms”, 31 J. L. & Econ. 265, 1988.

维护市场有效竞争更为有利，因而它是有效率的。

芝加哥学派还认为，转售价格维持能有效防止搭便车现象。[1]零售商提供上述的服务越多，其成本就越高，零售价格也就越高。如果这类行为得不到保护，则不提供服务的零售商就能以较低的价格，搭乘提供服务零售商的便车，这将促使消费者先获得后者的免费服务，再购买前者的低价产品。长此以往，那些提供服务的零售商就越来越少，最终导致没有人愿意提供上述服务，这不但会减少产出，也会削弱品牌间的竞争。[2]而如果所有零售商的价格相同，或者说都采用转售价格维持，则谁提供的服务越多或越好，谁就能吸引更多消费者购买其产品，从而扩大其产品销售量，获得更高的利润，使其提供的服务得到应有回报。这是因为，此时消费者接受了谁的服务，一般就会购买谁的产品，而不会轻易转向其他零售商。

另外，零售市场进入壁垒通常较低，生产商即便撇开零售商的销售渠道，自己也能轻易将产品投入到零售环节中来，因而芝加哥学派认为，零售商很难拥有强迫生产商实施转售价格维持的力量，只要后者受到前者的强迫，它就会通过亲自进入来消除这种压力。因此，转售价格维持既能产生效率，又很难产生反竞争效果，故反垄断法应对其采用合理规则，而非本身违法规则，一概予以禁止。

但对于反竞争效果这一点，后芝加哥学派并不完全赞同芝加哥学派的观点，尽管它也认为转售价格维持能产生显著效率，不应适用本身违法规则。该学派指出，零售商拥有强迫生产商的力量，并不像芝加哥学派所宣称的那么难得，或者罕见，故转售价格维持就并不必然合法，不能简单地视为是本

---

〔1〕 1960年，芝加哥学派的代表人物Lester G. Telser率先撰文提出，转售价格维持的目的是避免零售商之间的“搭便车”现象。之后，Bork、Bowman及Yamey等人在此基础上，详细分析了零售商服务的搭便车效应。他们均认为，由于存在搭便车效应，生产商如果实施转售价格维持等纵向限制，就能有效地控制零售商的行为，并促使后者对销售服务进行必要投入。参见Lester G Telser，“Why Should Manufactures Want Fair Trade? Journal of Law and Economics”，Vol. 3，86－105，1960；Bork，“The Rule of Reason and the Per Se Concept”，*Yale Law Journal*，Vol. 753，373－475，1966.

〔2〕 Henry N. Butler，Barry D. Baysinger，“Vertical Restrains Of Trade As Contractual Integration：A Synthesis Of Relational Contracting Theory”，Transaction Cost Economics and Organization Theory，Emory L. J.，1983.

身合法，而应采用合理规则来具体考察个案。例如：当零售环节存在规模经济或范围经济时，零售商就能强迫生产商接受其条件，实施转售价格维持行为。这时，不论生产商多么有力量，一般也不可能摆脱零售商的销售渠道，而单独开辟新的渠道来销售产品。比如果汁饮料一般是通过超市或商场等来销售，这类零售商的特点是同时销售多个生产商的同类产品，甚至是不同种类产品。〔1〕那么，即便这类零售商的市场份额不高，也能对果汁饮料生产商拥有强迫力量，因为后者无法亲自进入到这一零售渠道，一旦丧失了这类零售商，其产品销售量的减少就无法避免。另外，如果这类零售商在多个地区拥有销售渠道，则规模经济效应同样会使果汁饮料生产商对它们有所依赖，因为这时后者转换销售渠道既不经济，成本还很高，不符合其利益最大化的诉求。〔2〕

在此影响下，美国反垄断法对转售价格维持的态度发生了显著改变，特别是20世纪80年代里根政府上台后，美国司法部就曾公开赞成采用合理规则来考察转售价格维持，〔3〕但联邦最高法院并没有接受这一建议，直到2007年的Leegin案，它才以5:4的投票摒弃了本身违法规则，转而采用合理规则来审查其转售价格维持。

但联邦最高法院九大法官也对此共识难求。主张派认为："从反垄断的原则来看，本身违法规则只能适用于那些'总是或几乎总是企图限制竞争、减少产出的行为'，而转售价格维持协议或行为并不总是具有这种目的或意图"。"在特定的情况下，转售价格维持的确有可能会破坏竞争，如便利生产商或零售商共谋，但它通常也可能产生促进竞争的积极效果，如促进品牌间的竞争或新品牌、新公司进入市场等，因此不应再适用本身违法规则"。而反对派的理由是：第一，转售价格维持虽有时能促进竞争，但到目前为止，经济学研究仍无法清楚表明它促进竞争的效果到底如何，而反竞争效果倒俯首皆是；

---

〔1〕曾晶："可口可乐与汇源集中案之解析"，载《湖南大学学报（社会科学版）》2011年第3期。

〔2〕Burlington Coat Factory Warehouse Corp. v. Esprit De Corp., 769 F. 2d 919, 922 (2d Cir. 1985).

〔3〕［美］马歇尔·C. 霍华德：《美国反托拉斯法与贸易法规》，孙南申译，中国社会科学出版社1991年版，第206页。

第二，本身违法规则已适用了近一百年，法院据此做出了很多判决，并提出了大量建议，这仍具有指导意义，因而不宜轻易动摇；第三，如果改为适用合理规则，则下级法院能否具备相应的操作能力，准确评判转售价格维持的利弊，这一点值得怀疑。〔1〕

上述反对派的理由并不完全站得住脚，因为法律制度应响应社会要求，或者说适应时代之发展，〔2〕而非相反。现代反垄断法更注重效率的考察，不论我们能否准确证明转售价格维持所产生的效率，是大于还是小于它的反竞争效果，但它能产生效率已成共识。本身违法规则意味着只要符合法律构成要件，就一律予以禁止，而不考虑效率等其他因素。如果我们机械地适用该规则，无疑就会扼杀掉这些效率；而如果适用合理规则，则这些效率将得到充分考虑，这显然更契合现代反垄断法的精神。此外，适用合理规则需要考察全部案情，包括相关经营的具体信息、限制的历史、性质及效果，这要求我们考虑到所有的因素，而这些因素又因案而异，所以担心法院能否具体操作合理规则不无道理，它在实践中确实会遇到很多麻烦，但解决这一问题的根本之道，应是尽可能完善合理规则的可操作性，而非继续采用不合时宜的本身违法规则。为了给转售价格维持准确适用合理规则提供指引，美国联邦最高法院在Leegin案的判决中，详细论述了合理规则的操作方法。概括起来，主要有三个方面：①极少数几个或者极个别企业间订立转售价格维持协议，通常不应视为是非法，因为其几乎无法通过该协议达成生产或销售卡特尔。②只要转售价格维持协议不能强迫零售商，或没有给它们任何压力，则该协议一般应看作是合法的。③实施转售价格维持的企业，如果它没有很强的市场力量，或拥有市场支配地位，则这种行为通常也可能是合法的，因为该企业无法将竞争者排挤出市场。〔3〕

---

〔1〕 Leegin Creative Leather Products, Inc. v. PSKS, Inc., 551 U.S. 105, 108, 119, 123, 131 (2007).

〔2〕［美］劳伦斯·M. 弗里德曼：《法律制度——从社会科学角度观察》，李琼英、林欣译，中国政法大学出版社2004年版，第19页。

〔3〕［美］劳伦斯·M. 弗里德曼：《法律制度——从社会科学角度观察》，李琼英、林欣译，中国政法大学出版社2004年版，第19页。

因此，美国反垄断法分析转售价格维持的方法，就是比较分析其正负效果。首次考察相关市场的结构状况，运用结构性考察方法来审查转售价格维持，是否具备反竞争效果的市场条件，不具备的一般予以直接排除，而具备的则需进行更详尽的合理分析。然后，再以产出的增减为基本考察标准，分析转售价格维持的正负效果。如果它既能增加产出，又没有反竞争效果，或前者能够弥补后者的负面影响，这就是有效率的表现，原则上应视为是合法的；而如果它减少了产出，又没有其他法定或合理理由，或前者的消极影响大于后者的积极影响，则通常应推定为非法。但现实中影响产出增减的因素非常多，因而我们在具体案件中，往往很难确定或证明究竟是转售价格维持，还是其他原因导致了产出的增减。所以，这一分析过程十分复杂和繁琐，不仅耗时耗力，执法效率低下，还争议四起，加重了各方负担，尤其是行为人的责任。而欧盟考察转售价格维持的方法则相对更清晰、更明确，远没有美国合理规则复杂。其基本思路是：首先审查转售价格维持是否构成《里斯本条约》第101条第1款的规定，如果构成，则原则上予以禁止，这有点类似于美国的本身违法规则，反之亦然。〔1〕然后，根据《里斯本条约》第101条第3款、《纵向协议集体豁免条例》以及《纵向限制指南》的规定，考察转售价格维持是否具备法定豁免事由，如果属于典型恶性限制，则一律不适用集体豁免，〔2〕反之则需权衡该行为的损害效果与获益效果，以确定其能否获得豁免。Leegin案后，欧盟开始放松了对转售价格维持的严厉规制，允许行为人以效率为由来抗辩。〔3〕如果该行为被证明确实提升了效率，则欧盟就通过评估它对竞争和消费者的正负影响，以决定其是否满足第101条第3款的全部条件。〔4〕

---

〔1〕 Treaty on the Functioning of the European Union Article101.

〔2〕 Commission Regulation（EU）No 330/2010 of 20 April 2010 on the Application of Article 101（3）of the Treaty on the Functioning of the European Union to Categories of Vertical Agreements and Concerted Practices，第4条（a）项。

〔3〕 这一方面表明，欧盟已经将芝加哥学派的效率观点，视为转售价格维持正当的抗辩理由，而另一方面又间接说明，根据《里斯本条约》第101条第3款来评估量化转售价格维持的正反效果，往往也是非常复杂和繁琐的，因为效率是无法完全量化检验的，它必然会带有价值判断的因素，这意味着效率抗辩在实践中，一般很难满足第101条第3款的全部豁免条件。

〔4〕 Guidelines on Vertical Restraints（2010/C130/01），第225段。

三、发改委裁决的反垄断法分析

所有经营者实施转售价格维持的最终目的，就是通过提高价格的方式来实现利润最大化。但如果提高价格，则消费者就会转向其他竞争者的产品，因而经营者必须能够阻止这种需求转向，才能具有提高价格的能力。因此，并不是所有的转售价格维持均不利于市场竞争，其是否应受到反垄断法的关注与规制，应根据具体竞争效果来具体判定。

从我国《反垄断法》第14、15条的规定来看，我国考察转售价格维持的方法主要是借鉴欧盟的做法，即“禁止＋豁免”模式。[1]其基本分析套路是：如果当事人的行为构成转售价格维持，即实施了第14条所规定的行为，则应予以禁止；但如果当事人能够证明，其行为满足了第15条规定的条件，则该行为就能获得豁免，而不予禁止。与美国的合理规则相比，这种模式的优点是更简明，更便于具体操作和实施；而缺点则是对待转售价格维持的态度仍比较严格，没有充分考虑到它的积极合理因素，[2]而且条文本身亦过于原则和模糊，缺乏实际可操作的细则，这使当事人吃不准其行为的性质，加重了其举证责任和负担，故亟待改进和完善。

因此，本文认为今后我国考察转售价格维持应采取的方法是：首先，根据我国《反垄断法》第14条的规定，推定转售价格维持构成纵向垄断协议。纵向垄断协议是否应禁止，关键是看它能否产生负面竞争效果。

转售价格维持的主要负面效果是可能会减少产出，而这需要运用结构性考察方法，审查它是否满足三个基本条件，即是否存在便利生产商卡特尔，或零售商卡特尔及封锁手段的条件。如果原告能证明其行为不满足这些市场条件，则反垄断法就不应禁止；而如果原告不能证明这一点，则需要进一步考察。然后，根据我国《反垄断法》第15条的规定，考察满足上述市场条件的转售价格维持能否豁免，这主要是比较其正负效果，即如果它所产生的效

---

〔1〕 许光耀：“反垄断法中垄断协议诸条款之评析”，载《法学杂志》2008年第1期。

〔2〕 李剑、唐斐：“转售价格维持的违法性与法律规制”，载《当代法学》2010年第6期。

率能抵消其限制竞争的负面影响，并且消费者能分享到其所产生的利益，则它就能豁免，反之则应禁止。

从贵州省物价局和四川省发改委的处罚理由来看，茅台和五粮液实施转售价格维持将对白酒市场竞争产生三个方面的不利影响：①排除了同一品牌内各个经销商之间的价格竞争，损害了经济运行效率；②限制了白酒行业不同品牌之间的竞争，这种价格垄断行为在行业内起到了负面的示范效应，已经有其他白酒品牌开始对经销商进行类似限制和处罚，进一步扩大了对竞争的限制和损害；③损害了消费者利益，排除了消费者购买低价商品的机会。特别是，茅台和五粮液产品在白酒中具有重要地位，产品可替代性低，严重制约了消费者的选择。这表明二者均认为，茅台和五粮液实施转售价格维持既会产生横向上的不利后果，又会产生纵向上的不利后果，最终都会损害消费者的利益。

上文已指出，考察转售价格维持应先证明其构成纵向垄断协议，即双方必须就转售价格达成一致意见并具有约束力，否则即便一方存在转售价格的要求，也不构成纵向垄断协议，不受我国《反垄断法》第14条的管辖。纵向垄断协议是经营者与其交易相对人之间订立的，一般构成交易合同的组成部分，而且双方当事人的利益并不一致，通常并无隐藏证据的共同动机，因而要证明纵向垄断协议的存在，是比较容易的。在茅台和五粮液案中，这两个公司长年通过合同约定、价格管控、区域监督、考核奖惩、终端控制等方式，对其全国经销商向第三人销售白酒的最低价格进行限定，而且后者为了避免前者的报复和惩罚，均严格遵守这一规定，因而不论是协议的“内容”，还是订立和履行协议的“事实”，均构成纵向垄断协议，属于我国《反垄断法》第14条的规整范围。

但纵向垄断协议的证明难点主要在于“垄断”的证明。由于协议当事人并不处于同一市场环节，它们之间并不存在“品牌间的竞争”，其对竞争的主要影响是限制“品牌内部的竞争”，即同一生产商的不同经销商之间的竞争。通常，只要品牌之间的竞争充分，则任何一个经营者均无能力提高产品价格，而不管其品牌内部的竞争状况如何，哪怕该品牌只有一个经销商，它仍然必须采用竞争性的价格，否则消费者会流向其他品牌。因此，只有在品牌间的竞争不充分时，纵向限制才有可能产生反竞争效果。如果没有产生负面的竞争效果，则即便茅台和五粮液的转售价格维持行为构成纵向垄断协议，也不应禁止。转售价格维持主要是消除了同一品牌内经销商之间的竞争，从而导致其产出减少。但其他品牌仍能提供有效竞争则这种不利影响是可以容忍的。

在我国高端白酒市场上，最主要存在茅台和五粮液两家生产商。它们任何一家限定其产品的转售价格，均会减少同一品牌内各经营商之间的价格竞争，但如果它们之间存在有效竞争，即茅台限定最低转售价格，消费者就会流向五粮液，抑或相反，则这种行为就不应关注，因为品牌内部竞争的减少往往会增强品牌间的竞争，从而增加社会总产出。而如果它们同时采取限定转售价格的行为，则不仅会减少品牌内的竞争，还会减少品牌间的竞争，最终将导致高端白酒总产出的减少，这时反垄断法就应禁止该行为。因此，发改委同时考察横向和纵向这两方面的竞争效果是可取的，茅台和五粮液的价格长期居高不下，而且普通消费者很难购买到这两种产品就是明证。转售价格维持之所以会减少产出，因为它将便利生产商卡特尔，或零售商卡特尔，以及充当支配性零售商的封锁手段。所以，反垄断法一般是通过证明转售价格维持产生前述三种负面效果之一的可能性，以证明该行为有减少社会总产出的可能性。生产商要想采用转售价格维持来达成或维持其卡特尔，必须具备以下两个条件：①实施这种行为的生产商联合起来具有支配性市场力量的份额，否则即便达成转售价格维持协议，也没有能力提高价格。②卡特尔所有成员都须采用转售价格维持，以便对彼此间的零售价格进行监督。如果只有某个或少数几个成员采用该行为，则不可能是为了横向卡特尔。

茅台和五粮液是我国高端白酒的知名品牌。在消费者看来能喝上这两种酒，是身份高贵和显赫的象征，产品替代性很低，因而它们在高端白酒市场上的销量大，市场占有率高，具有支配性市场地位。如果它们联合起来，就必然具有市场支配性力量或份额。而且，长期以来它们都通过各种方式，规定其经销商的最低销售价格，并严格处罚擅自违规的经销商。因此，这些年来茅台和五粮液的产量非但没有增加，相反还越来越少，普通消费者几乎无法买到这两种产品，尤其是茅台酒若没有特殊渠道，要想喝到它难于上青天。即便勉强能购买到，价格也远远高出其他高端白酒。而同时这两种产品的价格也不断上涨，从最开始的每瓶不低于500元，一直涨到处罚前每瓶不低于1 500元。既然茅台和五粮液采用转售价格维持，并没有扩大其产品的销售量，那么这么做无非就是为了维护它们之间的价格卡特尔，获取更高额的垄断利润，否则产量减少意味着利润的丧失，这显然有悖于它们的根本利益。而如果零售商要想为了维护自己提高了的零售价格，强迫生产商实施转售价格维持，则同样需要满足以下条件：第一，在零售市场上，被强迫生产商的产品本身须拥有支配地位，否则该生产商想提高价格都做不到，更遑论其零售商；第二，强迫零售商在零售环节也须有支配地位，或若干零售商成立了卡特尔，从而有能力迫使生产商对其他零售商施加转售价格维持。如果不具备这两个条件，则零售商没有要求生产商施加转售价格维持的动机，而生产商也不会屈从于这样的压力，这时如果出现了该项行为，法院或执法机构应推定其并非为了这两种目的。

茅台和五粮液的销售体系主要是经销商和专卖店，大型的零售商如沃尔玛这类超市几乎没有加入到其销售渠道。而且，它们对其产品实行特许经营制度，在全国各地根据产品种类设立许多一级经销商和专卖店，并严格限定它们的产品供应量，这意味着在茅台和五粮液的零售市场上，既不可能产生拥有支配地位的经销商，也不可能出现数家经销商联合起来强迫它们实施转售价格维持，以便利经销商卡特尔的情形。可见，茅台和五粮液实施转售价格维持，不是为了便利零售商卡特尔，或充当支配性零售商的封锁手段，而是为了实现生产商卡特尔，这将会严重限制茅台和五粮液之间的竞争。同时，由于经销商的力量非常弱小，这种行为又导致了各经销商无法展开有效竞争，品牌内部的竞争也受到了严重制约，因而反垄断法应予禁止。虽然发改委对上述两方面均进行了考察，但茅台和五粮液实施转售价格维持主要的负面影响是，限制了横向方面的竞争，因此发改委在将纵向负面效果作为处罚的主要理由，而横向效果仅作为辅助理由，似乎有待商榷。更为严重的是，发改委认为横向负面效果主要体现在，对其他白酒品牌限制转售价格的行为起了示范效应，似乎有点“喧宾夺主”之嫌。这成不成立先不说，光证明茅台和五粮液的转售价格维持，是否会促使其他白酒品牌自觉达成这种协调行为，就已经足够麻烦，更遑论它会不会产生争议了。在当代反垄断法看来，对于转售价格维持协议，须全面考察其对竞争的影响，而非一律本身违法。如果该限制是合理的，则应认定其合法；而如果该限制无法带来积极效果，或其所产生的积极效果不足以弥补其消极效果，则应认定其非法。对于能否弥补的最终标准，是看能否增加社会总产出。因此，即便茅台和五粮液的转售价格维持将便利生产商卡特尔，反垄断法也不必然禁止。如果它能满足我国《反垄断法》第15条规定的豁免条件，则就不予禁止，反之亦然，即如果它所产生的效率大于其负面效果，且能传递给消费者，则应予以豁免，相反则应禁止。那么，这种行为到底能否产生效率呢？如能，这些效率有多大，能否抵消其负面竞争效果，并传递给消费者呢？

一般说来，转售价格维持的主要效率在于促使零售商提供服务，以增加总产出。具体表现有三：一是解决“搭便车”问题，鼓励零售商提供服务和促销，从而扩大产出；二是解决“套牢问题”，保护一方当事人的投资；三是有利于维护产品的统一性及质量的标准化。[1]但并非所有产品的销售中都有防止搭便车的需要，对于并不需要零售商提供促销或售前服务的产品来说，这一效率抗辩理由将不成立；此外，如果有其他限制性更少的手段可以达成同样的效率，则转售价格维持就不是“实现效率所必不可少的”，因而不能得到豁免。

如果茅台和五粮液的转售价格维持行为能产生上述效果，则表明它是有效率的，反之则没有效率。同时，该行为还须是对竞争损害最小的，且所产生的效率能有效传递给消费者，并使之得到公平的分享。首先，白酒作为一次性消费品，不论是高端品牌还是低端品牌，均不需要零售商像汽车经销商那样提供额外服务，如售前试驾服务或售后维修服务，以增加其产品销售量。

---

〔1〕许光耀：《欧共体竞争法通论》，武汉大学出版社2006年版，第273－276页。

即便某个零售商愿意额外提供服务，如改善服务态度或增加销售途径，其他零售商也无法从中获益，这不会使前者在竞争中处于不利地位。另外，白酒产品要想扩大其知名度，广告宣传投入就必不可少，但这一投入通常是由生产商来承担，而非零售商。即便一些零售商为了促销而进行了额外的广告宣传，其他零售商也不可能搭它的便车，从而提高产品销售量。

因此，该案零售商不存在“搭便车”的问题，茅台和五粮液实施转售价格维持的目的显然不在此。

其次，茅台和五粮液虽是高端白酒，但零售商要想销售这两种产品，并不需要进行大量长期的沉没投资，通常它们只需像一般产品零售商那样，购买或租赁一个店面，置办必备的售货架，以及进行简要的装修即可。即便这两家公司对此有一定的要求，它也不可能像奢侈品那样要求，必须提供高贵华丽的销售环境，且不能用作他途。因此，这类投资既可用于其他用途，比如销售碳酸饮料，又能在短期内收回，不具有沉没性，无需采用转售价格维持来保护。同时，茅台和五粮液要将其产品销售出去，亦无需做大量沉没投资，理由有二：一是其产品在运输上没有特殊要求，最普通的物流公司即可将其投送到任何地方，因而无需投资建立专门地配送体系；二是其产品是全国知名白酒品牌，在消费者心目中有很高的声誉和忠诚度，零售商均愿意进行销售，因而无需像新进产品那样在销售系统上投资。最后，茅台和五粮液也不是什么技术复杂的高科技产品，无论是在产品的统一性上，还是质量的标准化上，均不需对其零售商做任何特殊的要求。

因此，茅台和五粮液实施转售价格维持没有产生任何效率，无法满足我国《反垄断法》第15条规定的豁免条件，相反它还将便利于生产商卡特尔，这严重损害了我国高端白酒市场的竞争，故反垄断法应予禁止。在禁止理由中，虽然发改委认为茅台和五粮液固定最低转售价格的行为，将会“损害经济的运行效率”，这可作为我们判断它根据《反垄断法》第15条来考察该行为效率的依据，但它自始至终都没有说明该行为将损害哪些效率，以及它又考察了哪些效率？同时，它在结论中这种“根据《反垄断法》第14条……应禁止”，而完全没有提及“根据《反垄断法》第15条……能否豁免”的表述，显然是不够精准和完整的，将造成人们认为它适用的是本身违法规则，而非合理规则的错觉，这需要其在今后类似案件中予以改进和完善，否则将不利于我国转售价格维持行为的正确规制。

四、问题之延伸

可知发改委的裁决理由是站得住脚的，即便它在某些具体的论证上存在瑕疵，但这丝毫也不影响其裁决的正确性。2007年，美国Leegin案后，世界各国反垄断法普遍认为，在现代市场经济中，转售价格维持对竞争的负面影响，已没有以前那么大了，故不用予以重点关注。但是，2013年伊始我国发改委和法院陆续处理了几个转售价格维持案件，并声明接下来将重点关注石油、电信、汽车、银行等行业的类似行为，似乎又表明在我国现阶段，这类行为将严重阻碍市场经济正常健康发展，理应重点规制。

目前，我国《反垄断法》实施已逾七年，但不论是学界还是实务界，反垄断法知识上的储备还略显单薄，尤其是具体的分析和操作方法，更鲜有人能完全掌握。就转售价格维持来说，我国发改委和法院在处理这几个案件时，往往更关注它纵向的负面效果，而较少考察横向方面的效果，这种做法显然是不完整的，不利于我们准确评价其竞争效果。随着我国市场经济的深入发展，各行各业的垄断问题将不断涌现，这就要求我们应尽快建立起一套完整地反垄断规制方法，否则就会严重影响到我国反垄断的执法，不利于市场竞争机制的维护。

我国作为反垄断法的后发国家，要想完成上述这一任务，无论是从知识上还是现实需求上，都应充分借鉴和学习欧美国家的先进做法与成熟经验，但这也并不意味着我们应盲目追随和跟风。在这一建构过程中，我们应时刻注重反垄断法的本土化，保证反垄断执法的移植与本土化的科学性，[1]设计出契合我国现实情况的规制方法。我们应运用法解释论的方法，在具体案件中通过对《反垄断法》的解释、适用、论证与研究，逐渐摸索出一套完整科

---

〔1〕 丁茂中："反垄断执法的移植与本土化研究"，载《法商研究》2013年第4期。

学地相关操作规程，增进反垄断法的具体知识，最终提高我国反垄断的执法。这是因为“立法者的建构理性是有限的，就司法而言，不存在法院无法判决或不能回答的法律问题，这些恰恰指向理性建构之立法论的软肋，于是我们只能期待法院和法教义学在诉讼中对一切法律问题寻找答案”。[1]

〔1〕［德］伯恩·魏德士：《法理学》，丁小春、吴越译，法律出版社2003年版，第142页。

案件5　国家市场监督管理总局建议纠正内蒙古公安厅行政性垄断案

〔案件概要〕

2018年6月22日，国家市场监管总局办公厅发布了《关于建议纠正内蒙古自治区公安厅滥用行政权力排除限制竞争有关行为的函》（市监价监函〔2018〕412号）。

函件表明，2013年4月23日，内蒙古自治区公安厅印发《全区印章治安管理信息系统整合联网及推广使用新型防伪印章实施方案》（内公办〔2013〕60号，以下简称"60号文"），直接指定内蒙古恭安金丰网络印章科技有限责任公司（简称金丰公司）统一负责全区新型防伪印章系统软件的开发建设。在执行"60号文"过程中，内蒙古自治区公安厅采取各种措施强制各盟市公安机关和刻章企业卸载正在使用的、经公安部检测通过的系统软件，统一安装金丰公司开发的系统软件，并要求刻章企业向金丰公司购买刻章设备和装有加密电子芯片的硬质章材。

国家市场监督管理总局认为，内蒙古自治区公安厅上述做法排除和限制了印章治安管理信息系统软件市场以及刻章设备、章材市场的竞争，侵犯了各盟市公安机关和刻章企业的自主选择权，人为增加了企业刻章生产成本，不合理地推高了印章价格。相关行为违反了《反垄断法》第8条的规定，属于《反垄断法》第32条所列"限定或者变相限定单位或者个人经营、购买、使用其指定的经营者提供的商品"的行为和第37条所列"制定含有排除、限制竞争内容的规定"的行为。

〔案件评析〕

我国行政性垄断规制的制度反思

——评内蒙古公安厅行政性垄断案

戴龙 *

2018年6月22日，国家市场监管总局办公厅公布了《关于建议纠正内蒙古自治区公安厅滥用行政权力排除限制竞争有关行为的函》（市场价监函〔2018〕412号，以下简称“412号函”）。“412号函”披露了市场监管总局查明内蒙古公安厅印发公文《全区印章治安管理信息系统整合联网及推广使用新型防伪印章实施方案》（内公办〔2013〕60号，以下简称“60号文”），指定内蒙古恭安金丰网络印章科技有限责任公司（以下简称“金丰公司”）统一负责全区新型防伪印章系统软件的开发建设，违反了《反垄断法》第8条、第32条和第37条规定，建议内蒙古自治区政府责令公安厅改正相关行为。一石激起千层浪，在党的十八届三中全会作出“使市场在资源配置中起决定性作用”的重大决定，党中央、国务院发布了“逐步确立竞争政策的基础性地位”的意见后，我国理论界和实务界兴起一阵破除行政性垄断，建立公平竞争审查制度的讨论热潮。在这一背景下，市场监管总局公开发布建议纠正内蒙古公安厅行政性垄断的“412号函”，再次向市场发出了一个明确信号，具有重大的进步意义。

本文依托“412号函”披露的信息，结合我国近年来深化市场经济体制改革的时代背景，分析行政性垄断的构成要件，对市场监管总局纠正内蒙古公安厅行政性垄断案的相关措施进行法律分析，探讨我国现有防范行政性垄断的制度措施的实施效果，提出全方位构建行政性垄断规制的制度思考。

---

* 戴龙，中国政法大学国际法学院副教授，法学博士。

一、行政性垄断的构成要件

行政性垄断是在我国从传统计划经济转向市场经济的过渡时期，由于依附旧体制的权利运营机制没有根本改变，加之转型时期的经济利益驱动和法律法规的不健全，行政机关或享有公共事务管理事务职权的组织（以下简称“行政机关或公共组织”）利用行政权力谋求本地区或本部门的经济利益，从事排除或限制市场竞争的行为。虽然我国法律并没有对于行政性垄断做出一个严格的界定，但是作为中国社会长期存在的现实问题，行政性垄断始终影响着市场公平竞争，困扰着我国《反垄断法》的实施。事实上，行政性垄断并不是我国所特有的问题，即便是西方发达国家也同样存在行政机关利用其职权，为了维护地区或者部门利益而从事限制竞争的行为。但是在资本主义国家，行政机关实施的限制竞争行为一般并不构成反垄断法的规制对象，而更多是宪法和行政法意义上对于地方政府的权限界定或者权力的僭越和滥用问题。在我国以及与我国有类似历史背景的俄罗斯、东欧及越南等国家，这种由行政机关或公共组织从事的排除、限制竞争行为成为建立市场经济体系的重要挑战，也成为反垄断法实施的主要难题之一。[1]

以俄罗斯为例，俄罗斯在原苏联解体后走向市场经济的同时，与其激进式改革路线相匹配，在1990年就成立了“反垄断政策和援助建设新经济的国家委员会”，并于1991年制定了“商品市场竞争及反垄断行为的法律”（以下略称“俄罗斯反垄断法”）。[2]俄罗斯反垄断法的实体规定由垄断活动（第二章）和不公平竞争（第三章）构成，在总共只有五条的垄断活动规制中，却

〔1〕 See William E. Kovacic, “Institutional Foundations for Economic Legal Reform in Transition Economies: the Case of Competition Policy and Antitrust Enforcement”, *Chicago－Kent Law Review*, Vol. 77, 2001, pp. 265－315; Trinh Anh Tuan, “Competition Environment and the Urgency of Competition Law in Vietnam”, Presented at APEC Training Program on Competition Policy, 1－3 March 2004, Kuala Lumpur, Malaysia.

〔2〕 OECD: Competition Law and Policy in Russia Federation, OECD Observer, *Journal of Competition Law and Policy*, March 2005, vol. 6, no. 3, pp. 7－84（78）.

有三条是关于行政性限制竞争行为的规定。[1]俄罗斯反垄断法将“垄断活动”定义为“经济实体或者联邦行政权力机构、俄联邦各部门的行政权力机构和各市政当局所从事的与反垄断法规相抵触的行动，以及会趋向阻止、限制和排除竞争的行动”（第4条）。但是，俄罗斯反垄断法并没有使用“行政性垄断”这一概念，也没有明确揭示出这种行政性限制竞争行为的本质特征。

我国现有的法律法规都将行政性垄断界定在“滥用行政权力”上，这是我国对于行政性垄断问题认识的一大特色。从理论界对于“行政性垄断”的分析来看，我国学者多将“行政性垄断”定义为“政府及其所属机构（或部门）滥用行政权力限制竞争的行为”。[2]但是，如何确定行政性垄断的实施主体，如何定义“滥用行政权力”，以及如何区分“滥用”及“合法行使行政职权”等问题是在理论和实践中都没有明确答案的问题。以下尝试从行政性垄断的主体、客体、主观和客观要件四个角度来分析行政性垄断的本质特征。

（一）主体要件

关于行政性垄断的实施主体，我国理论界将其定义成“政府及其所属机构”。[3]对于“政府及其所属机构”的范围的界定，是一个颇具争议性的问题。一般认为，行政性垄断的实施主体是排除中央政府之外的各级地方政府，而其所属机构（或部门）既包括中央政府部门，也包括地方政府部门。[4]我国《反垄断法》虽然没有直接采用“行政性垄断”这一概念，但在第8条规定：“行政机关和法律、法规授权的具有管理公共事务职能的组织不得滥用行政权力，排除、限制竞争”。这里的“行政机关”既包括地方各级人民政府及其有关部门、机构，也包括国务院有关部门、机构；这里的“法律、法规授

---

〔1〕这三条分别是第7条禁止联邦行政权力机构、俄联邦各部门的行政权力机构、各市政当局指向抑制竞争的法令和行为；第8条禁止联邦行政权力机构、俄联邦各部门的行政权力机构、各市政当局抑制竞争的协议；第9条不允许国家权力机构和国家行政机构的官员参与企业性活动的规定。俄罗斯反垄断法的中文版参见尚明主编：《主要国家（地区）反垄断法律汇编》，法律出版社2004年版。

〔2〕王晓晔主编：《反垄断法与市场经济》，法律出版社1998年版，第126、146页；钟明钊主编：《竞争法学》，高等教育出版社2002年版，第289页。

〔3〕王晓晔：《反垄断法》，法律出版社2011年版，第287页。

〔4〕国家工商行政管理局条法司编：《反不正当竞争法释义》，河北人民出版社1993年版，第51页。

权的具有管理公共事务职能的组织”是指虽然不是行政机关，但是由于法律、法规授予其一定的管理公共事务的职能，具有一定的行政管理权限的公共组织。[1]《反垄断法》的这一规定比“政府及其所属机构”的提法更加具体，但在实践中认定具体的行政机关及公共组织能否构成行政性垄断的主体仍然不是一件容易的事情。我国目前处在深化市场经济体制改革的关键时期，原来隶属于政府的很多部门正从行政单位向市场主体过渡，要判断这些单位是政府所属部门还是市场主体需要根据具体情况进行判断。特别是一些从事教育、卫生、能源以及公共事业性质的公共组织，或多或少都具有一些管理公共事务的职能，要判断这些公共组织是行政主体还是市场主体非常复杂。

在此不妨借助发达国家的理论，将政府及其部门划分为广义的政府部门和狭义的政府部门，共同组成一个以中央政府为圆心的同心圆（如图1）。[2]在该同心圆中，处于圆心的是中央政府，分布在圆心四周的第一层和第二层分别是中央政府部门和各级地方政府及其部门，共同构成所谓的“一般政府”，也是狭义的政府及其所属机构。除了第一、二层之外，还存在一批由特殊法人和行政性公司构成的第三层级政府组织，以及从上述第一、二、三层政府组织接受委托或者授权，从事公共事业或者公益服务的第四层级政府组织。前者在我国如各种专营专卖公司、中国铁路、中石油、中石化以及中海油这一类的特殊法人或行政公司。后者比较典型的如军工等重要行业的国有企业以及从事供水、供电、供气、通信、邮政等社会基础服务的公益法人。上述四层政府组织共同组成广义的政府部门，其行政权力从中心向四周扩散，并呈现逐层递减的趋势。

在我国，除了中央政府作为国家的行政机关，不能作为行政性垄断的实施主体之外，位于第一层级的中央政府部门以及位于第二、三、四层级的地方政府及其部门、包括各类行政性公司、特殊法人、重要行业的国有公司以

[1] 曹康泰主编：《〈中华人民共和国反垄断法〉解读——理念、制度、机制、措施》，中国法制出版社2007年版，第149页。

[2] 参见［日］小宮隆太郎：“やさしい経済学、日本経済の課題：中長期の視点から④より小さい政府へ；⑤官産複合体の解体”，载《日本経済新聞》1999年1月6、7日。

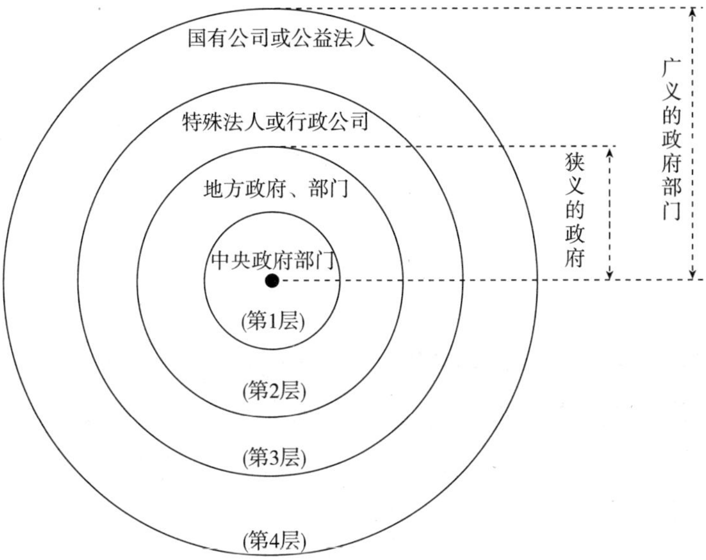

图1　广义的政府部门构造图

及公益法人都可以成为行政性垄断的主体。与上述对于广义的政府部门和狭义的政府部门的划分相同，实施行政性垄断的主体也可以划分为广义的行政性垄断主体和狭义的行政性垄断主体。广义上的行政性垄断主体就是由除国务院之外的上述所有层级的政府部门及公共组织构成。由于第三层级中的特殊法人或行政性公司，第四层级中的国有公司或公益法人是否能够作为行政性垄断的主体目前尚存在很大的争议，如果剔除这一部分，只将中央政府部门和地方政府及所属部门作为行政性垄断的主体，就构成狭义的行政性垄断主体。狭义的行政性垄断主体比较容易界定，实践中也不会有太大的争议。但是考虑到我国位于第三、第四层级的各类法人组织都或多或少具有一定的行政权力，或者同行政机关具有密切的组织、人事关系，如果将这些法人组织剔除在行政性垄断的主体之外，无疑不利于我们对于这些法人组织从事的限制竞争行为性质的认识。目前我国理论界或媒体讨论的行政性垄断，一般而言涵盖了广义的政府部门所实施的限制竞争行为。如果狭义的政府部门所实施的限制竞争行为可以称作狭义的行政性垄断的话，那么广义的政府部门所实施的限制竞争行为可以称为广义的行政性垄断。

（二）主观要件

我国《反垄断法》将对行政性垄断的违法性判断定位在“滥用行政权力”上，这构成行政性垄断的主观要件。我国《反垄断法》对于“滥用行政权力”并没有做出详细的界定，按照行政法的一般理论，对行政权力的滥用应该区分不同的行为类型进行具体分析。根据现代国家依法治国的一般要求，政府的行政行为必须依据一定的法律法规来进行。政府不管是出于什么样的公共利益目的，如果没有法律法规的明确授权，不可以通过行使权力的形式单方面地决定或者改变国民的权利义务。这种完全依据法律法规进行的行政行为，行政法上称之为“羁束行为”。〔1〕从依法行政的原理来看，应该尽可能地将行政机关的行为限制在羁束行为的范围内。但是，如果僵化地做出这种要求，将会使行政机关变成机械地执行法律的工具，而不能够顺应瞬息万变的形势发展。因为法律的制定总是滞后的，行政机关如果囿于立法机关制定的法律法规出台后再有所作为的话，将会大大延缓行政机关的办事效率，也不适应现代国家对行政日益多元化以及流动性的要求。因此，现代国家在法律允许的范围内赋予行政机关一定的行政裁量权限。行政机关依据这种裁量权限进行的行政行为称为“裁量行为”。

在实行“三权分立”的资本主义国家，法院可以对政府的羁束行为进行事实认定以及法律适用是否合法的司法判断，但是对于政府的裁量行为，按照其是否适合司法审查又区分为法规裁量以及便宜裁量。〔2〕所谓法规裁量是指按照正常人的价值标准能够做出合理判断的事项，针对这种行政裁量行为，法院根据自由心证以及司法解释可以进行合法与否的司法判断。所谓便宜裁量是指由于需要行政部门的专门知识或者政治责任进行政策判断的事项，这类事项只能由行政机关依据行政责任和公共利益进行便宜与否的裁量判断，法院一般会尊重行政机关的决定而不予审理。但即便是行政机关的便宜裁量行为，现代法治国家出于对国民权利的保护，也不承认绝对的裁量行为。行

〔1〕［日］原田尚彦：《行政法要论》（第4版增补版），学阳书房2001年版，第137－145页。

〔2〕［日］原田尚彦：《行政法要论》（第4版增补版），学阳书房2001年版，第137－145页。

政机关的裁量权限必须在法律法规规定的范围内行使，超出了法律法规规定的范围行使裁量的行为构成“裁量权限的僭越”。即使是在法律法规规定的范围内行使，如果行政机关出于不当的动机或者目的进行裁量判断，也构成“裁量权限的滥用”。从发达国家对于司法审查的运用来看，从法理上区分法规裁量以及便宜裁量已经变得越来越不重要，对于便宜裁量的司法不审理原则日渐动摇，法院对于行政机关的裁量权限的僭越或者滥用的审查范围日益扩大。

以上对于“滥用行政权力”的法理分析根植于现代法治国家的一般理念，与我国目前的法治环境相比较无疑尚存在很大的距离。但是，从理论上梳理“滥用行政权力”的判断标准有助于加深对这一概念的正确把握，对于我国理论界和实务界认清行政性垄断的本质特征非常重要。从上述分析可以看出，对于“滥用行政权力”的判断已经超出了《反垄断法》本身的管辖范围，需要从行政学或行政法学的视角进入深入剖析，解析行政权力的配置和权利边界。我国《反垄断法》对滥用行政权力排除、限制竞争的行为作出禁止性规定，但却没有对“滥用行政权力”进行解释，可以视为是适应我国建设市场经济体系的特殊国情，对行政权力不当干预市场的行为进行规制的权宜之举，不能过高地估价《反垄断法》在规制行政性垄断方面的作用。〔1〕事实上，规制行政性垄断只是我国《反垄断法》的内容之一，甚至并不是《反垄断法》立法的主要目的。〔2〕我国《反垄断法》规制的对象主要还是针对市场行为，防范和制止因市场主体间的协议、集中而导致排除、限制竞争问题，规范因市场主体滥用其市场支配地位而导致的剥削和排他性限制竞争问题。

---

〔1〕 我国立法者在《反垄断法》立法之初就敏锐地认识到，由同样作为行政机关的反垄断执法机构去处理行政性垄断行为是不顺的，不符合行政权力运行的基本轨道，很可能会将反垄断执法机构置于和各级地方政府及其部门相对立的地位，引发行政架构内部的矛盾；如何界定“滥用行政权力”非常复杂，也非反垄断执法机构的专长，不能因为反垄断法的规定，产生通过反垄断法的实施来解决行政性垄断的错误认识。参见曹康泰主编：《〈中华人民共和国反垄断法〉解读——理念、制度、机制、措施》，中国法制出版社2007年版，第161、226页。

〔2〕 这在我国《反垄断法》第3条将垄断协议、滥用市场支配地位和具有排除、限制竞争效果的经营者集中设为法定的垄断行为，并没有将行政性垄断列在其中，就是明显体现。

（三）客体要件

行政性垄断的客体要件是指行政性垄断行为所侵害的社会关系。就法的目的与价值而言，《反垄断法》所要维护的是市场公平竞争秩序，即市场主体之间的公平的市场竞争关系。在市场经济条件下，各种市场主体之间为了自身利益的最大化，通过公平合理的手段进行竞争，这是受到法律保护的公平竞争关系。正是这种公平的市场竞争促使资源在各种市场主体之间向着更具有效率、更能发挥其潜在价值的方向流动，最终达到资源配置的优化组合。可以说，这是我国实行改革开放的初衷，也是我国建设社会主义市场经济的目标所在。行政性垄断是行政机关及公共组织为了实现某一地区或者部门的经济利益，利用其所拥有的行政权力，人为地排除或者限制其他地区或者部门的经营者的公平竞争的行为。因此，行政性垄断与我国建设社会主义市场经济体制的宗旨相违背，其所侵害的社会关系本质上是市场主体之间的公平竞争关系。侵害市场公平竞争关系也使得行政性垄断行为和行政机关及公共组织的其他行为相区别。如果行政机关及公共组织的行为侵犯的是国家经济行政管理秩序，损害了国家、集体、公民个人的财产权利或人身权利，即便这种行为可以依据其他法律认定为违法，也不能认定为行政性垄断行为。

（四）客观要件

我国《反垄断法》第8条将构成行政性垄断的客观要件界定为“排除、限制竞争”，这与《反垄断法》关于垄断协议、滥用市场支配地位以及经营者集中规制的违法判断标准是一致的。我国部分学者认为《反垄断法》确立的“排除、限制竞争”违法标准等同于“实质性减少竞争”标准。[1]“实质性减少竞争”标准是发达国家《反垄断法》的一般违法标准，在美国反托拉斯法中被称为是“实质性减少竞争”，[2]在欧盟竞争法中被称为“显著地阻碍有效竞争”，[3]在

〔1〕 史际春等：《反垄断法理解与适用》，中国法制出版社2007年版，第144页。

〔2〕 美国克莱顿法第2条，38 Stat. 730（1914），15 U. S. C. A. § §12－27.

〔3〕 欧盟竞争法对于“显著地阻碍有效竞争”的判断主要针对经营者集中规制。See Guidelines on the assessment of horizontal mergers under the Council Regulation on the control of concentrations between undertakings. Official Journal of the European Union，2004/C 31/03.

日本反垄断法中被称之为“实质性竞争限制”。[1]从字面上看，美欧日反垄断法将其违法标准用“实质性”“显著地”这些强调竞争限制效果和程度的副词加以限定，而我国《反垄断法》并不存在这一限定。所以，我国《反垄断法》和美欧日相比存在规制门槛有所降低的可能性，这既增加了反垄断执法机构实际执法中的裁量权限，又可能导致反垄断执法机构负担过重，对很多并不具有实质性限制竞争效果的违法行为进行调查审理。但是，行政性垄断的违法标准和其他规制对象的违法标准一致，保持了我国《反垄断法》的违法标准的统一，有利于行政执法和司法实践中的违法认定，也有利于学术研讨和法律分析。

二、内蒙古公安厅行政性垄断案的法律分析

内蒙古公安厅行政性垄断案是新组建的国家市场监管总局公布的第一起行政性垄断案件。据称市场监管总局在查处本案的过程中遭遇重重阻挠，被查的主体在我国是向来被视为强势部门的公安系统，而市场监管总局最终提出要求其进行整改，显示出竞争执法机关在维护市场公平竞争和实施《反垄断法》方面的坚强意志与坚定决心。将案件事实与整改建议公之于众，也显示出市场监管总局在实施党中央、国务院重大决定方面迈出切实的步伐，标志着我国竞争执法机关在行政性垄断规制方面取得重要进展。无论从哪个角度来看，该案都具有重大的学术研究价值和时代进步意义。

从“412号函”公布的案件基本事实来看，本案中内蒙古公安厅与金丰公司签订《新型防伪印章治安管理信息系统建设合同》，约定由金丰公司提供经公安部检测合格的新型防伪印章治安管理信息系统软件，统一负责自治区全区印章治安管理信息系统（以下简称“印章系统”）的升级改造和整合联网，并由金丰公司向全区所有的刻章企业供应符合国家有关技术标准的章材和芯片。案件事实本质上是政府机关欲由相关企业提供技术设备和材料，更

〔1〕 日本《私的独占の禁止及び公正取引の確保に関する法律》（即日本反垄断法）第2条，1947年法律第54号、2009年最后改正法律第51号。

新、改造内部管理信息系统，这本身是一起极其普通的公共行政内部事务，只要按照《政府采购法》和《招标投标法》相关规定，履行正常的行政程序，并没有太多的法律和技术问题。但是，内蒙古公安厅并没有根据法律规定履行任何招标投标程序，直接指定金丰公司作为全区防伪印章系统软件的供应商，并通过“60号文”要求自治区各盟市公安局都使用这一软件系统，卸载正在使用的其他系统软件，高价购买由金丰公司提供的软硬件设备，对未安装金丰系统的盟市强令其责任部门和责任人贯彻落实。内蒙古公安厅的这一做法在过去或许经常采用，或者说也属于行业内部的通常做法，但是在我国已经确立了社会主义市场经济制度，正在落实“市场在资源配置中起决定性作用”和“逐步确立竞争政策的基础性地位”的现在，这一做法彰显出众多的法律问题。

（一）违背《政府采购法》等法律法规，损害市场经济秩序

我国《政府采购法》明确规定，各级国家机关、事业单位和团体组织，使用财政性资金采购依法制定的集中采购目录以内的或者采购限额标准以上的货物、工程和服务时，必须依法实行政府采购。《政府采购法》第7条规定：“集中采购的范围由省级以上人民政府公布的集中采购目录确定。属于中央预算的政府采购项目，其集中采购目录由国务院确定并公布；属于地方预算的政府采购项目，其集中采购目录由省、自治区、直辖市人民政府或其授权的机构确定并公布。”国务院《政府采购法实施条例》第5条规定：“省、自治区、直辖市人民政府或其授权的机构根据实际情况，可以确定分别适用于本行政区域省级、设区的市级、县级的集中采购目录和采购限额标准。”根据内蒙古自治区财政厅公布的2012－2013年自治区本级政府集中采购目录、限额标准和公开招标标准，防伪印章系统软件应当属于通用采购项目中货物类的“5. 通用软件”或服务类的“5. 专业软件的开发设计和维护”系列，其配套硬件设施属于“11. 安全监控设备”。[1]根据该财政厅文件，纳入集中采购目录属于通用的政府采购项目和涉及社会公共利益、保障民生的重大项

〔1〕 参见内蒙古自治区财政厅“关于公布2012－2013年自治区本级政府采购集中采购目录、限额标准和公开招标数额标准的通知”（内财购〔2012〕36号）。

目，必须委托自治区政府采购中心代理采购。根据内蒙古自治区政府公布的2016－2017年度集中采购目录及采购限额标准，防伪印章系统软件属于通用采购项目中标号“A020108”的操作系统、办公套件、信息安全软件，或者属于服务类的标号“C0201”的软件开发设计维护以及标号“C0202”的信息系统集成及网络建设。[1]无论是从发布“60号文”的2013年，还是从2017年1月6日内蒙古公安厅再次向各盟市公安局下发《关于落实自治区党委巡视组意见强力推动印章系统建设的通知》（内公网传〔2017〕260号，以下简称“260号文”）的时间点来看，涉案的“防伪印章治安管理信息系统软件”都属于集中采购项目。

因此，内蒙古公安厅使用财政性资金购买防伪印章系统软件，在没有履行任何招投标程序的情况下，指定由金丰公司作为供应商，签订了《新型防伪印章治安管理信息系统建设合同》，已经违背了《政府采购法》的立法宗旨，并且也违反了《政府采购法》《招标投标法》和国务院《政府采购法实施条例》规定的政府采购及招投标程序。我国《政府采购法》的立法目的就在于规范政府采购行为，提高财政资金的使用效率，维护国家利益和社会公共利益，保护政府采购当事人的合法权益。《招标投标法》同样是基于保护国家利益、社会公共利益和招标投标活动当事人的合法权益，通过设立招投标方式，鼓励参与招投标活动当事人之间的公平竞争，节约财政资金，提高经济效益。而内蒙古公安厅的做法显然违背了我国法律、法规的相关规定。进一步说，内蒙古公安厅指定金丰公司作为唯一的供应商，排除了其他供应商参与招投标的资格，也损害了其合法权益及公平竞争的市场经济秩序。

（二）构成行政性垄断行为，违反《反垄断法》

我国《反垄断法》总则第8条明确规定“行政机关和法律、法规授权的具有管理公共事务职能的组织不得滥用行政权力，排除、限制竞争。”在这一前提下，《反垄断法》第五章又列举几类典型的行政性垄断行为并作出禁止性

---

〔1〕 内蒙古自治区政府网：“2016年至2017年盟市级政府采购集中采购目录、限额标准和公开招标数额标准”，2016年1月21日发布，参见 http://www.ccgp.gov.cn/cgml/df/201702/t20170213_7916646.htm.

规定。本案中，内蒙古公安厅不仅和金丰公司签署了《新型防伪印章治安管理信息系统建设合同》，约定由金丰公司提供防伪印章系统软件，还通过下发“60号文”的方式，多次要求各盟市公安局尽快落实文件要求，卸载正在使用并经公安部检测通过的其他系统软件，安装使用金丰公司的系统软件，并要求全区刻章企业统一向金丰公司采购章材、芯片以及配套硬件设备等。这就不单是内蒙古公安厅自己违规操作，还涉嫌滥用行政权力，强迫自治区各盟市公安系统购买其指定供应商的商品。2017年1月6日，内蒙古公安厅再次通过下发“260号文”，要求各盟市采取切实措施，实施“60号文”所做决定，并追责到责任部门和责任人。“60号文”和“260号文”都是行政部门做出的正式行政决定，可见内蒙古公安厅从具体行政行为到抽象性行政行为，实施了具有强烈排他效果和强制约束力的限制性行政行为。

从前述行政性垄断的构成要件来看，内蒙古公安厅作为自治区政府组成部门，毫无疑问满足了行政性垄断的主体要件，属于《反垄断法》第8条规定的“行政机关”，并且属于前文分析的“狭义的政府部门”。这一点几乎不需要进行深入分析，人们凭直觉都能判断出内蒙古公安厅是省级政府机关，并且属于比较强势的政府部门。

从行政性垄断的主观要件来看，内蒙古公安厅在“60号文”中，决定按照“统一领导、统一规划、统一标准、统一建设”原则，对全区印章系统进行升级改造和整合联网。如果单从公安机关的行政执法目的而言，这本身并无什么问题。而问题出在其指定金丰公司作为全区印章系统升级改造的唯一供应商，要求“各地积极支持配合金丰公司建设维护全区印章系统管理平台，杜绝自行其是、各自为政”。我国已经出台与政府采购和招标投标相关的法律法规，公安部于2000年4月颁布了《印章治安管理信息系统标准》（以下简称《标准》），并下发《关于贯彻执行〈印章治安管理信息系统标准〉的通知》（公通字〔2000〕36号），要求各地公安机关认真贯彻执行《标准》，所应用的印章系统软件必须经过公安部检测并符合《标准》，同时严禁借推广应用印章系统为名，强制更换印章或推行“防伪印章”。2001年8月31日，公安部下发《关于规范印章治安管理信息系统建设的通知》（公传发〔2001〕

2512号)，明确要求“严禁独家垄断。各省、自治区、直辖市必须通过公开招标的方式，选择3家以上的系统软件在本省范围内供各地、州、市推广使用”。在这一背景下，内蒙古公安厅的指定交易对象显然没有上位法的明确授权，不构成依据法律法规进行的“羁束行为”。根据行政法的基本原理，内蒙古公安厅的行为能否属于行政机关依据裁量权限进行的“裁量行为”呢？从其行为性质来看，指定金丰公司作为全区印章系统改造供应商，强令各盟市卸载正在使用并且符合公安部监测评估合格的其他系统软件，应当不属于法规裁量，但是基本符合行政机关依据行政责任和公共利益进行判断的便宜裁量行为。对于便宜裁量行为，要看该行为是否是需要行政部门的专门知识或政治责任进行政策判断的事项，还需要结合行政机关的动机和目的进行判断。本案中，内蒙古公安厅指定交易对象，强令各盟市只使用金丰公司的系统软件，将盟市公安机关拒绝安装金丰公司系统软件视为“不作为”“乱作为”，责令相关负责人检讨整改，对未安装金丰公司系统软件的刻章企业的刻章申请不予审批备案。从“412号函”披露的信息来看，涉案行为并不是需要借助公安部门的专业知识判断只能由独家供应的涉及保密或安全等问题的事项，事实上市场存在众多和金丰公司系统软件类似并且符合公安部检测标准的其他软件系统。内蒙古公安厅的做法缺乏合法并且合理的动机与目的，属于“裁量权限的滥用”。虽然在我国很难通过司法审查或上级机关行政复议来决定其是否属于“滥用行政权力”的判断，但是根据现代法治国家的一般理念，根据行政法的基本原理，基本上可以认为本案中内蒙古公安厅的涉案行为已经构成了对行政权力的滥用。

从行政性垄断的客体要件来看，行政性垄断损害的是《反垄断法》所要保护的市场主体之间的公平竞争关系。本案中，在内蒙古公安厅“60号文”出台前，内蒙古自治区10个盟市自行选择了经公安部检测评估合格的系统软件，在各自辖区内建立了印章系统，自治区印章系统软件市场是竞争性、开放性的。但是，在“60号文”发布后，自治区7个盟市被迫更换了原有的系统软件，2个盟市原有软件供应商被迫与金丰公司开展合作，导致大量供应商被清除出系统软件市场。因为公安厅行政权力的介入，导致内蒙古自治区原本正常竞争、自由开放的印章系统软件市场竞争不再，形成了金丰公司一家独大的市场格局，这无疑和《反垄断法》的立法宗旨相悖，破坏了我国建立统一开放、竞争有序的市场体系的政策方针，也违背了《宪法》第15条规定的“国家依法禁止任何组织或者个人扰乱社会经济秩序”的宪法精神。因此，本案中内蒙古公安厅的涉案行为侵害了市场主体之间的公平竞争关系，完全符合行政性垄断的客观要件。

从行政性垄断的客观要件来看，本案中内蒙古公安厅的涉案行为已经产生了排除、限制章材和刻章设备市场竞争的后果，形成并强化了金丰公司的垄断地位，增加了刻章企业和印章用户的成本。在内蒙古公安厅的督促下，截止案发时起，除包头市外的自治区其他11个盟市均已安装金丰公司的系统软件，或者由原系统软件供应商与金丰公司共同建设。依据“412号函”披露的信息，在内蒙古公安厅“60号文”出台前，刻章企业可以自行选购经过公安部鉴定合格的章材（包括铜质和塑料），自行购置符合标准的刻章设备。章材和刻章设备市场存在竞争，交易价格由买卖双方协商确定，章材市场价格一般在10元/枚至35元/枚之间。“60号文”出台后，内蒙古公安厅强迫刻章企业更换金丰公司开发的装有加密电子芯片的新型防伪印章，购买金丰公司统一定制的新型防伪印章章材（每枚最低55元、最高85元）；采购与金丰公司系统软件配套的“中晶高清扫描仪”（每台1 600元）、速拍证卡读写一体机（每台4 800元）、全铜印章雕刻设备（每台4万元）等硬件设备，而这些设备价格要比一般市场价格高出一倍以上。内蒙古公安厅的上述做法大大增加了刻章企业的生产成本，导致印章价格明显上涨，加重了印章用户的负担。“60号文”出台前，每枚印章价格最高不超过200元。“60号文”出台后，金丰公司向刻章企业推荐的指导价为每枚280元。可见，本案中内蒙古公安厅的涉案行为已经造成了排除、限制竞争后果，推高了产品价格，产生破坏市场秩序的严重影响。

三、全方位规制行政性垄断的制度反思

（一）内蒙古公安厅行政性垄断案引发的思考

本案中，针对内蒙古公安厅的行政性垄断行为，国家市场监管总局接到

举报后，对涉嫌滥用行政权力，排除限制竞争的案件事实进行了调查，认定涉案行为违反了《反垄断法》第 8 条、第 32 条和第 37 条的规定，向内蒙古公安厅反馈了案件定性依据和结论，并提出了相关整改建议。整改建议包括：①废止“60 号文”排除限制竞争的相关规定；②撤销与金丰公司签订的《新型防伪印章治安管理信息系统建设合同》；③停止滥用行政权力，强迫各盟市公安机关安装金丰公司系统软件、卸载已有系统软件，强迫刻章企业向金丰公司购买章材和刻章设备的行为等。虽然内蒙古公安厅表示完全接受并积极整改，但并未向市场监管总局报送具体的整改方案，也未开展实质性整改工作。在这种情况下，市场监管总局依据《反垄断法》第 51 条规定，向内蒙古自治区政府提出由其责令公安厅改正相关行为的建议，要求其于 2018 年 7 月 10 日前将有关整改情况函告国家市场监管总局。可以说，市场监管总局的做法完全符合《反垄断法》的规定，是属于我国现行法律框架下规范行政性垄断行为的一般方法。但是，截止到本文写作之日，尚未看到本案的后续结果，对内蒙古公安厅的整改情况也不得而知。

在我国现有法律制度框架下，按照行政相对人是否特定将行政行为区分为抽象性行政行为和具体性行政行为，目前法院只能对有特定的行政相对人的具体性行政行为进行司法审查，而无法对行政法规、规章或者行政机关制定发布的具有普遍约束力的决定、命令进行审查。但实践中，抽象性行政行为和具体性行政行为往往密不可分，相当多的具体性行政行为是依据行政法规、规章或者行政机关制定、发布的具有普遍约束力的决定、命令而作出的。在这种情况下，要确定具体性行政行为是否合法，还必须对据以作出具体性行政行为的规范本身是否正确合法作出鉴别。因此，我国已有多位资深行政法学理论和实务界人士认识到需要将抽象性行政行为纳入司法审查的范畴。[1]然而，在现行《行政诉讼法》和司法审查制度没有根本改变之前，要对抽象性行政行为进行改正还必须回归到现有监督和救济体制上来，即通过人大和上级行

〔1〕 江必新：“论行政诉讼的审查对象”，载《中国法学》1993 年第 4 期；马怀德：“析抽象行政行为纳入诉讼范围之必要性”，载《人民检察》2001 年第 10 期。

政机关的监督以及通过行政复议审查渠道进行监督和救济。

具体到本案中，市场监管总局查清案件事实并作出定性分析后，向内蒙古公安厅提出了整改建议。内蒙古公安厅虽然承诺进行整改，但是并未采取实际行动。于是市场监管总局根据《反垄断法》第51条规定，依法向其上级行政机关——内蒙古自治区政府提出建议，责令公安厅改正违法行为。看似畅通的监督和救济渠道，实际上已经触及我国现行法律和行政、司法体制中的深层次问题。从实际情况看，我国当前针对行政行为的监督机制很难有效地发挥作用。权力机关的监督由于缺乏启动机制而始终无法真正发挥作用，上级机关的监督也往往流于形式，备案审查制度由于属于事先监督，作用也很有限。尽管《行政复议法》在监督抽象行政行为的问题上有一定突破，但由于复议监督是一种伴随具体行政行为的审查监督，相对人不能直接对抽象行政行为提起复议申请。[1]所以，通过行政复议对抽象性行政行为的监督的范围也很窄，随着抽象性行政行为的数量逐渐增多，违法实施抽象性行政行为的问题日趋严重。从本案的进展情况来看，内蒙古公安厅对中央国家机关——市场监管总局的整改建议表面承诺却不采取实际行动，内蒙古自治区政府是否以及如何责令其所属部门改正尚有待观察，这也反映出现行体制对纠正行政性垄断行为的效果仍然不容乐观。

即便如此，我们依然对国家市场监管总局勇于担当，依法依规对地方政府部门的行政性垄断行为进行查处，给予积极评价。同时，对于市场监管总局充分发挥竞争执法机关的职能，坚定地执行《反垄断法》赋予的职权，坚决维护公平竞争和市场经济秩序，在制止和防范行政性垄断方面树立了一个经典案例而点赞。行政性垄断根植于我国计划经济时代的体制传统，与我国历史遗留的“官本位”思想密切相关，在我国走向市场经济的过程中成为维护地方利益、行业利益甚至本单位利益的保护伞。行政性垄断与我国建立社会主义市场经济体制的国家战略相违背，不利于建立健全统一开放、竞争有

〔1〕 弘章、周瑞军：“建议立法上取消具体行政行为与抽象行政行为的划分”，载《辽宁行政学院学报》2006年第6期。

序的市场秩序，是维护市场公平竞争必须防范的对象。《反垄断法》第五章列举了涵盖具体性行政行为和抽象性行政行为的各种行政性垄断的具体表现并作出禁止性规定，无论是哪一层级政府及其所属部门，只要实施了法律禁止的行政性垄断行为，都必须得到更正。唯有如此，法律的尊严才能得到维护，市场公平竞争的理念才能够得到遵守和弘扬，健康的现代化市场经济秩序才能够确立并发挥其功能。

（二）全方位规制行政性垄断的制度反思

自党的十八届三中全会以来，我国推进现代化社会主义市场经济建设的步伐不断加快。首先是在 2013 年 11 月 12 日，中国共产党第十八届三中全会审议通过了《中共中央关于全面深化改革若干重大问题的决定》，明确提出“经济体制改革的核心问题是处理好政府和市场的关系，建设统一开放、竞争有序的市场体系，是使市场在资源配置中起决定性作用的基础”。这是我国首次提出要发挥“市场在资源配置中起决定性作用”的表述，意味着我国在深化经济体制改革方面的重要立场转变。发挥“市场在资源配置中起决定性作用”，就是要扭转我国以往改革开放过程中过度依赖政府而扭曲了市场功能的倾向，表明今后我国要更加强化市场的作用。这一立场改变为我国今后全面深化经济体制改革确立了整体方向。

2015 年 10 月，中共中央、国务院发布了《关于推进价格机制改革的若干意见》（中发［2015］28 号，以下简称“28 号文”）。“28 号文”明确提出“加强市场价格监管和反垄断执法，逐步确立竞争政策的基础性地位”。这是我国第一次在中央政府文件中做出“确立竞争政策的基础性地位”的表述，表明我国政府对待竞争政策的立场出现重大转变。很长时期以来，我国理论界和实务界围绕竞争政策和产业政策孰先孰后的问题开展了大量的讨论，甚至在《反垄断法》起草和立法通过时还确定了“反垄断法不能影响我国产业政策的实施”这一指导思想。[1]“28 号文”的发布，释放出我国在协调竞争

〔1〕 曹康泰主编：《〈中华人民共和国反垄断法〉解读——理念、制度、机制、措施》，中国法制出版社 2007 年版，第 125 页。

政策和产业政策及其他政策措施时的一个积极信号，意味着我国今后会更加重视竞争政策，逐步确立竞争政策在国家经济政策中的基础性地位。

2016 年 6 月 1 日，国务院发布了《关于在市场体系建设中建立公平竞争审查制度的意见》（国发〔2016〕34 号，以下简称“34 号文”）。“34 号文”要求“行政机关和法律、法规授权的具有管理公共事务职能的组织制定市场准入、产业发展、招商引资、招标投标、政府采购、经营行为规范、资质标准等涉及市场主体经济活动的规章、规范性文件和其他政策措施，应当进行公平竞争审查。行政法规和国务院制定的其他政策措施、地方性法规，起草部门应当在起草过程中进行公平竞争审查。未进行自我审查的，不得提交审议。”“34 号文”的出台，标志我国公平竞争审查制度的正式确立。2017 年 10 月 23 日，经国务院同意，国家发展改革委、财政部、商务部、工商总局、国务院法制办联合印发了《公平竞争审查制度实施细则（暂行）》。这是继“34 号文”之后，国务院各部委联合发布的针对公平竞争审查的又一指导性文件。公平竞争审查制度是规范政府行为、防止滥用行政权力排除限制竞争的顶层制度设计，是从源头上厘清政府与市场边界、保障市场在资源配置中起决定作用的重要举措。建立公平竞争审查制度，意味着我国在深入推进经济体制改革，防范行政性垄断的制度建设方面又迈出了坚实的一步。

从 2015 年起，我国反垄断执法机构开始着力于行政性垄断案件的查办。仅 2015 年，国家发展和改革委员会就先后查办了山东省交通厅、云南省通信管理局、安徽省蚌埠市卫计委、浙江省卫计委、四川省卫计委、甘肃省道路运输管理局等行政机关滥用行政权力排除、限制竞争的行为。〔1〕2017 年以来，工商和市场监管部门也查处、纠正了济南市城乡建设委员会、湖南省国税局、银川市环保局、苏州市道路管理机构等多起地方政府部门实施行政性垄断的案件。〔2〕可以说，在深化经济体制改革，发挥市场在资源配置中的决定性作

〔1〕 参见中国政法大学竞争法研究中心庆祝《反垄断法》实施 10 周年系列活动材料，2018 年 6 月。

〔2〕 参见国家工商行政管理总局官网：“2017 年以来工商和市场监管部门制止滥用行政权利排除、限制竞争行为典型案例”，http://home.saic.gov.cn/fldyfbzdjz/dxal/201806/t20180625_274743.html.

用，维护市场公平竞争秩序和防范行政性垄断方面，我国反垄断执法机构已经做出了大量努力，并取得了一定的结果。

2018年3月召开的第十三届全国人大一次会议审议通过了国务院机构调整方案。根据该方案，国家发展和改革委员会、商务部和国家工商行政管理总局下辖反垄断职能以及国务院反垄断委员会办公室等职能机构进行整合。连同早先已经启动的工商总局、质检总局和食药监总局的“三局”整合，新的国家市场监督管理总局宣告正式成立。组建统一的国家市场监管总局是我国推进行政机构改革，优化和提高行政执法效率的又一举措，由其统一承担反垄断职能，克服以前“多头执法”的弊端，符合人们长久以来对于建立统一、专业、权威的反垄断执法机构的期望。可以预言，新的市场监管总局在维护市场经济秩序，保护公平竞争，防范和制止行政性垄断方面必将发挥更大和更强的作用。本文探讨的内蒙古公安厅行政性垄断案，就是新组建的国家市场监管总局成立后发布的第一起具有重大意义的案件。

以上梳理的我国自“十八大”以来党和国家采取的各项措施，表明我国正在持续推进经济体制改革和行政体制改革。这一系列举措对于我国确立竞争政策的基础性地位，发挥市场在资源配置中的决定性作用，厘清政府与市场的功能与边界，防范滥用行政权力排除、限制竞争的行政性垄断行为，无疑具有重大的意义。但是，必须清醒地看到，我国滋生行政性垄断的土壤依然存在，目前推行的公平竞争审查制度仍然以行政机关自查为主，尚不足以从根本上断绝具有抽象性行政行为特征的行政性垄断的出现。在本案中，如果说内蒙古公安厅发布“60号文”的2013年当时还未出台公平竞争审查制度，但是在2017年1月发布“260号文”时，我国公平竞争审查制度已经确立，整个案件过程中没有看到公平竞争审查制度发挥作用。从实践来看，新组建的国家市场监管总局，尚需要一段时间进行内部机构和职能整合，反垄断执法效率和执法能力仍然有待进一步的提升。我国在继续深化经济体制改革和行政体制改革，打破行政性垄断和防止市场垄断方面仍然任务艰巨。

深层次地看，我国要建设社会主义市场经济体系与现代化强国，最终回避不了要进行相应的政治体制改革与司法体制改革，需要高瞻远瞩的顶层制度设计。2017 年 10 月党的十九大报告指出，要“贯彻新发展理念，建设现代化经济体系”“全面实施市场准入负面清单制度，清理废除妨碍统一市场和公平竞争的各种规定和做法……打破行政性垄断，防止市场垄断……完善市场监管体制”。从这一战略目标出发，我国需要在顶层制度建设方面，划定政府权力和市场功能的界线，设计打破行政性垄断的制度措施，建立人大监督、行政机构自我监督、司法监督和社会监督并行的综合治理模式。从法理上看，打破我国行政法对于具体性行政行为和抽象性行政行为的理论划分，建立不区分具体性行政行为和抽象性行政行为的司法审查机制，是我国当前比较可行的制度选择。行政性垄断的起因是地方保护主义和部门/行业保护主义，本质是地方政府或中央/地方行业监管部门滥用行政权力，通过设立价格、准入规制或其他歧视性、排他性措施，排除、限制市场主体之间的公平竞争，进而达到维护本地区、本部门甚至本单位利益的目的。将行政机关制定的含有排除、限制竞争内容的规定，和行政机关及公共组织实施的行政性垄断行为一起，纳入司法审查的范围，不仅可以防范各级政府及其所属机构不当干预市场的行为，也可以弥补公平竞争审查制度的不足之处。

我国《反垄断法》第 32 条至第 35 条已经明确地将包括具体性行政行为和抽象性行政行为在内的，具有排除、限制竞争效果的行政行为规定为违法。在通过上级行政机关责令改正和反垄断执法机构建议上级机关依法处理的现有法律规定之上，如果能够将构成行政性垄断的抽象性行政行为诉至有管辖权限和处理能力的法院，进一步对抽象性行政行为的合法性和合理性进行司法审查，无疑对预防和制止行政性垄断具有更强的防范效果。唯有如此，才能够真正建立不区分行政主体和市场主体的垄断行为规制，有效维护市场公平竞争，提高经济运行效率，达到维护我国社会主义市场经济健康发展的最终目的。

四、结语

我国从传统计划经济国家向社会主义市场经济体制的转型过程中，遇到人类历史发展中从未出现过的问题与挑战。在过去每逢遇到发展中的问题时，我们总是习惯于探讨发达国家是怎么解决的，希望从发达国家的发展历程中寻求经验和帮助。经过改革开放以来40年的经济发展，我国已经成为世界第二大经济体，在经济与科技创新的很多方面，我国已经站在世界的前列。前面可资借鉴的经验越来越少，我国经济发展中一些深层次问题只能依赖自己的智慧和制度创新进行解决。习近平总书记在十九大报告中强调，“要更加自觉地增强道路自信、理论自信、制度自信、文化自信，既不走封闭僵化的老路，也不走改旗易帜的邪路，保持政治定力，坚持实干兴邦，始终坚持和发展中国特色社会主义。”坚持创新与发展是推动中国特色社会主义市场经济建设的道路选择，清理废除妨碍全国统一市场和公平竞争的各种规定和做法，打破行政性垄断，完善市场监管体制，已经成为摆在党和国家面前的一项政治任务。展望未来，打破行政性垄断仍然任重道远，我国需要不断地积累经验，大胆进行制度创新，从根源上探索规制行政性垄断的综合治理措施。本文通过对内蒙古公安厅行政垄断案的法律分析，总结我国现有防范行政性垄断制度取得的成就与不足，探讨进一步规范行政性垄断的政策措施，从理论上反思全方位规制行政性垄断的制度构建，以期对我国社会主义市场经济体制现代化建设贡献智识。

案件6　马士基、地中海航运、达飞设立网络中心经营者集中案

〔案件概要〕

2013年12月19日，商务部对丹麦穆勒马士基集团（以下简称马士基）、地中海航运公司（以下简称地中海航运）、法国达飞海运集团公司（以下简称达飞）设立网络中心的经营者集中申报予以立案并开始审查。

商务部经审查认为：①本次交易形成了紧密型联营，与传统的松散型航运联盟有实质不同；②交易方合计运力份额高达46.7%，运力整合后的市场控制力明显增强；③交易后，HHI值增至约2 240，HHI值变量约为1 350，市场结构将发生明显变化；④本次交易将进一步推高相关市场的进入壁垒；⑤交易完成后，交易方通过整合其航线和运力资源，进一步增强其市场控制力，可能挤压其他竞争者的发展空间，使其在未来的竞争中进一步处于劣势地位。此外，交易方还可能利用其增强的市场控制力损害货主的利益，本次交易也将增强交易方对港口的议价能力。

基于上述竞争影响，且交易方提交的最终救济方案不能解决商务部的竞争关注，商务部最终禁止了此项经营者集中。

〔案件评析〕

论海运联营体的反垄断法规制

——以P3联盟被禁止为视角

李思慈　邹盈颖 *

2013年6月，全球三大班轮公司马士基、地中海航运、法国达飞对外宣

---

* 李思慈，上海海事大学法学院海商法专业硕士研究生；邹盈颖，法学博士，上海海事大学法学院教授。本文原载《中国海商法研究》2015年第1期。

布达成联营协议，将在欧亚航线、跨大西洋航线和跨太平洋航线上组成 P3 联盟。P3 联盟的内容涉及船舶共享、舱位租用、港口终端设施的利用等等。该联盟的宣布引起了多方关注。中美欧三国还就 P3 联盟在美国举行峰会，充分体现了各国对 P3 联盟的关注。美国和欧盟已允许 P3 联盟的运营。而中国准用经营者集中的事前审查程序对 P3 联盟进行反垄断审查。[1]2014 年 6 月 18 日，商务部发布关于禁止马士基等班轮公司成立网络中心的公告，最终使 P3 联盟的计划破产。P3 联盟使得海运联营体一度受到外界的关注，那么联营体的法律性质如何、是否需要开展反垄断审查、审查的相关标准是什么，对这些问题的研究具有重要的理论价值和实践价值。笔者将从海运联营体历史和性质出发，结合 P3 联盟的具体内容，立足中国竞争立法，借鉴反垄断法比较发达的欧盟和美国的相关规则做出分析和论述。

一、海运联营体概述

（一）海运联营体的历史发展

海运联营体是指两个或者两个以上的航运企业为降低成本、提高效率而达成的联合服务协议。不同于班轮公会，联营体不具有严密的组织形式，一般也不设立常设机构。并且，联营体是以非价格竞争行为表现出来的运输企业之间的协议，即联营体不制定或者协调运价问题，这点是联营体区别于班轮公会和运价协议的重要特征。[2]海运联营体是伴随着班轮运输的集装箱化产生的。集装箱运输需要对集装箱、集装箱船、码头设备、内陆支线运输等进行全面的设备改革，也增加了海运投资的成本，延长了投资回报周期。联营体有助于分散此种风险。

最早的联营体是 1965 年产生由四家英国船公司组成的海外集装箱公司、1966 年的联合集装箱运输公司（ACT）和大西洋集装箱公司。当时的联营体

---

〔1〕 关于 P3 的十个答案，http://news.sol.com.cn/html/2013-11-05/AD2DB15628CD1547D.shtml.

〔2〕 运价协议是指两个或两个以上国际班轮运输经营者之间订立的关于收费项目及其费率、运价或者附加费等内容的协议。运价协议可以是松散的协议，也可以是较严密的组织体，也称为“协商协议组织”。

一般存在于班轮公会成员内部，并且作为独立的法人实体存在，并非目前联营体松散的合作结构模式。随后亚洲的航运企业也开始组成联盟，产生了非独立法人的联营体。

1990年后，联营体的形成更加频繁，至2001年，形成了五大联盟集团，即全球联盟、大联盟、联合联盟、中远/川崎/阳明联盟及马士基/海陆联盟，同时联营体也不再局限于班轮公司的合作，还发展到联营体与联营体之间的联盟，如2011年成立的G6联盟。

（二）海运联营体的具体表现形式

海运联营体的形式不一，班轮公司之间可以达成各种联营协议，既有高度紧密合作的商业联合，也有松散的操作安排协议。欧盟对“联营体”的分类为：①联合运营行为；②因市场波动而做出的运力调整；③港口设施的联合使用或相关服务的联合经营；④任何其他与前①、②、③点有关的必要的辅助活动，[1]需要强调的是，欧盟一直以来规定联营体不能从事任何与协同或者讨论价格有关的行为。

亚洲经合组织（APEC）将联营协议分为两大类，一类为核心协议（core），另一类为次要协议（mi－nor）。核心协议指船舶运营协议，包括联盟、船舶共享、舱位互租和舱位互换；次要协议为涉及内陆和其他方面的经营合作协议，包括集装箱互换、集卡互换、办公场所和信息共享以及其他事项的合作协议。[2]

美国并不对联营体等海运合作协议或者组织做出定义，其反垄断豁免的备案制度乃根据合作的主要内容进行分类，除了运价协议和班轮公会协议外，其他备案的海运协议类型主要为联盟、船舶共享协议、船舶舱位互租、船舶

---

〔1〕欧盟委员会906/2009号条例第3条。联合运营行为包括共同或者联合确定船期表和共同确定挂靠港，船舶舱位的交换、出售和互租，船舶或港口设施的公摊，使用一个或者多个联合运营办公室，关于集装箱、集卡或其他设备的条款和租赁、购买以上设备的合同等；比如计算机数据交换系统的使用，要求联营体成员在相关市场内使用联营体船舶的义务和限制租赁属于第三者的船舶或舱位的义务等。

〔2〕APEC Transport Working Group（TWG）. Liner shipping competition policy：non－ratemaking agreements study（stage 1），http://www.apec－tptwg.org.cn/new/Archives/tpt－wg32/Maritime/Final/08_tpt_Liner_Stage1.pdf.

舱位互换。中国法律也未对联营体进行定义，而是对“运营协议”进行定义。根据中国“运营协议”的概念，运营协议包括定价协议和不涉及价格的其他联营协议。

但是，就此次商务部禁止 P3 联盟设立的通告来看，商务部反垄断局旨在对海运联营体进行新的分类，一类为传统的海运联营体（或称海运联盟）；另一类则为“紧密型联营”。传统的分散型的联营体按照联营体的一般备案程序备案即可，基本上没有什么限制规定；而构成紧密型联营的航运联盟，如 P3 联盟，则会受到中国反垄断执法机构更多的专注。可以说，P3 联盟已经超出传统海运联营体竞争规则的适用范畴了。

结合前述，笔者认为联营体是一类或者一系列航运经营人针对非价格竞争行为，相互之间进行协定的行为，主要包括下述全部或者部分形式：船舶共享，主要涉及船舶舱位互换/互租和舱位租用；业务联营，指除航线合作和船舶共享外的其他方面的合作，包括内陆运输的合作、港口设备的共享等；营销体系的合作、技术网络的共享等多种方式。而联盟是高级形态的联营体，表现为两个以上的班轮公司在全球范围内进行船舶共享和业务联营等全方位的合作。联营体或称为联营协议是航运企业之间的横向联合行为，在中国反垄断法的意义上应当属于垄断协议的规制范畴，除非联营体的内容符合反垄断法的豁免条件。

（三）联营体反垄断豁免的经济学分析

航运市场在中国加入 WTO 后是完全开放的市场，基本上不存在法律上的进入壁垒。但国际班轮市场是资金密集型产业，具有投资大，风险高，资金回报周期长的特点，具有规模经济效应，这表明国际班轮市场虽然不具有法律上的进入壁垒，但具有资金、设备上的市场进入壁垒，在该市场内，经营者无需担心潜在竞争者的竞争压力。国际班轮运输市场的封闭性决定了该市场中的经营者很有可能在价格和非价格交易条件上达成协议，以最大程度地获得利润。在价格条件上达成协议一般为班轮公会的形式，以非价格条件达成航运企业间协议则为联营协议或者联营体。

但是，联营体可以整合不同航运企业的船舶和资源，降低运营的成本。

例如三个航运企业组成联营体，比较于三个航运企业彼此竞争时所能提供的航班次数和服务质量具有明显的优势，因为联营后航运企业将各自的船舶进行整体调配，可以增加航运班次，吸引到更多的托运人，而托运人也可以享受到经营效率提高带来的利益，即航运班次增加的利益。联营体具有明显地提高效率、降低企业成本的作用，而反垄断法对联营体具有的反竞争效果的担忧是未来的、不确定的担忧，因为联营体可能受到其他竞争对手的竞争压力。为了不确定的反竞争损害，而贸然禁止联营体，放弃现实的、在运营后显而易见的效率提高，这也不符合社会整体效率。因此，从航运市场的市场特点和社会公共利益出发，对联营体采取整体上适用反垄断豁免，在具体内容上做出限制规定，笔者认为是目前比较合理的做法，可以兼顾提高市场效率和防止联营体显著地消除竞争。

二、欧盟竞争法、美国反托拉斯法和中国反垄断法对海运联营体的规制

（一）欧盟对海运联营体的反垄断规制

欧盟对联营体的管制采取的是有条件地豁免海运联营体，并且限制条件趋向严格。欧盟是目前唯一对“联营体”进行定义的法域。其定义为：两个或两个以上为运载货物提供国际班轮运输的运营船舶的承运人之间达成的一个或一系列相关协议，其目的是达成海上运输服务方面的合作，提高单个承运人在未参加联营体时所提供的服务，通过技术方面、经营或商业方面的安排使其经营更加合理。[1]欧盟在“联营体”的概念中设置许多限制，以防止不符合欧盟竞争法目的的海运联营体得到豁免。例如，在“联营体”概念中规定目的要求。

欧盟竞争法体系中关于海运联营体的相关法律规定主要有《欧共体条约》第81条、第82条、906/2009号条例[2]、246/2009号条例等。第81条原则上禁止一切可能影响成员国之间的贸易，以阻止、限制或者扭曲竞争为目的

〔1〕 参见欧盟委员会906/2009号条例第2条第1款。

〔2〕 全称为《关于班轮公司之间有关协议、决定和协同一致的行为适用〈条约〉第81条第3款的欧盟委员会第906/2009号条例》。

或产生此种结果的协议、决定和协同一致的行为。自欧盟于2008年废除班轮公会的反垄断豁免以来，联营体成为唯一仍享有反垄断豁免的海运合作形式，但欧盟对其的限制也逐步趋紧。

欧盟No.906/2009号条例（简称《条例》）为欧盟共同体对航运联营体的最新的反垄断规则。[1]其开篇就明确“享受本条例集体豁免的协议应限于充分地满足《欧共体公约》第81条第3款的内容”，即虽然航运联营体协议因条例的规定得到集体豁免，但该规则仍必须符合欧盟竞争法一般规则对豁免的要求，即有利于提高产品的生产销售、有利于经济发展或技术进步、消费者得分享利益以及为达到前两项的目的而限制竞争是不可避免的和没有排除相关企业产品竞争的可能性等（详见《欧共体条约》第81条第3款）。

欧盟对联营体的反垄断审查属于典型的事后审查，即欧盟没有相关的联营体协议备案制度。这源于欧盟在竞争立法上设立集体豁免（block exemption）制度，无需由竞争主管机构审查是否符合这些条件或者向该机构申请备案，由企业自行评估。但竞争主管机构会在后续的监管过程中评估企业的竞争行为是否具有反竞争的效果。

（二）美国对联营体的反垄断规制

美国航运法关于联营体的监管制度主要集中于经《1998年航运改革法》（简称OSRA1998）修订的《1984年航运法》中。美国对联营体的管制态度与欧盟相比趋于宽松。

美国没有对联营协议、班轮公会协议等设立不同的适用规则，而是在确定调整的协议的定义[2]后，对需要备案协议进行了分类，具体包括班轮公会协议、远洋公共承运人之间的协议、班轮公会之间的协议、摊牌协议和船舶共享协议。联营体协议由于其大多数涉及船舶运营合作，因此在备案类型上属于船舶共享协议。

---

〔1〕 European Commission. Commission Regulation (EC) No. 906/2009, http://eur-lex.europa.eu/Lex-UriServ/LexUriServ.do?uri=OJ:L:2009:256:0031:0034:EN:PDF.

〔2〕 协议是指所有的谅解、安排或者决定（口头或者书面）及其任何的修改或者撤销内容，但不包括海运劳工协议。

在反垄断审查的程序上，美国航运法采取事前审查加事后监管的制度，主要为协议备案制和定期监管报告制度。备案人根据OSRA1998第6条的规定准备相关的材料向FMC进行备案。在备案之后，备案人必须按季度向FMC提交监管报告。在协议备案后或者生效后的任何时候，FMC认为由于协议降低了竞争从而产生运输服务的不合理减少，或运费的不合理增加，[1]在发出通知后，有权采取强制性的救济措施，包括向地区法院申请签发临时禁止令或者永久禁制令。

美国航运法通过事前的备案制度和事后的监管制度，按照不同的协议类型对美国境内的联营协议实施监管。美国的反垄断监管制度体系严密、法律规定清晰、监管机构职权明确，有效地维护了其航运市场的竞争和稳定。

（三）中国法律对海运联营体的规制现状

在商务部做出禁止马士基等班轮公司成立网络中心的通告之前，中国是承认海运联营体的合法地位的，即在中国，海运联营体适用反垄断豁免规定，不因联合行为受到反垄断执法机构的审查。另外，中国没有对班轮公司之间达成的各类联营协议做出区分，联营体在管制制度上也仅做备案的要求，没有其他严格的限制条件。可以说，中国对联营体的管制是比较宽松的。

1. 一般反垄断规则层面

中国法律关于海运联营体的规定主要在《中华人民共和国反垄断法》（简称《反垄断法》）第二章。《反垄断法》第13条、第14条对垄断协议进行法律定义，并且对垄断协议的典型形态进行列举。《反垄断法》第15条为垄断协议规定了豁免，即得到豁免的垄断协议必须符合消费者利益或者社会公共利益。根据中国的规定，联营体协议适用反垄断豁免的规定，不适用《反垄断法》中对垄断协议的禁止性规定。但是为了避免联营体的反竞争效果，中国也同样为联营体设定了限制条件和备案要求，以便及时掌握涉及中国的联营体的数量和运行状况。

2. 特殊航运规则层面

在确定海运联营体的反垄断豁免地位之外，中国直接规范海运联营体的

---

〔1〕即实质性反竞争条款。

立法为《中华人民共和国国际海运条例》（简称《国际海运条例》）及其实施细则。《国际海运条例》规定了联营体的备案制度和调查程序，《中华人民共和国国际海运条例实施细则》（简称《实施细则》）对备案制度和调查程序进行补充性规定。中国在联营体的管制制度上的规定和美国航运法相似，均设立了协议备案制度，要求协议参加者按照法律的要求向主管机关提交其协议。《国际海运条例》规定联营体协议必须在协议订立之日起15日内向交通主管部门备案。但是《国际海运条例》对联营体协议备案的具体要求，譬如需要提交的材料，审查的期限，协议生效的时间等以及备案的具体流程没有规定。海运联营体不仅涉及垄断协议制度，还可能涉及禁止滥用市场支配地位制度。《国际海运条例》第27条规定经营者不得滥用优势地位以歧视性价格给对方造成损害。该条即为禁止滥用市场支配地位制度在航运规则中的体现。而《国际海运条例》第35条虽然未明确点出“禁止滥用市场支配地位”，但为联营体的市场份额规定了警戒线（30%的承运份额），而“可能对公平竞争产生影响”则包含了“滥用市场支配地位行为”的绝大部分行为，可以说第35条虽然未对禁止联营体滥用市场支配地位进行明文规定，但在发起调查后联营体仍然可能涉及禁止滥用市场支配地位制度。

鉴于前述，中国对海运联营体的反垄断规制主要内容如下：

第一，整体上，因联营体提高效率，降低成本的作用，符合中国反垄断法的豁免规定。航运企业不因达成联营体协议而受到反垄断法的禁止。

第二，考虑到航运市场进入壁垒高，信息透明度大，规模经济效应明显等特点，联营体的反竞争效果也不能忽略，中国主要规定联营体成员的备案义务以及原交通部针对联营体的竞争影响具有调查权限，在联营体的内容上没有限制规定。

三、海运联营体的竞争分析——以P3联盟协议为例

联营体可能具有降低企业成本、提高运营效率的积极作用，若运用不当，联营体也可能产生反竞争和反市场的负面作用，商务部的公告之所以做出禁止P3联盟成立的原因就在于“马士基等三家公司提供的各种方案难以满足主

管机构的竞争关注”。[1]而通过商务部的通告可以看出，商务部仅仅禁止“紧密型联营”，而对一般的海运联营体并没有倾向于持否定态度，只是认为P3联盟的运营方式已经与传统的分散的海运联营体具有实质性的区别。笔者将以P3联盟的协议文本为例，对关于海运联营体的竞争规则进行具体分析。

（一）关于船舶共享的具体内容

P3协议第5条第1款对三大班轮公司船舶共享的内容做了详细的规定：三大班轮公司将对投入P3网络运营的船舶之型号、数量和性能进行讨论协商。最初三大公司将投入130艘运力在4 000TEU至12 250TEUs之间的船舶，之后三大公司将在P3网络内的航线运营180艘每艘最大运力在19 200TEUs的集装箱船。对三大公司在P3网络中投入的船舶数量和运力是考查P3联盟反垄断地位的重要因素。同时，一旦反垄断执法机构接受三大公司申报的协议，该内容将成为日后审查P3联盟是否遵守承诺的重要参考。

欧盟竞争法为海运联营体规定了反垄断豁免，但是该豁免存在“硬核限制”（Hardcore Restriction），即任何关于海运联营体的内容均不得直接或者间接地规定固定价格、限制销售或限制运力和分配市场和消费者。[2]因此只要海运联营体的协议中存在以上三类条款或产生实质的反竞争效果，欧盟委员会得禁止该协议的继续履行；美国航运法则规定FMC在任何时候认为协议某条款是“实质性反竞争条款”时均可予以禁止。

一般来说，中国反垄断执法机构在执法中按照“四个要件”（即主体为两个或两个以上经营者，具有合意，具有共同行动、决定或者协同行为，产生限制竞争的后果）来判断经营者之间的协议是否构成垄断协议，只要反垄断执法机构认为经营者符合限制竞争协议的构成要件即可认定。《反垄断法》没有“核心卡特尔”的规定，即从字面上看只要符合第15条的反垄断豁免，经营者之间的协议就不适用限制竞争协议的规定。虽然P3联盟被商务部禁止，暂时缓解了中国国内航运企业的压力，但据悉，马士基又与地中海航运达成

〔1〕 商务部公告2014年第46号。

〔2〕 参见欧盟委员会906/2009号条例第4条。

新的船舶共享协议（VSA），这次的船舶共享协议意图绕开“紧密型联营”达成传统的海运联盟。因此，中国法律还是应当建立完善的海运联营体的规制体系，以防范海运联营体的反竞争作用。按照中国法律的规定，海运联营体是享受反垄断豁免的（备案即可在中国生效），但是其船舶共享条款可能涉及运力的调整问题，或者涉及联营体成员之间划分市场的问题，此时根据中国法律又该如何处理？笔者认为不加区分地豁免、不附条件地豁免是不妥当的，对联营体协议的反垄断豁免应当是以条文为单位的豁免，协议每一条文均必须符合反垄断豁免的条件，不能是整体的全部条款的豁免，若符合消费者利益和社会公共利益，则予以豁免，否则必须对海运联营体协议进行部分或者全部的修改。

（二）关于信息交换

P3 联盟协议表明 P3 联盟的成员可根据协议获得、保存和交换与贸易相关的“任何”信息，包括但不限于记录、数据统计、研究、费用、市场份额等。垄断协议通常具有秘密性，不易为反垄断执法机构得知，往往在实施了协议或者协同行为后产生了反竞争的效果才为外界所知。因此，垄断协议的规制一向以事后规制为重点。其中经营者之间的信息交换也是垄断协议的典型行为。经营者往往能通过竞争者的信息进行非协议的协同行为。各国反垄断执法机构对经营者之间敏感信息的交换视为“违法”。

美国的反托拉斯法对信息交换采取的审查原则是合理原则，但设置限制条件：其一，交换的信息必须由独立的第三方管理；其二，交换的信息不能是最新的；其三，至少 5 家企业提供相关的信息，并且提供信息的总量不得超过 25%；而欧盟竞争法对联营体成员之间信息交换则是采取概括性的豁免，906/2009 号条例第 3 条明确规定必要的辅助于海运联营体的计算机信息交换系统是享有反垄断豁免的；中国法律没有对联营体成员的信息交流作限制性规定，但根据国家工商总局和国家发改委的部门规章，若经营者之间通过信息交换做出一致行为，则可能被认定为协同行为。

（三）限制向第三人转租、转卖剩余舱位的规定

P3 联盟协议规定 P3 成员之间对剩余的舱位和箱位具有优先的购买权和租

赁权，只有联营体的其他成员均无意购买时方可转卖或者转租于其他非成员企业。对剩余舱位的转租、转卖的规定直接限制联营体成员的经营决策，也拉长了某一成员出售剩余舱位的时间，可能带来决策效率低下的问题。

欧盟竞争法为联营体协议限制成员向联营体外的第三方转租、转卖剩余舱位规定了反垄断豁免，只要该限制是必要的辅助行为；美国航运法规定公共承运人之间的协议不得禁止或限制成员与托运人达成服务合同，也不得要求成员披露与服务合同相关的内容或通过强制性的规定影响其订立服务合同的权利。[1]中国法律对此目前并没有规定，笔者认为联营体作为组织体对成员向第三人转租、转卖剩余舱位的权利进行限制是合理的，但是仅限于满足其他成员的需要而限制向第三人转租，联营体不得禁止转租、转卖或者设立严格的限制条件。

（四）联营体成员退出的规定

协议第8条第1款规定，P3联盟的成员若退出本协议，必须提前2年通知其他成员。该条款是对联营体成员退出的规定。对联营体成员的退出和进入的限制有助于维护联营体的稳定运作，但同样有垄断之嫌。因此，欧盟竞争法规定联营体必须允许成员在履行一定的通知义务（最长6个月的通知期）后得自由退出联营体，而不承受任何的惩罚；[2]而美国航运法虽对班轮公会成员加入或退出进行规定，但对联营体成员的加入/退出没有具体的限制性规定，这点和欧盟的规定不同。笔者认为2年的通知期限过长（欧盟法律规定的最长期限为6个月），大大超出成员退出联盟进行转接手续的时间需要，有限制竞争之嫌。

（五）市场地位分析

截至2014年1月1日，P3联盟在亚洲—北欧的运力配额分别为20.6%、15.2%、10.9%，合计运力达46.7%。这表明P3联盟很可能在某些航线或者市场占有市场支配地位。通告中商务部也着重对马士基等三家班轮公司的市

〔1〕参见OSRA Sec. 5（c）（1）、Sec. 5（c）（2）。

〔2〕参见欧盟委员会906/2009号条例第6条。

场地位进行分析，认为“此次联营将会增强马士基等公司的市场控制力，明显地提高市场集中度以及进一步推高市场壁垒”，故最后做出禁止决定。

但这并不能阻止其他海运联营体在中国市场的运营，那么海运联营体的市场地位如何评估呢？现代法理认为具有市场支配地位本身并不违法，存在滥用市场支配地位行为方为违法，需要反垄断法的干预。对联营体滥用市场支配地位行为的规制一般采取事后监管。例如，美国航运法中就规定经备案的协议必须定期向 FMC 提交季度报告，要求经营者定期提交监管报告；欧盟则是根据利害关系人的投诉对联营体的具体竞争行为根据禁止滥用市场支配地位法律进行具体的认定。

欧盟竞争法和美国航运法均规定联营体的滥用市场支配地位行为适用一般的禁止滥用市场支配地位制度，保证适用法律的一致性。中国直接适用于联营体的法律为《国际海运条例》，但《国际海运条例》中对禁止滥用市场支配地位的规定不明确。市场支配地位认定的标准和因素均没有规定。虽然《反垄断法》可因上位法规则得到适用，但《反垄断法》作为法律，为保证适用范围的广泛性，其条文的规定是非常泛化的，不能提供具有操作性的认定标准。例如，关于如何认定“不合理的定价”等具体的滥用行为，不同的行业具有不同的表现形式。

笔者认为中国航运领域关于禁止滥用市场支配地位的航运规则不够完善，这造成交通运输部对海运联营体市场地位的评估可能存在无法可依的状态。例如，联营体成员在整体上是否具有市场支配地位这一点，从目前的航运规则来看，难以认定。

鉴于前述，欧盟和美国的相关法律均在承认联营体合法性的前提下，对联营体协议规定各种限制条件，包括对核心卡特尔的严格禁止、信息交换的限制、成员进入/退出的自由权、向第三人转租剩余舱位的自由权、禁止滥用市场支配地位等方面；中国对海运联营体的规制也建立在豁免海运联营体的前提下，但是目前并没有对联营体协议的具体内容做出详细的要求，但是从本次商务部的公告可以看出，在审查联营体的竞争影响时，中国反垄断执法机构主要对 P3 联盟的合作形式、运营程序、费用分摊和剩余箱位销售方面进行评估。但前述已经提及，商务部将 P3 联盟与传统的海运联营体做出区分，认为 P3 是具有“本质区别的紧密型联营”。对于一般海运联营体的反垄断规制，即海运联营体的限制规定，仍然存在法律上的不确定性，需要进一步完善。笔者认为，欧盟竞争法与美国航运法对联营体的反垄断豁免制度较为完善和全面，中国不妨就海运联营体的反垄断规制的细节部分按照具体国情做出适当的借鉴。

四、完善中国海运联营体规制制度的相关建议

（一）细化反垄断豁免的具体规定，协调反垄断一般法与行业规则

商务部禁止 P3 联盟的成立，但这仅限于“紧密型联营”的联营体，而一般海运联营体的反垄断法规制则仍然需要从完善反垄断豁免制度和相关的联营体竞争规则开始。《反垄断法》第 15 条列举了 6 种经营者得享受反垄断豁免的情形，主要可分为消费者利益和社会公共利益两个层面的考虑原则，并且经营者还必须证明其垄断协议不会产生严重的反竞争效果。笔者认为《反垄断法》第 15 条已经设立了比较完整的反垄断豁免制度，对豁免情形、具体考虑因素和限制条件都做了规定。但是《反垄断法》的规定却没有体现在海运联营体的反垄断规制中。《国际海运条例》是 2001 年颁布的行政法规，却在 2007 年《反垄断法》出台之后没有做相应的协调和修改。虽然《反垄断法》可能得到适用，但是《反垄断法》因其法律的位阶，可能缺少操作性。例如，联营体协议规定关于控制运力、分配市场等严重限制竞争协议，属于“核心卡特尔”的竞争行为，不能满足第 15 条的豁免标准，而联营体本身或者说联营体协议的大部分又是符合反垄断豁免的规定时，我们的法律该如何适用？

此时《反垄断法》不应该是我们研究的重点，而是应该适用相应的航运规则。《反垄断法》固然已经规定了系统化的豁免制度，那么作为特殊法的《国际海运条例》也应该阐明豁免规则适用于联营体时的具体规定。什么是“严重限制相关市场的竞争”，如何评估判断对市场的影响？第 15 条规定的“严重限制竞争”的行为具体指什么，是否就是“核心卡特尔”行为？笔者

认为，中国应当明确海运联营体的各个条款必须符合《反垄断法》第15条的具体规定，符合社会公共利益或者消费者利益；在修改《海运条例》时对《反垄断法》第15条进行解释，对“严重限制竞争”的典型行为、评估方式等做出具体规定。如此才能将《反垄断法》规定的豁免制度贯彻到航运领域。

（二）设立海运联营体的具体规制制度

根据前文可知，欧盟和美国的规制联营体的法律大同小异。反垄断法对联营体的实质性规定主要包括对“核心卡特尔”的严格禁止、对信息交换的限制条件、对成员进入/退出联营体的自由权、成员转租或者签订服务合同的自由权等方面的规定，以保障联营体始终是相对松散的结构体，维护相关市场的竞争。但是《国际海运条例》中几乎对这些实质性的条款没有涉及。譬如，运营协议的定义中包含价格协议/协定，而关于价格的协议、协定或协同行为在传统上均属于“核心卡特尔”的范畴，是需要严格禁止的垄断协议。但是《国际海运条例》却规定此种协议只需要经过备案即可在中国生效。

笔者认为，中国应当尽快规定海运联营体的具体规制制度，以《反垄断法》第15条规定的反垄断豁免制度为基础，运用合理原则进行具体评估，结合禁止核心卡特尔、信息交换、成员进入/退出的自由权、成员转租剩余舱位的自由权等具体规定，建立完整的海运联营体的规制制度。

（三）完善协议备案制度

P3协议最后由商务部反垄断局进行审查这一事实凸显了中国备案制度的不完善。按照法律规定，海运联营体协议应当向交通运输部备案，由交通运输部进行形式审查和实质审查。但事实上，由于备案制度的审查期限、审查的效力等问题没有明确，最终P3协议只能遵照企业合并的事前审查细化，由商务部主管。但是笔者仍然认为类似的联营体审查应当由交通运输部进行，这也是交通运输部的职责所在，P3联盟协议的审查只能是特例。为了有效地对类似P3联盟的联营体进行规制，完善现存的协议备案制度，笔者认为是非常必要的。

事实上，《国际海运条例》第22条[1]与美国一样设立了协议备案制度，并将协议分为三大类：班轮公会协议、运营协议和运价协议，交通运输部在《实施细则》中对协议进行了定义。但是《国际海运条例》对备案制度的规定也仅限于此，没有同FMC一样对备案制度进一步细化。中国的协议备案制度仅仅规定了需要备案的协议类型和备案期限，对备案对协议生效的影响、备案的审查期限、备案的审查程序、备案的协议是否公开等方面目前没有规定。缺少以上的备案细化，备案制度难以达到国家规制联营体的目的。因此，笔者认为，中国应当完善协议备案制度，对以上问题做出具体的规定。譬如，规定只有经过备案后的协议方能在中国生效，且交通运输部不做出反对决定即视为批准备案；备案的审查期限则可参考《反垄断法》对经营者集中的审查期限；还可逐渐地公开在交通运输部备案的联营体协议。

（四）重视完善和运用禁止滥用市场支配地位制度

法律既然赋予海运联营体反垄断豁免，那么为了防止联营体的具体竞争行为产生严重的反竞争效果，运用禁止滥用市场支配地位制度对联营体的竞争行为进行规制就成为国家事后管制联营体的重点。禁止滥用市场支配地位制度主要规定于《反垄断法》第三章，在《国际海运条例》第27条有类似的规定。但在《国际海运条例》中没有就“相关市场的判断”“市场支配地位的认定标准”“滥用行为的判断标准”等滥用规制的核心问题做出规定，而《反垄断法》的行政规章又不能直接适用，这就造成在中国航运领域滥用规制制度难以落实的情况。笔者认为需要对禁止滥用市场支配地位制度的具体内容予以规定，包括联营体的相关市场的判断、联营体市场支配地位的认定标准以及滥用行为的具体形态分析等。

（五）强化反垄断执法机构的执法权限

《国际海运条例》第35条规定交通主管部门可以应利害关系人的请求或者自行启动对联营体的审查，《实施细则》第52条规定，交通运输部在收到

[1] 《国际海运条例》第19条规定：“从事国际班轮运输的国际船舶运输经营者之间订立涉及中国港口的班轮公会协议、运营协议、运价协议等，应当自协议订立之日起15日内将协议副本向国务院交通主管部门备案。”

利害关系人的申请后，须对是否实施调查进行评估，认为应当实施调查的才将评估的结果通报价格部门和工商部门。根据此规定，交通运输部拥有完全的案件管辖权，价格部门和工商部门只有在交通运输部认为应当进行调查的时候方能参与到联营体的反垄断调查中。这一规定不同于《反垄断法》对反垄断执法机构独立调查权的规定，反垄断执法机构的执法受制于交通运输部的评估结果，使反垄断执法机构处于被动的参与地位，难以发挥反垄断执法机构的职能。

笔者认为反垄断执法机构的独立行动权不应当受行业监管机构掣肘，可以在修改《国际海运条例》时加入利害关系人既可以向交通主管部门提出申请，也可以向相应的反垄断执法部门提出申请，即航运领域的反垄断案件由行业监管机构和反垄断执法机构共同行使管辖权。

五、结语

P3 联盟的组建引起了相关国家反垄断执法机构的重视，但最终因对航运市场的有效竞争产生不利影响被中国商务部禁止。而一般海运联营体仍然享有反垄断豁免，遵循一般的海运联营体法律规则。在对比借鉴美国航运法和欧盟竞争法的相关联营体规则后，笔者认为中国应当细化海运联营体的反垄断豁免规定、规定联营体的实质性审查条件、明确反垄断执法机构的独立行动权、尽快完善联营协议的备案制度以及完善禁止滥用市场支配地位制度，使涉及中国航运业的海运联营体组织能得到有效的反垄断规制，维护中国市场的竞争效率。

案件7　艾司唑仑药品垄断协议案

〔案件概要〕

国家发改委调查确认：2014年9－10月间，华中药业与山东信谊、常州四药有关人员商讨了艾司唑仑原料药和片剂的有关安排，会议对艾司唑仑原料药不对第四方供货、艾司唑仑片集体涨价进行了协商，最后达成以下一致意见：一是每家企业生产的艾司唑仑原料药仅供本公司生产片剂使用，不再对外销售；二是对艾司唑仑片剂集体涨价形成默契，虽未就具体价格水平达成确切意见，但华中药业作出了艾司唑仑片联合涨至1毛/片的提议，为其他参会企业提供了明确的涨价幅度预期。三家企业随后均实施了艾司唑仑原料药"联合抵制交易"的垄断协议，也均实施了艾司唑仑片剂"固定或者变更商品价格"的垄断协议。

国家发改委认为，三家药企通过实施垄断行为，提高了艾司唑仑片剂价格，减少了艾司唑仑片剂总供给量，损害了消费者利益，对艾司唑仑片剂市场具有明显的排除、限制竞争效果。于是，国家发改委责令三家涉案企业立即停止违法行为，并处涉案企业2015年度艾司唑仑片剂销售额2.5%－7%不等的罚款，共计人民币2 603 823元。

〔案件评析〕

反垄断法价格协同行为的认定研究

——以艾司唑仑药品垄断案为例

靳静*

我国《反垄断法》第13条规定了垄断协议的三种形式，包括协议、决定

* 靳静，国家发展改革委价监局市场监管二处执法人员。本文原载《中国价格监管与反垄断》2016年第9期。

或者其他协同行为。世界反垄断执法经验和趋势表明随着竞争法的不断发展完善和执法力度的持续加大，经营者的垄断合规意识和反调查技巧也随之提高，通过订立书面或口头协议和决定实施垄断协议的显性垄断行为，逐渐向难发现、难识别、难取证、难定性的隐性垄断行为转变。近日，国家发展改革委对 3 家艾司唑仑药品生产企业违反《反垄断法》达成并实施垄断协议的行为进行了处罚，本文将以此案为切入点探讨有关价格协同行为的认定和分析思路。

一、协同行为的法律界定

我国《反垄断法》第 13 条第 2 款规定“本法所称垄断协议，是指排除、限制竞争的协议、决定或者其他协同行为。”因此协同行为是垄断协议的三种表现形式之一，但《反垄断法》本身并未对三个概念的定义进行说明。国家工商总局 2010 年 12 月颁布的《工商行政管理机关禁止垄断协议行为的规定》将其他协同行为界定为“经营者虽未明确订立书面或者口头形式的协议或者决定，但实质上存在协调一致的行为”。《中华人民共和国反垄断法释义》（以下简称《释义》）对其他协同行为的解释为“企业之间虽然没有达成书面或者口头协议、决议，但相互进行了沟通，心照不宣地实施了协调的、共同的排除、限制竞争行为”。〔1〕考虑到《释义》由全国人大法工委参与反垄断立法工作的专家编写，其中有关“协同行为”的解释应更接近立法原意。

比较《释义》和工商部门对“协同行为”界定的异同，可以看出二者都认为协同行为是一种虽然没有书面或口头决议、决定，但经营者行为出现了协调一致的情形。除此之外，《释义》对协同行为的限定更加严格，除了行为的协调一致外，还强调了经营者之间对一致行为进行了沟通，形成了心照不宣的合意，且一致行为存在排除、限制竞争效果。所谓“心照”，意思是彼此知道对方的想法，“不宣”则指没有形成明确、明示的协议。实际上，《释

〔1〕 全国人大常委会法制工作委员会经济法室编：《〈中华人民共和国反垄断法〉条文说明、立法理由及相关规定》，法律出版社 2007 年版，第 67 页。

义》的解释更加接近欧盟判例法中对协同行为的论述。1972 年的 Dyestuff 案是欧盟关于协同行为的第一个颇有影响力的案件，欧委会通过在相同时间对同种产品进行相似幅度的提价、经营者之间的非正式联络等证据，认定成员国主要的几家染料生产企业通过协同行为实施了固定价格的垄断协议。欧洲法院在上诉中支持了欧委会作出的决定，并将“协同行为”首次定义为“经营者之间一种尚未达到‘订立阶段’的阶段，但故意通过事实上的合作替代了彼此间竞争关系的一种协调形式”。[1]因此，仅仅是一致的行为尚不能被认定为协同行为，经营者需要就行为的一致性达成某种合意，尽管这种合意并非以书面或口头协议的形式固定下来。

二、价格协同行为的认定要件

我国《反价格垄断规定》第 6 条对如何认定价格协同行为进行了规定，一是经营者的价格行为具有一致性；二是经营者进行过意思联络；此外还应考虑市场结构和市场变化等情况。据此，反垄断执法机构在认定价格协同行为时主要考虑下列因素：一是价格行为的一致性，即具有竞争关系的经营者之间在调价时间、调价幅度等方面，采取了基本一致的行动。二是意思联络即经营者之间以某种方式进行了沟通和交流并达成实施一致价格行为的合意。三是考虑市场结构和市场变化等情况。[2]在认定价格协同行为时应注意以下几个问题：

（一）区分价格协同行为与平行行为

认定价格协同行为的第一个要件即“经营者的价格行为具有一致性”时要注意区分协同行为与平行行为，虽然二者在表现形式上可能高度一致。平行行为是指市场主体在没有任何沟通的情况下做出的一致的市场行为，尤其在寡头垄断市场，经营者通常不需要进行任何交流，也可以通过观察、分析竞争对手的价格行为作出相应的策略调整，从而导致市场上出现相同的价格

〔1〕 Case 48/69，（1972）ECR619，（1972）CMLR557，para. 64.

〔2〕 周智高：“价格协同行为的认定思路分析”，载《中国价格监督检查》2013 年第 7 期。

行为。因此，执法机构在调查过程中应当区分违法的协同行为与理性的市场行为，防止不当干预经营者的自主定价权。

（二）意思联络与一致行为的关系

经营者是否进行过意思联络，实际上为区别价格协同行为与平行行为提供了解决思路。如果经营者在进行一致的市场行为之前或者过程中，进行了某种形式的意思联络那么存在协同行为的可能性就大大增加。从行为方式特点来看，意思联络行为方式主要有明示、暗示和容任三种方式：[1]明示的意思联络是指通过客观外部行为将意图明确地表露给对方，如通过面谈、电话、信息、书信等；暗示的意思联络是指不将意图明确地表现在客观外部，而是由他人根据习惯和经验进行推定，例如设置统一的暗号、暗语等；容任是一种听任结果发生的主观状态。不论何种形式的意思联络，执法机构应注意分析意思联络的内容与一致行为之间是否存在因果关系，由于价格协同行为的意思联络很可能是以暗示或容任的方式进行，势必对执法机构的调查取证和分析推理带来挑战。

三、艾司唑仑药品垄断案中对价格协同行为的认定分析

艾司唑仑具有镇静、催眠和抗焦虑疗效，是国家严格管控的二类精神药品，列入国家基本药物目录和国家低价药目录。由于我国对二类精神药品原料药的准入和生产实行严格管制，全国获得艾司唑仑原料药生产批文的企业只有四家，实际在产的只有涉案的三家企业。通过调查国家发展改革委认定三家企业在艾司唑仑原料药市场达成并实施了“联合抵制交易”的垄断协议，在艾司唑仑片剂市场达成并实施了“固定或者变更商品价格”的垄断协议。处罚决定书显示，虽然常州四药仅参与了竞争者华中药业组织的会议，并未明确接受华中药业有关艾司唑仑原料药不对外供货、片剂涨价至1毛/片的提议，也未有证据显示其在会后同另外两家企业就涨价行为进行了沟通，但仍被认定为达成并实施了垄断协议。通过对本案认定分析思路作进一步梳理，

---

〔1〕 侯刚：“试论共犯故意中的意思联络”，载《理论界》2010年第9期。

可为今后查处价格协同行为提供一些借鉴。

（一）认定经营者价格行为具有一致性的考虑因素

本案中，执法机构主要从涨价时间和涨价水平两个方面认定经营者价格行为具有一致性。从涨价时间来看，执法机构通过现场调查取证和后期对销售数据进行经济学分析，从下发调价函、实际涨价两个环节印证涨价时间的一致性。处罚决定书显示，三家艾司唑仑药品生产企业于2014年9月至10月在郑州某酒店房间内举行会议，会议结束后分别于当年12月4日、20日和25日印发调价函，罕见地在同一个月内全部上调了艾司唑仑片出厂价格。而销售数据则显示三家企业的实际涨价时间确实高度一致（见下图）。从涨价水平来看，经分析销售数据发现，三家生产企业艾司唑仑片的出厂价格自下发调价函后均出现大幅提升。以三家企业都生产的1mg＊20片规格的艾司唑仑片为例，出厂价格由不足4分/片均涨至约1毛/片。而1毛/片正是华中药业在郑州会议上作出的涨价提议。

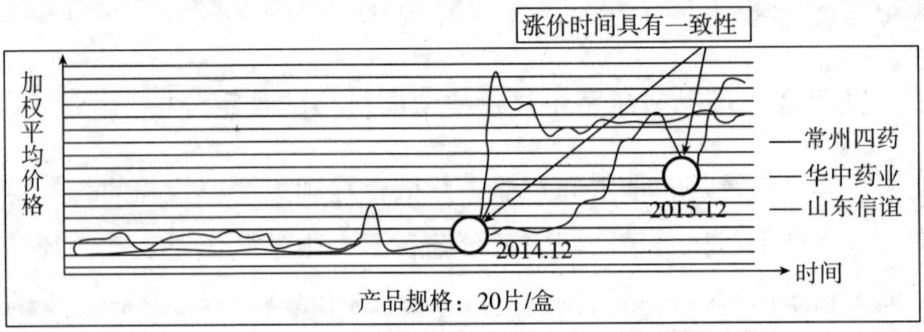

（图片来源：国家发展改革委微信公众号2016年7月28日《一张图读懂艾司唑仑药品垄断案》）

（二）区分价格协同行为与平行行为时的考虑因素

如前文所述，经营者是否进行过意思联络，是区别价格协同行为与平行行为的关键之一。处罚决定书显示，常州四药曾在调查中主张其艾司唑仑片剂的价格是根据国家药品政策的调整和市场竞争状况独立制定的，提价行为是基于市场上收集到的艾司唑仑片涨价的信息作出的，但执法机构显然并不认可上述主张，并在处罚决定书中予以明确反驳。首先，执法机构依据《反价格垄断规定》第6条第2款对相关市场结构、市场变化情况和竞争状况进行了分析。艾司唑仑原料药市场只有涉案三家企业，是典型的寡头垄断市场。

在垄断行为发生前，三家企业合计向下游十六家片剂生产企业供应原料药，说明片剂市场竞争较为充分。通过对原料药市场实施封锁，下游片剂市场竞争者急剧减少，从而使联合涨价行为成为可能。试想如果涉案企业不封锁原料药市场，三家企业在片剂市场的提价必然面临其他企业的竞争，即使政策允许自主定价，理性经营者也不会贸然做出短时间内大幅涨价的决定，更不会盲目跟随竞争对手的提价行为。也就是说，正是因为艾司唑仑片剂市场呈现出高集中度、高透明度、产品同质化的特征，经营者才更容易通过暗示或容任方式的意思联络形成合意。

其次，执法机构反驳了常州四药涨价属于自主决策的主张，理由有三：一是常州四药工作人员参加了协商艾司唑仑片联合涨价的会议；二是没有证据显示其在会上就竞争对手的涨价提议表示过明确反对；三是其明知会议协商了价格等敏感信息，但并未就这一事实向反垄断执法机构主动报告。实际上，欧盟对于经营者交换敏感信息的行为持更加严厉的态度，只要经营者之间的信息交换足以降低作出市场策略的不确定性——具体而言，如果交换的信息属于与未来价格或产量有关的个体性信息，可以被直接认定为构成协同行为。

最后，执法机构再次明确了当事人的价格行为与竞争对手高度一致的事实，从而认定常州四药的涨价行为并非独立做出的经营决策，而是通过与竞争对手进行意思联络而达成了心照不宣的合意，从而构成了法律所禁止的价格协同行为。

（三）价格协同行为的排除限制竞争效果

《反垄断法》第13条第2款明确规定，本法所称垄断协议，是指排除、限制竞争的协议、决定或者其他协同行为。因此，价格协同行为除需依据经营者行为的一致性、是否进行了意思联络并达成合意等要件进行认定外，还需要考量其排除、限制竞争效果。本案中，执法机构通过对提取的生产、库存和销售数据进行经济学分析，从三方面对三家企业就艾司唑仑原料药达成并实施联合抵制交易垄断协议、就艾司唑仑片剂达成并实施联合涨价协议的反竞争效果进行了论证认定当事人通过实施上述垄断行为，提高了艾司唑仑片剂价格，减少了艾司唑仑片剂总供给量，损害了消费者利益，对艾司唑仑片剂市场具有明显的排除、限制竞争效果。

四、本案对今后分析认定价格协同行为的启示

本案是国内反垄断执法机构公布的首例价格协同行为案件，体现了我国反垄断执法力度的持续加大和法律运用的日臻完善。业内评论认为，国家发展改革委在认定常州四药达成并实施垄断协议时，并未仅基于其参加会议的事实，而是综合运用法学、经济学分析方法就法律要件之间的逻辑关联进行了详细深入的论证体现了发展改革委在认定协同行为时的谨慎及专业态度。本案为今后查办价格协同案件提供了以下经验：

（一）宽大政策是破解意思联络取证难问题的关键

价格协同行为的意思联络很可能是以暗示或容任的方式进行，执法机构在调查取证时会遇到较大阻力。通过有效运用宽大政策，促使经营者主动报告意思联络的事实经过，能够有效解决意思联络的取证难问题。本案中山东信谊在调查过程中主动陈述了关于郑州会议的基本情况，从而使调查人员掌握了三家企业会面协商的诸多细节，为最终认定垄断行为起到推动作用。虽然山东信宜的主动报告行为发生在调查人员取得关键证据之后而未能适用宽大政策，但仍根据《行政处罚法》“配合行政机关查处违法行为有立功表现”的规定给予了从轻处罚。而调查初期执法人员对宽大政策的反复宣讲，无疑是促成经营者主动报告相关事实的关键因素。

（二）注重经济证据在认定价格协同行为中的作用

本案中对于经营者行为一致性的认定以及反竞争效果的论述，都建立在对经营者的生产、库存、销售以及市场结构等经济证据的分析基础上。认定垄断协议的经济证据一般分为两类：一是经营者行为，包括平行价格行为、不正常的高利润、稳定的市场份额，以及信息交流、价格信号、价格保护、不必要的产品标准化等便利因素等；二是结构证据，如相关市场的集中度、进入壁垒、产品是否同质化等。[1]由于价格协同行为具有难取证、难定性的

〔1〕 周智高：“价格协同行为的认定思路分析”，载《中国价格监督检查》2013年第7期。

隐性垄断行为特征，执法机构要特别注意经济证据及经济学分析的运用，通过综合考虑上述因素，对经营者行为进行全面分析和审慎定性。

（三）加强对市场异常行为和价格异动的甄别

本案中，执法机构通过研究相关市场结构和相关产品的特征，结合下游企业反映的集体断供事实，初步判断三家原料药企业存在共谋垄断的可能性较大。这一结合市场异常行为和市场结构特征作出初步判断的过程，也是执法机构建立“危害理论”的过程。在欧盟的垄断案件调查过程中，危害理论的建立是十分重要的一环，它是执法机构对涉嫌的垄断行为作出的初步判断，从而确定未来调查的基本方向和取证重点。因此，反垄断执法部门应建立更为完善的线索收集机制，加大对市场行为尤其是价格行为的监测和预警，综合价格、产量、销量、市场结构等重要信息，妥善识别市场异常和价格异动，加强对垄断行为线索的识别，不断加大反垄断执法力度，提高反垄断执法威慑效果。

案件8　中国电信与中国联通宽带业务涉嫌垄断案

〔案件概要〕

2011年11月9日，央视《新闻30分》报道称，国家发改委已就宽带接入问题对中国电信、中国联通展开反垄断调查，调查内容是：中国电信、中国联通在宽带接入及网间结算领域，对自己的竞争对手给出高价，对没有竞争关系的企业则收取优惠价——中国移动、中国铁通等大型互联网服务提供商实行的是100万/G·月，一些中小型的联网服务提供商接入条件则是20万-30万/G·月。

2011年12月2日，中国电信、中国联通在官方网站同时发出声明，承认在互联互通以及价格上确实存在不合理行为，同时“承诺整改”，将提升网速并降低宽带资费。两家企业已就此向国家发展和改革委员会提交中止反垄断调查申请，国家发展和改革委员会证实收到两家企业的申请。

〔案件评析〕

中国电信、中国联通涉嫌垄断案的再思考

王晓晔*

2011年11月9日央视《新闻30分》报道，国家发展和改革委员会针对中国电信和中国联通涉嫌在中国宽带入网市场的垄断行为正在展开调查。[1]反垄断执法机关对这个案件的基本看法是，中国电信和中国联通利用宽带入网市场的支配地位，对竞争对手收取高额的入网费，严重影响了宽带入网市场的公平竞争。如果此案证据确凿事实成立，依据《反垄断法》第47条的规

---

* 王晓晔，湖南大学法学院教授。本文原载《交大法学》2013年第2期。

〔1〕 参见2011年11月9日CCTV《新闻30分》视频：发改委调查中电信和联通宽带垄断问题，http://video.sina.com.cn/p/tech/t/v/2011-11-09/12286155 5091.html.

定，违法企业得被处以上一年度营业额1% -10%的罚款，这两个企业有可能遭受数亿至数十亿的罚款。[1]央视这一新闻报道之后，被调查企业向国家发改委递交了中止调查的申请并且承诺进行整改外；案件尚无重大进展。[2] 2012年底国务院反垄断委员会专家咨询组召开的“中国竞争政策论坛”上，国家发改委价格监督检查与反垄断局负责人谈及这个案件时说，“电信、联通两家提交了整改报告，并在互联互通方面取得了较大的进步，但这不意味已经结案，发改委反垄断局前几天还给双方发去了函件，要求其继续保持”。他还说，国家发改委对这一案件的调查得到了国内外的高度肯定，发改委反垄断局“不是杀鸡给猴看，而是打老虎、办大案，办案才是硬道理”。[3]这个表态说明反垄断执法机关不会让这个案件轻而易举地不了了之。

这里我想结合欧盟的德国电信案，谈谈对这个案件的看法。毫无疑问，本案中涉嫌垄断的中国电信和中国联通都是中国电信业的大企业，这个案件在性质上涉及滥用市场支配地位。作为滥用性的案件，本文讨论以下几个问题：第一，中国电信和中国联通是否在中国宽带入网市场占支配地位；第二，如果占支配地位，它们在宽带入网市场的价格行为是否构成滥用，违反《反垄断法》；第三，如果违反《反垄断法》，两企业应当承担什么法律责任；第四，尽管本案中接受承诺的解决方案已经明朗，本文还要讨论这个案子是否应当接受承诺。最后是本文的结论。中国电信和中国联通案是中国反垄断执法机关针对国有大企业进行认真调查的第一案。这个案件最大的引人之处是，它不仅检验了中国《反垄断法》对国有大企业的效力，而且也是检验中国经济体制的试金石。

---

〔1〕 参见2011年11月9日CCTV《新闻30分》视频。

〔2〕 中国电信承诺，五年内公众用户上网单位带宽价格下降35%左右；中国联通承诺，积极配合其他骨干网运营商，进一步提升互联网互联互通质量，进一步下调公众用户上网单位带宽资费水平。参见http://ccnews.people.com.cn/GB/17403802.html.

〔3〕 “发改委称宽带反垄断案未结案：电信联通仍遭监督”，http://tech.sina.com.cn/t/2012-12-11/01507873729.shtml.

一、电信和联通是否在中国宽带入网市场占支配地位

认定企业是否占市场支配地位，其前提条件是界定相关市场。本案中相关市场的相关服务无疑是宽带入网，或者被称为互联网接入服务（Internet Service Provider，以下简称 ISP）。因为提供入网宽带的企业是在提供一种基础设施，即提供与线路相关的电信设施，提供互联网接入服务的企业具有自然垄断性，而且相关地域市场是全国性的。中国电信和中国联通是否在互联网接入服务（ISP）市场占支配地位，人们有不同的观点。一种观点是，中国有很多 ISP，即除了涉案的两家企业，还有互联网骨干网经营企业中国移动、中国铁通以及中国教育和科研计算机网网络中心等，此外还有转租的增值电信企业，如长城宽带、歌华等。因为有众多竞争企业，中国电信和中国联通不占市场支配地位。[1]另一观点是，中国宽带入网市场尽管有众多 ISP 开展竞争，但它们之间的竞争不在同一水平上。中国电信和中国联通是强势 ISP，其他 ISP 是通过批发中国电信和中国联通的宽带才能进入互联网络和向其用户提供互联网服务，因此，中国电信和中国联通在中国的宽带入网市场占支配地位。

我认为，中国电信和中国联通在本案中占市场支配地位毋庸置疑。因为根据国家发展改革委员会价格监督检查和反垄断局所掌握的数据，中国 95% 的互联网国际出口宽带、90% 的宽带互联网接入用户和 99% 的互联网内容服务经营者都是从中国电信和中国联通进行宽带接入，中国电信和中国联通在中国 ISP 市场上构成双寡头垄断。不仅如此，考虑到中国电信和中国联通各自在中国南部和北部提供宽带入网服务，它们的宽带基础设施基本相互独立，互联互通程度不高，它们也可在各自地域范围被视为垄断性企业。据 2011 年 11 月 9 日央视《新闻 30 分》的报道，中国电信和中国联通之间的直连宽带为 261.5G，仅占两公司拥有国际出口宽带 1 078G 的 24.3%；从互联的质量看，

---

〔1〕 参见晓雅、杨扬："混淆视听，误导公众？——驳央视对电信、联通涉嫌价格垄断的报道"，载《人民邮电报》2011 年 11 月 11 日，第 1 版。

两公司2011年1－9月互联时延为87.7－131.3ms，丢包率0.2%－1.9%，均不符合原信息产业部《互联网骨干网间互联服务暂行规定》时延不得高于85ms、丢包率不得超过1%的要求。[1]

这说明，中国电信和中国联通二者之间未实现充分的互联互通。这种情况下，本案中的相关市场相当程度上也是区域性的，即两家电信企业在各自相关地域市场几乎占百分之百的份额，从而可被视为两个垄断性的企业。

二、中国电信和中国联通是否存在滥用行为

根据2011年11月9日央视《新闻30分》，反垄断执法机关基本查明，被调查企业涉嫌违反《反垄断法》的行为主要是价格歧视。[2]然而，本案中涉嫌垄断的行为除了价格歧视，还有价格挤压。

（一）价格歧视

国家发改委认为，中国电信和中国联通对有竞争关系和没有竞争关系的ISP给出了不同的宽带入网价，即与有竞争关系的中国移动、中国铁通等大型ISP的交易条件是100万/G·月，而且这些交易须经集团的审批，并且须在北京、上海、广州的指定点进行接入；对一些没有竞争的中小型ISP的接入条件是20－30万/G·月。

对反垄断执法机关的这一指控，有人用100平方米房子在北京和上海可以相差40万的房价作比喻。他们说，这些不同的价格是因为受市场调节，所以合理合法。还有学者提出，企业的价格行为必须考虑机会成本，即必须考虑利润，因此这两个企业的价格行为是合法的。然而，我认为，这里不仅要考虑企业的自由定价权，更要考虑市场竞争秩序的问题。

在市场经济条件下，企业一般都有自由定价的权利。然而，如果企业占

---

〔1〕据2011年11月9日CCTV《新闻30分》视频的报道，这些数据来自国家工业和信息化部。

〔2〕在CCTV《新闻30分》视频中，国家发改委价格监督检查与反垄断局副局长李青指出，“在互联网接入这个市场上，中国电信和中国联通合在一起占有三分之二以上的市场份额，肯定是具有市场支配地位的。在这种情况下，它们就是利用这种市场支配地位，对于跟自己有竞争关系的竞争对手，它们给出高价，而对于没有竞争关系的企业，它们给出的价格就要优惠一些，这个在反垄断法上叫做价格歧视”。

市场支配地位，它们的市场行为包括某些情况下的价格行为就必须受《反垄断法》的管制。这是因为当企业占市场支配地位时，其一方面容易凭借其市场势力剥削消费者，另一方面也容易凭借其市场势力排除限制竞争，妨碍其他企业进入市场，它们在《反垄断法》中就会受到特别的管制。这也即是说，当企业占市场支配地位，也即是当其交易对手在市场上没有选择权的情况下，它们的市场交易行为不能一概适用合同自由原则，也不能一味考虑机会成本。中国《反垄断法》的第三章就是关于禁止“滥用市场支配地位”的规定。其他国家和地区的《反垄断法》也有相似规定，如欧盟委员会依据欧盟竞争法的规定，在2004年认定微软公司滥用市场支配地位，[1]在2009年认定英特尔公司滥用市场支配地位，[2]并对这些企业的违法行为做出了相应的处罚。

当然，占市场支配地位的企业有权为其各种限制竞争行为做辩护。本案中，中国电信和中国联通可以对其在宽带入网市场存在的“批量大价高和批量小价低”的情况，通过举证说明其正当性。然而，因为占市场支配企业的价格歧视会严重损害市场竞争，它们所要证明的合理性和正当性必须是重大的，且有实质性的意义。如果有证据证明，企业为维护自己在互联网接入市场的支配地位和竞争优势而对竞争对手采取不利的价格条件，排除、限制竞争的意图十分明显，这个价格歧视可被认定是滥用行为。

国家发改委价格监督检查和反垄断局曾对北京光环新网数字技术有限公司、北京首信网创网络信息服务有限责任公司、北京电信通电信工程有限公司、北京互联通网络科技有限公司和中电飞华电力线通信技术有限公司等五家ISP做过调查，它们都在多个城市有中国电信、中国联通和中国教育网的网络接入点，是宽带接入市场的二级运营商，其中最大的企业是北京电信通电信工程有限公司。据调查，该企业从中国联通获得宽带的批发价是150万/G·月，远远高出其他公司与中国联通的交易价20万－30万/G·月。尽管北京电信通电信工程有限公司与中国联通交易的宽带批发价奇高，但它不能从

〔1〕 http://ec.europa.eu/competition/sectors/ICT/microsoft/index.html, last access2013－01－21.

〔2〕 http://ec.europa.eu/competition/sectores/ICT/intel.html, last access2013－01－21.

中国联通多获得几个G的宽带容量，被限制的理由就是它与北京联通存在竞争关系。[1]这说明，中国联通对竞争对手收取高价的行为不是出于经济核算或者经济效益，而是出于限制竞争的目的。

（二）价格挤压问题

本案中，即便中国电信和中国联通的宽带批发采取了统一价格，这个价格仍可能违反《反垄断法》。因为在中国电信和中国联通既做宽带批发又做宽带零售的情况下，即当它们对自己客户可以直接提供互联网的服务时，如果其宽带批发价大大地高于零售价，那些通过批发宽带而提供互联网服务的ISP就完全没有利润空间，从而不得不退出市场竞争。本案中，中国电信和中国联通给ICP网站用户的接入价一般是10万元/G·月，甚至低至3万-5万元/G·月，给与其有竞争关系的ISP一般是20万-30万元/G·月，有些甚至达到150万/G·月，其结果就是绝大多数的ISP被迫退出市场，从而导致中国电信和中国联通在中国南部和北部形成对ISP最终用户独家垄断的局面，导致消费者没有选择互联网服务的权利。北京邮电大学阚凯力教授曾向媒体说明中国电信和中国联通在作为骨干网运营商的同时又发展自己的宽带用户存在的问题。他说，中国电信和中国联通给自己的大客户例如银行的宽带“零售价”只是一些中小型ISP的宽带“批发价”的几分之一，这使得宽带的批发价高于零售价；迫于成本压力，一些二级运营商无法通过降价与电信和联通开展竞争，这样两家骨干网运营商就可以达到垄断市场的目的。[2]

在竞争法中，如果占市场支配地位的企业通过批发和零售同时在上下游两个市场开展经营活动，其高批发价和低零售价挤压了下游市场与其相竞争企业的利润空间，排除、限制竞争，这样的价格行为被称为“价格挤压”（Margin Squeeze）。2003年5月，欧盟委员会对德国电信（DT）做出决定，认定DT的价格挤压行为是滥用市场支配地位，违反欧共体条约第82条。这

---

〔1〕钟晶晶：“发改委否认宽带垄断案和解，称已获得核心证据”，载《新京报》2011年11月22日，第B03版。

〔2〕钟晶晶：“发改委否认宽带垄断案和解，称已获得核心证据”，载《新京报》2011年11月22日，第B03版。

是一个涉及宽带入网价的案件，其背景是 DT 作为德国电信网络基础设施（该案中的上游市场）的垄断者，同时参与电信下游市场的竞争，向最终消费者提供模拟电话、ISDN、ADSL 以及其他各种电信服务。在这个案件中，尽管 DT 也对竞争对手开放宽带网络，但其宽带批发价大大高于零售价，即高于 DT 对自己直接用户收取的价格，其结果就是宽带批发商在与 DT 竞争的下游市场不能抵销成本。这即是说，宽带批发商从其客户收取的费用（由于存在竞争，这个费用不得高于 DT 向其直接客户收取的零售价）减去向 DT 支付的宽带批发价，其所得是一个负数，DT 从而被指控存在价格挤压。[1]

DT 向欧洲初审法院申诉，要求法院推翻委员会的决定，其理由是它作为被监管的企业，不能避免其批发价和零售价之间存在价格挤压。法院的观点是，尽管 DT 的宽带批发和宽带零售存在政府监管，但在宽带零售方面，政府只规定了最高限价。这也即是说，DT 在遵守政府价格监管的同时，它在宽带零售价方面有一定的自主权。法院认为，在该案中，DT 完全可以通过提高零售价的方式避免价格挤压，但它偏偏滥用自己的定价权，制定了一个大大低于最高限价的零售价，从而导致对宽带批发商的“价格挤压”。法院还认为，价格挤压是排除竞争，而且排除竞争的意图非常明显，以至于欧盟委员会不需要举证证明。[2]

上述德国电信案与中国电信和中国联通在中国宽带入网市场涉嫌垄断的案情非常相似。两个案件的不同之处只是，DT 的宽带批发价是德国电信监管机构规定的，DT 与其直接客户交易的零售价是由德国电信监管机构规定了最高限价；而中国的电信监管机构只是对中国电信和中国联通规定了宽带批发的最高限价。这即是说，与德国电信一案相比，中国电信和中国联通在宽带入网定价方面比德国电信一案的 DT 有更大的自主权。欧盟法院的判决指出，德国电信的宽带批发和宽带零售受到政府监管的事实不能解除它必须遵守欧共体条约第 82 条的义务。即在这个案件中，尽管德国电信的宽带定价依据监

---

〔1〕 Commission Decision of 21 May 2003 relating to a proceeding under Article 82 of the EC Treaty (Case Comp－C－1/37.451, 37.578, 37.579－Deutsche Telekom) OJ 2003, L 263/9.

〔2〕 Case T－271/03, Deutsche Telecom v Commission, Judgment of 10 April 2008.

管机构的规定是合法的，即批发价是一个固定价格，零售价没有超过最高限价，但是这个价格挤压严重地排除、限制竞争，这个行为就是违法的。法院判决还指出，如果监管机构要求企业限制竞争，企业对其限制竞争的行为没有责任；然而，如果法律给予被监管企业一定的自由裁量权，即它们一定程度上可自主决策，这些企业就不能从竞争法得到豁免。在该案中，德国电信本来可以通过提高宽带上网（ADSL）的零售价来避免价格挤压，但它没有这样做。这种情况下，德国电信违反欧共体竞争法的行为就不能以“国家行为”或者“政府监管”为由而得到豁免。[1]

三、被告企业应当承担的法律后果

宽带是互联网服务市场竞争的平台，宽带进入已成为竞争法的一个热点问题。中国电信和中国联通一案能否在中国反垄断执法中成为一个具有里程碑意义的案件，这取决于执法机关的最后决定。如果执法机关经过调查，没有发现被调查企业的违法证据，案件当然应当不了了之。然而，如果执法机关认定中国电信和中国联通违反了《反垄断法》，这个案件就不能不了了之。道理很简单，这个案子是涉及国有大企业的第一案，它不仅对国有大企业有很大影响，对在华跨国公司有很大影响，而且在国际上也有很大影响。

如果反垄断执法机关经过调查，认定中国电信和中国联通在宽带入网市场排除、限制竞争，它有权依据《反垄断法》第47条，责令企业停止违法行为，没收违法所得，并处上一年度销售额1%以上和10%以下的罚款。根据《反垄断法》第49条，反垄断执法机构确定具体罚款数额时，应当考虑违法行为的性质、程度和持续的时间等因素。一般来说，执法机关罚款的金额应当与案件的违法程度成正比，而在考虑案件违法程度时，应当考虑违法的具体情况、企业的规模、企业在违法活动中的责任以及它们与反垄断执法机关合作的态度等诸多方面的因素。反垄断执法机关决定罚款金额时，还应考虑当前的罚款对今后案件的影响。例如，世界上很多国家或者地区的《反垄断

〔1〕 Case T－271/03，Deutsche Telecom v Commission，Judgment of 10 April 2008.

法》规定了对违法者可处上一营业年度市场销售额10%以下的罚款，但事实上还没有任何国家或地区对违法企业的罚款金额达到了10%的标准，因为它们必须考虑今后可能出现更为严重的违法情况。

当然，反垄断执法机构也应考虑各种可能减轻行政处罚的情况。我国《行政处罚法》第27条规定："当事人有下列情形之一的，应当依法从轻或者减轻行政处罚：主动消除或者减轻违法行为危害后果的；受他人胁迫有违法行为的；配合行政机关查处违法行为有立功表现的；其他依法从轻或者减轻行政处罚的。"第27条还规定："违法行为轻微并及时纠正，没有造成危害后果的，不予行政处罚。"本案中涉嫌违法的行为在性质上无论如何都不能算作"轻微"，也并非"没有造成危害后果"，因为中国电信和中国联通2010年8月进行的"清理违规宽带接入"〔1〕活动，曾导致铁通、广电等很多用户被断网。此外，这一涉嫌违法行为的时间也不算短，即便从2010年8月起算，它历经的时间也有一年多。

我认为，本案的特殊情况是，它涉及的电信业是一个被监管的行业，即中国电信和中国联通的宽带接入价格一定程度受到政府的监管。因为存在价格监管，被监管的企业很容易产生误解，以为它们的价格行为只要不违反行业监管就是合法的。欧盟委员会在德国电信案中考虑到了德国电信的宽带批发价和宽带零售价受到德国政府监管的事实，从而将政府监管作为一个减轻责任的条件，对德国电信的罚款减少了10%，即从应当收取的1 400万欧元减至1 260万欧元。

根据中国反垄断执法机关掌握的信息，中国电信在互联网接入方面的收入一年大约500亿，中国联通大约不足300亿。〔2〕这种情况下，这个案件最后如果违法事实成立，证据确凿，两个企业共计应被罚款的金额是8－80亿元。考虑到中国反垄断执法时间不长，中国企业尤其是国有企业的反垄断意识不强，加上两个企业都是被政府监管的企业，借鉴欧盟委员会和欧盟法院在德

〔1〕参见刘方远："中国电信清理宽带接入潜规则：铁通广电受影响"，载《21世纪经济报道》2010年9月6日。

〔2〕参见2011年11月9日CCTV《新闻30分》视频。

国电信一案的执法经验，违法者应被处以上一营业年度市场销售额1%以下的罚款。

中国学界很多人认为，对国有企业进行罚款没有必要，也没有用，因为这无异于一个人把他的钱从左口袋取出放进右口袋。我认为这种观点不正确。诚然，中国的国有企业不是“现代企业制度”意义上的企业，因为它们与政府的关系和民营企业不一样，例如可以从政府得到很多优惠待遇，包括财政补贴；[1]但是，现在的国有企业和经济体制改革前的国有企业也不一样，因为它们一定程度实现了“所有权”和“经营权”相分离，不再是计划经济时代的“国家机关”或者“国家工厂”。2008年颁布的《企业国有资产法》规定，“国家出资企业对其动产、不动产和其他财产依照法律、行政法规以及企业章程享有占有、使用、收益和处分的权利。国家出资企业依法享有的经营自主权和其他合法权益受法律保护”。[2]这就确认了国有企业的法人财产权包括物权。2007年12月，财政部和国资委发布的《中央企业国有资本收益收取管理暂行办法》的第9条还规定了国有独资企业上交国家年度净利润的比例：资源型的国企上交10%；一般竞争性的国企上交5%；军工、转制科研院所国企暂缓3年上交或者免交。[3]这不仅明确了国家股东有向国有企业收取利润的权利，而且也明确了国有企业的营利性，这有助于增强国有企业的活力和竞争力，有助于推动国有企业建立以市场为导向的“现代企业制度”。此外，根据国资委2009年底发布的《中央企业负责人经营业绩考核暂定办法》，中央企业高管人员的薪酬与企业的经济增长值直接挂钩。依据上述法律法规，国有企业因违法行为而被征收罚款，这对企业不是一个无所谓的问题，更不是一个把钱放在左口袋还是右口袋的简单问题。因为国有企业受到罚款不仅会影响企业形象，同时也会影响企业利润，进而影响企业员工的收入包括企业高管人员和一般人员的收入，这对企业会起到“惩前毖后”的作用，对企

---

〔1〕 参见天则经济研究所报告：“国有企业的性质、表现与改革”，http://www.china-review.com/eat.asp? id=27374.

〔2〕 2008年《企业国有资产法》第16条。

〔3〕 2007年财政部和国资委发布的《中央企业国有资本收益收取管理暂行办法》第9条。

业有威慑力。

当然，对于违反《反垄断法》的案件，罚款不是最终目的。在中国电信和中国联通一案，人们更为关心的是涉嫌违法的企业如何改正或者消除它们的价格歧视和价格挤压行为，即《反垄断法》第47条规定的“停止违法行为”。这即是说，中国电信和中国联通必须采取措施，切实解决它们因“价格歧视”和“价格挤压”而产生的排除、限制竞争的问题。

四、关于承诺的思考

（一）被调查企业提出了“承诺”

在中国电信和中国联通涉嫌垄断一案，有学者和律师提出，该案可以依据《反垄断法》，通过被调查企业做出承诺的方式来解决。[1]《反垄断法》第45条规定，“对反垄断执法机构调查的涉嫌垄断行为，被调查的经营者承诺在反垄断执法机构认可的期限内采取具体措施消除该行为后果的，反垄断执法机构可以决定中止调查。中止调查的决定应当载明被调查的经营者承诺的具体内容。反垄断执法机构决定中止调查的，应当对经营者履行承诺的情况进行监督。经营者履行承诺的，反垄断执法机构可以决定终止调查。有下列情形之一的，反垄断执法机构应当恢复调查：①经营者未履行承诺的；②做出中止调查决定所依据的事实发生重大变化的；③中止调查的决定是基于经营者提供的不完整或者不真实的信息做出的”。

也许因为得到了学者或律师们的“点拨”，也许因为学习《反垄断法》得到了启示，中国电信和中国联通于2011年12月2日向国家发改委提出了整改和要求“中止”调查的申请。中国电信在其官方网站发布的声明中指出，“中国电信集团公司高度重视并积极主动配合国家发展和改革委员会的调查工作，认真学习了《中华人民共和国反垄断法》等相关法律法规，并对有关价格行为进行了全面自查。通过自查，发现中国电信集团公司与其他骨干网运营商之间的互联互通质量未完全达到相关主管部门的要求，没有实现充分互

〔1〕参见博客中国的报道：“反垄断观点大交锋”，http://zt.blogchina.com/2011zt/telecomyt/.

联互通。同时，在向互联网服务提供商提供专线接入业务方面，价格管理不到位，价格差异较大”。中国电信向国家发改委提交的整改方案有以下四个内容：①将尽快与中国联通、中国铁通等骨干网运营商进行扩容；②降低与中国铁通的直联价格，进一步提升互联互通质量，实现充分互联互通；③将进一步规范互联网专线接入资费管理，按照市场规则公平交易，并梳理现有协议，适当降低资费标准；④将大幅提升光纤接入普及率和宽带接入速率，五年内公众用户上网单位带宽价格下降35%左右，并立即着手实施。社会各界对中国电信和中国联通的整改方案普遍持欢迎态度，因为考虑到中国当前的宽带上网速度和价格，这些整改方案对消费者无疑是大好消息。[1]

（二）反垄断执法机关接受了中止调查的申请

据悉，中国电信和中国联通于2011年12月2日向国家发改委提出整改方案和“中止”查的申请后，国家发改委价格监督检查与反垄断局当天通过媒体向社会予以了证实，并告知其将根据《反垄断法》的相关规定，对两个申请进行审查。[2]2012年3月13日在国家工商总局消费者权益保护局等主办的座谈会上，国家发改委反垄断局的领导披露，中国电信与中国联通完成了100G的互联带宽扩容，[3]且承诺进一步降低消费者的上网资费；中国联通进一步承诺：“2012年底，公众用户4兆及以上速率带宽普及率达到50%以上。”[4]2012年3月28日，国家发改委副主任彭森向媒体表示，对中国电信

---

〔1〕 根据国家信息化专家委员会的报告，截至2010年，中国宽带上网的平均速率位列全球第71位，不及美国、英国、日本等三十几个经济合作组织国家平均水平的十分之一。但是，平均一兆每秒的接入费用是发达国家平均水平的3-4倍。参见周宏仁主编：《中国信息化形式分析与预测的报告(2011)》，社会科学文献出版社2011年版。转引自2011年11月9日CCTV《新闻30分》视频。

〔2〕 冯雅：“发改委证实已收到电信联通整改方案与中止调查申请”，http://www.cnr.cn/jingji/dujia/201112/t20111202_508869822.shtml.

〔3〕 中国电信与中国联通完成100G的互联带宽扩容应属于整改方案的内容，因反垄断调查前，两公司原计划只扩容10G带宽。参见钟晶晶：“发改委披露电信反垄断调查进展”，载《新京报》2012年3月15日，第B01版。据报道，截至2012年2月，北京电信宣布首批家庭宽带免费提速工程已全部完成，提速后北京电信家庭宽带速率全部达到2M及以上；从2012年2月起，北京联通开始全网宽带免费提速，用户宽带速率将至少提升一档。见网易科技网站相关报道：“北京电信宣布完成首批家庭宽带免费翻倍提速”，http://tech.163.com1/2/0219/22/7QLLGNOI000915BE.html.

〔4〕 “彭森谈电信联通反垄断案：一次很好的反垄断法宣传和教育”，财经网，http://industry.caijing.com.cn/2012-03-29/111783042.html.

和中国联通的反垄断调查是一次很好的《反垄断法》的宣传和教育，他希望政府机关、国有企业和其他企业都能从中吸取经验教训，坚持守法经营，促进公平竞争。他还透露，“目前两家企业已经制定了整改方案，并有所行动”。〔1〕这方面的最新信息就是本文开始时指出的，国家发改委反垄断局许昆林局长披露，“电信、联通两家提交了整改报告，并在互联互通方面取得了较大的进步，但这不意味已经结案，发改委反垄断局前几天还给双方发去了函件，要求其继续保持”。〔2〕国家发改委反垄断执法官员们上述一系列表态说明，对中国电信和中国联通案适用了中国《反垄断法》第45条，即执法机关接受了被调查企业的承诺。此外，这一系列表态也告知社会，中国电信和中国联通的整改方案正在按计划实施。

（三）关于中国《反垄断法》第45条“承诺”的思考

尽管中国电信和中国联通一案将通过接受被调查者的承诺来解决，但这个案件是否应当通过承诺来解决的讨论还可以继续进行。我曾在2011年12月撰文表示，我不赞成本案通过接受承诺的方式来解决。〔3〕现在，我仍然坚持这个观点。理由如下。

1. 本案性质上不应当接受“承诺”

中国《反垄断法》第45条关于承诺的规定，完全是借鉴了欧盟竞争法的相关规定。〔4〕这也即是说，接受承诺是反垄断执法机关和当事人双方一致同意的解决反竞争问题的方式。即当反垄断执法机关对企业的反竞争行为启动

〔1〕“彭森谈电信联通反垄断案：一次很好的反垄断法宣传和教育”，财经网，http://industry.caijing.com.cn/2012－03－29/111783042.html.

〔2〕“发改委称宽带反垄断案未结案：电信联通仍遭监督”，http://tech.sina.com.cn/t/2012－12－11/01507873729.shtml.

〔3〕王晓晔：“中国宽带入网市场竞争案的主要法律问题”，载《价格理论与实践》2011年第12期。

〔4〕欧共体理事会2003年第1号条例第9条规定：“委员会打算做出制止违法行为的决定时，如果相关企业做出承诺可以解除委员会对之初步判断中所表明的担忧，委员会可做出决定使这些承诺对企业具有约束力。这个决定可适用于某个特定期间，其结论是委员会再没有理由对之采取行动。委员会可基于请求或根据自己的调查，在下列情况下重新启动程序：（a）据以做出决定的事实有实质性的变化，（b）企业违背其承诺，或者（c）决定是基于当事人提供的不完整、错误或者误导性的信息而做出的”。

调查时，如果相关企业同意校正自己的行为，承诺放弃某种行为，或者使市场结构恢复原状，如果执法机关认为企业的承诺可以消除它认为企业行为会给市场竞争带来损害的担忧，它可以做出接受企业承诺的决定。接受承诺的决定有两个法律后果，一是对企业来说，承诺有法律约束力；二是对反垄断执法机关来说，它得放弃以往在这种情况下做出“违法行为”的认定，且不能再对这个行为进行制裁包括做出罚款的决定。承诺如果发生在企业合并的审查中，执法机关可以对合并做出附条件的批准。

承诺是一种解决问题的特殊方式，没有专门的程序。就执法机关来说，它一般包括三个步骤：①对一个行为启动调查程序；②根据已经有的判断，通告企业的行为存在令人担忧的限制竞争问题，且应说明企业的什么行为存在什么法律问题；③做出决定，决定的最重要内容是，根据企业的承诺，对企业的相关行为不再进行考虑。反垄断执法机关接受承诺的决定中一般有时间限制，其长短取决于案件的具体情形，但这个时间应当足以消除反垄断执法机关对该行为反竞争后果的担忧。决定中的时间过后，如果反垄断执法机关仍然存在担忧，它可以延长这个时间。

《反垄断法》之所以规定“承诺”可以作为一种解决问题的方式，其主要原因是有些反垄断案件花费的时间和费用巨大，但案件的违法性并不十分明显。例如，欧共体委员会从1991年开始调查Irish Ice Cream一案，花费了7年时间才做出了违法的认定。然而被告不服，1998年到欧共体初审法院起诉，要求撤销委员会的决定。欧共体初审法院2005年做出了维持委员会的决定的判决。[1]这说明，《反垄断法》需要一种快速解决问题的机制，即它不必要对某些案件进行详细调查，也不需要对这些案件进行准确定性，只是根据当事人的承诺就可以结束案件。这样的机制对企业和反垄断执法都是好事：一是可节约时间；二是可节约诉讼成本，“承诺”制度就是应这种需求而产生。

可以想见，在执法机关基本认定存在违法行为的情况下，被调查企业一

---

〔1〕 Ice Cream Judgment - CFI Upholds Commission Decision，http://www.thefreelibaray.com/Ice + Cream + Judemen + - + CFI + Upholds + Commission + Decision， - a0121510408.

般都渴望通过“承诺”解决案件。因为这不仅可以快速解决某些事实的、经济评估的或者法律的争议，而且在这种情况下，执法机关不能认定涉案企业的行为是违法的，企业不仅可以避免其形象受到损坏，不会被征收罚款，而且因限制竞争行为受到损害的企业也没有机会依据执法机关的违法认定要求损害赔偿，这在经济上的好处是巨大的。这种情况下，人们就应当考虑，反垄断执法机关在什么情况下可以接受当事人的承诺，什么情况下不能接受承诺。

一般来说，反垄断执法机关应当衡量，通过接受承诺早日终止违法行为和由此节约的费用和时间等方面的好处是否大于因做出违法决定而产生的好处，例如伸张法律正义、谴责违法行为、体现《反垄断法》的威慑力、要求违法者返还不当得利、制裁违法者、推进民事损害赔偿，等等。欧共体委员会第1/2003号条例第13个鉴于条款规定：“承诺决定不适宜于委员会打算进行罚款的案件。”〔1〕这即是提醒委员会，不要因为接受承诺而损害了欧盟竞争法在制裁违法行为方面应起的作用。卡特尔案件一般不能接受承诺，严重的滥用市场支配地位的行为也不应当通过接受承诺的方式来解决，因为过度的承诺会损坏《反垄断法》的效力，损坏反垄断执法的威慑力。

就中国电信和中国联通一案来说，正如本文前面指出的，反垄断执法机关已经进行过调查，且掌握了被调查者违法行为的确切证据；另一方面，鉴于中国电信和中国联通在中国宽带入网市场的垄断地位，它们的限制竞争不仅有着明显的违法性，而且对相关企业已经造成了严重损害。〔2〕这即是说，这个案子在性质上不宜通过接受承诺的方式来结案。换句话说，接受承诺的解决方案对这个案子存在以下不合理之处：第一，在案件基本查明的情况下，接受承诺不会降低执法机关对案件调查的成本和费用；第二，在案件的违法性可以认定的情况下，执法机关不能对案件做出违法认定，不能谴责违法行

〔1〕 参见《欧共体理事会关于执行欧共体条约第81和82条竞争规则的1/2003号条例》第13个鉴于条款。

〔2〕 参见刘方远：“中国电信清理宽带接入潜规则：铁通广电受影响”，载《21世纪经济报道》2010年9月6日。

为，不能制裁违法者，不能推进反垄断民事诉讼，受害人得不到民事损害赔偿；第三，被调查企业的“承诺”没有提供明确和有力的措施，以消除因滥用行为对社会和其他企业造成的损害。中国电信2011年12月2日的整改声明使用的措辞是“尽快与……扩容”“降低与……直联价格”“进一步提升互联互通质量”“进一步规范……接入资费管理”“适当降低资费标准”，等等，这些承诺的内容太粗糙，太不明确，反垄断执法机关难以对这些整改方案实施监督和检查。这即是说，反垄断执法机关即便接受被调查企业的承诺，这个承诺也得符合一定的条件。反垄断执法机关不应当在当事人没有诚意的情况下和被告企业进行和解。

2. 接受“承诺”会损害《反垄断法》的效力和权威

中国《反垄断法》自2008年8月1日生效以来，中国电信和中国联通案是第一起涉及国有垄断企业的案件。[1]如果这个案件能够按照《反垄断法》的规定认真查处，这不仅可以显示《反垄断法》的权威，显示《反垄断法》执法机关的权威，而且可以体现中国“依法治国”方面的进步。

相反，如果这个案件不能按照《反垄断法》认真地予以解决，它就会产生负面的影响：首先，这样的处理可能会给国有大企业传递一个错误信号：即案件一旦涉及它们，反垄断执法机关得“从轻发落”，得设法保护它们。特别是在涉及滥用市场支配地位的案件，执法机关得接受它们的承诺，从而不得认定它们的违法行为，不得对它们征收罚款，它们也不用对受害人承担损害赔偿。例如在这个案件中，有律师质问反垄断执法机关：如果《反垄断法》严惩这两个国有大企业，它将来如何对待其他国有大企业？如果国有大企业被列入《反垄断法》惩罚名单，中国的国有经济何在？[2]显然，按照这个观点，国有企业需要保护，《反垄断法》对国有企业得给予特殊待遇。然而，随之而来的一个问题是，如果《反垄断法》对国有大企业采取特殊方式，它如

---

〔1〕 中国《反垄断法》实施以来，曾有几起涉及国有大企业的案件，但大多不了了之。如2009年中航信涉嫌操纵机票涨价的案件。参见王毕强、刘伟勋：“涉操纵机票涨价，发改委调查中航信”，载《经济观察报》2009年5月18日，第25版。

〔2〕 See, Joy Shaw, “Landmark China antitrust settlement opposed by adviser”, Financial Times Website: http://www.ft.com/intl/cms/s/2/9faeda3e-37ce-11e1-9fb0-00144feabdc0.html#axzz2E9HsFvLE.

何应对其他类型和其他所有制企业的限制竞争？《反垄断法》是一个市场竞争规则，如果这个规则只适用于非国有企业，国家的市场竞争秩序何在？国家如何依法治国？中国政府如何在国际社会督促其他国家承认中国的市场经济地位？

出于上述考虑，我不赞成中国《反垄断法》和反垄断执法机关对待中国电信和中国联通一案采取软约束。我特别赞成国家发改委副主任彭森先生的观点，即中国电信和中国联通的反垄断调查应当是一次《反垄断法》的宣传和教育，特别是使政府机关、国有企业和其他企业从中吸取经验教训，坚持守法经营，促进公平竞争。我非常欣赏国家发改委反垄断局许昆林局长对待《反垄断法》和反垄断执法的态度：反垄断执法是要“打老虎，办大案，办案才是硬道理”。的确，没有严格执法，《反垄断法》就不可能有效力、有权威，反垄断执法也不会有公信力。

五、结束语

本案最终的结果看来就是执法机关接受被调查企业的承诺。但我认为，这不是执法机关的本意，而是在当前的体制下，执法机关承受了太多不该承受的压力。[1]特别是因为中国反垄断执法机关的地位还不够高、独立性还不够强、权威不够大，它的执法工作不可避免地会受到各种干扰，特别是来自上级部门和其他政府部门的干扰，甚至还受到社会舆论的影响。中国反垄断执法当前存在不能对案件独立裁决的问题是很正常的，因为中国毕竟是一个从计划经济向市场经济转型的国家，国企还在不同程度上受到政府的保护。另一方面，中国《反垄断法》实施不足5年，执法队伍非常年青，加上《反垄断法》本身存在很多不完善的地方，例如第45条没有明确规定反垄断执法机关接受被调查企业承诺的条件，这就使案件存在非常大的不确定性。

---

〔1〕 反垄断执法机关显然不愿意本案通过“承诺”来解决。2011年12月，国内媒体沸沸扬扬报道中国联通和中国电信的反垄断调查案可能中止的时候，国家发改委反垄断执法机关的有关负责人表示，反垄断局在加紧对案件进行调查，而且获得了详细证据，证明联通公司对与其有竞争关系的企业采取了价格歧视政策。参见钟晶晶：“发改委否认宽带垄断案和解，称已获得核心证据”，载《新京报》2011年11月22日，第B03版。

中国电信中国联通案是中国反垄断执法机关迄今对国有大企业涉嫌垄断行为进行了认真调查的第一案。这个调查足以说明，中国《反垄断法》对待国有大企业不是一只没有牙齿的老虎，从而大大提升了国家发展改革委员会反垄断执法机关的地位。这个调查事实上也富有成效，因为即便中国电信和中国联通向反垄断执法机关提出的整改方案尚未得到社会认可，但它们过去那种肆无忌惮地排除、限制竞争的行为有所收敛，宽带入网市场的竞争有了改善，消费者得到了一定好处。更重要的是，这个案件也给国际社会传递了一个信号：在不断深化以市场为导向的经济体制改革的进程中，中国《反垄断法》执法的明天更美好。

案件9　内蒙古移动涉嫌滥用市场支配地位案

〔案件概要〕

2014年3月，针对央视3·15晚会曝光的手机"流量月末清零"问题和内蒙古手机消费者投诉的"手机上网套餐流量月末清零"问题，内蒙古自治区工商行政管理局（以下简称内蒙古工商局）对内蒙古电信业的手机上网套餐业务相关情况进行了初步核查，经国家工商行政管理总局授权，内蒙古工商局于2014年4月21日对中国移动通信集团内蒙古有限公司（以下简称内蒙古移动）涉嫌滥用市场支配地位行为立案调查。

调查表明，至2015年3月31日，内蒙古移动共有在网用户1 557.758 4万户，占全区总户数的64.08%。当事人在提供手机上网服务时，通过制定和使用格式合同的方式，将消费者每月未使用的套餐数据流量"月末清零"。

本案在调查过程中，当事人承认手机上网套餐数据流量"月末清零"的事实，认识到其行为对竞争秩序产生了不当影响，涉嫌滥用了市场支配地位，表示要积极进行整改。当事人承诺的整改措施主要包括：优化自选套餐；推广流量阶梯单价资费模式；实行套餐"流量滚存"。2015年5月12日，内蒙古移动向内蒙古工商局提交了中止调查申请，2015年9月1日，内蒙古工商局作出"中止调查决定书"，2017年12月20日作出"终止调查决定书"。

〔案件评析〕

"流量清零"案的意义与隐忧

焦海涛*

一、"流量清零"的法律性质

本案缘起于2014年央视3·15晚会曝光的手机"流量月末清零"问题以

* 焦海涛，中国政法大学民商经济法学院副教授，法学博士。

及内蒙古手机消费者对相关问题的投诉。经国家工商行政管理总局授权，内蒙古工商局于2014年4月21日对本案当事人即内蒙古移动涉嫌滥用市场支配地位行为立案调查。

“流量清零”行为发生于移动通信运营商与终端消费者之间，由前者以“格式条款”的方式强迫消费者接受，消费者没有“讨价还价”的余地，要想使用手机上网服务，必须接受“流量月末清零”。从消法角度看，电信企业的这种行为违反了《消费者权益保护法》第二十六条，即以格式条款、通知、声明、店堂告示等方式，作出排除或者限制消费者权利、减轻或者免除经营者责任、加重消费者责任等对消费者不公平、不合理的规定。在反垄断法的框架内，该行为很可能构成附加不合理的交易条件，即在提供手机上网服务时，强迫消费者接受“流量月末清零”的不合理条件。

作为滥用市场支配行为的一种，反垄断法禁止附加不合理的交易条件以行为人具有市场支配地位为前提。在案件处理中，执法机构对内蒙古移动的市场地位进行了查明：至2015年3月31日，内蒙古移动共有在网用户1 557.758 4万户，占全区总户数的64.08%。由于本案以“中止/终止调查”的方式结案，执法机构并未对涉案行为是否构成滥用市场支配地位进行准确认定，但“中止调查决定书”明确指出内蒙古移动的行为“涉嫌滥用了市场支配地位”。在此背景下，执法机构认定内蒙古移动在全区的在网用户数量，应当是为了证明当事人具有市场支配地位。64.08%的市场份额超过了《反垄断法》第19条规定的推定标准，应当可以推定内蒙古移动具有市场支配地位。

不过，本案的处理决定书未涉及相关市场的界定。相关商品市场在本案中争议不大，但相关地域市场则相对复杂。执法机构确认内蒙古移动占有64.08%的市场份额，在地域上以“全区”为衡量范围，这意味着本案的相关地域市场被界定为整个内蒙古自治区。这种界定是否准确，还可进一步思考。因为本案曝光于2014年，执法机构的处理时间也不过2015年，当时电信行业尚未取消所谓的“漫游费”——通话“漫游费”于2017年9月取消，流量“漫游费”于2018年7月取消。在界定相关市场时，必须考虑“漫游费”尤其是通话“漫游费”对消费者选择的影响。由于通话“漫游费”的计算以市级行政单位为标准，即跨市便收取“漫游费”，所以，消费者一般不会跨市选择移动通信运营商。这决定了本案行为发生之时，相关地域市场似乎很难达到“全区”的范围。

本案中，还可进一步思考的问题是，内蒙古移动的市场份额达到了64.08%，意味着其他电信企业有市场份额合计只有35.92%，那么，如果被举报的其他电信企业有“流量清零”行为，则滥用市场支配地位还能成立吗？单看其他任何一家电信企业，市场份额均不足50%，似乎很难依据《反垄断法》第19条推定其具有市场支配地位。事实的确如此，但这并不是说其他电信企业绝对不可能够具有市场支配地位：其一，第19条只是确定了市场支配地位的推定标准，而非市场支配地位认定的唯一标准，即便某个企业的市场份额未达到推定门槛，仍有可能被认定具有市场支配地位；其二，第19条规定的市场支配地位推定，既涉及单个企业的市场份额标准，也涉及多个企业的市场份额标准，前者是“单一市场支配地位”，后者是“集体市场支配地位”，不满足“单一市场支配地位”标准的企业，其市场份额与其他企业合计达到推定标准时，仍有可能被推定具有“集体市场支配地位”。“集体市场支配地位”主要适用于寡头垄断市场，而我国电信行业目前就是典型的寡头结构，所以，多个电信企业被推定具有“集体市场支配地位”具有很大的可能性。

二、本案的现实影响

本案是一起针对电信企业“流量清零”行为的反垄断案件，涉案行为简单，违法性认定也不复杂，但经媒体披露后引起较大的社会反响。人们之所以关注此案，主要原因有二：一是涉案行为发生在电信行业，电信行业在我国目前属于垄断性行业，经营者都是国有企业，而国有企业垄断一直是反垄断法实施的难题之一，也是敏感话题；二是电信行业一贯的“流量清零”行为，在移动互联网时代几乎与每个手机用户相关，作为电信业各种不合理行为的集中代表，这一行为早已备受诟病，其查处势必会引起人们的广泛关注。上述两个原因，使得本案一经公布就成为“热点”案件。

本案以内蒙古移动承诺整改而告终，整改内容主要包括：一是优化自选套餐，即针对语音、流量等业务分别提供选择包，消费者可以根据自己的需要任意组合使用；二是推广流量阶梯单价资费模式，即按照使用量分段设定单价，流量消费越多，单价越便宜；三是实行套餐“流量滚存”，即按月计费的手机套餐消费者，可选择基础套餐内流量当月不清零服务：当月基础套餐剩余流量可以结转至次月使用，结转流量次月月底失效。其中，“流量滚存”主要解决的就是“流量清零”问题。

本案2015年9月查处，从2015年10月开始，各电信运营商均宣布流量不再清零，也即不仅涉案的中国移动实行“流量滚存”，其他运营商也同时放弃了“流量清零”。从这个角度看，本案的查处，直接宣告了“流量清零”行为的终结。反垄断执法的示范效应，不仅对电信行业的健康发展有利，也让消费者从中直接受益。

其实在本案之前，人们对“流量清零”早已不满，也有消费者拿起了法律武器，但效果甚微。例如，2013年8月，刘明律师在长沙市天心区法院提起诉讼，要求中国移动返还或补偿已被清零的流量，并停止未来的清零行为。这一举动引发社会广泛关注，网民和舆论也对此案表示极大关注。但遗憾的是，2014年2月，长沙市天心区法院一审驳回了原告的诉讼请求。原告刘明不满判决提起上诉，长沙市中级人民法院在二审判决中仍然维持了原判。刘明律师对中国移动的诉讼，并不以垄断为由，而是认为自己的财产权、知情权和公平交易权受到侵犯。诉由选择的不当，可能是本案败诉的重要原因之一。法院就认为，流量并非“物”而是服务计量，因此，“清零流量”并不侵犯原告财产所有权；此外，长沙移动公司提供不同的标准资费与套餐资费服务模式供刘明选择，也不存在侵犯知情权和公平交易权的情况。

重庆也有一个类似案件。2013年10月，因不服通信服务商“数据流量包月使用，逾期结余部分自动清零”，重庆市万州区某国家机关公务员徐鹏将中国移动通信集团重庆有限公司万州分公司告上法庭。在庭审中，原告认为这是“一厢情愿”的霸王条款，排除了消费者应该拥有的主导权，与现行合同法、消费者权益保护法的相关规定不符；被告则认为，“流量自动清零”是一种行业规范和交易习惯，在办理业务时相互之间即有约定，根本不存在违法与侵权方面的行为。本案的最终结果颇为戏剧化：在被告主动与原告进行沟通，并就合同瑕疵和服务态度向原告释明并致歉后，原告徐鹏自愿撤回诉讼请求；中国移动通信集团重庆有限公司万州分公司则对徐鹏的支持表示感谢，并支付2 000元作为补偿，用以弥补原告为此官司在交通、请假、委托代理等方面产生的实际费用。

三、反垄断法的胜利？

本案终结了“流量清零”行为，表面上看似乎宣告了反垄断法的胜利，但本案并未完全解决问题，不仅“流量清零”行为是否构成垄断因“中止调查”而被回避了，而且潜藏在“流量清零”背后的更多问题也未得到彻底或有效解决。

第一，流量并非永久不清零。“流量滚存”只限一个月，当月套餐中的剩余流量只能结转至下个月使用，下月之后仍有剩余的话，不可再结转。也即所谓的“流量不清零”是有时限的，并非永久不清零。一个月的“滚存”时间，被很多消费者指责过短。

第二，流量并非全部不清零。不清零的只是套餐流量而非所有流量，只有当月基础套餐中的剩余流量才可以结转至次月使用，而流量加油包、促销赠送的流量等，依旧当月清零。

第三，自选套餐选择有限。内蒙古移动承诺整改的内容之一是“优化自选套餐”，让消费者自己选择适合的语音与流量套餐。自选模式的确有利于消费者根据自身情况，选择最为适用与经济的套餐内容，但可惜的是，相比于电信企业提供的固定套餐，自选套餐的内容明显偏少，而且存在不合理的“必选项”。此外，有些地方的自选套餐存在一段时间后已悄然下架。例如，以本人手机号所属的安徽移动为例，目前无论在安徽移动的“手机营业厅”还是“网上商城”，4G套餐中均不存在自选内容，而只有格式化的所谓“4G飞享套餐”。

第四，流量消耗更快。“流量不清零”对消费者来说当然是好事，但有消费者发现，“流量不清零”实施后，数据流量消耗速度太快，甚至有微博网友称，“9 天用完了平时 30 天的量”。[1] 众多消费者反映，流量消耗得太快，快得不符合常态，快得很不合理。这种不正常的“流量不清零”让人困惑和担忧，不少消费者怀疑运营商为了弥补流量不清零的“堤内损失”，在流量计算环节上玩猫腻，乱扣流量，多扣流量，使“流量不清零”成为“流量清零”的新变种。[2]

第五，“流量清零”之外的其他不合理行为仍然存在。人们对电信行业的不满，源于电信企业实施的各种不合理行为。在网上搜索典型行业的“霸王条款”，结果可谓五花八门，尽管其中也有不理性的声音，但大家对电信企业近年来实施的一系列不合理行为早已心知肚明。“流量清零”只是各种不合理交易条件的典型代表之一，已经取消了的通话“漫游费”和流量“漫游费”也已实施多年。归根结底，消费者对“流量不清零”的呼声，对“流量清零”的抱怨，实际上反映了消费者对电信企业高额资费的不满，对电信行业更好服务的期待。

在上述问题有效解决之前，扬言《反垄断法》取得胜利还言之过早。更何况，如果深掘“流量不清零”的政策背景，我们还会发现，本案的贡献并没有想象的那么大。

2015 年 5 月 13 日，国务院总理李克强主持召开国务院常务会议，要求加快高速宽带网络建设，促进提速降费；鼓励电信企业尽快发布提速降费方案计划，……推出流量不清零、流量转赠等服务。[3] 2015 年 5 月 16 日，《国务院办公厅关于加快高速宽带网络建设推进网络提速降费的指导意见》（国办发〔2015〕41 号）发布（以下简称《意见》），《意见》明确提出“鼓励电信企业推出流量不清零、流量转赠、套餐匹配等服务，指导电信企业完善流量提醒服务，让广大用户用得安心、实惠”。2015 年 7 月 22 日，工业和信息化部

---

〔1〕 范晓：“流量不清零后用得更快?”，载《北京日报》2015 年 10 月 27 日，第 006 版。

〔2〕 李英锋：“‘流量不清零’别成‘流量清零’新变种”，载《中国社会报》2015 年 11 月 2 日，第 008 版。

〔3〕 王勉：“新华网评：网络提速降费不能‘软着陆’”，http://www.xinhuanet.com/comments/2015-05/14/c_1115285226.htm#0-tsina-1-93807-397232819ff9a47a7b7e80a40613cfe1.

明确表示，正在推动企业推出面向所有移动用户的、能够普惠的当月套餐数据业务流量不清零措施。[1]

可见，“流量不清零”措施的出台，由始至终没有离开过政府的推动。没有政府的作用，单靠一个反垄断案件，似乎很难对由来已久的垄断性行业提出挑战。所以说，内蒙古移动案只是一个契机，并不是“流量清零”行为终结的根本原因。反垄断法对电信业等垄断性行业的规制，依然“任重道远”！

四、承诺制度的适用

本案处理程序如下：本案于2014年4月21日立案，2015年5月12日，内蒙古移动向内蒙古工商局提交了中止调查申请，2015年9月1日，内蒙古工商局作出“中止调查决定书”。2017年6月1日至8月31日，内蒙古工商局对当事人履行承诺情况进行了检查，并聘请了吉林吉大通信设计院股份有限公司对当事人流量资费整改工作落实情况进行了评估。经过检查和评估，确认当事人在规定的时限内履行了整改承诺，未出现法律所规定的恢复调查情形，故内蒙古工商局于2017年12月20日对本案作出终止调查决定。

本案的处理依据是《反垄断法》第45条规定的经营者承诺制度。承诺制度是一种协商性的垄断行为处理方式，具体是指，在反垄断执法机构调查垄断案件时，如果被调查的企业向执法机构作出停止、修正或从事特定行为的承诺，执法机构认为该承诺足以消除垄断行为的消极影响，则可接受承诺并据此作出决定，要求市场主体履行承诺，从而结束案件调查程序。适用承诺制度的好处是，执法调查程序可以简化，企业也不必担心涉案行为被认定违法，所以在境外很受执法机构与企业的欢迎。

承诺制度的适用在我国实践中还不够普遍，我国第一个援引承诺制度处理的案件是2011年末曝光的中国电信、中国联通涉嫌滥用其在互联网接入市场上的支配地位实施价格歧视案。该案当事人也是电信企业。此外，还有两

〔1〕“工信部：正推动月套餐数据业务流量不清零”，http://www.xinhuanet.com/politics/2015－07/22/c_128047548.htm.

起适用承诺制度的案件也涉及电信行业：①2015年5月，宁夏回族自治区工商局对中国铁通、中国联通、中国电信宁夏分公司涉嫌滥用市场支配地位，在经营普通宽带业务中，不同程度地要求用户必须安装固定电话的垄断行为作出了中止调查决定。[1]②2015年10月，内蒙古自治区工商局对中国联通内蒙古分公司涉嫌垄断的宽带业务与手机业务及手机终端销售业务捆绑销售，及将宽带与手机（固话）业务费用相关联的行为作出了中止调查决定。[2]

这样看来，我国目前已有四起电信企业的垄断案件适用了承诺制度，而我国适用承诺制度的所有案件也不过十起左右。之所以承诺制度在电信业适用频繁，重要原因应该是2011年中国电信、中国联通案的示范效应。承诺制度似乎成了电信企业的“免死金牌”。

其实，并非所有案件都能适用承诺制度。与普通的违法决定相比，承诺制度的适用结果，既不涉及违法行为认定，也不会有任何法律处罚。所以它虽不代表肯定评价，但也不属于否定评价。从这个意义上说，承诺制度的适用实际上回避了问题，所以其适用范围应当有所限制。通常，违法性比较严重的案件、较为复杂的案件、新型或典型案件等，一般不宜适用承诺制度。相反，承诺制度更加适合用来处理那些垄断行为情节简单、危害性不大，被调查的垄断行为难以查清或者处罚依据不明确的案件。[3]

就本案来说，适用承诺制度总体而言较为可行，因为涉案企业在调查中态度较好，主动作出承诺并整改，所提整改措施也较为全面、有效，这时如果拒绝其承诺，会打击其整改的积极性。内蒙古工商局在“中止调查决定书”中亦指出，“反垄断执法的目标是制止垄断，保护竞争，维护消费者合法权益。考虑到当事人在案件调查过程中能够配合调查，对滥用市场支配地位行为及危害性认识比较深刻，其提出并积极予以落实的整改措施能够消除和挽回其行为所造成的影响，达到了反垄断执法的目标”，所以作出了中止调查

---

〔1〕参见国家工商行政管理总局的竞争执法公告2015年第4号、第5号和第6号。

〔2〕参见国家工商行政管理总局的竞争执法公告2015年第10号。

〔3〕详细论述可参见焦海涛：“反垄断法承诺制度的适用范围研究”，载《法商研究》2013年第2期。

决定。

不过，从增强反垄断法实效的角度看，本案不适用承诺制度会更好。我国反垄断法对电信等垄断性行业的规制整体乏力，2011 年中国电信、中国联通案的处理结果更使人们对反垄断法面对国有企业时的威慑力产生怀疑。这种情况下，亟须通过一个个针对国有企业的典型案件来树立反垄断法的权威。而本案涉及的“流量清零”行为与大多民众息息相关，在本案中作出处罚决定，势必有助于重塑民众对反垄断法的信心。此外，“流量清零”之类的不合理交易条件在实践中较为常见，人们对其质疑之声由来已久，但针对这类行为的民事诉讼尚无获胜先例，这时，通过违法决定，由执法机构对这类行为是否构成垄断进行明确“表态”，不仅是对反垄断法的很好宣传，也能对这类行为形成有效威慑。

案件10　美敦力公司价格垄断案

〔案件概要〕

经国家发改委调查确认，美敦力在中国境内市场采用转售的方式销售医疗器械产品，其交易相对人包括平台商和一级经销商；至少自2014年起，美敦力通过经销协议、邮件通知、口头协商等方式，与其交易相对人达成垄断协议，限定相关医疗器械产品的转售价格、投标价格和到医院的最低销售价格，并通过制定下发各经销环节的产品价格表、内部考核、撤销经销商低价中标产品等措施，实施了价格垄断协议。美敦力还采取了纵向限制销售对象和销售区域、限制经销竞争品牌产品的措施，强化了纵向价格垄断协议的实施效果。

国家发改委认为，美敦力的行为违反了《反垄断法》第14条第1项、第2项的规定，且不符合《反垄断法》第15条规定的豁免情形和豁免条件，故责令美敦力立即停止实施价格垄断行为，并对其处以2015年度涉案产品销售额4%的罚款，计1.185 2亿元。

〔案件评析〕

纵向价格垄断协议的调查分析与法律适用

——以美敦力案为视角

吴东美*

我国《反垄断法》对垄断协议采取了原则禁止和例外豁免的立法框架，实务中对于横向垄断协议的法律适用没有争议，但对纵向垄断协议的法律适

---

* 吴东美，国家发展和改革委价监局反垄断二处执法人员。本文原载《中国价格监督与反垄断》2017年第1期。

用则存在多方面、多角度探讨。2016 年 12 月，国家发改委对美敦力与其交易相对人达成并实施固定转售价格、限定最低转售价格的垄断协议作出行政处罚，罚款 1.185 2 亿元。本案是医疗器械领域首例价格垄断案件，也为进一步明确纵向价格垄断协议的调查分析和法律适用积累了执法经验。以下试以美敦力案为分析视角，从涉案产品与交易相对人的界定、纵向价格垄断协议达成与实施的证明、竞争影响的分析、"禁止＋豁免" 法律框架的适用等四个方面，对纵向价格垄断协议的调查处理予以探讨分析。

一、涉案产品和交易相对人的界定

纵向垄断协议，是经营者与其交易相对他人达成的排除、限制竞争的协议。纵向价格垄断协议，是反垄断法最为关注的一种纵向限制，也称转售价格维持，各国反垄断法主要关注固定转售价格、限定最低转售价，限定最高转售价一般认为可以避免经销环节过高加价而有利于消费者利益。根据我国《反垄断法》，纵向价格垄断协议是指经营者与交易相对人达成的固定转售价格、限定转售最低价格的排除、限制竞争协议。

（一）涉案产品及市场范围

案件的调查处理需要准确界定涉案产品及市场范围。在调查前，可以按照涉嫌违法行为的线索初步确定调查涉及的产品范围；在调查过程中，随着调查的不断深入，对照取得的证据，可以按法定程序作进一步追踪和调整；在完成调查取证、分析审理后，最终确定涉案产品及其市场范围。本案确认的涉案产品为美敦力经营的三类高值耗材和可植入医用设备，包括心脏血管业务类产品、恢复性疗法业务类产品、糖尿病业务类产品，涉及的市场范围为中国境内市场。

（二）销售模式与交易相对人

纵向价格垄断协议，与横向垄断协议的不同之处，是经营者与其交易相对人之间达成的限制转售价格的协议。协议双方处于同一产业的纵向层次；双方均是独立的法律主体，不存在彼此隶属、控股或者其他合法控制关系，以各自的名义开展交易行为。纵向垄断协议一般存在于转售的销售模式中，在直销或者代理的销售模式中，当事人有权制定交易价格，就不存在限制转售价格的问题。但在实务中存在名为代理、实为转售的商务行为，可以从物权是否转移、风险由谁承担、以谁的名义对外交易等角度，分辨该销售模式实质上属于转售还是代理。在美敦力案中，当事人在中国境内销售涉案产品全部采取了转售方式，交易相对人包括平台商和一级经销商，其中平台商签署分销协议，将产品转售给二级经销商，一级经销商签署经销协议将产品转售给二级经销商或终端购买者。

二、纵向价格垄断协议达成与实施的证明

按照垄断协议的立法框架，对于纵向价格垄断协议案，首先需要证明当事人的行为违反了《反垄断法》第 14 条的规定，与其交易相对人达成并实施了固定转售价格或限定最低转售价格的垄断协议。案件调查必须做到事实清楚，证据确凿，形成完整的证据链，达到充分证明程度。

（一）协议的形式

纵向垄断协议，可以表现为书面协议，如在经销协议中直接限制转售价格；也可以表现为形式上的单方行为，但由交易相对人予以实际执行，如经营者通过商务政策、业务邮件、区域经理要求、通知等形式限制转售价格，由交易相对人予以执行。限制转售价格的方式，可以通过直接限制价格水平，也可以通过固定经销商的利润率和折扣水平、手续费等方式予以间接限制。

（二）协议的达成

对于纵向垄断协议的达成，关键要探究和证明当事人与其交易相对人的意思表示，这种意思表示可以通过经销协议予以体现，也可以通过邮件、电话、会议、会面等形式达成。本案中，当事人即通过分销协议、经销协议、邮件通知、口头协商等方式，与交易相对人达成了纵向价格垄断协议，具体内容包括直接固定转售价格、固定分销商的毛利率、限定经销商的最低投标价、限定到医院的最低售价。由于医疗器械产品的特殊性，招投标是其中重要的交易方式，医院是主要的终端购买者，因此当事人对这两部分的转售价格进行了特别限定。

（三）协议的实施

我国《反垄断法》对达成并实施垄断协议、达成但尚未实施垄断协议的行为规定了不同的法律责任，因此在执法中也要注重对垄断协议实施的证明。对纵向价格垄断协议实施的证明，一般需要对转售环节的价格予以核查，并与当事人限定的转售价格进行比对；还可以分析当事人是否存在促进垄断协议实施的行为，如督导、考核、奖惩等措施。在美敦力案中，经核实，当事人固定的转售价格和限定的最低转售价格在平台商、经销商环节得到了有效执行，当事人通过内部考核、撤销经销商低价中标产品、查处低价串货等措施，进一步促进了垄断协议的实施。当事人还采取了限制经销商转售商品的销售对象和销售区域、禁止销售具有竞争品牌产品等措施，进一步强化了纵向价格垄断协议的实施效果。

三、竞争影响的分析

反垄断法核心关注市场行为对竞争和消费者利益的影响，通过维护市场公平竞争，促进市场发挥配置资源的决定性作用，提高经济效益，并使消费者受益。当证明纵向价格垄断协议的达成与实施后，需要对行为的竞争影响或可能造成的竞争影响进行分析。对于纵向价格垄断协议的竞争影响，普遍认为会排除、限制品牌内竞争，但对是否限制品牌间竞争则有不同观点。因此，结合美敦力案，从品牌内竞争、品牌间竞争、消费者利益三个基本层面开展纵向价格垄断协议的竞争分析，同时分析衡量竞争损害程度的几个关键要素。

（一）纵向垄断协议竞争分析的三个层面

1. 对品牌内竞争的影响

纵向价格垄断协议对品牌内竞争的限制，是显而易见的。固定转售价格和限定最低转售价格，为经销商设定了统一或最低的转售价格，会实质地排除、限制经销商之间的价格竞争，导致具有成本优势、乐于为消费者分享价格利益的下游经营者难以发挥竞争优势，甚至产生市场封锁效应，阻碍低成本、低定价的潜在经销商进入相关市场，不利于转售环节的经营创新，从而限制品牌内竞争。纵向价格垄断协议，促使转售环节维持统一的价格，还有可能促使经销商之间变相达到横向固定价格的效果。在美敦力案中，当事人严格设定了涉案产品各转售环节的价格或最低价格，并通过内部考核、处罚等措施促使垄断协议予以实施，还通过纵向限制销售对象、销售区域、禁止销售竞争性产品等措施强化了维持转售价格的效果，基本排除了经销商之间的竞争。

2. 对品牌间竞争的影响

纵向价格垄断协议对品牌间竞争的影响，相对复杂一些，各方面探讨较多。经济学分析认为，维持转售价格有可能产生避免经销商“搭便车”、促进经销商开展服务竞争、扩大商品的消费者需求，从而促进品牌间竞争的正面效应。但在个案论证中必须有明确证据来证明存在这种正面效应，且正面效应大于对竞争的负面效应时，才能得出总体上促进竞争的结论。从负面影响看，维持转售价格禁止经销商通过降价与其他品牌竞争、可能向其他经营者传导类似限制、可能便于生产厂商之间进行价格协同、增加市场进入障碍等，从而限制品牌间竞争。在美敦力案中，我们从三个角度进行分析：一是高值耗材和可植入医疗设备的品牌间竞争本身并不充分。高值耗材和可植入医疗设备存在很高的技术壁垒，品牌数量有限，且患者一般只能在医院购买或使用医疗器械，此外，同一家医院提供的同一种医疗器械的品牌有限，患者在不同品牌之间的选择空间非常有限。二是当事人的市场力量较强，削弱了品牌间竞争。本案中，经综合分析涉案产品的市场份额、当事人财力和技术条件、交易相对人对当事人的依赖程度等因素，当事人在心脏血管、恢复性疗法和糖尿病医疗器械领域处于行业领先位置，具有较强市场力量，其严格限制转售价格的行为削弱了涉案产品的整体市场竞争。三是涉案行为对品牌间竞争具有直接负面影响。本案中，当事人限制经销商通过降低价格等方式与其他品牌经销商进行竞争并禁止经销商销售其他竞争品牌的产品，对品牌间竞争具有直接的负面影响。

3. 对消费者利益的影响

垄断行为由于排除、限制了市场竞争，使得价格无法通过公平竞争合理形成，阻碍了市场价格机制正常发挥作用，降低了市场配置资源的效率，最终损害消费者利益。纵向价格垄断协议阻止转售环节对涉案产品进行降价，直接效果就是维持商品高价，甚至推动商品价格上涨，最终增加消费者购买对价。本案中，当事人禁止各个销售环节降低价格，通过各种措施维持医疗器械产品高价，损害了终端购买者的合法权益，增加了患者负担。特别是在消费者直接寻求购买某些涉案产品时，当事人要求经销商进行“价格保护”，排除了消费者以低于限制价格购买产品的机会，损害了消费者利益。

（二）分析竞争损害强度的要素

根据上述对纵向价格垄断协议的竞争分析，还可以从中提炼归纳一些要素，对竞争损害程度予以论证，一般来讲，这与相关市场和涉案产品的竞争特点、维持转售价格与市场竞争价格的偏离度、限制措施的强度、当事人市场力量等因素密切相关。

1. 相关市场与涉案产品的竞争特点

涉案行业和产品的竞争特点，涉及品牌内竞争是否重要，也涉及纵向价格垄断协议对品牌间竞争的影响程度。比如，相关市场内的可替代品牌数量越少，市场进入壁垒越高，消费者对品牌的依赖程度越强，那么，相关产品的品牌内竞争越重要，纵向价格垄断协议限制品牌间竞争的可能性也越大。

2. 维持转售价格与市场竞争价格的偏离度

分析当事人维持的转售价格是否偏离本应由市场竞争形成的价格，偏离度越高，那么对竞争的损害越强，对经济效益、消费者利益的损害也越大。当然，由于影响市场价格的因素很多，要准确计算本应由市场竞争形成的价格难度很大，在纵向价格垄断协议案中，由于偏离度的存在，市场之手往往会促使部分经销商出现“违规低价”销售行为，这一价格比维持转售价格更接近竞争水平下的价格。因此，可以通过分析低于限定价格进行销售的价格水平、分析通过赠送礼品等方式变相降低限定价格的水平，对偏离度予以估算。

3. 限制措施的强度

为了促进纵向价格垄断协议的实施，当事人一般会对转售价格的实际执行情况予以考察、评价，并设定相应的奖惩措施。比如，将是否执行转售价格作为经销商考评的重要因素，对执行转售价格的经销商给予返利、补贴、市场支持等奖励；对不执行转售价格的经销商采取罚款、扣减保证金、扣减违约金、减少供货、停止供货、终止经销权等惩罚措施。有些案件中，除了纵向价格限制，还设定了区域限制、客户限制、排他经销限制等其他非价格类纵向限制措施。这些奖惩措施和限制措施越强，就越能促使当事人设定的转售价格得以实施，从而对竞争的损害也越大。

4. 当事人的市场力量

一般来讲，当事人市场力量越强，其纵向限制措施对市场竞争的损害越强。衡量当事人的市场力量，可以通过当事人的市场份额、控制上下游市场的能力、财力和技术条件、其他经营者对其在交易上的依赖程度、进入相关市场的难易程度等因素，进行综合分析判断。

四、“禁止+豁免”法律框架的适用

我国《反垄断法》对垄断协议采取了“禁止+豁免”的法律框架，依法行政是对反垄断执法机构的基本要求，对纵向价格垄断协议的调查处理应当遵循这一法律框架。进一步来看，“禁止+豁免”与合理原则不存在不可逾越的分歧，而是综合吸收了本身违法原则与合理原则的优点并且更加契合我国现阶段规范竞争秩序的需要。

（一）适用“禁止+豁免”法律框架是基本要求

法律适用是国家机关及其工作人员依照职权范围把法律规范应用于具体事项的活动。根据法定性的原则，国家机关对具体案件的处理，无论是在程序上还是在实体上，都必须严格依据法律规定。对于纵向价格垄断协议的法律适用，反垄断执法机构首先需要证明当事人的行为违反了《反垄断法》第14条的禁止性规定，其次要保障当事人根据《反垄断法》第15条主张豁免的权利，并对当事人行为是否符合第15条的豁免情形和豁免条件予以实质审核。在美敦力案中，当事人与其交易相对人就涉案产品达成并实施固定转售价格和限定最低转售价格的垄断协议，排除、限制了市场竞争，损害了消费者利益，违反了《中华人民共和国反垄断法》第 14 条第 1 项、第 2 项的规定，且当事人在多次陈述意见过程中没有主张，也没有证明上述行为符合《中华人民共和国反垄断法》第 15 条规定的豁免情形和豁免条件，依法应予以处罚。

（二）与合理原则的比较

美国联邦法院于 2007 年通过了对“丽锦公司诉 PSKS 公司案”适用合理原则的裁决，标志着在联邦层面对维持转售价格由本身违法原则向合理原则的转变。所谓本身违法原则，是指仅仅根据特定的行为是否发生，就可以判定其是否违法，无需对市场定义、市场力量或市场影响等要素进行证明。合理原则，是指判断一项行为是否违法时，并不必然视为合法或非法，而是综合衡量该行为对竞争的影响程度来判断。在 1918 年“芝加哥证券交易所案”中，布兰迪法官对合理原则进行了经典论述：“真正检验合法性的标准应该是看这种限制是促进竞争，还是抑制或破坏竞争。为明确这一问题，法院必须考虑与这一商业活动的限制相关的事实，如限制前后的环境变化、限制的性质，及其可能的或实际的后果，还有限制的过程、存在的问题、采取特别补救措施的原因、目的或结果，等等，都是需要考虑的相关事实。了解目的将有助于法院解释事实，并预测结果”。可见，本身违法原则与合理原则最大的区别在于是否需要对行为的竞争影响予以分析和证明。本身违法原则，从限制竞争行为本身推定违法，不需要考察行为的竞争影响，有利于节约执法成本，但也排除了少部分可能产生竞争正面效应的行为主张合法的机会。合理原则，全面考察行为的竞争影响，更加注重效率分析，但增加执法成本，且目前缺乏明确、统一的分析方法和判断路径。而“禁止＋豁免”的法律框架，则综合了本身违法原则和合理原则的优势，对于一般具有竞争负面影响的行为予以原则性“禁止”，这有利于节约执法成本，提高执法效率，但是如果能够证明正面效应大于负面效应则予以“豁免”，注重行为的效率分析，给予任何具有竞争正面效应的行为“合理化”的机会。《反垄断法》第 15 条还列明了具体的豁免情形和豁免条件，这比合理原则更具可操作性，并且把“能够使消费者分享由此产生的利益”作为条件之一，从而促使协议产生的效率向消费者传递，保护消费者的利益。当然，对于第 15 条也还有继续细化的空间，比如，如何判断“不会严重限制相关市场的竞争”，可以研究采用经营者的市场份额、市场力量等判断标准予以界定，从而便于具有竞争正面效应的协议主张豁免，发挥协议的正面作用，促进创新和发展。

五、结语

法律立足于国家的经济发展阶段，服务于国家的经济社会发展。从法律适用的经济社会发展阶段和市场经济环境来看，我国与美国不尽相同。美国自 1890 年实施谢尔曼法后在 1911 年“米尔斯博士医药公司案”就确立了对维持转售价格适用本身违法原则，除在 1937 年至 1975 年通过《米勒 – 泰丁斯转售价格维持法》允许转售价格维持外，已在较长时间内对维持转售价格进行了严格规制，并且美国具有发达的零售业、物流配送业，市场化程度高，转售环节少，分销效率高，比如美敦力产品在美国就采取了直销模式，转售环节的竞争问题相对较少。而我国正处于建设社会主义市场经济的初级阶段，处于经济社会转型升级的关键时期，公平竞争是维护市场机制有效运行、提高经济运行效率的重要基础。我国《反垄断法》实施时间较短，纵向限制价格行为还较为普遍，各行业商业模式中存在大量转售环节，“禁止 + 豁免”法律框架更加契合我国现阶段规范竞争秩序的实际需要。反垄断执法机构具有法定职责，行使法律赋予的调查权，比垄断纠纷民事诉讼中的一般原告具有更强的调查取证能力，应立足我国竞争基础，依法实施《反垄断法》规定，有效规范纵向价格垄断协议，推动经营者合规经营，保护消费者利益，维护统一开放、竞争有序的市场秩序。

第二部分

反垄断行政执法案件汇编

第一章　垄断协议

总体情况

《反垄断法》实施以来，执法机构查处的垄断协议案件大致如下：

案件类型	价格垄断协议	非价格垄断协议	合计
横向垄断协议	35	25	60
纵向垄断协议	14	0	14
合计	49	25	74
以下案件既包括横向垄断协议又包括纵向垄断协议： （1）上海克莱斯勒价格垄断协议案 （2）一汽大众有限责任公司及部分奥迪经销商价格垄断协议案 （3）东风日产价格垄断案 （4）江苏省奔驰价格垄断案			

违法行为	固定或者变更商品价格	限制商品的生产数量或者销售数量	分割销售市场或者原材料采购市场	限制购买新技术、新设备或者限制开发新技术、新产品	联合抵制交易	纵向价格垄断协议	纵向非价格垄断协议	总计
数量	35	2	19	0	4	14	0	74

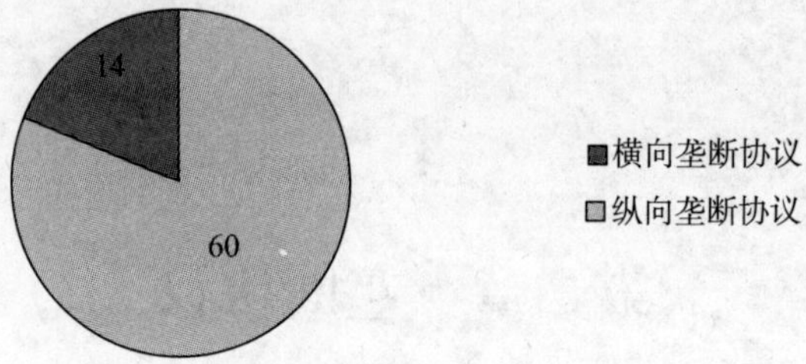

横向与纵向垄断协议数量

自2008年《反垄断法》实施以来，截至2018年6月底，我们共收集到了垄断协议行政执法案件74起。其中，国家发改委及各地发改委、各地物价局查处横向垄断协议案件34起、纵向垄断协议案件14起，工商部门查处横向垄断协议案件25起，国家市场监督管理总局查处横向价格垄断协议案件1起。

需要说明的是，在上海克莱斯勒价格垄断协议案、一汽大众有限责任公司及部分奥迪经销商价格垄断协议案、东风日产价格垄断案和江苏省奔驰价格垄断案中，同时存在横向垄断协议和纵向垄断协议。

就具体违法行为类型而言，在横向垄断协议案件中，最为突出的具体违法行为应属“固定或者变更商品价格”，共计35起案件涉及该行为，其后依次为“分割销售市场或者原材料采购市场”案件19起，“联合抵制交易”案件4起，“限制商品的生产数量或者销售数量”案件2起。

至今，反垄断执法机关正式查处的案件中，并未涉及“限制购买新技术、新设备或者限制开发新技术、新产品”的违法行为。反垄断执法机关查处的14起纵向垄断协议案件均为纵向价格垄断协议案件，并未见纵向非价格垄断协议案件。

一、固定或者变更商品价格

案件1：南宁、柳州米粉串通涨价案[1]

（一）基本案情

2009年11月1日，南宁市鲜一阁食品厂负责人阙之和召集南宁市十七家米粉厂举行会议，提出通过承包、联营、入股及分红等方式，整合南宁市米粉生产行业的方案和米粉涨价的设想。经过协商，最终有九家米粉生产企业与阙之和签订承包合同；有一家签订联营协议。2009年12月16日，包括鲜一阁在内的南宁市十六家米粉厂再次召开会议，商讨涨价事宜并达成共识。涨价前夕，十八家米粉厂还采用打电话的形式进行联系与沟通，交换联合涨价的意见。2010年1月1日起，上述十八家米粉厂联合涨价；其余生产厂家跟风涨价。南宁市米粉涨价后，柳州市部分米粉生产厂家负责人主动与阙之和联系，商讨米粉涨价问题。2010年1月上中旬，柳州市十五家米粉厂负责人先后三次召开会议，商讨与阙之和合作经营和统一涨价问题。同时，阙之和与柳州兄弟等米粉厂负责人通过利诱、胁迫等手段，向柳州市各米粉生产厂家施加压力。最终协商决定自2010年1月21日起，各米粉生产厂家统一提高出厂价格，并与阙之和签订了合作利润分成协议。

（二）处理决定

两市政府价格主管部门经过调查，认定这些企业串通涨价的行为属于相关串通，操纵市场价格的不正当价格行为，违反了《价格法》《反垄断法》和《价格违法行为行政处罚规定》等有关法律法规的规定。价格主管部门按照区别情况、分类处理的原则，依法对涉案米粉生产厂共三十三家实施了行政处罚。其中，对南宁市鲜一阁食品厂和柳州市兄弟、永财两家米粉生产厂

〔1〕案件来源：国家发展和改革委员会网站，http://www.ndrc.gov.cn/fjgld/201003/t20100331_338262.html.

共三家涨价组织者分别处以10万元罚款；对参与串通涨价的米粉厂共十八家根据情节轻重，分别处以3－8万元罚款；对主动配合价格主管部门查处案件、提供重大线索并主动改正错误的米粉厂共十二家给予警告，免于经济处罚。此外，对少数跟风涨价的米粉生产厂下发了监督检查意见书，要求进一步加强价格自律，自觉维护良好市场价格秩序。

案件2：富阳纸业协会价格垄断案〔1〕

（一）基本案情

浙江省富阳市造纸行业协会成立于1999年，〔2〕现有会员单位百余家，其中常务理事单位三十家（包括会长、副会长单位十二家），理事单位二十四家。秘书处为协会的常设机构。

经调查，2010年该协会先后五次组织召开由二十余家常务理事单位参加的行业会议，专题研究富阳市造纸行业的产品价格问题，达成关于协调行业产品价格的意见，形成会议纪要并下发各参会单位，具体情况如下：第一次，3月2日会议提出，A级白板纸的价格统一上调200元/吨。第二次，4月6日会议要求，保证4月份富阳市白板纸现有价格稳定，5月份如出现市场明显疲软将协调会员企业组织有序限产等。第三次，4月28日会议决定，4月29日至5月15日期间，A级白板纸执行限时优惠价格（优惠幅度每吨100－150元）。第四次，8月3日会议决定，涂布白板纸在原销售价基础上上调200元/吨。第五次，8月31日A级版白板纸专题会议决定，从9月1日起富阳市生产的A级白板纸在原来销售价基础上上调200－300元/吨。

（二）处理决定

浙江省物价局认为，浙江省富阳市造纸行业协会组织本行业经营者达成

〔1〕 案件来源：国家发展和改革委员会网站，http://www.ndrc.gov.cn/fzgggz/jgjdyfld/fjgld/201402/t20140228_588568.html.

〔2〕 2014年12月13日，经国务院批准，撤销富阳市，设立杭州市富阳区。本案与2017年处理的“杭州市富阳区造纸协会组织17家造纸企业实施价格垄断案”是两个不同的案件。

变更或固定价格的垄断协议的行为，违反了《反垄断法》第 13 条、第 16 条及《价格法》的相关规定。根据《反垄断法》第 46 条第 1 款、第 49 条之规定及《价格违法行为行政处罚规定》第 5 条第 3 款关于行业协会组织经营者相互串通、操纵市场价格的，对行业协会可以处 50 万元以下的罚款的规定，为维护正常的市场竞争秩序，保护消费者和其他经营者的合法权利，浙江省物价局依法对协会处以最高 50 万元的罚款。

案件 3：吉林省、内蒙古自治区绿豆串通涨价案〔1〕

（一）基本案情

2009 年 10 月 17 日，吉林玉米中心批发市场有限公司联合内蒙古扎鲁特旗正达粮油贸易有限公司、吉林省洮南市吉豆经贸有限公司等企业召集百余家绿豆经销企业，在吉林省洮南市召开了“第一届全国绿豆市场产销行情研讨会”。会后，该公司将会议纪要及撰写的《2009 年产区绿豆种植情况调研报告》印发与会企业，宣称“2009 年绿豆主产区产量下降 64.05%”，与《中国粮食年鉴》中国绿豆产量下降 14.9% 的统计数据相差悬殊。由此，这些企业相互串通，捏造散布涨价信息，统一价格上涨共识，促使全国绿豆价格普遍上涨。

（二）处理决定

吉林省、内蒙古自治区价格主管部门认为，上述行为属于操纵市场价格的违法行为，违反了《反垄断法》《价格法》《价格违法行为行政处罚规定》的有关规定。依据《反垄断法》第 46 条第 1 款、第 49 条之规定，执法机关对会议组织者吉林玉米中心批发市场有限公司按照法定最高处罚额度处以 100 万元罚款，对协办会议的企业各罚款 50 万元，对参加会议并相互串通的其他 109 家绿豆经销企业也给予了提醒告诫。

〔1〕 案件来源：国家发展和改革委员会网站，http://www.ndrc.gov.cn/gzdt/201007/t20100702_358457.html.

案件4：山东两药企垄断复方利血平原料案[1]

（一）基本案情

复方利血平是列入国家基本药物目录的抗高血压药，全国目前有上千万高血压患者长期依赖此药，年消费量约为80亿至90亿片。目前我国仅有两家企业正常生产复方利血平的主要原料药：盐酸异丙嗪。2011年6月9日，山东顺通和山东华新分别与两家生产盐酸异丙嗪的企业签订了《产品代理销售协议书》，垄断了盐酸异丙嗪在国内的销售。协议书内容主要有：一是两公司分别独家代理两家企业生产的盐酸异丙嗪在国内的销售；二是未经过山东顺通、山东华新授权，这两家企业不得向第三方发货。两家公司控制原料药货源后，立即将销售价格由每公斤不足200元提高到300元至1 350元不等。多家复方利血平生产企业无法承受，被迫于2011年7月全面停产，仅靠库存向医疗机构维持供货，导致市场出现供应紧张。

（二）处理决定

国家发展和改革委员会认为，山东两药企控制复方利血平原料，强迫下游生产企业抬高投标价格、哄抬价格、牟取暴利，导致相关制药企业停产，已严重违反《反垄断法》第13条第1款的相关规定，故责令山东两公司立即停止违法行为，并依据《反垄断法》第46条第1款之规定，对山东顺通没收违法行为所得并处罚款总计687.7万元，对山东华新没收违法所得并处罚款总计15.26万元。

案件5：广东省海砂联盟价格垄断协议案[2]

（一）基本案情

2010年11月和2011年4月、8月、11月，以广东宝海砂石有限公司、

〔1〕 案件来源：国家发展和改革委员会网站，http://www.ndrc.gov.cn/fjgld/201203/t20120306_465386.html.

〔2〕 案件来源：国家发展和改革委员会网站，http://www.ndrc.gov.cn/gzdt/201210/t20121026_510834.html.

东莞江海贸易有限公司等企业为首，广东省内具有海砂开采资格的二十多家企业成立的"海砂联盟"先后组织召开了四次协调会，将海砂开采资源费由每立方5元分别调整至11、13、15、13元。广东省物价局经过调查发现，为了防止低价竞争，海砂联盟约定，确定统一调整的价格后，每家公司派一到两个人到其他公司进行监督，对违约公司进行处罚，对不参加联盟的企业进行打压；各企业按照采砂量交纳统筹费进行平均分配。海砂开采资源费是海砂价格的重要组成部分，提高海砂开采资源费直接推涨了海砂市场价格，由每立方20多元涨至最高41元。海砂联盟的价格垄断行为，使下游用砂单位建设成本陡增，对广东全省大型建设项目用砂造成了不利影响，港珠澳大桥人工岛填海工程就因预算严重超支而被拖慢了施工进度。

（二）处理决定

广东省物价局认为，上述参与海砂联盟的企业，达成并实施提高海砂开采资源费的协议，排除、限制了市场竞争，损害了下游行业经营者的合法利益。依据《反垄断法》第46条之规定，广东省物价局对海砂联盟牵头企业广东宝海砂石有限公司、东莞江海贸易有限公司以及联盟内的主要获利企业深圳东海世纪信息咨询有限公司实施了行政处罚，总计罚款75.92万元。其中，对主动提供部分重要证据的广东宝海砂石有限公司，依据《反垄断法》第46条第2款规定，按照50%幅度减轻罚款，处上年度销售额5%的罚款14.53万元；对东莞江海贸易有限公司、深圳东海世纪信息咨询有限公司处上年度销售额10%的罚款，分别为13.45万元、47.94万元。同时，广东省物价局对参加海砂联盟的其他企业进行了提醒告诫。

案件6：海南省三亚市水晶店达成并实施横向垄断协议案[1]

（一）基本案情

2012年5月，三亚铂莱晶工艺品有限公司（海石水晶购物店）主动提出

〔1〕案件来源：国家发展和改革委员会网站，http://www.ndrc.gov.cn/gzdt/201309/t20130929_560736.html.

与另外两家水晶购物店——三亚帝佳贸易发展有限公司（帝佳水晶购物店）、三亚亿佳哈斯理水晶有限责任公司（昌源水晶购物店）签订协议并多次召开协调会，协商水晶价格、佣金标准、市场份额等内容，就具体操作细节达成一致意见。2012 年 6 月，三家水晶购物店签订了《海南水晶行业自律公约》等协议，约定了统一返佣比例、调价幅度与分配收入机制，即三家水晶店每月从各自营业额中提取 21% 进行汇总，再按三家的市场份额（帝佳 35.5%、昌源 33%、海石 31.5%）进行收入再分配；同时明确建立一个共管银行账户，各存入 300 万元保证金，以作为违反上述约定的罚金。2012 年 6 月底 7 月初，三家水晶店开始执行自律公约，开立了共管银行账户，各存入保证金 300 万元；制作了产品价格目录表，提供给另外两家用于相互监督；每日统计销售收入，各自提取营业额 21% 的现金汇总后，按照各自市场份额进行收入再分配。

（二）处理决定

执法机关认为，上述行为违反了《反垄断法》第 13 条之规定，属于达成并实施价格垄断协议的违法行为，严重限制了水晶购物店之间的价格竞争，特别是实施收入再分配模式导致划分市场的问题，遏制了水晶店的竞争活力。根据《反垄断法》第 46 条等相关规定，海南省物价局区分各水晶购物店的违法情节、配合程度等，依法分别予以了处理：①海石水晶购物店，对其转移、隐匿、销毁财务数据、证据，不按规定提供价格执法所需相关材料的行为，依法处以 9.9 万元的罚款；对其发起达成并实施价格垄断协议的行为，处以上一年度销售额之 4% 的罚款，计 360 万元。②昌源水晶购物店，对其转移、隐匿、销毁财务数据、证据，不按规定提供价格执法所需相关材料的行为，依法处以 9 万元的罚款；对其参与达成并实施价格垄断协议的行为处以上一年度销售额之 2% 的罚款，计 135 万元。③帝佳水晶购物店，鉴于其在检查中主动报告达成价格垄断协议的有关情况并提供重要证据，对其参与达成并实施价格垄断协议的行为免除处罚。

案件7：上海黄金饰品协会和部分金店价格垄断案[1]

（一）基本案情

上海黄金饰品协会于2011年11月21日组织老凤祥银楼、老庙、亚一、城隍珠宝、天宝龙凤等金店召开会长会议，商议制定《上海黄金饰品行业黄金、铂金饰品价格自律实施细则》（以下简称《价格自律细则》），约定了黄金、铂金饰品零售价的测算方式、测算公式和定价浮动幅度。老凤祥银楼、老庙、亚一、城隍珠宝、天宝龙凤五家金店依据《价格自律细则》规定的测算公式，在规定的浮动范围内制定公司黄金、铂金饰品零售牌价，操纵黄金、铂金饰品价格，损害了其他经营者和消费者的合法权益。

（二）处理决定

上海市物价局认定，黄金协会的上述行为违反了《反垄断法》第16条及《反价格垄断规定》第9条第2项的规定，属于组织本行业经营者达成价格垄断协议的违法行为，排除、限制了市场竞争，损害了消费者利益和社会公共利益。五家金店的行为违反了《反垄断法》第13条第1款第1项及《反价格垄断规定》第7条第2项、第4项和第5项的规定，属于达成并实施"固定或者变更商品价格"垄断协议的违法行为，排除、限制了市场竞争，损害了消费者利益和社会公共利益。

依据《反垄断法》第46条第3款及第49条的规定，考虑到黄金协会在组织相关金店达成实施垄断协议中起到了主导作用，情节较重，社会影响较大，以及违法行为的性质和程度等因素，上海市物价局决定对上海黄金饰品行业协会处以罚款50万元。

依据《反垄断法》第46条第1款及第49条的规定，考虑到五家金店已于调查前主动停止违法行为，且能够配合调查，积极整改等情节，以及违法

[1] 案件来源：国家发展和改革委员会网站，http://www.ndrc.gov.cn/gzdt/201308/t20130813_553441.html.

行为的性质和程度等因素，上海市物价局决定，对老凤祥银楼公司处2012年度相关销售额1%的罚款323.29万元；对上海老庙黄金有限公司处2012年度相关销售额1%的罚款360.13万元；对上海亚一金店有限公司处2012年度相关销售额1%的罚款141.83万元；对上海城隍珠宝有限公司处2012年度相关销售额1%的罚款154.08万元；对上海天宝龙凤金银珠宝有限公司处2012年度相关销售额1%的罚款30.04万元。

案件8：新疆保险协会和部分保险公司价格垄断案〔1〕

（一）基本案情

新疆保险行业协会自2009年以来，先后十八次通过召开会议、印发通知和通报的形式，组织全疆十五家财产保险公司签订并实施《新疆保险行业道路客运承运人责任保险自律公约》（以下简称《公约》），固定费率水平及标准，并制定约束和惩罚措施。《公约》规定，全行业严格执行新疆保险行业协会统一制定的《道路客运承运人责任保险费率规章》，不得以任何形式变相提高或降低保险费。同时，成立承运人责任险自律工作小组，负责监督检查各会员公司的《公约》执行情况。对违反《公约》的，将给予警告、业内批评、公开谴责、限期整改、报请新疆保监局查处等惩戒。

（二）处理决定

新疆发展和改革委员会认为，涉案财险公司签订并实施价格垄断协议，《公约》中固定承运人责任险费率的行为，直接破坏了新疆保险市场的正常竞争秩序，排除了行业竞争，迫使部分公司无法自主经营，排除了消费者的选择权，损害了消费者利益。因此，新疆发展和改革委员会依照《反垄断法》对此案进行查处，对新疆保险行业协会及六家保险公司处以总计651.14万元。

〔1〕 案件来源：新疆维吾尔自治区发展和改革委员网站，http://www.xjdrc.gov.cn/info/10464/1311.htm.

案件9：云南丽江旅行社价格垄断协议案[1]

（一）基本案情

2013年，在丽江市旅游协会旅行社分会的牵头组织下，丽江市丽江携程旅行社有限公司、丽江白鹿国际旅行社有限公司等八大旅行社集团（其中有两家于2011年加入）在丽江市旅游协会旅行社分会的牵头组织下“抱团取暖”，就统一对外报价等事宜多次开会协调，并于2009年、2010年签订了旅行社行业自律协议，统一了接待旅游团队的对外报价（包括宾馆住宿价格、综合服务费、餐费价格等单项价格，以及单人包价）。同时，2011年、2012年，丽江市旅游协会旅行社分会还组织各旅行社签订了《合作经营协议书》，在各旅行社之间实施收入二次分配，即按照约定的市场份额比例，分配从各旅行社收入中提取的旅游综合服务费、景点返佣、古城维护费返佣等收入。两年间，各旅行社共计实施收入分配24次，共计分配金额2.27亿元。

（二）处理决定

云南省发改委认为，上述行为违反了《反垄断法》第13条、第16条的有关规定，属于达成并实施价格垄断协议的违法行为，严重限制了各旅行社之间的价格竞争，遏制了旅行社的竞争活力。因此，云南省发改委根据《反垄断法》第46条的相关规定，对牵头组织达成价格垄断协议的丽江市旅游协会旅行社分会，处以法定最高额度50万元的罚款；对参与达成并实施价格垄断协议的八大旅行社集团，分别处以上一年度销售额之5%的罚款，合计罚款334.6万元。

---

〔1〕案件来源：国家发展和改革委员会网站，http://www.ndrc.gov.cn/fzgggz/jgjdyfld/jjszhdt/201309/t20130929_560780.html.

案件10：浙江省保险行业协会价格垄断协议案[1]

（一）基本案情

2009年以来，浙江省保险行业协会组织浙江省各财产保险公司多次集体开会、磋商，对《浙江省机动车辆保险行业自律公约》及《实施细则》进行讨论修订。2009年7月22日，浙江省保险行业协会组织浙江省各财产保险公司，在杭州市庆春路中财发展大厦15楼会议室，召开车险专业委员会会议，讨论新车和高档车费率问题，约定新车费率调整系数不得低于0.95。对上年有赔款的9座以下客车按车辆购置价区别适用费率调整系数，购置价在50万－100万元的，费率调整系数不得低于0.9；购置价在100万元及以上的，费率调整系数不得低于1。

2009年5月8日，浙江省保险行业协会在杭州市萧山索菲特世外桃源度假酒店，组织召开浙江省各财产保险公司总经理高峰会议。会上讨论并约定2008年车险市场份额超过4%的公司（人保、太保、平安、天安、中华联合、大地、国寿财险）商业车险代理手续费不超过15%，市场份额低于4%的公司不超过16%，天平公司不超过18%，并据此形成《〈浙江省机动车辆保险行业自律公约〉补充约定》（浙保行协秘［2009］52号）印发给各财产保险公司。同时规定对违约公司处以每单2－4万元罚款，从自律公约履约保证金中扣除。

2010年5月5日，浙江省保险行业协会在杭州市体育场路105号凯喜雅大厦9楼大会议室召开车险专业委员会会议，商定对部分公司的手续费进行调整，分六档执行不同标准：第一档为人保、太保和平安，手续费7%；第二档为国寿财险和中华联合，手续费8%；第三档为阳光，手续费9%；第四档为大地、天安、大众、华泰等10家保险公司，手续费10%；第五档为安诚、安信、长安，手续费11%；第六档为天平、中银、渤海和民安，手续费

［1］ 案件来源：国家发展和改革委员会行政处罚决定书［2013］第7号至第29号。

12%。会后，浙江省保险行业协会督促各财产保险公司按照商定意见调整商业车险手续费标准。

（二）处理决定

国家发改委认为，浙江省保险行业协会上述行为违反了《反垄断法》第16条“行业协会不得组织本行业的经营者从事本章禁止的垄断行为”的规定，涉案财产保险公司违反了《反垄断法》第13条禁止具有竞争关系的经营者达成垄断协议即“固定或者变更商品价格”的规定。

国家发改委认定，浙江省保险行业协会是本案价格垄断行为的主要策划者、组织者，财产保险公司违法责任较轻。因此，国家发改委依法对负主要责任的浙江省保险行业协会处以50万元的最高额罚款，对负次要责任的涉案财产保险公司处以上一年度商业车险销售额1%的罚款，共计11 019.88万元。其中，中国太平洋财产保险浙江分公司、中国平安财产保险浙江分公司和中华联合财产保险浙江分公司被分别处以2 070万元、1 599万元和1 029万元罚款，其余涉案财产保险公司被处以35万元－960万元不等的罚款。由于，美国利宝保险、日本爱和谊日生同和财产保险、浙商财产保险、紫金财产保险、华农财产保险、国泰财产保险、信达财产保险、英大泰和财产保险和泰山财产保险9家浙江分公司未参与达成、实施垄断协议，依法对其停止调查。人保、国寿、平安等财产保险浙江分公司先后主动报告达成价格垄断协议的有关情况并提供重要证据，依法对其免除或减轻罚款。

案件11：云南西双版纳州旅游协会、西双版纳旅行社协会组织本行业经营者从事垄断协议案[1]

（一）基本案情

云南西双版纳州旅游协会于2002年启动研发“西双版纳州旅游信息管理系统”，2003年7月建成投入使用。云南西双版纳州旅游协会于2009年5月1

［1］ 案件来源：云工商竞争处字［2013］第1号至第2号。

日分别组织四十六家酒店（另案处理）、十五家景点（另案处理）、两家旅游客运汽车公司（另案处理）签订《西双版纳州信息管理系统诚信服务自律公约》（以下简称《自律公约》）；又于2011年3月11日，组织二十家旅行社（另案处理）签订《自律公约》。

其中：云南西双版纳州旅游协会组织二十家旅行社签订的《自律公约》中，一是规定旅行社各签约单位组织接待的团队必须通过涉案单位信息中心提供的旅游信息管理系统服务操作，制作《西双版纳州旅游团队行程单》，方能享受景区、酒店、旅游客运汽车、购物等旅游企业提供的优惠服务，否则视为违约；二是旅行社接待旅游团队选择的游览点必须是A级旅游景区（点），必须按照旅行社协会与旅游景区（点）协会签订的合作协议安排产品和组合线路，否则视为违约；三是旅行社接待旅游团队选择的旅游汽车必须是旅游客运公司提供的车辆；四是旅行社接待旅游团队选择的酒店必须是与其签订《自律公约》并纳入“旅游信息管理系统”的酒店，入住非管理系统内酒店，视为违约并支付5 000元违约金；另外，涉案企业通过该系统向提供服务的旅行社各签约单位，收取1元/人/天的服务费和2元/人/天旅游安全风险金。

在组织两家旅游客运汽车公司（西双版纳旅游客运汽车有限公司、西双版纳吉迈斯旅游汽车公司）签订的《自律公约》中，一是旅游客运汽车公司接待旅行团队必须通过旅游信息管理系统提供的服务操作，制作、使用《西双版纳州旅游团队行程单》，否则视为违约；二是涉案单位通过该系统向提供服务的旅游汽车签约单位，收取提供信息系统服务结算总额3‰服务费用，费用按照资金结算周期进行结算；三是对旅游客运汽车运输价格进行了统一。

在组织十五家景区（点）签订的《自律公约》中，一是约定签约单位团队票价，按照约定的《景（区）点团队价格表》执行，对团队票价实行价格统一；二是要求景（区）点缔约单位接待旅游团队必须通过旅游信息管理系统提供的服务操作，制作、使用《西双版纳州旅游团队行程单》，否则视为违约；三是涉案单位通过该系统向提供服务的景（区）点缔约单位，收取提供信息系统服务结算总额1.5%服务费用，费用按照资金结算周期进行结算。

在组织四十六家酒店签订的《自律公约》中，一是要求酒店签约单位按照约定的《酒店团队价格表》执行，对团队房费实行价格统一；二是要求酒店签约单位接待旅游团队必须通过旅游信息管理系统提供的服务操作，制作、使用《西双版纳州旅游团队行程单》，否则视为违约；三是涉案企业通过该系统向提供服务的酒店签约单位，收取提供信息系统服务结算总额 1 元/间/夜的服务费用，费用按照资金结算周期进行结算。

西双版纳旅行社协会于2010 年 11 月 8 日组织西双版纳州二十四家旅行社（另案处理）签订《行业自律公约》；于 2008 年 3 月 28 日与西双版纳州旅游运输协会签订《合作协议》；于 2011 年 3 月 21 日与西双版纳州饭店协会签订《合作协议》；于 2011 年 4 月 25 日和 6 月 30 日，与西双版纳州景区（点）协会签订《合作协议》和《补充修改协议》。

其中，西双版纳旅行社协会在组织二十四家旅行社签订的《行业自律公约》中，一是规定旅行社各签约单位组织接待的团队必须通过西双版纳州旅游协会信息中心提供的州旅游信息管理系统操作，制作《旅游团队行程单》，方能享受优惠待遇和提取结算，否则视为违约；二是要求签约会员单位接待的旅游团队在安排住宿、旅游线路景点组合、旅游用车、购物、观看（参加）自费项目时，只选择与本协会签有协议（合同）的其他协会签约单位或独立协议单位；入住非签约酒店者，将接受罚款处罚等。三是要求签约会员单位严格遵守该协会与其它协会签订的协议。

与西双版纳州旅游饭店协会签订的《合作协议》中，一是约定双方操作的旅游团队均通过州旅游行业信息化管理系统运行；涉案企业签约会员旅游团队用房须按旅游合同选择旅游饭店协会签约会员酒店。二是执行双方约定的入住房价。

与西双版纳州景区（点）协会签订的《合作协议》中，一是所有旅游团队只能采购西双版纳州签约单位的旅游产品，且必须通过州旅游信息管理系统操作；二是双方对旅行社旅游团队必须选择旅游景区（点）协会签约单位景区（点）的数量和级别进行了固定；三是双方对景区（点）协会签约单位的门票价格进行了统一，按照约定的《景（区）点团队价格表》执行。

（二）处理决定

云南省工商局认为，上述两家行业协会组织西双版纳州旅游服务企业签订并实施《自律公约》的行为，将原本有竞争关系的旅游服务企业，用《自律公约》的形式捆绑在一起，形成利益共同体，人为地制造壁垒，限制了旅游行业经营者公平竞争的自主经营权；此外，具有竞争关系的旅游服务企业之间达成了价格联盟，对市场进行垄断经营，获取垄断利润，并极大地损害了消费者的自由选择权，违反了《反垄断法》第16条："行业协会不得组织本行业的经营者从事本章禁止的垄断行为。"的规定，属于《工商行政管理机关禁止垄断协议行为的规定》第9条第2项："召集、组织或者推动本行业的经营者达成含有排除、限制竞争内容的协议、决议、纪要、备忘录等"规定的行为。依据《反垄断法》第46条第3款："行业协会违反本法规定，组织本行业的经营者达成垄断协议的，反垄断执法机构可以处五十万元以下的罚款；情节严重的，社会团体登记管理机关可以依法撤销登记"的规定和《工商行政管理机关禁止垄断协议行为的规定》第10条第2款："行业协会违反本规定第九条规定，组织本行业的经营者达成垄断协议的，工商行政管理机关可以对其处五十万元以下的罚款；情节严重的，工商行政管理机关可以提请社会团体登记管理机关依法撤销登记"的规定，对西双版纳州旅游协会和西双版纳旅行社协会分别处以40万元罚款，总计罚款数额80万元。

案件12：吉林三家水泥企业价格垄断案[1]

（一）基本案情

2013年3月以来，国家发改委价格监督检查与反垄断局对一些地方水泥行业存在的价格垄断行为，组织开展了反垄断调查。经调查，2011年4月14日，北方公司与亚泰公司、冀东公司的相关人员在亚泰公司召开会议，商定

〔1〕 案件来源：国家发展和改革委员会网站，http://www.ndrc.gov.cn/fzgggz/jgjdyfld/jjszhdt/201409/t20140909_625065.html.

区域水泥（熟料）价格及执行政策，形成了《吉林省重点水泥企业区域价格制定会议决议》，约定外销熟料出厂价格按300元/吨执行，进入辽宁区域熟料出厂价格不低于300元/吨。会议还形成了长春、松原、磐石区域水泥价格决议，暂定2011年4月25日三家公司在冀东公司确定吉林区域5月份水泥执行价格及执行政策。在亚泰公司2011年4月15日向长春区域各部门、明城销售部下发的水泥价格调整执行通知中，明确提出与北方公司、冀东公司达成价格执行约定，并附有区域水泥价格约定执行表，列明了北方公司和冀东公司不同品种水泥的销售执行价格。

（二）处理决定

国家发改委认为，三家水泥厂达成并实施了价格垄断协议，违反了我国《反垄断法》第13条的规定，属于“固定或者变更商品价格”的违法行为，排除、限制了市场竞争。因此，执法机关依据《反垄断法》第46条对不积极配合调查的亚泰公司、冀东公司处以2012年度销售额2%的罚款，分别计6 004万元和1 338万元；对能够配合调查并积极整改的北方公司处以2012年度销售额1%的罚款，计4 097万元。

案件13：湖北省宝马4S店统一收取PDI检车费价格垄断协议案〔1〕

（一）基本案情

2014年1月23日，鄂宝、中达江宝、汉德宝、宝泽四家宝马汽车经销4S店在宝马（中国）汽车贸易有限公司西区区域销售经理的主持下，在武汉鄂宝汽车销售服务有限公司会议室召开会议，就收取PDI检测费等问题进行商议，达成对所有销售车辆按照1 800元/辆标准收取PDI检测费的协议。经核实，上述四家4S店中的前三家执行相应协议标准，从2014年4月开始，按1 800元/辆收取PDI检测费。

（二）处理决定

湖北省物价局认为，这种通过统一PDI检测费标准达成并实施价格同盟，

〔1〕案件来源：鄂价检处［2014］第23号至第26号。

操纵市场价格的方式，损害消费者和其他经营者利益，其行为违反了《反垄断法》第13条的规定，属于“固定或者变更商品价格”的违法行为。这四家经销商分别被处以93.79万元、34.16万元、19.72万元和15万元的罚款。

案件14：日本十二家企业实施汽车零部件和轴承价格垄断案〔1〕

（一）基本案情

2000年1月至2010年2月，日立、电装、爱三、三菱电机、三叶、矢崎、古河、住友等八家日本汽车零部件生产企业为减少竞争，以最有利的价格得到汽车制造商的零部件订单，在日本频繁进行双边或多边会谈，互相协商价格，多次达成订单报价协议并予实施。价格协商涉及中国市场且获得订单的产品包括起动机、交流发电机、节气阀体、线束等13种。经价格协商的零部件用于本田、丰田、日产、铃木、福特等品牌的20多种车型。截至2013年底，涉案企业经价格协商后获得的与中国市场相关的多数订单仍在供货。

2000年至2011年6月，不二越、精工、捷太格特、NTN等四家轴承生产企业在日本组织召开亚洲研究会，在上海组织召开出口市场会议，讨论亚洲地区及中国市场的轴承涨价方针、涨价时机和幅度，交流涨价实施情况。涉案企业在中国境内销售轴承时，依据亚洲研究会、出口市场会共同协商的价格或互相交换的涨价信息，实施了涨价行为。

（二）处理决定

国家发改委认为，八家汽车零部件企业和四家轴承企业涉嫌达成并实施了汽车零部件、轴承的价格垄断协议，违反了我国《反垄断法》规定，排除、限制了市场竞争，不正当地影响了我国汽车零部件及整车、轴承的价格，损害了下游制造商的合法权益和我国消费者利益。两个案件中，涉案企业多次达成并实施价格垄断协议，违法行为持续时间超过10年，违法情节严重，国家发改委依法予以从重处罚，同时对主动提供重要证据的相关涉案企业适用

〔1〕案件来源：国家发展和改革委员会行政处罚决定书［2014］第2号至第13号。

了《反垄断法》减轻或免除处罚的条款。

汽车零部件价格垄断案的处罚决定为：一是对第一家主动报告达成垄断协议有关情况并提供重要证据的日立，免除处罚。二是对第二家主动报告达成垄断协议有关情况并提供重要证据的电装，处上一年度销售额4%的罚款，计1.505 6亿元。三是对只协商过一种产品的矢崎、古河和住友，处上一年度销售额6%的罚款，分别计2.410 8亿元、3 456万元和2.904亿元。四是对协商过两种以上产品的爱三、三菱电机和三叶，处上一年度销售额8%的罚款，分别计2 976万元、4 488万元和4 072万元。

轴承价格垄断案的处罚决定为：一是对第一家主动报告达成垄断协议有关情况并提供重要证据的不二越，免除处罚。二是对第二家主动报告有关情况并提交涉及中国市场所有证据和销售数据的精工，处上一年度销售额4%的罚款，计1.749 2亿元。三是对2006年9月退出亚洲研究会但继续参加中国出口市场会议的NTN公司，处上一年度销售额6%的罚款，计1.191 6亿元。四是对提议专门针对中国市场召开出口市场会议的捷太格特，处上一年度销售额8%的罚款，计1.093 6亿元。

同时，涉案企业均提出了整改措施：一是立即根据中国法律对销售政策和销售行为进行整改。二是对公司全体成员进行反垄断培训，确保员工行为符合中国法律要求。三是采取实际行动，消除过去违法行为的后果，主动维护竞争秩序，并惠及消费者。

案件15：江苏省扬州市保险行业协会及二十三家财产保险公司价格垄断案[1]

（一）基本案情

2014年1月，根据消费者举报，江苏省扬州市物价局对扬州市财产保险

〔1〕　案件来源：《统一规定新车车险费率成价格垄断 扬州二十三家险企被罚900万》，http://js.ifeng.com/business/detail_2015_01/20/3451376_0.shtml.

公司行业开展了反价格垄断调查。经查，扬州市保险行业协会及二十三家财产保险公司，通过签订《自律公约》的形式，统一规定新车车险费率不得低于95折。

（二）处理决定

扬州市物价局认为，上述行为违反了《反垄断法》第16条："行业协会不得组织本行业的经营者从事本章禁止的垄断行为。"和《反价格垄断规定》第9条第1项、第2项："禁止行业协会从事下列行为：①制定排除、限制价格竞争的规则、决定、通知等；②组织经营者达成本规定所禁止的价格垄断协议。"的规定。考虑到在处罚前涉案行业组织和企业已经主动整改，执法机关依法对涉案单位处以上年度销售额的1%罚款，共计900多万元人民币。

案件16：广东省三家驾培行业协会组织价格垄断案〔1〕

（一）基本案情

广州市机动车驾驶培训行业协会于2012年8月24日组织会员召开会议，在会议上讨论制定了广州市机动车驾驶员培训费行业指导价，各驾校按此标准可以下调5%，上调15%。深圳市机动车驾驶员培训行业协会在2012年12月28日召开会议达成学车收费最低指导价，会议形成通知向全市驾培机构发布执行，要求全市各驾培机构培训费不得低于制定的最低指导价，不得降低培训质量。佛山市交通运输协会下属的"驾培专业部"于2012年3月14日、15日组织会员召开会议，讨论制定了佛山市机动车驾驶员培训费行业指导价。

（二）处理决定

广东省物价局认为，上述三家驾培组织的行为，违反了《反垄断法》第

〔1〕案件来源：广东省发展和改革委员会网站，http://www.gddrc.gov.cn/zwgk/zdlyxxgkzl/jgzf/pgpt/201410/t20141022_425095.shtml.

16条："行业协会不得组织本行业的经营者从事本章禁止的垄断行为。"和《反价格垄断规定》第9条第1项、第2项："禁止行业协会从事下列行为：①制定排除、限制价格竞争的规则、决定、通知等；②组织经营者达成本规定所禁止价格垄断协议。"等规定。

根据《反垄断法》第46条第3项，行业协会违反本法规定，组织本行业的经营者达成垄断协议的，反垄断执法机构可以处五十万元以下的罚款的规定，并考虑到相关协会组织违法行为没有主观恶意，对调查工作较为配合，能够积极整改，广东省物价局决定对广州市机动车驾驶培训行业协会、深圳市机动车驾驶员培训行业协会、佛山市交通运输协会下属的"驾培专业部"三家组织分别给予35万元的罚款处理。

案件17：宁夏快递公司价格垄断案[1]

（一）基本案情

2014年3月，宁夏回族自治区八家快递企业经多次电话沟通、召开会议等方式终达成共识，就本地电子商务企业揽收邮件最低价格形成了书面统一涨价决定（协议），并向部分电子商务企业发送了该决定（协议）复印件。

（二）处理决定

宁夏自治区物价局认为，涉案八家企业共同达成实施固定或者变更价格的垄断协议，违法了《反垄断法》第13条的规定。因此，宁夏自治区物价局决定对其中的六家快递公司给予行政处罚，两家被责令整改。被处罚的快递公司中有五家不服自治区物价局的行政处罚决定，向自治区政府法制办申请复议，自治区政府法制办最终维持了原处罚结果。

---

〔1〕案件来源：《宁夏反垄断价格"第一案"尘埃落定》，http://nx.people.com.cn/n/2014/1225/c192482-23336782.html.

案件18：天津房屋中介价格垄断案[1]

（一）基本案情

2014年6月份，国家发改委、住房和城乡建设部联合发布《关于放开房地产咨询收费和下放房地产经纪收费管理的通知》，随后天津市出台了《进一步规范房地产中介服务费的通知》（以下简称《通知》），明确提出放开房地产咨询服务收费和房地产经纪服务收费，实行市场调节价，不再出台具体的指导价格。收费标准由委托和受托双方根据服务内容、服务成本、服务质量和市场供求状况协商决定。

在天津市《通知》实施一个月后，包括我爱我家、中原地产、链家地产在内的大型房地产中介公司将二手房交易服务费从总房款的2%上调至3%，上涨幅度达50%，而一些独家委托限时售出的二手房更是将中介费涨至总房款的3.5%。而在3%的中介费操作中明确了买卖双方各自承担的比例，这让二手房的买卖双方都感到有压力。

（二）处理决定

天津市物价局调查认定，上述三家公司达成协议同时上调二手房中介服务收费标准的行为违反了《反垄断法》第13条第1款第1项之规定。鉴于此违法行为持续时间较短，且上述三家公司在案件调查和审理期间能够积极配合，主动停止违法行为并弥补对消费者造成的利益损害，执法机构依据《反垄断法》第46条对上述三家公司的违法行为酌情减轻处罚，作出了罚款数额总计531万元的处罚决定。

---

〔1〕案件来源：人民网：《天津房产中介集体涨价遭反垄断调查》，http://finance.sina.com.cn/china/dfjj/20140811/041519968177.shtml.

案件19：四川资阳道路运输协会组织本行业经营者固定价格案[1]

（一）基本案情

资阳市交通局公路运输管理处于2011年12月21日印发《关于印发资阳市实行营运车辆二级维护信息化监督平台的实施方案的通知》给所辖县（市、区）运管所，该通知文件附件《资阳市实行营运车辆二级维护信息化监督平台的实施方案》中包含以下内容："市道协负责组织调研全市汽车二级维护收费标准，并制定行业自律办法"，"由市道路运输协会牵头，组织维修专委会和维修经营者代表，根据维修市场的经营状况，对二级维护价格进行论证，制定统一价格"。四川资阳道路运输协会依该方案对二级维护工时费价格进行调研并在2012年3月27日资阳市交通局运输管理处召开的营运车辆二级维护企业代表座谈会上组织32家经营者代表讨论了价格标准。

2012年6月14日资阳市交通局运输管理处召开资阳市营运车辆二级维护企业代表座谈会，会上四川资阳道路运输协会组织资阳市三十一家一、二类机动车维修经营者代表讨论通过了《资阳市营运车辆二级维护企业自律公约》，其中约定"严格按照统一收费标准收取维护费，不许任意提高或降低标准收费"。该公约附件《资阳市汽车二级维护工时定额最低收费标准》由四川资阳道路运输协会研究制定，固定了客车、货车两大类别各七类车型工时费最低收费标准。资阳市所辖各地区机动车维修业经营者2013年陆续安装二级维护信息化监督管理平台后，开始执行上述标准收取二级维护工时费。

（二）处理决定

四川省发改委认为，资阳市道路运输协会组织资阳市机动车维修经营者达成、实施固定二级维护工时费价格的垄断协议之行为，系行业协会组织本行业经营者从事垄断协议的行为；三十一家机动车维修企业达成并实施了固

[1] 案件来源：川发改价检处［2015］第13号至第44号。

定机动车二级维护工时费价格的垄断协议，系达成实施固定商品价格的横向垄断协议。以上行为排除、限制了相关市场竞争，降低了相关市场的经济效率，损害了消费者利益，均违反了《反垄断法》。因此，四川省发改委对资阳市道路运输协会处以20万元罚款；对三十一家经营者分别处以上一年度（2013年度）二级维护工时费收入3%的罚款，罚款额为10.412万元。本案总罚款额共计30.412万元。

案件20：上海克莱斯勒价格垄断协议案[1]

（一）基本案情

2012年至2014年克莱斯勒在汽车销售过程中，与经销商签订了含有维持转售价格条款的经销协议，发布了含有维持转售价格内容的商务政策；对电话报价低于厂商建议零售价的经销商，以扣减返利、罚款等形式进行了处罚。另查明，克莱斯勒上海地区经销商上海越也、上海名创、上海信佳在上海越也公司会议室召开会议，签订了《关于统一规范克莱斯勒、JEEP、Dodge品牌车辆维修保养等相关价格协商备忘》，对同城经销商的保养工时、配件价格、做漆价格以及执行时间作了统一约定，并在会后执行了协议达成的价格。

（二）处理决定

上海物价局认为，克莱斯勒达成并实施“固定向第三人转售商品价格”“限定向第三人转售商品最低价格”垄断协议，违反了《反垄断法》第14条的规定；三家经销商达成并实施“固定或者变更商品价格”的垄断协议，违反了《反垄断法》第13条的规定。克莱斯勒及其上海地区三家经销商的行为，排除和限制了市场竞争，扰乱了正常的市场竞争秩序，损害了其他经营者和消费者的合法权益。

因此，上海市物价局依据《反垄断法》第46条对克莱斯勒处以上一年度相关销售额3%的罚款，共计人民币3 168.20万元；对达成并实施垄断协议

---

〔1〕 案件来源：上海市物价局行政处罚决定书第2520140077号至第2520140080号。

的三家经销商依法处罚，其中对起到组织作用的上海越也处以上一年度相关销售额6%的罚款，对上海名创、上海信佳处以上一年度相关销售额4%的罚款，共计人民币214.21万元。

案件21：八家滚装货物国际海运企业价格垄断案[1]

（一）基本案情

根据相关企业提供的线索，国家发改委日前对日本邮船株式会社、川崎汽船株式会社、株式会社商船三井、威克滚装船务有限公司、华轮威尔森物流有限公司、智利南美轮船有限公司、日本东车轮船有限公司、智利航运滚装船务有限公司等八家滚装货物国际海运企业展开调查。经查，八家滚装货物国际海运企业在往返于中国与其他国家和地区的滚装货物（包括汽车、卡车以及工程机械等）海运服务市场上，存在互不侵犯既有业务以维持或抬高运费水平的共识，并针对滚装货物制造商发出的进出口中国的海运业务招标、询价等事项，通过电话、会议、聚餐、电子邮件、专程拜访等方式频繁进行双边或多边沟通，交换敏感信息、进行价格协商、商讨投标意向、分配客户及航线，多次达成报高价或不报价的协议并予以实施，协助具有竞争关系的海运企业获得了海运订单。相关海运企业规避反垄断监管的意图明显，采取了多种不正当手段。相关海运企业价格垄断行为持续时间长，从2008年中国《反垄断法》施行算起，存续时长不少于四年。相关海运企业价格垄断行为影响面广，涵盖滚装货物进出口中国海运市场的北美-中国、欧洲-中国、中国-南美、中国-欧洲、中国近海等主要航线，涉及多个汽车品牌和工程机械品牌。

（二）处理决定

国家发改委认为，八家滚装货物国际海运企业达成并实施价格垄断协议（串通投标）的行为排除、限制了相关市场竞争，抬高了滚装货物国际海运费

[1] 案件来源：国家发展和改革委员会行政处罚决定书［2015］第1号至第8号。

率，损害了中国相关滚装货物进出口商和终端消费者的利益，违反了中国《反垄断法》关于禁止具有竞争关系的经营者达成并实施固定价格、分割市场等垄断协议的规定。

根据价格垄断协议行为的违法性质、程度、持续时间等因素，国家发改委依法对八家海运企业分别处以各自2014年度与中国市场相关的滚装货物国际海运服务销售额不同比例的罚款：一是对达成并实施垄断协议持续时间长、涉及品牌多、涉案事件多，情节严重的日本邮船株式会社、川崎汽船株式会社、株式会社商船三井，考虑到这三家海运企业主动报告了汽车等滚装货物国际海运市场达成垄断协议的有关情况并提供了重要证据，符合中国《反垄断法》第46条规定的宽大情节，因而对第一家适用宽大制度的日本邮船株式会社免除处罚，对第二家适用宽大制度的川崎汽船株式会社处以4%的罚款，计2 398.09万元，对第三家适用宽大制度的株式会社商船三井处以7%的罚款，计3 812.11万元；二是对达成并实施垄断协议的持续时间长、涉及品牌多、涉案事件多、情节严重但提供了反垄断执法机构未掌握的有关违法事实和证据的威克滚装船务有限公司、华轮威尔森物流有限公司，综合考虑分别处以9%和8%的罚款，分别计2.84亿元和4 506.13万元；三是对达成并实施垄断协议持续时间长但涉及品牌、事件和航线数量较少的智利南美轮船有限公司、日本东车轮船有限公司、智利航运滚装船务有限公司（还具有在垄断协议中仅起到协助配合作用的情节）分别处以6%、5%和4%的罚款，分别计307.67万元、1 126.86万元和119.84万元。

案件22：江苏省连云港致诚化工等六家企业固定价格案[1]

（一）基本案情

本案涉案企业有六家，其中生产企业五家，销售企业一家。涉案的六家企业多次召开行业同盟会议，统一氯代苯酚系列产品销售价格。涉案生产企

---

〔1〕 案件来源：［2015］苏价反垄断案1－001号至1－006号。

业从2014年5月至2015年3月多次召开同行业会议，统一氯代苯酚系列产品最低销售价格，涉及对氯苯酚、邻氯苯酚、2，4二氯苯酚、2，6二氯苯酚、2，4，6三氯苯酚五个品种。2014年6月至9月，连云港致诚、灌云金安、连云港恒贸、滨海鸿嘉四家生产企业以上海焦点为平台统一销售对氯苯酚、邻氯苯酚、2，6二氯苯酚、2，4，6三氯苯酚四种产品。各家企业通过缴纳保证金、互派监督员、对违反协议行为进行罚款等方式监督垄断协议实施。2014年6月，连云港致诚、连云港拜尔特、连云港恒贸、灌云金安、滨海鸿嘉各向上海焦点缴纳保证金10万元，以约束各企业价格行为。连云港恒贸、灌云金安、连云港拜尔特由于违法联盟约定低价销售各被罚款1.9万元、2万元和24万元，前两笔罚款没有执行，24万元罚款于2014年9月下旬汇到上海焦点。

（二）处理决定

涉案六家企业统一氯代苯酚产品最低销售价格，以及通过上海焦点统一开票、统一销售的行为，排斥、限制了相关市场竞争，损害了下游公司及最终消费者的利益，违反了《反垄断法》第13条第1款第1项规定，属于“固定或者变更商品价格”的违法行为。综合本案具体情节考虑如下情况：①涉案企业违法行为持续时间较短。本案垄断协议达成并实施时间从2014年4月至2015年3月，持续时间不足一年。②对下游产品价格影响不明显。本案涉及的氯代苯酚产品是生产农药、药品制剂的原料，通过走访调查下游公司，涉案企业联合涨价的行为对下游产品的价格影响并不明显。③涉案企业主动配合调查并积极整改。本案涉案企业在调查组开展调查后，主动交代违法事实，停止违法行为；主动退还联盟保证金和代理手续费；主动消除违法行为产生的影响。

综合以上原因，江苏省物价局决定对涉案企业按照从轻处罚的标准处理，即处以每家企业2014年度销售额1%的罚款，六家企业合计罚款381万元。

案件23：四川省报废机动车回收拆解行业协会固定价格案[1]

（一）基本案情

2012年12月22日，原四川省金属再生行业协会（现更名为四川省报废机动车回收拆解行业协会）召集各会员单位（略）召开第四届理事会，会上审议通过了《四川省报废机动车回收拆解行业自律公约》和《四川省报废机动车回收拆解行业指导价》（以下简称《自律公约》《指导价》）。《指导价》分三类确定报废机动车回收价格标准：货运车、特种车800元/吨；大中型客运车600元/吨；小轿车、面包车、摩托车、事故车500元/吨。协会会后将上述文件下发会员单位要求从2013年1月1日起试行。

2013年7月5日，四川省报废机动车回收拆解行业协会召集会员单位在成都兴原再生资源投资有限公司召开半年工作会，会上提出草拟的《四川省报废机动车回收拆解行业自律公约实施办法》组织会员单位讨论，其中进一步明确"按照行业协会报废汽车指导价回收报废汽车，不哄抬回收价格，不恶性竞争"，另外还规定"不执行报废汽车回收指导价哄抬回收价格的，将予以通报批评，扣除保证金2万元处罚。"

（二）处理决定

四川发改委认为，四川省报废机动车回收拆解行业协会组织全省相关经营者讨论达成《四川省报废机动车回收拆解行业自律公约》和《四川省报废机动车行业指导价》，协议固定报废机动车收购价格，排除、限制市场竞争，破坏相关市场竞争秩序，损害报废机动车交售单位或个人的合法权益，构成组织经营者从事《反垄断法》第13条第1款第1项所禁止的行为，违反了《反垄断法》第16条之规定。据此，四川省发改委对四川省报废机动车回收拆解行业协会处以30万元罚款，并对九家成员企业合计处以26万元罚款。

---

〔1〕 案件来源：川发改价检处［2015］3号至12号。

案件24：重庆青阳等四家公司嘌醇片垄断协议案[1]

（一）基本案情

根据举报，国家发改委对重庆青阳、重庆大同、江苏世贸天阶、上海信谊联合、商丘华杰等五家公司展开调查。经查，别嘌醇片是治疗因尿酸过高引起的高尿酸血症、痛风的常用药物。别嘌醇制剂属于国家基本医疗保险药品目录中的甲类药品，别嘌醇片还列入了国家基本药物目录和国家低价药目录，价格低廉，在临床上广泛使用。全国获得别嘌醇片批准文号的生产厂家有十五家，2012年至2013年实际有七家企业生产别嘌醇片；2014年以来实际只有重庆青阳、江苏世贸天阶、上海信谊联合三家企业生产别嘌醇片。

2014年4月至2015年9月，重庆青阳及其关联销售公司重庆大同、江苏世贸天阶、上海信谊联合及其别嘌醇片独家经销企业商丘华杰，作为生产销售青阳、世贸天阶、信谊品牌别嘌醇片的三方经营主体，先后四次召开会议，达成并实施垄断协议。协议内容主要包括：一是协商统一上涨别嘌醇片价格。2012年至2013年，别嘌醇片市场销售均价约为5.8元/瓶，2014年初因原料、人工、环保和技术改造导致成本增加，供应结构变化等因素，上涨至10元/瓶。2014年4月，涉案企业经过协商，决定将别嘌醇片销售价格提高到不低于18元/瓶；2014年12月，涉案企业协商并决定于2015年1月起提高到23.8元/瓶。二是分割销售市场。三方协商划分了销售区域，其中重庆青阳一方负责四川、重庆、广东、云南、山东、安徽、陕西、甘肃、宁夏、新疆、西藏、内蒙古；上海信谊联合一方负责上海、浙江、北京、天津、河南、河北、海南、广西、江西、山西；江苏世贸天阶负责江苏、湖南、湖北、福建、贵州、吉林、辽宁、黑龙江。三是约定招投标工作。三方必须在划定区域内进行招投标，不得到其它区域投标或议价。同时强调，如违反约定，重庆青阳将取消合作并不予供应别嘌醇原料药。从涉案企业别嘌醇片

[1] 案件来源：国家发展和改革委员会行政处罚决定书［2016］1号至4号。

的实际经销情况和销售数据看，垄断协议得到了实质性实施。

（二）处理决定

国家发改委认为，本案垄断协议涉及上涨价格、分割销售市场两种行为，性质较为严重，持续时间为一年半，四家药企的行为严重排除、限制了别嘌醇片的市场竞争，对2014年4月以来别嘌醇片价格上涨具有重要影响，增大了广大患者的药费负担，损害了消费者利益。以上行为系固定商品价格、分割销售市场的横向垄断协议行为，违反了《反垄断法》第13条第1款之规定。因此，对四家药企处以上一年度销售额5%－8%的罚款，罚款共计人民币399.54万元。

案件25：陕西省机动车检测机构固定价格案[1]

（一）基本案情

2015年11月上旬在陕西省机动车辆检测协会西安分会的组织下，多家机动车检测机构在微信群内讨论集体涨价，并于11月25日、12月4日和12月11日三次召开会议，会议商定机动车检测收费标准小车由原来的每车次180元、大车每车次205元，上调为小车每车次380元、大车每车次480元及以上，通过了《监管办法》，决定统一上调收费标准的时间为2015年12月21日，并通过制定罚则，督促各检测机构必须执行统一商定的最低收费标准。本案涉案单位三十二家。其中一家民间团体、一家省属事业单位、其他为民营企业。

（二）处理决定

按照国家发展改革委价监局反垄断行政执法有关报告备案制度，陕西省物价局及时向国家发展改革委价监局报告了案件立案情况及调查处理意见。按照《反垄断法》相关规定，依据涉案协会和企业在达成并实施垄断协议中的不同作用及垄断行为的性质、程度和持续时间，陕西省物价局依法作出行

［1］ 案件来源：陕价反垄断处罚［2016］27号。

政处罚。其中，对陕西省机动车辆检测协会处以25万元罚款；对第一家主动报告有关情况并提供重要证据的机动车检测机构，依法免除处罚；对其他主动报告有关情况并提供重要证据，或者违法行为轻微并及时纠正的四家机动车检测机构，分别处以上一年度销售额3%的罚款；对其余二十六家机动车检测机构，分别处以上一年度销售额6%-8%的罚款。以上罚款合计5 769 561元，全部收缴省国库。同时责令涉案机动车检测机构停止违法行为，自觉维护公平竞争的市场秩序。

案件26：艾司唑仑药品垄断协议案〔1〕

（一）基本案情

2014年9-10月间，华中药业与山东信谊、常州四药有关人员商讨了艾司唑仑原料药和片剂的有关安排。会议对艾司唑仑原料药不对第四方供货、艾司唑仑片集体涨价进行了协商，最后达成以下一致意见：一是每家企业生产的艾司唑仑原料药仅供本公司生产片剂使用，不再对外销售；二是对艾司唑仑片剂集体涨价形成默契，虽未就具体价格水平达成确切意见，但华中药业作出了艾司唑仑片联合涨至1毛/片的提议，为其他参会企业提供了明确的涨价幅度预期。

三家企业随后均实施了艾司唑仑原料药“联合抵制交易”的垄断协议。华中药业2015年至2016年4月对外销售0公斤，山东信谊2015年至2016年6月仅销售60公斤，常州四药2015年只销售30公斤。三家药企也均实施了艾司唑仑片剂“固定或者变更商品价格”的垄断协议。经查，郑州会议结束后，山东信谊于2014年12月4日印发调价函，华中药业于12月20日印发调价函，常州四药于12月25日印发《关于艾司唑仑价格调整的说明》，对两种规格的艾司唑仑片出厂价进行上调。2015年至2016年6月，三家企业的艾司唑仑片剂出厂价格均出现大幅提升，且涨价时机高度一致。

---

〔1〕案件来源：国家发展和改革委员会行政处罚决定书［2016］5号至7号。

（二）处理决定

本案相关产品市场为艾司唑仑原料药市场、艾司唑仑片剂市场。艾司唑仑具有镇静、催眠和抗焦虑疗效，是国家严格管控的二类精神药品。我国对二类精神药品原料药的准入和生产实行严格管制，全国获得艾司唑仑原料药生产批文的企业只有四家，实际在产的只有涉案的三家企业。作为艾司唑仑原料药的生产经营企业，三家涉案企业在艾司唑仑原料药市场属于具有竞争关系的经营者。

三家药企通过实施上述垄断行为，提高了艾司唑仑片剂价格，减少了艾司唑仑片剂总供给量，损害了消费者利益，对艾司唑仑片剂市场具有明显的排除、限制竞争效果：①艾司唑仑原料药市场的联合抵制交易垄断协议，是以排挤片剂市场竞争对手、提高片剂价格为目的。市场上仅有的三家原料药生产企业联合抵制下游交易，其目的是使其他片剂企业因为缺少关键投入品而被迫退出市场，一方面扩大了在片剂市场的市场份额，另一方面使在片剂市场实施联合涨价成为可能。②艾司唑仑片剂市场的变更商品价格垄断协议，提高了药品价格。商品价格升高是价格垄断协议造成的直接竞争损害，经营者攫取了本应属于消费者剩余的部分，损害了消费者利益。③在原料药市场、片剂市场实施垄断协议的共同作用下，在片剂需求相对稳定、片剂生产数量需要严格审批的情况下，片剂生产企业的减少和片剂价格的上涨伴随市场供应总量的减少，意味着患者无法获得所需药品，患者的用药可及性受到影响。

国家发改委责令三家涉案企业立即停止违法行为，并处涉案企业2015年度艾司唑仑片剂销售额2.5%－7%不等的罚款，共计人民币2 603 823元。

案件27：山西省机动车检测机构价格垄断协议案[1]

（一）基本案情

2017年1月4日，在国家发展改革委的指导下，山西省发改委分别对省

〔1〕 案件来源：山西省发展和改革委员会行政处罚决定书［2016］58号至75号。

内部分地区机动车检测机构达成并实施价格垄断协议的行为进行了调查，并依法作出行政处罚。山西省发改委根据举报，查明涉案机动车检测机构组织并参与协商以“统一调整机动车检测价格”为内容的会议，达成上调机动车检测（机动车安全技术检验和机动车环保定期检验）收费项目及标准的共识，并约定共同实施的事实。

（二）处理决定

执法机关认为，涉案企业与具有竞争关系的经营者进行价格协商，统一上调机动车检测收费的行为违反了《反垄断法》第 13 条第 1 款第 1 项的规定，属于达成并实施了“固定或变更商品价格”的垄断协议。上述违法行为损害了其他经营者和消费者的合法权益。依据达成并实施垄断协议中发挥的不同作用及垄断行为的性质等因素，山西省发改委根据《反垄断法》第 46 条的规定，对涉案机动车检测机构分别处以上一年度销售额 3% －8% 的罚款，罚款共计 131.99 万元。

案件 28：山西二十三家火电企业价格垄断协议案[1]

（一）基本案情

2016 年 1 月 29 日，全国 12358 价格监管平台和山西省政府有关部门接到举报，反映山西省电力行业协会组织部分火电企业召开大用户直供座谈会，签署《山西省火电企业防止恶意竞争、保障行业健康可持续发展公约》，涉嫌非法垄断直供电价格。经山西省发改委调查发现，2016 年 1 月 14 日下午，山西省电力行业协会召集大唐、国电、华能、华电四家央企发电集团山西公司，漳泽电力、格盟能源、晋能电力、西山煤电四家省属发电集团，以及十五家发电厂，在太原市召开火电企业大用户直供座谈会，共同协商直供电交易价格，签订公约，并确定 2016 年山西省第二批大用户

〔1〕 案件来源：国家发展和改革委员会网站，http://www.ndrc.gov.cn/gzdt/201708/t20170803_856993.html.

直供电报价较上网标杆电价让利幅度不超过0.02元/千瓦时，最低交易报价为0.30元/千瓦时。

（二）处理决定

执法机关认为，山西省电力行业协会组织二十三家火电企业通过垄断协议控制直供电交易价格的行为，违反了《反垄断法》第13条第1款第1项规定，违背了国家电力改革中引入竞争、鼓励大型工业用户向发电企业直接购电、交易双方协商定价的原则，不利于通过市场化、法治化的手段有效推进火电行业供给侧结构性改革，排除、限制了直供电市场的公平竞争，增加了下游实体企业的用电负担，损害了消费者利益。国家发改委指导山西省发改委依法作出处理决定，对达成垄断协议发挥组织作用的山西省电力行业协会，依法从重处罚，顶格罚款50万元，对参与达成并实施垄断协议、积极配合调查、认真整改的涉案企业处上年度相关销售额1%的罚款，对二十三家涉案企业合计罚款7 288万元。

案件29：贵州省机动车检测机构价格垄断协议案[1]

（一）基本案情

2017年1月4日，在国家发改委的指导下，贵州省发改委对省内部分地区机动车检测机构达成并实施价格垄断协议的行为进行了调查，并依法作出行政处罚。经查发现，贵州省毕节市城区五家机动车检测机构自2015年12月起，多次商议统一机动车检测收费标准，于2016年2月1日签订协议书，统一收费标准，并规定了不执行约定的惩罚措施。

（二）处理决定

因上述行为违反了《反垄断法》第13条第1款第1项的规定，属于达成并实施了“固定商品价格”的垄断协议。该违法行为损害了其他经营者和消

---

〔1〕 案件来源：国家发展和改革委员会网站，http://www.ndrc.gov.cn/fjgld/201701/t20170104_834259.html.

费者的合法权益。贵州省发改委在查明案件主要事实后，依据在达成并实施垄断协议中发挥的不同作用及垄断行为的性质和持续时间等因素，贵州省发改委根据《反垄断法》第46条的规定，对涉案机动车检测机构分别处以上一年度销售额1%－6%的罚款，共计27.69万元。

案件30：十八家聚氯乙烯树脂经营者价格垄断案[1]

（一）基本案情

2017年初，国家发改委接到举报，反映部分聚氯乙烯树脂（以下使用其英文简称PVC）经营者实施价格垄断，联合推高PVC销售价格，加重了以其为原材料的下游企业成本负担，损害了消费者合法权益。

经查，2016年3月至12月期间，十八家涉案企业以“西北氯碱联合体”的名义先后召开六次会议，交流市场行情、讨论产量销量，并通过微信群达成了十三次价格垄断协议，共同联手推高了PVC售价。其中湖北宜化集团有限责任公司、中盐吉兰泰盐化集团有限公司分别作为“秘书长单位”和“理事长单位”，先后牵头组织了“西北氯碱联合体”的六次会议，并通过微信群多次主动提议涨价，在案件中起主导作用。其他十六家涉案企业参加了“西北氯碱联合体”会议，并在微信群中响应、支持上述两家牵头单位发出的涨价提议。

（二）处理决定

国家发改委认为，在实际销售过程中，所有涉案企业均实施了“固定商品价格”的垄断协议，违反了《反垄断法》第13条第1款第1项的规定。涉案企业的违法行为对市场竞争秩序、下游经营者和消费者权益均造成了损害：一是排除限制了PVC市场的竞争秩序；二是加重了以PVC为原材料的下游企业成本负担；三是损害了消费者合法权益。PVC售价快速上涨，导致下游家具建材、家用电器、建筑型材等产品的价格上涨，损害了消费者的合法权益。

---

〔1〕案件来源：国家发展和改革委员会行政处罚决定书［2017］3号至20号。

国家发改委根据《反垄断法》第46条的规定，对十八家涉案企业处以2016年度相关市场销售额1%－2%的罚款，共计4.57亿元。

案件31：北京市物业服务评估监理协会制定垄断协议案[1]

（一）基本案情

2012年至2016年期间，北京市物业服务评估监理协会组织行业内具有竞争关系的会员单位，多次通过会议、邮件等方式，就物业服务评估监理业务收费标准形成一致意见，对未执行收费标准的会员单位进行通报，组织会员单位签署执业承诺书，要求会员单位"严格遵守收费标准"。

（二）处理决定

执法机关认为，北京市物业服务评估监理协会组织行业的上述行为构成组织会员单位达成价格垄断协议的违法行为，违反了《反垄断法》第16条之规定，四十八家会员单位在物业服务评估监理业务中以达成的收费标准为依据，收取服务费用，构成达成并实施价格垄断协议的违法行为。当事人的上述行为违反了《反垄断法》第13条第1款第1项的规定，属于与具有竞争关系的经营者达成并实施"固定或者变更商品价格"垄断协议的违法行为。北京市行政区域内只有协会的会员单位从事物业服务评估监理业务，本案垄断协议严重排除、限制了物业服务评估监理服务的价格竞争，价格竞争是经营者之间最重要、最基本的竞争方式，没有或限制价格竞争，经营者就缺少降低成本、提高评估服务质量的动力，行业的资源得不到优化配置，消费者的利益缺乏保障。依据《反垄断法》第46条之规定，执法机构对协会处以35万元罚款，四十八家会员涉案企业分别被处以2015年销售额7%、5%、3%的罚款，累计罚款219万余元。

---

〔1〕 案件来源：京发改价格处罚［2017］17号至65号。

案件32：杭州市富阳区造纸协会组织十七家造纸企业实施价格垄断案[1]

（一）基本案情

2016年10月28日，杭州市富阳区造纸协会组织浙江鸿昊、浙江新胜大、浙江春胜、浙江三星纸业等十七家造纸企业召开行业会议，共同协商上调卷筒白板纸价格，并达成协议：①对本次价格调整，企业应自觉执行到位；②调价分阶段执行，首次每吨上调200元，特殊情况允许50元以内浮动；③本次调价系卷筒价格；④企业间相互监督，发现问题及时通报协会秘书处，秘书处将按“自律规则”进行检查和处理。

经执法机关对涉案企业销售情况进行核实，各涉案企业均实施了关于上调卷筒白板纸价格的垄断协议。2016年1月至10月，涉案企业的卷筒白板纸价格维持稳定，月度均价为每吨2 470元；2016年11月，涉案企业均按照垄断协议上调了销售价格，上调金额分别为每吨70元至270元左右，月度均价为每吨2 640元；2016年12月，涉案企业继续上调销售价格，月度均价为每吨3 049元，比达成协议前每吨累计上涨579元，累计上涨幅度约为23%。

（二）处理决定

浙江省物价局认为，富阳区造纸协会组织本行业经营者达成统一上调卷筒白板纸价格的垄断协议，违反了《反垄断法》第16条的规定。十七家涉案企业作为生产销售卷筒白板纸的独立市场主体，属于具有竞争关系的经营者，在行业协会的组织下召开会议，达成并实施上调卷筒白板纸价格的垄断协议，违反了《反垄断法》第13条第1款第1项的规定。富阳区造纸协会和涉案企业的上述行为排除、限制了卷筒白板纸市场的竞争，违法推动了卷筒白板纸价格上涨，增加了印刷、包装等下游企业负担，损害了消费者利益。

根据《反垄断法》第46条和第49条的规定，对达成垄断协议发挥组织

〔1〕 案件来源：浙价检处［2017］1号至17号。

作用、且在2010年就因组织企业串通价格受到过行政处罚的富阳区造纸协会，依法从重处罚，由社会团体登记管理机关依法撤销登记；对参与达成垄断协议的十七家涉案企业，责令其依法行使自主定价权，考虑到实施垄断行为的时间为两个月左右，且能够配合调查，积极整改，故分别处以上年度卷筒白板纸销售额1%的罚款，合计罚款778万元。

案件33：北京市混凝土协会制定垄断协议案[1]

（一）基本案情

2016年6月至8月，北京市混凝土协会多次通过会议讨论、签订协议、约谈督查等形式，牵头制定含有固定本市预拌混凝土销售价格内容的相关行业自律文件，组织以会员单位为主的混凝土生产企业就统一执行自律文件达成一致意见。执法机构认为北京市混凝土牵头制定、组织达成的《自律准则》和《决定》等协议，严重排除、限制了本市混凝土产品的市场竞争，减弱了具有竞争关系的经营者在提升产品质量、降低生产成本等方面的动力，导致市场无法通过价格竞争而优化资源配置，直接影响过剩产能的优胜劣汰和行业健康发展，损害下游经营者和交易相对人的合法权益。

（二）处理决定

北京市发改委认为，本案垄断协议属于横向固定商品价格形式，对市场公平竞争秩序破坏较大。北京市混凝土协会作为垄断协议的策划者、召集者和推动者，起到牵头和主导作用，违法性质严重，程度较深。首先，从过程看，垄断协议内容主要由该协会制定，通过会员大会对于协议的最终达成予以组织和引导。其次，该协会利用自身承担的行业管理职能，对垄断协议执行情况开展督查和协调，深度介入、直接干预混凝土企业价格水平。最后，北京市发改委曾于2010年因该协会涉嫌价格垄断问题而对其进行过调查，在该协会后期承诺消除影响并提出申请后，北京市发改委于2011年11月作出

〔1〕 案件来源：京发改价格处罚［2017］84号。

过中止调查决定。本案中，该协会再次出现同类价格垄断行为，加之组织参与的企业数量众多，影响范围广泛，相关行业反映强烈，因此具有屡查屡犯、价格违法行为严重或者社会影响较大两项从重处罚情形，且不具有从轻或者减轻处罚情形。

2018 年 1 月，北京市发改委依据《反垄断法》第 46 条第 3 款、第 49 条、《反价格垄断规定》第 23 条第 2 款以及《国家发展改革委关于印发〈规范价格行政处罚权的若干规定〉的通知》（发改价监［2014］1223 号）第 8 条第 1 项、第 2 项、第 10 条的规定，责令该协会立即停止违法行为，决定对其作出罚款 50 万元的行政处罚。

案件 34：陕西十三家人防防护设备企业价格垄断案〔1〕

（一）基本案情

2015 年下半年起，西安市正泰五防工程有限责任公司与其他十二家人防防护设备企业多次聚会协商，达成维护人防门信息价的共识，并于 2016 年 4 月，在西安市高新区锦业路锦业时代经商议成立了“陕西省人防防护设备企业自律平台”，共同签订了《陕西省人防防护设备企业自律章程》《陕西省人防防护设备企业自律协议》《2016 年自律企业份额》等三份协议，达成以下约定：一是人防门销售价格统一参照陕西省人防定额信息价；二是固定人防门安装费、运输费、技术协调费、保险费等费率；三是以统一划分销售市场为手段，分配每家企业的市场份额，确保人防门销售价维持在信息价水平；四是约定保证金缴纳办法和罚则，一旦违反约定低价销售，保证金由自律平台没收。2016 年 4 月 10 日自律章程、自律协议生效后，上述公司向自律平台支付了部分开办费用并缴纳了保证金，同时参与了自律平台组织召开的六次分配项目会议，就固定人防门销售价格、分割销售市场的实施情况与参会人防防护设备企业进行了交流。通过项目分配会议，上述公司各自分得部分工

〔1〕 案件来源：陕价反垄断处罚［2017］9 号至 21 号。

程项目，并执行了《陕西省人防防护设备企业自律章程》所约定的统一投标行为，实施了垄断协议。上述企业的垄断行为，使陕西省人防门整体销售价格较自律平台统一销售前有所上涨。

（二）处理决定

陕西省物价局认为，上述十三家具有竞争关系的经营者达成并实施垄断协议的行为，对陕西省人防门市场具有排除、限制竞争效果，违反了《反垄断法》第 13 条第 1 款第 1 项的规定，即禁止具有竞争关系的经营者达成并实施“固定或者变更商品价格”的垄断协议，抬高了陕西省人防门市场整体销售价格，损害了下游房地产企业和终端消费者的合法权益。据此，陕西省物价局于 2017 年末依法向省内十三家人防防护设备企业下发行政处罚决定书，对涉案企业分别处以 2016 年度人防门设备销售金额 1%－3% 不等的罚款，合计 220 余万元，并责令整改。

案件 35：深圳港区四家拖轮公司价格垄断案〔1〕

（一）基本案情

自 2010 年以来，深圳盐田拖轮有限公司、深圳联达拖轮有限公司、深圳赤湾拖轮有限公司、深圳市大铲湾拖轮有限公司四家公司通过定期或者不定期举行会议，一方面就拖轮收费总体走势进行沟通，保持价格总体走势基本一致；另一方面就个别船公司的拖轮收费问题进行沟通，保持谈判策略基本一致。

四家拖轮公司的经营许可证中均明确规定了许可的经营地域，分别隶属于不同的港区，相互之间互不重合。但由于深圳港东部盐田港区和西部蛇口港区、赤湾港区、大铲湾港区之间距离较近，不同港区之间存在较为激烈的市场竞争。拖轮费用作为船公司在港口使费中的一部分，计入船公司在港口发生的总体成本。因此，不同港区之间的竞争会传导至各自下属的拖轮公司，从而使各拖轮公司之间产生竞争关系。涉案企业与其他拖轮公司每年均定期

〔1〕 案件来源：国家市场监督管理总局行政处罚决定书国市监价监处罚［2018］1 号至 4 号。

或者不定期召开会议，就拖轮收费等事宜进行沟通，以保持收费水平总体走势一致。从涉案企业的拖轮收费水平来看，2010 年以来该四家拖轮公司收费水平均呈稳中上涨态势，变化的时间节点和幅度基本一致，具有价格行为的一致性。此外，在部分船公司发生合并等事宜时，四家拖轮公司就拖轮费率收费问题进行沟通，以保持谈判策略基本一致。

（二）处理决定

执法机关认定，涉案企业就拖轮收费事宜进行沟通，在此基础上保持价格行为的基本一致，限制了各拖轮公司之间的竞争，违反了《反垄断法》第 13 条第 1 款第 1 项的规定，属于达成并实施"固定或者变更商品价格"垄断协议的行为。

考虑到涉案企业主要就价格总体走势进行沟通，较少涉及具体船公司的拖轮费率；拖轮费用在港口使费中所占比例较小，对港口之间竞争损害较为有限等因素，依据《反垄断法》第 46 条第 1 款、第 49 条的规定，执法机关责令四家拖轮公司停止违法行为，对每一家涉案企业均处上一年度相关销售额 4% 的罚款。

二、限制商品的生产数量或者销售数量

案件 36：四川省宜宾市砖瓦协会组织本行业经营者从事垄断协议案[1]

（一）基本案情

2009 年 5 月起，宜宾砖瓦行业影响较大的三家公司作为发起单位，发起筹建宜宾市砖瓦协会，筹建期间暂时以宜宾市建材行业协会砖瓦分会（2005 年登记成立）的名义从事活动（以下均简称协会），并制定了《宜宾市建材行业协会砖瓦分会暂行管理办法》（以下简称《暂行管理办法》）和与之配套

〔1〕 案件来源：川工商处字［2013］7001 号至 7007 号。

的《停产整改合同》《技术服务合同》，约定本行业“分片区确定产、停单位”“控制总产量为目前协会产量的50%”“对停产会员单位，在核定产量的前提下，由协会在收取的生产会员单位技术服务费予以补偿”等内容。2009年8月1日，协会在宜宾市党校一楼召开会员大会，一致通过了《暂行管理办法》，并选举了宜宾市砖瓦协会会长、副会长、秘书长以及协会理事会成员。

在2009年7月至9月期间，协会陆续对其会员单位核定其当前每月产量，与生产企业签订了《技术服务合同》，约定生产企业每月按核定产量向协会缴纳委托管理费和技术服务费；与停产企业签订了《停产整改合同》，约定协会每月按核定产量给停产企业支付停产扶持费。协会按合同约定于每月12－13日收取生产企业技术服务费和委托管理费，于每月15日支付给停产企业停产扶持费。2009年12月25日，宜宾市建材行业协会砖瓦分会注销，但以上《管理办法》及两个《合同》继续施行。2010年3月31日，宜宾市砖瓦协会经宜宾市民政局登记成立，原宜宾市建材行业协会砖瓦分会的成员均加入了宜宾市砖瓦协会，继续沿用以宜宾市建材行业协会砖瓦分会名义制定的《暂行管理办法》和签订的《停产整改合同》《技术服务合同》。

至2011年9月，宜宾市砖瓦协会会员单位共五十六家，其中停产厂家二十九家，生产厂家二十七家，宜宾市砖瓦市场砖生产数量同比每月减少了2 500－3 516万匹，期间协会未对会员单位提供过技术服务和扶持措施。2011年9月，因协会内部发生矛盾，部分生产企业停止缴纳技术服务费，停产企业不能按约定领取停产扶持费，协会停止了对会员单位相关费用的收取和支付活动。

（二）处理决定

四川省工商局认为，宜宾市砖瓦协会组织具有竞争关系的会员单位共同达成的《暂行管理办法》，约定部分企业停产，从而控制宜宾砖瓦市场砖的生产数量，控制停产会员单位直接退出宜宾市砖瓦市场的竞争，严重限制了市场竞争，属于垄断协议。涉案企业在宜宾市砖瓦协会的组织下，与具有竞争关系的会员单位达成垄断协议，并通过与协会签订《技术服务合同》的方式，每月按时缴纳技术服务费，严格实施该垄断协议，破坏了宜宾砖瓦市场公平、有序的竞争秩序。一方面，停产企业依赖协会支付的停产扶持费，退出市场竞争，企业发展停滞；另一方面，生产企业通过该垄断协议获得了对市场的控制权，占有了较多的市场份额和资源，而忽略了主动通过改进技术、提高产品质量等方式来提升自身的竞争力，实质上阻碍了企业的健康发展，不利于宜宾市砖瓦市场的良性发展，同时也不利于地方经济的可持续发展，造成了严重的社会危害后果。

综上，上述行为违反了《反垄断法》第13条第1款“禁止具有竞争关系的经营者达成下列垄断协议：……②限制商品的生产数量或者销售数量；……”之规定，属于达成并实施限制商品的生产数量的垄断协议行为。

2013年3月27日，四川省工商局根据《反垄断法》第46条对宜宾市砖瓦协会及主要涉案企业罚款总计106万元。

案件37：辽宁省建筑材料工业协会组织本行业经营者从事垄断协议案[1]

（一）基本案情

2011年，水泥产能过剩的东北地区水泥市场出现需求紧张、水泥价格保持高位等现象。接到投诉的辽宁省工商局，经国家工商总局授权，于2011年7月对辽宁省建筑材料工业协会涉嫌组织水泥企业协议垄断经营进行了立案调查。经查明：2010年11月底，辽宁省建筑材料工业协会组织辽宁十三家水泥生产企业召开会议，签订《自律公约》，内容主要涉及冬季限产（参与的水泥企业以窑为单位缴纳违约保证金，违者重罚）和价格自律（2011年3月1日开工生产后，熟料最低价每吨260元）两个方面。

（二）处理决定

辽宁省工商局认定，签订《自律公约》的辽阳冀东水泥有限公司等十三

〔1〕　案件来源：辽工商处字［2012］2号。

家企业属同行业经营者，彼此有竞争关系；《自律公约》中“冬季限产时间安排”的规定，是涉案企业关于“限制商品的生产数量”的约定，该约定违反了《反垄断法》第13条的规定。辽宁省建筑材料工业协会组织十三家企业达成《自律公约》的行为，构成组织本行业经营者从事垄断协议的行为，违反了《反垄断法》第16条的规定。《自律公约》的实施导致了水泥产业链条上的生产成本大幅度提升，相关产品价格明显上涨，消费者和社会公共利益直接受损。

2012年3月至8月，辽宁省工商局依法对涉案的辽宁十三家水泥生产企业以及辽宁省建筑材料工业协会分别作出了行政处罚，罚款额总计达1 637万元。

三、分割销售市场或者原材料采购市场

案件38：连云港预拌混凝土垄断协议案[1]

（一）基本案情

2009年3月3日，江苏省连云港市混凝土委员会组织连云港润丰混凝土有限公司等十六家混凝土企业召开会议，协商订立了“预拌混凝土企业行业自律条款”及“检查处罚规定”，规定会员未经许可不得自行与施工方订立混凝土销售合同。为保障协议的实施，混凝土委员会还多次组织对成员单位进行检查，并对其认定的违规企业以“误接其他成员单位工程”和“漏报工程量”等理由予以处罚。

在得到国家工商行政管理总局的授权后，江苏省工商局组成专案组进行了调查和走访。专案组发现，该市混凝土委员会曾数次召开会议，商讨有关运作、合同备案、信息收集、工程分配、违约单位出发等事项，组织协议的实施。

（二）处理决定

江苏省工商局认为，该市混凝土委员会各成员企业，属于经营同种业务

---

〔1〕 案件来源：国家工商总局竞争执法公告［2013］年第1号。

的独立经营者，相互之间在区域市场内具有明显的竞争关系。涉案协会组织具有竞争关系的会员企业达成“行业自律条款”及“检查处罚规定”，并以此为基础划分连云港市区相关市场的行为，客观上限制了预拌混凝土区域市场的竞争，属于《反垄断法》第13条第1款第3项所禁止的“分割销售市场”的垄断协议。

2010年8月30日，江苏省工商局根据《反垄断法》对该混凝土委员会及五家常设委员会成员企业作出了没收违法所得136 481.21元、罚款730 723.19元的处罚决定。

案件39：江西泰和液化气站垄断协议案[1]

（一）基本案情

2008年10月，泰和县华维液化石油气储配站为独家经营泰和县城散装液化石油气业务，与该县江西省赣中南石油有限责任公司（以下简称赣中南公司）、江西省新深港液化气销售配送有限公司泰和分公司（以下简称新深港公司）、泰和县马市普工液化石油气有限公司（以下简称马市普工公司）、泰和县辉煌液化气站（以下简称辉煌气站）、夏富华（系泰和县万合液化气站个体经营者）、郭继红（系泰和县继龙液化气站个体经营者）六家经营户达成协议：由华维气站一家经营泰和县城的散装液化石油气充装、销售业务，马市普工公司负责液化气批发业务（不再从事散装零售），万合液化气站负责万合附近乡下散装零售业务，赣中南公司、辉煌气站、新深港公司、继龙气站均停止县城液化气零售业务。华维气站按月支付赣中南等六家经营户现金9.4－10.4万元（其中赣中南公司1.15万元/月，新深港公司1万元/月，马市普工公司3万元/月，2009年1月后马市普工公司4万元/月，继龙气站1万元/月，辉煌气站1.2万元/月，万合气站0.85万元/月）。

2009年1月至12月，泰和县华维液化石油气储配站销出散装液化石油气

[1] 案件来源：赣工商公处字［2010］01号。

1 827 吨，销售额 13 023 000 元；其在 2009 年依据法律、法规和省级以上人民政府的规定支付吉安市锅炉压力容器服务中心、吉安市特种设备监督检验中心等单位税费计 659 600 元，直接用于经营活动开支 1 395 199 元；华维气站从中获经营收入 205 537 元。

（二）处理决定

江西省工商局认为，泰和县华维液化石油气储配站为控制泰和县的散装液化石油气经营市场，与赣中南公司、新深港公司、马市普工公司、辉煌气站、夏富华、郭继红达成协议，人为排除、限制了市场竞争，造成泰和县液化石油气市场独家经营的状况，这种行为一方面使消费者失去了选择商品的权利，严重损害消费者的利益；另一方面也使市场失去优胜劣汰的机制，效益好的企业因为不能参与正当竞争，不能根据市场的情况扩大自己的生产规模，它们从而也就不能扩大自己的市场份额，从而也严重损害企业的竞争力，使社会资源不能得到优化配置。因此，华维气站上述行为构成《反垄断法》第 13 条第 1 款第 3 项所禁止的垄断协议行为。

2011 年 4 月 1 日，江西省工商局依据《反垄断法》第 46 条第 1 款规定，责令当事人泰和县华维液化石油气储配站停止违法行为，并作出如下行政处罚：没收当事人违法所得 205 537 元，并处罚款 130 230 元。

案件 40：河南省安阳市旧机动车经营者从事垄断协议案[1]

（一）基本案情

2007 年 10 月 18 日，安阳市旧机动车辆交易市场有限责任公司与安阳旧机动车交易市场、林州市豫北机动车交易市场有限公司三家企业共同签订了一份以设置垄断条款、划分市场区域、实行集中办公、统一市场服务价格为主要内容的《协议书》。

2008 年 6 月 14 日，安阳市旧机动车辆交易市场有限责任公司与安阳旧机

〔1〕 案件来源：国家工商总局竞争执法公告［2013］年第 3 号。

动车交易市场、安阳市东方旧机动车交易有限责任公司、林州市豫北机动车交易市场有限公司四家企业共同签订了一份以设置垄断条款、划分市场区域、实行集中办公、统一市场服务价格为主要内容的《联合协议书》。

2009年10月15日，安阳市旧机动车辆交易市场有限责任公司与其他十家二手车市场经营者签订了《协议书》，其中安阳市旧机动车辆交易市场有限责任公司为甲方，其余十家为乙方。协议签订后，十一家当事人共同制定了《二手车交易服务费收费指导标准》，并按其收费。未按照主管机关核准的收费标准（不超过成交额的1.5%）收取交易服务费。此外，十一家当事人除在协议约定的场所内实行合署办公，按自行制定的标准统一收取交易服务费。

（二）处理决定

河南省工商局认为，安阳市二手车市场十一家经营者均是同行业竞争的独立主体，在安阳市行政区域内具有横向竞争关系。从2007年10月18日至今，历时三年多，三次签订协议，参与垄断的经营者从三家经营者发展到十一家经营者，他们通过签订协议，划分市场区域和份额，统一服务收费价格，规定严厉的处罚措施和明确的违约责任，其行为无论从主观到客观，均破坏了二手车市场（相关市场）中经营者之间正常的竞争秩序，损害了二手车市场（相关市场）的竞争结构，使二手车交易相对人只能被动而无选择地交易，并缴纳高额的服务费，无法享受由竞争而带来的实惠，损害了交易相对人的合法权益，阻碍了二手车市场的健康发展。

2012年1月4日，河南省工商局依法对涉案的十一家企业进行行政处罚，并没收违法所得，罚没数额总计173.3万元。

案件41：湖南省保险行业协会组织本行业经营者从事垄断协议案[1]

（一）基本案情

2006年以来，湖南省常德市、郴州市、张家界市和永州市等地的新车，

〔1〕 案件来源：国家工商总局竞争执法公告［2013］年第7号。

必须到指定地点以相同的折扣投保，该“强制投保”行为遭到质疑。经国家工商行政管理总局授权，湖南省工商局于2012年5月至6月，对上述四个地市保险行业协会组织保险企业协议垄断新车保险的行为，先后进行了立案调查。经查明：2006年、2007年、2010年和2011年，常德市保险行业协会、郴州市保险行业协会、张家界市保险行业协会和永州市保险行业协会，分别组织中国人民财产保险股份有限公司当地分公司等八至十六家保险企业，签订了《常德市新车保险服务中心合作协议书》《郴州市新车保险服务中心合作协议》《张家界市新车保险服务窗口合作协议》和《永州市新车保险服务中心合作公约》，并设立当地的“新车保险服务中心”。各合作协议内容涉及新车中心的“组建原则”“业务范围”“保险份额调控”和“违约责任”等方面。主要内容包括：

1. 明确了新车中心的组织形式

新车中心是由常德市各财产保险公司新车保险营销服务部组成，接受当事人的指导和管理；经向湖南保监局备案，集中统一办理新车保险业务，在新车中心签发的保险合同所涉及的售后服务和法律责任，均由承保公司承担。

2. 明确了相关保险企业的地位

参加《合作协议》的各财产保险企业组成“常德市新车保险领导小组”，负责新车中心重大事项的决策，领导小组由当事人的会长、秘书长、各成员公司分管车险业务的副总经理、新车中心主任组成，组长由当事人的会长担任，副组长由秘书长担任，相关保险企业副总经理为成员。领导小组下设新车中心协调小组，组长由当事人产险工作部主任担任。相关保险企业在当事人协调部兼职的成员为成员，协调小组负责有关问题管理和违约责任的查处。新车中心内设综合、业务、财务、稽查四个部门，营业大厅设置了若干个柜台出单点。

3. 明确了新车中心的具体运作方式

一是承保：新车中心对各成员公司的费率进行适当整合，调整到相差3%以内，由各公司分别办理相关报批报备手续。各成员公司共同制定《新车承保业务规则》，按规则进行操作。二是资料：当日保单资料当日整理，中心每周与各公司办理交接手续。三是收费：委托银行在新车中心设立柜台，统一收取各保费，每月 10 日至 25 日将所收保费分两次划到各公司账户上。四是费用承担：新车中心费用为实收保费的 8%，按各公司所占保费分摊，筹建费先向各公司借支，待新车中心运作后，从费用中逐步归还。新车中心收取的咨询费用（手续费），从 2011 年 3 月起，按 4% 收取。五是理赔：谁承保谁理赔。

4. 明确了保费份额的调控

《合作协议》明确规定在 2007 年 4 月底以前按人保公司 56%，平安公司 9.57%，太平洋公司 6.59%，华安公司 6.75%，天安公司 6.95%，太平公司 3.3%，大地公司 4.06%，中华联合公司 3.7%，安邦公司 3.08%，这样一个比例划分新车市场份额。并规定从 2007 年 5 月 1 日起，每年度以各公司上年度常德车险市场所占份额（以年终各公司上报各省公司财务报表数据为准）为当年新车中心调控份额，若所占份额低于 3% 时，按 3% 计算。并规定新加入《合作协议》的新公司从签约次月起按 3% ÷12 个月比例的份额用摊薄方法计算保费，待经营年度后视车险市场所占份额，若高于 3%，按实际占比计算保费，若达不到 3%，还按 3% 计算。

5. 统一了新车保险销售渠道

《合作协议》明确了新车中心的业务范围：除摩托车保险，成员公司在常德市的所有新车承保业务都必须集中在新车中心办理，包括批改业务；新车是指首次在常德市交警支队直属车管所及直属分所办理入籍登记的各种车辆（含县区、外籍转入）。并明确规定，新车中心运行后，各公司的所有营业网点不得办理新车中心业务范围内的业务。如果各公司下属营业网点办理该业务的 5 倍处以违约罚金。

6. 形成联合抵制

《合作协议》明确规定，新车中心运行后，各相关保险企业清理撤销与各专业代理兼业代理人的原代理协议，终止其对新车业务的代理授权，并收回代理协议和有关单证。并规定，各相关公司下属网点委托代理新车业务的，按每保单保费的5倍处以违约罚金，同时扣减当年份额的一个百分点。这样，使常德市保险代理公司无法代理新车业务，有的因此关门，把公司搬迁到没有新车中心的地方做保险代理业务。

《合作协议》规定的新车市场份额比例，在2008年之后，改为“指导性计划调控管理比例”，并且由原来的一年调整一次，改为半年调整一次，再后来改为一季度调整一次。到2012年1季度，这个新车保险市场指导性计划调控管理比例是：人保公司44.37%，平安公司14.60%，太平洋公司8.67%，天安公司1.63%，华安公司1.92%、太平公司0.31%、大地公司2.80%、中华联合公司8.16%、安邦公司1.34%，寿财公司11.69%，都邦公司0.66%，渤海公司0.36%，华泰公司0.34%，长安公司1.05%，永诚公司0.22%，阳光公司1.90%。这个“指导性计划调控管理比例”和划分的市场份额只是改了一个名字，其内容实质一样。

（二）处理决定

湖南省工商局认定，涉案企业组织签订的《合作协议》虽然在《反垄断法》出台之前，但《反垄断法》实施后并没有终止《合作协议》有关市场份额分配的内容，涉案企业组织达成的《合作协议》，属于《反垄断法》所禁止的垄断协议。首先，《合作协议》签约单位均为常德市保险行业协会产险理事会成员单位，属于经营同种业务的独立经营者，相互之间在常德市区域内具有明显的竞争关系。其次，《合作协议》规定，划分新车保险市场份额或实行“计划调控管理比例”，即每年度以各公司上年度常德车险市场所占份额（以年终各公司上报各省公司财务报表数据为准）为当年新车中心调控份额。因此，《合作协议》属于《反垄断法》第13条第1款第3项所禁止的“分割销售市场”和《工商行政管理机关禁止垄断协议行为的规定》第5条第1项所禁止的“划分销售商品的数量”的垄断协议。

据此，2012年11月至12月，湖南省工商局依据《反垄断法》第46条，对常德市保险行业协会和郴州市保险行业协会各处罚款45万元，对张家界市保险行业协会和永州市保险行业协会各处罚款40万元。

案件42：浙江省江山市混凝土经营者从事垄断协议案[1]

（一）基本案情

2009年9月份，江山虎公司、永成公司和恒江公司等三当事人的法定代表人为消除相互之间的竞争，通过订立口头形式的协议约定：三家企业共同占有江山市区商品混凝土市场份额；三家企业协商确定商品混凝土供应权。确定供应单位后，其他两家公司则不再参与竞争；江山市区商品混凝土销售价格按衢州市建设工程造价中心上一个月发布的商品信息指导价下浮7%－8%。

自达成口头协议后，江山市区出现新建设工程项目，三家企业便以电话联络等方式相互协商，共同确定由谁供货。一旦明确供货单位后，其他两家公司即便接到该新工程客户商谈供货事宜的要求，也会采取提高价格或明确告知等各种方式拒绝供货，最终迫使该客户只能向被指定的公司购买商品混凝土。

除此以外，三家涉案企业还提高了江山市区商品混凝土的供应价格。达成口头协议后，江山市区的商品混凝土销售价由之前的在指导价基础上下浮15%－20%上涨为仅下浮5%－10%。而距离更远、运输成本更大的江山市区以外的建设工程，因不在三家涉案企业的协议范围内，其供货价反而能下浮20%，远低于市区供货价格。

（二）处理决定

浙江省工商局认为，涉案三家企业具有横向竞争关系，他们通过口头形式达成并实施了划分江山市区商品混凝土销售对象的协议，使得江山混凝土市场丧失了基于价格、质量及服务等方面的公平竞争环境，剥夺了用户对混凝土公司的选择权。其行为属于具有竞争关系的经营者达成并实施分割销售市场的垄断协议行为，违反了《反垄断法》第13条。

2012年12月14日，浙江省工商局依法对涉案的三家企业进行了行政处

〔1〕案件来源：国家工商总局竞争执法公告［2013］年第9号。

罚，罚款数额总计118.32万元。

案件43：浙江省慈溪市建设工程检测协会垄断协议案[1]

（一）基本案情

2010年3月，慈溪市建设工程检测协会（以下简称协会）召集本案另三家涉案企业的负责人和慈溪市建筑工程质量监督站节能办负责人会议，就慈溪市节能检测业务分配等事项达成共识，并签订《进慈节能检测单位自律协议》（以下简称《协议》）书面协议，业务由协会统一承接并按比例统一分配给三家检测机构。协议签订后，协会统一受理登记慈溪市所有节能检测业务，并按《协议》确定的比例，协调分配至三家涉案企业，协会按照节能检测业务费用的5%向三家涉案企业收取《协议》履行以来的"技术服务费"。在协议实施过程中，涉案企业仍沿用原有的设备仪器、技术手段和人员开展业务，既没有在检测技术、检测仪器、检测效率等其他方面有所创新和改进，也没有形成合力，互补不足，提高整个行业的检测水准。在2011年3月5日，协会及另三个涉案企业递交了《关于要求中止调查的申请报告》（以下简称"报告"）。"报告"称：涉案企业在接受调查期间，已终止了所有《自律协议》。"报告"同时提出了整改意见和承诺。

（二）处理决定

浙江省工商局认为，本案中开源公司、中浩公司、新世纪公司三家检测公司与协会联合，以协议约定方式，对整个慈溪市场的建筑节能检测业务进行一定比例的分割，且依协议实施至2011年1月，三家公司与协会联合分割市场的行为已经成立。从协议实施情况分析，当事人仍沿用原有的设备仪器、技术手段和人员开展业务，既没有在检测技术、检测仪器、检测效率等其他方面有所创新和改进，也没有形成合力，互补不足，提高整个行业的检测水准。当事人间的行为一方面排斥了其他企业以服务质量、效率等公平竞争的

---

〔1〕 案件来源：浙工商案［2011］15号。

方式获取慈溪建筑节能检测业务的机会，扰乱了市场的公平竞争环境，另一方面也易导致市场供需双方的不平等的卖方市场，无益于整个行业的良性健康发展。其行为已违反了《反垄断法》第 13 条第 1 款第 3 项的规定，属垄断协议行为。

但 2011 年 3 月 5 日，四家涉案企业联合向浙江省工商局递交了《关于要求中止调查的申请报告》。浙江省工商局依据《反垄断法》第 45 条，《工商行政管理机关查处垄断协议、滥用市场支配地位案件程序规定》第 17 条、第 19 条的规定，经国家工商行政管理总局批准，在 2011 年 11 月决定中止调查，有效期一年；同时要求自决定下发之月起至有效期结束，每三个月末，涉案企业应向执法机关提交履行承诺进展情况的书面报告；如涉案企业在期限内出现违反《工商行政管理机关查处垄断协议、滥用市场支配地位案件程序规定》第 19 条第 2 款规定的相关情形，执法机关将恢复调查。

在中止调查有效期限内，协会及另三名涉案企业积极整改存在的问题，履行了《关于要求中止调查的申请报告》中做出的承诺。同时，鉴于在划分市场的九个月中，四个涉案企业的主要行为是分配市场业务，并未因此提高服务价格、降低服务质量和工作效率，受检测企业也没有因涉案企业的违法行为受到较大影响；且截至案发时，慈溪当地由慈溪市建设局审批可开展业务的检测单位也仅有涉案的三家企业，故其协议行为对排除其他经营者竞争的实际影响较小。经报国家工商行政管理总局批准同意，2013 年 3 月，浙江省工商局决定终止调查。

案件 44：内蒙古烟花爆竹批发企业实施垄断协议案[1]

（一）基本案情

2014 年 1 月 2 日，内蒙古自治区工商局接到投诉称，赤峰市中心城区烟花爆竹批发企业以行政机关限定为由分割批发销售市场，涉嫌垄断经营。

---

〔1〕 案件来源：内工商处罚字［2014］001 号。

经查，赤峰市中心城区由红山区、松山区（含正在建设中的新城区）两个行政区组成，有六家烟花爆竹批发企业。2006年，赤峰市松山区安全生产监督管理局以防范因恶意竞争导致产品质量下降引发安全事故和引导批发企业积极参与市场管理为由，对辖区内的烟花爆竹批发企业的批发销售区域实行划片管理。即每一指定区域由一个批发商负责供货，零售商只能从所在区域内的唯一批发商处购进商品，严禁批发商交叉供货，交叉设点。2009年红山区安全生产监督管理局也参照松山区的做法，对辖区内烟花爆竹批发企业的批发销售区域实行划片管理。两区的安全生产监督管理机关为保障划分批发销售区域管理制度的落实，除在烟花爆竹商品集中销售期间与当地公安、质监等部门联合发布《通告》，告知零售商必须从指定的供货商处购进烟花爆竹商品外，还通过委托烟花爆竹批发企业统一办理烟花爆竹零售商的专项许可申报手续的方式，强化零售商对指定批发商的依赖关系。由于这种批发销售区域的划分可以避免批发商间的价格竞争，保障其获取高额利润，各批发商都予以了一致的遵循性行动，并通过在自己批发销售的商品加贴防伪标识，联合公安、安监部门对本供货区域零售商经营的烟花爆竹商品进行检查，对未加贴本企业防伪标识的商品按照“私采、私运”的行为予以没收处理的方式，保障划片批发供货规定的落实。涉案企业的行为致使指定区域内的烟花爆竹零售商仅能够从被指定的唯一烟花爆竹批发企业进货，剥夺了其在供货商、经营品种、商品价格等方面的自主选择权。财安、吉安、百众、庆典四家批发企业还借助安监部门授予的承办“安全生产知识培训与考核”及统一为划定区域内的零售商申办《烟花爆竹零售许可证》的条件，要求申办《烟花爆竹零售许可证》的零售商必须预交一定数额的订货款。对不按规定数额交纳订货款的，或不予办理《烟花爆竹零售许可证》，或通过限制供货数量的方式予以制裁。一些零售商恐于销售旺季无法得到充足的货源供应，只能被迫预先交纳订货款。在销售旺季，一些预交订货款较少的零售商，即使指定供货商没有可供选择的适销对路商品，也不能从其他批发商处进货。

（二）处理决定

内蒙古自治区工商局认为，《烟花爆竹安全管理条例》等法规未规定烟花爆竹零售商只能从其所在行政区域内的批发企业采购烟花爆竹商品。六家烟花爆竹批发企业以安监部门的行政限定为由，就划分批发销售市场采取了一致性行动，借助划分批发销售市场获取高额垄断利润，损害了零售商及消费者的利益。此外，四家烟花爆竹批发企业为零售商设定了购买最低限额商品的不合理交易条件，严重损害了零售商的利益。因此，内蒙古自治区工商局认定六家烟花爆竹批发企业采取一致的遵循性行动，分割批发销售市场的行为，属于《反垄断法》第13条“禁止具有竞争关系的经营者达成下列垄断协议”中第3项“分割销售市场或者原材料采购市场”所禁止的通过协同行为实施垄断协议的违法行为。

2014年5月27日，内蒙古自治区工商局依法责令上述企业停止违法行为，并对其处以罚款共计58.37万元。

案件45：重庆巫溪县东四家采石场分割市场案[1]

（一）基本案情

2012年12月，重庆市工商局对张小波、吴功政等涉嫌垄断市场行为的进行了立案调查。经查，张小波、文显学、文爱远、吴功政四人经过三次协商达成了最终的分割市场方案，口头约定奉溪高速公路E7、E9、E10标段项目部划分给张小波投资设立并经营的东瀚采石场及实际由其承包经营的后河坝、吉通、科发采石场；将E4、E5、E6标段划分给文显学承包经营的四环采石场，E8标段项目部划分给文爱远经营的和平采石场及吴功政承包经营的钟大斌采石场。达成协议后，上述四人分别与奉溪高速公路E4至E10标段项目部中各自对应的标段项目部接洽，告知相关标段项目部以后只能按照其协商的方案向其销售砂石料。

（二）处理决定

重庆市工商局认为，本案四名涉案人均在巫溪县上磺片区从事砂石料开

〔1〕 案件来源：渝工商经处字〔2014〕5号。

采、销售并均以奉溪高速E4至E10标段作为砂石料的销售对象，属于存在竞争关系的经营者，本应遵守有关法律法规，按照公平、公开的市场规则进行合理的市场竞争。但本案四名涉案人利用砂石料商品的特殊性形成的奉溪高速E4至E10标段项目部只能从上磺片区采石场采购砂石料的优势，通过协商达成口头协议一致对砂石料销售对象进行划分，其实质是以垄断协议分割销售市场，以排斥、限制和妨碍竞争，损害相关交易对象和其他竞争者的利益，破坏了市场经济的合理竞争秩序。涉案人的上述行为违反了《反垄断法》第13条第1款第3项之规定，构成达成并实施垄断协议分割销售市场的违法行为。因涉案主体为个体经营且未建立财务账册，成本及已缴纳的税金等无法核算，故以垄断协议分割销售市场所获违法所得无法计算。

2014年8月18日，重庆市工商局根据《反垄断法》第46条第1款之规定，责令其立即停止违法行为，并作出如下行政处罚：对张小波处以罚款4万元；对文爱远处以罚款7万元；对文显学处以罚款20万元；对吴功政处以罚款9万元。

案件46：上虞市商品混凝土协会及会员单位分割市场案〔1〕

（一）基本案情

2010年4月30日，由上虞市永固混凝土有限公司（另案处理）牵头，召集绍兴阳力混凝土有限公司、绍兴恒大管桩有限公司、上虞市先锋混凝土有限公司、上虞市万峰商品混凝土有限公司、浙江九鼎管桩有限公司、上虞市普银水泥制品有限公司等七家在上虞当地从事商品混凝土生产销售的主导企业，召开混凝土行业代表大会，讨论并同意筹建上虞市混凝土协会，上虞市永固混凝土有限公司为会长单位。该协会八家会员单位于2011年5月1日签署了《上虞市预拌混凝土企业协议书》，除重申《上虞混凝土行业协会成员企业联合声明》《上虞市混凝土行业协会自律公约》中所涉相关条款外，主要对

〔1〕 案件来源：浙工商案［2014］第9号至第17号。

各企业所占市场份额进行了调整，调整后的份额为：永固 33.5%，先锋 10%，阳力 9.5%，万峰 16.5%，普银 6.5%，恒大 9%，九鼎 7.5%，永磊 7.5%。

（二）处理决定

浙江省工商局认为，协会为会员单位制定和实施“分配市场份额占有率”等垄断协议提供了组织平台，其行为违反了《反垄断法》第 16 条的规定，属于行业协会组织本行业的经营者从事《反垄断法》第二章所禁止的垄断行为。

八家混凝土企业系独立经营同种业务的经营者，相互间具有明显的竞争关系。而八家混凝土企业利用商品混凝土的特殊性和其对上虞市商品混凝土市场的联合控制权，通过成立上虞市混凝土协会的形式，共同协商并联合签署了《上虞混凝土行业协会成员企业联合声明》《上虞市混凝土行业协会自律公约》及《上虞市预拌混凝土企业协议书》，对各企业的商品混凝土市场份额占有率进行划分。上述行为违反了《反垄断法》第 13 条“禁止具有竞争关系的经营者达成下列垄断协议：……（三）分割销售市场或者原材料采购市场……”的规定，属于具有竞争关系的经营者达成分割销售市场的垄断协议的行为。

根据《反垄断法》第 46 条第 3 款，2014 年 9 月 15 日浙江省工商局决定责令上虞市混凝土协会改正，并处罚款 1 万元整，上缴国库。同时，对上虞永固混凝土有限公司处 40 万元罚款，其他几家会员单位也各处以不同数额的罚款，累计罚款额 172 万元。

案件 47：湖南省麻阳苗族自治县页砖岩经营者垄断案[1]

（一）基本案情

2011 年 3 月份，“麻阳页岩砖协会”未经合法批准擅自成立后，先后制

[1] 案件来源：湘工商经总案处字［2014］1 号、2 号、4 号、6 号，湘工商经总案处字［2015］1 号至 4 号。

定了《页岩砖联合生产销售协议书》《营销中心关于修改营销模式的方案》《协会管理制度》《会议纪要》《2013 年协会管理制度》和《停产协议》等文件，并通过上述文件，控制产品数量、联合抵制外地商品进入本地市场、固定商品价格、限制缔约企业之间的竞争。例如，《页岩砖联合生产销售协议书》约定各生产企业“根据每年县城建设用砖的概算数量和目前市场的生产规模，逐步实行停产和生产轮换制度”“应严格按照生产和销售所规定的权限范围运作，生产方只能按照甲方提供的数量进行生产，严禁任何形式的销售行为”；《营销中心关于修改营销模式的方案》约定二十七家页岩砖经营者“调动全体砖厂的积极性和力量，全面抵抗周边县市外来产品流入麻阳市场，冲击麻阳产品价格”；《协会管理制度》约定参与的经营者“全县统一定价，出厂价 0.38 元/块，送工地（含运费）0.40 元/块”；《2013 年协会管理制度》约定参与的经营者“目前，全县统一定价，出厂价 0.39 元/块，送县城工地（含运费）0.41 元/块”“在销往工地的砖价中，只能按 0.41 元/块，不能出现第二种价格”。对于违反上述约定的企业，上述文件也制定了详细的处罚措施。

（二）处理决定

湖南省工商局认为，各页砖岩经营者通过与具有竞争关系的页岩砖经营者共同达成的上述协议、方案、纪要、制度等，对麻阳县页岩砖市场约定页岩砖的生产数量，分割划分页岩砖经营者销售片区的行为，垄断了麻阳县页岩砖市场，破坏了市场竞争秩序，损害了消费者的合法权益，并以上访、停产要挟政府部门，造成了一定的社会影响和危害，违反了《反垄断法》第 13 条第 1 款第 2、3 项“禁止具有竞争关系的经营者达成下列垄断协议：②限制商品的生产数量或者销售数量；③分割销售市场或者原材料采购市场;”之规定。并且涉案的各家页岩砖经营者达成上述协议，不适用《反垄断法》的豁免规定。本案涉案企业与其他页岩砖经营者达成并实施上述协议，已经造成页岩砖市场竞争机制严重破坏，并且引起页岩砖产业链条上建筑及相关行业成本提高，相关企业难以维持，客观上损害了最终消费者利益，这与豁免制度适用所要求的前提条件不符。

2014年12月至2015年1月，陈海生等9人被责令停止违法行为，并分别被处以人民币5.4万至20.5万元不等的罚款。

案件48：湖南省永州奥都混凝土有限公司等七家公司垄断协议案[1]

（一）基本案情

湖南永州奥都混凝土有限公司与永州市另外六家从事混凝土经营的企业，于2011年9月30日签订了《混凝土公司合伙协议》（以下简称《合伙协议》）。《合伙协议》签约单位共七个，另六家分别为：永州市嘉信混凝土有限公司、永州市海腾混凝土有限责任公司、永州市鑫海混凝土有限公司、永州市双园建材有限责任公司、永州市珊瑚高科混凝土有限公司、永州湘奥混凝土有限公司。《合伙协议》约定各公司以资产入股合伙经营，组建综合办公室进行统一管理，实行统一营销、统一调度、统一生产，按各公司所占股份进行利润分配。七家混凝土公司按照《合伙协议》拟对各公司混凝土生产方量进行调控。但因各公司对投入资产的数额确认有分歧，对市场份额划分争执不下，《合伙协议》签订后未有效实施，2011年12月彻底废除。

（二）处理决定

湖南省工商局认为，上述七家《合伙协议》签约单位，均为永州市预拌混凝土行业协会成员单位，属于经营同种业务的独立经营者，相互之间在永州市区域内具有明显的竞争关系。这七家具有直接竞争关系的混凝土公司签订《合伙协议》，拟对各公司混凝土生产方量进行调控，划分销售商品数量，使得七家具有明显竞争关系的混凝土公司结成利益同盟体，原本具有的竞争关系明显减弱甚至消除，具有排除、限制竞争的效果。因此，《合伙协议》属于《中华人民共和国反垄断法》第13条第1款第3项禁止的“分割销售市

[1] 案件来源：湘工商竞处字［2015］1号。

场”和《工商行政管理机关禁止垄断协议行为的规定》第5条第1项所禁止的“划分销售商品的数量”的垄断协议。

基于七家公司生产规模不大，签订的垄断协议影响力仅限于冷水滩、零陵中心城区，属于区域性的，垄断协议的影响力有限，其违法行为持续时间不长，尚未实施达成的垄断协议，且涉案企业主动停止垄断行为。

2015年11月3日工商行政管理机关对涉案企业依法从轻处罚。湖南省工商局决定，责令涉案企业彻底改正违法行为，对湖南永州奥都混凝土公司等六家企业分别处以3万元罚款，对永州双园建材公司适用宽大制度免除处罚。

案件49：中国人寿江西省分公司等十七家保险公司建筑工程险垄断案[1]

（一）基本案情

2009年12月，中国人寿保险股份有限公司江西省分公司、泰康人寿江西分公司与人保产险、平安财险等保险公司江西省分公司签订了《江西省建筑工程意外伤害保险共保协议》《南昌市建筑工程人员团体意外伤害保险共保协议书》，将江西省工程建筑意外伤害保险市场划分为除南昌市所辖县、区外的九江、景德镇、萍乡、新余、鹰潭、赣州、宜春、上饶、吉安、抚州10个设区市行政管辖区域和南昌市所辖县、区两个地域，并对工程建筑意外伤害保险市场份额进行了划分：其中，江西省（除南昌市所辖县、区外的九江、景德镇等10个设区市行政管辖区域）建筑工程意外伤害保险由中国人寿保险股份有限公司江西省分公司为主承保人；南昌市所辖县、区建筑工程意外伤害保险由泰康人寿江西分公司为主承保人。此外，上述协议还对各保险公司的保费收入、市场份额做了划分。

2012年12月，在上述两份协议即将到期的情况下，中国人寿保险股份有

〔1〕 案件来源：赣工商公处字〔2015〕1号至17号。

限公司江西省分公司、泰康人寿江西分公司又分别与人保财险、阳光财险等16家保险公司江西省分公司签订《江西省建筑工程意外伤害保险共保协议》《南昌市建筑工程团体意外伤害保险共保协议》，继续将江西省工程建筑意外伤害保险市场划分为除南昌市所辖县、区外的九江、景德镇等10个设区市行政管辖区域和南昌市所辖县、区两个地域，并再次对江西省工程建筑意外伤害保险市场份额进行了划分。

此外，中国人寿保险股份有限公司江西省分公司等保险公司分公司于2009年12月、2012年12月达成、实施的《江西省建筑工程意外伤害保险共保协议》《南昌市建筑工程团体意外伤害保险共保协议》中还对保险代理公司、代理手续费比例、保险费率等做了约定，并规定了履约基本保证金和份额保证金制度，对违约公司处以的罚款，从履约保证金中扣除。

（二）处理决定

江西省工商局认为，中国人寿保险股份有限公司江西省分公司与涉案的其他保险公司分公司属于《反垄断法》所指的具有竞争关系的经营者。本案涉案保险公司分公司，通过划分销售地域、市场份额，使市场份额相对固化，直接排除了彼此之间的竞争，也弱化了经营者为争取消费者而不断提升质量和服务的动力，削弱了各公司通过吸引优质代理人拓展市场的竞争，阻碍了各公司在保险产品、价格和服务质量方面的竞争，降低了商业保险及其代理市场的经济效率，导致投保人只能被动接受两家主承保人的保险服务，享受不到竞争带来的个性化特色服务。

2015年12月28日，江西省工商局决定：①责令各涉案保险公司停止达成、实施分割销售市场的垄断协议行为；②对中国人寿保险江西省分公司和泰康人寿等保险公司江西分公司分别处以上一年度共保销售额5%的罚款，对其余15家保险公司分别处以上一年度销售额3%的罚款，罚款额共计2 319.820 9万元。

案件50：山东省二十三家会计师事务所分割市场垄断案[1]

（一）基本案情

2012年12月至2013年5月，山东省临沂市二十三家会计师事务所共同达成了《临沂会计师事务所行业自律检查标准》《业务检查监督办法》《关于实行业务收入统筹的决议》《业务收入统筹及分配方案》（以下简称《统筹方案》）《关于统筹款收缴和分配的有关规定》等协议。其中《统筹方案》要求所有会员单位每月将临沂本地实行业务报备的审计、验资等相关业务收入交纳至某专用银行账户，再按照各会员单位以往年度收入占全体收入的市场份额和注册会计师人数等指标对各单位当年的收入进行重新分配。

（二）处理决定

山东省工商局认为，《反垄断法》保护的是市场公平竞争，具有竞争关系的经营者把独立的经营成果进行整合并重新分配，无法实现公平竞争的最终目的。临沂地区会计师事务所的审计、验资相关业务是一个公平竞争的市场，在没有法律法规明确规定的情况下，任何单位和个人无权将本具有竞争关系的经营者在临沂地区的市场收入进行整合并按市场份额等指标重新划分。临沂会计师事务所的业务收入，在本质上是各单位竞争力的体现，各会计师事务所达成并实施的涉案协议，对已提高市场份额单位的经营活动产生了严重限制，其发展的竞争力被削弱，经营成果被剥夺。这种显失公平的做法，违背了市场经济公平竞争、优胜劣汰的正常规律。这种行为违反了《反垄断法》第13条“禁止具有竞争关系的经营者达成下列垄断协议：……③分割销售市场或者原材料采购市场；……”的规定，构成了分割销售市场的行为。

2016年3月21日，山东省工商局决定处罚如下：①责令各涉案会计师事务所停止违法行为；②山东省工商局区别情形对二十三家会计师事务所处以上一年度销售额1%－3%的罚款，罚款额共计人民币198.2665万元。

---

〔1〕 案件来源：鲁工商公处字［2016］第1号至第23号。

案件51：湖北省十二家保险公司建设工程意外险垄断案[1]

（一）基本案情

2003年5月，湖北省保险行业协会组织中国人民保险公司湖北省分公司、中国太平洋财产保险股份有限公司武汉分公司、中国平安财产保险股份有限公司武汉分公司、天安保险股份有限公司武汉分公司等四家保险公司签订《武汉市车辆市场集中统一办理新车保险合作协议书》，主要内容有：

在湖北省保险行业协会领导下，成立“武汉市新车保险领导小组”，在该小组的领导下，成立“武汉市新车保险服务中心”（以下简称新车中心），由湖北省保险行业协会牵头负责承租办公场所，将各签约公司的服务窗口合并统一；各签约公司按划定的保费份额分段签单。合作期满后，进行协商调整，协议每年签订一次。此外，湖北省保险行业协会和四家保险公司还对保费划转、费用分摊、份额的控制和检查、人员管理、违约责任等进行了规定。

新车中心成立后，每年都在湖北省保险行业协会的组织下召开会议，对新车中心运营的情况、存在的问题、新加入公司份额等内容进行研究，并通过协议、会议纪要等形式，对于市场份额进行了多次调整和划分。

2013年11月，涉案协会下发《关于废止、修改部分自律公约文件的通知》，对协会成立以来组织各公司达成的自律协议进行了清理，废止了部分不符合法律法规的文件。特别强调“严格遵守《中华人民共和国反垄断法》等国家法律、法规，原所有行业自律公约、相关制度、文件、会议纪要中与国家法律法规规定不相符的条款、规定、内容等，予以废止”。

（二）处理决定

湖北省工商局认为，湖北省保险行业协会从2003年5月开始，陆续组织27家具有新车保险资格的保险公司达成垄断协议，对市场份额进行划分的行为，违反了《反垄断法》第16条的规定，应当依据《反垄断法》第

〔1〕 案件来源：鄂工商处字［2016］201号。

46条第3款的规定进行处罚。考虑到2013年11月涉案协会已下文废除与《反垄断法》相抵触的文件、公约，且涉案协会在湖北省工商行政管理局调查中积极配合，主动改正了违法行为，符合《行政处罚法》第27条规定的情节。

因此，2016年5月6日，湖北省工商行政管理局决定：依据《反垄断法》第46条第3款、《行政处罚法》第27条的规定，对涉案协会处以罚款20万元。

案件52：安徽信达雅三家密码企业分割市场垄断案[1]

（一）基本案情

2010年10月20日，人民银行合肥中心支行牵头组织召开安徽省支付密码产品选型评审会议，从六家参选供应商中确定海基业公司和兆日公司、信雅达公司作为安徽省范围内推荐使用支付密码器供应商。

2010年12月7日，海基业公司和兆日公司、信雅达公司、安徽省二十家银行业金融机构共同参加人民银行合肥中心支行组织召开的安徽省支付密码推广工作会议。会议明确了以下事项：①确定在安徽省内二十家银行业金融机构支付密码产品市场分配方案：工商银行安徽省分行、中国银行安徽省分行等六家单位在安徽省内各营业网点代售海基业公司的支付密码器；国家开发银行安徽省分行、农业银行安徽省分行等六家单位在安徽省内各营业网点代售兆日公司的支付密码器；农业发展银行安徽省分行、建设银行安徽省分行等八家单位在安徽省内各营业网点代售信雅达公司的支付密码器。②确定支付密码器统一售价为520元/台。③实施过程中，海基业公司与兆日公司、信雅达公司向相对应的银行业金融机构不交叉供货，在安徽省分割了支付密码器销售市场。在2011年至2012年期间，统一固定支付密码器售价为520元/台。

2012年12月4日，海基业公司和兆日公司、信雅达公司及二十家银行业

[1] 案件来源：皖工商公处字［2016］1号。

金融机构参加了人民银行合肥中心支行组织的会议，统一将支付密码器售价调整为400元/台。后期，海基业公司与个别银行业金融机构协商，对销售价格作不同幅度的调整。

（二）处理决定

安徽省工商局认为，海基业公司和兆日公司、信雅达公司均在安徽省市场销售支付密码器，经营同种业务，是具有横向竞争关系的独立法人。三家公司实施垄断协议分割销售市场的行为，排除、限制了竞争，扰乱了市场竞争秩序，影响了经济运行效率。在实施垄断行为期间，其售价明显高于同期竞争状态下的市场价格，牟取了高额垄断利润，损害了消费者权益。

因此，2016年9月18日，安徽省工商局责令海基业公司、信达雅公司和兆日公司停止违法行为，并处以没收违法所得和2014年度销售额8%的罚款的处罚，合计罚没款2 975.92万元。

该案调查期间，信达雅公司因拒绝提供有关材料而被认定拒绝配合反垄断调查工作，于2015年9月被安徽省工商局处以20万元行政处罚。

案件53：河南省五家烟花爆竹公司实施分割销售市场的垄断协议案[1]

（一）基本案情

2015年3月，悦东公司与固始县烟花爆竹厂、固始兆祥烟花爆竹有限责任公司（以下简称兆祥公司）、固始县辰泰烟花爆竹专营有限公司（以下简称辰泰公司）、固始县百盛花炮有限公司（以下简称百盛公司）等另外四家烟花爆竹经营者商定，由兆祥公司负责牵头达成联合经营协议，其主要内容如下：成立烟花爆竹联合配送中心，由兆祥公司牵头，对百盛公司、辰泰公司、悦东公司、固始县烟花爆竹厂等4家经营者前期的经营情况及库存状况进行清理核算和盘点。

［1］案件来源：豫工商处字［2016］第11至第15号。

配送中心的管理模式和措施是：统一进货渠道，五家经营者中任何一方，不得私自到固始县公安局办理危险化学品运输随附单，否则视为违约，违约处罚金额为200万；配送中心采购的烟花爆竹，由配送中心进行统一储存、统一管理、统一销售；统一价格，配送中心对所销售的烟花爆竹给出指导价，各乡镇经销商必须严格依照指定价格销售；陈国林和兆祥公司等五家经营者在经营一个协议年度后，按照比例分红。

签订联合协议经营后，自然人陈国林因其经营的建筑工程公司资金周转出现问题，承诺的资金无法到位，与五家经营者协商后，退出联合经营。兆祥公司等五家经营者又通过重新协商，每家的股份均为20%比例。五家经营者利用兆祥公司的经营场地成立配送中心，并联合办公。由于配送中心不具有法人资格，在实际的经营过程中，以兆祥公司的经营资质，开展烟花爆竹购进、运输、送货等经营活动，其他四家经营者不再开展经营活动。通过对固始县辖区内33个乡镇的烟花爆竹零售商户的调查，自2015年3月至案件调查时，零售商户只能从兆祥公司进货，无法从另外四家经营者购进烟花爆竹商品。

在五家经营者联合经营过程中，由于兆祥公司实际负责人因个人原因不再管理公司业务，造成配送中心管理混乱，五家经营者在2015年12月份对配送的经营情况进行了清算，2015年3月12日至2015年12月31日共盈利862 621.20元。五家经营者按照各自20%的比例分成。分成后五家经营者不再从事联合经营。

（二）处理决定

河南省工商局认为，悦东公司与固始县其他四家烟花爆竹经营者均是同行业竞争的独立主体，在固始县行政区域内的相关市场内具有横向竞争关系。自五家烟花爆竹公司达成并实施联合经营后，对相同规格的烟花爆竹，通过变更外包装等形式，在不改变进价的情况下，不但通过统一零售市场销售的价格，消除各级经销商间的市场竞争，而且价格上涨了15%－20%，致使消费者只能接受烟花爆竹市场零售价格的上涨。在五家公司达成实施垄断协议后，代理商、消费者只能接受五家公司制定的价格以达成最终交易。

悦东公司与固始县其余四家烟花爆竹经营者通过签订联合协议书联合经营，并规定严厉的处罚措施和明确的违约责任的行为，违反了《反垄断法》第13条第1款第3项“禁止具有竞争关系的经营者达成下列垄断协议：分割销售市场或者原材料市场”的规定，构成了分割销售市场而达成垄断协议的违法行为。

据此，2016年12月19日，河南工商局决定对悦东公司等五家公司做出没收违法所得和罚款的行政处罚，没收违法所得和非法财物共计86.26212万元，罚款总额65.843341万元。

案件54：广西壮族自治区河池市保险行业协会组织实施横向垄断协议案[1]

（一）基本案情

2008年7月至2013年3月，广西河池保险行业协会以规范市场经营、防止恶性竞争为由，多次组织中国人民财产保险股份有限公司河池市分公司、中国太平洋财产保险股份有限公司河池中心支公司等七家保险企业召开会议，商议在河池市所辖的金城江区、宜州市、都安县、大化县、巴马县等地，就如何开展销售两轮摩托车交强险业务的相关事宜进行讨论。该行业协会组织召集各家保险公司之后，分别指定了保险代理公司、市场份额、操作规程、业务费用、违约处理等方面内容，统一达成共识共同签署《摩托车保险业务自律协议》（以下简称《自律协议》）等各种自律协议和公约，按协议具体规定划分了当地的摩托车强制险的市场份额，并按协议要求统一承保、统一设点和统一出单。

河池保险行业协会于2008年7月至2013年3月组织中国人民财产保险股份有限公司河池市分公司等九家保险企业签订了相关的《自律协议》，并负责

[1] 案件来源：桂工商经处字［2017］第1号。

《自律协议》的具体实施运作，对达成的所有《自律协议》都以摩托车交强险业务的“组建原则”“组织形式”“份额调配”“操作规程”“违约责任”等内容做出具体的规定，具体运作方式、保险代理公司实行业务中的市场份额调配、违约责任及稽查处罚制度等内容。保险代理公司对摩托车承保的台数在各成员单位间进行调配，签单台数市场比例欠额或超额的由保险代理来实施，分月份、季度、年度调控和平衡，并且定期向保险协会上报相关数据和公布市场份额执行情况。

（二）处理决定

广西壮族自治区工商局认为，河池保险行业协会组织达成的《自律协议》，属于《反垄断法》所禁止的垄断协议。首先，《自律协议》签约单位均为河池保险行业协会财险理事会成员单位，属于经营同种业务的独立经营者，相互之间在河池市区域内具有明显的竞争关系。其次，《自律协议》规定统一由指定的保险代理公司实行市场份额调配，即依据各成员单位原所收取的车险总保费的市场占比来确定各成员单位当年度保费市场份额的比例分配，并依据市场额度对各成员单位摩托车险的承保台数进行调配。其实质就是以各成员单位所收车险的总保费在全市车险行业保费总收入的市场占比为基础，以此分割河池市区域内摩托车交强险业务的销售市场，亦即划分河池市区域销售摩托车交强险的商品数量。而且，为保障“分割销售市场”的执行，还规定了一系列措施。《自律协议》使原本具有明显竞争关系的九家保险企业结成利益联盟，对划分的市场份额形成依赖，丧失了参与竞争的动力和积极性，具有明显的排除、限制其他保险企业市场竞争的法律特征。

2017 年 3 月 20 日，依据《行政处罚法》第 23 条，《反垄断法》第 46 条第 3 款，《工商行政管理机关禁止垄断协议行为的规定》第 10 条第 2 款的规定，广西壮族自治区工商局作出以下处罚：责令河池保险行业协会停止违法行为；处以人民币 10 万元整的罚款。

案件55：湖南省航天信息公司和百旺金赋科技有限公司分割销售市场案[1]

（一）基本案情

增值税发票系统主要包括金税盘（或税控盘）及电脑、打印机等配套通用设备，税控盘和金税盘是密码商品，电脑、打印机等配套通用设备属于自由竞争商品。国家税务总局指定国家信息安全工程技术研究中心生产、销售税控盘，指定航天信息股份有限公司生产、销售金税盘。2014年以来，在长沙市范围内国家信息安全工程技术研究中心授权湖南百旺金赋科技有限公司向纳税人销售税控盘并提供相应技术服务，航天信息股份有限公司授权湖南省航天信息公司向纳税人销售金税盘并提供相应技术服务。纳税人购买税控盘（或金税盘）后，向所在地主管国税机关申请开通使用。为保障在短时间内优质高效地配合国税机关完成营改增工作，自2016年4月1日至19日间，由湖南百旺金赋科技有限公司的长沙市场部负责人刘某提议，这两家单位先后经过4次协商，于2016年4月19日在湖南省航天信息公司办公场所就长沙市范围内的增值税发票新系统销售和服务签订了《增值税发票管理新系统推行服务范围区域划分协议》。协议约定：营改增存量户、新进户、税控机改造户均按照行政区域5:5的比例进行划分（航天信息占50%、百旺金赋占50%）。长沙市10个行政区域，其中雨花、天心、岳麓、望城区和宁乡县等5个区域划由湖南省航天信息公司销售并提供服务，芙蓉、开福、高新区和浏阳市、长沙县等5个区域划由湖南百旺金赋科技有限公司销售并提供服务。双方共同提供服务的地区，原则上按照各半比例控制。若在年底双方划分的市场比例大于3%时须双方协商好，当湖南省航天信息公司高于比例时，同意拿出雨花区高桥分局进行调剂，当湖南百旺金赋科技有限公司高于比例时，同意拿出高新区局进行调剂。双方还约定，如果纳税人特定选择服务单位的，

〔1〕 案件来源：湘工商竞处字［2017］2号。

双方应遵循纳税人自愿选择的原则。

在销售增值税发票系统过程中，湖南省航天信息公司开展三种业务，一是向纳税人销售金税盘并提供相应技术服务，根据国家发改委印发的《关于完善增值税税控系统有关收费政策的通知》（发改价格〔2012〕2155号）规定，金税盘单价是每套490元，技术服务费收费标准是每户每年每套330元，购买两套以上的，从第二套起减半收取。二是销售电脑、打印机等增值税发票系统通用设备，通用设备销售遵循纳税人自愿的原则，价格根据市场行情确定。三是在各国税分局办公场所向纳税人推荐购买IT外包服务，IT外包服务的内容主要包括电脑、打印机等通用设备的维护、保养。购买IT外包服务的增值税纳税人，湖南省航天信息公司在收取金税盘技术服务费的同时，另外按照每户每年150元的标准收取IT外包服务费，并与之签订《湖南航信签购单》，以及与湖南百旺金赋科技有限公司条款基本相同的格式合同，即《湖南航天信息有限公司服务外包合同》。湖南省航天信息公司供述，在收取IT外包服务费过程中，公司对各区域工作人员按照收费金额的20%奖励，导致少数工作人员存在违规收取该费用现象。因这部分违规收费是工作人员在现场以口头方式推荐销售，故无法统计违规收费的具体数额。

（二）处理决定

湖南省工商局认为：

1. 两家技术服务单位属于具有竞争关系的经营者

在长沙市范围内，湖南省航天信息公司销售的金税盘、湖南百旺金赋科技有限公司销售的税控盘都是纳税人生成增值税发票电子底账，作为纳税申报、发票数据查验以及税源管理、数据分析利用的依据，而且这两家单位是长沙市国税机关认可的增值税发票系统技术服务单位。因此，在长沙市范围内的增值税发票系统销售和技术服务市场，两者是具有竞争关系的经营者。

2. 两家技术服务单位按照行政区域划分服务范围构成垄断协议行为

这两家技术服务单位达成了将长沙市10个行政区域按照5:5的比例划分销售区域的《增值税发票管理新系统推行服务范围区域划分协议》。协议签订后，在对方的销售区域，本单位的销售数量锐减，甚至个别月份销售数量为零，而属于本单位销售区域的销售数量急剧增长。因此，湖南省航天信息公司与湖南百旺金赋科技有限公司达成并实施划分增值税发票系统销售区域的行为，属于分割销售地域市场的垄断协议行为。

3. 这种市场区域的划分排除了竞争，损害了纳税人利益

湖南省航天信息公司和湖南百旺金赋科技有限公司在湖南长沙市增值税发票系统销售和技术服务市场是具有竞争关系的经营者，按照行政区域划分各自的销售和服务范围，形成新的固化服务格局，消除了竞争。

长沙市的两家技术服务单位制作条款基本相同的格式合同，制定相应的收费奖励措施，各自驻国税分局工作人员在收取金税盘（或税控盘）技术服务费的同时，按照固定标准另外向部分纳税人收取通用设备 IT 外包服务费，消除了 IT 外包服务质量和服务价格竞争，损害了纳税人利益。

由于航天公司和百旺公司积极配合执法机构调查，积极改正垄断协议行为。其中，航天公司主动提供关键证据。因两家公司 2016 年度实施垄断协议期间因垄断行为产生的收益无法计算，故两家公司的相关违法所得无法计算。根据《反垄断法》第 46 条第 1 款，2017 年 9 月 28 日，湖南省工商局对航天公司作出如下处罚：责令停止违法行为；处其在长沙市范围内 2016 年度37 485 093. 21元销售收入的 1% 罚款的行政处罚，罚款金额合计 374 850. 93 元。执法机构责令百旺公司停止违法行为；处其在长沙市范围内 2016 年度 37 438 569. 75 元销售收入的 2% 罚款的行政处罚，罚款金额合计 748 771. 40 元。

案件 56：山东省日照自律委员会会员单位分割市场案[1]

（一）基本案情

日照方大有限责任会计师事务所、日照益同有限责任会计师事务所、日照正和会计师事务所有限公司等九家会计师事务所于 2010 年 12 月 14 日举行了《日照市会计师事务所行业自律公约》签约仪式，2011 年 3 月开始进行业

[1] 案件来源：鲁工商公处字［2018］第 2 号。

务收入统筹分配，各单位将其本地审计、验资等相关业务收入交纳至统一的专用银行账户，再按照提前约定好的指标对各单位收入进行重新分配。

2012年10月，山东宏德会计师事务所加入日照自律委员会；2013年5月，新联谊会计师事务所有限公司日照分所加入日照自律委员会，后加入的2家会员单位也参与了业务收入统筹分配行为。

2014年4月，在日照市莒县辖区执业的山东君楷会计事务所、山东舜天信诚会计师事务所有限公司莒县分所与日照实信会计师事务所有限公司莒县业务分部（未注册分公司）作为会员单位开始共同参加日照自律委员会会议。2012年5月，经日照自律委员会全体会员单位共同商议并达成《莒县业务统筹分配办法》，约定由以上三家会员单位承揽日照莒县相关业务，莒县以外会员单位办理莒县业务，70%的业务统筹金额由莒县会员单位协议分配。三家会员单位将日照莒县相关业务收入交纳至日照自律委员会专用账户后，按照事先约定的比例仅由这三家会员单位进行单独分配。

2014年6月以后，各会员单位停止交纳收入统筹款，2014年7月，莒县三家会员单位协商，退还了统筹分配期间的收入统筹款。2016年5－7月，日照自律委员会除莒县三家之外的十一家会员单位协商后，退还了统筹分配期间的收入统筹款。

（二）处理决定

山东省工商局认为，涉案会计师事务所作为平等的市场经营主体，在相关业务方面应存在公平竞争关系，共同达成并实施《业务收入统筹分配实施办法》《业务检查、统筹、分配实施细则》《莒县业务统筹分配办法》，将相关收入进行整合并按照以前年度市场份额等指标重新划分，虽辩称其本意是为促进行业自律，但实质上却把通过正常竞争而扩大了市场份额的经营者收入划分给了其他具有竞争关系的经营者，直接导致了多劳而不多得，少劳却可以获得补偿。这种显失公平的做法，不仅不能促进行业自律，反而损害了行业内通过正常竞争而获得发展成果的经营者利益，无法实现行业内公平竞争的最终目的，削弱了经营者参与市场竞争的积极性，破坏了相关行业的公平竞争秩序，不利于提高经济运行效率、激发市场主体活力。

日照市莒县作为日照市行政辖区的一部分，经营者在该区域内开展相关业务具有平等竞争的权利，但涉案会计师事务所以共同商定的方式达成《莒县业务统筹分配办法》，将莒县单独划分为一个区域市场，人为地将自律委员会会员单位划分为莒县本地和莒县以外，阻碍了区域外经营者参与该区域竞争活动的动力和积极性，具有《反垄断法》所禁止行为的典型特征，构成分割销售市场的行为。

据此，2018 年 5 月 7 日，山东省工商局责令十三家日照自律委员会会员单位（新联谊会计师事务所有限公司日照分所已于 2016 年 12 月 29 日注销）停止违法行为，分别处以 2013 年度统筹相关业务销售额 1% －1.5% 的罚款。

四、限制创新协议（暂无行政执法案件）

五、联合抵制交易

案件 57：广东省广州市动漫游艺行业协会联合抵制交易案[1]

（一）基本案情

2012 年 5 月 25 日，广州市番禺动漫游艺行业协会（下简称动漫协会）草拟了一份《展会联盟协议书》。2012 年 6 月 2 日，动漫协会召集有关协会会员企业召开“第二届理事工作会议”，讨论并通过了其草拟的《展会联盟协议书》，并以“会议记录”形式明确，从 2013 年开始倡议会员企业只参加由协会主导或协会承办的展览会，推行《展会联盟协议书》。最终有 52 家本行业的会员企业在《展会联盟协议书》中签名、盖章，成为《展会联盟协议书》的签约企业。

《展会联盟协议书》主要涉及以下内容：“广州市番禺动漫游艺行业协会

---

〔1〕 案件来源：粤工商经处字［2015］2 号。

的会员单位、本协议的联盟企业郑重承诺：除本协议约定的特殊情况外，仅参加由本协会主导、主办或者承办的广州展会。”“协会会员或者本协议联盟企业如需参与非协会主导、主办或者承办的其他广州展会，需在参展前提前30天书面向协会提出申请，并由协会书面批示方可。”

（二）处理决定

《展会联盟协议书》的签署者是属于经营同种或类似业务的独立经营者，在广州市区域内相互之间具有明显的竞争关系。五十二家协议签署企业统一承诺，仅参加由涉案协会主导、主办或者承办的广州展会，如需参加非涉案协会主导、主办或者承办的其他广州展会，需经过涉案协会的书面批示。上述协议内容对各协议签署企业参加展览会的选择权进行了限定，其实质是各签署企业联合抵制了广州市范围内除涉案协会主导、主办或者承办的动漫展会之外的其他动漫展会，这将排斥、限制动漫游戏展会行业本应有的自由竞争，对广州市动漫游戏展会市场的健康发展产生现实或潜在的危害。

《展会联盟协议书》的内容涉及相同或类似行业有竞争关系的动漫游艺企业，在行业展会的选择上，联合抵制动漫协会主办、主导或承办以外的行业展会，排除、限制了广州地区动漫游艺展览行业的自由竞争，破坏了市场竞争秩序，属于《反垄断法》第13条第1款第5项所指的“联合抵制交易”垄断协议。最终，广东省工商行政管理局决定对涉案协会作出如下处罚：责令停止违法行为；处以罚款10万元。

案件58：淮南市货运商会组织本行业经营者达成垄断协议案[1]

（一）基本案情

2016年7月1日，淮南市货运商会的二十六家成员单位参加了该商会召开的检测线进程通报会和保险应对专题会。会上，参会代表就淮南市保险行业统一降低货运车辆保险手续费返还比例事宜进行讨论，由每一位参会代表从该市

〔1〕 案件来源：皖工商竞争处字［2017］第1号。

十五家财产保险公司中选择自己认为理想的参保公司，然后由货运商会秘书长何某进行统计汇总，最后根据票数高低确定五家财产保险公司作为参保合作单位，五家财产保险公司分别为中国人民财产保险股份有限公司淮南市分公司、中国平安财产保险股份有限公司淮南中心支公司、中国太平洋财产保险股份有限公司淮南中心支公司、天安财产保险股份有限公司淮南中心支公司、英大泰和财产保险股份有限公司淮南中心支公司。根据参会代表的一致讨论，淮南市货运商会最后以会议记录形式确定下列内容："经7月1日商会会议表决选举人保、平安、太平洋、英大、天安五家单位为商会合作单位，维持原返点正常不变的，可以继续合作，其他未选中单位不允许合作，否则每单处罚贰万元"。会议记录由参会代表签名确认，并由商会秘书长何某负责保管。

（二）处理决定

涉案商会组织本商会会员单位召开会议，通过协商确定五家财产保险公司作为各参会单位货运车辆承保单位，联合抵制五家以外的财产保险公司进入运输市场开展业务。此行为严重影响车险市场的公平竞争环境，不利于货运市场及车险市场的协调、健康发展。其组织本行业具有竞争关系的经营者违反《反垄断法》第13条第1款第5项"联合抵制交易"的规定，达成含有"联合抵制交易"内容的垄断协议并制定相应惩罚措施，损害了车辆保险市场的公平竞争秩序，也不利于货运市场的长期健康发展。涉案商会的行为构成"行业协会组织本行业经营者达成垄断协议"的行为。

案件调查过程中，涉案商会能够积极配合调查，主动消除违法行为危害后果。因此执法机构依法从轻处罚，决定对涉案商会处以罚款人民币10万元。

案件59：山东省六家家居企业联合抵制交易案[1]

（一）基本案情

2015年底，山东省济南市六家家居企业的负责人聚餐时，一致认为目前

〔1〕 案件来源：鲁工商公处字［2018］第1号。

第三方营销平台已经严重影响济南家居商场的正常经营。2016年1月，六家涉案企业经过协商，以规范经营秩序、保护消费者权益为由，由山东东亚金星家居有限公司起草，联合签订了《告全体商户书——关于各大家居商场严禁商户参与各类商场外销售活动的通知》（以下简称《告全体商户书》），其主要内容包括“自2016年4月1日起，严禁所有商户参与此类由各媒体各网站及第三方营销平台组织的所有商场外销售活动，一经发现，各家居商场均将严肃查处，并将联合采取有效措施直至清除出场”。为及时制止该协议的实施，2016年3月29日，山东省工商局与济南市工商局执法人员对六家涉案企业进行了行政约谈，要求其依法经营，于2016年4月1日前废止《告全体商户书》。行政约谈后，六家涉案企业向山东省工商行政管理局报送了整改报告，并废止了《告全体商户书》。

（二）处理决定

六家涉案企业营业范围涉及家具、建筑装饰材料、灯具、工艺品的批发、零售，场地承租等业务，处于同一地域范围内，在产品特性方面具有明显的可替代性，具有直接的竞争关系。各媒体、各网站及第三方营销平台中，众多经营者的经营范围与六家涉案企业的经营范围存在重合的业务，在产品特性方面具有可替代性，具有竞争关系。因此，六家涉案企业之间、六家涉案企业与各媒体、各网站及第三方营销平台中的同种业务经营者是《反垄断法》所指的具有竞争关系的经营者。

六家涉案企业和各媒体、各网站、第三方营销平台应合法经营维护市场竞争秩序，均有公平获取与相关商户交易的机会，相关商户也应具有合法选择多种方式宣传、销售商品的权利。六家涉案企业的联合限制行为，其表象是为了规范经营秩序，但实际上阻碍了各媒体、各网站、第三方营销平台与相关商户之间的正常交易，同时限制了相关商户自由选择交易对象的权利，影响了消费者自由选取商品的便利性，因此，该行为实质上是六家涉案企业达成联合排除、限制竞争的垄断行为。

涉案企业达成垄断协议后，经山东省工商行政管理局行政约谈，他们对违法行为进行了整改，及时废止了《告全体商户书》，并未实际实施垄断协议。因此，山东省工商行政管理局按照《反垄断法》第46条第1款“尚未实施所达成的垄断协议的，可以处五十万元以下的罚款”的规定，决定对各涉案企业处10万元罚款。

案件60：上海公立医疗机构药品集团采购联盟相关经营者涉嫌垄断案[1]

（一）基本案情

2016年2月，上海市医药卫生发展基金会发起上海市部分医疗机构组建了上海GPO，形成了组织架构，制定了药品采购规则。上海GPO委托上海医健卫生事务服务中心提供第三方采购事务和技术支持服务。上海GPO以公立医疗机构在省级招标平台（即上海阳光医药采购网）上可正常采购的药品为采购范围，要求已入围阳光平台的参选企业再次申报药品结算价、预计供应链服务成本分担比例、市场占有率等材料，并进行专家遴选等程序，最终决定上海GPO药品采购目录。对于未入选GPO药品采购目录的企业，所有会员医院拒绝与之交易。

本案调查过程中，当事人承认其联合抵制交易的事实，认识到其行为对竞争产生了不当影响，表示要积极采取措施进行整改。2017年12月5日，当事人向上海市工商行政管理局提交了《关于申请中止调查的报告》，并承诺采取如下整改措施：一是完善采购联盟工作规则，坚持公开透明的工作原则公开信息，遵循科学合理的原则形成工作细则，构建药品生产企业充分参与市场竞争的公平环境，不限制医疗机构的药品自主采购，不影响其与药品生产企业的市场交易机会，谨慎监测采购实施过程，把可能产生的对竞争秩序的影响降到最低；二是制定以充分体现联合采购公益性为目的的整改方案，并按照方案制定整改实施步骤。

---

〔1〕 案件来源：沪工商案字［2018］第000201710008号、第000201710009号。

（二）处理决定

上海市工商行政管理局认为，反垄断执法的目的是制止垄断，保护竞争，维护消费者合法权益。一方面，鉴于当事人的上述行为是对医改的初步探索，本身不存在主观恶性，试点阶段范围局限未对市场造成严重影响。另一方面，当事人上述行为对降低药品的采购成本、压缩价格水分有一定的积极作用，且当事人在案件调查过程中，积极配合调查，对存在的问题认识较为深刻，其提出并积极予以落实的整改措施能够消除和挽回其行为造成的影响，达到了反垄断执法的目的。依据《反垄断法》第45条及《工商行政管理机关查处垄断协议、滥用市场支配地位案件程序规定》第17条、第18条、第19条的规定，于2018年1月22日对当事人作出了中止调查决定。

中止调查期间，上海市工商行政管理局对当事人履行承诺情况进行了监督检查。经查，当事人履行承诺情况良好。

鉴于当事人采取的措施符合承诺的整改内容，未出现《反垄断法》第45条第3款和《工商行政管理机关查处垄断协议、滥用市场支配地位案件程序规定》第19条第2款规定的恢复调查的情形，依照《反垄断法》第45条第2款和《工商行政管理机关查处垄断协议、滥用市场支配地位案件程序规定》第19条第1款的规定，上海市工商行政管理局决定于2018年7月10日对当事人涉嫌违反《反垄断法》的行为作出终止调查决定。

六、纵向价格垄断协议

案件61：茅台、五粮液价格垄断案[1]

（一）基本案情

2013年1月，贵州茅台酒股份有限公司（以下简称茅台）和四川省宜宾五粮液集团有限公司（以下简称五粮液）先后遭到反垄断执法机构调查。二

---

〔1〕 案件来源：黔价处［2013］1号，川发改价检处［2013］1号。

者在销售白酒过程中，存在与经销商达成并实施“限定向第三人转售商品的最低价格”的垄断协议的事实。2012 年 4 月国家禁用公款购买高端白酒之后，以茅台和五粮液为代表的高端白酒厂商为了稳定价格，先后组织经销商召开会议，要求高端白酒转售价格不得低于其各自指定的标准。同年 12 月，茅台对其指定产品向经销商宣布“最低限价令”，并对十二个省、区、市“违规”降价销售的十八家经销商进行处罚。与此同时，五粮液也对十一省、市十四家“低价、跨区、跨渠道违规销售”的经销商开出罚单。

（二）处理决定

贵州省物价局和四川省发改委认为，茅台和五粮液的行为违反了《反垄断法》第 14 条的规定，属于达成并实施“限定向第三人转售商品的最低价格”的垄断协议的违法行为。执法机关认为上述行为的反竞争效果主要有：一是排除了同一品牌内各个经销商之间的竞争；二是限制了白酒行业不同品牌之间的竞争，由于五粮液公司作为行业龙头企业，其行为对其他竞争者有一定示范作用，将导致更为严重的损害和反竞争效果；三是损害了消费者利益，考虑到五粮液在中国浓香型白酒市场中占据重要地位，其产品可替代性低，因而其剥夺了消费者以更低价格购买商品的机会。根据以上违法事实，执法机构依据《反垄断法》第 46 条的规定，并考量了茅台和五粮液在接受反垄断调查后依法进行积极整改的实际情况（茅台与五粮液撤销了对此前相关经销商的“违规处罚”），对其予以从轻处罚，均处以上一年度销售额 1% 的罚款，分别计 2.47 亿元和 2.02 亿元。

案件 62：合生元等乳粉企业价格垄断案[1]

（一）基本案情

2013 年上半年，根据举报，国家发改委对合生元、美赞臣、多美滋、雅培、富仕兰（美素佳儿）、恒天然、惠氏、贝因美和明治九家乳粉生产企业展

〔1〕 案件来源：中国新闻网，http://finance.chinanews.com/stock/2013/08-07/5134218.shtml.

开反垄断调查。经查明，合生元等九家乳粉生产企业对下游经营者进行了不同形式的转售价格维持，存在固定转售商品价格或限定转售商品最低价格的行为，采取的垄断措施主要包括：合同约定、直接罚款、变相罚款、扣减返利、限制供货和停止供货等。这些措施和手段均具有惩罚性和约束性，一旦下游经营者不按照涉案企业规定的价格或限定的最低价格进行销售，就会遭到惩罚。

（二）处理决定

国家发改委认为，涉案企业的上述行为不正当地维持了乳粉的销售高价，均达到了固定转售商品的价格或限定转售商品的最低价格的效果，事实上达成并实施了销售乳粉的价格垄断协议，严重排除、限制同一乳粉品牌内的价格竞争，削弱了不同乳粉品牌间的价格竞争，破坏了公平有序的市场竞争秩序，损害了消费者利益，违反了《反垄断法》第14条的规定。

国家发改委依据《反垄断法》第46条的规定，决定对其中六家乳粉生产企业的价格垄断行为进行处罚，共处罚款6.6873亿元。其中，对于违法行为严重、不能积极主动整改的广州市合生元生物制品有限公司处上一年度销售额6%的罚款，计1.629亿元；对不能主动配合调查但能积极整改的美赞臣营养品（中国）有限公司处上一年度销售额4%的罚款，计2.0376亿元；对能够配合调查，并主动整改的多美滋婴幼儿食品有限公司处上一年度销售额3%的罚款，计1.7199亿元、雅培贸易（上海）有限公司处上一年度销售额3%的罚款，计0.7734亿元、富仕兰食品贸易（上海）有限公司处上一年度销售额3%的罚款，计0.4827亿元、恒天然商贸（上海）有限公司处上一年度销售额3%的罚款，计0.0447亿元；对主动向反垄断执法机构报告达成垄断协议有关情况、提供重要证据，并积极主动整改的惠氏营养品（中国）有限公司及惠氏（上海）贸易有限公司、浙江贝因美科工贸股份有限公司、明治乳业贸易（上海）有限公司免除处罚。

案件63：部分眼镜镜片生产企业维持转售价格案[1]

（一）基本案情

2013年8月开始依视路、尼康、蔡司、豪雅等主要框架镜片生产企业和博士伦、强生、卫康等主要隐形眼镜片生产企业普遍对下游经营者进行了不同形式的转售价格维持，存在固定镜片转售价格或限定镜片最低转售价格的行为。有的框架镜片生产企业与经销商签订了含有限定转售价格条款的《销售合同》，并要求经销商严格按照其制定的“建议零售价”销售镜片，直接维持转售价格；有的隐形眼镜片生产企业与其在全国或重点城市的直供零售商常年统一开展“买三送一”促销活动，相当于各零售商按照生产企业“建议零售价”的七五折销售隐形眼镜片，变相维持转售价格。为确保镜片市场价格体系得到维持，涉案企业通常采取惩罚性措施加以约束，如扣减保证金、取消销售返利、罚款、停止供货、口头（邮件）警告等。一旦经销商或零售商突破限定的价格（折扣）或擅自加大促销力度，就会遭到警告、停止供货等惩罚；反之，如果经销商或零售商严格遵守限定的价格或促销力度，则会获得销售返利等奖励。

（二）处理决定

国家发改委认为，作为眼镜行业市场规模较大、占据较大市场份额的知名品牌商，涉案企业的上述行为限制了经销商的自主定价权，违反了《反垄断法》第14条的相关规定，达成并实施了销售镜片的价格垄断协议，达到了固定转售镜片价格或限定镜片最低转售价格的效果，排除和削弱了镜片市场价格竞争，破坏了公平竞争的市场秩序，使相关镜片价格长期维持在较高水平，损害了消费者利益。

因此，国家发改委对上海依视路光学有限公司处上一年度销售额2%的罚

---

〔1〕 案件来源：国家发展和改革委员会网站，http://www.ndrc.gov.cn/xwfb/201405/t20140529_613553.html.

款879.02万元；对北京尼康眼镜有限公司处上一年度销售额2%的罚款168.48万元；对卡尔蔡司光学有限公司、北京博士伦眼睛护理产品有限公司和强生视力健商贸有限公司均处上一年度销售额1%的罚款，分别为176.6万元、369万元和364.37万元；对主动向反垄断执法机构报告达成垄断协议有关情况，提供重要证据，并积极主动整改的豪雅光学有限公司、上海卫康光学眼镜有限公司2家涉案企业，依法免除处罚。

案件64：一汽－大众有限责任公司及部分奥迪经销商价格垄断协议案〔1〕

（一）基本案情

2014年3月，湖北省物价局发现一汽－大众销售有限责任公司及部分奥迪经销商在湖北省内实施价格垄断行为，在国家发展和改革委员会价监局指导下，随即展开调查。经查明，2012年以来，一汽－大众销售有限责任公司下属的奥迪销售事业部多次组织湖北省区域内的湖北鼎杰、华星汉迪、湖北中基、湖北奥泽、武汉奥龙、武汉奥嘉、襄阳东富、宜昌奥龙、黄石奥龙、十堰奥龙等10家奥迪经销商签订了《华中小区价格方案保证书》，明确要求：区域内维修服务价格一致，明价明折；价格按照华中区奥迪经销商价格统一要求，对于违反价格方案的行为，给予通报批评、停止重大索赔权等处罚。

（二）处理决定

湖北省物价局认为，一汽－大众销售有限责任公司组织湖北省内十家奥迪经销商达成并实施整车销售和服务维修价格的垄断协议，其目的在于控制经销商对第三人转售的整车销售和售后维修价格，剥夺、干预了下游经营者的定价权，抬高了整车和备件的销售价格，排除、限制了整车和备件市场的正常竞争秩序，损害了消费者权益。上述行为违反了《反垄断法》

〔1〕 案件来源：鄂价检免［2014］1号、鄂价检处［2014］第14号至第22号。

第14条的规定，属于“固定向第三人转售商品的价格”和“限定向第三人转售商品的最低价格”的违法行为。十家湖北省内奥迪经销商的行为违反了《反垄断法》第13条的规定，属于“固定或者变更商品价格”的违法行为。

因此，湖北省物价局依据《反垄断法》第46条、《行政处罚法》第27条以及《反价格垄断行政执法程序规定》第14条的规定，对一汽－大众销售有限责任公司处上一年度相关市场销售额6%的罚款2.485 8亿元；对七家奥迪经销商分别处上一年度相关市场销售额1%至2%的罚款，具体数额如下：湖北鼎杰1 606万元、湖北中基752万元、武汉奥龙65万元、十堰奥龙11万元、襄阳东富34万元、宜昌奥龙57万元、黄石奥龙19万元；对主动报告达成价格垄断协议的有关情况并提供重要证据的湖北奥泽免除处罚，对华星汉迪按照上一年度相关市场销售额的1%减轻50%的处罚，罚款452万元；对违法行为轻微并及时纠正，没有造成危害后果的武汉奥嘉不予处罚。8家奥迪经销商处罚共计2 996万元。

案件65：东风日产价格垄断案[1]

（一）基本案情

广东省发改委于2014年8月起依法对东风日产开展反垄断调查。经查，2012年至2014年7月，东风日产通过下发商务规定、价格管理办法、考核制度等方式，严格限定广东省内经销商整车销售的网上、电话和营业厅报价以及最终成交价，并于2013年对违反价格管控措施的广州经销商进行处罚。另查明，自2012年4月至2014年7月，广州区域经销商在东风日产广州地区协力会组织下，多次召开会议，达成并实施了固定相关车型价格的垄断协议。

（二）处理决定

广东省发改委认为，东风日产与其广东省内经销商达成并实施了固定汽

〔1〕案件来源：广东省发展和改革委员会网站，http://210.76.72.13：9000/pub/gdsfgw2014/zwgk/gzdt/gzyw/201509/t20150910_328993.html.

车转售价格的垄断协议，违反了《反垄断法》第 14 条的规定，排除、限制了相关市场的竞争，损害了消费者利益。广州区域经销商在东风日产广州地区协力会组织下，多次召开会议，达成并实施了固定相关车型价格的垄断协议，违法了《反垄断法》第 13 条的规定。

根据《反垄断法》第 46 条、第 49 条的规定，广东省发改革委决定对东风日产处上一年度相关市场销售额 3% 的罚款，计 1.233 亿元；对达成并实施垄断协议的经销商处上一年度相关市场销售额 2% - 4% 的罚款，计 1 912 万元。

案件 66：上海韩泰轮胎公司限定最低转售价垄断案[1]

（一）基本案情

在 2012 及 2013 年度签订的《特约经销合同书》中，上海韩泰轮胎销售有限公司明确要求下游经销商遵守上海韩泰轮胎销售有限公司制定的最低销售价格。同时，《特约经销合同书》中还明确了降价销售的后果。

上海韩泰轮胎销售有限公司通过制定发布最低价格表、收取市场规范保证金以及发布市场规范公函等形式实施上述价格垄断协议。

1. 制定并发布卡客车轮胎产品最低价格表

上海韩泰轮胎销售有限公司制定并向经销商及零售商发布《韩泰 2013 年指导价格表（代理商用）》及《韩泰 2013 年指导价格表（零售店用）》，在其中规定了经销商转售卡客车轮胎产品的最低批发价、指导批发价和统一零售价，并要求经营商和零售商执行。

2. 收取市场规范保证金

2012 年和 2013 年，上海韩泰轮胎销售有限公司在经营中为规范经销商“低于甲方（上海韩泰轮胎销售有限公司）设定并通报的最低批发价格销售”等窜货行为，根据与经销商签订的《市场稳定化管理合同》，向部分经销商收

〔1〕 案件来源：上海市物价局行政处罚决定书第 2520160001 号。

取5万元的市场规范保证金。

3. 发布乘用车轮胎产品市场规范公函

上海韩泰轮胎销售有限公司向乘用车轮胎经销商发布部分产品指导批发价格表，并向经销商下发《2013年市场规范公函》，明确要求H432、H430、RA35全规格产品批发价格不得低于指导批发价。

（二）处理决定

上海韩泰轮胎销售有限公司与上海韩泰轮胎销售有限公司上海地区经销商属于独立的市场主体，两者存在韩泰品牌轮胎商品的交易关系，上海韩泰轮胎销售有限公司的行为违反了《反垄断法》第14条第2项和《反价格垄断规定》第8条第2项的规定，属于经营者与交易相对人达成并实施“限定向第三人转售商品的最低价格”垄断协议的违法行为，排除、限制了市场竞争，损害了消费者利益和社会公共利益。

依据《反垄断法》第46条第1款、第49条以及《行政处罚法》第27条第1款第1项的规定，考虑到上海韩泰轮胎销售有限公司在调查前就已删除《特约经销合同书》中限定最低转售价格的部分规定，主动整改部分违法行为，在调查过程中能够积极配合，主动提供了执法机构未掌握的部分证据，并在调查后退还已收取的市场规范保证金，主动减轻违法行为危害后果等情节，结合违法行为的性质和程度等因素，上海市物价局决定责令上海韩泰轮胎销售有限公司立即停止违法行为，对上海韩泰轮胎销售有限公司作出以下行政处罚：处2014年度相关市场销售额2.175 2亿元1%的罚款，计217.52万元。

案件67：上海海尔公司价格垄断案[1]

（一）基本案情

重庆新日日顺家电销售有限公司上海分公司、重庆海尔家电销售有限公

[1] 案件来源：上海市物价局行政处罚决定书第2520160009号。

司上海分公司、重庆海尔电器销售有限公司上海分公司由海尔出资，在上海地区分渠道及产品线以各自名义与下游经销商、零售商签订经销合同。

在经营过程中，上述三家涉案企业对经销商采取了限定终端零售最低价格的管控措施，涉嫌存在与上海地区经销商达成并实施“限定向第三人转售商品最低价格”垄断协议的事实：

三家公司限定转售最低价格的各种形式包括：①发送各类销售政策和通知，要求经销商执行统一指导价销售；②不定时发布各类管理公函、沟通函、通知函等，要求经销商不得“窜货乱价”，不得扰乱线上市场秩序，规范线上线下产品价值链；③与经销商签订《海尔产品经销总合同》《奖励协议》，要求“不得出现乱价现象”“按照约定统一零售价格在终端零售”；④与经销商签订《保证金协议书》，约定如果发现线上经销商违反市场规范（含限价），保证金不予退还。涉案企业还通过发布限价表、通报“乱价”行为、处罚“乱价”经销商等多种手段实施了上述价格垄断协议。

（二）处理决定

上海市物价局认定，涉案企业与其上海地区经销商属于独立市场主体，两者存在交易关系，涉案企业的行为违反了《反垄断法》第 14 条第 2 项和《反价格垄断规定》第 8 条第 2 项的规定，属于达成并实施“限定向第三人转售商品的最低价格”垄断协议的违法行为，排除、限制了市场竞争，损害了消费者利益和社会公共利益。

依据《反垄断法》第 46 条第 1 款、第 49 条以及《中华人民共和国行政处罚法》第 27 条第 1 款第 1 项的规定，考虑到涉案企业在调查前已经删除修改《海尔产品经销总合同》的限定最低转售价格的规定，在调查中能够积极主动进行整改，修订合同条款，废止违反《反垄断法》的经销商管理规定，进行内部合规培训与考核，积极清退“罚款”等情节，以及违法行为的性质和程度等因素，上海市物价局决定依法责令三家公司立即停止违法行为，处以上一年度相关市场销售额 3% 的罚款，共计 1 234.8 万元。

案件68：江苏省奔驰汽车价格垄断案[1]

（一）基本案情

江苏省物价局从2014年7月22日起，对涉案企业达成并实施限定向第三人转售商品最低价格的垄断协议行为进行了调查。经查，涉案企业主要违法事实如下：

1. 达成限定江苏省内经销商奔驰E级、S级整车最低转售价格的垄断协议

2013年1月至2014年7月，涉案企业工作人员通过电话、口头通知或者召开经销商会议的形式，对江苏省不同区域内E级、S级整车的最低转售价格进行限定。①通过电话或口头通知形式限定E级、S级整车最低转售价格；②通过召开经销商会议限定E级、S级整车最低转售价格。

2. 达成限定江苏省内经销商配件最低转售价格的垄断协议

自2010年起，涉案企业就对江苏省内经销商转售奔驰汽车相关配件的最低价格进行限定。涉案企业根据事故车（保险公司理赔）、停产车型（保修期外）、在产车型（保修期内）等不同情况，分别实行不得低于7折、8折、9折的限价政策（以下简称“7、8、9”折扣原则）。

3. 实施限定江苏省内经销商E级、S级整车和配件最低转售价格的垄断协议

主要包括：①要求经销商每周将E级、S级车辆销售发票上传销售激励管理系统（SIMS系统），组织专门人员对上传的发票进行检查，超出限价要求的，经销商必须说明原因。②跟踪经销商销售流程，对低价销售的经销商，加大考核力度和频率，对经销商施加压力。③对违反限价政策的经销商，减少政策支持力度，如停止热销车型供货、停止批准新店项目。④对经销商相关责任人员进行约谈，对情节严重者，要求经销商将其辞退出奔驰经销系统。

（二）处理决定

江苏省物价局认为，涉案企业与江苏省内经销商分别处于奔驰汽车及相

[1] 案件来源：[2014] 苏价反垄断案2号。

关配件销售链条的不同环节，二者各自具有独立的市场地位，属于上游和下游的关系。涉案企业凭借自身优势地位及严格的管理措施，对经销商实施的整车、配件最低转售价格的限定，具有强大的约束力。这种价格控制，剥夺、干预了下游经销商的自主定价权，排除、限制了奔驰经销商间的价格竞争，弱化了价格信号对资源配置的引导作用，损害了消费者的利益。

涉案企业达成并实施限定经销商转售商品最低价格的垄断协议行为，破坏了奔驰整车和售后服务市场的正常竞争秩序，违反了《反垄断法》第14条第2项的规定，属于达成并实施“限定向第三人转售商品的最低价格”垄断协议的违法行为，并且涉案企业未能证明上述行为符合《反垄断法》第15条规定的豁免情形，依法应当予以处罚。

根据以上违法事实，江苏省物价局依据《反垄断法》第46条、第49条之规定，对奔驰公司处以上一年度相关市场销售额7%的罚款，计3.5亿元。对在奔驰公司组织下达成并实施垄断协议的经销商处以上一年度相关市场销售额1%的罚款，其中，对主动报告达成垄断协议有关情况并提供重要证据的经销商，依法免除或者从轻处罚，对南京、无锡、苏州三地的奔驰经销商共计罚款786.9万元。

案件69：VIVO经销商价格垄断案[1]

（一）基本案情

2016年，vivo手机省内分经销商举报，总经销商对下级代理商实行限制零售价格的做法，禁止代理商开展促销或是回馈老顾客之类的活动，一旦不执行总经销商的定价，就会遭遇断货。经查，涉案企业违法事实如下：

1. 与交易相对人达成固定转售价格的垄断协议

（1）多次对江苏省内各地经销商发布有关价格管理的规定，要求各地经销商予以执行。2014年5月28日、2015年7月6日和2016年3月17日涉案

［1］ 案件来源：［2016］苏价反垄断案1号。

企业分别向经销商发布《vivo 智能手机市场价格管理协议》，对 vivo 手机市场低价销售进行了界定，规定对低价销售行为进行检查和处罚，对不能按期签订控价协议的零售客户停货督促，直至停止合作等内容；2016 年 3 月 17 日发布的《产品操作的相关规定》，要求经销商必须严格执行规定的批发价，否则按 10 万元/型号进行处罚，复查执行仍不到位的予以淘汰。另外，涉案企业不定期向各地经销商发布《新品上市价格通知》《××型号新价格通知》等，对各型号手机的批发价以及零售价进行明确规定，要求各经销商严格执行，并对价格执行情况进行检查。

（2）通过子公司多次对零售商发布价格管理规定。2016 年 3 月 30 日、2016 年 8 月 12 日涉案企业所属全资子公司南京威沃电子有限公司（以下简称南京威沃）分别发布《vivo 智能手机市场价格管理规范》和《关于乱价处罚的补充说明》，对南京地区 vivo 手机市场低价销售进行界定，并规定了对零售商的检查和处罚方式。另外，南京威沃要求南京地区各零售商在柜台摆放统一制作的控价立牌，包括 vivo 手机《价格管理规范》和《价格声明》，声称统一售价，并对一切低价销售行为进行罚款，情节严重的，撤销经销资格等。

2. 与交易相对人签订价格控制协议

（1）通过与省内各地区经销商签订协议控制 vivo 手机批发价格，并要求经销商对各自零售商的零售价格进行管控。经查，涉案企业 2016 年与扬州百胜电子有限公司（以下简称扬州百胜）等地区经销商签订的《vivo 手机销售代理协议》中第 1 条规定："甲方（涉案企业）授权乙方（扬州百胜）代理扬州地区的 vivo 手机产品的销售……，但乙方必须按照甲方所规定的价格体系进行销售，并控制自己所代理地区的零售价格。"第 8 条规定："乙方有责任保证在所代理地区的产品控价，一经发现乱价行为，甲方按照 2016 年文件《004 YXSW vivo 智能手机价格管理协议》对乙方进行处罚。"根据涉案企业的要求，扬州百胜等地区经销商在与江苏百胜签订《vivo 手机销售代理协议》后，与其零售商签订了《产品经销协议》，明确禁止低价销售产品。

（2）要求子公司和各自零售商签订价格控制协议，禁止零售商进行低价销售，并规定了处罚措施。经查，南京威沃（甲方）2016 年与南京文鑫科技有限公司（乙方）等零售商签订的《vivo 手机销售合作协议》中第 10 条规定："乙方严禁低价销售甲方产品，扰乱市场秩序。关于乱价的界定：①门店标牌价低于公司规定的市场零售价；②顾客购机时，乙方以低于标准零售价的价格把产品销售给消费者……"，第 11 条规定："关于乱价的处理：①针对经销商 A：门店乱价经认定，第一次乱价处罚 500 元，第二次乱价处罚 1000 元，第三次停货直至终止合作……"。

3. 实施了固定转售价格的垄断协议

经核实，涉案企业固定的转售价格在经销商、零售商实际操作环节得到了执行，涉案企业还通过对低价销售的经销商或零售商进行罚款进一步促进了垄断协议的实施。本机关提取的数份 2016 年的《通讯事业部客户往来调整通知单》显示，涉案企业对南京驰信通信设备有限公司等客户的低价销售行为进行了处罚，并调增了客户的应收账款。另外，从南京威沃提取的数份《乱价处罚通知书》表明，南京威沃在 2016 年 vivo 手机价格检查专项行动中，将南京普讯通讯设备有限公司等经销商低于统一零售价格销售手机的行为认定为市场乱价，并对其进行了罚款。

根据涉案企业提交的财务数据，经核算，2015 年度涉案企业受上述违法行为影响的江苏省内市场涉案产品销售额为 698 330 931.00 元。

（二）处理决定

江苏省物价局认为，涉案企业的控价行为损害了 vivo 手机各经销商之间的市场竞争，损害了消费者利益，违反了《反垄断法》第 14 条第 1 项的规定，属于"固定向第三人转售商品的价格"垄断协议的违法行为，且涉案企业未能证明上述行为符合《反垄断法》第 15 条规定的豁免情形和豁免条件，依法应予以处罚。

依据《反垄断法》第 46 条第 1 款、第 49 条以及《行政处罚法》第 27 条第 1 款的规定，考虑到涉案企业违法行为的性质、程度、持续时间和整改情节等因素对涉案企业处 2015 年度江苏地区涉案产品销售额 698 330 931.00 元 1% 的罚款，计人民币 6 983 309.31 元。

案件70：美敦力公司价格垄断案[1]

（一）基本案情

2016年12月，美敦力因涉嫌价格垄断遭到国家发改委调查。经查，美敦力在中国境内市场采用转售的方式销售医疗器械产品，其交易相对人包括平台商和一级经销商。至少自2014年起，美敦力通过经销协议、邮件通知、口头协商等方式，与其交易相对人达成垄断协议，限定相关医疗器械产品的转售价格、投标价格和到医院的最低销售价格，并通过制定下发各经销环节的产品价格表、内部考核、撤销经销商低价中标产品等措施，实施了价格垄断协议。美敦力还采取了纵向限制销售对象和销售区域、限制经销竞争品牌产品的措施，强化了纵向价格垄断协议的实施效果。

（二）处理决定

国家发改委认为，美敦力与其交易相对人达成并实施固定向第三人转售涉案产品价格、限定向第三人转售涉案产品最低价格的垄断协议，违反了《反垄断法》第14条第1项、第2项的规定，且不符合《反垄断法》第15条规定的豁免情形和豁免条件。因此，国家发改委依法责令美敦力立即停止实施价格垄断行为，并对其处以2015年度涉案产品销售额4%的罚款，计1.1852亿元。

案件71：上海市上汽通用汽车销售有限公司价格垄断案[2]

（一）基本案情

2014年以来，上汽通用公司上海营销部门通过发布《区域价格通知》《市场竞争动态》和《价格指导公告》等文件，限定经销商销售凯迪拉克

[1] 案件来源：国家发展和改革委员会行政处罚决定书［2016］8号。

[2] 案件来源：上海市物价局行政处罚决定书第2520160027号。

SRX、雪佛兰创酷、别克全新英朗等车型的最低价格，并通过第三方公司暗访、网上监测等手段，对经销商的销售价格进行监控。对不遵守价格限制的经销商，上汽通用通过公示暗访报告、约谈违规经销商等方式要求经销商调整销售价格，通过暂停供给热销车型、发布《违规处罚通告》进行罚款、扣除销售返利等方式对经销商进行处罚。

（二）处理决定

上海市物价局认为，上汽通用公司对经销商向第三人转售商品的最低价格进行了限定，违反了《反垄断法》第14条禁止经营者与交易相对人达成“限定向第三人转售商品最低价格”的垄断协议的相关规定，排除、限制了市场价格竞争，扰乱了正常的市场竞争秩序，损害了其他经营者和消费者的合法权益。

据此，上海市物价局依据《反垄断法》第46条第1款的规定，并考虑到在调查过程中上汽通用公司能够积极配合，主动进行整改等因素，依法责令上汽通用公司立即停止违法行为，处上一年度涉案产品销售额4%的罚款，共计人民币2.01亿元。

案件72：上海领鲜物流有限公司价格垄断案[1]

（一）基本案情

2015年，领鲜物流向各经销商下发巴氏杀菌奶产品报价单，详细列明了全品类产品经销商最低出货价及终端最低零售价为一体的价格体系，并要求经销商予以执行。当年7月、10月、12月领鲜物流多次上调主要巴氏杀菌奶产品价格，并向经销商下发调价通知函，实施渠道限价，要求经销商签署限价承诺函。领鲜物流在调价通知函中指出维护市场价格体系，是经销商应尽的义务，同时要求各经销商收到调价通知后通过签字或盖章的形式签署回执，承诺严格执行，如有违反，承担相应处罚。

［1］ 案件来源：上海市物价局行政处罚决定书第2520160030号。

（二）处理决定

上海市物价局认定，领鲜物流违反了《反垄断法》和《反价格垄断规定》的相关规定，构成了达成并实施“限定向第三人转售商品最低价格”垄断协议的违法行为。因此，依据《反垄断法》以及《行政处罚法》的相关规定，上海市物价局责令领鲜物流立即停止违法行为，并对其处罚款 1 977 777.49 元。

案件 73：中国联通丹东市分公司纵向垄断协议案[1]

（一）基本案情

2017 年，经辽宁省物价局调查，中国联通丹东市分公司作为基础电信运营商，在向丹东有线电视公司出售带宽时，以签订合作协议的方式，固定了丹东有线电视公司向终端家庭用户出售有线宽带产品的种类和价格，限制了丹东有线电视公司在终端用户市场上的竞争能力。

（二）处理决定

执法机关认为上述行为违反了《反垄断法》第 14 条第 1 项关于禁止与交易相对人达成固定向第三人转售商品价格垄断协议的规定。考虑中国联通丹东市分公司在做出处罚决定前积极整改，取消向用户销售宽带搭售固话行为，并与丹东有线电视公司重新签订《合作意愿书》，调整合作内容，主动消除违法行为危害后果，辽宁省物价局依据《反垄断法》第 46 条对中国联通丹东市分公司上述两项违法行为分别处上一年度相关市场销售额 1% 的罚款，共计 671 559 元。

案件 74：海南省裕泰饲料公司实施固定转售价格行为案[2]

（一）基本案情

海南裕泰公司 2014 年及 2015 年与其经销商签订统一格式文本《饲料产

---

〔1〕 案件来源：国家发展和改革委员会网站，http://www.ndrc.gov.cn/gzdt/201703/t20170316_841142.html.

〔2〕 案件来源：琼价监案处［2015］5 号。

品销售合同》，该合同的第 7 条规定“乙方（经销商）应为甲方（裕泰公司）保密让利标准，且销售价服从甲方的指导价，否则，甲方有权减少其让利”。

（二）处理决定

执法机关认为上述行为排除限制经销商销售同一品牌“裕泰”鱼饲料之间的价格竞争，违反了《反垄断法》第 14 条第 1 项的规定，构成了与交易相对人达成“固定向第三人转售商品的价格”垄断协议的行为。但鉴于经销商并未按指导价销售，裕泰公司在海南省物价局调查过程中能积极配合，主动整改等情节，根据《反垄断法》第 46 条第 1 款及第 49 条的规定，海南省物价局决定对裕泰公司作出：①责令裕泰公司立即停止违法行为；②处 20 万元的罚款。

七、纵向非价格垄断协议（暂无行政执法案件）

第二章 滥用市场支配地位

总体情况

截至2018年6月底，我们共收集到反垄断执法机构处理的滥用市场支配地位案件38起，其中，工商系统处理的29件，发改系统（含物价局）处理的9件。

行为类型	数量（件）
以不公平价格销售或购买商品	5
掠夺性定价	0
拒绝交易	3
限定交易	4
搭售或者附加其他不合理的交易条件	22
差别待遇	4
其他（忠诚折扣）	1

（注：利乐案同时涉及搭售、限定交易和忠诚折扣，所以既统计在“搭售”类型中，也统计在“其他”类型中。）

上述案件中，共9个案件适用了《反垄断法》第45条规定的经营者承诺制度，以中止/终止调查程序结案。

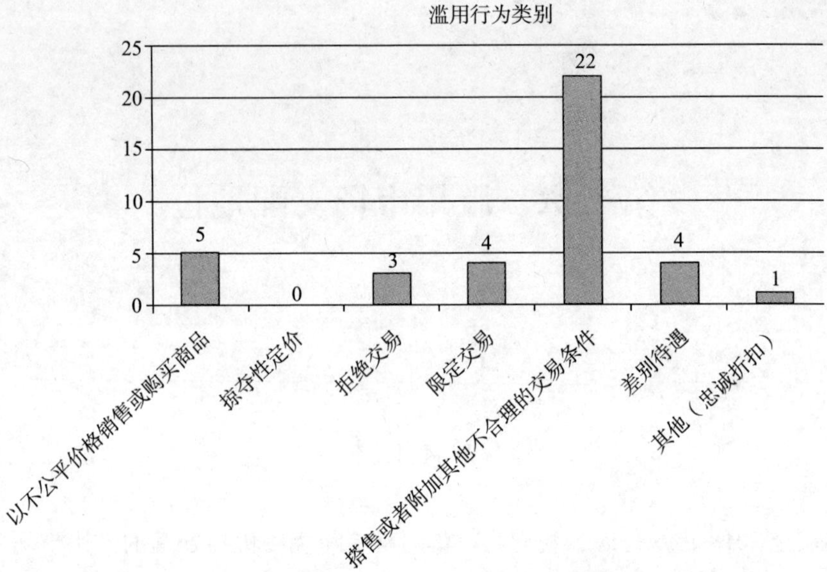

处理结果	工商系统	发改系统	总计
处罚	21	8	29
中止/终止调查	8	1	9

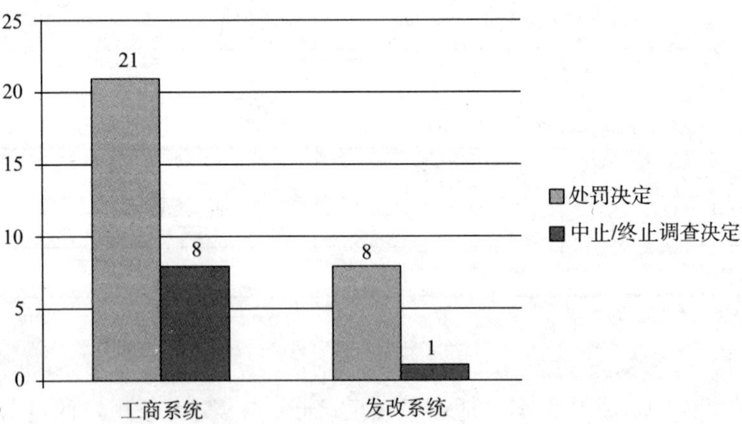

一、以不公平价格销售或者购买商品

案件1：广东韶关两河砂企业价格垄断案[1]

（一）基本案情

广东省物价局联合省交通厅、水利厅调查组实地调查发现，韶关市曲江区白土镇明华专业沙石场和韶关市曲江区林源实业有限公司（两家企业同属韶关市曲江区河砂经营者林昌华所有并控制，故一并进行处理）滥用市场支配地位销售河砂。截至2013年，明华沙石场及林源公司合并占有曲江开采加工河砂相关市场份额75%以上，占据市场支配地位。相关资料显示，其连年提高砂价，提价幅度高达54.5%，超过正常的成本上涨幅度20%以上，并且河砂价格比其他竞争相对充分的市场售价要高。另外，明华沙石场及林源公司在曲江区白土镇经营场所长期堆积河砂达20.07万立方米，这种长期、大量囤积市场供应紧张、价格异常波动的河砂的行为，拉大了当地用砂缺口，在一定程度上进一步推动了河砂价格过快、不正常上涨。

（二）处理决定

截至2013年，明华沙石场及林源公司合并占有曲江开采加工河砂相关市场份额75%以上，占据市场支配地位。在征询国家发展和改革委员会相关意见后，广东省物价局对明华沙石场及林源公司滥用市场支配地位提高河砂销售价格的行为，按照《反垄断法》的相关规定，处以上一年度销售额合计2%的罚款，即52.7950万元人民币。对明华沙石场及林源公司囤积河砂的行为，告诫责令其按照“限期、限价、限对象”的三限原则，在6个月内，以不高于70元每立方米的价格，以河砂终端用户为销售对象，加工销售完其所囤积的20.07万立方米河砂。

---

〔1〕 案件来源：中国新闻网，http://www.chinanews.com/df/2013/09-04/5246690.shtml.

案件2：美国IDC公司涉嫌价格垄断案[1]

（一）基本案情

2013年6月，国家发展和改革委员会根据举报对IDC公司启动了反垄断调查，获取了IDC公司涉嫌实施价格垄断行为的证据材料，IDC公司相关负责人于2013年7月、2014年1月两次到国家发展改革委接受调查询问。经调查，IDC公司涉嫌滥用在无线通信标准必要专利市场的支配地位，实施垄断行为，包括：对我国企业设定不公平的高价许可费、要求我国企业将所持有的专利向其进行免费反许可、将非标准必要专利和标准必要专利进行捆绑许可等。在反垄断调查期间，IDC公司积极配合调查，与我国华为公司就专利许可费和其他条款达成和解协议，同时表示将参照对华为公司的许可条件与我国其他企业进行专利许可谈判。

（二）处理决定

2014年3月，IDC公司向国家发展和改革委员会提交了中止调查申请，提出了消除涉嫌垄断行为后果的具体措施，主要包括：不对我国企业收取歧视性的高价许可费、不将非标准必要专利与标准必要专利进行捆绑许可、不要求我国企业将专利向其进行免费反许可、不直接寻求通过诉讼方式迫使我国企业接受其不合理的许可条件等。考虑到IDC公司提出的承诺措施能够消除垄断行为的后果，保证我国企业公平地参与市场竞争，恢复市场竞争秩序，国家发展和改革委员会依据《反垄断法》第45条的规定对IDC公司作出了中止调查的决定，同时将严格监督IDC公司切实履行承诺，如果IDC公司未履行承诺或者有其他法定情形，国家发展和改革委员会将恢复调查。

---

〔1〕案件来源：国家发展和改革委员会网站，http://www.ndrc.gov.cn/xwzx/xwfb/201405/t20140522_612465.html.

案件3：高通公司滥用市场支配地位案[1]

（一）基本案情

根据《反垄断法》等法律法规，国家发展和改革委员会于2013年11月立案，依法对当事人滥用在CDMA、WCDMA和LTE无线通信标准必要专利（以下简称无线标准必要专利）许可市场及CDMA、WCDMA和LTE无线通信终端基带芯片（以下简称基带芯片）市场的支配地位，实施垄断行为进行了调查。经调查发现其滥用市场支配地位的行为有以下几方面：

（1）高通公司与被许可人签订的专利许可协议均包括相关过期的专利，高通公司不向被许可人提供专利清单，且与被许可人签订的长期甚至无固定期限的许可协议中约定了一直不变的专利许可费标准。高通公司的过期标准必要专利包含在对外许可的专利组合中，被许可人未能获得公平协商的机会以避免对高通公司的过期专利支付许可费。此外，高通公司在无线标准必要专利许可中，强迫某些被许可人将持有的相关非无线标准必要专利向当事人进行许可，强迫某些被许可人免费进行反向许可，要求某些被许可人不能就持有的相关专利向高通及高通的客户主张权利或者提起诉讼。高通公司在某些无线标准必要专利许可谈判中并不实质的考虑和评估被许可人专利的价值，拒绝向被许可人就反向许可的专利支付合理的对价。

（2）高通公司在进行专利许可时，不对无线标准必要专利与非无线标准必要专利进行区分，不向被许可人提供专利清单，而是采取设定单一许可费并进行一篮子许可的方式，将持有的非无线标准必要专利进行搭售许可。

（3）高通公司将签订和不挑战专利许可协议作为被许可人获得当事人基带芯片的条件，如果潜在被许可人未与高通签订包含不合理许可条件的专利

[1] 案件来源：国家发展和改革委员会行政处罚决定书［2015］1号。

许可协议，高通公司则拒绝与该潜在被许可人签订基带芯片销售协议并拒绝向其供应基带芯片；如果已经与高通签订专利许可协议的被许可人与高通就专利许可协议产生争议并提起诉讼，则高通将停止向该被许可人供应基带芯片。

（二）处理决定

高通公司在无线标准必要专利许可市场和基带芯片市场具有市场支配地位。不同代际的无线通信技术标准存在演进关系，但电信网络运营商升级到新一代无线通信技术标准时，为了保证长达数年的网络升级过程中的代际兼容性，普遍要求无线通信终端必须同时支持上一代无线通信技术标准。因此，已广泛应用的不同无线通信技术标准之间不存在现实可行的替代关系。本案调查涉及的 CDMA、WCDMA 和 LTE 技术标准当前均不存在现实可行的替代性标准。

由于无线标准必要专利是实现特定无线通信技术标准必须要实施的专利，无线通信终端制造商生产销售符合相关技术标准的产品必须获得无线标准必要专利许可。从需求替代分析，无线通信终端制造商生产特定的无线通信终端，纳入相关技术标准的每一项无线标准必要专利都不可或缺，都是必须要实施的技术专利，任何一项无线标准必要专利的缺失，都会导致无线通信终端不能完全符合相关技术标准，不能满足市场需求。从供给替代分析，每一项无线标准必要专利都具有唯一性，在被相关无线通信技术标准采纳并发布和实施后，不存在实际的或者潜在的替代性供给。因此，每一项无线标准必要专利许可均单独构成一个独立的相关产品市场。在本案中，由于当事人将持有的无线标准必要专利进行组合许可，相关产品市场为当事人持有的各项无线标准必要专利许可单独构成的相关产品市场的集合，即 CDMA 基带芯片市场、WCDMA 基带芯片市场和 LTE 基带芯片市场。

由于专利授权、使用和保护均具有地域性，单独构成一个独立相关产品市场的每一项无线标准必要专利的地域市场均为一个特定的国家或者地区。在本案中，当事人将持有的不同国家和地区的无线标准必要专利进行组合许可，无线标准必要专利许可的相关地域市场为当事人持有的各项无线标准必要专利的国家或者地区市场的集合，即全球市场。

国家发展和改革委员会查明，在CDMA、WCDMA和LTE无线通信技术标准中，当事人均持有数量不等的无线标准必要专利。当事人在无线标准必要专利市场占有100%的市场份额，具有控制无线标准必要专利许可市场的能力，无线通信终端制造商对当事人的无线标准必要专利组合许可高度依赖，并且其他经营者进入相关市场的难度较大，因此当事人在无线标准必要专利许可市场具有市场支配地位。当事人在CDMA基带芯片市场、WCDMA基带芯片市场和LTE基带芯片市场中的市场份额均超过1/2，具有控制相关基带芯片市场的能力，主要无线通信终端制造商对当事人的基带芯片高度依赖，并且基带芯片市场进入门槛高、难度大，因此当事人在相关基带芯片市场上具有市场支配地位。

国家发展和改革委员会综合分析当事人的垄断行为认为当事人直接或者间接地收取了不公平的高价专利许可费。当事人要求专利免费反向许可，抑制了被许可人进行技术创新的动力，阻碍了无线通信技术的创新和发展，排除、限制了无线通信技术市场的竞争。同时，要求专利免费反向许可使当事人相对其他基带芯片生产商获得了不正当的竞争优势，无线通信终端制造商采购其他基带芯片生产商的产品将会负担更高的知识产权成本，削弱了其他基带芯片生产商的竞争力，损害了市场竞争。当事人收取不公平高价专利许可费增加了无线通信终端制造商的成本，并最终传导到消费终端，损害了消费者的利益。该行为违反了《反垄断法》第17条第1款第1项关于禁止具有市场支配地位的经营者以不公平的高价销售商品的规定。

当事人利用在无线标准必要专利许可市场的支配地位，在无线标准必要专利许可中没有正当理由搭售非无线标准必要专利许可。对于非无线标准必要专利，被许可人本可以考量包括侵权和诉讼风险在内的各种因素，自由决定是否寻求以及向哪个专利权人寻求获得许可。由于当事人强制搭售非无线标准必要专利许可，被许可人必须从当事人处获得非无线标准必要专利许可并支付许可费，理性的被许可人通常不会额外承担费用进行规避设计或者寻求替代性技术。这使得与当事人持有的非无线标准必要专利具有竞争关系的其他替代性技术失去了参与竞争的机会和可能，严重排除、限制了相关非无线标准必要专利许可市场的竞争，阻碍、抑制了技术创新，最终损害了消费者的利益。

无线通信终端制造商使用当事人的无线标准必要专利应当支付公平、合理的专利许可费，但当事人在专利许可要约中包含了过期专利收费、要求被许可人进行专利免费反向许可、没有正当理由搭售非无线标准必要专利许可等不合理条件，利用在基带芯片市场的支配地位，以不供应基带芯片相要挟，强迫潜在被许可人签订包含不合理条件的专利许可协议，该行为不具有合理性。同时，被许可人与当事人就专利许可协议产生争议并提起诉讼是被许可人的权利，而当事人基于在基带芯片市场的支配地位，在基带芯片销售中附加不挑战专利许可协议的不合理条件，实质上限制甚至剥夺了被许可人的上述权利，将不挑战专利许可协议作为当事人向被许可人供应基带芯片的前提条件，没有正当理由。该行为违反了《反垄断法》第 17 条第 1 款第 5 项关于禁止具有市场支配地位的经营者没有正当理由搭售商品的规定。

由于当事人在基带芯片市场具有支配地位，潜在的和实际的被许可人对当事人的基带芯片高度依赖，如果当事人拒绝提供基带芯片，则潜在的或者实际的被许可人可能无法进入或者必须退出相关市场，无法有效参与市场竞争。当事人利用在基带芯片市场的支配地位，要求潜在被许可人签订包含不合理条件的许可协议，限制被许可人就专利许可协议提出争议和提起诉讼的权利，将不接受当事人不合理专利许可条件的潜在的或者实际的被许可人排挤出市场，排除、限制了市场竞争。该行为违反了《反垄断法》第 17 条第 1 款第 5 项关于禁止具有市场支配地位的经营者在交易时附加不合理交易条件的规定。

依据《反垄断法》第 47 条、第 49 条的规定，国家发展和改革委员会对当事人上述滥用无线标准必要专利许可市场和基带芯片市场支配地位的行为作出如下决定：

其一，责令当事人停止滥用市场支配地位的违法行为。

（1）当事人在对中华人民共和国境内的无线通信终端制造商进行无线标

准必要专利许可时，应当向被许可人提供专利清单，不得对过期专利收取许可费。

（2）当事人在对中华人民共和国境内的无线通信终端制造商进行无线标准必要专利许可时，不得违背被许可人意愿，要求被许可人将持有的非无线标准必要专利反向许可；不得强迫被许可人将持有的相关专利向当事人反向许可而不支付合理的对价。

（3）对为在中华人民共和国境内使用而销售的无线通信终端，当事人不得在坚持较高许可费率的同时，以整机批发净售价作为计算无线标准必要专利许可费的基础。

（4）当事人在对中华人民共和国境内的无线通信终端制造商进行无线标准必要专利许可时，不得没有正当理由搭售非无线标准必要专利许可。

（5）当事人对中华人民共和国境内的无线通信终端制造商销售基带芯片，不得以潜在被许可人接受过期专利收费、专利免费反向许可、没有正当理由搭售非无线标准必要专利许可等不合理条件为前提；不得将被许可人不挑战专利许可协议作为当事人供应基带芯片的条件。

上述各项责令当事人停止的违法行为适用于当事人的子公司和当事人具有实际控制权的其他公司。当事人转让无线标准必要专利的，应当要求权利受让方承诺受上述禁止行为的限制。

当事人在中华人民共和国境外授权的无线标准必要专利许可行为，对中华人民共和国境内市场竞争不具有显著排除、限制影响的，不适用以上决定。

其二，对当事人处 2013 年度销售额 8% 的罚款。

经核定，当事人 2013 年度在中华人民共和国境内的销售额为 761.02 亿元人民币（汇率按中华人民共和国国家外汇管理局公布的 2013 年度平均人民币汇率中间价计算）。国家发展和改革委员会认为，当事人滥用市场支配地位行为的性质严重，程度较深，持续时间较长，决定对当事人处 2013 年度在中华人民共和国境内销售额 8% 的罚款，计 60.88 亿元人民币。

案件4：中石油昆仑燃气有限公司咸宁分公司、仙桃中石油昆仑燃气有限公司、大冶华润燃气有限公司等五家天然气公司滥用市场支配地位案〔1〕

（一）基本案情

自2013年以来，中石油昆仑燃气有限公司咸宁分公司、仙桃中石油昆仑燃气有限公司、大冶华润燃气有限公司、江夏华润燃气有限公司以及石首市天然气有限公司等五家从事管道天然气供应及相关服务的天然气公司，凭借在相关区域内管道天然气供应及相关服务的特许经营权，通过与非居民用户签订管道燃气设施建设安装合同的形式，取得了在相关区域内非居民管道燃气设施建设安装市场的市场支配地位，并且五公司滥用在相关市场的市场支配地位，剥夺了交易相对人自主选择的权利，在非居民管道燃气设施建设安装经营成本、市场价格没有显著变化的情况下，以不公平的高价收取非居民管道燃气设施建设安装费用：

（1）在非居民管道燃气设施建设安装经营和实际操作过程中，剥夺了交易相对人自行选择设计、施工、监理等单位以及自行购买建设安装材料的权利。

（2）收取非居民管道燃气设施建设安装费用，明显大幅度高于实际发生的经营成本。

（3）在非居民管道燃气设施建设安装中使用建设安装材料（含配套设备）的计费价格，大幅高于实际采购价格。

（4）非居民管道燃气设施建设安装费用和利润，明显高于其他相同经营者。

（5）向交易相对人提出非居民管道燃气设施建设安装的预算价格，大大高于第三方评估机构同期提出的预算价格。

---

〔1〕 案件来源：鄂价检处［2016］第5至第9号。

（二）处理决定

湖北省物价局认为五公司在当地相关地域非居民管道燃气设施建设安装市场上具有市场支配地位。五公司分别获得当地人民政府授予在约定期限和规定地域内，向各类燃气用户提供“管道天然气供应及相关服务”的特许经营权（许可范围中的“相关服务”，不包含非居民管道燃气设施建设安装）。五公司作为当地人民政府特许经营向相关地域各类燃气用户提供管道天然气供应及相关服务的唯一的管道燃气经营企业，具有控制当地相关地域管道天然气供应及相关服务市场的能力，该区域内管道天然气的各类用户对五公司具有很强的依赖性。在提供管道天然气供应及相关服务的同时，五公司面向非居民用户提供管道燃气设施建设安装工程总承包服务。五公司利用管道天然气供应及相关服务特许经营权方面的强势地位，通过与交易相对人签订非居民管道燃气设施建设安装合同的形式，成为涉案区域内非居民管道燃气设施建设安装工程的实际经营者，控制并主导了非居民管道燃气设施建设安装交易，剥夺了交易相对人在非居民管道燃气设施建设安装方面选择设计、施工、监理等单位和自行购买建设安装材料的选择权，并获得了在非居民管道燃气设施建设安装市场的市场支配地位。五公司滥用该市场支配地位，以远高于在正常市场竞争情况下其他相同经营者同期同类非居民管道燃气设施建设安装的价格，向交易相对人收取非居民管道燃气设施建设安装费用，明显偏离了商品本身价值，致使交易相对人承受着明显不公平的价格负担。破坏了市场公平竞争秩序，损害了消费者的合法权益，违反了《反垄断法》第17条第1款第1项的规定，构成滥用市场支配地位以不公平的高价销售商品的违法行为，依法应当予以处罚。湖北省物价局决定：

（1）责令中石油昆仑燃气有限公司咸宁分公司停止滥用市场支配地位以不公平的高价销售商品的违法行为，并作出如下处罚：对中石油昆仑燃气有限公司咸宁分公司处以2014年度相关市场销售额15 358 119元4%的罚款共计614 324元；

（2）责令仙桃中石油昆仑燃气有限公司停止滥用市场支配地位以不公平的高价销售商品的违法行为，并作出如下处罚：对仙桃中石油昆仑燃气有限公司处以2014年度相关市场销售额4 905 982元4%的罚款共计196 239元；

（3）对石首市天然气有限公司处以2014年度相关市场销售额15 530 000元2%的罚款，计310 600元；

（4）责令江夏华润燃气有限公司停止滥用市场支配地位以不公平的高价销售商品的违法行为，并作出如下处罚：对江夏华润燃气有限公司处以2014年度相关市场销售额58 712 372元2%的罚款，计1 174 247元；

（5）责令大冶华润燃气有限公司停止滥用市场支配地位的违法行为，并作出如下处罚：对大冶华润燃气有限公司处以2014年度相关市场销售额16 512 000元4%的罚款，计660 480元。

案件5：浙江新赛科药业有限公司、天津汉德威药业有限公司滥用市场支配地位案[1]

（一）基本案情

2017年，国家发展和改革委员会依法对天津汉德威药业有限公司（以下简称汉德威公司）、浙江新赛科药业有限公司（以下简称新赛科公司）滥用在异烟肼原料药市场的支配地位，实施价格垄断行为进行了调查。汉德威公司和新赛科公司在异烟肼原料药市场的份额合计超过三分之二且具有较强的市场控制能力，两公司在全国异烟肼原料药市场上具有市场支配地位。经查，两公司在无正当理由的情况下分别于2015年8月、2017年大幅上调原料药销售价格。并为提高产品价格，均与潍坊隆舜和医药有限公司（以下简称隆舜和公司）达成独家包销协议，仅向隆舜和公司及其指定的制剂企业、商业公司出售异烟肼原料药，没有正当理由，拒绝向其他制剂企业出售异烟肼原料药。

（二）处理决定

国家发展和改革委员会认为新赛科公司和汉德威公司在国内医药级异烟

[1] 案件来源：国家发展和改革委员会行政处罚决定书［2017］1号至2号。

肼原料药市场具有市场支配地位，由于只有使用药品标准处方生产制剂才能保证制剂的安全、有效、合法，因此异烟肼制剂的处方中，异烟肼原料药的配方成分需要经过严格的测试，不能用其他药物替代，含量亦不能改变。同时依据国家药品管理法律、法规，异烟肼原料药的地域市场应认定为全国范围。因此本案的相关市场为国内的异烟肼原料药市场。新赛科公司和汉德威公司在异烟肼原料药市场的份额合计超过2/3，两公司控制市场的能力较强，且其他经营者进入相关市场的难度较大，新赛科公司和汉德威公司作为国内主要的异烟肼原料药生产企业之一，以不公平的高价销售商品以及没有正当理由拒绝与交易相对人进行交易的行为违反了《反垄断法》第17条第1款第1项、第3项之规定，破坏了异烟肼原料药市场的竞争秩序，损害了消费者的合法权益，依法应当予以处理。同时考虑到两公司违法行为的性质、程度和持续时间以及能够积极整改、恢复供货等因素，国家发展与改革委员会决定责令新赛科公司和汉德威公司停止滥用市场支配地位的违法行为；对新赛科公司处以2016年度相关市场销售额人民币14 475 800元2%的罚款，计人民币289 516元；对汉德威公司处以2016年度相关市场销售额人民币772万元2%的罚款，计人民币154 400元。

二、掠夺性定价（暂无行政执法案件）

三、拒绝交易

案件6：重庆青阳药业有限公司涉嫌滥用市场支配地位拒绝交易案[1]

（一）基本案情

重庆青阳药业有限公司到重庆市工商行政管理局咨询，称其在2013年9

〔1〕案件来源：渝工商经处字［2015］15号。

月与湖南湘百合医药公司（以下简称湘百合公司）签订《别嘌醇原料经销协议》（以下简称《协议》）后，客户反映其经营行为违反《反垄断法》的相关规定。为避免更大的法律责任，当事人向重庆市工商行政管理局提供了《协议》原件和别嘌醇原料药、制剂的相关生产情况，请求重庆市工商行政管理局对其经营活动是否违法进行确认。经查，2013 年 9 月 25 日，当事人与湘百合公司签订了全国独家代理销售别嘌醇原料药协议。同日，又与湘百合公司签订了别嘌醇片全国经销协议。当事人签订独家代理合同后自 2013 年 10 月至 2014 年 3 月，未向湘百合公司销售别嘌醇原料药，也未向国内其他任何客户销售别嘌醇原料药。在此期间，湘百合公司、国内其他多家别嘌醇制剂生产企业通过电话、信函等方式向当事人提出购买别嘌醇原料药的请求，均被当事人拒绝。2014 年 4 月以后，当事人恢复向市场销售别嘌醇原料药，距其拒绝向市场销售别嘌醇原料药的时间已长达半年。

（二）处理决定

重庆市工商行政管理局认定当事人在全国别嘌醇原料药市场具有市场支配地位。在抗痛风药物中，能阻止尿酸生成、价格便宜且被列为国家基本医疗保险药品目录中甲类药品的就只有别嘌醇。从需求替代方面看，别嘌醇原料药具有不可替代性，只有使用别嘌醇原料药才能生产出别嘌醇制剂。别嘌醇制剂生产企业无论别嘌醇原料药价格如何变化，都无法选择其它商品进行别嘌醇制剂的生产。本案的相关商品市场界定为别嘌醇原料药市场。依据国家药品管理法律、法规，别嘌醇原料药生产资质认证范围为全国范围，无地域限制。在全国范围内，只要具备生产别嘌醇原料药资质、具有生产别嘌醇原料药工艺技术的企业，生产出的别嘌醇原料药经相关部门检验合格后就可以进入全国各地销售，与国内其他具有相关资质的生产企业进行市场竞争。需求者可以在全国范围内进行采购，因此本案的相关地域市场为全国市场。当事人自 2012 年 7 月至今，具有别嘌醇原料药生产销售的完全垄断地位，没有其他竞争者与其竞争。当事人目前在全国别嘌醇原料药市场占据 100% 市场份额，且国家食品药品监督管理总局未批准进口国外生产的别嘌醇原料药。当事人具有控制别嘌醇原料药价格、供应与否、如何供应及其他相关交易条件的能力。在我国现行法律框架之下，原料药产业的市场准入门槛较高，药品生产企业需投入大量资金和科研力量获得相关资质，其中最为重要、也最为关键的是以下四个认证：一是环保测评；二是安全生产认证；三是消防验收评定；四是药品生产相关认证，如药品注册、药品生产许可和药品 GMP 认证等。当事人对其它别嘌醇制剂生产企业的生产经营规模、经营利润等具有决定性影响，别嘌醇制剂生产企业对当事人有很强的依赖性。认为，当事人利用其在别嘌醇原料药市场的支配地位，于 2013 年 10 月至 2014 年 3 月对别嘌醇原料药需求者实施了拒绝交易行为，违反了《反垄断法》第十七条第一款的规定，属于滥用市场支配地位拒绝交易的行为。重庆市工商行政管理局决定责令当事人停止违法行为，处 2013 年度销售收入 3% 的罚款 439 308. 53 元。

案件 7：重庆西南制药二厂有限责任公司垄断行为案[1]

（一）基本案情

2015 年底，部分水杨酸苯酚贴膏（俗称鸡眼膏）生产厂家投诉重庆西南制药二厂有限责任公司有滥用苯酚原料药市场支配地位，清理市场、拒绝向除河南商丘市新先锋药业有限公司（以下简称新先锋公司）以外的其它企业供货的情况。接到线索后，重庆市工商行政管理局于 2016 年 6 月展开立案审查。经查，2014 年 2 月 8 日，当事人与河南新先锋药业有限公司签订了《全国总代理合同》。合同签订后，当事人于 2014 年 2 月至 2014 年 4 月的三个月内停止向市场任何客户供货，在此期间国内多家鸡眼膏生产企业、医药公司通过电话、信函等方式向当事人提出购买苯酚原料药（鸡眼膏原料）的请求，均被当事人拒绝。2014 年 5 月至 2015 年 12 月，当事人只向新先锋公司等 6 家企业销售苯酚，拒绝交易的时间长达 23 个月。

（二）处理决定

重庆市工商行政管理局认为，当事人在全国苯酚原料药市场上具有市场

---

〔1〕 案件来源：渝工商经处字［2016］15 号。

支配地位。本案中，鸡眼膏是目前市场上唯一治疗相关疾病的非处方药，处方药不具有其购买便捷的特点，因此鸡眼膏的可替代性较弱。从2012年7月起，当事人是全国唯一生产、销售苯酚原料药的生产企业。2015年与2012年相比，全国苯酚原料药平均价格上涨5.38倍，这更加证明了苯酚原料药在含有苯酚的制剂中具有不可替代性。因此，本案的相关商品市场界定为苯酚原料药市场。此外，本案的相关地域市场应为全国市场。经查，自2012年6月至今，当事人是全国唯一在实际生产苯酚的药品生产企业。其在全国苯酚原料药市场占据100%市场份额，具有控制苯酚原料药价格、供应与否、如何供应及其他相关交易条件的能力。这是当事人能够作出哄抬价格、拒绝交易行为的前提。在我国现行法律框架之下，原料药产业的市场准入门槛较高，国内苯酚原料药的使用方必须从当事人处购买原料药。此外，当事人拒绝供货之后，采购不到苯酚原料药的医药公司放弃了苯酚原料药的经营；苯酚制剂生产企业因得不到生产原料而蒙受损失，由此可见，苯酚需求企业对当事人有很强的依赖性。

当事人预测到实行苯酚原料药独家代理后会产生垄断利益，并以此作为其它产品的交易条件，证明其对实施拒绝交易的行为具有主观故意性。同时，当事人还提高了苯酚原料药总代理的销售价格并提出反向价格返利条件等销售模式。并在后续工作中逐步帮助新先锋公司实现对下游的控制从而保证自己获取更多的垄断利润。在无正当理由的情况下，当事人在2014年2月至4月停止向市场任何客户供货，造成苯酚原料药市场供应短缺；在2014年5月至2015年12月，当事人虽然开始向市场供货，但其仅向新的六家企业零散供货，而不向原有的客户供货，不能满足全国大多数苯酚原料药生产企业的需要，造成苯酚原料药需求市场严重缺货，而当事人在此期间的利润却有了大幅提高。该行为破坏了苯酚原料药下游市场的竞争秩序，损害了批发零售医药企业利益以及消费者利益，重庆市工商行政管理局认定当事人的行为构成滥用市场支配地位实施拒绝交易行为，决定责令停止违法行为，没收违法所得482 883.9元，处2015年度销售收入1%的罚款17 240.00元。

案件8：鄂尔多斯市三亚液化石油气有限公司等三家公司涉嫌垄断经营行为案[1]

（一）基本案情

2013年11月20日前，三亚、荣美、现代三家液化石油气公司自主经营，自负盈亏。三家公司为了避免相互激烈竞争，经协商后达成协议，于2013年11月20日，三亚、荣美、现代三家公司与相关责任人牛犇签订《三公司合伙经营液化石油气一致同意转租他人合同》。将三家液化石油气公司各自转租给牛犇，牛犇每月给付三家公司承包费各6万元，共18万元。该承包合同的签订，将东胜区具有竞争关系的液化石油气市场归一个经营者承包，使东胜区变成了一个没有竞争关系的液化石油气市场。牛犇通过与三家公司签订承包协议形成对液化石油气市场的垄断，形成了在东胜区液化气市场的市场支配地位。于是在2015年4月15日，牛犇与三家公司协商后决定涨价，从原先的80元/瓶提高到100元/瓶。同时，牛犇承包以后，以安全为由拒绝三家公司以前用户使用的液化气罐，要求用户必须购买其经销的液化气罐，否则不予灌气。

（二）处理决定

当事人根据《反垄断法》第45条的规定，向内蒙古自治区工商行政管理局提交了《鄂尔多斯三亚、荣美、现代三家液化石油气公司关于中止涉嫌垄断行为调查的申请》。鄂尔多斯市工商局执法人员对当事人整改承诺措施落实情况进行了进一步调查核实。核查结果显示，当事人能够严格履行承诺，没有出现新的违法违规经营行为。鉴于当事人采取的具体整改措施符合《中止调查申请书》中承诺的整改内容，内蒙古自治区工商行政管理局决定对当事人涉嫌违反《反垄断法》的行为终止调查。

---

[1] 案件来源：内工商竞争处字［2016］4号。

四、限定交易

案件9：乌鲁木齐水业集团有限公司滥用市场支配地位限定交易案[1]

（一）基本案情

2014年4月18日，新疆维吾尔自治区工商行政管理局依据职权检查发现，乌鲁木齐水业集团有限公司在新、改、扩建供水接装业务过程中，要求用户单位必须选用其确定的厂家的水表，必须与其下属子公司签订水表采购合同，否则不予向用户通水。其行为涉嫌违反了《反垄断法》第17条第1款第4项的相关规定。经查，当事人作为乌鲁木齐市主城区内唯一一家公共供水企业，在向用户提供供水服务过程中，通过制发文件、制定相关管理办法和工作流程等手段实施了限定用户与其指定的经营者进行交易的滥用市场支配地位行为。并且，当事人还通过专门人员的稽查，确保限定交易行为得以有效实施。

（二）处理决定

新疆维吾尔自治区工商行政管理局认为，当事人在乌鲁木齐市区内主城区所辖地域范围内的城市公共供水服务市场上具有市场支配地位。本案中，乌鲁木齐市主城区内供水服务由当事人独家提供，当地无其他可替代的供水来源。城市公共供水服务是用户对当事人最大的依赖所在，也是当事人滥用市场支配地位，在交易时限定交易相对人只能与其指定的经营者进行交易的基础。因此，本案相关市场中的商品范围确定为城市公共供水服务。城市公共供水通过市政管网统一输送的特点，也决定了当事人具备唯一经营者地位，不存在同类经营的竞争关系，用户在所属地域内只能选择本地供水企业提供的城市公共供水服务，不存在可以获取其他可替代的地域市场。因此，本案

〔1〕案件来源：新工商竞处〔2014〕39号。

相关市场中的地域范围界定为当事人的供水区域的地域范围。当事人因公用企业本身所具有的自然垄断属性，使得其城市公共供水服务具有不可替代性、无选择性、公益性等特点。因此，在本案相关市场内，用户对当事人在城市公共供水服务上具有很强的依赖性，甚至具备完全的依赖性，当事人具备市场支配地位无疑。

经查，当事人自2011年以来，先后制定发布了一系列文件，限定用户与其指定的经营者进行交易。例如，2012年7月，当事人下发了《关于规范新（改、扩）建楼房民用水表安装管理工作的通知》，形成了“水表前必须加装锁闭阀，水表后必须加装闸阀”，“水表的表前锁闭阀、表后闸阀以及计量器必须使用水业集团公开招标中标厂家的产品”，“供水设施安装完毕后，经水业集团验收合格的用户方可给予通水”的强制性规定。此外，当事人还通过制定相关管理办法和工作流程，在用户办理审批手续时，与水表销售、小型涉水工程承揽同步进行，实施限定交易行为。新疆维吾尔自治区工商行政管理局认为，当事人在提供供水服务过程中通过公开招标确定材料库并限定用户使用的行为以及限定用户只能与其下属子公司进行交易的行为均无法律法规和政策依据。在限制了交易相对人的自主选择权，损害了交易相对人的合法权益的同时，也排挤和限制了乌鲁木齐市区主城区地域范围内涉水工程施工企业及水表销售企业的公平竞争，构成滥用市场支配地位限定交易行为。最终对当事人作出责令停止违法行为、处以149.389 1万元罚款的处罚决定。

案件10：宿迁银控自来水有限公司垄断行为案[1]

（一）基本案情

2015年初，江苏省宿迁市部分房地产开发企业举报称，宿迁银控自来水有限公司滥用其城市自来水供水服务的市场垄断地位，在住宅小区的给水安装等工程中指定交易相对人。江苏省工商行政管理局依法对举报进行了核查，

〔1〕 案件来源：苏工商案［2016］00025号。

并随后展开立案调查。经调查查明，2007年6月18日，当事人作为宿迁市所辖四个县区内唯一一家公共供水企业，在其原工程管理部、管网部、技术部等部门基础上整合组建了宿迁联合市政工程有限公司（以下简称联合公司）。随后，当事人在房地产开发企业向其就新建住宅小区提出用水申请时，无正当理由，指定由联合公司负责相关供水工程施工。

（二）处理决定

江苏省工商行政管理局认为，当事人在宿迁市宿城区、洋河新区、苏宿工业园区、市经济开发区所辖范围内的城市公共自来水供水服务市场上具有市场支配地位。本案中，公共自来水对于城区居民而言是最便捷的用水来源，而宿迁市极少乡镇和个别偏远用户通过自建设施取水作为生活用水，不具备代表性与替代性；桶装水的供应虽然是城市供水服务的一种补充，但是其在价格和便利性上无法与城市公共自来水供水相比，商品可替代性较弱。因此本案的相关商品市场确定为城市公共自来水供水服务市场。城市公共供水通过市政管网统一输送的特点，也决定了当事人具备唯一经营者地位，不存在同类经营的竞争关系，用户在所属地域内只能选择本地供水企业提供的城市公共供水服务，不存在可以获取其他可替代的地域市场。因此，本案相关市场中的地域范围界定为当事人的供水区域的地域范围。本案中当事人在其特许经营的区域内具有独家经营的权利，其所提供的城市公共自来水供水服务所占的市场份额为100%。因其本身具有的自然垄断属性，使得其城市公共自来水供水服务具有不可替代性、无选择性、公益性等特点。因此，在相关市场内，房地产开发企业对当事人的城市公共自来水供水服务具有完全的依赖性。

经查，自联合公司成立后，当事人在房地产开发企业向其就新建住宅小区提出用水申请时，无正当理由，指定由联合公司负责相关供水工程施工。具体通过在当事人制作并发放给房地产开发企业的供水申请表中强制注明企业须将供水工程项目交由其实施。同时，当事人在图纸审查环节出具的《申请接水回复》中要求企业接受当事人指定的供水工程施工企业从事相关的供水工程项目。房地产开发企业在施工单位选择、设备材料采购等方面均无自主选择权。江苏省工商行政管理局认为，上述行为排挤了其他经营者的公平竞争，扰乱了公平竞争的市场秩序，构成滥用市场支配地位限定经营的垄断行为，最终责令当事人立即停止违法行为，没收违法所得 3 665 347.08 元，对当事人处上一年度销售额 3% 的罚款 1 835 071.66 元。

案件 11：宿迁中石油昆仑燃气有限公司滥用市场支配地位案[1]

（一）基本案情

2015 年 2 月，江苏省工商行政管理局接到江苏省宿迁市市区部分房地产开发企业举报，反映宿迁中石油昆仑燃气有限公司在新建居民小区开发过程中利用其独家供气的垄断地位，限定房地产开发企业所开发楼盘的天然气管道安装工程必须由其承接。经查，当事人在房地产开发企业申请管道燃气接入时，要求房地产开发企业与其签订《燃气管道报装合同》，限定在当事人特许经营区域内（宿迁市城区范围内）房地产开发企业所开发住宅小区的燃气管道安装工程只能交给当事人施工。并将住宅小区的燃气管道安装工程所涉及的材料费、安装工程建设费等费用进行打包计算，按照每户 2 500 元标准收取费用。此外，当事人还以保障施工工程质量和后期维护为由，在房地产开发企业申请管道燃气接入时，要求房地产开发企业在与其签订的《燃气管道报装合同》中所需用的施工材料只能由当事人提供。

（二）处理决定

江苏省工商行政管理局认为，当事人在宿迁市城区（宿城区、宿豫区、经济开发区、苏宿工业园区）地域范围内的城市管道燃气供气服务市场上具有市场支配职位。本案中，当事人提供的商品为城市管道燃气供气服务，虽然宿迁市区范围内存在从事罐装液化气经营的企业，但其与管道燃气相比，产品价格相对较高、使用便捷性和持续性受限，商品可替代性弱。城市管道燃气服务供应是房地产企业对当事人最大的依赖所在，也是当事人指定交易

〔1〕 案件来源：苏工商案字［2016］第00048 号。

的基础。因此本案相关市场中的商品范围确定为城市管道燃气供气服务。此外，当事人拥有宿迁市城区范围内管道燃气供应的特许经营权，用户在所属地域内只能选择当事人提供的管道燃气的供气服务，所以本案相关市场中的地域范围界定为当事人的供气区域的地域范围。当事人公用企业的性质及其唯一经营者的地位，使其占据了宿迁市城区范围内城市管道燃气供应服务的全部份额从而具有了控制特许经营区域管道燃气供应与否、如何供应及其他相关交易条件的能力，其他经营者对当事人在城市管道燃气供应服务上具有很强的依赖性。

江苏省工商行政管理局认为，从确保工程质量角度限定施工材料的采购以及将住宅小区的燃气管道安装施工工程包括在特许经营业务中是没有法律依据的，也是不符合事实的。当事人在没有正当理由的情况下限定房地产开发企业的燃气管道安装工程只能与其进行交易、限定房地产开发企业燃气管道安装工程中所需用的施工材料只能由当事人提供，该行为剥夺了其他企业的公平竞争权，扰乱了公平竞争的市场秩序，剥夺了房地产开发企业的自由选择权，其行为构成滥用市场支配地位限定交易行为，决定责令当事人停止违法行为，并处罚款2 505万元。

案件12：国网山东省电力公司烟台市牟平区供电公司涉嫌垄断行为案[1]

（一）基本案情

当事人是烟台市牟平区唯一一家供电经营企业。2012年9月至2014年9月，当事人在组织建设新建住宅小区供配电工程时，将九家新建住宅小区临时用电工程交由其关联企业山东恒源电力有限公司进行施工。本案调查过程中，当事人承认在组织建设新建住宅小区供配电工程时指定施工企业的事实，认识到其行为对竞争产生了不当影响，表示要积极采取措施进行整改。

〔1〕 案件来源：鲁工商公处字［2017］第16号。

（二）处理决定

2016年6月2日，当事人向山东省工商行政管理局提交了《国网山东省电力公司烟台市牟平区供电公司中止调查申请书》。山东省工商行政管理局认为，当事人承诺的整改措施能够及时消除其行为后果，从而达到反垄断执法的目的，同意当事人中止调查的申请，并于2016年12月26日向当事人下达了《中止调查决定书》。鉴于当事人采取的措施符合承诺的整改内容，山东省工商行政管理局决定对当事人涉嫌违反《反垄断法》的行为终止调查。

五、搭售或者附加其他不合理的交易条件

案件13：广东惠州大亚湾溢源净水有限公司滥用市场支配地位案[1]

（一）基本案情

2012年12月24日，广东省工商行政管理局接到惠州市工商行政管理局提供的案件线索，反映当事人利用其具有的市场支配地位，在向投诉人房地产企业提供建设施工项目临时供水服务时附加不合理条件，强行垄断惠州大亚湾经济技术开发区（以下简称大亚湾区）区域内房地产开发小区的自来水管道建设工程。经查明，自2009年12月以来，当事人在向房地产企业提供建设项目临时施工供水服务时，实施了以下附加交易条件行为：附加户表工程合同条款，附加将户表工程交由当事人施工的承诺，附加与当事人指定的企业进行交易。

（二）处理决定

广东省工商行政管理局认定，当事人在大亚湾区的西区、澳头两个街道办事处所辖地域范围内的城市公共自来水供应服务市场具有市场支配地位。在本案中，从商品（服务）属性上看，自建设施供水和工业专用原水供水与

〔1〕案件来源：粤工商经处字［2013］第2号。

城市公共自来水供水具有一定相似性，但商品可替代性弱，投诉人难以用村民自建设施供水及工业专供原水来替代当事人提供的城市公共自来水。城市公共自来水供应是房地产企业对当事人最大的依赖所在，也是当事人在交易时附加不合理条件，实施捆绑交易的基础。因此，本案相关市场中的商品范围确定为城市公共自来水供水服务。本案相关市场中的地域范围界定为大亚湾区的西区、澳头两个街道办事处所辖地域范围。在西区、澳头街道办事处地域范围内，当事人提供的城市公共自来水供应服务所占市场份额为100%。在本案相关市场中，当事人具备唯一经营者地位。当事人的公用企业性质及其唯一经营者地位，使得其具有控制城市公共自来水供应与否、如何供应及其他相关交易条件的能力。当事人因公用企业本身所具有的自然垄断属性，使得其城市公共自来水供水服务具有不可替代性、无选择性、公益性等特点。因此，在本案相关地域市场内，用水户等其他经营者对当事人在城市公共自来水供应服务上具有很强的依赖性，类似本案投诉人等用水大户甚至具备完全的依赖性。本案中，当事人是通过股份合作的形式，才得以在原有的城市公共自来水供水管网提供供水服务。当事人目前是本案相关地域市场内城市公共自来水供水管网的所有者，其他经营者要进入本案相关市场，一定程度上取决于能否与当事人合作。因此，其他经营者进入本案相关市场经营的可行性比较小。

当事人无正当理由，利用其市场支配地位，在一些房地产企业向其申请建设项目施工临时供水服务，签订临时供水工程合同时，强制附加与临时供水服务这一交易标的无关的户表工程施工交易条件，实施临时供水服务与户表工程建设捆绑交易，其行为损害了交易相对人房地产企业的合法权益，剥夺了房地产企业在户表工程施工市场的交易自由选择权，排挤和限制了大亚湾西区、澳头街道办事处地域范围内户表工程施工市场中建筑施工企业的自由竞争，构成没有正当理由搭售商品，或者在交易时附加其他不合理的交易条件的滥用市场支配地位行为，责令当事人停止违法行为，没收当事人违法所得860 236.09元；对当事人处以上年度销售额2%的罚款2 363 597.45元。

案件14：内蒙古自治区烟草公司赤峰市公司滥用市场支配地位案[1]

（一）基本案情

2014年“3.15”期间，内蒙古自治区工商行政管理局接到烟草零售商投诉，称当事人在开展卷烟批发销售业务中，对畅销卷烟品种和非畅销卷烟品种实行捆绑销售，对不按规定要求订购非畅销烟的零售商，则通过减少畅销烟供货数量的方式予以惩罚。经查，截至2014年5月底，赤峰市行政区域内通过“新商盟”网络销售平台办理订货业务的卷烟零售商共12 975户，占正常经营卷烟的零售商总户数15 469户的84%，其余零售商均通过当事人设定的“电话访销”途径订购卷烟商品。当事人在通过“新商盟”网络批发销售卷烟过程中，为完成上级下达的卷烟销售任务，利用其法定市场支配地位及畅销卷烟品种供货不足的实际情况，将所经营的卷烟品种按照品牌及市场表现分为畅销和平销两个大类，制定了以零售商“月均购进量和月均条均价”进行分类，分别核定畅销卷烟品种供货限额的卷烟批发销售管理办法。当事人向零售商告知“按照月均购进量和月均条均价分类，并据以确定次月紧俏品种供货限额”的营销策略，以及零售商“上月的订货情况将直接影响下月所属客户类别”的货源管控措施。

（二）处理决定

内蒙古自治区工商行政管理局认定，本案当事人在卷烟批发市场上具有市场支配地位。取得烟草专卖零售许可证的企业或者个人，应当在当地的烟草专卖批发企业进货，并接受烟草专卖许可证发证机关的监督管理的规定，结合当事人《烟草专卖批发企业许可证》核定的“卷烟、雪茄烟全国购进本地（市）批发”的许可事项，以及赤峰市企业登记注册机构提供的赤峰市行政区域内仅有当事人及其所属分支机构具有卷烟批发销售经营资格的查询资

[1] 案件来源：内工商处罚字［2014］002号。

料，当事人卷烟批发销售业务的独家垄断经营权仅局限于赤峰市行政区域范围内。本案相关市场的地域市场应界定为赤峰市行政区域内的约9万平方公里范围。正是基于当事人在赤峰市行政区域内依法享有卷烟批发销售业务的独家垄断经营权，不存在任何现实的以及潜在的竞争对手，卷烟零售商在卷烟商品的采购上，对其具有绝对的依赖性。每一种卷烟的市场投放数量、投放方式、投放时间、投放频次，甚至对某一零售商的供货限额以及与之相关的交易条件，都由当事人独自决定，零售商只能按照当事人制定的规则与之交易，没有任何选择权。这也是当事人在交易时附加不合理条件，对畅销及非畅销卷烟实行捆绑交易的基础。当事人的货源管理办法，实质上是借助零售商月均购进量及月均购进商品单位价格排序，在畅销商品配额与平销商品购进量之间建立起了一种正相关的数量关系，是一种以捆绑销售方式出现的变相搭售行为。当事人的行为，属于没有正当理由，在交易时附加不合理交易条件的违法行为。内蒙古自治区工商行政管理局责令当事人停止违法行为，限期拿出整改意见报内蒙古工商行政管理局，并处上一年度销售额1%的罚款595.70万元。

案件15：重庆燃气集团股份有限公司垄断行为案[1]

（一）基本案情

2010年5月12日，重庆市工商行政管理局对重庆市水、电、气、电信、广电等公用服务企业进行检查时发现当事人下属部分分公司自2008年1月以来利用公用企业的市场支配地位，在向非民用气用户（工业、集体、商业、CNG）销售天然气过程中，通过设置工作流程与签订格式合同的方式，要求用户接受以“修正系数”为基准的天然气结算方式，即在天然气表正常显示读数上乘以“修正系数”作为最终的气量结算数据，其行为涉嫌违法。经查，当事人在供应天然气的过程中，要求其下属七家分公司在对非民用气用户开

［1］ 案件来源：渝工商经处字［2014］1号。

通天然气时与客户签订《天然气供用气合同》和《安全附加协议》，在《天然气供用气合同》中附有一则条款，其内容大致为天然气表上的显示读数并非作为计费的气量数，而是在天然气表的显示读数基础上乘以"修正系数"，得到的数值才作为计费的最终数值，该公司称之为收取"修正系数"，也称"调节系数"或"补偿系数"。从2008年至2010年，该公司对凡是使用不带自动修正仪的天然气表的非民用气用户约定不同的修正系数，且全部是正修正系数，具体数值由该公司各下属分公司自行确定。

（二）处理决定

重庆市工商行政管理局认定当事人在重庆主城的渝中区、沙坪坝区、南岸区、九龙坡区、大渡口区、北碚区、江北区等七个区域范围内的城市天然气供应服务市场中具有市场支配地位。重庆市工商行政管理局认定本案相关市场界定为上述七个区域范围内的城市公共天然气供应服务市场。当事人在上述七个区域范围内的城市公共天然气供应服务市场地域范围内，当事人提供的城市公共天然气供应服务占据绝大部分市场份额。在本案相关地域市场内，用气户等其他经营者对当事人在城市公共天然气供应服务上具有很强的依赖性。重庆市工商行政管理局认为，当事人利用其在上述七个区域范围内城市天然气供应服务市场中具有的市场支配地位，在向天然气非民用气用户提供销售天然气服务过程中，对采用不带温度压力自动补偿装置的天然气计量仪表的用户，通过格式合同要求用户接受实际结算用气量按用户实际用气量乘以修正系数后的数据结算，其行为违反了《反垄断法》第17条第1款第5项的规定。重庆市工商行政管理局决定责令当事人停止违法行为，处2010年度销售收入1%的罚款1 793 588.55元。

案件16：海南省东方市自来水公司垄断案[1]

（一）基本案情

2014年4月23日，海南省工商行政管理局接到东方市工商行政管理局提

〔1〕案件来源：琼工商处字［2015］2号。

供的案件线索，反映当事人利用其具有的市场支配地位，在城市公共自来水供水服务时附加不合理条件，对申请用水开户的新用户收取一定数额的用水保证金。海南省工商行政管理局依法对投诉人反映的情况进行了核查，发现当事人确实存在向申请用水开户的居民和企业等服务对象收取300－33 000元不等的用水保证金的情况。经调查发现，当事人在向用户提供供水服务时，实施了以下附加交易条件：制定《自来水用户用水保证金收费表》，收取用户用水保证金；制定《东方市自来水公司关于用水保证金减免原则及退换规定》，对退还用水保证金进行严格限定。

（二）处理决定

海南省工商行政管理局认定当事人在其供水区域范围内的城市公共自来水供水服务市场具有市场支配地位。城市公共自来水供应是居民及用水企业对当事人最大的依赖所在，也是当事人在交易时附加不合理条件，收取用水保证金的基础。因此海南省工商行政管理局认定本案相关市场的商品范围应界定为城市公共自来水供水服务。城市公共自来水通过市政管网统一输送的特点，决定了当事人在其供水区域具备唯一经营者地位，不存在同类经营的竞争关系，用户在所属地域内只能选择当事人提供的城市公共自来水供水服务，不存在用户可以获取城市公共自来水供水服务的其他可替代的地域市场。因此，本案相关市场中的地域范围界定为当事人的供水区域的地域范围。当事人是其供水区域范围内独家经营城市公共自来水供水服务的经营者，在上述地域范围内当事人提供的城市公共自来水供水服务所占市场份额为100%。当事人因公用企业本身所具有的自然垄断属性，使得其在供水区域范围内城市公共自来水供水服务具有不可替代性、无选择性、公益性等特点。因此，在本案相关地域市场内，居民及其他用水户对当事人在城市公共自来水供应服务上具有完全的依赖性。当事人是东方市建设委员会全额投资的全民所有制企业，是本案相关地域市场内城市公共自来水供水管网的所有者，其他经营者要进入本案相关市场，一定程度上取决于能否与当事人合作。因此，其他经营者进入本案相关市场经营的可行性比较小。

海南省工商行政管理局认为，当事人在经营城市公共自来水供水服务过程中，利用其市场支配地位，无正当理由，以拒绝为用户办理开户手续、拒绝供水为限制条件，违规收取用户的用水保证金，长期占有用户资金，损害了消费者和经营者的合法权益，没收违法所得 38 521.48 元，对当事人处上一年度销售额 29 660 403.00 元 2% 的罚款共计 593 208.06 元。

案件 17：辽宁省烟草公司抚顺市公司滥用市场支配地位案[1]

（一）基本案情

辽宁省工商行政管理局接到举报，称辽宁省烟草公司抚顺市公司在开展卷烟批发业务过程中，对畅销卷烟品牌和非畅销卷烟品牌实行捆绑销售。经调查，当事人为了完成销售目标，提高卷烟销量，以每周为周期，根据烟草零售商上期销售情况和当期库存情况，依照销售目标制定当期销售计划，根据计划对烟草零售商制定当期的“紧俏品牌卷烟投放策略”（以下简称“投放策略”），即将紧俏品牌卷烟（当事人称作资源烟，以下简称“资源烟”）的可订购数量作为资源，与某些特定品牌卷烟（当事人称作任务烟，以下简称“任务烟”）的订购数量进行捆绑。在捆绑销售的过程中，当事人客户经理对其管辖片区烟草零售商的订单执行情况进行记录和统计，对于未按要求执行“投放策略”的烟草零售商进行记录，要求其补货或对其限制投放“资源烟”；对按要求执行“投放策略”，但由于货源供应原因和其他原因未投放“资源烟”的烟草零售商，进行记录并予以补货。当事人通过抽查的方式对各区域每周“投放策略”的执行情况进行检查。

（二）处理决定

辽宁省工商行政管理局将本案的相关市场界定为抚顺市行政区域内卷烟批发销售市场，认定当事人在相关市场内具有市场支配地位。当事人是抚顺市行政区域内唯一一家由国务院烟草专卖行政主管部门批准，并经工商行政管理部门核准登记的具备从事卷烟批发业务主体资格的企业。由于烟草专卖

〔1〕 案件来源：辽工商处字［2015］2 号。

法律法规的约束，当地烟草零售商只能从当事人处进货，其经营活动对当事人具有绝对的依赖性。当事人在相关市场内具有独占地位，具有绝对的市场控制力。辽宁省工商行政管理局认为，当事人以紧俏品牌卷烟的可订购数量为资源，按比例与某些特定品牌卷烟订购数量捆绑销售的行为，违反了《反垄断法》第17条第1款第5项的规定，构成了滥用市场支配地位的行为。辽宁省工商行政管理局决定责令当事人停止违法行为，并处以上一年度（2013年度）捆绑销售卷烟销售额1%的罚款，即罚款433.449 8万元。

案件18：青岛新奥新城燃气有限公司滥用市场支配地位案[1]

（一）基本案情

2014年7月，青岛市工商局向山东省工商行政管理局上报案源线索，称多次接到消费者投诉，当事人在经营中存在限制用户燃气使用量等涉嫌垄断行为。据查，目前当事人供气范围内的工商业户使用两类燃气表——智能IC卡表和普通燃气表。自2010年4月16日起，当事人通过与智能IC卡表用户签订《燃气供气协议》、向普通燃气表用户单方面下发《关于预收气费款的通知》的方式，要求工商业户缴纳被当事人称为“预付气费款”的一笔款项。当事人于2013年8月单方下发《关于预收气费款的通知》，要求工商业户在正常缴纳燃气费之外缴纳当事人规定金额的“预付气费款”，并在通知中附加“如逾期不交，我公司将不能保障贵单位稳定的燃气供应”等强势性语言。工商业户表示，当事人下发该通知并未与工商业户协商，工商业户迫于压力不得不缴纳该笔“预付气费款”，且工商业户缴纳的该笔“预付气费款”在日常购气中不能冲抵燃气费，工商业户每月底仍需按当事人抄表数量缴纳燃气费，直到工商业户不再用气时，当事人才会将上述“预付气费款”予以返还。

---

〔1〕 案件来源：鲁工商公处字［2016］第24号。

（二）处理决定

山东省工商行政管理局认定当事人在青岛市城阳区行政管辖规划区域内［不包括高新产业区区域和流亭机场区域（白沙河以北、迎宾路以南、新郑路以西、天河路以南、中川路以西、兴阳路以南、安顺北路以东闭合区域）］的管道燃气供应服务市场具有市场支配地位。本案中，当事人提供的商品是管道燃气供应。本案相关市场中的商品范围确定为管道燃气供应服务。根据青岛市城阳区城市规划建设局与当事人签订的《青岛市城阳区管道燃气特许经营协议》，本案相关市场中的地域范围应界定为青岛市城阳区行政管辖规划区域内［不包括高新产业区区域和流亭机场区域（白沙河以北、迎宾路以南、新郑路以西、天河路以南、中川路以西、兴阳路以南、安顺北路以东闭合区域）］。在本案相关地域市场范围内，当事人为唯一的管道燃气供应企业，在本案相关市场中的市场份额为100%，无其他竞争者，不存在市场竞争。当事人唯一经营者地位使其在本案相关市场中具有控制管道燃气供应与否、如何供应及其他相关交易条件的能力。当事人本身所具有的自然垄断属性使其具有不可替代性、无可选择性等特点，加之其在本案相关市场中的唯一经营者地位，本案相关地域市场内的燃气用户无法转向其他燃气经营者购买燃气，用户对当事人在管道燃气供应服务上具有完全的依赖性。根据《山东省燃气经营许可管理办法》和《山东省住建厅关于印发〈山东省燃气经营许可管理办法〉的通知》（鲁建燃热字［2011］10号）中“一个区域内只能由一家企业经营，不得设有两个或两个以上经营企业”的规定，其他燃气经营者无法进入本案相关市场内进行管道燃气经营。当事人无正当理由强行要求工商业户缴纳“预付气费款”的行为，损害了工商业户的合法权益和社会公共利益，破坏了公平竞争的市场交易规则，妨碍了经济运行效率的提高，不利于市场经济的健康、有序发展，构成了无正当理由在交易时附加不合理交易条件的滥用市场支配地位行为。山东省工商行政管理局责令当事人停止违法行为，没收违法所得52 308.49元，对当事人处以2013年度相关市场销售额3%的罚款6 818 533.79元。

案件19：内蒙古自治区阿拉善左旗城市给排水公司滥用市场支配地位案〔1〕

（一）基本案情

2015年7月初，内蒙古自治区工商行政管理局接到举报，反映阿拉善左旗城市给排水公司涉嫌滥用其市场支配地位在安装、更换水表和给排水工程安装施工等经营活动中存在限定交易的行为。经查明，当事人在向用户提供自来水供水服务时，用户申请安装或更换水表时必须购买安装当事人提供的水表，否则不予供水。当事人与宁波水表股份有限公司协商，定购了表盘上印制有"阿水"统一编号的自来水水表。该水表是专门为当事人供水服务市场生产的，当事人要求用户必须安装其提供的水表，否则不予办理入户供水手续和接入城市给水服务管网。当事人在用户申请接入城市供水管网时必须由其自行施工，否则不予供水。用户（包括房地产开发商）向当事人申请接入城市给排水服务管网时，要求自行选择有城市给排水工程设计、施工资质的施工单位进行施工，但当事人要求必须由其自行安排施工，否则不予供水。

（二）处理决定

内蒙古自治区工商行政管理局认定当事人在其供水区域范围内的城市公共供水服务市场具有市场支配地位。本案中，当事人向居民及企事业单位（用户）提供的商品（服务）主要是城市公共供水服务。阿拉善左旗巴彦浩特镇自来水供水服务是由当事人独家提供的，当地无其他可以替代的供水来源。在阿拉善左旗巴彦浩特镇地域内用户只能选择当事人提供的城市公共供水服务。当事人的公共供水服务地域也只限于阿拉善左旗巴彦浩特镇地域范围。综上所述，本案相关市场界定为阿拉善左旗巴彦浩特镇所辖地域范围内的城市公共供水服务市场。在阿拉善左旗巴彦浩特镇地域范围内，当事人提供的城市公共供水服务所占市场份额为100%。在本案相关市场中，当事人在

〔1〕 案件来源：内工商处罚字［2016］1号。

当地具备唯一经营者地位，这一地位使得其具有控制城市公共供水供应与否、如何供应及附加其他相关交易条件的能力。当事人因本身所具有的自然垄断属性，使得其城市供水服务具有不可替代性、无选择性、公益性等特点。当事人是阿拉善左旗城市建设投资开发有限公司全额投资的全民所有制企业，是本案相关地域市场内城市给排水管网的所有者，其他经营者要进入本案相关市场，一定程度上取决于能否与当事人合作。因此，其他经营者进入本案相关市场经营的可行性比较小。内蒙古自治区工商行政管理局认定当事人在其供水区域范围内的城市公共供水服务市场具有市场支配地位。内蒙古自治区工商行政管理局认为，当事人在阿拉善左旗巴彦浩特镇所辖地域范围内的城市给公共供水服务市场具有市场支配地位。在用户向当事人申请接入城市供水管网时，附加不合理交易条件，指定用户购买安装当事人指定的水表、自行施工等行为，破坏了公平竞争秩序，剥夺了用户的自主选择权，侵犯了其他生产企业和经营者的合法权益，当事人的限定交易行为违反了《反垄断法》第17条第5项的规定，构成滥用市场支配地位行为。内蒙古自治区工商行政管理局责令当事人停止违法行为，没收违法所得300 741.00元，对当事人处以上年度营业额22 580 034.63元2%的罚款451 600.00元。

案件20：内蒙古广播电视网络集团有限公司锡林郭勒分公司滥用市场支配地位案〔1〕

（一）基本案情

2015年10月，锡林郭勒盟食品药品和工商行政管理局执法分局在市场检查中发现内蒙古广播电视网络集团有限公司锡林郭勒分公司在锡林浩特市城区收取有线电视收视费过程中，附加不合理交易条件，强制用户将可选择的服务项目“4元基本付费节目包”与“26元基本收视维护费”捆绑缴纳。为提高营业收入，当事人于2015年3月份开始凭借其所具有的支配地位，

〔1〕 案件来源：内工商处罚字［2016］002号。

在收取收视费的过程中未告知或提醒用户，收取26元基本收视维护费的同时强制附带加收“4元基本付费节目包”的费用。用户对此提出异议的，当事人工作人员就以这是上级规定等理由搪塞，拒绝或者拖延办理有线电视业务。

（二）处理决定

内蒙古自治区工商行政管理局认为，当事人在锡林浩特市所辖城区范围内的有线电视和IPTV传送电视服务市场上具有市场支配地位。在国家大力推进“三网融合”的背景下，电视传送服务从原先的主要通过有线电视网络实现，逐步出现了交互式网络电视（IPTV）、互联网电视、手机电视等新兴形态。但在本案中，由于国家政策限制、信号稳定性、用户收视习惯等一系列因素的作用，互联网电视和手机电视服务并不能与当事人提供的服务具有较为紧密的替代关系。因此，本案的相关商品市场的范围是有线电视和IPTV传送电视服务。此外，上述服务具有显著的区域性特点，其他地区的相关经营者不能在锡林浩特市城区提供电视传送服务，所以相关地域市场界定为锡林郭勒盟锡林浩特市所辖城区地域范围。在相关市场范围内，当事人占据了98.6%的市场份额，本地用户只有通过有线电视收看电视节目，对其具有较强的依赖性。并且依据国家相关政策，其他经营者要进入该市场的难度较大。

内蒙古自治区工商行政管理局认为，当事人在无任何正当理由的情况下强制附带加收“4元基本付费节目包”费用的行为并不符合相关有线电视收费项目应当由用户自由选择、自愿订购等的规定，违背了交易相对人的意愿，剥夺了用户的选择权，侵害了消费者的合法权益，破坏了市场竞争秩序。其行为违反了《反垄断法》第17条第1款第5项的规定，构成滥用市场支配地位附加不合理交易条件行为。考虑到公司的主动配合整改行为，内蒙古自治区工商行政管理局决定责令停止违法行为，没收违法所得人民币9.16万元，对当事人处上一年度销售额1%的罚款即人民币9.8万元。

案件21：利乐滥用市场支配地位案[1]

（一）基本案情

国家工商行政管理总局于2012年1月立案调查利乐涉嫌滥用市场支配地位行为。经查，2009－2013年期间，利乐实施了没有正当理由搭售包材、没有正当理由限定交易和排除、限制竞争的忠诚折扣等滥用市场支配地位行为。

（1）没有正当理由搭售包材。2009－2013年期间，利乐在销售纸基无菌包装设备时设置了绩效确认期和保证期。绩效确认期时间为客户商业生产开始后8－12周（即保证期的前8－12周），目的是确认设备是否能够达到商定的性能目标。保证期为设备经调试进入商业生产阶段后的12个月或设备发货后18个月，相当于质保期。通过格式合同的签订，利乐限定设备客户在绩效确认期、保证期或租赁期间内使用利乐包材或“经利乐认可”的“同等品质”的包材。2009－2010年，利乐在技术服务中采用了固定成本维修保养服务模式（又称千包协议）。该方案以客户使用的包材数量（千包）为计量依据并设置固定服务费率，利乐提供设备预防性维护、修理和正常磨损更换备件，同时保证设备按预定水准运行。该服务要求客户必须使用利乐包材。

（2）没有正当理由限定交易。牛底纸是液体食品纸基无菌包装材料的重要部分之一，利乐2009年开始与大陆市场中唯一的牛底纸生产商佛山华新包装股份有限公司及其子公司珠海经济特区红塔仁恒纸业有限公司（二者统称红塔）“合作开发”牛底纸。2011年，利乐与红塔签署的《谅解备忘录》约定：“基于双方当前的意图……（红塔的）该生产能力将用于在合作协议约定的三年内，排他性地为利乐及其关联公司生产液态包装原纸”。此外，双方曾于2012年3月就牛底纸生产供应签署了《全球供应协议》，2012年12月，双方又签署了具体操作性的《供应与合作协议》。上述协议中没有出现2011年《谅解备忘录》中的直接限制供应条款，但也对有关信息的使用作出限制，如

[1] 案件来源：工商竞争案字［2016］1号。

《供应与合作协议》第5.3款规定，红塔“（a）除了为利乐生产产品外，不可使用利乐技术信息；（b）不能向利乐之外的任何人士销售或者以其他方式提供任何使用利乐技术信息生产的产品，或协助任何人士从事上述活动”。

（3）实施排除、限制竞争的忠诚折扣。2009－2013年期间，利乐在包材业务上实施的折扣种类多达数十种，其中追溯性累计销量折扣和个性化目标折扣属于忠诚折扣。追溯累计折扣指客户一定时期的购买量达到特定数量阈值时，该客户会得到某个单价折扣，该折扣追溯适用于这一时期该客户的所有累计购买量，当达到更高的阈值时，折扣幅度更高。个性化采购量目标折扣一般是以特定客户一定时期内采购 产品达到或超过目标比例或个别固定的数量为条件给予的折扣，通常采取协议、备忘录等方式实施，体现为一定价款的折让或者其他优惠措施。本案中，利乐的目标折扣往往由利乐根据具体客户的情况量身定做，通常具有特别的背景，具有很强的目标性。

（二）处理决定

在相关市场认定环节中，国家工商行政管理总局从商品的特征、用途、价格等方面进行需求替代分析和供给替代分析，把涉案的相关商品范围界定为三个市场，即纸基无菌包装设备市场（设备市场）、纸基无菌包装设备技术服务市场（技术服务市场）和纸基无菌包装材料市场（包装材料市场）。相关地域范围均为中国大陆境内。通过对市场份额、市场集中度、市场进入难度以及其他经营者对利乐的依赖程度等因素的全面考量，国家工商行政管理总局认为，在上述三个市场上利乐都具有支配地位。

在搭售行为的认定环节中，国家工商行政管理总局认为，购买、使用利乐包材不是保证产品、设备质量的必要条件，利乐在提供设备和技术服务过程中以多种方式限制和诱导客户使用利乐包材的行为，实质上是借助其在设备、技术服务市场的支配地位，对用户使用包材施加限制和影响，提升或保持客户对利乐包材依赖程度和使用习惯，促使用户使用利乐包材，不使用或减少使用其他包材。利乐的上述行为限制了设备用户的选择权，影响了其他包材厂商的销售，提高了其他经营者的竞争成本，损害了包材市场的竞争，因此构成了《反垄断法》第17条第1款第5项规定“没有正当理由搭售商品，或者在交易时附加其他不合理的交易条件”的违法行为。

在限定交易行为的认定环节中，国家工商行政管理总局认为，利乐的限定交易行为产生了实际的排除、限制竞争效果。尽管利乐与红塔2011年《谅解备忘录》中排他性供应原纸的条款没有在后续的协议中出现，但这一约定在一定程度上对红塔产生了实际的影响。红塔牛底纸生产线每年产能远远大于利乐的采购量，但利乐却一直是红塔牛底纸的唯一客户，而利乐的竞争对手向红塔提出的采购意向一概被拒绝。从长远看，上述限定交易行为会导致牛底纸供应因为下游需求不足而放缓发展，同时进一步提高原纸供应商对大客户的依赖程度，包材行业也会因为关键原材料的供给受限而减缓创新节奏，健康发展受到影响。综上，利乐限制红塔与其他包材厂商就牛底纸项目进行合作，限制红塔使用非专有技术信息，影响红塔向其竞争对手提供牛底纸的能力，实质上是凭借其在包材市场上的支配地位，排除、限制包材市场的竞争。因此，利乐上述限定交易行为构成了《反垄断法》第17条第1款第4项规定“没有正当理由，限定交易相对人只能与其进行交易或者只能与其指定的经营者进行交易”的违法行为。

在排除、限制竞争的忠诚折扣的认定环节中，国家工商行政管理总局使用了经济学上的分析手段，将利乐与其他对手在市场上的竞争划分为可竞争部分与不可竞争部分。并指出利乐的忠诚折扣具有诱导效应与锁定效应，将客户不可竞争部分需求捆绑可竞争部分需求，与其他折扣叠加运用，短期内对竞争对手造成封锁，导致长期内无法与利乐在相同或相似的成本上竞争，其实质是凭借其在包材市场的支配地位实施排除、限制竞争行为。因此，利乐的忠诚折扣构成了《反垄断法》第17条第1款第7项规定的“其他滥用市场支配地位的行为”。

国家工商行政管理总局作出以下处罚决定：①责令停止违法行为；②对利乐处以2011年度在中国大陆相关商品市场销售额7%的罚款，合计667 724 176.88元人民币。

案件22：湖南盐业股份有限公司永州市分公司垄断行为案[1]

（一）基本案情

根据零售商举报，湖南省工商行政管理局初步核查发现，永州江华等地部分食盐批发企业在向食盐零售商批发食盐时进行强制搭售。湖南盐业股份有限公司永州市分公司对其下属各县分公司下达了2014年、2015年年度购进、销售各类食盐的计划及考核指标，并组织对其进行检查考核。2014年元月至2015年3月，为完成目标销售任务，当事人组织和要求其下属新田分公司、祁阳分公司及江华分公司（以下统称当事人下属三个县分公司）在向零售商批发食盐时实行强制搭售。期间，当事人下属三个县分公司在销售普通畅销盐时，在不同时段、不同程度、按照不等的比例向零售商强制搭售滞销的海藻碘盐和精制低钠盐。

（二）处理决定

湖南省工商行政管理局认为，当事人在永州市行政区域内的食盐批发市场上具有市场支配地位。从食盐的商品特征、功能、质量标准和用途等因素上考虑，结合消费者偏好和消费习惯进行分析，其他近似商品对于食盐商品不具备可替代性。因此，本案的相关商品市场为食盐市场。依照《中华人民共和国盐业管理条例》《食盐专营办法》等规定，永州市行政区域以外的盐业公司不得跨区域向永州市行政区域内的食盐零售商批发销售，所以本案相关地域市场仅限于永州市行政区域内。当事人在相关市场上占有100%的市场份额，永州市行政区域内食盐零售商经销的所有食盐只能从当事人及下属县级分公司供应的品种内选购，对其依赖程度极高。

湖南省工商行政管理局认为，当事人利用其食盐批发的市场支配地位，在销售价格较低的普通畅销盐时，强制搭售价格较高的滞销盐。此强制搭售行为不是当事人基于自身正常经营活动及正常效益而采取，在无正当理由的

---

〔1〕 案件来源：湘工商竞处字［2016］2号。

情况下，其影响了正常的市场供求关系和经济运行效率，损害了食盐零售商和消费者利益，违反了《反垄断法》第17条第1款第5项的规定，构成了没有正当理由搭售商品的滥用市场支配地位行为。当局最终决定责令当事人停止违法行为，没收违法所得69.83万元，处当事人2014年度在江华、新田、祁阳、江永四个县食盐销售额1%的罚款即27.288 7万元。

案件23：吴江华衍水务有限公司滥用市场支配地位案[1]

（一）基本案情

2014年以来，江苏省苏州市吴江区多家房地产开发企业到工商机关举报称，吴江华衍水务有限公司（以下简称当事人）在提供自来水供水服务时，限定房地产开发企业对小区居民供水工程设计、施工和供水材料设备的自主选择，违反《反垄断法》相关规定，请求工商机关依法查处。经查，当事人在供水经营过程中，明示或暗示房地产开发企业将给水安装工程、二次供水工程、接水装表工程等交由其全资子公司吴江华衍建筑工程安装有限公司（以下简称华衍建工）或其指定的企业施工。对供水工程所需的水表、管材等主要材料和设备，当事人要求房地产开发企业、施工单位必须使用其提供或指定的品牌、厂商所生产的材料和设备。

（二）处理决定

江苏省工商行政管理局认为，当事人在苏州市吴江区行政所辖地域范围内的公共自来水供水服务市场上具有市场支配地位。公共自来水对于城区居民而言是最便捷的用水来源，桶装水的供应虽然是城市供水服务的一种补充，但是其在价格和便利性上无法与城市公共自来水供水相比，商品可替代性较弱。因此本案的相关商品市场确定为城市公共自来水供水服务市场。城市公共供水通过市政管网统一输送的特点，也决定了当事人具备唯一经营者地位，不存在同类经营的竞争关系，用户在所属地域内只能选择本地供水企业提供

---

〔1〕 案件来源：苏工商案［2016］00050号。

的城市公共供水服务，不存在可以获取其他可替代的地域市场。因此，本案相关市场中的地域范围界定为当事人的供水区域的地域范围。本案中当事人在其特许经营的区域内具有独家经营的权利，其所提供的城市公共自来水供水服务所占的市场份额为100%。因其本身具有的自然垄断属性，使得其城市公共自来水供水服务具有不可替代性、无选择性，特别是当地房地产开发企业只能从当事人处申请用水，且只有各项供水工程通过当事人验收合格后方可办理通水手续，对当事人具有绝对的依赖性。

江苏省工商行政管理局认为，当事人附加指定供水工程施工单位、材料设备品牌或厂商的不合理交易条件，与其在施工、材料设备市场是否具备支配地位无关，且并无任何政策、法律支持。其行为使房地产开发企业在供水工程施工单位的选择、材料设备的采购等方面没有自主选择权，加重了企业和消费者的负担，破坏了公平竞争的市场秩序，违反了《反垄断法》第17条第1款第5项的禁止性规定。当局最终决定责令当事人停止违法行为，并处2014年度销售额306 134 558.39元7%的罚款，计21 429 419.08元。

案件24：武汉新兴精英医药有限公司滥用市场支配地位案[1]

（一）基本案情

2015年下半年，湖北省工商行政管理局接到举报，反映药用水杨酸甲酯市场被垄断，导致部分药品生产企业被迫停产，请求予以查处。经查，全国共有4家企业取得了生产药用水杨酸甲酯原料药的批准文号，实际只有锦前程公司和中南药化厂在生产。2015年，新兴精英医药有限公司开始全面操控该原料药的销售市场。一是雇佣若干名业务员，要求其以销售公司的名义电话告知用户由他们负责销售，厂家不直接销售；购买中南药化厂产品的用户只能向该厂的代理购买，不能向锦前程公司的代理购买，反之亦然。二是取得锦前程公司和中南药化厂的独家经销权。当事人以武汉HH医药有限公司、

〔1〕 案件来源：鄂工商处字［2017］201号。

海南HF医药有限公司两家公司的名义取得有关生产厂家水杨酸甲酯原料药的全国总代理权，由其业务员以当事人公司名义或借用武汉A公司、湖北B公司、湖北C公司的名义进行销售。由此，当事人取得了国内药用水杨酸甲酯原料药市场上的支配地位。在其控制下，药用水杨酸甲酯原料药到达用户企业的价格由2015年之前的每吨2万元普遍涨到每吨6万元，最高甚至达到每吨50万元，在此期间，当事人还采取多种手段实现并巩固其对销售市场的控制。

（二）处理决定

湖北省工商行政管理局认为，当事人在全国水杨酸甲酯原料药市场上具有市场支配地位。依照相关药品标准的规定，部分药品在生产中必须按标准添加取得水杨酸甲酯，不得用其他产品替代。因此，本案的相关商品市场界定为水杨酸甲酯原料药市场。考虑到该原料药生产过程中污染大、投资大且利润不大，目前国外很少生产，需求者很难在国外进行采购，所以中国为该原料药的主要需求和供应地域，本案的相关地域市场为全国市场。自2015年当事人实际取得两家生产企业的产品全国总代理权后，其便具有了该原料药市场上100%的市场份额，具备了控制销售市场的能力。考虑到原料药产业的市场准入门槛较高，实际上各需求企业对当事人有很强的依赖性。

湖北省工商行政管理局认为，当事人进入水杨酸甲酯原料药市场后，正常的市场竞争秩序被打破。在无正当理由的情况下，其在交易过程中附加的诸多不合理条件损害了消费者以及其他经营者的正当利益，破坏相关市场的健康发展，扰乱市场秩序，构成了滥用市场支配地位附加不合理交易条件行为。最终湖北省工商行政管理局责令当事人停止违法行为并处罚款项合计人民币220.9221万元。

案件25：四川久远银海畅辉软件有限公司滥用市场支配地位案〔1〕

（一）基本案情

2016年9月15日，经国家工商行政管理总局授权，四川省工商行政管理

〔1〕案件来源：川工商处字［2017］7001号。

局对该案进行立案调查。为了实现跟“金保工程”（即社会保险管理信息系统）对接，定点药店和定点医疗机构（以下简称两定机构）需要安装一套医保刷卡支付终端结算应用软件（以下简称医保支付软件），但从开发设计、功能目的、使用主体和方式等方面来看，医保支付软件属于独立于“金保工程”之外的一套应用软件。银海公司通过招投标承接广元市“金保工程”的开发设计项目，并开发了一套医保支付软件并通过广元市人社局的测试。该医保支付软件是广元市唯一的医保支付软件，广元市人社局也下发了相关文件明确了广元市两定机构配合“金保工程”使用的医保支付软件的安装和维护由银海公司负责。2014 年 4 月，银海公司在绵阳市全资设立当事人畅辉公司。银海公司将医保支付软件业务全部移交给当事人，故在广元市医保支付软件市场上，仅有当事人一家经营者，占有 100% 的市场份额。畅辉公司为扩大销售收入，在与两定机构签订技术开发合同时，将加密键盘和读卡器作为合同附件，约定两定机构必须同时购买加密键盘和读卡器，否则不予安装。

（二）处理决定

四川省工商行政管理局认为，当事人在广元市行政管辖规划区域内的医保支付软件市场上具有市场支配地位。从需求方面分析，对于两定机构，医保支付软件是实现个人使用医保金消费药品或医疗服务时，完成个人医保金实时结算的唯一手段，同时也是政府要求两定机构必须安装的软件。而对于消费者而言，首先，其所持有的社保（医保）卡只有通过医保支付软件，才能使用医保金购买药品或医疗服务；其次，个人医保账户上的资金，只能用于购买药品或医疗服务，不能用于日常生活开支。因此，该案件所涉及的相关商品市场应确定为医保支付软件市场。而依照国家政策的有关规定，配合广元市“金保工程”的医保支付软件仅能在广元市区域内使用，所以本案的相关地域市场为广元市行政管辖规划区域内。当事人作为广元市医保支付软件市场上唯一的经营者，占有该市场 100% 的份额，广元市的两定机构必须使用当事人提供的医保支付软件，才能实现消费者购买药品或医疗服务时使用个人医保金的实时结算，对其具有很强的依赖性。此外，其他软件公司要开发医保支付软件也要通过层层审批，进入市场难度较大。

尽管加密键盘和读卡器是正常使用医保支付软件的必需硬件设备，但是其与医保支付软件之间不具备直接的关联性，故当事人的行为并无正当理由支持。其利用市场支配地位用其在广元市医保支付软件市场的支配地位，无正当理由，与两定机构签订《技术开发合同》时，强行向两定机构搭售由其提供的加密键盘和读卡器。当事人进行强行搭售的行为违反《反垄断法》第17条第1款第5项的规定，破坏了广元市加密键盘和读卡器销售市场的竞争秩序，损害了广元市两定机构的合法利益。最终，四川省工商行政管理局决定责令当事人改正违法行为，并对当事人作出如下处罚：①没收违法所得39.473万元；②对当事人处以2015年度广元市医保支付软件销售额7%的罚款，计20.9601万元。

案件26：吉化集团信息网络技术有限公司滥用市场支配地位案[1]

（一）基本案情

吉林省物价局于2016年3月立案，依法对当事人滥用在吉林市龙东小区、250厂住宅、通潭西区、通潭东区、密哈站小区、江畔明珠、湘潭花园和吉化新居8个住宅小区的宽带业务市场支配地位，实施垄断行为进行了调查。当事人涉嫌滥用在上述8个小区内宽带业务市场的支配地位，在向用户提供宽带服务时，附加不合理条件。吉林省物价局查明，当事人宽带使用ADSL固话接入技术，该技术既支持固话服务，也支持宽带服务。如果宽带用户只办理宽带业务不使用固话业务，必须缴纳每月5元的月租费，也称停机保号费，否则不予办理宽带业务。当事人在2012年11月1日至2015年12月31日收取吉林市龙东小区等8个小区宽带业务用户停机保号费共计528 230.00元。2016年1月1日起，停止了此项收费。

（二）处理决定

吉林省物价局认为，当事人在吉林市龙东小区等8个住宅小区的宽带业

[1] 案件来源：吉省价处［2016］14号。

务市场具有市场支配地位。对当事人的调查涉及吉林市龙东小区等8个住宅小区宽带业务市场，其他宽带业务运营商在吉林市龙东小区等8个住宅小区没有提供宽带业务，当事人在这8个小区的宽带业务为独家经营。当事人在相关市场占有100%的市场份额，并且其他经营者进入相关市场难度较大。吉林市龙东小区等8个住宅小区物业公司与当事人同属中国石油吉化集团公司，因为物业公司封闭管理，对线路铺设要求严格，其他宽带业务运营商在这8个小区很难铺设用于提供宽带服务的线路。因此，其他经营者难以进入由当事人提供宽带业务服务的吉林市龙东小区等8个住宅小区的相关市场。当事人涉嫌没有正当理由，在提供宽带业务服务时附加不合理条件，要求用户缴纳停机保号费，该行为涉嫌违反《反垄断法》第17条第1款第5项关于禁止具有市场支配地位的经营者在交易时附加不合理交易条件的规定。吉林省物价局决定对当事人处以没收违法所得528 230.00元，处2015年度在相关8个住宅小区的宽带业务销售额5%的罚款，计295 710.75元。

案件27：中国联通丹东市分公司滥用市场支配地位和达成实施纵向垄断协议案〔1〕

（一）基本案情

经调查，中国联通丹东市分公司在经营宽带业务时，要求消费者指定一部固定电话作为承载或付费电话，以实现固定电话与有线宽带的捆绑，构成没有正当理由搭售固定电话业务的垄断行为，违反《反垄断法》第17条第1款第5项关于禁止具有市场支配地位的经营者在交易时搭售商品的规定。同时，中国联通丹东市分公司作为基础电信运营商，在向丹东有线电视公司出售带宽时，以签订合作协议的方式，固定了丹东有线电视公司向终端家庭用户出售有线宽带产品的种类和价格，限制了丹东有线电视公司在终端用户市场上的竞争能力，违反《反垄断法》第14条第1项关于禁止与交易相对人达

〔1〕 案件来源：每经网，http://www.nbd.com.cn/articles/2017－03－16/1085693/print.

成固定向第三人转售商品价格垄断协议的规定。

（二）处理决定

当事人的行为限制了丹东有线电视公司在终端用户市场上的竞争能力，违反《反垄断法》第14条第1项关于禁止与交易相对人达成固定向第三人转售商品价格垄断协议的规定。考虑中国联通丹东市分公司在做出处罚决定前积极整改，取消向用户销售宽带搭售固话行为，并与丹东有线电视公司重新签订《合作意愿书》，调整合作内容，主动消除违法行为危害后果，辽宁省物价局对中国联通丹东市分公司上述两项违法行为分别处上一年度相关市场销售额1%的罚款，共计671 559元。

案件28：北京盛开体育发展有限公司垄断案[1]

（一）基本案情

2014年3月18日，中央电视台《焦点访谈》栏目报道称，注册于香港的中国盛开体育国际有限公司（以下简称当事人）作为2014年巴西世界杯门票的大中华区独家代理商，在门票销售过程中捆绑酒店、参观景点等旅游产品。国家工商行政管理总局依照反垄断工作职责，于2014年3月19日对当事人立案调查。经查，2011年2月25日，被国际足联选定为款待套餐的独家代理机构并负责款待套餐在全球的销售业务的MATCH公司与当事人签订代理协议，授权当事人独家负责款待套餐在大中华区（中国大陆、香港、澳门、台湾地区）的销售业务。2011年9月16日，当事人委托北京盛开公司在中国大陆地区从事款待套餐的相关业务，随后，北京盛开公司开始将款待套餐与巴西当地的酒店住宿、交通以及旅游服务作为组合产品对外销售。截至2014年3月19日止，北京盛开公司共销售组合产品390套，销售款待套餐54张。经调查，北京盛开公司虽然销售了54张款待套餐，但并未明示消费者可以单独购买款待套餐，部分工作人员在销售过程中明确向消费者表示不单独出售款待

[1] 案件来源：工商竞争案字［2014］1号。

套餐。

（二）处理决定

经国家工商行政管理总局约谈后，当事人意识到自身行为的不当，积极配合调查，对问题认识深刻，其提出并积极予以落实的整改措施能够消除和挽回其行为造成的影响，达到了反垄断执法的目标，最终国家工商行政管理总局决定对其中止调查。

案件29：中国铁通宁夏分公司、中国联通宁夏分公司、中国电信宁夏分公司垄断案[1]

（一）基本案情

2012年12月下旬，宁夏回族自治区工商行政管理局根据国家工商总局竞争执法局转办的消费者投诉材料，对中国铁通宁夏分公司、中国联通宁夏分公司、中国电信宁夏分公司在固定互联网经营业务中涉嫌强制搭售固定电话的行为开展了初查。并于2013年6月26日对当事人展开立案调查。经查，三位当事人主要通过ADSL（普通宽带）和FTTH（光纤到户）两种方式为用户提供固定互联网业务。在此期间，当事人要求申请固定互联网服务的用户，必须接受当事人的固定电话服务。

（二）处理决定

本案在调查过程中，当事人承认固定互联网经营中强制搭售固定电话事实，认识到其行为对竞争产生了不当影响、剥夺了消费者的选择权，表示要内部整改、消除影响。当事人进一步承诺采取以下整改措施：①在全公司范围内开展自查自纠工作，加强对营销人员的培训，坚决制止捆绑销售行为；②通过报纸等新闻媒体发布用户自主选择商品（服务）的承诺，并通过营业厅、客服中心等渠道加强宣传；③被强制搭售固定电话用户申请取消固定电话服务的，公司各营业厅必须予以办理。当事人在案件调查过程中能够配合

[1] 案件来源：宁工商竞争处字［2015］第2至4号，宁工商竞争处字［2017］第1－3号。

调查，对滥用市场支配地位行为及危害性认识比较深刻，其提出并积极予以落实的整改措施能够消除和挽回其行为所造成的影响，达到了反垄断执法的目标。鉴于以上，宁夏回族自治区工商行政管理局决定对其中止调查。中止调查期间，宁夏回族自治区工商行政管理局对当事人履行承诺情况进行了监督检查，决定对当事人涉嫌违反《反垄断法》搭售商品的行为终止调查。

案件30：中国移动通信集团内蒙古有限公司垄断行为案[1]

（一）基本案情

2014年3月，针对央视3·15晚会曝光的手机“流量月末清零”问题和内蒙古手机消费者投诉的“手机上网套餐流量月末清零”问题，内蒙古自治区工商行政管理局对内蒙古电信业的手机上网套餐业务相关情况进行了初步核查，并于2014年4月21日对中国移动通信集团内蒙古有限公司涉嫌滥用市场支配地位行为立案调查。经查，至2015年3月31日，当事人共有在网用户1 557.758 4万户，占全区总户数的64.08%。当事人在提供手机上网服务时，通过制定和使用格式合同的方式，将消费者每月未使用的套餐数据流量“月末清零”。本案在调查过程中，当事人承认手机上网套餐数据流量“月末清零”的事实，认识到其行为对竞争秩序产生了不当影响，涉嫌滥用了市场支配地位，表示要积极进行整改，并作出相关承诺。

（二）处理决定

2015年5月12日，当事人根据《反垄断法》第45条的规定，向执法机构提交了《中国移动内蒙古公司关于中止涉嫌垄断行为调查的申请》。

内蒙古自治区工商行政管理局认为，当事人在案件调查过程中能够配合调查，对滥用市场支配地位行为及危害性认识比较深刻，其提出并积极予以落实的整改措施能够消除和挽回其行为所造成的影响，达到了反垄断执法的目标，决定对其中止调查。

---

〔1〕案件来源：内工商竞争案字［2015］第1号、内工商竞争案字［2017］第1号。

2017年5月31日，当事人向内蒙古自治区工商局提交了《中国移动内蒙古公司关于流量资费整改工作落实完成情况的报告》。

2017年6月1日至8月31日，执法人员对当事人履行承诺情况进行了检查，并聘请吉林吉大通信设计院股份有限公司对当事人流量资费整改工作落实情况进行了评估。经过检查和评估，当事人履行承诺情况良好，于是，内蒙古自治区工商局于2017年12月20日对本案作出终止调查决定。

案件31：中国联合网络通信有限公司内蒙古自治区分公司垄断案〔1〕

（一）基本案情

2014年3月，针对内蒙古电信用户投诉的“宽带上网搭售、关联停机”等问题，内蒙古自治区工商行政管理局对内蒙古电信业的宽带上网服务业务相关情况进行了初步核查，并于2014年4月21日对中国联合网络通信有限公司内蒙古自治区分公司（以下简称当事人）立案调查。经查，至2014年12月31日，当事人共有宽带上网用户136万户。当事人在提供宽带上网服务时，通过制定和使用格式合同的方式，将宽带上网服务业务与手机业务及手机终端销售业务捆绑，将宽带上网与手机（固话）业务费用相关联，只要手机、固话欠费，关联的宽带上网即停止提供服务。

（二）处理决定

本案在调查过程中，当事人承认捆绑销售及关联停机的事实，认识到其行为对竞争产生了不当影响。2015年3月公司推出了“智慧沃家”融合产品，改变以往“沃家庭A”“沃家庭B”融合套餐业务按年缴纳费用，办理宽带送手机，手机欠费套餐成员关联停机等经营模式，而是采用按月缴纳宽带及手机费用的形式。并表示要积极进行整改、消除影响，随后又作出相关承诺。内蒙古自治区工商行政管理局认为中国联通内蒙古公司在案件调查过程

〔1〕 案件来源：内工商竞争案字［2015］第2号。

中能够配合调查，对滥用市场支配地位行为及危害性认识比较深刻，其已经先行的整改措施及承诺的整改措施能够消除和挽回其行为所造成的影响，达到了反垄断执法的目标，决定对其中止调查。

案件32：江苏省电力公司海安县供电公司涉嫌垄断行为案[1]

（一）基本案情

2012年10月18日，海安县部分用电企业向工商机关举报，称江苏省电力公司海安县供电公司（以下简称当事人）以企业缴纳一定限额的预付电费作为其供电条件，企业如不按要求支付预付电费，供电公司不予供电。当事人占有企业缴纳的预付电费，企业当期电费由企业另行支付。江苏省工商行政管理局对相关举报进行了核查并于2013年8月19日对当事人涉嫌滥用市场支配地位的垄断行为立案调查。经查，2008年以来，当事人在企业申请高压用电、签订供电合同时，以口头告知或者发放书面工作单的形式，要求企业缴纳最低限额的预付电费，并将其作为供电公司供电的前提条件，即要求企业“准备一定数量的预付电费”，企业办理用电手续须“带好预付电费进账回单”。如不按当事人要求支付“预付电费”，即便企业用电设施全部安装到位，当事人亦不予供电。企业用电后，电费不是从其“预付电费”中扣除，而是另行缴纳。2010年，当事人通过电子邮件下发考核标准，要求所属营业所消灭“预付电费”空白，“预付电费”预收率要达到100% －105%，“对不续缴购电款的用电人坚决由负控断电”。经调查，当事人对4 033户高压电户收取了预付电费。至2013年6月，当事人收取预付电费19 992.98万元。

（二）处理决定

在案件调查过程中，当事人承认上述事实，认识到其行为增加了企业经营成本，侵害了企业公平交易权，表示要及时整改，并提出了具体的整改措施。江苏省工商行政管理局认为，当事人在案件调查过程中能够配合调查，

---

〔1〕 案件来源：苏工商案终字［2016］1号。

对滥用市场支配地位行为及危害性认识比较深刻，其提出并积极予以落实的整改措施能够消除和挽回其行为所造成的影响，达到了反垄断执法的目标，决定对其中止调查。

案件33：中国农业银行股份有限公司内蒙古自治区分行涉嫌滥用市场支配地位行为案[1]

（一）基本案情

自2013年11月7日开始至2015年12月31日，当事人是内蒙古自治区唯一一家开展“金融扶贫富民工程”贷款的金融机构，涉嫌具有内蒙古自治区“金融扶贫富民工程”贷款业务市场支配地位。当事人的分支机构在开展“金融扶贫富民工程”贷款时，要求贷款农牧户必须购买人身意外伤害保险，否则不予发放贷款，该行为涉嫌违反《反垄断法》第17条。在调查过程中，当事人承认要求贷款农牧户必须购买人身意外险才予以发放贷款的事实，认识到其行为对“金融扶贫富民工程”贷款市场竞争秩序产生了不良影响，涉嫌滥用了市场支配地位，并且于2016年10月10日召开全区农行视频会议要求下属支行停止办理农牧户贷款代理保险业务，采取退还保费、建立农牧户阳光办贷卡制度等措施积极进行了整改，并表示将进一步采取有效措施消除其涉嫌垄断行为产生的后果，希望执法机构中止调查。

（二）处理决定

2017年12月4日，根据《反垄断法》第45条的规定，当事人提交了《关于报送中止反垄断调查申请的报告》（农银内发〔2017〕196号）。随后，执法人员对当事人为消除涉嫌垄断行为产生的后果而采取的整改措施做了进一步核实。考虑到当事人在案件调查过程中能够配合调查，对其涉嫌滥用市场支配地位行为及其造成的危害后果认识比较深刻，其承诺的整改措施能够消除其行为所造成的影响，内蒙古自治区工商行政管理局决定对本案中止

〔1〕案件来源：内工商竞争案字［2017］第2号。

调查。

案件34：湖北盐业集团有限公司武昌分公司强制搭售案[1]

（一）基本案情

湖北盐业集团有限公司武昌分公司于2010年7月5日从荆州活力二八沙市日化有限公司分别购进不同类别洗衣粉共1 400件。并于7月9日－8月3日按3－5元/件不等的差价售给两家食盐批零兼营经销店，共计货款19 362元。经过调查分析，湖北省物价局认定公司搭售洗衣粉的行为违反了《反垄断法》相关规定。一是武昌盐业分公司是辖区内唯一食盐专营主体，在当地盐业批发经营上具有市场支配地位。二是武昌盐业分公司销售洗衣粉的行为属于搭售行为。根据对部分零售商的调查询问笔录，可以认定武昌盐业分公司在销售食盐的过程中，存在搭售洗衣粉的行为，违反了《反垄断法》第17条关于具有市场支配地位的经营者不得“没有正当理由搭售商品，或者在交易时附加其他不合理的条件”的禁止性规定。三是食盐属于依法实行专营专卖的行业。公司在销售食盐的过程中搭售洗衣粉，违反了《反垄断法》第7条第2款关于依法实行专营专卖行业的经营者“应当依法经营，诚实守信，严格自律，接受社会公众的监督，不得利用其控制地位或者专营专卖地位损害消费者利益”的规定。

（二）处理决定

考虑到武昌盐业分公司的态度较好，积极配合价格主管部门的调查，主动采取了收回余货等减轻违法行为后果的措施，且其涉案数量数额、销售对象、市场辐射、社会影响等均较小，并提交了规范非盐商品销售的承诺书，湖北省物价局依据《反垄断法》第45条规定，对本案做出了中止调查和提醒告诫的决定。一是决定对武昌盐业分公司“搭售事件”一案中止调查，同时

〔1〕 案件来源：国家发展和改革委员会网站，http://www.ndrc.gov.cn/fzgggz/jggl/zhdt/201011/t20101115_380425.html.

提出限期整改（一个月）并跟踪监督（两个月）的限制条件。如果发现武昌盐业分公司不履行承诺，不改正错误，不整改到位，将立即恢复调查。二是决定对湖北盐业集团有限公司和湖北盐业集团有限公司武汉分公司进行提醒告诫。责成湖北盐业集团有限公司和湖北盐业集团有限公司武汉分公司督促武昌盐业分公司履行承诺、整改到位，并进一步加强对重点辖区内盐业分支机构的管理，整顿规范湖北省和武汉市区域内的盐及非盐商品销售行为，防止类似滥用市场支配地位的违法行为再次发生。

六、差别待遇

案件35：江苏徐州市烟草公司邳州分公司滥用市场支配地位案〔1〕

（一）基本案情

2013年2月，当事人所在地的烟草零售商向工商机关举报称，当事人在卷烟批发业务中，对邳州市金鹰商贸服务有限责任公司（以下简称金鹰公司）下属三个卷烟零售门市的紧俏卷烟供应量，远远超过对其他烟草零售商的供应量。当事人在卷烟批发业务中，对同属于KA类客户的交易相对人实行了不同的待遇，体现在以下两个方面：一是在供货次数上实行差别待遇。徐州欢乐买商贸有限公司、江苏欢乐买商贸股份有限公司所属分支机构（以下统称欢乐买3家商场）每周只能订货1次，而金鹰公司所属3家分支机构每周可以订货2次。二是在紧俏卷烟的供货数量上实行差别待遇。当事人限定欢乐买3家商场每次订购紧俏卷烟单品数量最高上限在20－50条之间（除中秋、春节期间最高为每次100条），而当事人对金鹰公司3家门店设定的紧俏烟订购上限为每次单品300条。

（二）处理决定

江苏省工商行政管理局认定，本案当事人在邳州市卷烟批发市场具有市

〔1〕 案件来源：苏工商案字［2014］第00578号。

场支配地位。本案当事人的经营范围为卷烟销售。从卷烟产品的功能用途以及消费者的消费习惯看，卷烟商品可替代性弱，因此本案相关市场的商品范围界定为卷烟批发销售。本案当事人是邳州市唯一具有烟草专卖批发企业许可证的经营者，其卷烟批发销售业务的独家垄断经营权仅限于邳州市行政区域范围内。本案相关市场的地域市场界定为邳州市行政区域范围。本案当事人是具有烟草专卖批发企业许可证的经营者，更是邳州市内唯一具有烟草专卖批发企业许可证的经营者，是当地卷烟批发市场的垄断经营者。当地烟草零售商只能合法地从当事人处进货，对当事人具有绝对的依赖性。江苏省工商行政管理局认为，当事人作为邳州市内唯一的卷烟批发企业，对条件相同的卷烟零售商实行差别待遇，破坏了卷烟零售环节公平竞争的市场秩序，违反了《反垄断法》第 17 条第 1 款第 6 项的禁止性规定。鉴于烟草属于专卖商品，其销售数量、销售价格均由国家计划决定，当事人滥用市场支配地位的行为未能增加额外收入，本案不作没收违法所得处理。江苏省工商行政管理局决定责令当事人停止违法行为，并处以上一年度紧俏卷烟销售额 1% 的罚款 1 723 745. 04 元。

案件 36：内蒙古赤峰市盐业公司滥用市场支配地位案[1]

（一）基本案情

2014 年 9 月，内蒙古自治区工商行政管理局接到消费者投诉举报，称当事人在腌制盐销售旺季停止向零售商批发传统腌制用 500 克装日晒盐，只供应新的腌制用 800 克装湖水晶盐（500 克装日晒盐零售价分别为 2. 00 元/袋（折算为 4. 00 元/公斤），800 克装湖水晶盐 5. 80 元/袋（折算为 7. 25 元/公斤），两种盐品标识上标注的生产厂家、生产原料、执行标准、营养成分均相同，以购买等量的两种盐品计算，消费者购买 800 克装湖水晶盐需多支出 81. 25% 的费用）。经查，2014 年 9 月份，当事人及其所属分支机构在食用盐

〔1〕 案件来源：内工商处罚字［2016］4 号。

库存充足的情况下，在食用盐批发业务中，对条件相同的食用盐零售商在交易品种上实行了不同的待遇。一是在赤峰市与辽宁、河北两省毗邻的旗县、乡镇（以下简称“毗邻外省地区”），如元宝山区、宁城县、敖汉旗、喀喇沁旗、平庄镇等地区的食盐专营机构，向食盐零售商供应500克装日晒盐和800克装湖水晶盐，并增加供应新产品400克装腌制盐；二是在赤峰市与辽宁、河北两省不接壤的其他地区（以下简称“内陆地区”），只供应800克装湖水晶盐，拒绝供应500克装日晒盐和400克装腌制盐。

（二）处理决定

内蒙古自治区工商行政管理局认为，当事人在赤峰市行政区域内的食用盐批发市场上具有市场支配地位。不论从商品的特性、用途、质量标准，还是销售对象、外观、价格等方面看，工业用盐、畜牧用盐与食用盐有着很大的差别，不具有可替代性。因本案当事人行为涉及的是食用盐批发，因此，本案的商品市场界定为食用盐批发市场。依照《中华人民共和国盐业管理条例》、《食盐专营办法》等规范，食盐零售商只能从赤峰市行政区域内具有食盐批发许可证的当事人及其所属分支机构购进食用盐，不得到赤峰市行政区域外购进食用盐，因此，根据当事人取得的食盐批发许可证，当事人的食盐批发范围仅限于赤峰市行政区域内，本案相关地域市场应界定为赤峰市行政区域内。当事人作为是赤峰市行政区域内专营专卖食用盐的独家经营者，具有100%的市场份额，达到了完全支配食用盐批发业务市场的程度。

内蒙古自治区工商行政管理局认为，为确保食盐零售商能保障广大居民腌制盐的一致需求，对赤峰市行政区域内的食盐零售商供应的腌制盐品种、品质等级和价格等，应当平等对待，一视同仁，不应有差异。但当事人却以平抑与毗邻省份过大的价格断层和防止外省低价盐“侵销”为由，对本行政区域内与外省毗邻的边界地区和其他内陆地区食盐零售商的腌制盐供应实行差别待遇的行为。这一行为并无正当理由的支持，“多品种食盐”自主经营权并不是其实行差别待遇的借口；当事人在与辽宁、河北毗邻地区继续销售500克装日晒盐的主要目的是为了防止外省低价盐“侵销”赤峰市场，与自然灾害因素也无关。综上，内蒙古自治区工商行政管理局认定当事人行为构成滥用市场支配地位实施差别待遇的违法行为,。内蒙古自治区工商行政管理局决定责令其停止违法行为，没收违法所得 1 940 544.00 元，对当事人处以上一年度相关商品市场销售额 2% 的罚款 1 047 814.00 元。

案件 37：湖北银杏沱港埠股份有限公司差别待遇案[1]

（一）基本案情

2017 年 2 月 28 日，国家工商行政管理总局授权湖北省工商行政管理局对该案立案调查。按照宜昌市政府和相关部门的规定，银杏沱码头的装卸调度权由当事人行使。当银杏沱公司在川江航线宜渝线（上行，即宜昌至重庆）从事载货汽车滚装运输码头服务时，未执行交通部长江航务管理局《调度规程》，对 H 公司与其他滚装船运输公司（以下统称为非 H 公司）区别对待，一是优先配载 H 公司船舶。当事人优先安排车辆上 H 公司船舶，即 H 公司的船舶随到随装，非 H 公司的船舶需要等待调度，并非随来随装。二是为 H 公司优先安排“更有价值”的车辆。对滚装船来讲，在占用同样多的车位情况下，当然更愿意装载可以取得更多运费收入的车辆，即“更有价值”的车辆。执法机构认定银杏沱公司作为川江（库区）宜渝线（上行）载货汽车滚装运输码头服务市场唯一一家公司，利用在该市场上完全的市场支配地位，未平等对待各滚装船公司，对有关联的 H 公司与非 H 公司的滚装船实行差别待遇，妨碍了非 H 公司公平参与市场竞争，损害了货运车辆的权益。

（二）处理决定

湖北省工商局认为，当事人在川江（库区）宜渝线（上行）载货汽车滚装运输码头服务市场具有市场支配地位。川江（库区）是货物进出川蜀地区的唯一水运通道，对于滚装船公司来说，从事宜渝线（上行）滚装运输不存在选择其他水运路线的可能，所以相关市场界定为川江（库区）宜渝线（上行）载货汽车滚装运输码头服务市场。当事人经营的位于秭归银杏沱的滚装

〔1〕 案件来源：鄂工商处字［2018］201 号。

船码头成为川江航线下游唯一的一个装载、卸货的码头，滚装船企业没有选择其他港埠经营者的可能，当事人是川江（库区）宜渝线（上行）载货汽车滚装运输码头服务市场唯一一家公司，具有完全的市场支配地位。当事人优先配载H公司船舶，为H公司优先安排"更有价值"的车辆，主要有两点危害：①妨碍了非H公司公平参与市场竞争。②损害了货运车辆的权益。2018年1月9日，湖北省工商行政管理局认为，当事人作为川江航线宜渝线（上行）滚装运输码头服务市场唯一一家公司，利用在该市场上完全的市场支配地位，未平等对待各滚装船公司，其行为违反《反垄断法》第17条"禁止具有市场支配地位的经营者从事下列滥用市场支配地位的行为：⑥没有正当理由，对条件相同的交易相对人在交易价格等交易条件上实行差别待遇"，决定对当事人处以2016年度经营额6%罚款，计97.74万元。"

案件38：中国电信与中国联通宽带业务涉嫌垄断案[1]

（一）基本案情

2011年11月9日，央视《新闻30分》报道称，国家发展和改革委员会已就宽带接入问题对中国电信、中国联通展开反垄断调查，调查内容是：中国电信、中国联通在宽带接入及网间结算领域是否利用市场支配地位阻碍影响其他经营者进入市场。

两家运营商的行为之所以受到执法机构注意，源于部分企业、机构针对2010下半年"断网事件"的举报。按照工业和信息化部规定，为补偿中国电信和中国联通的骨干网投资，运营商之间的网络互联互通，只要用户上网产生网间流量，其他运营商都要向它们进行单向结算。但在实际操作中，两家企业对自己的竞争对手给出高价，对没有竞争关系的企业则收取优惠价：中国移动、中国铁通等大型互联网服务提供商实行的是100万/G·月，且必须

〔1〕 案件来源：《国家发改委调查中国电信、中国联通涉嫌垄断》，http://politics.people.com.cn/GB/1027/16187873.html.

到集团进行审批，并指定在北京、上海、广州的指定点进行接入；一些中小型的联网服务提供商接入条件则是20－30万/G·月。

两种价格差异较大，导致一些运营商通过“穿透流量”的做法，以相对低廉的价格接入电信骨干网。而之后，中国电信与中国联通的斩断“穿透流量”之举，令其他运营商遭受重创。2010年8月12日至9月9日，27天内，仅广东铁通就爆发了37 477件用户投诉，38 443用户拒绝缴费，并有28 210用户面临退网。

（二）处理决定

2011年12月2日，中国电信、中国联通在官方网站同时发出声明，承认在互联互通以及价格上确实存在不合理行为，同时“承诺整改”，将提升网速并降低宽带资费。两家企业已就此向国家发展和改革委员会提交中止反垄断调查申请，国家发展和改革委员会证实收到两家企业的申请。

2012年3月13日，国家发展和改革委员会证实正对两家企业履行承诺的情况进行监督。[1]2014年2月19日，国家发展和改革委员会再次表示，正根据《反垄断法》对中国电信和中国联通是否完全履行整改承诺、相关整改措施是否消除涉嫌垄断行为后果等情况进行评估，并将根据评估结果，依法作出处理决定。[2]之后，本案的最终决定未再披露。

七、其他滥用市场支配地位行为

案件39：利乐滥用市场支配地位案[3]

（一）基本案情

国家工商行政管理总局2012年1月立案调查的利乐滥用市场支配地位案

〔1〕钟晶晶：“发改委披露电信反垄断调查进展”，载《新京报》2012年3月15日，第B01版。

〔2〕中国新闻网：《发改委：电信联通垄断案将根据评估作出处理决定》，http://www.chinanews.com/gn/2014/02－19/5855627.shtml，最后访问时间：2018年7月18日。

〔3〕案件来源：工商竞争案字［2016］1号。

中，涉案行为除包括搭售、限定交易外，还涉及忠诚折扣，主要包括两种：①追溯累计折扣，即客户一定时期的购买量达到特定数量阈值时，该客户会得到某个单价折扣，该折扣追溯适用于这一时期该客户的所有累计购买量，当达到更高的阈值时，折扣幅度更高；②个性化采购量目标折扣，即一般以特定客户一定时期内采购产品达到或超过目标比例或个别固定的数量为条件给予的折扣，通常采取协议、备忘录等方式实施，体现为一定价款的折让或者其他优惠措施。本案中，利乐的目标折扣往往由利乐根据具体客户的情况量身定做，通常具有特别的背景，具有很强的目标性。

（二）处理决定

国家工商行政管理总局指出，利乐的忠诚折扣具有诱导效应与锁定效应，将客户不可竞争部分需求捆绑可竞争部分需求，与其他折扣叠加运用，短期内对竞争对手造成封锁，导致长期内无法与利乐在相同或相似的成本上竞争，其实质是凭借其在包材市场的支配地位实施排除、限制竞争行为。因此，利乐的忠诚折扣构成了《反垄断法》第17条第1款第7项规定的“其他滥用市场支配地位的行为”。

第三章　经营者集中

总体情况

截至2018年6月底，依据商务部/国家市场监督管理总局反垄断局网站公布的数据，在经营者集中方面，商务部/国家市场监督管理总局共作出2个禁止集中的审查决定、36个附加限制性批准的审查决定以及2 142个无条件批准的审查决定，共作出22个针对未依法申报违法实施的经营者集中的处罚决定，另有两份针对违反限制性条件的处罚决定。

	无条件批准	附条件批准	禁止	未依法申报
2008	517	1	—	—
2009		3	1	—
2010		1	—	—
2011		4	—	—
2012		6	—	—
2013	211	4	—	—
2014	236	4	1	1
2015	312	3	—	4
2016	351	2	—	6
2017	325	7	—	6
2018年1-6月	190	1	—	5
合计	2 142	36	2	22

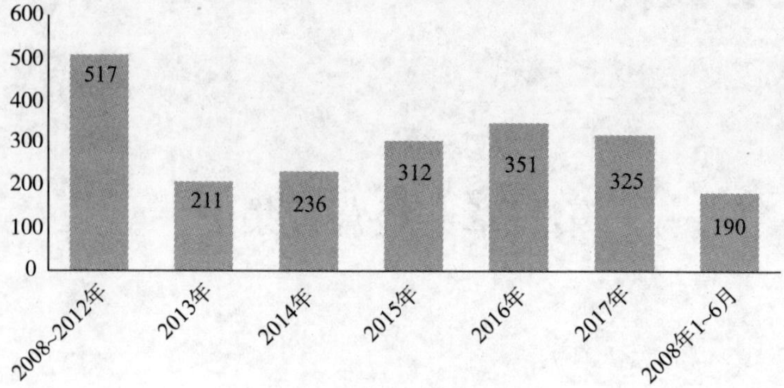

无条件批准案件的数量

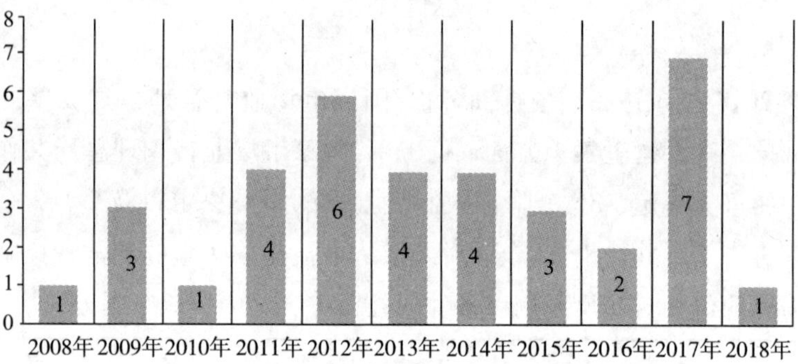

附加限制性条件批准案件的数量

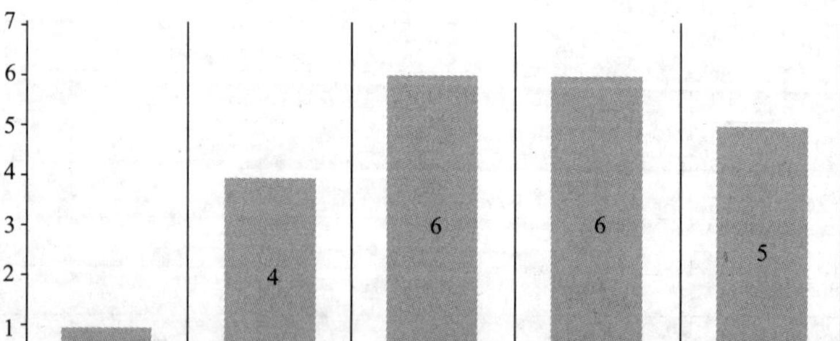

处罚未依法申报违法实施案件的数量

一、禁止集中的案件

案件1：美国可口可乐公司境内收购中国汇源果汁集团有限公司案[1]

（一）立案和审查程序

2008年9月18日，可口可乐公司向商务部递交了申报材料。9月25日、10月9日、10月16日和11月19日，可口可乐公司根据商务部要求对申报材料进行了补充。11月20日，商务部认为可口可乐公司提交的申报材料达到了《反垄断法》第23条规定的标准，对此项申报进行立案审查，并通知了可口可乐公司。由于此项集中规模较大、影响复杂，2008年12月20日，初步阶段审查工作结束后，商务部决定实施进一步审查，书面通知了可口可乐公司。在进一步审查过程中，商务部对集中造成的各种影响进行了评估，并于2009年3月20日前完成了审查工作。

（二）竞争分析

审查工作结束后，商务部依法对此项集中进行了全面评估，确认集中将产生如下不利影响：①集中完成后，可口可乐公司有能力将其在碳酸软饮料市场上的支配地位传导到果汁饮料市场，对现有果汁饮料企业产生排除、限制竞争效果，进而损害饮料消费者的合法权益。②品牌是影响饮料市场有效竞争的关键因素，集中完成后，可口可乐公司通过控制“美汁源”和“汇源”两个知名果汁品牌，对果汁市场控制力将明显增强，加之其在碳酸饮料市场已有的支配地位以及相应的传导效应，集中将使潜在竞争对手进入果汁饮料市场的障碍明显提高。③集中挤压了国内中小型果汁企业生存空间，抑制了国内企业在果汁饮料市场参与竞争和自主创新的能力，给中国果汁饮料市场有效竞争格局造成不良影响，不利于中国果汁行业的

〔1〕 案件来源：商务部公告［2009］第22号。

持续健康发展。

（三）附加限制性条件的商谈

为了减少审查中发现的不利影响，商务部与可口可乐公司就附加限制性条件进行了商谈。商谈中，商务部就审查中发现的问题，要求可口可乐公司提出可行解决方案。可口可乐公司对商务部提出的问题表述自己的看法，并先后提出了初步解决方案及其修改方案。经过评估，商务部认为可口可乐公司针对影响竞争问题提出的救济方案，仍不能有效减少此项集中产生的不利影响。

（四）审查决定

根据《反垄断法》第28条和第29条，商务部认为，此项经营者集中具有排除、限制竞争效果，将对中国果汁饮料市场有效竞争和果汁产业健康发展产生不利影响。鉴于参与集中的经营者没有提供充足的证据证明集中对竞争产生的有利影响明显大于不利影响或者符合社会公共利益，在规定的时间内，可口可乐公司也没有提出可行的减少不利影响的解决方案，因此，决定禁止此项经营者集中。

案件2：禁止马士基、地中海航运、达飞设立网络中心案[1]

（一）立案和审查程序

2013年9月18日，商务部收到丹麦穆勒马士基集团（以下简称马士基）、地中海航运公司（以下简称地中海航运）、法国达飞海运集团公司（以下简称达飞）设立网络中心的经营者集中反垄断申报。经审核，商务部认为该申报文件、资料不完备，要求申报方予以补充。2013年12月19日，商务部确认经补充的申报文件、资料符合《反垄断法》第23条的要求，对该项经营者集中申报予以立案并开始初步审查。2014年1月18日，商务部决定对此项经营者集中实施进一步审查。2014年4月18日，商务部决定延长进一步审查期

〔1〕案件来源：商务部公告［2014］第46号。

限，截止日期为2014年6月17日。

（二）案件基本情况

马士基于1904年在丹麦注册成立，1982年在纳斯达克OMX哥本哈根证券交易所上市。马士基是全球最大的集装箱海运企业，在全球142个国家和地区设有办公机构，营业范围包括集装箱班轮航运、码头服务、内陆运输、物流、港口拖轮、油轮、油和天然气的勘探和生产、零售业以及航空运输。马士基在中国各主要港口从事集装箱班轮航运服务及相关业务。

地中海航运于1970年在比利时创建，1976年在瑞士注册成为股份有限公司。地中海航运是全球第二大集装箱海运企业，在全球范围内提供将集装箱海运服务与铁路、河运和公路货运相结合的集装箱运输及辅助服务、港口服务、邮轮服务。地中海航运在中国从事集装箱班轮航运及辅助业务。

达飞于1996年在法国注册成立，是一家股份有限公司。达飞是全球第三大集装箱海运企业，业务范围包括海运、冷藏运输、港口装卸设施以及地面物流。达飞在中国主要从事集装箱班轮航运业务及少量物流业务、代理业务等。

2013年10月，马士基、地中海航运、达飞（以下称交易方）签署协议，拟在英格兰和威尔士设立一家有限责任合伙制的网络中心，统一负责交易方在亚洲—欧洲、跨大西洋和跨太平洋航线上集装箱班轮的运营性事务。

（三）相关市场

1. 相关商品市场

经审查，相关商品市场为国际集装箱班轮运输服务市场。

国际海运市场主要包括集装箱班轮和非班轮运输服务、干散货运输服务和油轮运输服务市场。国际集装箱班轮海运服务是指集装箱班轮企业按事先制订的船期表，在国际固定航线的固定挂靠港口之间，按规定的操作规则为非固定货主提供规范和反复的集装箱货物运输服务，并按单位标准箱（TEU）运价来计收运费的一种运输服务方式。非班轮运输与班轮运输没有替代性。干散货运输、散杂货运输、油轮运输与集装箱运输也没有替代性。

2. 相关地域市场

经审查，相关地域市场为亚洲—欧洲航线、跨太平洋航线和跨大西洋航线。

班轮海运的特点是船舶在固定港口间依照固定航线和时间表航行。在考察相关地域市场时，贸易航线是国际集装箱班轮运输的基本要素。本次交易涉及三大航线，分别是亚洲—欧洲航线、跨太平洋航线和跨大西洋航线，根据行业习惯，上述三大航线共涉及九条贸易航线。分别是：远东—北欧贸易航线和远东—地中海贸易航线两条贸易航线被统称为亚洲—欧洲航线；远东—北美西海岸贸易航线、远东—北美东海岸贸易航线和远东—美国墨西哥湾贸易航线三条贸易航线被统称为跨太平洋航线；北欧—美国东海岸贸易航线、地中海—美国东海岸贸易航线、欧洲—加拿大贸易航线和欧洲—美国西海岸贸易航线四条贸易航线被统称为跨大西洋航线。

跨大西洋航线不覆盖中国港口；亚洲—欧洲航线、跨太平洋航线均覆盖中国主要港口。因此，商务部重点审查了本次交易对亚洲—欧洲航线、跨太平洋航线的竞争影响。

（四）竞争分析

商务部认为本次集中完成后，交易方将形成紧密型联营。鉴于在跨太平洋航线上存在份额较高的竞争者，市场结构相对分散，商务部重点考察了亚洲—欧洲航线集装箱班轮运输服务市场：

1. 本次交易形成了紧密型联营，与松散型的传统航运联盟有实质不同

国际集装箱班轮运输属于资本密集型产业，投资大，风险高。航运企业之间往往开展一定程度的合作，主要形式包括船舶共享协议、舱位互换协议等。在此基础上，市场上形成了若干航运联盟。

国际集装箱班轮运输市场上传统的航运联盟，以船舶共享协议、舱位互换协议为基础开展合作，各联盟成员独立运营，属松散型合作。本案交易方通过设立网络中心，整合了交易方在全球东西航线（亚洲—欧洲航线、跨太平洋航线和跨大西洋航线）的全部运力，与传统的航运联盟在合作形式、运营程序、费用分摊等多个方面存在实质区别，属紧密型联营。

审查发现，在合作形式方面，传统的航运联盟一般采取船舶共享、箱位互换等合作形式；本案中，交易方通过共同设立网络中心，对交易方在合作

航线上的所有船舶进行日常管理，交易方仅保留对船舶的技术管理权。在运营程序方面，航运联盟通过每条航线的代表组成的委员会对运营进行协调；本案中，由网络中心根据事先商定的工作程序单独负责管理运营。在费用分摊方面，航运联盟各成员各自承担船舶的运营费用，独立核算并承担成本；本案中，通过规定航次成本（包括租船费、燃油费、港口费、运河费），将合作涉及的所有航线分为若干结算组统一结算成本并分摊船舶运营成本。在未使用箱位销售方面，航运联盟成员根据所有权人利益条款可直接出售给其他成员，或出售、转租给任何第三方；本案中，交易方对未使用箱位的销售由网络中心统一协调处理。在停航方面，航运联盟由成员共同商定；本案中，由网络中心直接决定。

综上所述，商务部认为，本案将形成与航运联盟有本质区别的紧密型联营。

2. 本次交易显著增强交易方的市场控制力

运力份额是反映集装箱班轮运输企业市场力量的重要指标之一。截至2014年1月1日，马士基、地中海航运、达飞在亚洲—欧洲航线运力份额分别为20.6%、15.2%、10.9%，分别排名第一、第二、第三，任一交易方的运力份额均超过其他竞争对手。交易方合计运力份额高达46.7%，运力整合后的市场控制力明显增强。

3. 本次交易将大幅提高相关市场的集中度

审查表明，交易前，市场上存在包括本案交易方在内的多个竞争者，亚洲—欧洲航线国际集装箱班轮海运市场的赫芬达尔—赫希曼指数（HHI）值约为890。交易后，由于交易方形成紧密型联营，减少了市场主要竞争者的数量，HHI值增至约2 240，HHI值变量约为1 350。亚洲—欧洲航线集装箱班轮运输服务市场将从较为分散变为高度集中，市场结构将发生明显变化。

4. 本次交易将进一步推高相关市场的进入壁垒

国际集装箱班轮海运服务是资金密集型行业，具有规模经济效应，但市场中存在一定数量且具有有效竞争关系的竞争者是维护市场竞争的必要条件。本次交易集合了交易方的实力，整合交易方的运营网络，消除了相关市场中主要竞争者之间的有效竞争，可能进一步推高国际集装箱班轮海运服务市场的进入壁垒，难以产生新的有竞争力的制约力量。

5. 本次交易对其他有关经营者的影响

交易完成后，交易方通过整合其航线和运力资源，进一步增强其市场控制力，可能挤压其他竞争者的发展空间，使其在未来的竞争中进一步处于劣势地位。

审查发现，货主企业对集装箱运输的议价能力较弱。交易方可能利用其增强的市场控制力损害货主的利益。

本案还将增强交易方对港口的议价能力。为争取交易方船舶挂靠，港口可能被迫接受更低的港口服务价格，给港口发展带来负面影响。

（五）附加限制性条件的商谈

在审查期间，商务部向交易方指出了此项经营者集中可能具有排除、限制竞争效果，并就如何解决上述竞争问题与申报方进行了多次商谈。交易方提交了多轮救济方案，2014 年 6 月 9 日，提交了最终救济方案。经评估，商务部认为，交易方提交的最终救济方案缺少相应的法律依据和可信服的证据支持，不能解决商务部的竞争关注。

（六）审查决定

经审查，商务部认为此项经营者集中形成了交易方紧密型联营，在亚洲—欧洲航线集装箱班轮运输服务市场可能具有排除、限制竞争效果。参与集中的经营者不能证明该集中对竞争产生的有利影响明显大于不利影响或者符合社会公共利益。因此，商务部决定禁止此项经营者集中。

二、附条件批准集中的案件

案件 1：英博集团公司境外收购 AB 公司案[1]

（一）立案和审查程序

2008 年 9 月 10 日，英博公司向商务部递交了申报材料。10 月 17 日和 10

〔1〕 案件来源：商务部公告［2008］第 95 号。

月 23 日，英博公司对申报材料进行了补充。10 月 27 日，商务部对此项申报进行立案审查，并发出了立案通知。

（二）附加的限制性条件

该案立案后，商务部对申报材料进行了审查，并征求了政府有关部门的意见，听取了相关啤酒行业内务、国内主要啤酒生产企业、啤酒原料生产企业及啤酒产品销售商的意见，根据《反垄断法》第 28 条的规定，决定对此项并购不予禁止。但是鉴于此项并购规模巨大，合并后新企业市场份额较大，竞争实力明显增强，为了减少可能对中国啤酒未来市场竞争产生的不利影响，商务部对审查决定附加限制性条件，要求英博公司履行如下义务：

（1）不得增加 AB 公司在青岛啤酒股份有限公司现有 27% 的持股比例；

（2）如果英博公司的控股股东或控股股东的股东发生变化，必须及时通报商务部；

（3）不得增加英博公司在珠江啤酒股份有限公司现有 28.56% 的持股比例；

（4）不得寻求持有华润雪花啤酒（中国）有限公司和北京燕京啤酒有限公司的股份；

如果违反上述任何一项承诺，英博公司必须事先向商务部及时进行申报，商务部批准前，不得实施。

案件 2：日本三菱丽阳公司收购璐彩特国际公司案[1]

（一）立案和审查程序

2008 年 12 月 22 日，日本三菱丽阳公司向商务部提交了申报材料。三菱丽阳公司根据商务部要求对申报材料进行了补充，2009 年 1 月 20 日，商务部认为申报材料达到了《反垄断法》第 23 条规定的标准，对此项申报进行立案审查，并通知了三菱丽阳公司。鉴于双方在甲基丙烯酸甲酯（Methylmethacrylate，简称 MMA）市场份额较高，合并后导致的市场集中度变化幅度较大，

〔1〕 案件来源：商务部公告［2009］第 28 号。

且收购方因并购在MMA市场取得的市场支配力将产生纵向封锁效应，2009年2月20日，初步阶段审查工作结束后，商务部决定实施进一步审查，书面通知了三菱丽阳公司，进一步审查截止日为2009年5月20日。在进一步审查过程中，商务部对集中造成的各种影响进行了评估，并于2009年5月20日前完成了审查工作。

（二）相关市场界定

三菱丽阳公司和璐彩特公司的业务重叠主要是在MMA的生产和销售上。除MMA外，两家公司在某些特种甲基丙烯酸酯单体（SpMAs）、PMMA粒子和PMMA板材产品上也有少量重叠。因此，相关产品市场为MMA、SpMAs、PMMA粒子和PMMA板材。本项集中对除MMA外的其他三类产品市场影响很小。本项集中的相关地域市场为中国市场。

（三）竞争分析

经审查，商务部依法对此项集中进行了全面评估，确认集中将产生如下不利影响：

从横向看，此次交易很可能会对中国MMA市场的有效竞争格局产生负面影响。双方合并后的市场份额达到64%，远远高于位于第二的吉林石化和位于第三的黑龙江龙新公司。凭借在MMA市场取得的支配地位，合并后三菱丽阳公司有能力在中国MMA市场排除和限制竞争对手。

从纵向看，由于三菱丽阳公司在MMA及其下游两个市场均有业务，交易完成后，凭借在上游MMA市场取得的支配地位，合并后三菱丽阳公司有能力对其下游竞争者产生封锁效应。

（四）审查决定

商务部认为，此项经营者集中具有排除、限制竞争效果，将对中国MMA市场及其下游市场有效竞争产生不利影响。鉴于在规定的时间内，集中双方提出了足以消除不利影响的解决方案，商务部决定接受集中双方所做承诺，附加限制性条件批准此项经营者集中，具体条件如下：

1. 产能剥离

璐彩特国际（中国）化工有限公司（简称璐彩特中国公司）将其年产能

中的50%剥离出来，一次性出售给一家或多家非关联的第三方购买人（“第三方购买人”），剥离的期间为五年。第三方购买人将有权在五年内以生产成本和管理成本（即成本价格，不附加任何利润）购买璐彩特中国公司生产的MMA产品，该成本价由独立审计师作年度核实。

如果在剥离期限内产能剥离未能完成，集中双方同意商务部有权指派独立的受托人将璐彩特中国公司的100%股权出售给独立第三方（“全部剥离”）。

剥离应在拟议交易完成后的六个月内完成。如果璐彩特公司有合理理由提出延期申请，商务部有权将以上期限延长六个月（“剥离期限”）。

2. 独立运营璐彩特中国公司直至完成产能剥离

在自拟议交易完成至完成产能剥离或完成全部剥离期间内（“独立运营期”），璐彩特中国公司与三菱丽阳公司在中国的MMA单体业务将独立运营，分别拥有各自的管理层和董事会成员。

在独立运营期内，集中双方将继续在相互竞争的基础上分别在中国销售MMA，两家公司不得相互交换有关中国市场的定价、客户及其他竞争性信息。

独立运营期内，集中双方违反承诺发生重大违反行为，应支付总金额介于人民币25万元和人民币50万元之间的罚款，具体金额由商务部根据相关重大违反行为的性质及其对中国市场竞争的影响决定。

3. 未来五年不再收购也不再建新厂

未经商务部事先批准，合并后三菱丽阳公司在拟议交易交割后五年内不得从事下列行为：

（1）在中国收购MMA单体、PMMA聚合物或铸塑板生产商。

（2）在中国新建生产MMA单体、PMMA聚合物或铸塑板的工厂。

案件3：美国通用汽车公司收购德尔福公司案[1]

（一）立案和审查程序

2009年8月18日，通用汽车向商务部提交了申报材料，并于8月28日、

[1] 案件来源：商务部公告［2009］第76号。

31日根据商务部要求对申报材料进行了补充。8月31日，商务部认为申报材料符合《反垄断法》第23条规定的标准，对此项申报进行初步审查，并通知通用汽车。在审查过程中，商务部对集中对市场竞争造成的各种影响进行了评估，并于2009年9月28日前完成审查工作。

（二）相关市场界定

集中交易双方的产品和业务没有横向重叠，但在上下游市场中存在纵向关系。因此，本案中根据交易双方各自的产品分别界定相关市场。就通用汽车的产品而言，相关产品市场界定为汽车乘用车市场和汽车商用车市场；两个相关产品市场的相关地域市场均为中国市场。就德尔福的产品而言，相关产品市场界定为10个独立的汽车零部件市场，它们分别是汽车电子电气传输系统市场、汽车连接系统市场、汽车电气中心市场、汽车热能系统市场、汽车娱乐和通信市场、汽车控制和安全市场、汽车安全系统市场、汽车汽油发动机管理系统市场、汽车柴油发动机管理系统市场、汽车燃料供给和蒸发产品市场；以上10个相关产品市场的相关地域市场均为中国市场。

（三）竞争分析

商务部依法对此项集中进行了全面评估，初步确认集中存在如下竞争关注：鉴于通用汽车在全球和中国汽车市场的领先地位，以及德尔福在全球和中国汽车零部件市场的领先地位和增长态势，考虑到中国相关市场的竞争状况，此项集中可能具有以下排除、限制竞争的效果：

（1）德尔福是国内多家整车厂的独家供应商，鉴于集中实施后双方的控股关系和利益一致性，有必要消除集中对德尔福对国内其他汽车制造企业的供货稳定性、价格和质量可能带来的不利影响，从而避免因此排除、限制国内汽车市场的竞争；

（2）鉴于集中实施后双方的控股关系和利益一致性以及通用汽车对德尔福董事会的介入，有必要确保通用汽车不获得德尔福掌握的国内其他汽车制造企业的研发技术、车型资料等竞争信息，从而避免因此排除、限制国内汽车市场的竞争；

（3）鉴于集中实施后双方的控股关系和利益一致性，国内其他汽车制造企业在转换零部件供应商时，有必要确保德尔福不会采取拖延和不配合策略，提高转换成本，从而避免因此排除、限制国内汽车市场的竞争；

（4）基于集中实施后双方的控股关系和利益一致性，通用汽车可能未来增加自德尔福的汽车零部件采购，提高国内其他零部件企业进入通用汽车采购渠道的难度，使国内其他零部件企业和德尔福相比处于不利地位，从而排除、限制国内汽车零部件市场的竞争。

（四）审查决定

根据《反垄断法》第28条和第29条，商务部认为，此项经营者集中可能具有排除、限制竞争的效果，对中国汽车整车市场及其上游汽车零部件市场的竞争产生不利影响。鉴于在规定时间内，集中双方提出了足以减少集中对竞争产生不利影响的解决方案，基本消除了商务部的竞争关注，商务部决定接受集中双方提出的解决方案，附加限制性条件批准此项经营者集中，具体条件如下：

（1）集中交易完成后，通用汽车、德尔福应当保证德尔福及其控股和实际控制的关联企业将继续对国内汽车厂商无歧视性地供货，并且承诺将一如既往地确保供货的及时性、可靠性及产品质量，确保在供货的价格和数量上依据市场规则和已达成的协议而定，不应附加会直接或间接排除、限制竞争的不合理条件；

（2）集中交易完成后，通用汽车不得非法寻求获得德尔福掌握的国内其他汽车厂商的竞争性保密信息，德尔福不得非法向通用汽车披露其掌握的国内其他汽车厂商的竞争性保密信息，双方不得以正式或非正式的方式非法相互交换和沟通第三方的竞争性保密信息；

（3）集中交易完成后，通用汽车、德尔福应当保证德尔福及其控股和实际控制的关联企业应客户的合法要求，配合客户平稳转换供应商，不得故意拖延或设置、主张限制性条件，以提高其他整车厂商的转换成本，从而达到限制竞争的效果；

（4）集中交易完成后，通用汽车应当对其所有汽车零部件的采购继续遵循多源供应和非歧视原则，在符合通用公司相关要求的条件下无歧视性地采购，不得专门制定对德尔福有利而对其他供应商不利的不合理条件。

案件4：美国辉瑞公司收购惠氏公司案[1]

（一）立案和审查程序

2009年6月9日，商务部收到美国辉瑞公司收购惠氏公司经营者者集中申报申请，6月11日和14日收到补充材料，6月15日予以立案。根据《反垄断法》和商务部有关经营者集中反垄断审查的相关规定，商务部对该案实施初步审查，初步审查工作截止日为7月15日。审查过程中，商务部发现此项集中在动物保健品领域存在限制或排除竞争问题，初步审查期满前，决定对该案实施进一步审查，该阶段审查工作截止日为2009年10月13日。

（二）相关市场界定

本交易所涉及的相关地域市场是中国境内市场（指中国大陆地区，不包括我国香港、澳门及台湾地区）。本交易所涉及的相关产品是人类药品和动物保健品，交易双方在中国境内市场存在如下重合产品：一是人类药品，具体包括J1C（广谱青霉素）和N6A（抗抑郁和情绪稳定剂）；二是动物保健产品，具体包括猪支原体肺炎疫苗、猪伪狂犬病疫苗以及犬用联苗。

（三）竞争分析

调查表明，在上述两种人类药品领域以及猪伪狂犬病疫苗和犬用联苗两种动物保健品领域，合并后市场竞争结构没有发生实质性改变。但是，对于猪支原体肺炎疫苗而言，辉瑞和惠氏合并后市场竞争结构发生实质性改变，将产生限制或排除竞争的效果。

1. 市场份额明显增加

根据商务部掌握的数据，双方合并后在该市场的份额为49.4%（其中辉瑞为38%，惠氏为11.4%），远高于其他竞争对手，排名第二位的英特威市场份额只有18.35%，其他竞争者的市场份额均低于10%。合并后实体将有

---

〔1〕 案件来源：商务部公告［2009］第77号。

能力利用其规模效应扩大市场，进而控制产品价格。

2. 市场集中度明显提高

根据商务部掌握的数据，本项集中完成后的赫氏指数为 2 182，增量为 336。鉴于中国猪支原体肺炎疫苗市场属于高度集中的市场，此项集中将产生限制或排除竞争效果。

3. 市场进入将更加困难

药品研发的特点是成本高和周期长。据统计，开发一种新产品大约需要 3 年到 10 年的时间和 250 万到 1 000 万美元的投资。市场调查显示，进入猪支原体肺炎疫苗市场的技术壁垒更高。辉瑞收购惠氏后，很可能利用其规模优势进一步在中国扩张市场，打压其他竞争者，限制其他企业在该领域的发展。

（四）审查决定

鉴于辉瑞公司收购惠氏公司后将对中国猪支原体肺炎市场产生限制竞争的效果，为了减少对该市场竞争产生的不利影响，商务部决定附条件批准此项集中，要求辉瑞公司履行如下义务：

（1）剥离在中国境内（指中国大陆地区，不包括我国香港、澳门及台湾地区）辉瑞旗下品牌为瑞倍适（Respisure）及瑞倍适－旺（Respisure One）的猪支原体肺炎疫苗业务。

（2）被剥离业务包括确保其存活性和竞争性所需的有形资产和无形资产（包括知识产权）。

（3）辉瑞公司必须在商务部批准此项集中后六个月内通过受托人为被剥离业务找到购买人并与之签订买卖协议。

（4）购买人应独立于集中双方，必须符合预先设定的资格标准，并需经商务部批准。

（5）如果辉瑞公司在商务部批准此项集中后六个月内未能找到购买人，商务部有权指定新的受托人以无底价方式处置被剥离业务。

（6）在六个月剥离期内，辉瑞公司应任命一名过渡期间经理，负责管理拟剥离业务。管理应以拟剥离业务利益最大化为原则，确保业务具有持续的可存活性、适销性和竞争力，并独立于双方保留的其他业务。

（7）剥离后三年内，根据购买人的请求，辉瑞公司有义务向购买人提供合理的技术支持，协助其采购生产猪支原体肺炎疫苗所需的原材料，并对购买人的相关人员提供技术培训和咨询服务。

案件5：松下公司收购三洋公司案[1]

（一）立案和审查程序

2009年1月21日，商务部收到松下公司收购三洋公司的经营者集中申报申请。经审查，商务部认为该申报材料不完整，要求申报方进一步补充完善。4月30日，申报方提交了补充材料。经审核，商务部认为经补充后的申报材料达到了法定标准，5月4日予以立案，开始初步审查。初步审查过程中，商务部认为此项收购导致合并后新企业在某些重合产品市场的份额明显增高，市场结构发生实质性改变，初步审查工作结束后，决定实施进一步审查，进一步审查截止日为9月3日。8月14日，商务部向申报方指出了审查发现的竞争问题，并要求其限期提出相应的解决方案。8月26日，申报方向商务部提出申请，请求延长进一步审查期限，以便准备解决上述竞争问题的具体方案。根据《反垄断法》第26条，商务部决定将进一步审查期限延长60日，截止日为2009年11月3日。

（二）竞争分析

经审查，商务部确认此项集中将在以下三个产品市场产生限制或排除竞争影响：

1. 硬币型锂二次电池

硬币型锂二次电池是用于手机、摄像机等电器的后备电源。经审查，该产品构成独立的产品市场，地域市场界定为世界市场。此项集中将在该产品市场产生限制或排除竞争影响，理由是：

第一，硬币型锂二次电池市场高度集中。申报双方分别是该市场的第一

［1］ 案件来源：商务部公告［2009］第82号。

和第二大生产商，合并后松下公司占据61.6%的市场份额，导致下游用户的选择权受到很大限制。由于多数下游用户有从两家以上供应商采购产品的策略，合并导致的限制竞争效果将更为显著。

第二，合并后松下公司将具有单方面提价的能力。一方面，由于市场上竞争者非常有限，合并后松下公司的提价行为难以受到有效的竞争约束；另一方面，由于合并后松下提高价格行为对其他竞争者也可能是有利的，缺乏与松下进行有效竞争的动力。

第三，买方力量不足以消除上述限制竞争效果。虽然部分下游大型用户具有与合并后实体抗衡的买方力量，但此种买方力量并不能扩展至其他不具备同等议价能力的中小型用户。

2. 民用镍氢电池

民用镍氢电池主要用于电动工具等电器的主电源。该产品构成独立的产品市场，相关地域市场为世界市场。此项集中将在该产品市场产生限制或排除竞争影响，理由是：

第一，民用镍氢电池市场是一个集中度较高的市场，且竞争者数量有限，合并后松下公司市场份额达46.3%，远高于其他竞争者，合并可能导致松下公司具有单方面提价的能力。

第二，指定交易可能损害市场竞争。在调查中，商务部发现部分民用镍氢电池下游用户的需求方指定要求该下游用户使用三洋或松下品牌的电池产品。此种指定交易方式抑制了市场竞争，导致其他品牌的电池产品受到排挤，合并将进一步加剧此种限制竞争的效果。

第三，镍氢电池市场发展趋缓，较难吸引充分的市场进入抵消上述限制和排除竞争效果。

3. 车用镍氢电池

车用镍氢电池是为混合动力汽车或纯电动汽车提供驱动动力的电池。此项集中将在该产品市场产生限制或排除竞争影响，理由是：

该市场高度集中，其中松下公司和丰田公司合资设立的企业——松下EV能源株式会社（简称“PEVE公司”）在该市场占77%的市场份额，具有绝对优势地位，加之市场上其他竞争者仅限于申报双方。合并将导致该市场竞争者数量进一步减少，松下公司很可能利用其在PEVE公司的影响力进一步削弱市场竞争。

（三）审查决定

鉴于松下公司与三洋公司的经营者集中将对硬币型锂二次电池、民用镍氢电池和车用镍氢电池等相关产品市场产生限制或排除竞争效果，为了减少集中对市场竞争产生的不利影响，商务部决定附条件批准此项集中，要求松下公司和三洋公司履行如下义务：

1. 关于硬币型锂二次电池

（1）剥离三洋公司目前全部的硬币型锂二次电池业务，即将三洋公司位于日本鸟取县岩见町的鸟取工厂的硬币形锂二次电池业务全部转让给独立第三方（购买人）。遴选购买人应按照有利于被剥离业务的发展和有利于市场竞争的原则进行，并需经商务部批准。三洋公司根据该购买人的需求，向购买人转让包括经营硬币形锂二次电池业务所需的生产设备、销售、研发部门及客户资源在内的相关资产；同时，三洋公司将许可购买人使用其所拥有的硬币型锂二次电池生产相关的专用知识产权。

（2）松下公司和三洋公司应在本次经营者集中完成日之后6个月内完成上述消除影响措施。如在该期限内未能实施完毕，可再延长6个月，但事前必须取得商务部批准。如果集中双方在该延长期内仍未能完成前述消除影响措施，则商务部有权指定独立受托人将前述拟剥离业务转让给独立第三方。

（3）从本次经营者集中完成之日至前述措施实施完毕止日的期间内，松下公司与三洋公司的相关事业主体独立运营，不得向对方披露有关价格、客户信息及其他竞争性信息，为履行法定义务而披露的信息不在此限。

2. 关于民用镍氢电池

剥离三洋公司或松下公司其中一方的民用镍氢电池业务，具体剥离对象可由集中双方确定，具体剥离方案确定前须取得商务部批准。

（1）三洋将其在日本群马县高崎市的高崎工厂的民用镍氢电池业务转让给独立的第三方（购买人）；三洋将其在中国江苏省的苏州工厂生产的Sub－

C·D型电池通过OEM形式供应给该购买人。三洋根据该购买人的需求，向购买人转让包括经营民用镍氢电池业务所需的生产设备、销售、研发部门及客户资源在内的资产，并许可该购买人使用其拥有的民用镍氢电池生产相关的知识产权；或者松下公司将其在江苏省无锡工厂的民用镍氢电池业务转让给购买人。松下公司根据该购买人的需求，向购买人转让包括经营民用镍氢电池事业所需的生产设备、销售、研发部门及客户资源在内的资产，并许可该购买人使用其拥有的民用镍氢电池生产相关的知识产权。

遴选购买人应按照有利于被剥离业务的发展和有利于市场竞争的原则进行，并需经商务部批准。

（2）集中双方应在本次经营者集中完成日之后6个月内实施前述消除影响措施，如在该期限内未能实施，在取得商务部认可后，可再延长6个月。集中双方如果在该延长期内仍未能实施完毕前述消除影响措施，则商务部有权指定独立的受托人将前述拟剥离事业转让给独立第三方。

（3）从本次经营者集中完成至前述措施实施完毕的期间内，松下公司与三洋公司的相关事业主体独立运营，不得向对方披露有关价格、客户的信息及其他竞争性信息，为履行法定义务而披露的信息不在此限。

3. 关于车用镍氢电池

（1）关于松下公司剥离其车用镍氢电池业务。

第一，松下公司将其在日本国神奈川县茅崎市的湘南工厂的HEV用镍氢电池业务转让给独立第三方（购买人）。遴选购买人应按照有利于被剥离业务的发展和有利于市场竞争的原则进行，并需经商务部批准。松下公司根据该购买人的需求，向购买人转让包括经营车用镍氢电池事业所需的生产设备、销售、研发部门及客户资源在内的资产，并许可该购买人使用其拥有的HEV用镍氢电池生产相关的知识产权。

第二，集中双方应在本次经营者集中完成日之后6个月内实施前述消除影响措施，如在该期限内未能实施完毕，在取得商务部认可后，可再延长6个月。集中双方如果在该延长期内仍未能实施完毕前述消除影响措施，则商务部有权指定独立的受托人将前述拟剥离事业转让给独立第三方。

第三，从本次经营者集中完成至前述措施实施完毕的期间内，松下公司与三洋公司的相关事业主体独立运营，不得向对方披露有关价格、客户的信息及其他竞争性信息，为履行法定义务而披露的信息不在此限。

（2）关于 PEVE 公司。

第一，松下公司对 PEVE 的出资比例从目前的 40% 降到 19.5%；

第二，松下公司放弃在 PEVE 股东大会的表决权；

第三，松下公司放弃对 PEVE 的董事委派权；

第四，放弃与 PEVE 的母公司丰田汽车的合资合同中关于车用镍氢电池业务的否决权；

第五，PEVE 公司名称变更为不含"Panasonic"字样的公司名称。

前述措施应在本次经营者集中完成日之后 6 个月以内实施完毕，且在三年内对该措施内容不进行任何变更。终止该消除影响措施时，须获得商务部的认可。

案件6：诺华股份公司收购爱尔康公司案[1]

（一）立案和审查程序

2010 年 4 月 20 日，商务部收到诺华收购爱尔康的经营者集中申报申请，经审核，商务部认为申报材料达到了法定标准，予以立案，开始初步审查。初步审查过程中，商务部认为此项集中可能存在排除、限制竞争的问题，于 5 月 17 日决定实施进一步审查，进一步审查截止日期为 8 月 14 日。

（二）竞争分析

经审查，商务部认为此项集中可能在以下两个商品市场产生排除、限制竞争的不利影响：

1. 眼科抗炎/抗感染化合物

眼科抗炎/抗感染化合物适应症为抗炎和抗细菌，用于治疗眼睛发炎/眼

〔1〕 案件来源：商务部公告［2010］第53号。

部感染，特别适用于眼科手术后的眼睛发炎/眼部感染。经审查，该类产品构成独立的相关商品市场，诺华和爱尔康在中国销售的品牌分别为易妥芬和典必殊。申报材料表明，交易双方集中后在全球的市场份额超过55%，在中国的市场份额超过60%。目前，爱尔康在中国的市场份额超过60%，诺华在中国的市场份额不足1%。根据申报材料，诺华已经作出决策，将策略性地退出全球和中国市场。分析表明，诺华仍是中国市场竞争的参与者，如果诺华仅是为本次交易做出的策略性退出，在交易后有能力重新加大该产品在中国的投放，达到一定程度后，可能会在中国范围内会产生排除、限制竞争的效果。

2. 关于隐形眼镜护理产品

申报材料表明，交易双方集中后在全球的市场份额接近60%，远高于其他竞争对手。在中国境内双方的市场份额接近20%，集中后的企业将成为中国市场中第二大企业。海昌隐形眼镜有限公司（简称海昌）为中国市场中第一大生产和销售企业，市场份额超过30%。

审查查明，2008年，诺华的全资子公司上海视康贸易有限公司（简称上海视康）与海昌签署了《销售和分销协议》，海昌成为上海视康在中国境内唯一的经销商。通过该协议双方建立了战略性合作伙伴关联关系。

该协议有可能导致集中后的企业和海昌在销售此类产品时，在产品价格、数量、销售区域等方面进行协调，从而可能具有排除、限制竞争的效果。

（三）审查决定

鉴于诺华与爱尔康的经营者集中可能对眼科抗炎/抗感染化合物和隐形眼镜护理商品市场产生排除、限制竞争效果，为了减少集中对市场竞争产生的不利影响，商务部决定附条件批准此项集中，要求诺华和爱尔康履行如下义务：

1. 关于眼科抗炎/抗感染化合物

截至2010年底，诺华全面停止向中国销售易妥芬产品；同时，在商务部审查决定生效之日起5年内，诺华不得重新将易妥芬产品或以新名称出现的同样产品投放中国市场，不得将其在本交易交割前所拥有的，诺华在中国之外的其他国家销售的眼科抗炎/抗感染化合物产品投放中国市场。在此5年期内，自审查决定生效之日起的每一周年，诺华应向商务部汇报履行承诺的情况。

2. 关于隐形眼镜护理产品

在商务部审查决定生效之日起12个月内，诺华终止上海视康与海昌隐形眼镜公司之间的《销售和分销协议》。诺华应在终止《销售和分销协议》一周之内向商务部汇报履行承诺的情况。

自本决定生效之日起，商务部有权对上述限制性条件的实施进行监督检查；诺华应当根据商务部《关于实施经营者集中资产或业务剥离的暂行规定》，委托监督受托人对其履行义务的情况进行监督。

案件7：乌拉尔开放型股份公司吸收合并谢尔维尼特开放型股份公司案[1]

（一）立案和审查程序

2011年3月14日，商务部收到了申报方提交的符合《反垄断法》第23条规定的文件、资料，对该项经营者集中申报予以立案，进行初步审查。4月12日，商务部作出了对该项经营者集中实施进一步审查的决定。6月2日，商务部作出了对该项经营者集中附加限制性条件的决定。

（二）竞争分析

商务部认为其该项经营者集中可能具有排除、限制竞争的不利影响。

商务部认定氯化钾为相关商品市场。氯化钾主要作为钾肥使用。钾肥包括氯化钾、硫酸钾、硝酸钾、磷酸二氢钾、硫酸钾镁肥等。氯化钾通常是其他形式钾肥和复合肥的原料。从商品特性、用途等因素分析，氯化钾与其他钾肥产品之间不具有较为紧密的替代关系。商务部考察了全球氯化钾市场和中国氯化钾市场的情况。基于中国氯化钾进口现状，还考虑了中国氯化钾进

[1] 案件来源：商务部公告［2011］第33号。

口市场，包括氯化钾海运贸易市场和边境贸易市场。

商务部审查了相关市场的市场份额、市场集中度以及乌钾吸收合并谢钾后的公司对市场的控制力。氯化钾生产依赖钾资源的自然分布。在全球范围内，钾资源主要集中在少数国家，其中全球前三大钾资源拥有国合计约占世界总储量的 80% 以上。全球氯化钾的生产和销售主要集中于少数几家企业。本项经营者集中完成后将产生全球第二大的氯化钾出口供应商，市场份额将超过全球市场的 1/3，其与全球第一大供应商合计约占全球氯化钾供应量的 70% 。中国对国际氯化钾市场依赖度较高，目前有一半左右的氯化钾需求依赖海运贸易和边境贸易进口，其中进口量的一半以上来源于谢钾、乌钾及其关联贸易公司。

该项经营者集中实施后，谢钾作为一个有竞争实力的供应商被乌钾吸收合并，相关市场的集中度将进一步提高。一方面，合并后的公司将拥有更多的钾资源和更强大的生产、供应及出口能力，对国际氯化钾市场将拥有更强的市场控制力，可能对包括中国市场在内的全球氯化钾海运贸易市场竞争产生不利影响。同时，该项经营者集中也增加了全球范围内氯化钾供应商协调生产和销售的可能性，可能具有排除、限制竞争的效果。另一方面，边境贸易是中国进口氯化钾的重要途径。中国 1/3 左右的进口氯化钾来自于乌钾和谢钾的边境贸易。该项经营者集中实施后，中国以边境贸易方式进口氯化钾将由乌钾和谢钾两家公司供应变为合并后的公司独家供应，这可能对中国氯化钾边境贸易市场具有排除、限制竞争效果。

商务部审查了氯化钾市场进入的难易程度。进入氯化钾市场主要受制于：是否拥有商业上可开采钾矿资源以及开发新矿或扩展现有设施所需资金量。审查发现，钾矿资源主要集中在现存氯化钾生产商手中，开发新矿或扩展现有设施所需资金量大、时间长，同时伴随较大的产业、技术、地质和环境等风险。其他竞争者市场进入难度较大。

此外，基于中国对氯化钾进口的依赖以及氯化钾市场结构现状，该项经营者集中将对中国农业等相关产业产生一定影响。

（三）审查决定

商务部认为，乌钾吸收合并谢钾的经营者集中可能对中国氯化钾市场产生排除、限制竞争的效果。为了减少该项经营者集中对市场竞争产生的不利影响，商务部决定对该项集中附加限制性条件，经营者自本公告之日起可以实施集中，但须履行如下义务：

（1）合并后的公司应继续保持目前的氯化钾销售做法和程序，交易后继续以直接贸易方式对中国市场销售氯化钾，并继续通过铁路运输和海上运输方式为中国市场稳定可靠、尽心尽力地供应氯化钾产品。

（2）合并后的公司应一如既往地为中国市场提供种类齐全和数量充足的氯化钾产品，包括氧化钾含量为60%和62%的氯化钾产品（包括白色的白钾和粉色的红钾）。此外，合并后的公司应一如既往地供应中国用户，在种类和数量上满足其在农业、工业和特殊工业用途在内的各种用途。

（3）合并后的公司应维持惯常的协商程序，价格谈判应充分考虑与中国客户交易的历史情况与现状，以及中国市场的特殊性。惯常的协商包括现货销售（按每笔交易或按月度）或合同销售（半年或年度）而进行的价格协商。

（4）自审查决定生效之日起的每半年或应商务部要求，合并后的公司应向商务部汇报履行承诺的情况。商务部有权对限制性条件的实施进行监督检查。合并后的公司应当根据商务部对本案适用的相关规定，委托监督受托人对其履行义务的情况进行监督。合并后的公司如有任何违反上述限制性条件的行为，商务部有权依法予以处罚。

案件8：佩内洛普有限责任公司收购萨维奥纺织机械股份有限公司案〔1〕

（一）立案和审查程序

2011年7月14日，商务部收到佩内洛普收购萨维奥经营者集中申报。经审核，商务部认为该申报材料不完备，要求申报方予以补充。9月5日，商务务

〔1〕 案件来源：商务部公告［2011］第73号。

部确认经补充的申报材料符合《反垄断法》第23条的要求，对该项经营者集中申报开始立案审查。

（二）竞争分析

商务部认为此项经营者集中可能具有排除、限制竞争的不利影响。

收购方佩内洛普是专为此次交易成立的工具公司。佩内洛普的全资控股股东 Alpha Private Equity Fund V（以下简称 Alpha V）是一家私募股权基金，投资领域涉及有色金属回收利用，家用纺织品销售、纺织机械生产和销售等。Alpha V 持有乌斯特技术有限公司（以下简称乌斯特）27.9%的股份，是乌斯特的第一大股东。被收购方萨维奥是一家纺织机械生产商，主要生产自动络筒机、自动络筒机电子清纱器、转杯纺纱机和倍捻机等产品。络菲兄弟有限公司（以下简称络菲）是萨维奥的全资子公司。

经调查，商务部发现乌斯特和络菲是全球仅有的两家自动络筒机电子清纱器制造商。自动络筒机电子清纱器是装配于自动络筒机的监控装置，功能是探测出纱线质量瑕疵后进行自动修补。该装置能够在极短的时间内高速处理纱线质量瑕疵，其他装置无法实现此项功能。自动络筒机电子清纱器市场构成单独市场。

商务部对此项集中涉及的自动络筒机电子清纱器市场竞争状况、供求关系、采购模式和市场进入等问题进行了调查，利用第三方信息对申报方提供的数据进行了核实，并就有关问题咨询了行业专家的意见。商务部重点对 Alpha V 是否可能参与或影响乌斯特的经营活动进行了审查，内容包括乌斯特的股权结构、股东大会表决机制、股东大会历史出席记录、董事会的组成和表决机制等。商务部认为，不能排除 Alpha V 参与或影响乌斯特经营活动的可能性。

自动络筒机电子清纱器市场高度集中。作为仅有的两家自动络筒机电子清纱器制造商，乌斯特和络菲2010年在全球市场的份额分别为52.3%和47.7%，在中国市场的份额与此类似。此项集中完成后，乌斯特和络菲有可能通过 Alpha V 协调其经营活动，排除、限制自动络筒机电子清纱器市场的竞争。同时，Alpha V 也有可能通过对乌斯特和络菲的控制和影响从事上述排除、限制竞争行为。

商务部对自动络筒机电子清纱器的市场进入进行了调查。调查发现，有关专利、专有技术和商业秘密对研发和生产自动络筒机电子清纱器具有关键作用，自动络筒机电子清纱器技术已受专利等知识产权的保护，新企业进入这一市场难度很大。同时，规模经济对包括自动络筒机电子清纱器在内的纺织机械行业十分重要，新的市场进入者很难在短期内形成规模经济。调查未发现最近三年有新的企业成功进入这一市场。证据表明，2009年曾有企业合作研发自动络筒机电子清纱器，但其产品未获客户认可，2010年未取得市场份额。商务部认为自动络筒机电子清纱器市场进入难度很大。

综上，商务部认为此项集中将对自动络筒机电子清纱器市场具有或可能具有排除、限制竞争的效果。

（三）审查决定

鉴于佩内洛普收购萨维奥后对自动络筒机电子清纱器市场具有或可能具有排除、限制竞争效果，商务部决定附加限制性条件批准此项集中，要求Alpha V的最终控制实体Apef 5履行的主要义务如下：

（1）商务部作出审查决定起6个月内将其持有乌斯特的股份转让给独立第三方。

（2）向商务部报告受让方的身份、交易量以及交易日期，确保转让乌斯特的股份不会产生新的排除、限制竞争问题。

（3）转让乌斯特的股份完成前不得参与或影响乌斯特经营管理活动。

（4）根据商务部《关于实施经营者集中资产或业务剥离的暂行规定》（商务部公务2010年第41号），委托独立的监督受托人对转让股份进行监督。

案件9：通用电气（中国）有限公司与中国神华煤制油化工有限公司设立合营企业案〔1〕

（一）立案和审查程序

2011年4月13日，商务部收到通用中国与神华煤制油设立合营企业经营

〔1〕 案件来源：商务部公告［2011］第74号。

者集中申报。经审核，商务部认为该申报文件、资料不完备，要求申报方予以补充。5月16日，商务部确认经补充的申报文件、资料符合《反垄断法》第23条的要求，对该项经营者集中申报予以立案并开始初步审查。

（二）竞争分析

商务部认为此项经营者集中可能具有排除、限制竞争的不利影响。

参与设立合营企业一方通用中国是通用电气公司在中国设立的外商投资公司。通用基础设施技术公司是通用电气公司的子公司，在本次交易中负责向拟设立合营企业许可通用水煤浆气化技术。参与设立合营企业的另一方神华煤制油主要从事煤炭液化、煤化工项目及配套项目的开发经营。神华煤制油的母公司神华集团有限责任公司（以下简称神华集团）是综合性能源企业，以煤炭、电力、热力的生产和供应，以及铁路、港口运输服务为主营业务。

拟设立合营企业的业务主要是向工业和电力项目提供水煤浆气化技术许可和工程服务。水煤浆气化技术是将固体形态的煤炭转变成水煤浆，经过再加工生产出一氧化碳和氢气等混合气体的一种煤气化技术。水煤浆气化技术与其他煤气化技术在技术工艺、原料煤要求和进料方式等方面存在显著区别，水煤浆气化技术许可市场构成相关商品市场。拟设立合营企业营业范围限于中国，且国内水煤浆气化技术需求方选择技术提供方的范围限于中国国内，此项集中的相关地域市场为中国市场。

中国水煤浆气化技术许可市场集中度较高，仅有通用基础设施技术公司水煤浆气化技术、兖矿华东理工多喷嘴对置式水煤浆气化技术与西北化工研究院多元料浆气化技术三家主要竞争者，其中通用基础设施技术公司水煤浆气化技术市场份额最高。

水煤浆气化技术对原料煤的灰分含量、灰熔点度和内水含量有特定要求，技术需求方新建水煤浆气化项目必须具备可靠的原料煤的供应。我国神府地区（含内蒙古自治区鄂尔多斯和陕西省榆林地区）的煤质能够适应水煤浆气化技术的要求。神华集团在神府地区的煤矿所产煤炭占该地区煤炭总产量的份额最高，且质量管理严格、煤质稳定。神华集团神府地区煤矿所产煤炭被多个水煤浆气化技术项目用作原料煤。2010年，神华集团是水煤浆气化技术原料煤的最大供应商。此外，神华集团神府地区煤炭外运主要依靠自营铁路和煤炭码头，运输成本较低。

商务部对水煤浆气化技术许可市场进入进行了调查。调查发现，水煤浆气化技术是多项复杂技术的集合体，涉及的工艺技术和工程技术需经过长期实践才能成熟，未经过充分试验的新技术存在很高的商业风险。进入水煤浆气化技术许可市场，必须寻找愿意承担部分首套示范装置成本的技术使用方，新的技术许可方进入这一市场难度很大。水煤浆气化技术科技含量高，涉及大量专利保护。技术研发和实现工业化应用周期很长。商务部认为水煤浆气化技术许可市场进入难度很大。

综上，神华集团是水煤浆气化技术原料煤的最大供应商，通用基础设施技术公司在水煤浆气化技术市场份额最高。通用中国与神华煤制油设立合营企业从事水煤浆气化技术许可，可能利用神华集团原料煤优势，通过控制原料煤的供应，限制水煤浆气化技术许可市场的竞争。

（三）审查决定

鉴于通用中国与神华煤制油设立合营企业对中国水煤浆气化技术许可市场可能具有限制竞争影响，商务部决定附加限制性条件批准此项集中，要求神华集团和神华煤制油履行如下义务：

通用中国与神华煤制油设立合营企业，从事水煤浆气化技术许可，不得利用限制供应水煤浆气化技术原料煤，或者以供应原料煤为条件，迫使技术需求方使用该合营企业的技术，或者提高使用其他技术的成本。

案件10：希捷科技公司收购三星电子有限公司硬盘驱动器业务案[1]

（一）立案和审查程序

2011年5月19日，商务部收到希捷收购三星硬盘业务经营者集中申报。

〔1〕 案件来源：商务部公告［2011］第90号。

经审核，商务部认为该申报文件、材料不完备，要求申报方予以补交。6 月 13 日，商务部确认经补交的申报文件、资料符合《反垄断法》第 23 条的要求，对该项经营者集中申报予以立案并开始初步审查。

（二）竞争分析

1. 集中交易和相关市场

根据希捷和三星签署的《资产购买协议》，希捷将收购三星硬盘业务相关资产。希捷是一家从事硬盘等数字存储产品生产和销售的企业。目标资产是三星专门用于硬盘研发、生产和销售的所有厂房、设备和其他资产。

硬盘是以磁存储技术为基础的存储设备，通常作为计算机和其他消费电子产品中最重要的辅助存储介质使用。硬盘与固态硬盘、闪存等其他辅助存储设备在容量、价格、用途等方面差异明显，硬盘市场构成单独的相关商品市场。按终端应用不同，硬盘市场可以分为企业级应用、台式电脑应用、便携式电脑应用和消费电子产品应用等细分的相关商品市场。硬盘的采购和供应在全球市场范围内展开，本项集中的相关地域市场为全球市场。

2. 市场状况

经调查，商务部发现硬盘市场呈现以下特征：

第一，市场集中度较高。近二十年来，硬盘市场集中度不断提高。目前，在硬盘市场上仅存希捷、西部数据、日立存储、东芝和三星 5 家生产商。2010 年，上述 5 家生产商在全球市场的份额分别约为 33%、29%、18%、10% 和 10%，在中国市场的份额与此类似。

第二，硬盘产品同质化明显。各硬盘厂商的硬盘产品之间差异不大，下游用户能在较短时间内转换供应商，且成本很低。

第三，硬盘市场透明度较高。硬盘厂商和主要买家数量均较少，产品同质化明显，竞争者对相互之间的技术、成本、生产和销售状况等情况均比较了解。硬盘厂商能凭借相关事实和经验确定竞争对手的产品价格或价格区间。同时，硬盘厂商经常共用相同的分销商，通过分销渠道了解其他品牌硬盘产品信息较容易。

第四，大型电脑生产商是硬盘产品的主要下游客户。硬盘产品销售主要包括对大型电脑生产商的销售和经过分销商向下游用户的销售，其中大型电脑生产商是硬盘的主要客户，其与硬盘生产商之间的交易价格决定了硬盘的市场价格。

3. 采购模式

为获得并保持竞争性价格，大型电脑生产商在硬盘采购中通常采用不公开竞标方式，按季度同多个硬盘生产商进行双边谈判。为保证供应的连续性和安全性，大型电脑生产商最终将总需求按照价格等因素在2至4家硬盘生产商之间按一定比例分配。在单次竞标中，最具竞争力的要约一般会获得较大订单份额，次之会获得较小订单份额，再次的可能拿不到订单。这种采购模式促使硬盘生产商为了获得订单和获得更大的订单份额而竞争。因此，维持大型电脑生产商目前的采购模式对保持硬盘市场的竞争非常重要。

4. 产能利用

调查发现，硬盘行业产能利用率较高。特别是2008年第四季度以来，随着市场需求的增加，所有硬盘生产商的产能利用率均持续上升。2010年第四季度全部5家硬盘生产商的平均产能利用率约90%，剩余产能有限。

5. 产品创新

调查发现，创新对硬盘行业影响重大。率先推出创新产品可以获得较高的市场份额和利润，在其他竞争者推出同类产品后，该产品利润率即显著降低。硬盘生产商需要通过不断创新降低成本，创新是硬盘生产商的重要竞争手段。调查还发现，硬盘市场的竞争是维持产品创新的重要前提，排除或限制竞争行为将显著降低硬盘生产商的创新意愿和创新速度。

6. 买方议价能力和对消费者影响

调查发现，硬盘厂商主导下游分销商的销售价格，分销商对硬盘厂商不具有抵消性的购买力量。对于大型电脑生产商，硬盘厂商的涨价如不是针对特定企业，一般不会遭到大型电脑生产商的反对。大型电脑生产商有能力通过提高电脑产品的价格，将硬盘价格的上涨转嫁给最终消费者，因此缺乏行使抵消性购买力量的意愿。最终消费者高度分散，对硬盘和电脑价格的上涨没有议价能力。

受2011年7月以来泰国洪灾影响，西部数据硬盘产能受损并率先提高硬盘价格。此后，包括交易双方在内的其他硬盘厂商也提高了产品价格，部分硬盘产品涨价幅度超过100%。调查发现，在其他条件未见明显变化的情况下，个人电脑的销售价格相应上涨，电脑生产商向最终消费者直接转嫁了硬盘的价格上涨负担。

7. 市场进入

调查发现，知识产权及其他专有知识对硬盘行业至关重要，特别是非知识产权的核心技术、工艺流程和技术队伍构成进入该市场的实质性障碍。规模经济在相关市场中同样重要，新进入者如无法达到一定的生产和销售量则无法生存，而要达到相应规模则需要高额的生产、研发和市场开拓投资，潜在风险巨大。近十年来，没有新的竞争者进入相关市场。据此，商务部认为硬盘市场进入难度很大。

8. 此项集中对相关商品市场和消费者的影响

在硬盘市场，交易双方均是重要的生产商，此项集中将减少一个重要的竞争者。考虑到前述大型电脑生产商的采购模式，此项集中增加了剩余硬盘制造商同时获得订单的可能性，削弱了前述采购模式对硬盘生产商的竞争压力。同时，由于硬盘市场透明度较高，硬盘厂商有能力预判其他竞争者的行为，此项集中也进一步增加了市场竞争者通过协调从事排除、限制竞争行为的可能性。目前，中国是全球最大的个人电脑消费国之一，此项集中将对中国消费者利益造成不利影响。

9. 审查结论

综上，商务部认为此项集中将对硬盘市场产生排除、限制竞争的效果。

（三）审查决定

审查认为，希捷收购三星硬盘业务对硬盘市场具有排除、限制竞争影响，商务部决定附加限制性条件批准此项集中，申报方主要应履行如下义务：

（1）在相关市场上维持三星硬盘作为一个独立竞争者而存在，包括但不限于以下内容：

其一，交易完成后，希捷将组建独立的子公司，负责对原三星公司生产线生产的硬盘产品（以下简称三星产品）独立定价，并以三星品牌独立销售。希捷和三星的销售团队均应向监督受托人报备，接受本决定项下的监督。

其二，在前述独立销售团队组建并实际开展相关业务之前的过渡期内，应当由三星的原销售团队继续销售三星产品。过渡期内的销售不得损害三星产品的竞争力。过渡期内三星继续销售的安排和月度销售情况应当向监督受托人报告，接受本决定项下的监督。

其三，交易完成后，希捷应当保持三星产品定价销售团队的完全独立性，在三星产品定价销售团队与希捷其他产品定价销售团队之间建立防火墙，防止双方交换竞争性信息。竞争性信息是指任何可能导致竞争者之间协调彼此经营行为的信息，特别是任何有关产品价格、产量、客户、竞标等方面的信息。三星产品的销售团队只能指定一名负责人向希捷指定的一名负责人汇报。前述两负责人的人选及变更应事先向监督受托人报备，两负责人不得在两团队之间沟通竞争性信息。两负责人之间的任何信息沟通情况均应事先或同时报告监督受托人，接受本决定项下的监督。

其四，希捷应当确保维持三星生产线的独立运行，三星产品生产线应当使用三星的设备、流程和生产系统。希捷可以对三星产品生产线进行技术支持和改造，以提高三星产品的生产效率和竞争力。此种技术支持和改造不得对三星产品的产量或产能施加任何限制性影响，并应向监督受托人进行事先和事后报告，接受本决定项下的监督。

其五，希捷应当确保三星产品独立建立并严格执行合理的产品定价机制。前述定价机制的确立和任何修改，任何偏离该机制的定价行为均应向监督受托人报告，并说明理由，接受本决定项下的监督。

其六，希捷应当针对三星产品设立独立的研发中心。希捷可以给予该研发中心以技术支持，包括允许其采用希捷的标准流程，以提高三星产品的生产效率和竞争力。前述技术支持和任何信息及人员交流均应事先或即时向监督受托人报备，接受本决定项下的监督。

（2）希捷应履行本审查决定作出后 6 个月内继续维持和扩大三星产品产能的承诺，之后应当根据市场需求状况合理确定三星产品的产能和产量。希捷和三星产品的产能及产量情况应当按月向监督受托人报告。

（3）集中完成后，希捷不得实质性改变当前的商业模式，强制或变相强制客户从希捷或任何受希捷控制的公司排他性地采购其硬盘产品。

（4）集中完成后，希捷不得迫使东电化（中国）投资有限公司（以下简称东电化）排他性地向希捷或任何其他受希捷控制的公司供应硬盘磁头，或限制东电化向其他硬盘生产商供应磁头的数量。

（5）希捷承诺，本决定作出后三年内每年投资至少8亿美元，且将以希捷近年一贯的速度，继续在创新领域投入研发资金的承诺，以确保给客户带来更多创新性产品和解决方案。

本决定实施12个月后，希捷可以向商务部提出解除上述第（1）、（2）项义务的申请。该申请应说明本决定项下附加限制性条件的实施情况和解除上述第（1）、（2）项义务的理由并提供相关证据。商务部将依申请并根据市场竞争状况作出是否解除的决定。

案件11：汉高香港与天德化工组建合营企业案〔1〕

（一）立案和审查程序

2011年8月8日，商务部收到汉高香港与天德化工组建合营企业的经营者集中申报。经审核，商务部认为该申报材料不完备，要求申报方予以补充。9月26日，商务部确认经补充的申报材料符合《反垄断法》第23条的要求，对该项经营者集中申报开始立案审查。

（二）竞争分析

商务部认为此项经营者集中可能具有排除、限制竞争的不利影响。

本交易所涉产品主要为氰乙酸乙酯、氰基丙烯酸酯单体和氰基丙烯酸酯粘合剂。上述三种产品在工业生产中处于产业链的上、中、下游。根据用途特性、生产和使用上的替代性以及进出口状况等因素，商务部认定氰乙酸乙

〔1〕案件来源：商务部公告〔2012〕第6号。

酯、氰基丙烯酸酯单体和氰基丙烯酸酯粘合剂分别构成独立的相关商品市场。相关地域市场均为全球市场。鉴于本项交易所涉产品的市场分布特征，商务部同时考察了本项交易对中国市场竞争状况的影响。

商务部审查了相关市场的市场份额、市场集中度、市场控制力、市场进入，重点评估了氰乙酸乙酯和氰基丙烯酸酯单体市场的竞争关联关系和交易可能产生的排除、限制竞争效果。

在氰乙酸乙酯市场中，全球有两大供应商，天德化工是其中之一。两大供应商均在中国境内生产氰乙酸乙酯产品，面向全球销售，各占全球和中国市场份额约45%－50%，市场集中度指数HHI大于4 050，市场集中度很高。商务部考察了氰乙酸乙酯市场的进入条件。氰乙酸乙酯由氰化物和氯乙酸合成生成。氰化物和氯乙酸均属危险化学品，生产氰乙酸乙酯环境污染较大，其生产、运输、储存、销售受到严格监管。由于国家管制及环保要求，其他国家生产氰乙酸乙酯的工厂已基本关闭，目前全球仅有包括天德化工在内的两家规模较大的中国企业生产，氰乙酸乙酯市场进入非常困难。天德化工在氰乙酸乙酯市场具有较强的市场控制力。

在氰基丙烯酸酯单体市场中，全球约70%以上的氰基丙烯酸酯单体在中国境内生产。目前，氰基丙烯酸酯单体市场的竞争相对充分。拟设立的合营企业以氰乙酸乙酯为原材料生产氰基丙烯酸酯单体。交易前，天德化工不生产氰基丙烯酸酯单体，汉高香港的母公司汉高股份有限及两合公司（以下简称汉高股份）生产氰基丙烯酸酯单体，其产品主要自用于生产下游产品氰基丙烯酸酯粘合剂。汉高股份在氰基丙烯酸酯单体市场和粘合剂市场具备品牌、技术、资金和人才优势。

本交易拟设合营企业德高控股有限公司（以下简称德高控股），并通过德高控股新设子公司潍坊德高创新材料有限责任公司（以下简称潍坊德高）生产氰乙酸乙酯的下游产品氰基丙烯酸酯单体。本项交易前，汉高股份向天德化工采购氰乙酸乙酯的数量约占天德化工氰乙酸乙酯产量的5%；此次新设合营企业所需氰乙酸乙酯的绝大部分将从天德化工购买，两者加总约占天德化工氰乙酸乙酯产能的四分之一。拟议合营企业成立后，鉴于天德化工与合营企业的关联关系以及天德化工在原材料氰乙酸乙酯市场上的控制力，天德化工在销售氰乙酸乙酯产品时，可能会对合营企业和其他氰基丙烯酸酯单体生产企业采取区别性的供给策略，从而将天德化工在氰乙酸乙酯市场上的优势延伸到合营企业，削弱其他氰基丙烯酸酯单体生产企业的市场竞争力，对氰基丙烯酸酯单体市场产生排除、限制竞争的影响。

（三）审查决定

鉴于汉高香港与天德化工组建合营企业，可能会对氰基丙烯酸酯单体市场产生排除、限制竞争的效果，商务部决定附加限制性条件批准此项集中，要求交易双方主要履行如下义务：

①天德化工应基于公允、合理和不歧视的原则，向下游所有客户供应氰乙酸乙酯。包括：不得以不合理的高价销售产品，不得给予潍坊德高更优惠的供货条件，不得与汉高股份和潍坊德高沟通竞争性信息等。

②自审查决定生效之日起每年或应商务部要求，交易双方及时向商务部汇报其履行上述承诺的情况。

③交易双方应根据商务部相关规定，委托独立的监督受托人，对交易双方履行上述义务的情况进行监督。

为履行上述义务，交易双方应当在监督受托人确定后，尽快提交履行上述义务的详细操作方案并报商务部批准后实施。

案例12：西部数据收购日立存储案[1]

（一）立案和审查程序

2011年4月2日，商务部收到西部数据收购日立存储的经营者集中申报。经审核，商务部认为该申报文件、材料不完备，要求申报方予以补充。5月10日，商务部确认经补充的申报文件、资料符合《反垄断法》第23条的要求，对该项经营者集中申报予以立案审查。

---

〔1〕案件来源：商务部公告［2012］第9号。

经初步审查，商务部认为此项集中对硬盘驱动器（以下简称硬盘）市场可能具有排除、限制竞争效果。6月8日，商务部决定对此项集中实施进一步审查。9月7日，经申报方同意，商务部决定延长进一步审查期限，截止时间为11月6日。11月1日，西部数据以案件事实产生重大变更为由申请撤回申报，商务部审查后予以同意，审查程序终止。11月7日，商务部对西部数据重新申报的经营者集中予以立案审查。12月7日，商务部决定对此项集中实施进一步审查，截止日期为2012年3月6日。

（二）竞争分析

1. 集中交易和相关市场

根据西部数据、西部数据爱尔兰公司（西部数据全资子公司）、日立公司和Viviti Technologies Ltd.（日立公司全资子公司，以下简称Viviti公司）签署的《股权购买协议》，西部数据将收购Viviti公司全部股权。西部数据是从事硬盘等数字存储产品的生产和销售企业。Viviti公司作为控股公司直接持有Hitachi Global Storage Technologies Netherlands B. V. 公司，并通过该公司间接持有Hitachi Global Storage Technologies Singapore Pte. Ltd. 等公司从事硬盘业务。

硬盘是以磁存储技术为基础的存储设备，通常作为计算机和其他消费电子产品中最重要的辅助存储介质使用。硬盘与固态硬盘、闪存等其他辅助存储设备在容量、价格、用途等方面差异明显，硬盘市场构成单独的相关商品市场。按终端应用不同，硬盘市场可以分为企业级应用、台式电脑应用、便携式电脑应用和消费电子产品应用等细分的相关商品市场。硬盘的采购和供应在全球市场范围内展开，本项集中的相关地域市场为全球市场。

2. 市场状况

经调查，商务部发现硬盘市场呈现以下特征：

第一，市场集中度较高。近二十年来，硬盘市场集中度不断提高。目前，在硬盘市场上仅存希捷、西部数据、日立存储、东芝和三星五家生产商（2011年12月，商务部批准希捷收购三星硬盘业务，但要求三星硬盘作为独立的竞争者继续存在)。2010 年，上述五家生产商在全球市场的份额分别约为 33%、29%、18%、10%和 10%，在中国市场的份额与此类似。

第二，硬盘产品同质化明显。各硬盘厂商的硬盘产品之间差异不大，下游用户能在较短时间内转换供应商，且成本很低。

第三，硬盘市场透明度较高。硬盘厂商和主要买家数量均较少，产品同质化明显，竞争者对相互之间的技术、成本、生产和销售状况等情况均比较了解。硬盘厂商能凭借相关事实和经验确定竞争对手的产品价格或价格区间。同时，硬盘厂商经常共用相同的分销商，通过分销渠道了解其他品牌硬盘产品信息较容易。

第四，大型电脑生产商是硬盘产品的主要下游客户。硬盘产品销售主要包括对大型电脑生产商的销售和经过分销商向下游用户的销售，其中大型电脑生产商是硬盘的主要客户，其与硬盘生产商之间的交易价格决定了硬盘的市场价格。

3. 采购模式

为获得并保持竞争性价格，大型电脑生产商在硬盘采购中通常采用不公开竞标方式，按季度同多个硬盘生产商进行双边谈判。为保证供应的连续性和安全性，大型电脑生产商最终将总需求按照价格等因素在二至四家硬盘生产商之间按一定比例分配。在单次竞标中，最具竞争力的要约一般会获得较大订单份额，次之会获得较小订单份额，再次的可能拿不到订单。这种采购模式促使硬盘生产商为了获得订单和获得更大的订单份额而竞争。因此，维持大型电脑生产商目前的采购模式对保持硬盘市场的竞争非常重要。

4. 产能利用

调查发现，硬盘行业产能利用率较高。2008 年第四季度以来，随着市场需求的增加，所有硬盘生产商的产能利用率均持续上升。2010 年第四季度全部五家硬盘生产商的平均产能利用率约 90%，剩余产能有限。2011 年的泰国洪灾导致部分产能暂时无法利用，市场供应进一步紧张。

5. 产品创新

调查发现，创新对硬盘行业影响重大。率先推出创新产品可以获得较高的市场份额和利润，在其他竞争者推出同类产品后，该产品利润率即显著降低。硬盘生产商需要通过不断创新降低成本，创新是硬盘生产商的重要竞争手段。调查还发现，硬盘市场的竞争是维持产品创新的重要前提，排除或限制竞争行为将显著降低硬盘生产商的创新意愿和创新速度。

6. 买方议价能力和对消费者影响

调查发现，硬盘厂商主导下游分销商的销售价格，分销商对硬盘厂商不具有抵消性的购买力量。对于大型电脑生产商，硬盘厂商的涨价如不是针对特定企业，一般不会遭到大型电脑生产商的反对。大型电脑生产商有能力通过提高电脑产品的价格，将硬盘价格的上涨转嫁给最终消费者，因此，缺乏行使抵消性购买力量的意愿。最终消费者高度分散，对硬盘和电脑价格的上涨没有议价能力。

受2011年泰国洪灾影响，西部数据硬盘产能受损并率先提高硬盘价格。此后，包括交易双方在内的其他硬盘厂商也提高了产品价格，部分硬盘产品涨价幅度超过100%。调查发现，在其他条件未见明显变化的情况下，个人电脑的销售价格相应上涨，电脑生产商将硬盘价格上涨转嫁给了最终消费者。

7. 市场进入

调查发现，知识产权及其他专有知识对硬盘行业至关重要，特别是非知识产权的核心技术、工艺流程和技术队伍构成进入该市场的实质性障碍。规模经济在相关市场中同样重要，新进入者如无法达到一定的生产和销售量则无法生存，而要达到相应规模则需要高额的生产、研发和市场开拓投资，潜在风险巨大。近十年来，没有新的竞争者进入相关市场。据此，商务部认为硬盘市场进入难度很大。

8. 此项集中对相关商品市场和消费者的影响

在硬盘市场，交易双方都是重要的生产商。鉴于前述大型电脑生产商的采购模式，此项集中将减少一个重要的竞争者，加大了剩余硬盘生产商均获得订单的机会，削弱了采购过程中硬盘生产商之间的竞争压力。西部数据和日立存储均是相关市场内的重要创新者，此项集中将增强交易双方通过推迟新产品投入市场时间、延长原有产品生命周期等方式放缓创新速度的可能性。同时，由于硬盘市场透明度较高，硬盘厂商有能力预判其他竞争者的行为，此项集中也将进一步增加市场竞争者通过协调从事排除、限制竞争行为的可能性。目前，中国是全球最大的个人电脑消费国之一，此项集中将对中国消费者利益造成不利影响。

9. 审查结论

综上，商务部认为此项集中将对硬盘市场产生排除、限制竞争的效果。

（三）审查决定

审查认为，西部数据收购 Viviti 公司对硬盘市场具有排除、限制竞争影响，商务部决定附加限制性条件批准此项集中，西部数据（包括西部数据及其关联公司，下同）、日立公司和 Viviti 公司（包括 Viviti 公司及其关联公司，下同）应主要履行如下义务：

（1）集中完成后，在相关市场上维持 Viviti 公司作为一个独立的竞争者存在，包括但不限于以下内容：

第一，维持 Viviti 公司交易前的状态，确保 Viviti 公司维持独立的法人地位并独立开展业务，包括但不限于研发、生产、采购、营销、售后、行政、财务、投资、人事任命等方面。为确保上述独立性，西部数据和 Viviti 公司应事先制定保障措施，报告监督受托人并经商务部批准后实施，接受本决定项下的监督。

第二，集中完成后，Viviti 公司应当继续使用既有的生产线和相关生产团队生产硬盘产品，并由原销售团队以 HGST 生产商的名义（交易完成后，Viviti 公司直接持有的 Hitachi Global Storage Technologies Netherlands B. V. 公司及项下的关联公司中的 Hitachi Global Storage Technologies 或日立环球存储科技将改为 HGST），以交易前使用的 TRAVELSTAR 和 ULTRASTAR 品牌，以独立和合理的定价机制继续独立销售硬盘产品。西部数据和 Viviti 公司互不沟通或干预对方的生产、定价和销售等事宜。为确保实现上述目标，西部数据和 Viviti 公司应当事先制定保障措施，特别是双方应当建立防火墙，确保双方不会交换竞争性信息。竞争性信息是指任何可能导致竞争者之间协调彼此经营行为的信息，特别是任何有关产品成本、价格、产量、客户、竞标等方面的信息。上述措施报告监督受托人并经商务部批准后实施，接受本决定项下的监督。

第三，集中完成后，西部数据对Viviti公司行使股东权利履行股东义务不得损害两公司的独立性，不得排除或限制两公司之间的竞争。西部数据任何行使股东权利履行股东义务的事项均应事先报告监督受托人，其中涉嫌损害两公司独立性、排除或限制两公司间竞争的，应当事先报商务部批准。双方应当事先制定保障措施，特别是应当建立防火墙，报告监督受托人并经商务部批准后实施，接受本决定项下的监督。

第四，西部数据和Viviti公司应各自维持相互独立的研发机构。双方可在硬盘产品研发方面进行合作，以提高双方的生产效率和竞争力，但不得以此沟通竞争性信息、损害两公司的独立性、排除或限制两公司之间的竞争。西部数据和Viviti公司应当就研发合作事项事先提交具体方案，报告监督受托人并经商务部批准后实施。实施过程中的任何信息及人员交流等事项均应事先向监督受托人报备，接受本决定项下的监督。

（2）西部数据和Viviti公司应当根据市场需求状况合理确定产能产量。西部数据和Viviti公司产品的产能和产量情况应当按月向监督受托人报告，接受本决定项下的监督。

（3）集中完成后，西部数据和Viviti公司不得实质性改变此前的商业模式，强制或变相强制客户从两公司排他性地采购其硬盘产品。

（4）西部数据和Viviti公司将以近年一贯的速度，继续在创新领域投入研发资金，以确保给客户带来更多创新性产品和解决方案。

（5）在满足条件1的基础上，西部数据承诺，在本审查决定公布之日起6个月内，向第三方剥离Viviti公司主要3.5英寸硬盘资产。剥离上述资产的交易，按照《反垄断法》《关于实施经营者集中资产或业务剥离的暂行规定》等相关规定办理。

（6）根据商务部《关于实施经营者集中资产或业务剥离的暂行规定》，西部数据应委托独立的监督受托人对西部数据履行上述义务的情况进行监督。

本决定实施 24 个月后，西部数据可以向商务部提出解除上述第（1）、（2）项义务的申请。该申请应说明本决定项下附加限制性条件的实施情况和解除上述义务的理由并提供相关证据。商务部将依申请并根据市场竞争状况作出是否解除的决定。

案件 13：谷歌收购摩托罗拉移动案[1]

（一）立案和审查程序

2011 年 9 月 30 日，商务部收到谷歌收购摩托罗拉移动的经营者集中申报。经审核，商务部认为该申报文件、材料不完备，要求申报方予以补充。11 月 21 日，商务部确认经补充的申报文件、资料符合《反垄断法》第 23 条的要求，对该项经营者集中申报予以立案并开始初步审查。

经初步审查，商务部认为此项集中对中国移动智能终端操作系统市场可能具有排除、限制竞争效果。本案进入进一步审查延长阶段。12 月 21 日，商务部决定对此项集中实施进一步审查。2012 年 3 月 20 日，经申报方同意，商务部决定延长进一步审查期限。

（二）竞争分析

1. 集中交易

2011 年 8 月 15 日，谷歌与摩托罗拉移动签订收购协议。根据该协议，谷歌将收购摩托罗拉移动的全部股份，收购完成后摩托罗拉移动将成为谷歌的全资子公司。谷歌主要经营互联网搜索引擎和在线广告服务，并提供在线服务和软件产品。谷歌开发了移动智能设备操作系统安卓，并以开源、免费的方式提供给移动智能设备制造商使用。摩托罗拉移动是移动设备制造商，产品主要包括手机和平板电脑。

2. 相关市场

移动智能终端和移动智能终端操作系统构成本案的相关商品市场。

---

〔1〕 案件来源：商务部公告［2012］第 25 号。

移动智能终端是指具备开放的操作系统平台，个人电脑级的处理能力，高速接入能力和丰富的人机交互界面的智能终端，目前主要是指智能手机，还包括平板电脑、智能电视等。移动智能终端已经成为互联网业务的关键入口和主要创新平台，其操作系统平台的开放性、人机交互体验的独特性和携带的便捷性显著区别于个人电脑、功能手机等其他产品，构成一个独立的市场。

移动智能终端操作系统是管理移动智能终端硬件与软件资源的程序，其与电脑操作系统等其他产品差异明显，构成单独的相关商品市场。

移动智能终端及其操作系统市场具有全球市场的特征。商务部在审查中考虑了全球市场的竞争状况，但重点考察了中国市场状况。

3. 相关市场状况

移动智能终端市场和其操作系统市场呈现出不同的竞争状况。移动智能终端市场集中度相对分散、竞争激烈，市场不断推陈出新，更新换代频繁，各制造商均面临较大的竞争压力。调查表明，摩托罗拉移动相对于其他竞争者并不具备明显优势。

与上述市场显著不同，移动智能终端操作系统市场是一个高度集中的市场。最新数据表明，2011 年第四季度，仅谷歌开发的安卓系统就占据 73.99% 中国市场份额，此外，诺基亚的塞班系统占 12.53%，苹果的 iOS 占 10.67%，三者合计占据 97.19% 的中国市场份额。考虑到安卓系统超高的市场份额、移动智能终端制造商对安卓系统的高度依赖性、谷歌公司雄厚的财力和技术开发能力以及很高的市场进入门槛，商务部认定安卓系统在移动智能终端操作系统市场占据市场支配地位。由于诺基亚已经宣布逐步放弃塞班系统，苹果手机售价普遍远远高于安装安卓系统的智能手机，而微软公司开发的 WINDOWS PHONE 操作系统尚处于起步阶段，因此安卓系统的市场支配地位预计在未来相当一段时间内将继续维持和巩固。

4. 安卓系统的免费、开源问题

目前，安卓系统已经形成完整的生态产业链，移动智能终端制造商、软件开发商、最终用户均对安卓系统形成依赖性。终端制造商必须依据安卓系统对产品进行设计开发，软件开发商依据安卓系统进行研发，而开发出的应用软件仅适用于安卓系统而无法适用于其他操作系统。最终用户由于使用习惯等原因也会对安卓系统形成相当程度的依赖。调查发现，对于移动智能终端制造商而言，更换操作系统成本巨大：必须更改相关硬件和软件以适应新的操作系统，同时，操作系统的更改还可能导致用户体验的差别，存在较大的商业风险。

安卓系统的免费、开源特征是其在较短时间内取得市场支配地位的重要原因，在相当一段时间内维持安卓系统的免费、开源对于保护相关方的合理预期和正当利益至关重要。谷歌在此项集中完成后改变安卓系统目前免费、开源的商业模式将对相关各方产生重大不利影响。

5. 谷歌公平对待终端制造商问题

此项集中完成后，摩托罗拉移动成为谷歌的全资子公司。鉴于谷歌在移动智能终端操作系统上具有的市场支配地位，谷歌有动机也有能力给予摩托罗拉移动优于其他移动智能终端制造商的待遇，如先于其他制造商向摩托罗拉移动提供最新开发的安卓系统。调查中，商务部发现，谷歌在推出新版的安卓系统前，会首先非指向性地选择一个移动智能终端制造商合作，以测试新版安卓系统与终端硬件设备的适应性。被选中的终端制造商将有机会先于其他制造商获得新版安卓系统，从而在移动智能终端的市场竞争中处于有利地位。此项集中完成后，谷歌将有可能仅选择摩托罗拉移动作为测试对象。谷歌对移动智能终端制造商的差别待遇将扭曲该市场的竞争，使摩托罗拉移动之外的其他终端制造商处于不利的竞争地位。

6. 摩托罗拉移动专利许可问题

摩托罗拉移动拥有众多手机领域的专利，相当一部分专利属于核心专利。谷歌收购摩托罗拉移动的主要目的就是拥有这些手机专利。此项集中完成后，谷歌将同时拥有强大的软硬件开发和集成能力，借助其在移动智能终端市场的支配地位，谷歌有动机也有能力在专利许可中向相对方附加不合理的许可条件，这将对相关市场的竞争造成损害，并最终损害消费者的利益。

7. 市场进入

如前所述，移动智能终端操作系统市场是一个高度集中的市场，安卓系统、塞班系统和苹果 iOS 占据了 97% 以上的市场份额，其他经营者所占份额极为有限，属边缘竞争者。

移动智能终端操作系统的开发需要雄厚的技术和资金实力，高度集中的市场对新进入者形成了极高的进入壁垒。一个移动智能终端操作系统是否能够取得成功，关键取决于与该操作系统相匹配的软件开发环境是否友好、是否能够吸引软件开发者。优秀的应用开发环境可以大大降低开发门槛，提高开发效率，提升用户体验，进而吸引众多软件开发者，最终具有良好用户体验的应用软件吸引消费者和潜在购买者。以移动智能终端操作系统为基础开发的应用软件数量的多寡、用户体验的优劣已经成为不同操作系统之间竞争的关键要素之一。

目前，典型的移动智能终端操作系统软件开发环境包括安卓开发环境、苹果开发环境和微软开发环境。数量庞大的安卓应用和苹果应用已经成功吸引了绝大多数软件开发者以及消费者，转换开发环境不仅需要软件开发者适应新的技术要求，还将面临失去众多消费者的巨大商业风险；而且，对于消费者而言，改变操作系统意味着熟悉新的操作界面、更换智能终端等额外成本。可见，安卓系统和苹果系统已经形成完整的、具有强大市场吸引力和良好口碑的系统，无论市场的边缘竞争者还是新进入者，都面临极高的进入门槛。在可预期的未来，市场进入难以减轻或消除上述排除、限制竞争效果。

（三）审查决定

经审查，商务部认为谷歌收购摩托罗拉移动具有排除、限制竞争影响。根据谷歌向商务部作出的承诺，商务部决定附加限制性条件批准此项集中。谷歌应当履行如下义务：

（1）谷歌将在免费和开放的基础上许可安卓平台，与目前的商业做法一致。安卓平台是指用于移动设备的当前及未来版本的开源软件堆栈，包括以目前发布于 http://code.google.com/android/的形式存在的且在义务期内（除非这些义务被修改或解除）于该网站或后继网站上可获得的操作系统、中间件及关键开源应用程序在内。本项义务不影响谷歌对与安卓平台相关的软件（包括但不限于在安卓平台上运行的应用程序）保持闭源或使之闭源的权力。

本项义务不影响谷歌就其提供的与安卓平台相关的产品和服务（包括但不限于在安卓平台上运行的应用程序）寻求付款或其他对价的能力。

（2）谷歌应当在安卓平台方面以非歧视的方式对待所有原始设备制造商。本项义务仅适用于已经同意不对安卓平台进行分化或衍生的原始设备制造商。本项义务不适用于谷歌提供、许可或分销与安卓平台相关的产品和服务（包括但不限于在安卓平台上运行的应用程序）的方式。

（3）本次交易后，谷歌应当继续遵守摩托罗拉移动在摩托罗拉移动专利方面现有的公平、合理和非歧视（FRAND）义务。

（4）根据商务部《关于实施经营者集中资产或义务剥离的暂行规定》（商务部公告2010年第41号），谷歌委托独立的监督受托人对谷歌履行上述义务的情况进行监督。

对于第（1）项和第（2）项义务，自商务部决定之日起5年内有效。如果市场状况或市场竞争发生变化，则谷歌可以向商务部申请变更或解除此2项义务。如果谷歌不再控制摩托罗拉移动，则此2项义务失效。

自商务部决定发布之日起5年内，谷歌应当每6个月就其遵守上述义务的情况向商务部和监督受托人报告。5年期满后，商务部可以继续评估中国移动智能终端操作系统市场的状况，并根据评估状况依法作出决定。

案件14：联合技术公司收购古德里奇公司案〔1〕

（一）立案和审查程序

2011年12月12日，商务部收到联合技术收购古德里奇的经营者集中申报。经审核，商务部认为该申报材料不完备，要求申报方予以补充。2012年2月6日，商务部确认经补充的申报材料符合《反垄断法》第23条的要求，对该项经营者集中申报开始立案审查。

经初步审查，商务部认为此项集中可能对飞机交流发电系统市场具有排

〔1〕案件来源：商务部公告［2012］第35号。

除、限制竞争的效果。3 月 2 日，商务部决定实施进一步审查，5 月 31 日，商务部决定延长进一步审查期限，截止日期为 7 月 30 日。

（二）竞争分析

商务部认为此项经营者集中可能对飞机交流发电系统市场具有排除、限制竞争的影响。

1. 相关市场

商务部重点审查了本交易所涉横向重叠的产品，主要包括飞机电源系统、飞机照明系统、飞行控制作动系统和飞机发动机控制系统。这四大系统均为飞机及飞机发动机的重要组成部件。根据产品的特征和用途等需求特性、生产和使用上的供给特性以及下游客户在实践中的招标情况等，商务部认定交流发电系统、飞机舱内照明系统、辅助飞行控制作动系统、旋翼飞机飞行控制作动系统、水平安定面配平作动器、导弹作动系统、发动机电子控制系统、燃油计量装置、主燃油泵分别构成独立的相关商品市场。这些相关商品的供应商均在全球范围内从事业务活动，向全球范围内的客户进行销售。同时，相关商品所面对的下游客户都是采用全球采购策略，客户在全球范围内选择供应商。另外，相关商品的价格是基于全球定价，不同地域间不存在明显价差。因此，商务部认定上述商品的相关地域市场均为全球市场。

2. 竞争评估

商务部综合考察了相关市场的市场份额、市场集中度、市场控制力、市场进入、研发和创新等因素，重点评估了本交易在全球交流发电系统市场上可能产生的排除、限制竞争效果。

在飞机交流发电系统市场中，全球共有包括联合技术和古德里奇在内的 6 家供应商。交易前联合技术和古德里奇的市场份额分别为 72% 和 12%，位居市场前两名。交易后双方合计市场份额为 84%，市场份额远远高于其他竞争者。交易后市场集中度 HHI 指数为 7 158，交易后 HHI 指数增加值为 1 728。

调查发现，2007 年至 2011 年飞机制造商对交流发电系统的多次招投标中，联合技术获得了绝大多数的市场机会，古德里奇是市场中为数不多的飞机交流发电系统的中标供应商，市场上其他竞争者的存在不能对交易双方构成有效的竞争约束。联合技术拥有飞机交流发电系统的领先技术，本交易将进一步强化联合技术的市场控制力，减少下游客户在全球范围内选择相关商品的供应商数量，将在全球交流发电系统市场上产生排除、限制竞争的效果。

3. 市场进入

飞机交流发电系统的供应商通常需要根据不同飞机平台的要求“量身打造”适合的产品。供应商要具备雄厚的资金和技术实力，才能满足飞机产品前期研发成本高，研发周期长，技术难度大，投资回收期长的要求。同时，交流发电系统产品具有相对较长的生命周期，一旦某一飞机平台确定使用某一交流发电产品，在未来的一段时间将不做改变，这种情况甚至可能长达数十年。新飞机平台的出现以及技术革新可能为新的市场进入者提供机会。对市场进入者的高要求、市场机会的有限性和不可控性，导致交流发电系统市场进入门槛较高。

（三）审查决定

鉴于联合技术收购古德里奇，将对飞机交流发电系统市场产生排除、限制竞争的效果，商务部决定附加限制性条件批准此项集中，要求交易双方主要履行如下义务：

（1）剥离古德里奇的电源系统业务，包括古德里奇位于英国 Pitstone 和美国特温斯堡的交流发电系统业务、低压直流发电系统业务和配电系统业务，以及古德里奇在其与泰雷兹航电系统公司的合资公司爱罗雷克中 60% 的权益。联合技术和古德里奇应根据买方的需求，向买方转让确保上述被剥离业务存活性和竞争性所需的有形资产和无形资产（包括但不限于生产设备、销售部门、研发部门、客户服务及相关知识产权）。

（2）联合技术应在商务部批准此项集中后 6 个月内根据商务部《关于实施经营者集中资产或业务剥离的暂行规定》为被剥离业务找到购买人并与之签订买卖协议。经申请，上述期限可延长至 9 个月。如在该期限内未能找到购买人并签订协议，则商务部有权指定剥离受托人在 3 个月内以无底价方式为被剥离业务找到购买人并签订买卖协议。

（3）剥离完成后1年内，根据购买人的请求，联合技术和古德里奇有义务向购买人提供合理的技术支持，协助其进行电源系统的制造、装配、测试、维修和大修等业务，并对购买人的相关人员提供技术培训和咨询服务。

案件15：沃尔玛公司收购纽海控股33.6%股权案[1]

（一）立案和审查程序

2011年12月16日，商务部收到沃尔玛公司收购纽海控股33.6%股权的经营者集中申报。经审核，商务部认为该申报文件、材料不完备，要求申报方予以补充。2012年2月16日，商务部确认经补充的申报文件、资料符合《反垄断法》第23条的要求，对该项经营者集中申报予以立案并开始初步审查。

经初步审查，商务部认为此项集中对中国B2C网上零售市场可能具有排除、限制竞争效果。本案进入进一步审查延长阶段。2012年3月16日，商务部决定对此项集中实施进一步审查。2012年6月13日，经申报方同意，商务部决定延长进一步审查期限。

（二）竞争分析

商务部认为此项经营者集中可能具有排除限制竞争的效果。

2011年11月24日，沃尔玛公司及其全资子公司GEC 2 PTE. LTD.（以下简称GEC 2）与纽海控股、纽海控股的售股股东中国平安保险海外（控股）有限公司、美国自然人于刚先生、澳大利亚自然人刘峻岭先生，纽海控股的全资子公司新岗岭有限公司（以下简称新岗岭香港）及新岗岭香港的全资子公司纽海信息技术（上海）有限公司（以下简称纽海上海），以及上海益实多电子商务有限公司（益实多）及其售股股东深圳市平安创新有限公司签订了《购股协议》（以下简称协议）。

［1］案件来源：商务部公告［2012］第49号。

根据协议，沃尔玛公司将通过其全资子公司 GEC 2 对纽海控股的持股比例从 17.7% 增加至 51.3%。纽海控股将通过全资子公司新岗岭香港和纽海上海持有益实多的网上购物平台“1 号店”（以下简称益实多 1 号店）的网上直销业务。交易完成后，沃尔玛公司将成为纽海控股的控股股东，并通过纽海控股取得对益实多 1 号店网上直销业务的控制权。

沃尔玛公司是全球和中国连锁超级市场的主要竞争者，其在采购、仓储、产品线、门店网络、服务和物流以及品牌等方面存在竞争优势，业务主要为实体超市。益实多 1 号店是目前中国最大的网上超市，拥有上千个供应商，数百个品牌合作商。销售商品涉及食品饮料、美容护理、厨卫清洁、电器等十大类，共计十万多种商品。益实多 1 号店业务范围包括网上直销业务和增值电信业务。根据双方经营范围、经营模式及特点、需求和供给替代等方面因素，商务部认为 B2C 网上零售市场为相关商品市场。同时，考虑到消费习惯、运输、关税等因素，相关地域市场为中国市场。

调查显示，网上零售涉及支付、仓储、配送、营销、网络平台等多个环节，其中物流和服务是制约网络零售商发展的关键因素。沃尔玛公司在中国实体零售市场具备成熟的仓储配送系统、广泛的供货渠道和较高的品牌知名度。交易完成后，沃尔玛公司有能力将其在实体市场的竞争优势传导至益实多 1 号店的网上零售业务。集中产生的综合效应将实质性增强并购后实体在网上零售行业的竞争实力。为此，商务部对本案可能涉及的中国增值电信业务市场进行了延伸调查。调查结果表明，并购后实体如通过益实多 1 号店进入增值电信业务市场，将有能力依托现有实体零售市场与网上零售业务的综合竞争优势迅速扩展业务，在增值电信业务市场取得优势地位，实质性增强其对网络平台用户的议价权，从而在中国增值电信业务市场可能具有排除或限制竞争效果。

（三）审查决定

经审查，商务部认为沃尔玛公司通过收购纽海控股 33.6% 股权，取得对益实多 1 号店网上直销业务的控制权可能具有排除、限制竞争效果。根据沃尔玛公司向商务部作出的承诺，商务部决定附加限制性条件批准此项集中。

沃尔玛公司应当履行如下义务：

（1）纽海上海此次收购，仅限于利用自身网络平台直接从事商品销售的部分。

（2）在未获得增值电信业务许可的情况下，纽海上海在此次收购后不得利用自身网络平台为其他交易方提供网络服务。

（3）本次交易完成后，沃尔玛公司不得通过 VIE 架构从事目前由上海益实多电子商务有限公司（益实多）运营的增值电信业务。

案件16：安谋公司、捷德公司和金雅拓公司组建合营企业案[1]

（一）立案和审查程序

2012 年 5 月 4 日，商务部收到安谋公司、捷德公司和金雅拓公司组建合营企业的经营者集中申报。经审核，商务部认为该申报材料不完备，要求申报方予以补充。6 月 28 日，商务部确认经补充的申报材料符合《反垄断法》第 23 条的要求，对该项经营者集中立案审查。

经初步审查，商务部认为此项集中可能对可信执行环境（Trusted Execution Environment，以下简称 TEE）市场具有排除、限制竞争的效果。7 月 27 日，商务部决定实施进一步审查，10 月 25 日，商务部决定延长进一步审查期限，截止日期为 12 月 24 日。在进一步审查过程中，商务部向申报方提出了对此项集中的竞争关注，申报方向商务部提交了解决方案。商务部对申报方提交的解决方案进行了评估，认为该方案可以减少此项集中对竞争产生的不利影响。

（二）竞争分析

商务部认为经营者集中对 TEE 市场可能具有排除、限制竞争的不利影响。

本次交易由安谋公司、捷德公司和金雅拓公司共同出资成立合营企业，从事 TEE 的整合研发和推广。TEE 是一种安全解决方案，可以在设备的应用

[1] 案件来源：商务部公告［2012］第 87 号。

处理器中建立一个在操作系统周围运行的独立的执行环境，对可信应用程序的资源和数据进行保护。

安谋公司主要从事家用电子产品应用处理器知识产权授权业务。家用电子产品应用处理器安装在家用电子产品芯片内，支持应用程序在操作系统中运行。安谋公司的业务与合营企业即将开展的业务存在纵向关系。安谋公司在家用电子产品应用处理器知识产权授权业务上具有业界公认的市场地位，拥有较强的市场控制力。合营企业在下游开展的对TEE进行研发和整合业务依赖于安谋公司的TrustZone技术，而TrustZone技术属于安谋公司应用处理器知识产权授权内容。合营企业组建后，安谋公司可能利用其在家用电子产品应用处理器知识产权授权市场拥有的控制力歧视合营企业以外的其他TEE技术研发者，或通过对自有知识产权的特殊设计降低第三方的TEE性能，使其他竞争者不能公平参与竞争，从而对TEE市场产生排除、限制竞争的效果。

同时，在应用处理器市场，企业必须具有相当的研发实力和经验，拥有相应的知识产权，市场进入非常困难。

（三）审查决定

鉴于本次交易可能会对TEE市场产生排除、限制竞争的效果，商务部决定附加限制性条件批准此项集中，要求交易各方履行如下义务：

（1）本次交易完成后，安谋公司将本着无歧视性原则，及时发布基于安谋公司应用处理器TrustZone技术之上研发TEE所必需的安全监控代码及其他信息，包括相关许可、授权的标准及条件。

（2）安谋公司不得通过对自有知识产权的特殊设计降低第三方TEE的性能。

安谋公司的上述义务自商务部决定之日起8年内有效。安谋公司应当每年就其遵守上述义务情况向商务部报告。如果外部环境或合营企业发生重大变化，安谋公司可以向商务部申请变更或解除上述义务。

案件17：嘉能可国际公司收购斯特拉塔公司案[1]

（一）立案和审查程序

2012年4月1日，商务部收到嘉能可收购斯特拉塔经营者集中反垄断申报。经审核，商务部认为该申报文件、资料不完备，要求申报方予以补充。5月17日，商务部确认经补充的申报文件、资料符合《反垄断法》第23条的要求，对此项经营者集中申报予以立案并开始初步审查。6月15日，商务部决定对此项经营者集中实施进一步审查。经进一步审查，商务部认为此项经营者集中对铜精矿、锌精矿和铅精矿市场可能具有排除、限制竞争的效果。9月14日，经申报方同意，商务部决定延长进一步审查期限，截止时间为11月13日。在上述审查期间，申报方就商务部提出的竞争问题提交了两轮解决方案，经审查均不能有效解决该案竞争问题。11月6日，申报方申请撤回案件并于11月23日重新申报。11月29日，商务部予以立案。12月28日，商务部决定对此项经营者集中实施进一步审查。2013年3月29日，经申报方同意，商务部决定延长进一步审查期限。

（二）竞争分析

商务部认为此项经营者集中在铜精矿、锌精矿和铅精矿市场可能具有排除、限制竞争的效果。

1. 交易概况

收购方嘉能可在泽西注册成立，总部位于瑞士，在伦敦证交所和香港联交所上市。嘉能可主要有金属及矿石、能源、农产品三个业务部门。其中，金属及矿石业务部包括锌、铜、铅，氧化铝、铝，铁合金、镍矿砂、钴、铁矿石三个商品部门。嘉能可是全球最大的有色金属及矿产品供货商，拥有成熟的全球营运经验和营销网络，在全球铜精矿、锌精矿和铅精矿第三方贸易市场具有较强控制力。嘉能可的采矿、冶炼、精炼及加工、物流及存储的全

[1] 案件来源：商务部公告［2013］第20号。

产业链优势使其能够在全球范围内供应商品。嘉能可在中国不拥有或运营生产性资产，目前在中国设有7家从事贸易和仓储的实体。

被收购方斯特拉塔在英国伦敦注册成立，总部位于瑞士，在伦敦证交所和瑞士证交所上市。斯特拉塔是全球第五大多元化矿业集团及金属公司，是全球重要的实体资产运营商，主要生产合金、煤炭、铜、镍和锌等大宗商品。斯特拉塔是全球第四大铜生产商，矿山储量丰富，冶炼能力较强。斯特拉塔在中国境内销售焦煤、动力煤、铁合金、精铜、铜精矿等商品。斯特拉塔在中国设有一家生产不锈钢产品的合营企业及两家从事贸易的实体。

嘉能可目前持有斯特拉塔33.65%的股权。通过本交易，收购其未持有的斯特拉塔全部已发行在外的股份。交易完成后，嘉能可将持有斯特拉塔100%的股份。

2. *相关市场*

嘉能可和斯特拉塔在多个市场存在横向重叠或纵向关系，具体包括铬矿、锌精矿、锌金属、铅精矿、铅金属、铜精矿、再生铜、精铜、镍矿砂、钴中间产品、精钴、海运动力煤、海运焦煤等商品的生产、供应、贸易和第三方贸易市场。

本次交易涉及的相关商品均在全球范围内进行交易，目前全球范围内有很多国际性竞争者参与相关商品的生产或供应。嘉能可和斯特拉塔均为国际上重要的相关商品生产商和供应商，本次交易对全球市场具有重要影响。中国市场是嘉能可矿产品的最大市场，也是斯特拉塔矿产品的主要市场，此项经营者集中对中国市场将产生较大影响。

此项经营者集中涉及的相关商品中，中国是铜精矿、铅精矿和锌精矿的主要进口国，铜精矿、锌精矿、铅精矿进口量占总供应量比例较高，2011年分别达到68.5%、28.7%和27.3%，集中双方在全球和中国铜精矿、铅精矿和锌精矿生产、供应市场份额也较高。其他商品进口量占总供应量比例较低，且集中双方在相关市场的份额较低。本案重点审查了此项经营者集中对铜精矿、铅精矿和锌精矿市场的影响。铜精矿、铅精矿和锌精矿分别是指由含铜、锌、铅矿石经破碎、球磨、浮选等工艺生产的达到一定标准的含铜、锌、铅量较高的矿石。

商务部对此项经营者集中从铜精矿、铅精矿和锌精矿的生产、供应、贸易和第三方贸易等角度进行了分析。其中，生产是指相关产品的加工制造。供应是指供应商对终端客户的实物销售。贸易包括贸易商对终端客户的实物销售，以及对其他转售方的销售。第三方贸易是指第三方贸易商从生产商采购商品并在公开市场的转售，通过第三方贸易商销售的商品不包括各国国内生产并消费且不出口的商品，以及生产商直接向终端用户销售的商品。此项经营者集中前，嘉能可从斯特拉塔采购部分铜精矿、铅精矿和锌精矿，本案中斯特拉塔的市场份额不包括销售给嘉能可，并由嘉能可销售给终端客户的销售量所占市场份额。

3. 铜精矿市场竞争分析

（1）此项经营者集中将增加嘉能可控制的含铜资源量。嘉能可2011年拥有的含铜资源量超过0.17亿吨，权益矿铜产量为18.9万吨。斯特拉塔2011年拥有的含铜资源量超过1亿吨，权益矿铜产量为95.2万吨。新建项目及扩产项目完成后，2015年将新增权益矿铜产量约45万吨。斯特拉塔还有三座将于2018年至2019年投产的铜矿山资产，预计投产后产能每年新增权益矿铜产量120万吨。此项经营者集中完成后，嘉能可目前的权益矿铜产量约为110万吨，2015年将可能超过150万吨，2018年至2019年将有更大幅度的增长。从集中双方占有的含铜资源量以及权益矿铜产量来看，嘉能可收购斯特拉塔完成后拥有的含铜资源量将超过1.17亿吨，权益矿铜产量将大幅增加。

（2）此项经营者集中将增强嘉能可对铜精矿市场的控制力。嘉能可和斯特拉塔均为全球重要的铜精矿生产和供应商。2011年嘉能可和斯特拉塔在全球铜精矿生产市场的份额分别为1.5%和6.1%，合并份额为7.6%，居第三位；在全球铜精矿供应市场的份额分别为5.3%和4%，合并份额为9.3%，居第一位；在中国铜精矿供应市场的份额分别为9%和3.1%，合并份额为12.1%，居第一位。嘉能可是全球最大的以第三方形式采购有色金属及矿产品的实物供货商，拥有全球营运网络和营运经验。与主要竞争者相比，嘉能可的主要优势集中在商品营销、物流、风险管理等领域。嘉能可的全球营运网络使其拥有稳健的全球采购、分销能力以及客户资源。2010年嘉能可在全球铜精矿第三方贸易市场份额达30%，居第一位。2011年在全球铜精矿贸易市场的份额约为9.5%，居第四位。此项经营者集中将全面增强嘉能可在铜精矿生产、供应和贸易市场的控制力。

中国是全球铜精矿的主要需求国，目前铜精矿需求占全球总需求的50%左右。2011年中国铜精矿进口量占国内总供应量的68.5%，且存在进一步上升的趋势。2011年嘉能可和斯特拉塔向中国出口的铜精矿分别占中国进口总量的13.3%和4.5%，合计达17.8%。中国市场是集中双方的主要市场，2011年嘉能可和斯特拉塔分别有53.7%和17%的铜精矿销往中国市场。嘉能可在中国市场拥有健全的营销网络和丰富的客户资源，随着嘉能可控制的权益矿铜产量的增加，其铜精矿产能和供应能力可能大幅提高。

（3）此项经营者集中将强化嘉能可对铜产业链的整合。嘉能可从事铜精矿的生产、供应和贸易，其主营业务为铜精矿第三方贸易；斯特拉塔主营业务为铜精矿生产和供应。嘉能可收购斯特拉塔后将强化其在铜精矿上下游市场的纵向整合。此项集中将降低其他贸易商获得斯特拉塔铜精矿供应的可能性，并加强嘉能可在铜精矿贸易市场的地位。

再生铜与铜精矿具有一定程度的替代性，精铜是铜精矿的下游产品。嘉能可和斯特拉塔还是全球再生铜和精铜市场的主要竞争者。2011年，嘉能可和斯特拉塔在全球再生铜生产市场的合并份额居第一位；嘉能可在全球和中国再生铜供应市场的份额均居第三位。斯特拉塔2011年没有从事再生铜供应。2011年，嘉能可和斯特拉塔在全球精铜生产市场的合并份额居第三位；在全球精铜供应市场的合并份额居第二位；在中国精铜供应市场的合计份额居第二位。

嘉能可是全球重要的有色金属期货交易商，对金融市场，特别是期货市场具有很强的影响力。嘉能可拥有多个伦敦期货交易所注册仓库，在铜金属现货市场参与度很高。目前国际通行的铜精矿定价由伦敦金属交易所铜金属报价和加工费决定，从铜产业链的角度看，铜精矿受铜金属价格影响较大。嘉能可收购斯特拉塔完成后，将增强影响铜金属和铜精矿价格的能力。

（4）此项经营者集中可能改变原有竞争格局下的合同条件。斯特拉塔是铜精矿生产商，通过矿山合同向客户供应铜精矿。矿山合同是指铜精矿生产商与客户签订的合同期限为1年以上的长期合同。矿山合同大部分条款固定，仅有加工费等与价格相关的极少量的条款由买卖双方按约定周期续订。

嘉能可作为铜精矿贸易商，主要通过贸易商长期合同和现货合同向客户供应铜精矿。贸易商长期合同是为了满足没有矿山合同或矿山合同很少的客户的特定需求签订的。贸易商长期合同的加工费受现货市场左右，年度数量、品质、装期和回收率等原本固定的条款，都会因买卖双方对加工费条件预期不同而大幅波动。现货合同是指以当时的现货价格临时订立的短期合同，合同期限一般为3个月以下。

对客户而言，矿山合同在交易价格、矿石质量、加工费水平等方面通常优于贸易商合同和现货合同。此次集中完成后，嘉能可有能力利用对铜精矿市场的控制力以及在铜产业链方面的优势，将斯特拉塔原来的矿山合同转为贸易商合同或现货合同，对铜精矿客户将产生不利影响。

（5）此项经营者集中对铜精矿市场进入的影响。铜金属储量有限且分布集中，现有大型铜矿山掌握在少数行业领先的铜业公司手中，无法获得具有一定规模的铜资源是进入铜精矿市场的最大障碍。铜精矿市场是资本密集型行业，无论是获得铜资源探矿权，还是建设铜的采矿、选矿及加工都需要投入巨额资金，资金壁垒是进入铜精矿市场的重大障碍。铜精矿行业为资源型行业，各国日趋严格的环保政策和产业政策提高了铜精矿市场的进入难度。向中国市场出口铜精矿的主要生产商包括必和必拓公司、美国自由港迈克墨伦铜金矿公司、英美资源集团，该市场近5年没有重要的新市场进入者。

进入全球铜精矿贸易市场需要具备获取铜精矿资源的渠道以及全球营销网络，进入难度较大。向中国市场出口铜精矿的主要贸易商包括嘉能可、荷兰托克有限公司、马克瑞士公司等，近5年没有重要的新市场进入者。

此项经营者集中完成后，嘉能可控制的含铜资源量将大幅增加，将提高潜在市场竞争者进入相关市场的难度。在5年内，新的市场进入难以减轻或消除此项经营者集中引起的排除、限制竞争的效果。

（6）此项经营者集中对铜精矿消费者的影响。目前，中国铜精矿高度依赖进口，中国主要铜冶炼厂的集中度低，议价能力较弱。中国中小铜冶炼企业数量占铜冶炼企业总数的90%，生产规模小，议价能力更弱。此次集中完成后，嘉能可将增强谈判能力，进一步削弱冶炼和加工企业的谈判议价地位。中国铜冶炼企业买方力量较弱，难以抵消此项经营者集中引起的排除、限制竞争的效果。

综上，此项经营者集中完成后，嘉能可控制的含铜资源量将大幅度提高，斯特拉塔丰富的矿山储量和冶炼能力将进一步强化嘉能可的铜产业链优势，增强嘉能可对铜精矿生产、供应和贸易等环节的控制力，可能改变现有竞争格局下的供应条件，提高市场进入难度，最终损害下游消费者利益。

4. 锌精矿市场竞争分析

（1）此项经营者集中将提高嘉能可对锌精矿市场的控制力。斯特拉塔是全球最大的锌精矿生产商，2011年在全球锌精矿生产市场占有7.6%的份额。嘉能可是全球第五大锌精矿生产商，2011年在全球锌精矿生产市场占有3.6%的份额。集中双方合并市场份额为11.2%，与相关市场第二位竞争者（市场份额为6.1%）相比具有明显优势。

嘉能可是全球最大的锌精矿供应商，2011年在全球锌精矿供应市场占有13.1%的份额，居第一位。斯特拉塔2011年在全球锌精矿供应市场占有4.7%的份额。集中双方合并份额为17.9%，与相关市场第二位竞争者（市场份额为6.4%）相比具有明显优势。嘉能可是中国锌精矿供应市场的最大供应商，2011年占有9%的份额，与相关市场第二位竞争者（市场份额为5.3%）相比具有明显优势，斯特拉塔2011年在中国市场没有供应锌精矿。

嘉能可在锌精矿市场同样拥有全球性的采购、分销能力以及客户资源。与主要竞争者相比在商品营销、物流、风险管理领域具有优势。2010年嘉能可在全球锌精矿第三方贸易市场占有50%的份额，居第一位；2011年在全球锌精矿贸易市场占有23.9%的份额，居第一位。

中国锌精矿进口量占总供应量比例较高，2011年28.7%的锌精矿需要进口。中国市场是嘉能可的锌精矿的主要市场，2011 年嘉能可向中国出口的锌精矿占其全球总销售量的 42.5%，在中国锌精矿进口市场上占有 33.3% 的份额。

此项经营者集中将显著增强嘉能可在锌精矿生产、供应市场的地位，进一步强化嘉能可对锌精矿贸易市场的控制力。

（2）此项经营者集中将强化嘉能可对锌产业链的整合。此项经营者集中完成后，嘉能可将实现在锌精矿生产、供应和贸易市场的纵向整合。锌金属是锌精矿的下游产品。嘉能可和斯特拉塔还是全球锌金属重要的生产、供应和贸易商。2011 年嘉能可和斯特拉塔在全球锌金属生产市场的合并份额居第二位，在全球锌金属供应市场的合并份额居第一位。

此项经营者集中完成后，嘉能可在锌精矿生产、供应、贸易，锌金属生产、供应、现货交易和期货交易等环节的影响力均大为增强，由于锌精矿受锌金属价格影响较大，嘉能可在收购斯特拉塔完成后，将增强影响锌金属和锌精矿价格的能力。

综上，斯特拉塔虽然目前在中国市场没有供应锌精矿，但此项经营者集中完成后，斯特拉塔的锌精矿生产能力将增强嘉能可在锌精矿供应和贸易市场的控制力，强化嘉能可对锌产业链的整合，对中国下游锌冶炼企业将产生不利影响。

锌精矿市场进入受资源分布、资金壁垒和环保、产业政策的限制，进入难度较大。目前在中国从事锌精矿贸易的主要竞争者包括嘉能可、荷兰托克有限公司等少数贸易商，近 5 年没有重要的新市场进入者。中国锌冶炼企业自有原料企业少，生产规模小，买方力量弱，主要通过现货合同进口锌精矿，在交易过程中处于不利地位，加工费明显低于全球基准价格。市场进入和买方力量难以抵消此项经营者集中对竞争的不利影响。

5. 铅精矿市场竞争分析

（1）此项经营者集中将提高嘉能可对铅精矿市场的控制力。斯特拉塔是全球第二大铅精矿生产商，2011 年在全球铅精矿生产市场占有 5.2% 的份额。嘉能可 2011 年在全球铅精矿生产市场占有 1.6% 的份额。集中双方合并市场份额为6.8%，居全球第一位。

嘉能可是全球最大的铅精矿供应商，2011年在全球铅精矿供应市场占有7.4%的份额。斯特拉塔2011年在全球铅精矿供应市场占有0.2%的份额。集中双方合并份额为7.6%，居全球第一位。2011年，嘉能可在中国铅精矿供应市场占有9%的份额，居第二位，斯特拉塔在中国市场没有供应铅精矿。

嘉能可拥有全球铅精矿采购、分销能力以及客户资源，2010年在全球第三方铅精矿贸易市场占有45%的份额，居第一位；2011年在全球铅精矿贸易市场占有21.9%的份额，居第二位。

中国铅精矿进口量占总供应量比例较高，2011年27.3%的铅精矿需要进口。中国市场是嘉能可的铅精矿的主要市场，2011年嘉能可向中国市场出口的铅精矿占其全球总销售量的64.3%，在中国铅精矿进口市场占有21.7%的份额。

此项经营者集中将显著增强嘉能可在铅精矿生产、供应市场的地位，进一步强化嘉能可对铅精矿贸易市场的控制力。

（2）此项经营者集中将强化嘉能可对铅产业链的整合。此项经营者集中完成后，嘉能可将实现在铅精矿生产、供应和贸易市场的垂直整合。铅金属是铅精矿的下游产品。嘉能可和斯特拉塔还是全球铅金属重要的生产、供应和贸易商。2011年嘉能可和斯特拉塔在全球铅金属生产市场的合并份额居第一位；在全球铅金属供应市场的合并份额居第二位。此项经营者集中完成后，嘉能可在铅精矿生产、供应、贸易，以及铅金属生产、供应等市场均有重要影响力。

综上，斯特拉塔虽然目前在中国市场没有供应铅精矿，但此项经营者集中完成后，斯特拉塔的铅精矿生产能力将增强嘉能可在铅精矿供应和贸易市场的控制力，强化嘉能可对铅产业链的整合，增强嘉能可对铅精矿的价格影响力，对中国铅冶炼企业具有不利影响。

铅精矿市场进入受资源分布、资金要求、营销网络和环保、产业政策的限制，进入难度较大。目前在中国从事铅精矿贸易的主要竞争者包括嘉能可、托克、马克瑞士等少数贸易商，近5年没有重要的新市场进入者。中国铅冶炼企业生产规模偏小，买方力量较弱。大部分冶炼企业通过现货合同进口铅精矿，在交易过程中处于不利地位，加工费明显低于全球基准价格。市场进入和买方力量难以抵消此项经营者集中对竞争的不利影响。

6. 审查结论

此项经营者集中将消除中国铜精矿、锌精矿和铅精矿市场的重要竞争者或潜在竞争者斯特拉塔，显著增加嘉能可掌握的相应矿产资源量，进一步强化嘉能可在相关产业的纵向整合程度，提高其对铜精矿、铅精矿和锌精矿等大宗商品市场的控制力。此项经营者集中对铜精矿、铅精矿和锌精矿市场可能具有排除、限制竞争的效果。

（三）审查决定

审查认为，嘉能可收购斯特拉塔对中国铜精矿、锌精矿和铅精矿市场可能具有排除、限制竞争的效果，商务部决定基于嘉能可最终救济方案的承诺附加限制性条件批准此项经营者集中，嘉能可和斯特拉塔应履行如下义务：

1. 铜精矿市场

（1）剥离铜精矿资产。嘉能可应当剥离本交易后其在拉斯邦巴斯（Las Bambas），即斯特拉塔目前正在开发的位于秘鲁的铜矿项目中持有的全部权益（以下简称拉斯邦巴斯项目）。

自本公告公布之日起3个月内，嘉能可应当启动出售拉斯邦巴斯项目的程序并公布其出售要约公告。随后，应定期向商务部报告其寻找潜在买方的情况。嘉能可应尽其合理的最佳努力于2014年8月31日前向商务部提交关于潜在买方的详细情况。2014年9月30日之前，除非经商务部同意延期，嘉能可应当与经商务部同意的买方签订具有约束力的出售协议。2015年6月30日之前，嘉能可应当完成上述出售协议项下拉斯邦巴斯项目的转让交割。

如嘉能可未能于2014年9月30日之前按上述要求与经商务部同意的买方签订具有约束力的出售协议，或者签署协议但未于2015年6月30日之前完成协议项下拉斯邦巴斯项目的转让交割，除非经商务部同意，嘉能可应当委任剥离受托人，分别自2014年10月1日或者2015年7月1日起3个月内，无底价拍卖商务部指定的其在下述任一项目中的全部权益：坦帕坎（Tampakan)、芙蕾达河（Frieda River)、埃尔帕琼（El Pachón）或阿伦布雷拉(Alumbrera)。

（2）维持集中前铜精矿的交易条件。2013年至2020年12月31日，嘉能可应每年向中国客户提供不低于最低数量的铜精矿长期合同报盘。2013年最低数量为90万干公吨铜精矿。其中，不低于20万干公吨报盘的价格应按照主要矿山企业和主要冶炼厂在年度供货谈判中协商达成的年度基准价提供，其余70万干公吨报盘的价格应参照上述价格提供。在上述期限内，自2014年1月1日起，如嘉能可年度铜精矿生产预算发生增减，则其向中国客户提供上述最低数量报盘应按比例进行调整。

2. 锌精矿和铅精矿市场

2013年至2020年12月31日，嘉能可应当继续向中国客户提供锌精矿和铅精矿长期合同和现货合同报盘，其报盘条件（包括与价格相关的条件）应公平、合理，并在考虑产品质量、数量、交货期、付款条件、买方信誉以及其他相关因素的情况下与当时通行的国际市场条款一致。

案件18：丸红公司收购高鸿公司100%股权案[1]

（一）立案和审查程序

2012年6月19日，商务部收到丸红公司收购高鸿公司100%股权的经营者集中反垄断申报。经审核，商务部认为该申报文件、资料不完备，要求申报方予以补充。7月31日，商务部确认经补充的申报文件、资料符合《反垄断法》第23条的要求，对该项经营者集中申报予以立案并开始初步审查。8月30日，商务部决定对此项经营者集中实施进一步审查。经进一步审查，商务部认为此项经营者集中对中国大豆进口市场可能具有排除、限制竞争效果。11月28日，经申报方同意，商务部决定延长进一步审查期限，截止时间为2013年1月27日。在上述审查期间，申报方就商务部提出的竞争问题提交了

[1] 案件来源：商务部公告［2013］第22号。

解决方案，经审查认为不能有效解决该案竞争问题。2013 年 1 月 25 日申报方申请撤回案件并于 1 月 31 日重新申报。2 月 5 日，商务部予以立案。3 月 5 日，商务部决定对此项经营者集中实施进一步审查。

（二）竞争分析

商务部认为此项经营者集中在中国大豆进口市场可能具有排除、限制竞争的效果。

1. 交易概况

2012 年 5 月 29 日，丸红公司与高鸿公司签署了《股权收购协议》（以下简称《协议》）。根据《协议》，丸红公司将通过 Gold Marble 投资公司（丸红公司为本交易而建立的全资子公司）收购高鸿公司全部股权。交易完成后，丸红公司将间接持有高鸿公司 100% 的股权。

2. 相关市场

丸红公司从美国、加拿大、巴西、澳大利亚、印度、乌克兰等主要生产区域的农户（约占 20%）或其他贸易商（约占 80%）处采购大豆、小麦、玉米、动物油脂等大宗农产品，并销往日本、中国、韩国、中国台湾地区、印度尼西亚、越南、美国、加拿大、墨西哥、中美洲地区、加勒比地区、欧洲经济区等地。在中国，丸红公司进行大豆、大豆产品、玉米、干粗酒糟等大宗农产品贸易。2012 年，丸红公司出口到中国的大宗农产品总量约 1060 万吨，其中大豆 1 050 万吨。

高鸿公司从美国、加拿大和澳大利亚的农户（约占 85%）或其他贸易商（约占 15%）处采购大豆、玉米、动物油脂等大宗农产品，并销往北美、亚洲、欧洲、拉丁美洲、非洲、加勒比海地区、中东以及大洋洲。在中国，高鸿公司进行黄玉米、大豆、豆粕以及饲料与食物配料等大宗农产品贸易。2012 年，高鸿公司出口到中国的大宗农产品总量约 40 万吨。

根据双方经营范围、方式及商品特性，需求和供给替代等因素，商务部认为中国大豆、玉米、豆粕以及干粗酒糟的进口市场为相关商品市场。同时，考虑到上述商品的实际贸易情况、消费习惯、运输、关税等因素，相关地域市场为中国，同时考虑了全球范围的因素。

3. 竞争分析

此项经营者集中涉及的相关商品中，中国是世界最大的大豆进口国，2012 年中国大豆进口量占全球大豆贸易总量的 60%，占中国国内供应量的 80%。丸红公司经营的大豆 99% 出口到中国市场。高鸿公司在北美大豆采购、仓储、物流方面具有相当的能力。此项经营者集中将使丸红公司在拥有中国大豆进口市场综合优势的基础上整合高鸿公司北美大豆市场的潜在能力，提高丸红公司向中国出口大豆的能力，可能实质性增强其在中国大豆进口市场的控制力，产生排除、限制竞争的效果。

（1）中国大豆进口市场。2012 年，中国进口大豆 5838 万吨。作为主要出口商，丸红公司向中国出口大豆 1050 万吨，居第一位。其他出口商，如阿彻丹尼尔斯米德兰公司（ADM）、嘉吉公司、托福国际集团、路易达孚公司、邦吉公司等向中国出口大豆量均远低于丸红公司。与主要竞争对手相比，丸红公司在中国大豆市场的分销能力和客户资源方面也具有一定优势。2012 年，高鸿公司在全球的大豆销售量为 510 万吨，同时高鸿公司在北美大豆采购、仓储、物流领域具有一定规模，其拥有美国商用谷物存储能力的 7%，在美国大豆主产区拥有多个采购平台，并在美国西北海岸拥有出口设施。

此项经营者集中完成后，丸红公司将可能利用高鸿公司在北美大豆采购、仓储、物流等方面的能力，扩大其大豆采购来源。同时，丸红公司凭借其在中国市场健全的营销网络和丰富的客户资源，大幅提高对中国的大豆出口，从而进一步强化其在中国大豆进口市场已具有的领先地位，增强其对中国大豆进口市场的控制力。

进入大豆贸易市场需要具备获取大豆资源的渠道以及营销网络，且需具备相当的规模经济条件，才能参与有效的市场竞争，市场进入难度较大。最近 5 年，全球大豆贸易市场和中国大豆进口市场均没有重要的新市场进入者。此项经营者集中将大幅增加丸红公司掌握的全球大豆资源，提高潜在竞争者进入相关市场的难度。市场进入难以减轻或消除此项经营者集中引起的排除、限制竞争效果。

目前，中国大豆高度依赖进口，国内大豆压榨企业集中度低，生产规模小，议价能力较弱。此项经营者集中可能进一步削弱下游大豆压榨企业的议价能力。

综上，此项经营者集中完成后，丸红公司在中国大豆进口市场的控制力进一步增强，市场进入难度进一步增加，可能具有排除、限制相关市场竞争的效果，最终可能损害下游客户及最终消费者利益。

（2）中国玉米、豆粕、干粗酒糟进口市场。在中国玉米、豆粕和干粗酒糟进口市场，丸红公司和高鸿公司合并后市场份额分别为6%、4.5%和8.4%，且市场上存在众多强有力的竞争对手，能够对合并后实体形成竞争制约。反垄断审查认为，此项经营者集中难以在中国玉米、豆粕和干粗酒糟进口市场产生排除、限制竞争效果。

（三）审查决定

经审查，商务部认为丸红公司收购高鸿公司100%股权案对中国大豆进口市场可能具有排除、限制竞争效果。根据丸红公司向商务部作出的承诺，商务部决定附加限制性条件批准此项经营者集中。交易双方应当履行如下义务：

第一，此项经营者集中完成后，维持丸红公司和高鸿公司向中国出口和销售大豆业务的分离与独立，包括但不限于以下内容：

（1）本决定生效之日起6个月内，丸红公司应设立两家独立的法人实体，组建两支独立的运营团队负责向中国出口和销售大豆。丸红公司将通过丸红大豆子公司向中国出口和销售大豆。高鸿公司将通过高鸿大豆子公司向中国出口和销售大豆。丸红公司应就上述两家独立实体的设立制定实施方案，在报告监督受托人并经商务部批准后实施，接受本决定项下的监督。

（2）维持丸红大豆子公司与高鸿大豆子公司之间的分离和独立，包括但不限于人事任免、采购、营销、销售、定价等方面。为确保上述独立性，丸红公司和高鸿公司应事先制定保障措施，报告监督受托人并经商务部批准后实施，接受本决定项下的监督。

（3）此项经营者集中完成后，丸红大豆子公司不得从高鸿美国资产（高鸿公司单独控制的位于美国的用于产品采购和出口的资产）采购大豆，除非交易依据公平市场条件进行。若集中完成后，丸红公司位于美国的收购和出口资产将转移并合并至高鸿资产，丸红大豆子公司基于公平合理原则采购大豆的义务将同时扩展适用于这些资产。为确保公平交易原则的实施，丸红公司和高鸿公司应事先制定相应保障措施（包括在丸红大豆子公司和高鸿美国资产之间可能设置的防火墙），报告监督受托人并经商务部批准后实施，接受本决定项下的监督。

（4）丸红大豆子公司和高鸿大豆子公司之间不得交换竞争性信息。竞争性信息是指任何可能导致丸红大豆子公司和高鸿大豆子公司之间协调彼此经营行为的信息，包括但不限于中国大豆销售价格，与采购或销售商业条款相关的信息、成本信息、目前或潜在客户、客户谈判和客户名单、营销和战略规划等。为确保实现上述目标，丸红公司和高鸿公司应事先制定保障措施，特别是在丸红大豆子公司和高鸿大豆子公司之间设置防火墙，确保双方不会交换竞争性信息。上述措施报告监督受托人并经商务部批准后实施，接受本决定项下的监督。

第二，根据商务部《关于实施经营者集中资产或业务剥离的暂行规定》，丸红公司应委托独立的监督受托人对丸红公司履行上述义务的情况进行监督。

自本决定实施起的24个月期间内，丸红公司应当每6个月就其遵守上述第一项义务的情况向商务部和监督受托人报告。24个月期满后，丸红公司可以向商务部提出解除上述第一项义务的申请。该申请应说明本决定项下附加限制性条件的实施情况和解除上述义务的理由并提供相关证据。商务部将依申请并根据市场竞争状况做出是否解除的决定。

案件19：美国百特国际有限公司收购瑞典金宝公司案[1]

（一）立案和审查程序

2012年12月31日，商务部收到百特收购金宝经营者集中反垄断申报。经审核，商务部认为该申报文件、资料不完备，要求申报方予以补充。2013

[1] 案件来源：商务部公告［2013］第58号。

年3月12日，商务部确认经补充的申报文件、资料符合《反垄断法》第23条的要求，对此项经营者集中申报予以立案并开始初步审查。4月10日，商务部决定对此项经营者集中实施进一步审查。经进一步审查，商务部认为，此项经营者集中对持续肾脏替代治疗商品（以下简称CRRT系列商品）中的CRRT监测仪、CRRT透析器和CRRT血路管三种商品市场和血液透析系列商品中的血透透析器市场可能具有排除、限制竞争的效果。7月9日，经申报方同意，商务部决定延长进一步审查期限，截止时间为9月7日。

（二）竞争分析

商务部认为此项经营者集中在CRRT系列商品市场和血透透析器市场可能具有排除、限制竞争的效果。

1. 交易概况

通过本次交易，百特将间接收购金宝的全部股权，交易完成后，金宝将成为百特的全资子公司。

2. 相关市场

交易双方在CRRT系列商品和血液透析系列商品上存在横向业务重叠。CRRT系列商品又称床旁血滤设备，通常适用于医院重症监护病房中有生命危险的急性肾脏功能损伤患者，CRRT系列商品包括CRRT监测仪、CRRT透析器、CRRT血路管、CRRT导管、CRRT液剂。血液透析设备主要用于治疗急性常规肾损伤以及慢性肾病，血液透析系列商品包括血透监测仪、血透透析器、血透血路管、血透导管和血透液剂。商务部考察了CRRT系列商品和血液透析系列商品在价格、治疗侧重点、适用对象等需求方面的因素，同时也考虑了这两类商品的技术特征、商品提供所需知识产权及转产的难易程度等供给方面的因素，确认CRRT系列商品和血液透析系列商品分别构成独立的系列相关商品市场，其中重点审查了CRRT系列商品中的CRRT监测仪市场、CRRT透析器市场和CRRT血路管市场，以及血透透析器市场。

商务部考察了CRRT系列商品和血透系列商品在关税、运输成本、进出口情况及贸易现状等方面的因素，认为需要从全球范围分析本项交易对市场竞争的影响，同时考察了此交易可能对中国境内市场竞争的影响。

3. 竞争评估

商务部依据相关市场的市场份额、市场集中度、市场控制力、市场进入等因素，对CRRT监测仪、CRRT血路管、CRRT透析器和血透透析器市场可能产生的影响进行了评估。

（1）交易导致CRRT系列商品市场集中度进一步提高。无论是在全球还是中国境内，交易前，CRRT系列商品市场集中度已经很高。在全球CRRT监测仪、CRRT血路管和CRRT透析器市场，交易前市场集中度指数（HHI）分别为3 612、3 162和2 908；交易后HHI指数分别为4 410、3 798和4 108，市场集中度指数增量（ΔHHI）分别达到798、636和1 200。在中国境内CRRT监测仪、CRRT血路管和CRRT透析器市场，交易前HHI指数分别为2 738、3 702和4 506；交易后HHI指数分别为3 942、7 158和6 426，集中度增量（ΔHHI）分别达到1 204、3 456和1 920。

（2）交易使收购方在CRRT系列商品市场拥有支配地位。交易前，集中双方在CRRT系列商品市场互为主要竞争者。2012年，在全球范围内，集中双方在CRRT监测仪市场的合计份额为64%（百特7%、金宝57%），在CRRT血路管市场的合计份额为59%（百特6%、金宝53%），在CRRT透析器市场的合计份额为62%（百特12%、金宝50%）；在中国境内，集中双方在CRRT监测仪市场的合计份额为57%（百特14%、金宝43%），在CRRT血路管市场的合计份额为84%（百特36%、金宝48%），在CRRT透析器市场的合计份额为79%（百特15%、金宝64%）。其他竞争者的市场份额均较小，对市场竞争影响有限。本交易消除了CRRT系列商品市场中的主要竞争者，使百特拥有较强的市场控制力，对市场竞争产生不利影响。

（3）交易增加了中国血透透析器市场企业间相互协调、限制竞争的可能性。2012年，在中国血透透析器市场上，尼普洛株式会社（以下简称尼普洛）的市场份额为26%，金宝为19%，百特为3%。交易前，百特的血透透析器产品由尼普洛代工生产。交易后，百特将拥有金宝既有的血透透析器生产能力和销售网络，与尼普洛一起成为中国血透透析器市场的两个主要竞争者，两者市场份额合计达到48%。百特与尼普洛签署的代工协议中包含生产成本、生产数量等竞争性信息，两者之间代工关系的存续便于双方相互协调，限制市场竞争。

商务部调查认为，CRRT系列商品和血液透析系列商品市场进入存在一定障碍。首先，进入血透系列商品或CRRT系列商品市场需要较长的时间和较高的成本，包括较高的生产、研发资本投入和构建销售网络。其次，拥有相应的专利和知识产权是进入该市场并保持生存的重要条件。另外，各国对上述商品均有严格的市场准入限制，相关商品需要达到一定的技术质量标准才能获得相应资质。在中国境内从事相关业务需获得国家食品药品监督管理总局批准。

（三）审查决定

审查认为，百特收购金宝对CRRT系列商品市场和血透系列商品中的血透透析器市场可能产生排除、限制竞争的效果，商务部决定附加限制性条件批准此项经营者集中。百特和金宝主要应主要履行如下义务：

（1）百特剥离其全球的CRRT业务，包括确保剥离业务存活性和竞争力所需的有形资产和无形资产。

（2）2016年3月31日前，百特在中国境内终止尼普洛代工生产协议（本决定公布时已经存在的客户合同或其他法律法规项下的供应义务除外）。

案件20：联发科技股份有限公司吸收合并开曼晨星半导体公司案〔1〕

（一）立案和审查程序

2012年7月6日，商务部收到联发科技吸收合并开曼晨星100%股权的经营者集中反垄断申报。经审核，商务部认为申报文件、资料不完备，要求申报方予以补充。9月4日，商务部确认经补充的申报文件、资料符合《反垄断法》第23条的规定，对该项经营者集中立案审查。9月29日，商务部决定对

〔1〕 案件来源：商务部公告［2013］第61号。

此项经营者集中实施进一步审查。经进一步审查，商务部认为，此项集中对液晶电视主控制芯片（LCD 电视芯片的核心部件）设计与销售市场（以下简称液晶电视主控芯片市场）具有排除、限制竞争的效果。12 月 28 日，经申报方同意，商务部决定延长进一步审查期限。在上述审查期间，申报方就商务部提出的竞争问题提交了多轮解决方案，经审查均不能有效解决此项集中导致的竞争问题，2013 年 2 月 22 日，申报方申请撤回案件并得到了商务部同意。3 月 12 日，商务部对申报方的重新申报予以立案审查。4 月 9 日，商务部决定对此项经营者集中实施进一步审查。7 月 8 日，经申报方同意，商务部决定延长进一步审查期限，截止时间为 9 月 6 日。

（二）竞争分析

联发科技与开曼晨星均为芯片（微电子集成电路）设计企业，主要业务是多媒体显示器相关芯片设计和无线通讯相关芯片设计。本次集中采取换股吸收合并的方式，开曼晨星每股普通股换联发科技普通股 0.794 股及新台币 1 元现金（折合 0.211 2 元人民币），交易总金额 245.5 亿元人民币。

商务部认为此项交易在液晶电视主控芯片市场具有排除、限制竞争的效果。

1. 相关市场

本交易所涉相关商品市场为液晶电视主控芯片市场和手机基带芯片设计与销售市场。鉴于此项集中对手机基带芯片设计与销售市场难以产生排除、限制竞争的影响，商务部重点审察了液晶电视主控芯片市场的情况。

（1）相关商品市场。液晶电视主控芯片、机顶盒芯片、液晶监视器芯片均属于多媒体显示器相关芯片，主要用来接收及转换音频及视频讯号。从需求方面看，液晶电视主控芯片、机顶盒芯片、液晶监视器芯片的应用领域、功能和价格差异较大，替代关系不强。从供给方面看，液晶电视主控芯片、液晶监视器芯片、机顶盒芯片之间的供给替代性不明显。液晶电视主控芯片集成度高、设计方案复杂，在实际运营中，为确保产品的稳定性和匹配性，液晶电视主控芯片供应商需要与液晶电视机厂商进行长期合作。液晶监视器芯片设计商与机顶盒芯片设计商转产液晶电视主控芯片，需要长期的技术积累、经验积累和客户积累。因此，液晶电视主控芯片市场构成独立的相关商品市场。

（2）相关地域市场。商务部分析了液晶电视主控芯片在关税、运输成本、进出口政策、贸易量、产品研发、设计流程和产业分布等方面的情况，认为其具有全球性特征。同时，电视主控芯片设计商在推出商品时，需满足中国大陆市场对语言文化、地理位置、技术服务、价格期望等方面的要求，中国大陆市场具有自身的独特性。因此，商务部在考察全球市场的同时，重点评估了中国大陆市场的情况。

2. 集中改变了相关市场结构

交易前，中国大陆液晶电视主控芯片市场的集中度指数（HHI）为4 533，市场集中度很高；交易后HHI指数为6 500，增量值（ΔHHI）为1 962。本交易显著改变了中国大陆液晶电视主控芯片的市场结构。

3. 集中消除了主要竞争对手

联发科技与开曼晨星均是液晶电视主控芯片的主要供应商，两者的产品可比性强，客户重叠度高。交易前，联发科技与开曼晨星在相关市场中处于第一和第二的位置，双方在液晶电视主控芯片的创新、服务和价格等方面具有相互制约的能力。

4. 集中使收购方在相关市场拥有支配地位

在全球液晶电视主控芯片市场，开曼晨星的市场份额为43.6%，联发科技的市场份额为17.5%，交易双方合计市场份额为61%左右。在中国大陆液晶电视主控芯片市场，开曼晨星的市场份额为65%，联发科技的市场份额为15%，交易双方合计市场份额为80%。其他液晶电视主控芯片供应商难以对其形成有效的竞争制约。

5. 集中使客户对芯片供应商的选择受到限制

在中国大陆市场，液晶电视主控芯片供应商与电视机厂商相互依存，双方需要密切合作，共同进行产品定位和技术磨合。同时，为分担运营风险，电视机厂商通常会选择至少两家芯片企业作为其芯片供应商。目前中国大陆六大电视机厂商均把双方作为主要芯片供应商，对联发科技和开曼晨星均存在一定依赖。本交易完成后，开曼晨星将被吸收合并，电视机厂商对芯片供应商的选择将受到限制。

6. 相关市场进入难度较大

此项集中所涉行业属于高新技术产业，进入该行业需要相应知识产权和设计经验。因产品研发设计的前期投入成本高、时间长，没有相关设计经验和知识产权的企业，难以进入市场。目前除联发科技和开曼晨星之外，其他市场参与者市场份额都较小，新进入者不多。

7. 行业特征及发展趋势

在评估此项集中在液晶电视主芯片市场具有排除、限制竞争效果的同时，商务部还深入考察了相关产品所处的行业状况，认为液晶电视主控芯片所处行业的特征和供求变化情况，在一定程度上弱化了此项集中对竞争产生的不利影响。

（1）液晶电视主控芯片市场竞争格局不稳定。该产品更新换代较快，生命周期较短。智能电视芯片的推广进程日益加快，电视芯片与手机芯片、电脑芯片的边界趋于模糊。具有综合研发实力的芯片设计企业未来有能力参与市场竞争。

（2）本交易为其他市场参与者提供了成长机会。中国大陆六大电视机厂商通常从两家或两家以上供货商采购芯片。本交易完成后，以联发科技和开曼晨星为供货商的电视机厂商，可能会寻求其他竞争者作为供货商，客户选择范围的扩大为规模较小的竞争者成长为实力较强的竞争者提供了机会。

综合以上分析，商务部认为，尽管行业特征和发展趋势可以相对弱化此项集中对竞争的不利影响，但此项集中在短期内对中国大陆液晶电视主控芯片市场仍具有排除、限制竞争的效果，可能表现为提高芯片价格、减少研发投入或延缓新产品的推出速度、降低客户服务水平等。

（三）审查决定

鉴于联发科技吸收合并开曼晨星将会对中国大陆液晶电视主控芯片市场产生排除、限制竞争的效果，商务部决定基于交易双方提交的《最终救济方案》附加限制性条件批准此项经营者集中，条件包括：

（1）保持晨星台湾作为独立竞争者的法人地位。本交易完成后，开曼晨星退市，其手机芯片及其他无线通信业务并入联发科技，液晶电视主控芯片及其他业务由其既存子公司晨星台湾拥有和运营。晨星台湾作为独立竞争者的法人地位不变。

（2）联发科技行使有限股东权利。在保持独立期间，联发科技作为晨星台湾的股东，除取得晨星台湾的分红、上市公司合并财报信息以及有条件委任董事外，暂不行使其他股东权利。联发科技在确有必要行使其他股东权利时，应事先向商务部提出申请并证明不会损害双方的相互独立和有效竞争。商务部在听取监督受托人意见后作出决定。

（3）联发科技和晨星台湾未经商务部批准不得进行业务合作。双方应制订保障措施，防止信息交换并保障晨星台湾高管和员工的独立性。同时，双方应以可核查的方式，保持交易前双方在LCD电视芯片产品供应、售后服务及在原始程序代码开放等方面的一贯做法，确保交易后的市场竞争不因此项经营者集中受到不利影响。

（4）联发科技和晨星台湾在LCD电视芯片市场并购其他竞争者，应事先向商务部申报，未经批准不得实施。

（5）限制性条件的监督执行。自本决定生效之日起三年内，联发科技和晨星台湾每三个月向商务部书面汇报履行义务的进展情况，指定联系人负责与商务部和监督受托人沟通。三年期满后，联发科技和晨星台湾可以向商务部提出解除“保持晨星台湾作为独立竞争者的法人地位”相关义务的申请。

案件21：赛默飞世尔科技公司收购立菲技术公司案[1]

（一）立案和审查程序

2013年7月3日，商务部收到赛默飞世尔科技公司收购立菲技术公司经营者集中反垄断申报。经审核，商务部认为该申报文件、资料不完备，要求

〔1〕案件来源：商务部公告［2014］第3号。

申报方予以补充。8月27日，商务部确认经补充的申报文件、资料符合《反垄断法》第23条的要求，对该项经营者集中申报予以立案并开始初步审查。9月26日，商务部决定对此项经营者集中实施进一步审查。经进一步审查，商务部认为此项经营者集中在细胞培养产品、序列特定引物技术（SSP）试剂盒、十二烷基硫酸钠—聚丙烯酰胺凝胶电泳（SDS－PAGE）蛋白质标准品和小分子干扰核糖核酸（siRNA）试剂等市场可能具有排除、限制竞争效果。12月25日，经申报方同意，商务部决定延长进一步审查期限，截止时间为2014年2月23日。

（二）案件基本情况

1. 交易概况

2013年4月14日，交易双方签署《合并协议》。根据协议，赛默飞世尔科技公司将以现金收购立菲技术公司全部股份，同时还将承担立菲技术公司截至本交易交割时的净债务。

2. 相关市场

交易双方在生物科技行业的分子生物学、蛋白质生物学、细胞培养技术等领域的59种产品具有横向重叠，展开直接竞争。从需求替代和供给替代的角度分析，该59种产品之间不存在相互替代性，各自构成本案独立的相关商品市场。

在生物科技行业，大型供应商通常就某一类产品在全球设立一个生产基地，生产产品面向全球销售；此外，还存在大量小型供应商，其生产产品仅在其所在国（地区）销售。各国（地区）生物科技产品销售模式、定价机制差异较大。销售模式分为直销和分销，两种销售模式下产品销售价格存在差异。

本案中，少数产品生产技术含量较高（如胎牛血清穿刺技术），或拥有准入性专利（如siRNA试剂涉及美国麻省理工学院Tuschl专利），包括中国在内的全球市场依赖大型生产商的供应，因此，将澳大利亚/新西兰胎牛血清、siRNA试剂地域市场界定为全球，同时考察交易对中国市场的影响；其他绝大多数产品属商品化产品，生产技术难度不高，亦没有准入性专利，国内外供应商均进行生产销售，由于中国有别于其他国家的销售模式和定价机制，销售模式以分销为主，且同类产品定价往往高于发达国家市场定价，将其地域市场界定为中国，同时考察交易对全球市场的影响。

（三）竞争分析

本案中，商务部利用市场集中度分析、价格上涨预测工具等经济学方法及市场调查等实证方法，深入研究了此次集中对59种相关商品市场竞争状况的影响。

1. 市场集中度分析

按照赫氏指数（HHI）对59种相关商品市场进行梳理，发现13种相关商品市场集中后HHI值大于1 500且由集中引起的HHI变动值大于100，说明该13种市场集中度较高且由集中引起的集中度变量较大，需作进一步调查。

类别	领域	产品	集中前HHI值	集中后HHI值	HHI变化值
细胞培养	研究领域	培养基	2 126	2 721	594
细胞培养	产业领域	澳大利亚/新西兰胎牛血清	1 991	2 568	577
细胞培养	产业领域	培养基	1 444	1 969	525
细胞培养	研究领域	澳大利亚/新西兰胎牛血清	2 041	2 435	394
移植诊断	人类白细胞抗原配型	SSP试剂盒	2 925	4 800	1 875
蛋白质生物学	SDS－PAGE	蛋白质标准品	3 457	3 761	304
分子生物学	核酸纯化	基于磁珠的纯化仪器	1 411	1 697	286
细胞培养	研究领域	过程液体	2 850	3 118	268
蛋白质生物学	染料	活性染料	1 553	1 793	241
细胞培养	产业领域	小牛血清	2 177	2 375	197
分子生物学	核酸扩增	逆转录酶	1 709	1 878	169
分子生物学	核酸扩增	热循环仪	1 957	2 070	113
分子生物学	导入系统	转染试剂	2 123	2 231	108

2. 价格上涨预测

利用相关商品的销售价格、利润率等信息，进行量化分析（利润率－

HHI 回归分析和说明性价格上涨测试），对上述 13 种市场集中度较高且由集中引起的集中度变量较大产品的价格上涨幅度进行预测：

产品	基于利润率－HHI 回归分析对赛默飞世尔价格上涨预测	基于说明性价格上涨测试对赛默飞世尔价格上涨预测	基于利润率－HHI 回归分析对立菲价格上涨预测	基于说明性价格上涨测试对立菲价格上涨预测
研究领域培养基	3.7%	13.9%	4.1%	2.7%
产业领域澳大利亚/新西兰胎牛血清	5.6%	2.8%	1.5%	4.1%
产业领域培养基	4.1%	5.7%	2.0%	3.9%
研究领域澳大利亚/新西兰胎牛血清	3.8%	6.6%	1.3%	2.7%
SSP 试剂盒	33.6%	16.7%	11.6%	14.4%
SDS－PAGE 蛋白质标准品	1.7%	2.1%	2.3%	10.3%
基于磁珠的纯化仪器	1.3%	1.8%	1.0%	2.0%
研究领域过程液体	1.7%	12.4%	2.6%	1.4%
活性染料	1.3%	10.8%	2.5%	1.1%
产业领域小牛血清	0.9%	−0.1%	0.4%	5.0%
逆转录酶	0.9%	12.7%	2.1%	0.7%
热循环仪	0.5%	7.9%	0.7%	0.3%
转染试剂	0.6%	15.3%	2.0%	0.4%

预测结果表明，除基于磁珠的纯化仪器外，其他 12 种产品集中后价格上涨幅度将超过 5%。

3. 竞争分析

商务部重点对上述 12 种预测价格上涨幅度超过 5% 的产品进行了深入调查。调查结果进一步表明，其中 3 类共计 8 种产品可能具有排除、限制竞争效果，其余 4 种产品难以产生排除、限制竞争效果。具体分析如下：

（1）细胞培养产品。研究领域/产业领域培养基、研究领域/产业领域澳大利亚/新西兰胎牛血清、研究领域过程液体和产业领域小牛血清等产品均属细胞培养产品。交易双方是全球范围内为数不多的细胞培养产品大型供应商，该市场虽也有一些小型供应商，但市场份额极低，而交易双方合计全球市场份额高达40%－60%，在中国市场份额甚至更高。此外，细胞培养产品多用于人体疫苗、药物的开发，下游客户对供应商的产品质量和企业声誉要求非常严格，一般不愿意更换供应商，市场进入难度很高。

（2）SSP试剂盒。经行业调查发现，SSP虽在骨髓移植应用中已不作为主要技术，但在器官移植中仍应用广泛。集中前，双方在中国市场份额分别为20%－25%；若集中完成后，双方合计份额达40%－50%。此次集中后实体的市场控制力将明显增强，可能导致较大幅度的价格上涨，损害下游消费者的利益。

（3）SDS－PAGE蛋白质标准品。交易双方在中国市场合计份额达56%。此次集中导致的市场份额增量虽不大，但由于该市场中竞争者数量不多，集中引起的市场集中度增幅较高，市场竞争结构发生较大变化。同时，行业问卷调查结果也表明双方产品的市场认知度较高，下游客户对其有较强依赖性。此次交易将会减少下游用户的选择空间。

在活性染料、逆转录酶、热循环仪和转染试剂等4个商品市场中，调查结果表明，虽然交易双方市场份额较高，但相关市场竞争者众多，产能无限制，市场技术壁垒不高，此次集中难以在该4个相关商品市场产生排除、限制竞争影响。

除上述12种产品外，商务部还对基因调整产品中的siRNA试剂进行了深入调查。该产品涉及美国麻省理工学院（MIT）Tuschl专利，目前MIT在全球仅授权4家公司进行生产，赛默飞世尔科技公司和立菲技术公司是其中较大的两家。双方虽在中国市场份额较低，但在全球市场合计份额高达80%－90%，此次交易实施后将加强集中后实体的市场支配地位。

综上，经商务部综合评估后认为，本次交易在细胞培养产品、SSP试剂盒、SDS－PAGE蛋白质标准品和siRNA试剂市场可能产生排除、限制竞争效果。

（四）审查决定

经审查，商务部认为赛默飞世尔科技公司收购立菲技术公司在细胞培养产品、SSP 试剂盒、SDS－PAGE 蛋白质标准品和 siRNA 试剂市场可能具有排除、限制竞争效果。根据赛默飞世尔科技公司向商务部提出的救济方案，商务部决定附加限制性条件批准此项经营者集中。赛默飞世尔科技公司主要应当履行如下义务：

（1）剥离其全球细胞培养业务，包括确保剥离业务存活性、可售性和竞争力所需的有形资产和无形资产。

（2）出售其所持有的位于中国境内的兰州民海生物工程有限公司 51% 股权。

（3）剥离其全球基因调整业务，包括确保剥离业务存活性、可售性和竞争力所需的有形资产和无形资产。

（4）未来 10 年中以每年 1% 的幅度降低 SSP 试剂盒和 SDS－PAGE 蛋白质标准品的中国市场目录价，同时不降低给予中国经销商的折扣。

（5）未来 10 年中依据第三方的选择以代工协议（OEM）方式向第三方供应 SSP 试剂盒和 SDS－PAGE 蛋白质标准品或给予第三方有关 SSP 试剂盒和 SDS－PAGE 蛋白质标准品的永久非排他性技术许可。

案件 22：微软收购诺基亚设备和服务业务案〔1〕

（一）立案和审查程序

2013 年 9 月 13 日，商务部收到微软收购诺基亚设备和服务业务案的经营者集中反垄断申报。经审核，商务部认为该申报文件、资料不完备，要求申报方予以补充。10 月 10 日，商务部确认经补充的申报文件、资料符合《反垄断法》第 23 条的要求，对该项经营者集中申报予以立案并开始初步审查。11 月 8 日，商务部决定对此项经营者集中实施进一步审查。经进一步审查，商务部认为此项经营者集中对中国智能手机市场可能具有排除、限制竞争效果。2014 年 2 月 8 日，经申报方同意，商务部决定延长进一步审查期限，截止时

〔1〕 案件来源：商务部公告［2014］第 24 号。

间为2014年4月8日。

（二）案件基本情况

2013年9月2日，微软国际控股有限公司（Microsoft International Holdings B. V.，微软全资子公司）与诺基亚签署《股票及资产购买协议》（以下简称协议）。根据协议，微软将收购诺基亚所有的设备和服务业务，诺基亚保留其所有通信及智能手机相关发明专利。微软将支付诺基亚54.4亿欧元对价（约合458.62亿人民币），其中37.9亿欧元用于购买诺基亚所有的设备和服务业务，16.5亿欧元用于支付专利协议和未来期权。

（三）相关市场

1. 相关商品市场

微软和诺基亚在多个市场存在纵向关联。就本案而言，微软生产和供应Surface系列平板电脑；开发和许可移动智能终端操作系统，包括智能手机操作系统Windows Phone、平板电脑操作系统Windows RT和Windows 8；开发和许可与移动智能终端相关的技术专利。诺基亚生产并销售功能手机和智能手机，并拥有大量2G、3G和4G无线通信技术专利。根据集中所涉业务，反垄断审查重点考察了智能手机市场、移动智能终端操作系统市场、与移动智能终端相关的专利许可市场。

（1）智能手机市场。移动智能终端是指具备个人电脑级的处理能力、高速接入能力和丰富的人机交互界面的智能终端，可进一步细分为智能手机和平板电脑。市场调查显示，智能手机和平板电脑的需求替代性不足以将二者划为同一相关市场。智能手机提供打电话等平板电脑不具备的重要功能，平板电脑由于屏幕大，在长时间视频、阅读、商务应用等用途上比智能手机更为合适。未来，随着科学技术发展，两者之间的差异可能会消除，但就目前市场调查结果看，智能手机与平板电脑不属于同一个相关产品市场。此外，智能手机拥有独立处理器，能够让用户下载、安装应用软件，在功能上区别于传统功能手机，且二者在价格上有明显区别。智能手机与功能手机不属于同一产品市场。目前情况下，智能手机市场可视为独立的产品市场进行分析。

（2）移动智能终端操作系统。移动智能终端操作系统是一种用来管理移动智能终端的硬件和软件资源的程序，是移动智能终端的“大脑”，用户依此才能使用该移动智能终端并在其上运行应用程序软件。操作系统是移动智能终端的核心软件。市场调查显示，由于智能手机和平板电脑拥有相似的操作系统功能要求，很多移动智能终端操作系统如安卓和IOS能同时在智能手机和平板电脑上运行，智能手机操作系统和平板电脑操作系统之间具有很强替代性，市场调查表明，移动智能终端操作系统可视为独立的产品市场进行分析。

（3）移动智能终端相关专利许可市场。

一是通信技术标准必要专利（Standard Essential Patent，SEP）许可。

诺基亚在通信技术领域持有数千种标准必要专利。所谓标准是指，由标准制定组织（SSOs）或联盟协商一致制定并公布，共同使用的和重复使用的一种规范性文件。技术标准是在生产活动中为达到标准而必须实施的技术。技术标准的确立与实施保证了产品或服务的互换性、兼容性和通用性。专利权，作为一种法定的垄断权，赋予权利人就特定专利技术排他性使用的独占性权利。技术标准与专利相结合，形成了标准必要专利，即实施某项技术标准所需的专利。

通信技术标准必要专利是实现移动设备通信功能所需要实施的标准必要专利。现行主要通信标准包括2G、3G、4G。2G标准包括GSM和CDMA标准。GSM标准由欧洲电信标准化协会（ETSI）主持制定，CDMA标准由美国电信工业协会（TIA）主持制定。中国移动、中国联通运营GSM网络，中国电信运行CDMA网络。3G标准包括WCDMA、CDMA2000、TD－SCDMA标准。其中，WCDMA、TD－SCDMA标准由3GPP（ETSI创立的第三代合作伙伴计划）制定并发布。CDMA2000标准由3GPP2（TIA创立的第三代合作伙伴计划2）制定并发布。中国联通、中国电信、中国移动分别适用WCDMA、CDMA2000、TD－SCDMA标准。4G标准主要是指LTE标准，由3GPP制定并发布，在欧洲、美国、中国使用。

通信技术标准必要专利众多，往往由专利持有人进行一揽子许可，而且为满足消费者需求，智能手机往往需要同时具备2G、3G或4G的标准。从需求替代角度看，通信技术标准必要专利存在根据不同标准进一步细分的可能，但就本案而言，是否细分并不影响反垄断审查结论。本案反垄断审查对通信技术标准必要专利的许可市场进行了整体考察。

二是微软安卓项目许可。

移动智能终端除通信技术专利外，还需要大量与实现其“智能”功能相关的专利，包括智能手机操作系统相关专利、应用专利、网络技术专利等。安卓是由谷歌开发的智能手机操作系统，该系统提供给由谷歌领导的开放手机联盟成员使用。安卓是目前市场上主流的智能手机操作系统，其中含有微软的技术专利。装有安卓操作系统的智能手机被称为安卓手机，微软针对安卓手机进行的技术项目许可（微软安卓项目许可），包括了微软与智能手机相关的多项技术专利，主要涵盖三个部分：安卓操作系统各层级使用的微软技术专利；ex－FAT、RDP、EAS 等技术专利；以及与 WiFi、3G/4G 有关的技术专利。这些技术专利绝大部分是非标准必要专利（NonStandard Essential Patents，Non－SEPs）。

非标准必要专利不是由标准制定组织（SSO）或联盟制定的正式技术标准，这些专利往往能够为产品带来增值，其商业重要性各异。非标准必要专利为公司积极竞争创造了空间，基于非标准必要专利而获得的市场优势是企业创新的强大推手。一般而言，非标准必要专利不构成重要的市场进入障碍，但是也存在着非标准必要专利成为某项产品或服务在技术上或商业上不可或缺的部分的情形，当市场上不具备可获得的有效替代技术或解决方案时，非标准必要专利也可能构成专利持有人封锁竞争者和从事滥用行为的基础。

实现每项功能的专利族可构成独立的相关产品市场，但考虑到实践中的打包许可模式，本案重点考察了微软作为整体的安卓项目许可。同时对第三方提出质疑的微软的 26 族可能引发竞争担忧的与移动智能终端相关的非标准必要专利进行了重点考察。

2. 相关地域市场

从地域上看，尽管智能手机、移动智能终端操作系统、移动智能终端专利许可具备一定的全球性，进口限制、运输成本和技术要求不构成重大制约因素。但目前中国国内市场上销售的智能手机主要产自中国境内，面向中国消费者，使用的操作系统及应用软件也主要是中文版本和针对中国用户开发的。特别是，考虑到中国智能手机市场、移动智能终端操作系统市场以及移动智能终端相关专利许可市场的特殊性，相关地域市场重点考察集中对中国市场的影响。

（四）竞争分析

1. 微软的移动智能终端操作系统与诺基亚的智能手机之间的纵向关联难以排除、限制竞争

微软拥有移动智能终端操作系统 Windows Phone、Windows RT 和 Windows 8。经查，2012 年，微软的移动智能终端操作系统全球及中国市场份额分别为 2.42% 和 1.2%，诺基亚智能手机全球和中国市场份额分别为 4.85% 和 3.7%。双方在各自市场均有众多竞争者。移动智能终端操作系统市场上的主要产品有：谷歌公司开发的安卓、苹果公司开发的 iOS 以及微软上述系统。安卓操作系统全球及中国市场份额分别为 74% 和 72%（其中安卓智能手机操作系统超过 80%），苹果 iOS 全球及中国市场份额分别为 19% 和 26%，均高于微软。移动智能终端操作系统之间的竞争不仅取决于操作系统本身，而且还取决于基于该种操作系统而开发的应用软件的数量、质量和使用者的评价等。市场调查显示，安卓和 iOS 应用商店中的应用程序数量是微软移动智能终端操作系统应用程序数量的 4 倍，且拥有较高的客户忠诚度。此外，微软的移动智能终端操作系统与其它操作系统相比也不具有任何特殊技术优势，难以凭借技术性能或特点在短时间内取代安卓和 iOS。

综上，微软与诺基亚在上游移动智能终端操作系统市场和下游智能手机市场均不具有市场支配地位。微软难以通过拒绝授权或提高移动智能操作系统许可费或歧视性许可进行智能手机操作系统封锁。微软也难以凭借诺基亚品牌智能手机对上游操作系统开发商进行用户封锁。

2. 微软可能会凭借其安卓项目许可排除、限制中国智能手机市场竞争

（1）微软在上游专利许可市场的地位和控制力。市场调查显示，安卓手机占中国移动智能手机市场超过 80% 的市场份额。考虑到安卓操作系统的市

场认可度及其开源、免费的特点，中国市场上的移动智能手机制造商对安卓操作系统具有高度依赖性。安卓手机使用的技术包含有微软的标准必要专利和非标准必要专利，微软将这些专利打包作为安卓项目许可。微软主张，该项目涵盖的标准必要专利包括802.11 WiFi、H.264 视频解码、与3G/4G/LTE相关的标准必要专利等，非标准必要专利约200族，其中包括第三方提出的、可能会引发竞争关注的26族非标准必要专利。

反垄断审查表明，微软安卓项目许可中的专利（包括标准必要专利和非标准必要专利）是实现安卓操作系统和安卓手机重要功能“必要的”技术组成部分，对于生产和制造安卓手机不可或缺。中国市场上的绝大部分安卓手机制造商，出于自身的技术限制，难以通过技术设计避免使用，也难以通过商业上可行的技术方案予以替代。微软具备通过其安卓项目许可限制下游智能手机市场竞争的能力。

（2）微软有动机在下游智能手机市场排除、限制竞争。本项集中交易前，微软不生产智能手机。集中完成后，微软进入移动终端制造领域，实现操作系统和智能手机生产的一体化整合。总体看，此前微软为推广其移动智能终端操作系统而对智能手机制造商的依赖程度降低。为使微软的移动终端获得相对有利的市场地位，微软有动机通过提高其他智能终端制造商的专利使用费来提高竞争对手成本。反垄断审查认为，微软有可能会在集中后凭借智能手机相关专利排除、限制智能手机市场竞争。

（3）潜在被许可人不具备有效抗衡能力。专利交叉许可是智能手机行业里限制占有优势地位的专利持有人滥用专利权的重要方式。专利交叉许可是指，互有所需的两个专利持有人将各自拥有的专利技术互相提供使用。若双方权利对等，一般互免专利许可费，若一方专利在数量或质量上优于另一方，则另一方的专利可抵免部分许可费。

该经营者集中完成后，微软因从事智能手机的生产和制造，将和部分拥有智能手机相关专利的公司进行交叉许可，微软提高与这些公司之间现有专利许可费或收取过高许可费受到一定制约。但市场调查显示，中国市场上活跃的大部分智能手机制造商（90%以上）不具备与微软进行交叉许可的基础。

这些智能手机制造商对微软提高专利许可费或索取过高专利许可费不具备有效的抗衡能力。

（4）专利许可是市场进入的主要障碍。调查表明，专利许可对智能手机行业至关重要，特别是，获得通信标准技术、智能手机操作系统及核心应用专利的许可是进入该市场的必要前提。上述重要技术专利持有人如滥用其专利权，拒绝许可、提高专利许可费或进行歧视性许可，将可能会导致智能手机市场进入门槛的大幅提高，甚至造成事实上无法进入该市场。此外，规模经济对智能手机行业也很重要，智能手机行业资金投入大、技术更新快、客户要求高，这些特点使得智能手机行业须达到一定的规模。

（5）微软滥用智能手机相关专利对中国市场的影响。中国是手机生产大国，也是手机消费大国。2012 年中国手机生产量是 11 亿 8 千万台，全球销售量是 15 亿 8 千万台，即全球销售的 75% 的手机在中国生产。2013 年，中国智能手机市场销售量是 3 亿 2 千万台，占全球市场的 34% 。

考虑到微软专利对生产安卓手机的重要性，微软的任何拒绝许可行为都将实质性地阻碍竞争者进入相关市场，扭曲市场结构，排除、限制中国智能手机市场竞争。微软提高专利使用费将严重影响企业的研发投入和可持续发展。市场调查显示，中国智能手机生产企业的平均利润率较低，面对微软提高专利许可费，可能选择退出市场或者将该成本全部或者一部分传导至智能手机消费者。前者将危害市场竞争，后者则直接损害消费者利益。

3. 本项集中可能引发的诺基亚专利滥用问题

本项集中后，诺基亚将退出手机生产市场，但诺基亚保留了所有通信及智能手机相关发明专利。集中导致诺基亚有可能会改变原有行为模式和动机，凭借其标准必要专利的许可排除、限制中国智能手机市场竞争。

（1）诺基亚拥有强大的移动通信标准必要专利。标准必要专利的确立很大程度上削弱了技术内竞争，具有相同或类似功能的技术和解决方案，即使可作为标准技术的替代，其价值也将因标准的确立而明显降低。因此，持有标准必要专利的权利人，在该特定标准设置方面，具有对该标准使用的控制权，当这个标准构成进入障碍时，该权利持有人可以控制该标准相关的产品和服务市场。如果该权利持有人通过滥用其权利从事反竞争的行为，如拒绝许可、过高收取许可费或进行歧视性许可等，都有可能扭曲该市场的竞争结构，产生排除、限制竞争效果。

诺基亚拥有数千项通信标准必要专利。根据各公司申报的标准必要专利情况，从专利持有总数和专利持有质量看，诺基亚是通信标准领域的翘楚。诺基亚的移动通信标准必要专利是所有智能手机制造商从事生产活动需要使用的，诺基亚凭借这些标准必要专利拥有对智能手机市场的控制力。

（2）本项集中增加了诺基亚依赖专利许可盈利的动机。由于诺基亚将基本退出下游设备与服务市场，诺基亚在本集中后不再需要就其手机业务取得交叉许可，其维持较低水平的手机行业的整体专利收费水平动力下降，这种需求的缺失增加了诺基亚依赖专利许可费盈利的动机。

（3）潜在被许可人不具备有效抗衡能力。调查表明，诺基亚与第三方签署的交叉许可协议几乎全与诺基亚的设备和服务业务相关。本项集中完成后，诺基亚不再从事设备和服务业务，潜在被许可人与移动智能终端相关的专利已不为诺基亚所需。这些智能手机制造商对诺基亚提高专利许可费或索取过高专利许可费不再具备有效的抗衡能力。

（4）技术专利是市场进入的主要障碍。调查表明，对于全面互通和无缝通信来说，通信标准都是基础，执行标准所必须的技术专利可能会造成市场进入障碍。通信技术专利持有人如滥用其专利权，拒绝许可、提高专利许可费或进行歧视性许可，将可能会导致智能手机市场进入门槛的大幅提高，甚至造成事实上无法进入该市场。此外，规模经济对智能手机产业也很重要，智能手机行业资金投入大、技术更新快、客户要求高，这些特点使得智能手机行业须达到一定的规模。

（5）对中国智能手机市场竞争的影响。如上文所述，中国是手机生产大国，也是手机消费大国。诺基亚持有众多标准必要专利。本项集中完成后，诺基亚可能对其标准必要专利收费策略的不合理改变，将导致中国智能手机市场竞争格局的改变，智能手机制造商知识产权的总体成本将增加，并将最终导致最终的消费者利益的减损。

（五）审查决定

经审查，商务部认为微软收购诺基亚设备和服务业务案对中国智能手机市场可能具有排除、限制竞争效果。根据微软、诺基亚向商务部作出的承诺，商务部决定附加限制性条件批准此项经营者集中，微软、诺基亚应按要求履行其承诺并接受商务部依法监督。微软、诺基亚承诺的主要条件如下：

1. 微软方面

其一，对于在智能手机中实施的，为行业标准所必要的，同时微软已向标准制定组织（SSOs）作出过承诺会以公平、合理和无歧视（FRAND）条件提供许可的微软专利（以下简称标准必要专利），自本集中交割之日起，微软继续遵守下述原则：

（1）持续遵守其向标准制定组织作出的承诺，在FRAND条件下许可其标准必要专利。

（2）就上述标准必要专利，不寻求针对中国境内智能手机制造企业所制造的智能手机的禁令或排除令。

（3）在对上述标准必要专利进行许可时，不要求被许可人也将其专利许可给微软，但被许可人拥有的同一行业标准必要专利除外。

（4）当微软在未来将标准必要专利转让给新的所有人时，微软仅会在新所有人同意遵守上述原则的条件下才进行转让。

本段（1）到（4）所述承诺受互惠性原则约束，即适用上述承诺的潜在被许可人，如拥有与微软产品（如Windows智能手机）有关的、受FRAND原则约束的标准必要专利，也须同意就其所拥有的这些标准必要专利遵守相同原则。

其二，关于未向任何行业标准承诺的“项目专利”（以下简称非标准必要专利），自本项集中交割日起，微软将：

（1）继续在其现有的安卓项目许可及EAS、RDP和exFAT项目许可（包括微软可能在未来推出的上述项目的任何版本）下，向中国境内的智能手机制造企业提供上述非标准必要专利的非排他性许可，该许可覆盖在中国境内制造、使用或销售的智能手机。

（2）继续提供上述许可时，①其收取的专利费率不高于微软本项集中完成前的项目专利费率，或针对现有被许可人而言，不高于该被许可人现有协议中的费率；②其他非价格条款和条件与微软本项集中完成前所提供的保持实质一致。在本段（2）的限制范围内，对于新的或者续约的被许可人，微软可以考虑根据某被许可人存在的特定情况以及市场条件，给予该被许可人优惠待遇。

（3）自商务部决定之日起至2019年4月8日止五年内，不会将其持有的列于附件1或附件2中的任何“非标准必要专利”转让给新的所有人。在上述五年期结束之后，当微软将非标准必要专利转让给新的所有人时，微软仅会在新所有人同意遵守微软在本承诺之前已作出的所有适用的许可承诺的条件下才进行转让。

（4）在交割日后，仅在认定潜在被许可人未按照诚信善意原则进行许可谈判后，才会为其持有的非标准必要专利寻求禁令；但是微软作此决定应与其已有的商业惯例相一致。

其三，除上述承诺另有明确规定之外，本承诺条款不应被理解为要求微软以不符合其在收购诺基亚设备和服务业务之前实施的商业惯例的方式来开展专利许可活动。为避免疑义，本段中的任何表述都不应削弱或者改变本承诺的效力。

其四，除下列情形外，上述承诺自本决定公告之日起至2022年4月8日止八年内有效：

（1）除非商务部同意变更或终止，否则其一段中的承诺将一直有效。

（2）其二（3）中包含的禁止微软转让特定专利的承诺仅限该段所述有效期内有效。

（3）其五段（详见公告原文）中包含的承诺自商务部作出决定之日起至2019年4月8日止五年内有效。

（4）若任何时候市场状况或竞争态势发生改变，微软可向商务部申请变更或解除上述承诺的任何一项或全部。

（5）若微软不再控制诺基亚设备和服务业务，则上述承诺将失效。

2. 诺基亚方面

（1）确认将继续履行其向标准制定组织作出的承诺，以符合标准制定组织（SSOs）知识产权政策的公平、合理和无歧视（FRAND）原则的条款许可其标准必要专利（SEPs）。这样的承诺将避免诺基亚就其标准必要专利要求不符合其 FRAND 义务的许可条件。

（2）确认支持如下原则：在对等的前提下，不能通过执行对标准必要专利的禁令来阻止附有 FRAND 承诺的标准的实施，除非专利权人已经提供了符合 FRAND 原则的许可条件，而潜在被许可人却没有善意签订 FRAND 许可并遵守这些许可条款。

（3）在对等和符合标准制定组织知识产权政策以及相应的司法解释的不断发展的前提下，诺基亚认为执法机关判定一方是否为善意许可人或善意被许可人的相关因素之一可以是：一方在没有不合理拖延的情况下，愿意就有关诺基亚提出的许可条件是否与诺基亚承担的 FRAND 义务不一致而可能引起的争议交由双方均可合理接受的独立裁决机构解决，愿意受该裁决约束，基于该裁决结果订立 FRAND 许可协议，并支付任何基于该裁决结果和协议可能产生的裁定赔偿和 FRAND 许可费。

（4）在对等的条件下并遵循诺基亚对标准制定组织所承诺的 FRAND 义务，诺基亚按照该标准制定组织知识产权政策对其受相应 FRAND 义务约束的标准必要专利提供许可，并不会以被许可人同时亦须接受诺基亚未受相应 FRAND 义务约束的专利许可为前提。

（5）当诺基亚在未来将标准必要专利转让与新的所有人时，诺基亚仅会在新所有人接受诺基亚就这些标准必要专利已对标准制定组织承诺的（包括在此重申的）FRAND 义务约束的条件下进行转让，从而将 FRAND 义务同时转移给新所有人。

（6）诺基亚目前就各个 FRAND 许可价值评估的实践做法全面考虑了包括但不限于此的如下因素：在各种适用情况下希望包含的所许可专利或专利组合、许可期限、所许可的产品、销售或分销这些许可产品的商业模式、所涵盖的标准、市场对标准化功能的采用程度、协议架构、任何回授许可或其他非货币性补偿的价值、费用支付的安排以及使用领域等。在本项集中完成后，除非由于上述因素的不同而有理由进行改变，在对等的条件下，诺基亚在适用的前提和范围内，不会偏离目前其就诺基亚当前各蜂窝通信标准必要专利组合普遍提供的FRAND计件费率。

（7）仅仅为避免疑义而不以允许回避本承诺义务为目的，这些承诺不应①影响诺基亚就其标准必要专利在其现有FRAND义务所涵盖的范围之外所享有的权利或承担的义务；②限制诺基亚许可或者转让任何专利的合法权利；③修改或造成对诺基亚与任何第三方签署的任何合同的修改；或者④给诺基亚设定就任何其不使用的技术获得许可的义务。

案件23：默克公司收购安智电子材料公司案[1]

（一）立案和审查程序

2014年1月15日，商务部收到默克收购安智的经营者集中反垄断申报。经审核，商务部认为该申报文件、资料不完备，要求申报方予以补充。1月29日，商务部确认经补充的申报文件、资料符合《反垄断法》第23条的要求，对该项经营者集中申报予以立案并开始初步审查。2月28日，商务部决定对此项经营者集中实施进一步审查。经进一步审查，商务部认为此项经营者集中对中国用于平板显示器的液晶（以下简称液晶）和用于平板显示器的光刻胶（以下简称光刻胶）市场可能具有排除、限制竞争效果。

（二）案件基本情况

2013年12月20日，默克发出公告，计划以公开要约的方式收购安智全部已发行及将发行的股本。交易后，安智将从伦敦证券交易所退市，成为默克间接控制的全资子公司。

（三）相关市场

1. 相关商品市场

平板显示器是一种使用液晶显示技术或其他替代技术生产的薄屏显示器，由前板、液晶和后板组成。默克和安智分别生产液晶和光刻胶。液晶是平板

---

〔1〕 案件来源：商务部公告［2014］第30号。

显示器前板和背板之间实现照明功能的原材料，光刻胶是制造背板电子电路的原材料，二者为互补关系，构成相邻市场。从需求替代性角度而言，液晶、光刻胶无法被其他材料替代，分别构成单独的商品市场。

2. 相关地域市场

液晶和光刻胶在全球范围内生产和销售，运输成本在整个产品价格中所占的比例较低，不存在进口障碍。因此，相关地域市场为全球，同时考察对中国市场的影响。

（四）竞争分析

商务部认为本次集中完成后，默克具有利用相邻产品关系将液晶和光刻胶进行捆绑销售或交叉补贴的能力，可能损害市场竞争：

1. 合并后企业具备捆绑销售的能力

审查表明，默克在全球液晶市场的份额超过60%，在中国液晶市场的份额超过70%；安智在全球光刻胶市场的份额约为35%，在中国光刻胶市场的份额超过50%。本次集中完成后，默克成为同时供应液晶和光刻胶两种产品的最大供应商，而其他竞争者只能单独供应一种产品且产量有限。若默克将液晶和光刻胶进行捆绑销售，可通过交叉补贴的方式降低捆绑销售产品的价格，扩大销售额，增加利润。

2. 合并后企业可能损害市场竞争

鉴于交易双方市场份额高，而同行竞争者数量少，且市场份额小，无法对合并后企业形成足够的竞争压力，也不具备抗衡捆绑销售的条件和能力，在与默克的竞争中处于劣势，从而使竞争者受到排挤甚至退出市场。合并后企业在达到扩大市场份额、增强市场控制力、排挤同行竞争者的目的后，下游客户选择供应商的空间减小，议价能力减弱，难以对合并后企业的单方提价行为形成制衡。因此，合并后企业可能通过捆绑销售、交叉补贴损害相关市场竞争。

3. 相关市场存在较高进入壁垒

在液晶市场，默克拥有3 500多项专利，部分专利构成实质性壁垒，同行竞争者和市场新进入者短期内难以突破。同时，下游客户对光刻胶供应商的技术测试认证周期可能长达2－3年，实践中几乎不会转换至没有市场销售实绩的光刻胶供应商。调查表明，难以有新的市场进入者。

（五）审查决定

经审查，商务部认为默克收购安智案对液晶和光刻胶市场可能具有排除、限制竞争效果。根据默克向商务部作出的承诺，商务部决定附加限制性条件批准此项经营者集中，默克应当主要履行如下义务：

（1）不得进行任何形式的捆绑销售，直接或间接迫使中国客户同时购买默克和安智的产品，包括不对默克液晶产品和安智光刻胶产品之间进行任何形式的交叉补贴。

（2）当默克许可液晶专利时，基于非排他性的、不得转许可的条款实施。所有条款均将遵守商业上合理的、非歧视性的原则。

上述义务自本决定公告之日起至2017年4月30日止三年内有效。

案件24：科力远、丰田中国、PEVE、新中源、丰田通商拟设立合营企业案[1]

（一）立案和审查程序

2013年12月31日，商务部收到本案的经营者集中反垄断申报。经审核，商务部认为该申报材料不完备，要求申报方予以补充。2014年3月4日，商务部确认经补充的申报材料符合《反垄断法》第23条的要求，对该项经营者集中申报予以立案并开始初步审查。4月3日，商务部决定对此项经营者集中实施进一步审查，截止日期为7月2日。

（二）案件基本情况

科力远、丰田中国、PEVE、新中源和丰田通商拟在江苏设立名为“科力美汽车动力电池有限公司”（以下简称科力美）的合营企业，各方相对应的股权比例分别为40%、5%、41%、10%和4%。科力美计划于2016年正式投

---

〔1〕 案件来源：商务部公告［2014］第49号。

产，将利用PEVE的相关技术和专利从事车用镍氢电池模块和电池组的生产，并销售给新中源丰田汽车能源系统有限公司（该公司是丰田、丰田中国、PEVE和新中源于2013年11月设立的生产车用镍氢电池组系统的公司）。

（三）相关市场

1. 相关商品市场

经审查，本案相关商品市场为车用镍氢电池和混合动力汽车市场。

镍氢电池是指利用金属镍和氢离子的化学反应进行充放电的电池。镍氢电池主要分为车用电池及普通电池。车用镍氢电池主要用于混合动力汽车，普通电池用于消费性电子产品、玩具等。两种产品在电池规格、安全性、稳定性、使用寿命等方面具有明显差异，不存在替代关系。此外，虽然目前有少量混合动力车型尝试使用锂电池，但尚未形成市场规模。因镍氢电池技术成熟、安全性好、价格低，目前约95%的混合动力汽车使用的是镍氢电池。因此，本案将车用镍氢电池作为独立相关商品市场进行考察。

混合动力汽车是指同时具备传统内燃机驱动系统和电力驱动系统的汽车，通过对发动机的优化使用和部分能量的回收利用，能够达到节约燃料和减少排放的目的。目前混合动力汽车的售价约为同级别普通汽车的两倍，相关技术比普通汽车更加复杂。因此，本案将混合动力汽车作为独立相关商品市场进行考察。

2. 相关地域市场

全球车用镍氢电池制造商只有日本的PEVE、松下、美国的江森自控和中国的科力远等少数几家，车用镍氢电池的供应和采购基本都是在全球范围内开展的。因此将车用镍氢电池的地域市场界定为全球市场。

对于汽车整车市场，根据中国目前的外资政策，国外汽车厂商进入中国市场必须采取合资企业的方式，同时中国对直接进口汽车征收较高的关税和消费税。因此将混合动力汽车的地域市场界定为中国市场。

（四）竞争分析

商务部认为此项经营者集中在车用镍氢电池和混合动力汽车市场可能具有排除、限制竞争的不利影响。

1. 车用镍氢电池市场为高度集中市场，交易后市场竞争受到削弱

目前，全球车用镍氢电池市场的行业集中度高，PEVE、松下、科力远以及江森自控四家公司的市场集中度（CR4）高达97%，几乎垄断了全球车用镍氢电池的供应。其中，松下又是PEVE的股东，持有其19.5%的股份。此次PEVE和科力远共同设立合营企业，使PEVE、松下、科力远全球三大车用镍氢电池生产商之间具有不同程度的共同利益，将减弱三者之间的竞争意愿，产生限制竞争的效果。

从市场进入角度来看，车用镍氢电池行业面临着较高的技术壁垒，其他企业若进行独立研发，需支出高昂的研发成本。同时，该行业规模经济效应较强，建设车用镍氢电池生产线需要较高的成本投入。短期内难有新的竞争者进入该行业。

2. 交易后丰田对混合动力汽车产业链的控制力进一步加强，可能对中国混合动力汽车企业产生封锁效应

丰田中国在中国混合动力汽车市场占据80.3%的市场份额，PEVE在全球车用镍氢电池市场占有66.4%的市场份额，均具有很强的市场控制力。两方面优势结合在一起，将进一步增强丰田对混合动力汽车产业链的控制力。

尤其值得关注的是，按照本次交易的协议，合营企业将通过新中源丰田汽车能源系统有限公司间接向丰田中国供货，若向其他第三方供货则需要董事会批准。根据拟设合营企业的股权结构安排，丰田一方（包括丰田中国和PEVE）有能力否决任何对外销售的提案。因此，如果丰田一方有意愿，将有能力使合营企业成为只向丰田中国一家企业供货的供应商。

上述协议安排与丰田对混合动力汽车产业链的控制力结合在一起，将对中国其他正从事或拟从事混合动力汽车业务的汽车制造商产生封锁效应，使其难以获得高质量的电池配套，对中国混合动力汽车行业的未来发展产生不利影响。

综上分析，本交易将削弱车用镍氢电池市场的竞争，阻碍下游混合动力汽车制造商获取车用镍氢电池，可能会对车用镍氢电池市场和混合动力汽车市场产生排除、限制竞争的影响。

（五）审查决定

鉴于此项经营者集中可能会对全球车用镍氢电池市场和中国混合动力汽车市场产生排除、限制竞争的效果，商务部决定附加限制性条件批准此项集中，要求合营当事方及合营企业（科力美）主要履行如下义务：

（1）科力美应当遵循公平、合理、无歧视原则，向第三方广泛销售其产品。

（2）在市场有相应需求的情况下，科力美应该在投产后3年内实现产品的对外销售。

案件25：诺基亚收购阿尔卡特朗讯股权案[1]

（一）立案和审查程序

2015年4月21日，商务部收到诺基亚收购阿尔卡特朗讯股权案的经营者集中反垄断申报。经审核，商务部认为该申报文件、资料不完备，要求申报方予以补充。6月15日，商务部确认经补充的申报文件、资料符合《反垄断法》第23条的要求，对该项经营者集中申报予以立案并开始初步审查。7月14日，商务部决定对此项经营者集中实施进一步审查。经进一步审查，商务部认为此项经营者集中对通信标准必要专利许可市场可能具有排除、限制竞争效果。10月12日，经申报方同意，商务部决定延长进一步审查期限，截止时间为2015年12月10日。

（二）案件基本情况

2015年4月15日，诺基亚和阿尔卡特朗讯签署收购交易谅解备忘录（以下简称备忘录）。根据备忘录，本交易将在法国和美国证券市场，通过公开要约收购的方式完成。诺基亚预计交易金额为156亿欧元（约1 274.5亿元人民币）。交易之后，若诺基亚拥有阿尔卡特朗讯100%的股份，阿尔卡特朗讯的前股东们将持有合并后实体达33.5%的股份。如果交易后诺基亚持有阿尔卡

〔1〕 案件来源：商务部公告［2015］第44号。

特朗讯的股份少于95%，诺基亚将有权采取其他必要措施使其对阿尔卡特朗讯达到100%持股。合并后实体的股东将维持分散状态，没有最终控制人。

（三）相关市场

1. 相关商品市场

诺基亚和阿尔卡特朗讯在无线通信网络设备和服务市场存在横向重叠。无线通信网络设备可进一步细分为无线网络接入设备（Radio Access Network，RAN）和核心网络系统设备（Core Network Systems，CNS）。市场调查显示，这两类产品一般分别单独进行采购，不同的客户选择不同的无线网络接入设备和核心网络系统设备供应商，而且由于无线网络接入设备和核心网络系统设备适用的接口已经实现了标准化，产品间存在充分的通用性，因此可作为两个单独市场进行考察。与无线通信网络设备供应相关，集中双方均提供网络基础设施服务。此外，集中双方交易前均从事通信标准必要专利许可业务，覆盖无线通信网络设备和移动终端设备。

（1）无线网络接入设备。无线网络接入设备的功能是将信号从移动终端设备传输到核心网络系统设备上，它一方面是移动终端设备的一个开放接口，另一方面是核心网络系统设备的开放接口。市场调查显示，无线网络接入设备根据通信技术标准的不同（2G、3G、4G）在设备结构和功能上存在差异，应用上不具备完全的替代性，存在进一步细分市场的可能。2G标准包括全球移动通讯系统（GSM）和码分多址接入（CDMA）标准。GSM标准由欧洲电信标准化协会（ETSI）主持制定，CDMA标准由美国电信工业协会（TIA）主持制定。中国移动、中国联通运营GSM网络，中国电信运行CDMA网络。3G标准包括宽带码分多址接入（WCDMA）、CDMA2000、时分同步码分多址接入（TD－SCDMA）标准。其中，WCDMA、TD－SCDMA标准由3GPP（ETSI创立的第三代合作伙伴计划）制定并发布。CDMA2000标准由3GPP2（TIA创立的第三代合作伙伴计划2）制定并发布。中国联通、中国电信、中国移动分别适用WCDMA、CDMA2000、TD－SCDMA标准。4G标准主要是指LTE标准，由3GPP制定并发布，在欧洲、美国、中国使用。4G系统主要支持数据传输，其功能优于3G。LTE提供了一种“扁平”网络接入架构，简化和移除了导致多重链路层的传统上分层级的网络元素，降低了网络的复杂性。目前，大量运营商正过渡到 LTE，但也继续在 3G 网络上经营语音服务。

（2）核心网络系统设备。核心网络系统设备，是指在移动网络中管理信息流的设备，它能够提供呼叫控制和诸如位置更新和认证等安全功能。市场调查显示，核心网络系统设备可进一步分为无线分组核心设备（包括用于 2G 和 3G 网络的传统分组核心设备和用于 4G/LTE 的演进分组核心）；网络承载 IP 电话设备（Carrier IP Telephone），即利用 IP 协议提供语音和数据的网络承载电话设备；以及运营支持系统软件，即帮助用户有效管理网络的运营支持软件和用户体验管理软件。上述设备用户可以一起购买，也能分别购买，本案在考察核心网络系统设备市场时对上述三个细分市场分别考察。

（3）网络基础设施服务。与无线网络接入设备和核心网络系统设备相关的网络基础设施服务包括两大类，网络实现和维护服务以及专业服务。网络实现和维护服务，指提供诸如建设和运输无线接入设备和核心网络系统设备、建立和实现全包工程、软件和硬件支持以及客户培训等实现和维护服务。专业服务，包括托管服务和系统整合服务。托管服务可以帮助运营商将一些任务外包给服务提供者，包括与网络相关的技术活动。系统整合服务提供专业的服务，保证用户移动基础设施产品平稳而有效地整合入单一网络。专业服务可以由独立的供应商单独提供，可构成独立的商品市场。

（4）通信技术标准必要专利许可。标准是指由标准制定组织（SSO）或联盟协商一致制定并公布，共同使用的和重复使用的一种规范性文件。技术标准是在生产活动中为达到标准而必须实施的技术。技术标准的确立与实施保证了产品或服务的互换性、兼容性和通用性。专利权，作为一种法定的垄断权，赋予权利人就特定专利技术排他性使用的独占性权利。技术标准与专利相结合，形成了标准必要专利，即实施某项技术标准所需的专利。

通信技术标准必要专利众多，往往由专利持有人进行一揽子许可。从需求替代角度看，通信技术标准必要专利存在逐项进一步细分的可能，但就本案而言，是否细分并不影响反垄断审查结论。本案反垄断审查对通信技术标准必要专利的许可市场进行了整体考察。

2. 相关地域市场

从地域上看，尽管无线通信网络设备存在国际标准化，进口限制、运输成本和技术要求不构成重大制约因素，但竞争者并未完全在全球范围内竞争，各国和地区之间使用的通信标准和技术仍存在差异，有些国家出于安全等因素的考虑，对竞争者也存在一定限制。因此，本案重点考察集中对中国市场的影响。

考虑到通信标准必要专利持有人就同一技术在全球不同国家持有相应专利权、专利持有人通常采取全球专利打包许可、在全球范围内寻求被许可人、不存在运输成本、价格方面有限的区域差异等因素，相关地域市场存在被界定为全球市场的可能，但考虑到中国通信标准必要专利许可市场的特殊性，本案重点考察集中对中国市场的影响。

（四）竞争分析

1. 在无线网络接入设备领域，集中双方都供应2G、3G和4G网络使用的无线网络接入设备的业务

以营业额计算，2014年诺基亚在中国2G GSM、3G WCDMA和4G LTE无线网络接入设备市场的市场份额分别为［20%－25%］、［15%－20%］和［5%－10%］；阿尔卡特朗讯在中国2G GSM、3G WCDMA和4G LTE无线网络接入设备市场的市场份额分别为［5%－10%］、［10%－15%］和［5%－10］%。双方合并后在中国2G GSM、3G WCDMA和4G LTE无线网络接入设备市场的市场份额分别为［30%－35%］、［25%－30%］和［15%－20%］。

市场调查显示，在中国无线网络接入设备市场，存在多家强有力的竞争对手。在4G LTE无线网络接入设备市场，华为技术有限公司（华为）、中兴通讯股份有限公司（中兴）、爱立信公司（爱立信）都是活跃的竞争者，其中华为、中兴的市场份额均高于合并后诺基亚的市场份额，能够维持现有市场的竞争格局。在3G无线网络接入设备市场，双方横向重叠集中在WCDMA市场，合并后市场份额为［25%－30%］，市场主要竞争者华为、中兴、爱立信的市场份额均高于20%，能够对合并后实体形成有效的竞争制约，市场竞争格局不会发生实质性变化。在2G无线网络接入设备市场，双方横向重叠集

中在 GSM 市场，爱立信和华为的市场份额均为［20% －25%］左右，中兴占有约［5% －10%］的市场份额。尽管合并后实体市场份额较高，但双方市场份额和营业额与之前几年相比已成逐步下降趋势。双方 2012 年、2013 年和 2014 年在中国 2G 无线网络接入设备市场的合并营业额不断下降，降幅达 66%。华为、爱立信、中兴虽市场份额低于合并后实体，仍是活跃的竞争者。合并后实体不具备在该市场从事排除、限制竞争的能力。此外，在市场调查过程中，商务部未收到同行竞争者、上下游企业对合并后实体在中国无线网络接入设备市场可能排除、限制竞争的意见。

综上，本交易难以在中国 2G、3G 和 4G 无线网络接入设备市场产生排除、限制竞争的效果。

2. 在核心网络系统设备领域，双方在中国无线分组核心设备（包括用于 2G 和 3G 网络的传统分组核心设备和用于 4G 的演进分组核心）、中国运营支持系统软件市场上存在横向重叠

以营业额计算，双方在 2014 年中国传统分组核心市场的合并市场份额为［10% －15%］，在演进分组核心市场的合并市场份额为［10% －15%］。在运营支持系统软件市场，双方 2014 年在中国的合并市场份额为［10% －15%］。在上述市场，存在众多活跃的竞争对手，如华为、中兴、爱立信，市场份额均高于合并后实体，能够形成有力的竞争制约。且本次交易中，被收购方阿尔卡特朗讯带来的市场份额增量在上述市场均不高，未实质性增强诺基亚的市场地位，上述相关市场竞争格局不会因本交易而发生实质性改变。本交易难以在中国无线分组核心设备市场、运营支持系统软件市场排除或限制市场竞争。

3. 在网络基础设施服务领域，双方在中国网络实现服务和维护服务、托管服务、系统整合服务市场存在横向重叠

双方合并后的市场份额分别为［15% －20%］、［10% －15%］、［5% －10%］和［0% －5%］。在上述市场，存在众多强有力的竞争对手，如华为、中兴、爱立信，能够对合并后实体形成有力的竞争制约。且本次交易中被收购方阿尔卡特朗讯带来的市场份额增量在上述市场不高，并未实质性增强诺基亚的市场地位，各相关市场竞争格局不会因本交易而发生实质性改变。本

交易难以在上述市场产生排除、限制竞争的效果。

4. 通信技术标准必要专利许可市场

（1）本项集中增强了通信标准必要专利市场的集中度。诺基亚和阿尔卡特朗讯均参加了多个国际标准制定组织（例如，ETSI、3GPP、国际电信联盟（ITU）、电气与电子工程师协会（IEEE）），并参与制订了现行主要通信标准，包括2G标准、3G标准、4G标准。通信标准必要专利在不同专利权人中的数量分布可以体现专利许可市场的集中情况。就本交易而言，主要考察了2G、3G和4G无线通信标准许可市场的专利集中情况。

根据第三方机构iRunway2013年发布的研究报告《2G和3G移动通信》、Cyber Creative Institute2013年6月发布的《向ETSI声明的LTE必要专利评估》以及有关第三方提供的信息，集中后，诺基亚在2G、3G通信标准必要专利许可市场持有的专利比例将从［25%－35%］上升至［35%－45%］，与列第二位的高通公司之间的差距进一步拉大。集中后诺基亚在4G通信标准必要专利许可市场排名从第二位上升至第一位。就整体通信标准必要专利许可市场而言，集中增加了诺基亚2G、3G和4G标准必要专利的持有份额，增强了通信标准必要专利市场的集中度。

（2）通信标准必要专利是下游市场进入的主要障碍。通信标准必要专利许可对移动终端和无线通信设备制造行业至关重要，特别是，获得通信标准技术许可是进入市场的必要前提。通信标准必要专利的确立在很大程度上削弱了通信行业的技术内竞争，具有相同或类似功能的技术实现和解决方案，即使可作为标准技术的替代，其价值也将因标准的确立而明显降低。而且，由于通信产业资金密集和技术密集的特征，转换技术发展路径的成本高昂，寻求替代技术在商业上也不可行。因此，持有通信标准必要专利的权利人，在该特定标准设置方面，具有对该标准使用的控制权，当这个标准构成进入障碍时，该权利持有人可以控制该标准相关的产品和服务市场。如果该权利持有人通过滥用其权利，从事排除、限制竞争的行为，如拒绝许可、过高收取许可费或进行歧视性许可等，都可能扭曲下游市场的有效竞争。

（3）被许可人对获得通信标准必要专利许可的依赖程度高，且不具备有效制衡能力。市场调查显示，中国市场上活跃的大部分被许可人和潜在被许可人为移动终端和无线通信网络设备制造企业。由于新一代无线通信技术标准必须与上一代技术标准兼容，即便在4G时代，被许可人仍然需要获得2G、3G标准必要专利的许可。从技术角度讲，4G时代的LTE网络只能承载数据业务，不能进行语音通话，因此技术上仍需依赖2G和3G标准技术实现语音通话功能。从商业角度讲，在中国，目前2G和3G网络仍然占据主流市场，且现有通信网络运营商在2G和3G网络投入巨大，仍需在相当长的时间内维护2G和3G网络。阿尔卡特朗讯在2G和3G通信技术方面拥有强大的标准必要专利组合，交易将增强诺基亚相关专利许可的谈判实力。中国市场上大部分无线通信网络设备和移动终端制造企业在专利数量和质量上不具备与诺基亚交叉许可的基础，在与诺基亚的专利许可谈判中缺乏有效的抗衡能力。

（4）诺基亚若对专利许可策略进行不合理改变，可能对中国移动终端和无线通信网络设备市场造成损害。本项集中完成后，诺基亚可能对其标准必要专利收费策略的不合理改变，将导致中国移动终端制造市场和无线通信网络设备制造市场竞争格局的改变，下游制造商知识产权的总体成本将增加。市场调查显示，中国是手机生产大国，2014年中国手机生产量是16亿3千万台，占全球出货量的50%以上。但中国移动终端和无线通信网络设备行业的平均利润率较低，面对诺基亚不合理改变标准必要专利收费策略，可能选择退出市场或者将该成本全部或者一部分传导至最终消费者。前者将扭曲市场竞争格局，后者则直接损害消费者利益。

（五）审查决定

经审查，商务部认为诺基亚收购阿尔卡特朗讯全部股权案对无线通讯标准必要专利许可市场可能具有排除、限制竞争效果。根据诺基亚向商务部作出的承诺，商务部决定附加限制性条件批准此项经营者集中，诺基亚应按要求履行其承诺并接受商务部依法监督。诺基亚承诺的主要条件如下：

诺基亚就其在收购阿尔卡特朗讯交易完成之日拥有的2G、3G和4G蜂窝通信标准必要专利（以下称SEPs），包括阿尔卡特朗讯拥有的2G、3G和4G蜂窝通信标准必要专利，履行以下承诺：

（1）诺基亚确认其支持如下原则：在对等的前提下，不应通过执行基于SEPs的禁令来阻止附有公平、合理、无歧视（以下称FRAND）承诺的标准的实施，除非专利权人已经提供了符合FRAND原则的许可条件，而潜在被许可人却没有善意签订FRAND许可并遵守这些许可条款。

在对等和符合标准制定组织知识产权政策以及相应的司法解释的不断发展的前提下，判定一方是否为善意许可人或善意被许可人的相关因素之一可以是：一方在没有不合理拖延的情况下，愿意就有关诺基亚提出的许可条件是否与诺基亚承担的FRAND义务不一致而可能引起的争议交由双方均可合理接受的独立裁决机构解决，愿意受该裁决约束，基于该裁决结果订立FRAND许可协议，并支付任何基于该裁决结果和协议可能产生的裁定赔偿和FRAND许可费。

（2）当诺基亚在未来将SEPs转让给第三方时，诺基亚将在这些专利转让完成后，将专利转让的情况及时通知其现有的中国被许可人以及任何正在与其积极进行许可谈判的中国公司，特别是以下细节内容：受让方的名称与地址，转让生效的日期以及所转让的具体权利。

如果某些SEPs被转让给第三方，从而对即将许可给中国被许可人的诺基亚SEPs组合的价值产生重大影响，任何在转让前已经存在的中国被许可人在其现有（许可）协议到期之时应有权利就费率重新进行谈判。同样，对于在这些SEPs转让给第三方时正在与诺基亚积极进行谈判的中国潜在被许可人，如果这些转让的SEPs对诺基亚SEPs组合的价值产生重大影响，诺基亚同意就其提供的许可费率作出考虑。为避免疑义，除了潜在可能被转让的SEPs之外，该重新谈判或提供的费率也应考虑潜在可能被纳入诺基亚专利组合的新SEPs。

（3）当诺基亚在未来将标准必要专利转让给新的所有人时，诺基亚仅会在新所有人接受诺基亚就这些标准基本专利已对标准化组织承诺的FRAND义务（包括在此同意的）约束的条件下进行转让，从而将FRAND义务同时转移给新所有人。

案件 26：恩智浦收购飞思卡尔全部股权案[1]

（一）立案和审查程序

2015 年 4 月 3 日，商务部收到本案的经营者集中反垄断申报。经审核，商务部认为该申报材料不完备，要求申报方予以补充。5 月 15 日，商务部确认经补充的申报材料符合《反垄断法》第 23 条的要求，对此项经营者集中申报予以立案并开始初步审查。6 月 12 日，商务部决定对此项经营者集中实施进一步审查。经进一步审查，商务部认为，此项集中对射频功率晶体管市场可能具有排除、限制竞争的效果。9 月 11 日，经申报方同意，商务部决定延长进一步审查期限。进一步审查延长阶段届满时，申报方申请撤回案件并得到商务部同意。11 月 10 日，商务部对申报方的重新申报予以立案审查，目前处于初步审查阶段，截止日期为 12 月 9 日。

（二）案件基本情况

根据恩智浦、敏博收购有限公司（恩智浦的全资子公司，以下简称敏博）和飞思卡尔于 2015 年 3 月 1 日签订的协议，敏博将被吸收并入飞思卡尔。飞思卡尔各普通股持股人可以每股飞思卡尔普通股换取 6.25 美元现金和 0.325 1 股恩智浦普通股。交易完成后，飞思卡尔将成为恩智浦的全资子公司。

（三）相关市场

1. 相关商品市场

恩智浦与飞思卡尔在通用微控制器、电源专用模拟集成电路（用于汽车应用领域）和射频功率晶体管市场存在横向重叠。

微控制器是一种在电子系统中执行专用或嵌入式计算功能的独立设备，无需其他辅助电路。微控制器最主要的作用是控制设备，不具备与微处理器类似的强大运算功能。通用微控制器是指具有标准化的产品特征并且能够满足多种系统的要求，覆盖不同应用领域的微控制器。

〔1〕 案件来源：商务部公告［2015］第 64 号。

模拟集成电路是仅包含模拟技术的集成电路。模拟集成电路可以进一步分为通用模拟集成电路和专用模拟集成电路。专用模拟集成电路是经定制的用于某一类设备以执行特定功能的模拟集成电路。本交易所涉及的专用模拟集成电路用于汽车领域，可细分为电源专用模拟集成电路和非电源专用模拟集成电路。因具有不同的功能、IP 模块和生产工艺，电源专用模拟集成电路构成独立的相关商品市场。

射频功率晶体管用于放大通讯设施的无线电信号，平均输出功率大于 1 瓦特，最高超过 1 千瓦特。在应用上，射频功率晶体管主要用于无线电通讯基站（蜂窝塔）接收和发射长距离射频信号，此外还广泛应用于广播电视、收音机、科学、医疗、工业激光、空气流动控制、雷达等领域。

2. 相关地域市场

上述商品全球层面的贸易不存在监管障碍，运输成本在产品价格中的占比不足 1%，其生产、供应及采购均在全球范围内进行，供应商在全球范围内展开竞争，客户采用跨境采购策略。因此，上述商品的相关地域市场均为全球市场。

（四）竞争分析

商务部根据《反垄断法》第 27 条规定，从相关市场的集中度、参与集中经营者的市场份额及市场控制力、市场进入的难易程度等因素方面，深入分析了此项经营者集中对市场竞争的影响，认为此项集中在射频功率晶体管市场可能具有排除、限制竞争的效果。

1. 交易将导致恩智浦在相关市场的市场控制力得到进一步增强

全球及中国射频功率晶体管市场结构类似，市场竞争者较少、集中度较高。排名前八位的市场竞争者的合计市场份额达到 90% 左右。其中，飞思卡尔和恩智浦的市场份额分别位居全球第一和第二，遥遥领先于其他竞争者，缺乏有效的竞争约束。2013 年，飞思卡尔和恩智浦的全球市场份额分别为 30.3% 和 20.8%，合计市场份额为 51.1%。2014 年，飞思卡尔和恩智浦的全球市场份额分别为 22% 和 32%，合计市场份额为 54%。此外，恩智浦和飞思卡尔在该领域均采用 LDMOS 和氮化镓两种流程技术，此两种流程技术均为射频功率晶体管的主流技术，两公司采用此两种技术生产的产品2012年合计占市场份额的84%，预计2018年将增至92%。

2. 交易将消除该领域最领先的两个紧密竞争者之间的竞争

美国信息处理服务咨询公司（IHS）发布的统计数据显示，从2011年开始，飞思卡尔与恩智浦在射频功率晶体管市场上一直是位于前两位的竞争对手，双方采用相似的流程技术，具有相同的产品客户群，在相关商品市场上展开激烈竞争，互相制约。交易将消除此竞争制约，使交易后的恩智浦在射频功率晶体管市场上具有单独行使排除、限制竞争行为的动机和能力。

3. 交易将减少客户的选择范围，增加采购风险

射频功率晶体管的主要客户均为大型的无线基础设施供应商，其在采购模式上一般均为“飞思卡尔+恩智浦”的双采购模式。交易完成后，由于飞思卡尔成为恩智浦的全资子公司，客户将无法按照现有采购模式规避相关风险。

4. 交易将对技术研发和创新造成影响

目前，飞思卡尔和恩智浦在射频功率晶体管市场上拥有领先地位，具有市场上其他竞争者不具备的技术优势，其各自在技术研发领域展开竞争。交易将消除双方展开竞争的基础，减少双方进行技术研发的动力，可能影响相关市场研发和创新的速度。

5. 交易将进一步提高相关市场的进入壁垒

交易完成后，恩智浦和飞思卡尔将拥有强大的专利集合优势，加之射频功率晶体管的客户对新供应商的认可和进行相关调试需要较长时间，因此，交易将使其他经营者进入相关市场较为困难。

综上，此项集中完成后，恩智浦在射频功率晶体管市场可能具有排除、限制竞争的效果。

（五）审查决定

鉴于此项经营者集中可能会对全球射频功率晶体管市场产生排除、限制竞争的效果，根据恩智浦向商务部提交的《桑巴协议》以及最终承诺，商务部决定附加限制性条件批准此项集中，要求恩智浦履行的主要义务如下：完

全剥离其射频功率晶体管业务；严格按照其向商务部提交的《桑巴协议》向北京建广出售上述业务。

案件27：百威英博啤酒集团收购英国南非米勒酿酒公司股权案[1]

（一）立案和审查程序

2015年12月8日，百威英博与商务部进行了申报前商谈，商务部表达了对本案的高度关注，并表示本案涉及商务部2008年第95号公告规定，要求百威英博尽快依法申报。2016年3月8日，商务部收到本案的经营者集中反垄断申报。经审核，商务部认为申报材料不完备，要求申报方予以补充。考虑到本案在中国啤酒市场上可能具有排除、限制竞争的效果及商务部2008年第95号公告规定的要求，3月14日，百威英博向商务部提交了对本案限制性条件建议及其与华润啤酒（控股）有限公司（以下称华润啤酒）签订的《买卖协议》（以下称《协议》）。根据《协议》规定，百威英博与南非米勒交易完成后，百威英博将促使南非米勒将其持有的华润雪花啤酒有限公司（以下称华润雪花）49%股权出售给华润啤酒。3月29日，商务部确认经补充的申报材料符合《反垄断法》第23条的要求，对此项经营者集中申报予以立案并开始初步审查。4月27日，商务部决定对此项经营者集中实施进一步审查。经进一步审查，商务部认为，此项集中对相关市场具有排除、限制竞争的效果，百威英博提交的限制性条件最终方案和《协议》可以消除集中具有的排除、限制竞争效果。目前本案处于进一步审查延长阶段，截止日期为9月23日。

（二）案件基本情况

2015年11月11日，百威英博和南非米勒达成《收购协议》，百威英博将收购南非米勒全部股权。

（三）相关市场

1. 相关商品市场

百威英博和南非米勒主要从事啤酒的生产和销售。啤酒以大麦芽、酒花、

[1] 案件来源：商务部公告［2016］第38号。

水为主要原料，经酵母发酵作用酿制而成，酒精浓度通常较低。由于啤酒在成分、酿造过程、酒精浓度及消费者偏好等方面与白酒、葡萄酒等其他酒类差异显著，因此将啤酒界定为独立的相关商品市场。

由于不同价格档次的啤酒在口感、销售渠道和消费群体等方面存在较大差异，按照行业习惯，啤酒生产商也根据价格情况将啤酒区分为大众化和中高档品牌。业界通常以 5 元/500 毫升作为分界点，将啤酒进一步细分为大众化啤酒和中高档啤酒。

2. 相关地域市场

无论是大众化啤酒还是中高档啤酒，由于其价格相对较低且运输成本较高，啤酒生产商通常根据省份布局生产厂并安排分销，不同啤酒品牌主要在省级区域内展开竞争，因此啤酒的相关地域市场应为中国各省级行政区域。由于百威英博与南非米勒均在中国从事啤酒的生产和销售，商务部重点考察了双方存在横向重叠的 24 个省级行政区域。

同时，随着基础设施的进一步完善，交通工具的便利性有所提高，啤酒销售的地域范围有进一步扩大的趋势，特别是中高档啤酒，出现了较多跨省、跨区域销售的情形，因此，商务部对全国范围的啤酒市场也一并进行了考察。

（四）竞争分析

商务部根据《反垄断法》第 27 条规定，从相关市场的集中度、参与集中经营者的市场份额及市场控制力、市场进入的难易程度、对消费者和其他有关经营者的影响等因素，深入分析了此项经营者集中对市场竞争的影响，认为此项集中对相关市场具有排除、限制竞争的效果。

1. 交易将导致百威英博在相关市场的控制力进一步增强

中国啤酒市场竞争者数量有限，集中度较高。从 2014 年销售量看，排名前五位的市场竞争者依次为华润雪花、青岛啤酒、百威英博、燕京啤酒和嘉士伯，其合计市场份额达 80% 左右；其中，华润雪花和百威英博合计市场份额达 43%。

本案完成后，百威英博将取代南非米勒成为华润雪花的股东，持有华润雪花 49% 的股权，与华润啤酒形成对华润雪花的共同控制，因此商务部在评估百威英博的市场控制力时，将百威英博控制的啤酒品牌和华润雪花啤酒品牌所占市场份额合并计算。审查结果表明，通过交易，百威英博对全国及部分省级行政区域大众化和中高档啤酒市场的控制力得到进一步增强。

2014 年，在中国大众化啤酒市场，从销售量看，华润雪花和百威英博是市场份额排名第一和第三的竞争者，合计市场份额达 41%，青岛啤酒、燕京啤酒和嘉士伯的市场份额分别为 21%、13% 和 5%。百威英博和华润雪花在天津、辽宁、黑龙江、吉林、贵州、浙江、安徽等 7 省市的合计市场份额超过 70%，在四川、江苏、山西、福建等 4 省的合计市场份额超过 50%，领先于其他竞争者，缺乏有效的竞争约束；在其他省区，百威英博和华润雪花也具备了迅速进入市场并增强市场控制力的能力。

2014 年，在中国中高档啤酒市场，从销售量看，百威英博和华润雪花是市场份额排名第一和第二的竞争者，合计市场份额达 52%，青岛啤酒、嘉士伯和喜力啤酒的市场份额分别为 13%、8% 和 7%。百威英博和华润雪花在天津、安徽、湖南、辽宁、浙江等 5 省市的合计市场份额超过 70%，在福建、四川、黑龙江、广东、吉林、上海、江苏、西藏等 8 省区的合计市场份额超过 50%，领先于其他竞争者，缺乏有效的竞争约束；在其他省区，百威英博和华润雪花也具备了迅速进入市场并增强市场控制力的能力。

2. 交易将减少中国啤酒市场最领先的两个紧密竞争者之间的竞争

调查数据表明，在中国，无论在大众化啤酒市场，还是在中高端啤酒市场，百威英博和华润雪花一直是最紧密的竞争对手，双方具有相近的产品客户群和相似的销售渠道，在啤酒品牌、分销商和消费者等方面展开激烈竞争，互相制约。交易将减少相关市场最领先的两个紧密竞争者之间的竞争。

3. 交易将提高相关市场的进入壁垒

交易完成后，百威英博和华润啤酒有动机和能力对双方在中国的销售渠道和客户关系等重要资源进行整合，控制啤酒销售渠道，从而排挤其他竞争者的啤酒产品，提高啤酒销售渠道的进入壁垒，使其他经营者进入相关市场更加困难。

4. 交易将损害下游经销商利益

相关市场上大多数啤酒经销商规模较小、经销范围有限，对啤酒生产商的议价能力不强，依赖程度较高。交易完成后，由于百威英博和华润雪花之间的竞争减少，经销商在代理啤酒销售时的谈判地位更弱，可能获得的销售激励减少，经销商利益将受到损害。

综上，集中完成后，百威英博将进一步增强在相关市场的控制力，减少市场领先的两个紧密竞争者之间的竞争，提高市场进入壁垒，进而损害下游经销商利益，商务部认为，此项经营者集中对相关市场具有排除、限制竞争的效果，最终对中国消费者的利益造成损害。

（五）关于商务部2008年第95号公告规定

根据商务部2008年第95号公告，商务部对英博收购百威的交易附加了下述限制性条件："（百威英博）不得寻求持有华润雪花啤酒（中国）有限公司和北京燕京啤酒有限公司的股份。上述任何一项承诺，英博公司必须事先向商务部及时进行申报，商务部批准前，不得实施"。

由于本交易完成后，百威英博将取代南非米勒持有华润雪花49%的股权，根据公告规定，百威英博应事先取得商务部的批准，未经批准不得实施交易。

（六）审查决定

鉴于此项经营者集中对相关市场具有排除、限制竞争的效果，按照商务部2008年第95号公告规定，根据百威英博和南非米勒提交的限制性条件最终方案，商务部决定附加限制性条件批准此项集中，要求百威英博和南非米勒履行的义务如下：

（1）剥离南非米勒持有的华润雪花49%股权。

（2）严格按照百威英博向商务部提交的《协议》向华润啤酒出售华润雪花49%股权。

（3）确保剥离于百威英博收购南非米勒股权交易完成后24小时内完成。

案件28：雅培公司收购圣犹达医疗公司股权案[1]

（一）立案和审查程序

2016年7月4日，商务部收到本案的经营者集中申报。经审核，商务部认为该申报材料不完备，要求申报方予以补充。9月6日，商务部确认经补充的申报材料符合《反垄断法》第23条规定，对此项经营者集中申报予以立案并开始初步审查。10月6日，商务部决定对此项经营者集中实施进一步审查。经进一步审查，商务部认为，此项集中对中国小腔血管闭合器市场具有排除、限制竞争的效果。目前处于进一步审查阶段，截止日期为2017年1月4日。

（二）案件基本情况

2016年4月27日，雅培和圣犹达签署了《并购协议》，雅培将收购圣犹达全部股份。交易完成后，圣犹达将成为雅培公司的全资子公司。

（三）相关市场界定

1. 相关商品市场

在审核雅培和圣犹达在中国市场所销售的全部产品后，商务部发现，雅培和圣犹达在中国市场唯一存在横向重叠的产品为小腔血管闭合器。

血管闭合是指在心血管微创诊断和介入手术中，血管穿刺点会产生腔孔，手术完成后必须闭合此腔孔以防止失血。通常情况下，血管闭合可以通过四种方式来实现，分别为人工压迫、闭合辅助器械、外科缝合以及血管闭合器。血管闭合器是用来闭合血管腔孔的一次性使用的医疗器械，通过将血管腔孔封堵物（如胶原锚）注射进血管内，利用其前端的伞形设计，暂时封堵住血管腔孔，同时利用动脉血管壁的弹性回缩作用，使血管腔孔缩小，前端的伞状封堵物被留在血管壁下层，并紧紧贴合在血管腔孔处以封住穿刺点，此时在体外稍加压迫即可达到闭合血管的效果。血管闭合器的使用显著缩短了术后卧床和住院时间，提高了患者的舒适度，并显著降低了血管并发症和静脉

〔1〕 案件来源：商务部公告［2016］第88号。

血栓的形成几率，与其他血管闭合方式具有明显不同。血管闭合器又以闭合直径 8F（1F=1/3 毫米）血管腔孔为界，分为大腔血管闭合器和小腔血管闭合器，其中小于或等于 8F 的血管闭合器为小腔血管闭合器，两者不可替代。集中双方仅在小腔血管闭合器市场存在横向重叠。因此，本案将小腔血管闭合器界定为相关商品市场。

2. 相关地域市场

小腔血管闭合器属于医疗器械类产品，涉及人体健康和生命安全。根据《医疗器械监督管理条例》，食品药品监督管理总局对之实行注册管理，经营者需要依法取得生产或经营许可。因此，小腔血管闭合器的相关地域市场为中国。

（四）竞争分析

商务部根据《反垄断法》第 27 条规定，从相关市场的集中度、参与集中经营者的市场份额及市场控制力、市场进入的难易程度等方面，深入分析了此项经营者集中对市场竞争的影响，认为此项集中在中国小腔血管闭合器市场具有排除、限制竞争的效果。

1. 交易将导致雅培在相关市场的控制力进一步增强

2015 年，在中国小腔血管闭合器市场，雅培和圣犹达的市场份额分别为 71.3%、23.9%，合计市场份额超过 95%，其他竞争对手的市场份额合计不足 5%；交易前的市场集中度指数（HHI）为 5 678，交易后为 9 086，市场集中度指数增量（△HHI）为 3 408。交易前相关市场已高度集中，本交易将导致市场集中度进一步提高，雅培的市场控制力进一步增强，而竞争对手的市场力量很小，无法对其形成有效竞争约束。

2. 交易将消除相关市场最领先的两个紧密竞争者之间的竞争

审查表明，在中国小腔血管闭合器市场，雅培和圣犹达是最紧密的竞争对手，双方的产品性能相似，具有相近的客户群和相似的销售渠道，竞争激烈、互相制约。本次交易将消灭相关市场最领先的两个紧密竞争者之间的竞争。

3. 相关市场进入困难，短期内难以出现新的有效竞争者

商务部注意到小腔血管闭合器技术含量较高，且获得相关监管部门的市

场准入许可需要较长时间，短时间内在中国市场难以出现有竞争力的新市场参与者，无法对雅培形成有效竞争约束，难以消除此项集中所产生的竞争问题。

4. 交易将损害消费者的利益

交易完成后，雅培将拥有更强的市场控制力，存在提高相关商品价格或延缓价格下降、降低服务质量的动机，并具有实施上述行为的能力，从而导致消费者利益受损。

综上，此项经营者集中在中国小腔血管闭合器市场具有排除、限制竞争的效果，最终将损害中国消费者的利益。

（五）审查决定

鉴于此项经营者集中对中国小腔血管闭合器市场具有排除、限制竞争的效果，根据雅培向商务部提交的限制性条件最终方案，商务部决定附加限制性条件批准此项集中，要求雅培和圣犹达履行的主要义务如下：剥离圣犹达的小腔血管闭合器业务；严格按照《购买协议》向泰尔茂出售剥离业务并提供过渡期服务。

案件29：陶氏化学公司与杜邦公司合并案[1]

（一）立案和审查程序

2016年3月21日，商务部收到本案的经营者集中反垄断申报。经审核，商务部认为该申报材料不完备，要求申报方（包括陶氏和杜邦，下同）予以补充。5月6日，商务部确认经补充的申报材料符合《反垄断法》第23条规定，对此项经营者集中申报予以立案并开始初步审查。6月4日，商务部决定对此项经营者集中实施进一步审查。经进一步审查，商务部提出了对本案的竞争关注。9月2日，经申报方同意，商务部决定延长进一步审查期限。进一步审查延长阶段届满时，申报方申请撤回案件并得到商务部同意。11月17

〔1〕 案件来源：商务部公告［2017］第25号。

日，商务部对申报方的重新申报予以立案审查。商务部认为，此项集中对中国水稻选择性除草剂市场、水稻杀虫剂市场可能具有排除、限制竞争的效果，对全球酸共聚物市场、离聚物市场具有排除、限制竞争的效果。目前，本案处于进一步审查延长阶段，截止日期为2017年5月13日。

（二）案件基本情况

根据陶氏和杜邦于2015年12月11日签订的协议，两公司将通过“平等合并”方式合并，并更名为陶氏杜邦公司。陶氏和杜邦的现有股东将分别持有合并后新实体约50%的股权。

（三）相关市场界定

1. 相关商品市场

（1）农化产品。陶氏和杜邦在谷物选择性除草剂、水稻选择性除草剂、蔬菜杀虫剂、果树杀虫剂、水稻杀虫剂、棉花杀虫剂、蔬菜杀菌剂、果树杀菌剂、马铃薯杀菌剂等9个商品市场上存在横向重叠。

除草剂按作用范围可以分为非选择性除草剂和选择性除草剂。非选择性除草剂是一种广谱除草剂，会不加选择地杀死各种杂草和作物。选择性除草剂是指在一定剂量范围内，仅杀死杂草，而对特定作物无毒害或毒害很低的除草剂，一般专门用于特定的作物。适用于不同作物的选择性除草剂分别构成单独的商品市场。

由于不同作物常见虫害有明显差异，为了灭杀特定虫害，不同作物的杀虫剂含有不同活性成分及配比，这导致适用于某一作物的杀虫剂在适用于其它作物时杀虫效果有限甚至无效。适用于不同作物的杀虫剂分别构成单独的相关商品市场。

不同作物的常见病菌害通常由不同病菌或病菌组合造成，需要适用不同的杀菌剂。适用于不同作物的杀菌剂含有不同的活性成分及配比，能达到杀灭特定病菌的药效。适用于不同作物的杀菌剂分别构成单独的相关商品市场。

（2）材料科学产品和特种产品。材料科学产品和特种产品共涉及16个商品市场，包括低密度聚乙烯、丙烯酸酯共聚物、酸共聚物、离聚物、马来酸酐接枝共聚物、具有易开启和再密封功能性复合/配方解决方案、羧甲基纤维素等7个存在横向重叠的商品市场。乙烯醋酸乙烯聚合物、热封涂层、用于电线电缆应用的半导体混合物、三元乙丙橡胶和聚烯烃弹性体、聚酰胺尼龙66树脂、丙二醇、抗氧化剂、羟丙基甲基纤维素、乳品混合物等9个存在纵向关系的商品市场。

2. 相关地域市场

谷物选择性除草剂、水稻选择性除草剂、蔬菜杀虫剂、果树杀虫剂、水稻杀虫剂、棉花杀虫剂、蔬菜杀菌剂、果树杀菌剂、马铃薯杀菌剂等产品在进入市场前必须向中国相关部门进行注册登记，成分和使用方法取决于各国的环境、气候、土壤特性、地形及农民作业方式等具体情况，中国客户和农业平台公司多在国内购买相关产品。因此，上述商品的相关地域市场为中国市场。

本案涉及的离聚物、酸共聚物等材料科学产品和特种产品属精细化工产品，价值较高，运费和关税不构成在全球流通的障碍，其生产、供应及采购均在全球范围内进行，供应商在全球范围内展开竞争，亚洲客户（包括中国）通常由北美工厂供货。因此，上述商品的相关地域市场为全球市场。

（四）竞争分析

商务部认为此项集中在中国水稻选择性除草剂市场、水稻杀虫剂市场可能具有排除、限制竞争效果，在全球酸共聚物市场、离聚物市场具有排除、限制竞争效果。

1. 交易在水稻选择性除草剂市场可能具有排除、限制竞争效果

全球农化市场集中度较高，先正达、拜耳、巴斯夫、陶氏、孟山都和杜邦6家公司占据77%市场份额。上述企业拥有较强研发实力、丰富产品储备和专利成果、雄厚资金实力，形成研发－农药专利－市场产品－丰厚利润的良性业务模式，为“创制型农药企业”，其余企业可分为有一定开发能力、主要从事仿制药生产和开发的“仿制药为主的农药企业”和为数众多的购买活性成分生产制剂或为以上两类企业代工的“农药制剂企业”，后两类企业很难与第一类企业竞争。

（1）交易可能进一步增强双方在水稻选择性除草剂市场的控制力。交易

前，陶氏在中国水稻选择性除草剂市场长期稳居首位，第 2 –7 名竞争者合计份额不足其 50%。陶氏 2005 年推出的水稻选择性除草剂产品五氟磺草胺一直是中国水稻选择性除草剂市场销量最大的产品。陶氏水稻选择性除草剂产品在相关市场的可替代程度不高，利润率远高于行业平均水平。

杜邦是中国水稻选择性除草剂市场重要的创制型企业，拥有在境外上市并可能进入中国市场的优势产品，其进入 VQ 阶段（开发阶段而非早期发现阶段）的某产品是 30 多年来第一种新作用机理产品，一旦上市，将对相关市场产生较为重大的影响。杜邦水稻选择性除草剂产品在相关市场的可替代程度亦较有限，利润率也大幅高于行业平均水平。

交易完成后，交易双方在中国水稻选择性除草剂市场份额接近 40%，市场力量和研发能力得到整合，市场控制力得到进一步增强。

（2）水稻选择性除草剂市场短期内较难出现新的有效竞争者。资金、技术和研发能力是水稻选择性除草剂市场竞争的决定因素。由于新活性成分筛选成功率日益下降、研发成本日益增加、专利保护期被缩短、环保标准要求越来越高，近年来新产品上市难度不断加大、周期不断延长。受制于以上因素，近年来，市场前 7 位经营者排名比较稳定，未出现新的有效竞争者。因此，相关市场短期较难出现实力相当的新进入者及时进入市场，并对集中后的双方形成充分的竞争压力。

（3）交易可能对水稻选择性除草剂市场技术进步产生负面影响。交易前，陶氏和杜邦分别为水稻选择性除草剂市场重要的创新力量，各自在研发领域展开竞争，研发投入较大、创新能力较强、产品储备丰富，交易将消除双方展开竞争的基础。交易后，交易双方可能减少进行技术研发的动力、减少目前平行创新领域（具有相同靶向产品）的投入、延缓新产品上市速度，可能对该商品市场技术进步产生不利影响。

（4）交易可能损害下游经销商利益。水稻选择性除草剂经销商在产品定价、推广投入、技术服务等方面对生产商较为依赖，处于相对弱势的谈判地位。根据修订后的《中华人民共和国农药管理条例》，经销商将对农药质量（包括安全性）承担负责，因此，下游经销商对生产商依赖度进一步增强，更愿意代理有较高知名度跨国企业的产品。交易完成后，陶氏和杜邦在水稻选择性除草剂销售领域的竞争将被消除，由于合并前陶氏和杜邦在中国主要省份的经销商并不重合，双方原有经销商可能被整合或被淘汰，谈判地位被进一步弱化，利益可能受到损害。

2. 交易在水稻杀虫剂市场可能具有排除、限制竞争效果

（1）交易可能进一步增强双方在水稻杀虫剂市场的控制力。2011－2015年，杜邦稳居中国水稻杀虫剂市场第1位，份额通常为排名第2位竞争者的近两倍。杜邦的水稻杀虫剂产品氯虫苯甲酰胺全球单产品销售额过10亿美元，上市10余年来仍维持远高于行业平均水平的超高利润率，拥有较强实力。陶氏在中国水稻杀虫剂市场拥有较强创制能力，其活性成分的推出速度和产品储备明显优于其他竞争者，市场潜力较大。陶氏已上市的水稻杀虫剂产品氟啶虫胺腈对杀灭中国水稻最主要的虫害之一的水稻飞虱效果尤为明显，国内暂无其他产品在效果上能与之抗衡。杜邦针对水稻飞虱类害虫研制的三氟苯嘧啶已在中国获得登记，即将上市。实验结果表明，该药物"高效、快速、用量低、对环境友好"。交易后，交易双方集中了陶氏和杜邦的市场力量和研发能力，尤其是在水稻飞虱防治上同时拥有氟啶虫胺腈＋三氟苯嘧啶的产品组合，已有的领先地位得到进一步巩固，对该相关市场的控制力得到进一步增强。

（2）水稻杀虫剂市场短期内较难出现新的有效竞争者。如前所述，由于新活性成分筛选成功率日益下降、研发成本日益增加、专利保护期被缩短、环保标准要求越来越高等原因，2011－2015年中国水稻杀虫剂市场前7位竞争者基本稳定，较少出现有实力的新进入者。因此，中国水稻杀虫剂市场短期内较难出现实力相当的新进入者及时进入市场，并形成充分的竞争压力。

（3）交易可能对水稻杀虫剂市场技术进步产生负面影响。与水稻选择性除草剂市场一样，交易前陶氏和杜邦分别为水稻杀虫剂市场重要的创新力量，在研发领域展开竞争，研发投入大，产品储备丰富。交易后，交易双方可能减少进行技术研发的动力、减少目前平行创新领域的投入、延缓新产品上市速度，可能对该商品市场技术进步产生不利影响。

（4）交易可能损害下游经销商的利益。经销商通常同时经营水稻杀虫剂和水稻选择性除草剂产品，与水稻选择性除草剂一样，交易完成后，随着陶氏和杜邦在水稻杀虫剂销售领域的整合，双方原有经销商可能被整合或被淘汰，谈判地位被进一步弱化，利益可能受到损害。

3. 交易在酸共聚物市场具有排除、限制竞争效果

（1）交易将导致双方在酸共聚物市场控制力进一步增强。全球及中国酸共聚物市场结构类似，市场竞争者较少，集中度较高。2015 年，陶氏和杜邦在全球酸共聚物市场份额分别为 15% 和 33%，合计份额为 48%；在中国市场份额分别为 12% 和 63%，合计份额为 75%。交易前全球市场集中度指数（HHI）为 2 008，交易后为 3 002，市场集中度增量（△HHI）为 994；交易前中国市场集中度指数（HHI）为 4 594，交易后为 5 958，市场集中度增量（△HHI）为 1 364。交易前相关市场已高度集中，本交易将导致市场集中度进一步提高，交易双方的市场控制力进一步增强。

（2）交易将减少相关市场的竞争。杜邦和陶氏分别位居全球酸共聚物市场第 1 名和第 3 名，中国酸共聚物市场第 1 名和第 3 名，彼此互为重要的竞争对手，互相制约。交易将消除该相关市场两个重要竞争者之间的竞争。

（3）相关市场短期内难以出现新的有效竞争者。新建酸共聚物工厂投资金额较大，相关设备维护成本较高，相关市场存在一定技术壁垒。近年来该相关市场竞争者较稳定，较少有新市场进入者，无法对集中后的双方形成有效竞争约束，难以抵消本交易具有的排除、限制竞争效果。

4. 交易在离聚物市场具有排除、限制竞争效果

（1）交易将导致双方在离聚物市场控制力进一步增强。全球及中国离聚物市场结构类似，市场竞争者较少，集中度较高。2015 年，陶氏和杜邦在全球离聚物市场份额分别为约 1% 和 90%，合计份额为 91%；在中国市场份额分别为 0. 01% 和接近 100%，合计份额 100%。交易前，杜邦在全球和中国离聚物市场已占据市场支配地位，尽管陶氏市场份额不高，但构成重要竞争约束。交易完成后，双方对离聚物市场单方排除、限制竞争的能力、动机和可能性得到进一步增强。

（2）交易将减少或消除离聚物市场竞争。陶氏和杜邦是全球离聚物市场为数不多的竞争者，是中国市场仅有的两个竞争者。此项集中将减少全球市场的竞争者和竞争约束，彻底消除中国市场的竞争约束。

（3）相关市场短期内难以出现新的有效进入者。离聚物最早为杜邦的专利产品，虽已过保护期，但杜邦在该领域仍具有领先技术优势。离聚物生产需要大量客户测试和认证，市场新进入者难以在短期内完成以上工作，无法对集中后的双方形成有效竞争约束，难以抵消本交易具有的排除、限制竞争效果。

（五）审查决定

鉴于此项经营者集中对中国水稻选择性除草剂市场、水稻杀虫剂市场可能具有排除、限制竞争的效果，对全球酸共聚物市场、离聚物市场具有排除、限制竞争的效果，根据申报方向商务部提交的限制性条件建议最终稿，商务部决定附加限制性条件批准此项集中，要求陶氏和杜邦履行的主要义务如下：

（1）剥离杜邦用于水稻选择性除草剂活性成分甲磺隆、四唑嘧磺隆和仅包含上述活性成分的制剂及所有相关产品登记和等待中的产品登记；剥离内容包括所有相关有形资产、无形资产及员工；剥离杜邦水稻选择性除草剂研发产品［研发产品 A］和［研发产品 B］；剥离杜邦与水稻选择性除草剂相关的全球科技部门和地区性开发部门。

（2）剥离杜邦用于水稻杀虫剂的活性成分溴氰虫酰胺、氯虫苯甲酰胺、茚虫威和仅包含上述活性成分的制剂及所有相关产品登记和等待中的产品登记；剥离内容包括所有相关有形资产、无形资产及员工；剥离杜邦与水稻杀虫剂相关的全球科技部门和地区性开发部门。

（3）在本交易交割后 5 年内以合理价格（即不高于过去 12 个月平均价格）在非排他性的基础上向有意愿、并遵守所有财务义务及中国法律法规（包括《农药管理条例》）的第三方中国公司供应苄嘧磺隆、苄嘧磺隆＋唑草酮、吡嘧磺隆混合活性成分/活性成分和杜邦在中国现有的仅包含以上混合活性成分/活性成分的制剂。

（4）为专门控制水稻飞虱之目的，在本交易交割后 5 年内以合理价格

（即不高于过去12个月平均价格）在非排他性的基础上向有意愿、并遵守所有财务义务及中国法律法规（包括《农药管理条例》）的第三方中国公司供应陶氏的特福力（氟啶虫胺腈）或陶氏在中国销售的其他仅包含氟啶虫胺腈的制剂。

（5）在本交易交割后5年内不得要求中国经销商在中国排他性地销售苄嘧磺隆+唑草酮、吡嘧磺隆、苄嘧磺隆、五氟磺草胺、氰氟草酯、五氟磺草胺+氰氟草酯、五氟磺草胺+丁草胺，以及交易双方在中国现有的所有仅含有以上7种混合活性成分/活性成分的制剂；不得要求中国经销商在中国排他性地销售氟啶虫胺腈或陶氏在中国现有的包含氟啶虫胺腈的制剂（即特福力）和爱本（氟啶虫胺腈+毒死蜱）。

（6）剥离陶氏的酸共聚物业务，包括相关生产资产、客户合同和销售记录、供应合同、知识产权和运营协议等。

（7）剥离陶氏的离聚物业务，包括相关产品、客户合同和销售记录、知识产权和生产协议等。

案件30：博通有限公司收购博科通讯系统公司股权案[1]

（一）立案和审查程序

2017年1月13日，商务部收到本案的经营者集中反垄断申报，经审核，商务部认为该申报材料不完备，要求申报方予以补充。3月6日，商务部确认经补充的申报材料符合《反垄断法》第23条规定，对此项经营者集中申报予以立案并开始初步审查。3月31日，商务部决定对此项经营者集中实施进一步审查。经进一步审查，商务部认为本项集中对全球及中国光纤通道存储区域网络交换机（以下简称光纤通道交换机）、光纤通道主机总线适配器（以下简称光纤通道适配器）市场可能具有排除、限制竞争的效果。6月29日，经申报方同意，商务部决定延长进一步审查期限，进一步审查延长阶段截止日

〔1〕 案件来源：商务部公告［2017］第46号。

期为8月28日。

（二）案件基本情况

根据博通和博科于2016年11月2日签署的《合并协议与计划》，博通将收购博科全部股权。交易完成后，博通将获得对博科的控制权。

（三）相关市场界定

1. 相关商品市场

博通的光纤通道交换机专用集成电路和博科的光纤通道交换机存在纵向关联。博通的以太网交换机专用标准品和博科的以太网交换机存在纵向关联。博通的光纤通道适配器与博科的光纤通道交换机存在相邻关系。从商品功能、特性、价格等需求替代性和供给替代性角度分析，本案相关商品市场为光纤通道交换机专用集成电路市场、以太网交换机专用标准品市场、光纤通道交换机市场、以太网交换机市场、光纤通道适配器市场。

（1）光纤通道交换机专用集成电路和以太网交换机专用标准品。交换机集成电路属于应用于有线通信领域的半导体产品，具体又分为两种，一种是为特定买方定制的有线通信专用集成电路（又称为定制芯片，以下简称专用集成电路）；另一种是有线通信通用集成电路（又称为专用标准产品或专用标准芯片，以下简称专用标准品）。其中，专用集成电路可进一步细分为以太网交换机专用集成电路和光纤通道交换机专用集成电路。专用标准品可进一步细分为以太网交换机专用标准品和光纤通道交换机专用标准品。

光纤通道交换机专用集成电路市场和以太网交换机专用标准品市场分别构成单独相关商品市场。

（2）光纤通道交换机。光纤通道交换机是存储区域网络的重要组成部件。存储区域网络是一种高速数据通信网络，其功能在于将服务器连接到存储设备上。目前，约70%的存储区域网络使用的是光纤通道技术。光纤通道通常在光纤电缆上运行。光纤是一种精益型介质，与其他介质（如铜）相比，数据损耗或损失水平较低。因此，光纤通道适用于数据量大、安全性要求高的行业，其终端用户包括金融服务行业、政府部门、电信和媒体行业等。光纤通道交换机是存储区域网络数据传输的中继设备，通过光纤通道适配器将服务器和存储设备相连接，其功能是将光纤通道网络中的数据以帧/组的形式传输到存储设备中。考虑到光纤通道交换机仅能连接光纤通道设备，而无法连接以太网等其他设备，光纤通道存储区域网络也无法使用其他非光纤通道交换机，以及光纤通道交换机的技术特点等因素，光纤通道交换机构成单独相关商品市场。

（3）以太网交换机。以太网是一种网络技术，通常在铜缆上运行。以太网技术传输数据的稳定性和安全性不如光纤通道。以太网交换机与路由器构成网络的“结点”，功能在于连接网络的不同部分，尤其是在各种子网络间运送并交换数据包。考虑到以太网交换机仅能连接以太网设备，以太网也无法使用其他非以太网交换机，以及以太网交换机的技术特点等因素，以太网交换机构成单独相关商品市场。

（4）光纤通道适配器。光纤通道适配器是存储区域网络的重要组成部件，安装在服务器和存储设备上，在服务器和存储设备间提供数据输入和输出处理和物理连接。光纤通道适配器和光纤通道交换机共同作用将服务器和存储设备连接起来。考虑到光纤通道适配器仅能连接光纤通道设备，无法连接以太网等其他设备，光纤通道存储区域网络也无法使用其他非光纤通道适配器，以及光纤通道适配器的技术特点等因素，光纤通道适配器构成单独相关商品市场。

2. 相关地域市场

考虑到集中双方及主要竞争者均在全球范围内开展经营，运输成本不显著，平均运费约占总生产成本低于1%，全球的价格水平相似，最惠国关税为零，不存在其他贸易壁垒或限制，光纤通道交换机专用集成电路、以太网交换机专用标准品、光纤通道交换机、光纤通道适配器、以太网交换机相关地域市场为全球，同时考察交易对中国市场的影响。

（四）竞争分析

商务部认为此项集中在全球及中国光纤通道交换机市场以及光纤通道适配器市场可能具有排除、限制竞争的效果。

1. 集中后，博通可能会不当使用第三方光纤通道交换机供应商的保密信息，在光纤通道交换机市场产生排除、限制竞争的效果

光纤通道交换机专用集成电路是光纤通道交换机的“大脑”，是光纤通道交换机中成本较高和技术较复杂的部件。博通在上游光纤通道交换机专用集成电路市场的全球市场份额为30%－40%，市场上主要竞争者IBM/格罗方德全球市场份额为60%－70%。博科在下游光纤通道交换机全球和中国市场份额分别为70%－80%和40%－50%，市场上的主要竞争者是思科公司（全球20%－30%和中国40%－50%）。

由于光纤通道交换机专用集成电路是按照交换机供应商的要求定制而成。在研发、生产、售后各个阶段，光纤通道交换机供应商和光纤通道交换机专用集成电路供应商需要密切合作，光纤通道交换机专用集成电路供应商因此需获得光纤通道交换机供应商的知识产权授权，并将接触其保密信息，如产品设计图、技术规格、进入市场时间、成本和销售额等。在实践中，双方一般会签订许可协议和保密协议，以实现光纤通道交换机专用集成电路的设计和制造。

由于博通为博科和第三方光纤通道交换机供应商生产光纤通道交换机专用集成电路，博通能接触到第三方光纤通道交换机供应商大量保密信息。交易后如果第三方光纤通道交换机供应商不转换光纤通道交换机专用集成电路供应商，博通可能会通过不当使用第三方光纤通道交换机供应商的保密信息，以扩大其（当前的博科产品）在下游光纤通道交换机市场的份额。市场调查显示，转换光纤通道交换机专用集成电路供应商需花费2－3年的技术磨合时间且将花费巨大经济成本，还可能会导致新产品进入市场的重大延误，因此第三方光纤通道交换机供应商短期内转换供应商在商业上并不可行。尽管博通和第三方光纤通道交换机供应商签署了一系列保密协议，但本项集中完成后，第三方光纤通道交换机供应商对于博通能否遵守保密义务显得尤其弱势，难以识别博通的商业行为是否受益于第三方光纤通道交换机供应商的保密信息，难以通过商业保密协议监督博通的行为。

反垄断审查认为，鉴于全球及中国光纤通道交换机市场上，能与集中后

博通有效竞争的第三方光纤通道交换机供应商数量极为有限，他们之间现有的保密协议难以确保博通不利用第三方光纤通道交换机供应商的保密信息排除或限制光纤通道交换机市场的竞争。

2. 本项集中可能在光纤通道适配器市场产生排除、限制竞争的影响

终端用户同时需要光纤通道适配器和光纤通道交换机才能设立并运行光纤通道存储区域网络。由于上述两种产品在功能上相互依存，反垄断审查认为这两种产品具有相邻关系。如上文所述，在光纤通道交换机市场，博科2016年全球市场份额为70%－80%，为市场领导者，唯一主要竞争者思科公司2016年全球市场份额为20%－30%。在光纤通道适配器市场，博通2016年的全球和中国市场份额分别为40%－50%和40%－50%，主要竞争者凯为公司（Cavium）全球和中国市场份额分别约为50%－60%和50%－60%。

考虑到相关市场结构以及各自的市场力量、市场运营模式等因素，集中后博通可能会通过以下三种方式排除、限制光纤通道适配器市场竞争：

（1）损害互操作性。光纤通道适配器和光纤通道交换机需要相互连通，共同作用，才能保证光纤通道存储区域网络的运行。为了确保不同供应商的光纤通道适配器和光纤通道交换机之间能够顺畅联通（即具备相互操作性），行业内存在特定的技术标准。然而，市场调查显示，仅符合这些标准不足以确保不同供应商的光纤通道交换机和光纤通道适配器组合之后具有最佳的互操作性，从而保障光纤通道适配器产品的质量稳定性和使用寿命。事实上，为实现二者之间的互操作性，在光纤通道适配器研发、运行的各个阶段，都需要光纤通道交换机供应商的合作与配合。例如，在数据传输速度更快的新一代光纤通道适配器开发过程中，光纤通道适配器供应商需要向光纤通道交换机供应商提供模拟包、产品计划、日志和跟踪记录等信息，以完成确保与光纤通道交换机连接时正常运转的测试工作。这一过程被称作“认证”过程。光纤通道适配器的设计周期一般需两年，在产品最终投入市场的六个月前开启认证过程。在光纤通道适配器产品投入市场后，产品的售后服务也需要光纤通道交换机供应商提供技术支持，双方的合作在保持客户满意度方面扮演重要的角色。

集中后，博通可能在光纤通道适配器产品周期的不同阶段减少提供给与其有竞争关系的光纤通道适配器供应商的技术合作，或采用其他方式致使与其有竞争关系的新一代光纤通道适配器和博通的光纤通道交换机之间互操作性下降、产品可靠性下降、发行延缓。此外，博通可能会在改进自有光纤通道交换机与适配器的互操作性同时，拒绝同步改进与第三方光纤通道适配器的互操作性，或通过其他方式区别对待第三方光纤通道适配器，从而对光纤通道适配器市场产生排除、限制竞争的效果。

（2）不当使用第三方光纤通道适配器供应商的保密信息。为保证光纤通道交换机和光纤通道适配器之间的互操作性，供应商之间通常会签订保密协议。博科作为全球最大的光纤通道交换机供应商（全球份额70%－80%），与光纤通道适配器供应商博通（全球份额40%－50%）、凯为（全球份额50%－60%）均签有保密协议。反垄断审查认为，博科和第三方光纤通道适配器供应商目前的保密协议难以在交易后有效监督博通的商业行为，博通可能会为扩大其自有光纤通道适配器的市场份额而不当使用第三方光纤通道适配器供应商的保密信息。

（3）捆绑销售或搭售。博科在光纤通道交换机市场拥有重要的市场力量，是全球和中国市场领先的竞争者。在全球及中国，博科只面对一个有效竞争对手思科公司。除市场份额领先之外，博科一直是历史上每代光纤通道交换机的首个推进者，平均领先思科公司15－18个月。博科在全球的主要下游客户为大型原始设备制造商，能够在一定程度上对博科及交易后的博通形成买方制约。但区别于全球市场，在中国，下游用户众多且较为分散，最大买方仅占博通销售量的1%－10%，不具备与博通抗衡的抵消力量。如果博通在交易后通过提供其自有光纤通道交换机和其光纤通道适配器产品的联合购买折扣等方式进行搭售或捆绑销售，中国的下游买方一方面不具备抗衡能力，另一方面考虑到中国市场需求量不断增长的趋势，从降低成本和增加获利的角度讲，中国的下游买方很可能会购买搭售或捆绑的产品，从而产生排除、限制中国光纤通道适配器市场竞争的效果。

3. 相关市场进入困难，短期内难以出现新的有效竞争者

商务部注意到光纤通道专用集成电路、光纤通道交换机、光纤通道适配

器市场进入需要大量的资金、技术投资，进入壁垒很高，短时间内难以出现有竞争力的新市场参与者，无法对博通形成有效竞争约束，难以消除此项集中所产生的竞争问题。

（五）审查决定

鉴于此项经营者集中对全球及中国光纤通道交换机以及光纤通道适配器市场可能具有排除、限制竞争的效果，根据博通向商务部提交的附加限制性条件建议最终方案，商务部决定附加限制性条件批准此项集中，要求博通履行如下义务：

（1）保持自有光纤通道交换机与第三方光纤通道适配器之间的互操作性不低于与自有光纤通道适配器之间的互操作性水平，不歧视第三方光纤通道适配器。

（2）对第三方光纤通道适配器保密信息采取防火墙措施。

（3）对第三方光纤通道交换机保密信息采取防火墙措施。

（4）保持中国光纤通道交换机产品市场交易条件，不从事任何形式的搭售或捆绑销售。

上述限制性条件自生效日起十年内有效，期限届满时自动终止。

案件31：惠普公司收购三星电子有限公司部分业务案[1]

（一）立案和审查程序

2016年11月16日，商务部收到本案的经营者集中反垄断申报。经审核，商务部认为该申报文件、资料不完备，要求申报方予以补充。12月23日，商务部确认经补充的申报文件、资料符合《反垄断法》第23条规定，对该项经营者集中申报予以立案并开始初步审查。2017年1月19日，商务部决定对此项经营者集中实施进一步审查。经进一步审查，商务部认为此项经营者集中对中国A4幅面激光打印机市场和中国A4幅面激光打印耗材市场可能具有排

〔1〕案件来源：商务部公告［2017］第58号。

除、限制竞争效果。4 月 19 日，经申报方同意，商务部决定延长进一步审查期限。进一步审查延长期届满时，申报方申请撤回案件并得到商务部同意。6 月 21 日，商务部对申报方的重新申报予以立案审查。目前，该案处于进一步审查阶段，截止日期为 10 月 18 日。

（二）案件基本情况

2016 年 9 月 12 日惠普和三星签署集中协议，惠普将收购目标业务所有股权和资产。本次交易完成后，惠普将取得目标业务的单独控制权。

（三）相关市场界定

商务部根据《反垄断法》《国务院反垄断委员会关于界定相关市场的指南》等规定，界定了本案的相关商品市场和相关地域市场。

1. 相关商品市场

（1）打印机产品。惠普和三星都从事打印机业务。打印机是将计算机或其他设备的处理结果打印在相关介质上的输出设备。打印幅面是衡量打印机的重要指标，一般将打印幅宽超过 A3 的打印机称为大幅面打印机，而将打印幅宽小于等于 A3 的打印机称为常规幅面打印机。常规幅面打印机主要应用于办公以及家用；大幅面打印机主要应用于某些特殊场合或者专业领域，例如广告设计、项目展示等。与常规幅面打印机相比，除了功能有所不同外，大幅面打印机的销售价格也明显高于常规幅面打印机。因此，大幅面打印机与常规幅面打印机不存在相互替代关系。就本项集中而言，目标业务并不提供大幅面打印机产品，反垄断调查重点考察双方存在横向重叠的常规幅面打印机产品。

常规幅面打印机产品存在多个细分维度，反垄断调查表明，常规幅面打印机产品可以从 A3/A4 幅面、激光/喷墨两个维度进一步细分。

其一，A3 幅面打印机与 A4 幅面打印机不属于同一相关商品市场。

惠普和目标业务均生产 A3 幅面和 A4 幅面打印机。在需求替代方面，从功能上分析，A3 幅面打印机既能够打印 A3 幅面的资料，也能够打印 A4 幅面的资料，但 A4 幅面打印机无法打印 A3 幅面的资料。从价格上分析，A3 幅面打印机的平均价格是 A4 幅面打印机的 6－10 倍。对第三方调研机构国际数据公司（以下简称 IDC）的数据分析显示，2010 年至 2016 年间，中国市场上 A3 幅面打印机与 A4 幅面打印机的平均价格相关系数仅为 0.12，即使在全球市场范围内，二者的平均价格相关系数也只有 0.37，说明 A3 与 A4 幅面打印机之间替代性较弱。对消费需求的调查也表明，二者构成互补产品，而非替代产品，除非有对 A3 幅面资料的刚性打印需求，消费者出于成本的考虑也会选择 A4 幅面的打印机。

在供给替代方面，调查表明，开发一款普通的 A4 幅面黑白激光打印机投资巨大，而 A3 幅面打印机的投资要几倍于 A4 幅面打印机。即使 A3 幅面打印机价格上涨，具有较大的利润空间，生产 A4 幅面打印机的企业出于技术、专利、投入成本等原因，也难以在短时间内进行 A3 幅面打印机的生产。

综上，A3 幅面打印机与 A4 幅面打印机构成两个独立的相关商品市场。

其二，激光打印机与喷墨打印机不属于同一相关商品市场。

惠普生产和销售激光打印机和喷墨打印机。目标业务的产品以激光打印机为主，在中国境内不销售喷墨打印机。在需求替代方面，喷墨打印机与激光打印机的市场定位不同，各自面临不同的消费群体，彼此之间的替代性较弱。大多数喷墨打印机具有彩色打印机功能，是打印彩色照片的首选，并且能够在大小尺寸不一、材质不同的纸张上完成打印任务，适合于打印频率较低、打印数量较少、但对彩色打印有一定需求的消费者。而激光打印机更适合满足打印频率高、打印数量多的黑白文本的打印需求，打印成本比喷墨要低近 1/3。因此，在需求方面，喷墨与激光打印机替代关系较弱。从价格上分析，无论是在全球市场还是中国市场，激光与喷墨打印机在销售价格上均有较大差异。在中国市场上，激光打印机的平均售价约为喷墨打印机平均售价的 3 –4 倍，两者价格上的差异决定了各自的市场需求并不会因为对方市场价格的小幅变动而出现转移。

在供给替代方面，虽然激光打印机和喷墨打印机的功能相同，但是两者的打印技术原理不同，生产打印机的企业不能轻易实现转产替代。因此，激光打印机与喷墨打印机构成两个相互独立的相关商品市场。

综上，本案相关商品市场为 A3 幅面激光打印机和 A4 幅面激光打印机。

（2）打印耗材产品。打印机与打印耗材是两种相互独立的产品，不属于同一相关商品市场。对消费者来说，只有同时购买打印机与打印耗材，才能够实现打印目的，二者构成了经济学意义上的互补产品。

激光打印机的打印耗材包括硒鼓、墨粉等组成部件。打印耗材可分为原装耗材和第三方耗材。原装耗材是指专门用于某一品牌打印机，且所有耗材的组成部件均由该品牌打印机制造商生产和销售的耗材。第三方耗材是指与某一品牌打印机兼容，但耗材中的一个或多个组成部件不是由该品牌打印机制造商生产。尽管原装耗材和第三方耗材在价格、打印效果等方面有差异，但市场调查表明，绝大部分消费者认为原装耗材和第三方耗材之间替代关系明显，两者之间存在竞争。原装耗材与第三方耗材构成了同一相关商品市场内的差异化产品。打印耗材可根据对应的打印机类型进行细分，本案相关商品市场为A3幅面激光打印耗材市场和A4幅面激光打印耗材市场。

2. 相关地域市场

从地域上看，中国市场上超过90%的常规幅面打印机在中国采购。无论是A3幅面还是A4幅面打印机，在中国市场的平均销售价格远低于全球市场的平均销售价格，A3幅面打印机全球市场平均销售价格约为中国市场的3倍，A4幅面打印机全球市场平均销售价格约为中国市场的1.5倍。对特定类型打印机产品，同一产品价格在中国与全球市场存在持续的系统性价格差异，显示同一生产企业在中国市场与全球市场上具有不同的定价能力，说明中国市场与全球市场对产品具有不同需求弹性，两个地域市场相互独立。

中国市场上超过90%的打印耗材在中国采购，在价格、产品市场结构上与全球市场表现不同，呈现与其他区域不同的特点。

反垄断调查表明，在A3幅面和A4幅面激光打印机及打印耗材领域，本案相关地域市场为中国。

（四）竞争分析

商务部认为集中将对中国A4幅面激光打印机市场和中国A4幅面激光打印耗材市场产生排除、限制竞争的效果。

1. 集中将导致中国 A4 幅面激光打印机市场集中度上升，进一步增强惠普的市场控制力，有能力和动机从事排除、限制竞争的行为

在中国 A4 幅面激光打印机市场上，按销售额计算，2016 年惠普市场份额为 45% －50%，三星市场份额为 5% －10%，集中后市场份额为 50% －55%，紧随其后的竞争者兄弟、联想、佳能，均与惠普有较大差距。集中前该市场的赫芬达尔－赫希曼指数（以下简称 HHI）为 2 597，惠普与三星集中后 HHI 为 3 067，属于高度集中市场，且集中产生的 HHI 增量为 470，这一结果显示集中将会产生或加强惠普在相关商品市场的市场支配地位。

反垄断调查表明，惠普与三星构成了中国 A4 幅面激光打印机市场的紧密竞争者，三星的产品集中分布在激光打印机市场，三星在该市场上提供的产品种类较多，价格分布区间也较为广泛，跟惠普的产品分布非常类似，集中将导致惠普与三星之间紧密竞争关系消失，减弱由这种竞争替代所产生的对企业定价行为的约束，从而产生排除、限制竞争的效果。

2. 集中后，惠普有能力和动机进行耗材搭售，从而排除、限制中国 A4 幅面激光打印耗材市场竞争，损害消费者利益

打印机作为一种耐用品，消费者在购买后很长一段时间内不会再进行重复购置，但需要不断地购买硒鼓或墨盒等打印耗材。如果购买及使用第三方打印耗材将使打印机无法工作或降低消费者打印体验的话，意味着消费者将处于一种被锁定的状态。这种营销模式不仅能加强对消费者的控制，而且还能够作为阻止新企业进入的一种策略，形成排除、限制竞争的效果。

反垄断调查表明，消费者对打印效果的要求呈差异化特征。第三方耗材的价格明显比原装耗材要低，选择价格更高的原装耗材的消费者往往在打印效果、售后维修等方面有更高的要求。不同消费者会根据自己的需要选择不同的打印耗材产品，如果打印机企业通过固件升级、广告宣传等方式迫使消费者购买打印机企业指定的耗材产品，将直接减少消费者的选择，本质上构成了市场封锁。这种市场封锁对消费者利益将造成损害。

反垄断调查表明，打印机企业的市场份额越高，越具备实施搭售打印耗材的基础。根据 IDC 数据，2016 年惠普与三星在 A4 幅面激光打印机市场上

的份额分别为45%－50%与5%－10%，合并后的市场份额达到50%－55%，具有市场支配地位。集中完成后，惠普为获取高额利润，将具备在中国市场从事搭售打印耗材的的动机和能力，从而可能排除、限制中国A4幅面激光打印耗材市场的竞争。

3. 相关市场进入困难，短期内难以出现新的有效竞争者

反垄断调查表明，打印机是涉及多个学科、技术复杂的光机电一体化产品，研发和生产打印机需要较高的技术及资金门槛。就中国A4幅面激光打印机市场而言，短时间内难以出现新的有竞争力的市场参与者，无法对惠普形成有效竞争约束，难以消除此项集中对竞争产生的不利影响。

（五）审查决定

鉴于此项经营者集中对中国A4幅面激光打印机市场和中国A4幅面激光打印耗材市场可能具有排除、限制竞争效果。根据惠普向商务部提交的附加限制性条件建议方案，商务部决定附加限制性条件批准此项集中，要求惠普履行如下义务：

（1）继续以公平、合理的供货条件销售A4激光打印机产品，并每半年向商务部反垄断局提交定价信息及相关数据。

（2）不收购任何其他打印机制造商在中国A4激光打印机业务的任何份额，即便是少数股权投资。

（3）对三星品牌A4激光打印机及其在中国销售的原装耗材（不包括出口），不实施任何可能影响第三方耗材兼容能力的技术措施、固件或升级。

（4）对惠普品牌A4激光打印机及在中国销售的惠普品牌A4原装耗材（不包括出口），不实施任何可能影响使用惠普原装芯片的第三方耗材兼容能力的技术措施、固件或升级。

（5）在A4激光打印机原装耗材的广告宣传上，惠普不会针对中国的潜在客户进行虚假或误导性的广告宣传或推销，不会宣称第三方耗材不能兼容A4激光打印机产品。

（6）根据《反垄断法》及相关法律法规的规定，对A4激光打印机产品不进行搭售或者从事其他不合理的商业行为。

上述限制性条件自生效日起五年内有效，期限届满时自动终止。

案件32：加阳公司与萨斯喀彻温钾肥公司合并案[1]

（一）立案和审查程序

2016年11月8日，商务部收到本案的经营者集中反垄断申报。经审核，商务部认为该申报材料不完备，要求申报方（包括加阳和萨钾，下同）予以补充。12月5日，商务部确认经补充的申报材料符合《反垄断法》第23条规定，对此项经营者集中申报予以立案并开始初步审查。2017年1月4日，商务部决定对此项经营者集中实施进一步审查。经进一步审查，商务部提出了对本案的竞争关注。4月1日，经申报方同意，商务部决定延长进一步审查期限。进一步审查延长阶段届满时，申报方申请撤回案件并得到商务部同意。6月2日，商务部对申报方的重新申报予以立案审查。商务部认为，此项集中对全球及中国氯化钾市场可能具有排除、限制竞争的效果。目前，本案处于进一步审查延长阶段，截止日期为2017年11月25日。

（二）案件基本情况

根据加阳和萨钾于2016年9月11日签订的协议，两公司将通过成立新母公司的方式合并，合并后加阳和萨钾成为新母公司的全资子公司，其原有股东将分别持有新母公司48%和52%的股权。

（三）相关市场界定

1. 相关商品市场

钾肥包括氯化钾、硫酸钾、硝酸钾、磷酸二氢钾、硫酸钾镁等，可以提高作物光合作用强度，促进开花结果，增强作物抗旱、抗寒和抗病能力，是植物生长必需的重要肥料。交易方加阳和萨钾只生产和销售氯化钾，不涉及硫酸钾等其他钾肥业务，本案重点考察氯化钾市场。

氯化钾通常以钾盐矿藏形式存在于地壳中，在全球钾肥销售总量中约占

[1] 案件来源：商务部公告［2017］第75号。

90%。从钾含量、特性、主要用途等因素分析，氯化钾与其他钾肥产品之间不具有较为紧密的替代关系，农户通常根据土壤特性、作物生长周期、期望施肥效果等因素来选择特定钾肥产品，因此氯化钾构成独立的相关商品市场。

氯化钾按颜色可进一步细分为红钾和白钾，按颗粒大小分为颗粒钾（0.8－4.7mm）和标准钾（0.6－3.3mm）。不同颜色和颗粒大小的细分氯化钾产品主要用途和特性并无差异，且价格变化近乎同步、高度相关，产品替代性较强。因此，氯化钾无需按颗粒大小或颜色进一步细分，构成独立的相关商品市场。

2. 相关地域市场

氯化钾属大宗原材料商品，主要产地为加拿大、白俄罗斯、俄罗斯等，在全球范围内交易，全球价格呈现出相关性和同步化等特点，进口关税税率和运输成本不构成实质进出口障碍，中国进口依赖度较高。因此，氯化钾的相关地域市场为全球市场，同时重点考察对中国市场的影响。

（四）竞争分析

商务部认为此项集中可能对全球及中国氯化钾市场产生排除、限制竞争效果。

1. 集中将进一步增强交易双方对全球氯化钾市场的控制力

集中前，全球氯化钾市场高度集中，排名前四位的市场参与者萨钾、俄罗斯乌拉尔钾肥公司（以下简称乌钾）、白俄罗斯钾肥公司（以下简称白钾）和美国美盛钾肥公司（以下简称美盛）产能约占全球氯化钾总产能的63%。其中，交易方萨钾市场排名第一，市场实力较强。此外，鉴于萨钾对阿拉伯钾肥公司、以色列化工和智利化学矿业等同业竞争者参股并委派董事、参与经营管理决策等事实因素，其可能对全球30%以上的氯化钾产能施加决定性影响。交易完成后，合并后实体将整合资源，对全球氯化钾产能的控制力会进一步增加，具有更强大的生产、供应和出口能力，进一步拉大与乌钾、白钾等主要竞争者的差距。

目前，萨钾、加阳与美盛通过 Canpotex 对北美以外市场销售钾肥。交易前，Canpotex 有三家股东，萨钾、加阳和美盛势力均衡，相互制约，共同经营。交易完成后，Canpotex 股东由三家变为两家，均衡格局发生变化，美盛力量相对削弱，合并后实体因供应权比例扩大而增强话语权，其协调生产和销售的动机和能力会进一步提高，因此，在考虑 Canpotex 因素下，交易完成后，合并后实体实际控制全球50%左右的氯化钾产能，进一步增强在全球氯化钾市场的控制力，可能对相关市场产生排除、限制竞争影响。

2. 集中将进一步削弱中国氯化钾市场的买方议价能力

经查，萨钾持有中国 A 公司部分股权。交易完成后，合并后实体在全球氯化钾市场的控制力进一步增强，其可能通过持股寻求获得中国钾肥进口相关的竞争敏感信息，进一步削弱买方议价能力。

3. 氯化钾市场进入壁垒较高，短期内很难出现新的市场进入者

氯化钾属不可再生资源，生产和销售都受制于资源的特殊性。经查，进入氯化钾市场需要拥有丰富的钾矿资源，而钾矿的勘探和建设投入大、周期长，需要配备陆路、码头、铁路等基础设施，短期内很难出现新的市场进入者对其形成有效的竞争约束。

（五）审查决定

鉴于此项经营者集中对全球及中国氯化钾市场可能具有排除、限制竞争的效果，根据申报方向商务部提交的限制性条件建议最终稿，商务部决定附加限制性条件批准此项集中，要求加阳和萨钾履行如下义务：

（1）合并后实体将根据以下时间表通过向一个或多个买方以协议转让、通过证券二级市场承销、或者通过两者结合的方式剥离萨钾持有的以色列化工、阿拉伯钾肥和智利化学矿业的股权：

其一，对于萨钾持有的以色列化工的股权，在协议转让的情形下，合并后实体将在拟议交易交割后六个月内确定一个或多个买方，合并后实体应向商务部提交买方人选并经商务部批准。在确定一个或多个买方后的三个月内达成最终协议并剥离萨钾持有以色列化工的股权。合并后实体应向商务部提交与买方签署的出售协议并经商务部批准。商务部在审查批准过程中所用时间不计入上述期限。在通过证券二级市场承销的情形下，合并后实体将在拟议交易交割后九个月内完成二级市场销售。如有必要，交易双方可将上述期

限延长三个月。

其二，对于萨钾在阿拉伯钾肥和智利化学矿业的股权，在协议转让的情形下，合并后实体将在拟议交易交割后十五个月内确定一个或多个买方，合并后实体应向商务部提交买方人选并经商务部批准。在确定一个或多个买方后的三个月内达成最终协议并剥离萨钾持有阿拉伯钾肥和智利化学矿业的股权。合并后实体应向商务部提交与买方签署的出售协议并经商务部批准。商务部在审查批准过程中所用时间不计入上述期限。在通过证券二级市场承销的情形下，合并后实体将在拟议交易交割后十八个月内完成二级市场销售。

其三，合并后实体及其关联公司不得通过任何形式回购上述剥离的股权，并应将剥离进展及时向商务部汇报。

（2）在商务部附条件批准决定公布之日起五年内，未经事先获得商务部的批准，合并后实体及其关联公司在交易完成后不得通过任何形式收购钾肥同业竞争者的任何股权。此后合并后实体将根据商务部届时所适用的反垄断法相关规定就相关交易向商务部进行申报。五年期限届满后，合并后实体可以向商务部提交申请并经商务部评估后解除或变更此项义务。

（3）合并后实体将使萨钾在中国A公司的股权权益变为一种受限制的投资权益。具体而言，合并后实体将：

其一，在商务部批准之后且拟议交易交割之前，解除当前委派至或任职于中国A公司高级管理层的全部萨钾员工；

其二，不行使向中国A公司高级管理层任何职位委派或任命合并后实体员工的权利；

其三，不提名或任命中国A公司董事会的任何董事，并且不干预其他中国A公司股东提名或任命任何董事的决定；

其四，不寻求获得有关中国钾肥进口的竞争敏感信息的途径，也不会行使其作为中国A公司股东所享有的权利来获得有关中国钾肥进口的竞争敏感信息，此类竞争敏感信息包括钾肥价格、价格谈判或竞争状况等。

（4）合并后实体将：

其一，确保加拿大钾肥出口公司在竞争性基础上继续作为一个致力于向中国出口钾肥的稳定、可靠的供应商。

其二，促使加拿大钾肥出口公司在通过谈判达成满意的条款和条件的前提下，以与过去五年平均或更高的出口量向中国供应钾肥。

其三，继续保持其目前的销售做法和程序。

案件33：马士基航运公司收购汉堡南美船务集团股权案[1]

（一）立案和审查程序

2017年3月29日，商务部收到本案的经营者集中反垄断申报。经审核，商务部认为该申报文件、资料不完备，要求申报方予以补充。4月27日，商务部确认经补充的申报文件、资料符合《反垄断法》第23条规定，对此项经营者集中申报予以立案并开始初步审查。5月26日，商务部决定对此项经营者集中实施进一步审查。8月23日，经申报方同意，商务部决定延长进一步审查期限。进一步审查延长期届满时，申报方申请撤回案件并得到商务部同意。10月24日，商务部对申报方的重新申报予以立案审查。经审查，商务部认为此项经营者集中可能对远东—南美西海岸航线、远东—南美东海岸航线的普通集装箱运输市场和冷藏集装箱运输市场产生排除、限制竞争效果。目前，该案处于初步审查阶段，截止日期为11月22日。

（二）案件基本情况

2017年3月14日，马士基航运和奥古斯特·欧特克公司签订《买卖协议》，马士基航运将收购汉堡南美100%的股权。交易完成后，汉堡南美将成为马士基航运内部的一个业务部门，该业务部门将以汉堡南美品牌运营。

（三）相关市场界定

商务部根据《反垄断法》《国务院反垄断委员会关于界定相关市场的指南》等规定，界定了本案的相关商品市场和相关地域市场。

1. 相关商品市场

经审查，马士基航运和汉堡南美在普通集装箱班轮运输服务市场、冷藏

---

〔1〕案件来源：商务部公告〔2017〕第77号。

集装箱班轮运输服务市场和油轮运输服务市场存在横向重叠；马士基航运关联企业在中国从事集装箱生产和销售业务、海运货物运输代理服务，与集装箱班轮运输服务存在纵向关联。本案相关商品市场界定为普通集装箱班轮运输服务市场、冷藏集装箱班轮运输服务市场、油轮运输服务市场、集装箱市场、海运货物运输代理服务市场。

（1）普通集装箱班轮运输服务市场和冷藏集装箱班轮运输服务市场。集装箱班轮运输服务是指集装箱班轮公司按照事先制定的船期表，在固定航线的挂靠港口之间，按照规定的操作规则为非固定货主提供规范和反复的集装箱货物运输服务。集装箱班轮运输服务按照单位标准箱（TEU 或 FFE）运价来计收运费，与非班轮运输没有替代性。集装箱运输与干散货运输、油轮运输也没有替代性。

从服务的内容、特性、价格等角度分析，集装箱班轮运输可以按照普通和冷藏进一步细分。普通集装箱用于运输没有特别温度要求的货物，冷藏集装箱主要用于运输需要在低温冷藏环境中贮存的货物。冷藏集装箱通过连接船舶的电力插座，在运输过程中能够维持－30℃至20℃的温度。从需求角度看，对于需要在运输过程中维持低温冷藏环境的货物（如肉类、水果蔬菜、海鲜等），货主只能选择冷藏集装箱运输。运输价格上，冷藏集装箱运输的价格通常高出普通集装箱一倍以上。从供给角度看，冷藏集装箱需要有隔温层并连接船舶的电力插座，每条船舶配备的电力插座数量有限，增加插座会大幅提高成本。为在运输过程中保持低温冷藏的环境条件，冷藏集装箱运输对温度控制技术也有较高要求，货物在长距离运输时需要保持极小的温度变化。因此，将普通集装箱班轮运输服务和冷藏集装箱班轮运输服务分别界定为不同的相关商品市场。

（2）油轮运输服务市场。集中双方均运营为油类产品提供运输服务的液体散装油轮（以下简称油轮）。油轮配备油罐、水泵和装卸设备等特定设施，能够运输原油、汽油等液体产品。油轮运输服务具有不定期的特点，运营商在相关区域内寻找业务，或者根据货物情况及客户需求往返于不同港口之间承接货物。从服务的内容、特性、价格等角度分析，油轮运输服务界定为单独的相关商品市场。

（3）集装箱市场。马士基航运关联企业在中国生产并销售集装箱。集装箱是集装箱班轮运输企业的上游产品。反垄断调查表明，普通集装箱和冷藏集装箱的客户群相同，尽管制造技术存在差异，但绝大多数集装箱制造商同时生产普通集装箱和冷藏集装箱，集装箱班轮运输企业也均同时采购普通集装箱和冷藏集装箱，二者供给替代性较强。集装箱界定为单独的相关商品市场。

（4）海运货物运输代理服务市场。马士基航运关联企业在中国从事海运货物运输代理服务。货物运输代理服务是根据客户需要并代表客户组织货物的运输、海关清关、仓储及地面服务等活动。海运货物运输代理服务区别于陆运、航空货物运输代理服务，构成单独相关商品市场。

2. 相关地域市场

（1）普通集装箱班轮运输服务市场和冷藏集装箱班轮运输服务市场。在考察相关地域市场时，贸易航线是集装箱班轮运输的基本要素。本案中，集中双方存在重叠并覆盖中国港口的普通和冷藏集装箱班轮运输航线包括：远东—北欧、远东—印度次大陆、远东—中东、远东—大洋洲、远东—南非、远东—北美东海岸、远东—北美西海岸、远东—南美东海岸、远东—南美西海岸、远东—地中海、远东—中美和加勒比海共11条航线，每条航线可根据往返两个航向进一步细分。

（2）油轮运输服务市场。根据行业实践，油轮运营商能够在全球范围内配置船舶，提供灵活的油轮运输服务，没有固定航线。油轮运输服务的相关地域市场为全球市场。

（3）集装箱市场。集装箱的供应商在全球范围内开展竞争，向全球范围内的客户进行销售。同时，集装箱产品的运输成本较低，进出口无实质壁垒，集装箱的相关地域市场为全球市场。

（4）海运货物运输代理服务市场。由于需求方通常在全国范围内选择货物代理服务，海运货物运输代理服务商也在全国范围内提供服务、开展竞争，海运货物运输代理服务的相关地域市场界定为中国。

（四）竞争分析

反垄断调查表明，在集中双方存在横向重叠的上述11条普通集装箱班轮运输服务和冷藏集装箱班轮运输服务航线上，除远东—南美西海岸航线、远东—南美东海岸航线外，在其他9条航线的往返航向上（远东—北欧、远东—印度次大陆、远东—中东、远东—大洋洲、远东—南非、远东—北美东海岸、远东—北美西海岸、远东—地中海、远东—中美和加勒比海），集中导致的市场份额增量和双方合并市场份额均较小，难以对上述市场产生排除、限制竞争的效果。在全球油轮运输服务市场，马士基航运关联企业和汉堡南美的合计市场份额为0%－5%，市场竞争者众多，此项集中难以在该市场产生排除、限制竞争的效果。在与集装箱班轮运输业务存在纵向关系的全球集装箱市场、中国海运货物运输代理服务市场，马士基航运关联企业所占的市场份额分别为5%－10%和0%－5%，市场上存在众多竞争者，汉堡南美无相关业务，集中双方不具有进行纵向封锁的能力，本集中难以在上述纵向关联市场上产生排除、限制竞争效果。

反垄断调查表明，集中可能对远东—南美西海岸航线、远东—南美东海岸航线的普通和冷藏集装箱运输市场竞争产生排除、限制竞争的影响。远东为亚洲东部的三个国家（中国、日本和韩国），南美西海岸为南美洲西海岸的四个国家（智利、秘鲁、厄瓜多尔和哥伦比亚），南美东海岸为南美洲东海岸的三个国家（巴西、乌拉圭和阿根廷）。

1. 集中后，马士基航运可能通过汉堡南美在远东—南美西海岸航线、远东—南美东海岸航线参加的船舶共享协议（Vessel Sharing Agreement）削弱普通和冷藏集装箱班轮运输市场竞争

（1）集中涉及的船舶共享协议。集装箱班轮运输属于资本密集型产业，投资大，风险高。为降低成本，提高效率，航运企业之间往往开展一定程度的合作，主要形式包括船舶共享协议、航运联盟等。船舶共享协议是由几家班轮公司共同派船来提供一条航线上的定期班轮服务，各家公司共享航线上各条船的舱位，各自负责其参与船只的成本和运营。航运联盟是涵盖多条航线的船舶共享协议的集合。

在船舶共享协议中，各公司不分享价格、成本等敏感信息，但是共同决定航班频率、投入运力、可用舱位、停靠港口等，这些是班轮公司竞争的重点，也是货主选择班轮服务的重要因素。因此，船舶共享协议虽然能够降低运营成本，提高船舶利用率，但也存在削弱竞争的可能。

反垄断调查显示，在远东—南美西海岸航线，马士基航运没有加入船舶共享协议，汉堡南美加入了《亚洲—南美西海岸船舶共享协议》（以下简称ASPA 1，2&3 船舶共享协议）。在远东—南美东海岸航线，马士基航运没有加入船舶共享协议，汉堡南美加入了《亚洲—南美东海岸船舶共享协议》（以下简称 Asia 2 船舶共享协议）。

（2）市场份额和市场控制力。在考察集中双方参加的上述船舶共享协议对竞争的影响时，商务部计算了集中双方及其加入的船舶共享协议的合计市场份额。在计算市场份额时，商务部从班轮公司的实际运量（Volume）和承运能力（运力，Capacity）两个维度进行了考察。

经查，在远东—南美西海岸航线，集中后，按运量计算，马士基航运与ASPA1，2&3 船舶共享协议各方，在往返航向普通和冷藏集装箱运输市场的合计市场份额均为70% -75%；在北向航向（从南美西海岸行驶到远东）普通和冷藏集装箱运输市场的合计市场份额分别为70% -75% 和70% -75%；在南向航向（从远东行驶到南美西海岸）普通和冷藏集装箱运输市场的合计市场份额分别为70% -75% 和70% -75%。按运力计算，马士基航运与ASPA 1，2&3 船舶共享协议各方在普通和冷藏集装箱运输市场的合计市场份额分别为70% -75% 和75% -80%。因此，在远东—南美西海岸航线，集中后，马士基将通过ASPA 1，2&3 船舶共享协议增强市场控制力。

在远东—南美东海岸航线，集中后，按运量计算，马士基航运与 Asia 2 船舶共享协议各方，在往返航向普通和冷藏集装箱运输市场的合计市场份额分别为55% -60% 和60% -65%；在北向航向（从南美东海岸行驶到远东）普通和冷藏集装箱运输市场的合计市场份额分别为55% -60% 和60% -65%；在南向航向（从远东行驶到南美东海岸）普通和冷藏集装箱运输市场的合计市场份额分别为55% -60% 和75% -80%。按运力计算，马士基航运与 Asia 2 船舶共享协议各方在普通和冷藏集装箱运输市场的合计市场份额分别为45%－50%和40%－45%。因此，在远东—南美东海岸航线，集中后，马士基将通过 Asia 2 船舶共享协议增强市场控制力。

（3）其他竞争者难以对集中后的马士基航运形成有效的竞争约束。反垄断调查表明，在远东—南美西海岸航线、远东—南美东海岸航线上除马士基航运及汉堡南美所属船舶共享协议以外的其他竞争者运量和运力规模较小，难以对集中后的马士基航运形成有效的竞争约束。

在远东—南美西海岸航线，除马士基航运和 ASPA 1，2&3 船舶共享协议外，Alex 1 船舶共享协议、WSA 船舶共享协议、WSA 2 船舶共享协议也提供集装箱班轮运输服务。马士基航运和 ASPA 1，2&3 船舶共享协议各方在往返航向普通和冷藏集装箱市场的运力、运量合计市场份额均超过 70%－75%，Alex 1 船舶共享协议、WSA 船舶共享协议、WSA 2 船舶共享协议所占的市场份额均不足 20%－30%，在揽货能力、运力规模等方面落后于马士基航运和 ASPA 1，2&3 船舶共享协议，难以对其形成有效的竞争约束。

在远东—南美东海岸航线，除马士基航运和 Asia 2 船舶共享协议外，Asia 1 船舶共享协议、地中海航运、商船三井也提供集装箱班轮运输服务。马士基航运和 Asia 2 船舶共享协议各方在往返航向普通和冷藏集装箱市场的运力、运量合计市场份额均超过 40%－45%，Asia 1 船舶共享协议、地中海航运、商船三井所占的市场份额均不足 20%－30%，在揽货能力、运力规模等方面落后于马士基航运和 Asia 2 船舶共享协议，难以形成有效的竞争约束。

（4）集中后，马士基航运能够通过汉堡南美对 ASPA 1，2&3 船舶共享协议以及 Asia 2 船舶共享协议的决策和运营施加影响。集中后，汉堡南美被马士基航运单独控制，马士基航运能够通过汉堡南美与上述船舶共享协议成员之间在运力投放、航期安排、港口挂靠等方面进行协调，彼此之间的竞争程度将实质性减弱。反垄断调查进一步表明，在船舶共享协议中，投入运力占比较大的班轮公司对船舶共享协议的决策拥有较大的话语权。交易前，汉堡南美在 ASPA 1，2&3 船舶共享协议以及 Asia 2 船舶共享协议所占的运力比例较大，分别为 20%－25%和40%－45%。集中后，汉堡南美在船舶共享协议中的话语权进一步增强。马士基航运能够对 ASPA 1，2&3 船舶共享协议以及 Asia 2 船舶共享协议的决策和运营施加影响，进而有能力发起或主导具有排除、限制竞争效果的协调行为。

2. 集中后，马士基航运可能会在远东—南美西海岸航线冷藏集装箱班轮运输服务市场实施单方面提价等排除、限制竞争的行为

（1）市场份额和市场控制力。商务部考察了集中后马士基航运单方面实施提价等排除、限制竞争行为的可能性。在远东—南美西海岸航线冷藏集装箱班轮运输服务市场上，按运力计算，马士基航运市场份额为 25% －30%，汉堡南美市场份额为 15% －20%，集中后合计市场份额为 45% －50%，竞争者赫伯罗特（12.0%）、达飞海运（9.8%）、日本邮船（8.4%）与马士基航运有较大差距。运力份额是反映集装箱班轮运输企业市场力量的重要指标。集中后，马上基航运通过整合运力，将大幅提升对远东—南美西海岸航线冷藏集装箱班轮运输服务市场的控制力。

（2）此项集中将大幅提高该市场的集中度。集中前，马士基航运和汉堡南美在该市场相互竞争。本交易减少了市场竞争者的数量，交易后市场集中度明显提高。按运力计算，集中前的市场集中度指数（HHI）为 1 604，集中后为 2 652，属于高度集中市场，市场集中度指数增量（△HHI）为 1 048，这一结果显示集中将明显改变该市场的结构，马士基航运在相关市场的市场力量显著增强。

（3）经济分析表明，集中后马士基航运有能力和动机实施单方面涨价。反垄断调查显示，2017 年以来，在远东—南美西海岸航线北向航向，马士基航运提供的冷藏集装箱班轮运输服务平均价格为［保密信息］美元/标准箱，汉堡南美为［保密信息］美元/标准箱，利润率超过［保密信息］%，远高于普通集装箱运输的利润水平。过去五年，中国从南美西岸国家进口的生鲜产品（蔬菜、海鲜、肉类）呈现快速增长的趋势。在远东—南美西海岸航线冷藏集装箱运输市场，特别是北向航向，货物运输的需求量较大且持续增长。

综合涨价压力指数（GUPPI）对集中后马士基航运涨价可能性的量化评估表明，集中后，马士基航运在该航线上为获取高额利润具有较强的进一步

涨价动机，其他竞争者难以对其形成有效的竞争约束。并购模拟也表明，集中后，在该航线马士基航运冷藏集装箱班轮运输服务的涨价幅度有可能达到10%以上，从而产生排除、限制竞争的效果。

3. 相关市场进入壁垒较高，短期内难以出现新的有效竞争者

集装箱班轮运输服务是资金密集型行业，存在资金壁垒。目前，国际集装箱班轮船舶大型化已成为趋势，承载2万标准箱以上的巨型船舶已成为主流船型，造价约为1.5－2亿美元。对冷藏集装箱班轮运输服务而言，在运输过程中对温度控制技术有较高要求，需要更高的资金、技术投入。集装箱班轮运输服务还存在规模经济进入壁垒，航线提供的种类和数量对于争取客户十分重要。新的市场进入者难以在短时间内提供较多的航线种类和数量，难以获得足够多的客户从而实现规模经济效应。

集中后，马士基航运有能力和动机对双方在远东及南美地区的航线种类和数量、运力规模、销售渠道、客户关系等重要资源进行整合，使其他经营者进入相关市场更加困难，短期内难以出现新的有效竞争者对其形成有效的竞争约束。

（五）审查决定

鉴于此项经营者集中可能对远东—南美西海岸航线、远东—南美东海岸航线的普通和冷藏集装箱运输市场产生排除、限制竞争的影响。根据马士基航运向商务部提交的附加限制性条件建议方案，商务部决定附加限制性条件批准此项集中，要求马士基航运履行如下义务：

（1）汉堡南美在远东—南美西海岸航线加入的ASPA 1，2&3 船舶共享协议到期后不再继续参加；

（2）汉堡南美退出在远东—南美东海岸航线加入的Asia 2船舶共享协议；

（3）马士基航运和汉堡南美在远东—南美东海岸航线和远东—南美西海岸航线，在本交易交割后5年内不能与主要竞争者重新达成船舶共享协议或加入航运联盟；

（4）马士基航运削减远东—南美西海岸航线上冷藏集装箱运输的运力，使其运力市场份额降至34%－39%，并在本交易交割后3年内将其远东—南

美西岸航线冷藏集装箱运输的运力市场份额维持在34% －39%以内。

案件34：日月光半导体制造股份有限公司收购矽品精密工业股份有限公司股权案[1]

（一）立案和审查程序

2016年8月25日，商务部收到本案的经营者集中反垄断申报。经审核，商务部认为该申报材料不完备，要求申报方（日月光）予以补充。12月14日，商务部确认经补充的申报材料符合《反垄断法》第23条规定，对此项经营者集中申报予以立案并开始初步审查。2017年1月12日，商务部决定对此项集中实施进一步审查。经进一步审查，商务部认为此项集中可能对半导体封装测试代工服务市场具有排除、限制竞争的效果。4月12日，经申报方同意，商务部决定延长进一步审查期限。进一步审查延长期届满时，申报方申请撤回案件并得到商务部同意。6月6日，商务部对申报方的重新申报予以立案审查。目前本案处于进一步审查延长阶段，截止日期为2017年11月29日。

（二）案件基本情况

日月光与矽品于2016年6月30日签署协议，将设立日月光投资控股股份有限公司（以下简称控股公司，或集中后的日月光）。交易完成后，日月光原有股东通过控股公司持有日月光和矽品的全部股权，对日月光和矽品实现单独控制。

（三）相关市场界定

商务部根据《反垄断法》《国务院反垄断委员会关于界定相关市场的指南》等规定，界定了本案的相关商品市场和相关地域市场。

1. 相关商品市场

经调查，交易双方均从事半导体封装测试（以下简称封测）代工服务，业务存在横向重叠。半导体生产主要包括芯片设计、晶圆制造和封测三个环

[1] 案件来源：商务部公告［2017］第81号。

节。封测服务包括封装服务和测试服务。封测服务供应商包括整合一体化制造服务（IntegratedDesignManufacture，简称 IDM）供应商和专业代工服务（也叫委外封测服务，OutsourcedSemiconductorAssemblyandTest，简称 OSAT）供应商两类。随着集成电路产业小型化、智能化、多功能化的发展，封测技术不断发展，已演变出多种技术类型。

（1）无需依据封测程序细分相关商品市场。封装服务是指对从加工后的晶片上切下的晶粒用塑料、陶瓷或金属进行覆盖，使晶粒免受污染、易于装配，并使芯片与电子系统实现电气连接、信号传递、结构支持和芯片散热。测试服务是指提供芯片测试和最终测试，目的是排除电子功能差的芯片，以降低集成电路产品丧失功能和制作成本浪费的比例，并确保集成电路产品的正常功能、速度、耐受性和能耗。

封测服务虽然包括封装和测试两种服务类型，但二者面对相同的客户——集成电路设计、制造企业。市场上绝大多数封测服务供应商可同时提供封装和测试服务，客户通常将两项服务委托给同一供应商，以减少货物转运的时间和成本。从计费方式上看，多数情况下两项服务并不分别计费，而是一并收取费用。此外，不同供应商技术的差别更多体现在封装而非测试上，区分二者对竞争分析没有实质性影响。因此，无需对封装服务和测试服务市场分别进行界定。

（2）IDM 和 OSAT 分属不同相关商品市场。封测服务供应商包括 IDM 供应商和 OSAT 供应商两类。IDM 供应商是自有半导体品牌供应商，业务范围包括设计、制造、封测、销售等，甚至延伸至终端电子产品，如英特尔、三星等。OSAT 供应商则没有自主半导体品牌，专为从事半导体设计、制造等相关行业的客户提供封测代工服务，如日月光、矽品等。

在全球化进程加快和国际分工深化的背景下，IDM 供应商逐渐剥离中低端产能，将自身的封测服务交给 OSAT 供应商；尽管 IDM 供应商几乎不向第三方客户提供封测服务。受制于产能限制以及满足内需的目的，IDM 供应商无法向第三方客户提供稳定可靠的服务。因此，从供给角度看，IDM 很难形成对 OSAT 的有效替代，二者分属不同的相关商品市场。日月光与矽品均为

OSAT 供应商，提供半导体封测代工服务，因此本案仅考察半导体封测代工服务市场。

（3）无需依据封装技术细分商品市场。伴随集成电路产业小型化、智能化、多功能化的发展，封装技术不断进步，已演变出多种不同外形尺寸、不同引线结构、不同连接方式的技术类型。市场调查表明，封装技术的选择主要取决于客户的芯片产品设计以及终端产品的需求，在客户设计芯片产品时就已经决定。相同的芯片产品，也可能采用不同的封装技术，视其成本、价格、功能等需求而定。因此，不同的封装技术在功能接近的条件下可以实现相互替代。

综上，本案将相关商品市场界定为半导体封测代工服务市场。

2. 相关地域市场

半导体封测代工服务的供应商、客户及产能遍布全球；国家地区之间不存在高关税障碍；集成电路相关产品体积小，便于运输，在全球范围内的运输成本不高，运输费用占其产品成本的比例不足 1%。因此，将本案相关地域市场界定为全球，同时考察对中国市场的影响。

（四）竞争分析

商务部认为此项集中在全球半导体封装测试代工服务市场可能具有排除、限制竞争的效果。

1. 集中后的日月光市场份额进一步提高

集中前，日月光和矽品在全球半导体封测代工服务市场上排名行业第 1 位和第 3 位，在中国半导体封测代工服务市场上排名行业第 5 位和第 1 位。集中后，日月光在全球和中国半导体封测代工服务市场的市场份额居行业首位，市场份额约 25% －30%。紧随其后的安靠技术、长电科技、力成三家竞争者全球市场份额约 10% －15%，剩余竞争者分散且规模较小，市场份额均不足 4%。

反垄断审查表明，半导体封测行业技术受创新驱动明显，更新换代快，核心竞争力主要体现在技术研发和升级更新的能力。日月光和矽品在快速增长的 SIP、WLCSP 技术类型以及刚刚问世的 3DIC 等技术类型拥有明显技术优势和研发能力。本次集中将进一步整合日月光和矽品的研发优势，未来在新技术产品的研发、推广和开拓市场方面，日月光可能凭借双方合力进一步扩大与其他竞争者的差距。

2. 集中将减少客户对主要封测代工服务供应商的替代选择

半导体芯片对封测技术可靠性和质量稳定性的要求高，封测服务的客户在芯片设计阶段即需要与封测服务供应商密切配合，并在后续阶段不断磨合，转换供应商需要承担风险和成本。客户为规避风险并制衡供应商控制价格的能力，通常选择多个供应商，或者指定一个供应商，但备有替代供应商。客户如需更换封测服务供应商，大约需要 6 个月至 2 年的时间进行磨合。因此，客户对封测服务供应商存在一定粘性，不会轻易转换供应商。

按照技术类型数据计算，2012－2016 年日月光与矽品的共同客户［保密信息］中，约［保密信息］没有备选供应商，即完全依赖于日月光和矽品。虽然这不意味着这部分客户不能有第三个选择，但至少对其而言，日月光和矽品是最重要的竞争选项，重新选择第三方封测供应商可能带来困难或不便，且第三方供应商难以在短期内提供有效替代。

从对客户的问卷调查和座谈中发现，客户通常将日月光、矽品、安靠技术和长电科技作为封测服务的首选供应商，认为这几个供应商之间具有非常紧密的替代关系。对于中国客户来说，安靠技术是美国公司，存在语言和交流障碍；长电科技刚收购星科金朋，技术处于整合期，尚不稳定；日月光和矽品是最重要的封测服务供应商，因此本交易将进一步减少客户的选择。

3. 集中消除了日月光和矽品的紧密竞争关系并进一步增强其差别定价的能力

封测服务的价格由供应商和客户一对一谈判决定，交易条件取决于买方力量与卖方力量的对比。经济分析表明，日月光和矽品对中国客户的利润率比较接近，在中国的利润率相关系数是 0.72（1 为完全相同），且双方利润率随时间变化有很强的关联性，说明二者在中国市场是紧密竞争者。集中消除了日月光和矽品之间的紧密竞争关系，减弱了矽品对日月光的定价约束，集中后市场力量进一步增强。

从买方力量看，OSAT 供应商的客户包括三种类型，IDM 供应商、无晶圆厂（Fabless）和晶圆代工厂（Foundry）。通过对交易双方的不同类型客户、不同地区客户的利润率进行回归分析，结果表明交易双方能够对不同类型、不同地区的客户实施差别定价，尤其是针对 Fabless 客户、Foundry 客户以及位于中国境内的客户获取相对较高的利润率。这说明交易双方相对于这些买方具有较强的卖方力量。由于中国境内主要是 Fabless 客户和 Foundry 客户，议价能力弱，集中后的日月光为获取最大利润，有能力和动机实施价格歧视策略，对客户带来不利影响，最终损害消费者的利益。

4. 集中后的日月光可能从事涨价等单边排除、限制竞争的行为

反垄断调查比较了交易双方 2016 年不同封装技术类型、不同地区的利润率。结果表明：不同时期出现的封装技术的利润率水平不同；不同封装技术从中国客户获得的利润率水平高于其他地区客户；矽品与日月光利润率不同。由于交易双方存在差别定价的能力，集中后，日月光在综合评估各自不同产品所得的利润率后，极有可能调整其定价策略，即提高相对较低的利润率，从而损害客户以及消费者的利益。

5. 封测代工服务市场进入门槛高，短期内难以出现新的有效竞争者

半导体封测行业技术和资金壁垒很高。在技术方面，半导体行业以技术高度复杂化和快速进步为显著特征，随之而来的是研发、应用和改善封测技术的巨大成本，以及整个产业链各个环节的密切合作。在资金方面，一般来说，一座封测工厂从建设、投产、客户试产/认证到规模化量产，需 2 年左右，投入资金约 200 亿元人民币，短时间内难以出现新的有效竞争者对其形成有效的竞争约束。

6. 行业特征及发展趋势

在评估此项集中在半导体封装测试代工服务市场可能具有排除、限制竞争效果的同时，商务部还深入考察了相关商品所处行业的特征和供求变化情况。半导体行业发展迅速，封装技术更新换代较快，研发周期较短。封测代工服务市场并购重组频繁，竞争格局不稳定。封测代工服务所处产业链的位置决定了其发展很大程度上受制于客户的规模与能力。上述行业特征在一定

程度上弱化了此项集中对竞争产生的不利影响。

（五）审查决定

鉴于此项经营者集中对全球封装测试代工服务市场可能具有排除、限制竞争的效果，根据申报方向商务部提交的限制性条件建议最终方案，商务部决定附加限制性条件批准此项集中，要求日月光和矽品履行的主要义务如下：

（1）保持日月光和矽品作为独立竞争者的法人地位不变，在限制期（24个月）内双方各自按照交易前的经营管理模式及市场惯例独立经营并在市场中进行竞争，包括但不限于管理独立、财务独立、人事独立、定价独立、销售独立、产能独立、采购独立。

（2）在限制期内，控股公司行使有限股东权利。具体包括：控股公司除有权取得双方的分红、财报信息外，暂不行使其他股东权利；双方研发相关计划、安排、管理，以及对双方研发力量进行整合的各项方案，可在控股公司所设集团资源整合暨决策委员会协调；双方从事的封测服务之外的业务相关事项，可在控股公司所设集团资源整合暨决策委员会协调；控股公司与日月光或矽品可以根据对方的请求或需要互相提供资金借贷或融资担保。

（3）双方承诺在限制期内将不歧视的向客户提供服务，合理的确定服务价格及其他交易条件。

（4）双方承诺在限制期内不会限制客户选择其他供应商，并将根据客户要求，配合客户平稳转换供应商。

案件35：贝克顿－迪金森公司与美国巴德公司合并案[1]

（一）立案和审查程序

2017年6月20日，商务部收到本案的经营者集中反垄断申报。经审核，商务部认为该申报材料不完备，要求申报方（包括贝克顿和巴德，下同）予以补充。7月12日，商务部确认经补充的申报材料符合《反垄断法》第23条

〔1〕案件来源：商务部公告［2017］第92号。

规定，对此项经营者集中申报予以立案并开始初步审查。2017 年 8 月 10 日，商务部决定对此项经营者集中实施进一步审查。经进一步审查，商务部认为此项集中对中国粗针穿刺活体组织检查器械市场可能具有排除、限制竞争的效果。11 月 6 日，经申报方同意，商务部决定延长进一步审查期限，进一步审查延长阶段截止日期为 2018 年 1 月 4 日。

（二）案件基本情况

本交易将使巴德能够利用贝克顿更广阔的全球地域布局，实现交易双方产品互补，创造新的市场发展机遇。

（三）相关市场界定

1. 相关商品市场

经审查，申报方在中国粗针穿刺活体组织检查器械市场存在横向重叠。

活体组织检查（以下简称活检）器械可分为软组织活检器械和骨髓活检器械，骨髓活检器械需要探入骨质提取液体骨髓组织或固体骨髓块，从外形、特性、用途和价格等因素分析，骨髓活检器械与软组织活检器械之间不具有较为紧密的替代关系，分别构成独立的相关商品市场。

软组织活检器械主要包括粗针穿刺活检器械、细针抽吸活检器械和真空辅助活检器械三类。粗针穿刺活检器械由粗针枪柄及一次性针具组成，针具插入病人体内切除并取出圆柱状组织样本。细针抽吸活检器械由注射器、开放式导管和更细的一次性针具组成，针具插入病人体内提取体液等细胞样本。真空辅助活检器械由旋切装置、真空取样腔和尺寸较大的探针组成，可以在同一过程中从多个位置提取多个组织样本。从需求替代角度分析，上述三种软组织活检器械的功能、用途、适用领域、平均价格等存在显著差异。从供给替代角度分析，厂商在上述三种器械之间转换面临较高的转产成本和较长的转产时间。交易方贝克顿和巴德仅在中国粗针穿刺活检器械市场存在横向重叠，因此，相关商品市场界定为粗针穿刺活检器械市场。

2. 相关地域市场

根据我国《医疗器械监督管理条例》，粗针穿刺活检器械属于第三类医疗器械，国家食品药品监督管理总局对其实行注册管理，经营者需要依法取得生产或经营许可。实践中，国外竞争者无法短期迅速进入中国市场。因此，粗针穿刺活检器械的相关地域市场为中国市场。

（四）竞争分析

商务部认为此项集中可能对中国粗针穿刺活检器械市场产生排除、限制竞争效果。

1. 集中将进一步增强交易双方对中国粗针穿刺活检器械市场的控制力

中国粗针穿刺活检器械市场集中度较高，市场参与者较少，交易前市场集中度指数（HHI）为2 508，交易完成后为2 778，市场集中度指数增量（ΔHHI）为270，交易前相关市场已经高度集中，本交易将导致市场集中度进一步提高。1996年，巴德率先将粗针穿刺活检器械引入中国市场，之后20年间一直在中国市场具有领先地位。2016年，巴德在中国粗针穿刺活检器械市场份额接近50%，交易完成后将获得贝克顿的市场份额，进一步巩固其在中国市场的领先地位，控制力将进一步增强，其他竞争对手市场力量较小，无法对其形成有效竞争约束，可能对相关市场产生排除、限制竞争影响。

2. 集中可能对中国粗针穿刺活检器械市场技术进步产生负面影响

经查，贝克顿正在投入研发新型活检器械A项目，其所具有的颠覆性创新特点将直接挑战巴德现有技术，进而使贝克顿对巴德长期占据的市场领先地位造成威胁。交易完成后，巴德将消灭贝克顿这一最大的潜在竞争威胁，继续维持其市场领先地位，并可能降低A项目研发和商业化动力，减少创新投入，延缓新产品上市速度，可能对粗针穿刺活检器械市场技术进步产生不利影响。

3. 粗针穿刺活检器械市场进入壁垒较高，短期内很难出现新的有效进入者

经审查，粗针穿刺活检器械用户黏性较大，产品使用者医生转换供应商需要较长适应时间和多次临床试验，新进入者进入相关市场难度较大。且粗针穿刺活检器械属医疗器械，制作工艺较复杂，技术含量较高，获得相关生产准入许可需较长时间，短期内在中国市场很难出现有竞争力的新市场进入者对申报方及合并后实体形成有效竞争约束。

综上，此项集中将进一步增强合并后贝克顿和巴德对中国粗针穿刺活检器械市场的控制力，对中国粗针穿刺活检器械市场技术进步产生负面影响，短期内很难出现实力相当的新进入者，此项集中可能在中国粗针穿刺活检器械市场产生排除、限制竞争的效果。

（五）审查决定

鉴于此项经营者集中对中国粗针穿刺活检器械市场可能具有排除、限制竞争的效果，根据申报方向商务部提交的限制性条件建议最终稿，商务部决定附加限制性条件批准此项集中，要求贝克顿、巴德和集中后实体履行的主要义务如下：

（1）剥离贝克顿在全球范围的软组织粗针穿刺活体组织检查产品线及其软组织粗针穿刺活体组织检查研发产品，包括研发产品A以及与贝克顿的软组织粗针穿刺活体组织检查产品线相关的有形和无形资产，包括但不限于成品库存、知识产权、指定人员、贝克顿用于生产其软组织粗针穿刺活体组织检查产品的生产设备及机器，仅不包括附录中明确列出的诸项保留资产。剥离业务截至目前的运营结构如附录所述。

（2）交易所涉各方将在决定之日起三个月内找到符合商务部《关于经营者集中附加限制性条件的规定（试行）》第11条规定要求的买方签订出售协议并将剥离业务转让给买方，在经商务部批准后完成所有权转移等相关法律程序。

案件36：拜耳股份公司收购孟山都公司股权案[1]

（一）立案和审查程序

2016年12月5日，商务部收到本案经营者集中反垄断申报。经审核，商务部认为该申报材料不完备，要求申报方予以补充。2017年1月25日，申报方因更换代理人撤回申报。2017年2月9日，申报方重新申报。2017年2月

〔1〕案件来源：商务部公告［2018］第31号。

24日，商务部确认经补充的申报材料符合《反垄断法》第23条规定，对此项经营者集中申报予以立案并开始初步审查。2017年4月13日，商务部决定对此项经营者集中实施进一步审查。2017年7月11日，经申报方同意，商务部决定延长进一步审查期限。2017年9月8日，进一步审查延长阶段届满时，申报方申请撤回案件并得到商务部同意。2017年9月19日，商务部对申报方的再次申报予以立案审查。商务部认为，此项集中对中国非选择性除草剂市场，中国长日照洋葱种子、经切削加工销售胡萝卜种子、大果番茄种子等蔬菜种子市场，全球玉米、大豆、棉花、油菜性状市场及数字农业市场，具有或可能具有排除、限制竞争效果。目前，本案处于进一步审查延长阶段，截止日期为2018年3月15日。

（二）案件基本情况

根据交易协议，拜耳拟以每股128美元收购孟山都全部股权。集中完成后，孟山都成为拜耳的全资子公司。

（三）相关市场界定

1. 相关商品市场

拜耳和孟山都在非选择性除草剂、甘蓝种子、黄瓜种子、辣椒种子、经切削加工销售胡萝卜种子、长日照洋葱种子、大果番茄种子、玉米性状、大豆性状、棉花性状、油菜性状、数字农业等12个商品市场存在横向重叠。在玉米种子杀菌包衣剂、玉米种子杀虫包衣剂和杂交玉米种子等3个商品市场存在纵向关系。

（1）非选择性除草剂是不区分杂草和作物的除草剂，与专门针对特定杂草且能保护作物的选择性除草剂相对应。草甘膦和草铵膦是全球最主要的两种非选择性除草剂，二者主要用途、应用领域、靶向杂草、主要客户等基本一致，因此非选择性除草剂构成单独相关商品市场。

（2）蔬菜种子可分为常规种子、杂交种子和转基因种子，本交易只涉及杂交种子，不同作物的杂交种子分别构成单独相关商品市场。同时，部分蔬菜种子还可按种植环境、产品特性等进一步细分。

（3）玉米种子杀菌包衣剂是一种杀菌剂，用于在种植前对玉米种子进行预处理，起到防止菌害的作用，具体产品形式为在种子外包裹杀菌药剂，随着种子生长相关药物逐步释放，从而延长药物的有效期。玉米种子杀菌包衣剂专为玉米种子生产，其有效成分、主要用途、作用方式与其他杀菌剂有明显区别，构成单独相关商品市场。

（4）玉米种子杀虫包衣剂是一种杀虫剂，用于在种植前对玉米种子进行预处理，起到防止虫害的作用，具体产品形式为在种子外包裹杀虫药剂，随着种子生长相关药物逐步释放。玉米种子杀虫包衣剂专为玉米种子生产，其有效成分、主要用途、作用方式与其他杀虫剂有明显区别，构成单独相关商品市场。

（5）杂交玉米种子是通过杂交生产的具有玉米成株、结果能力的种子，构成单独相关商品市场。

（6）性状是指可遗传的作物形态结构、环境适应性等特征的总和，直接决定作物产量、成熟期、重量、高度、抗除草剂和杀虫剂等性能，包括转基因性状和非转基因性状。性状可按作物种类细分，如大豆性状、玉米性状、棉花性状等，不同作物性状，分别构成单独相关商品市场。

（7）数字农业是指将遥感、地理信息系统、全球定位系统、计算机技术、通讯和网络技术、自动化技术等高新技术与地理学、农学、生态学、植物学、土壤学等学科结合，通过动态信息系统对作物生长全过程进行监测、调控的农业生产模式。

2. 相关地域市场

（1）根据《中华人民共和国农药管理条例》等相关规定，本案涉及的非选择性除草剂、玉米种子杀菌包衣剂、玉米种子杀虫包衣剂等农化产品进入市场前必须向农业主管部门进行登记，生产和销售需获得专门许可证，成分及使用方法因地域不同存在差异，中国客户和农业公司主要在国内购买相关商品。因此，以上商品的相关地域市场为中国市场。

（2）根据《中华人民共和国种子法》《中华人民共和国种子管理条例》等相关规定，本案涉及的种子生产和销售需获得专门许可证，进入市场前必须向农业主管部门登记、进行田间试验，且要遵循中国禁止生产和销售转基因种子等管理规定，必须适应各地独特的农业气候条件、农艺条件、农户作业习惯等。因此，以上商品的相关地域市场为中国市场。

（3）本案涉及的性状供应商在全球范围内开展许可使用业务，主要竞争者也在全球范围开展竞争，客户在全球范围内采购。因此，以上商品的相关地域市场为全球市场。

（4）本案涉及的数字农业供应商在全球范围内开展竞争，各国对数字农业没有明显准入壁垒，客户在全球范围选择供应商。因此，该商品的相关地域市场为全球市场。

（四）竞争分析

商务部认为此项集中对中国非选择性除草剂市场，中国长日照洋葱种子、经切削加工销售胡萝卜种子、大果番茄种子等蔬菜种子市场，全球玉米、大豆、棉花、油菜性状市场及数字农业市场，具有或可能具有排除、限制竞争效果。

1. 此项集中在中国非选择性除草剂市场具有排除、限制竞争效果

（1）将进一步增强拜耳对中国非选择性除草剂市场的控制力。2016 年，孟山都和拜耳分居中国非选择性除草剂市场第 1、3 位，合计份额远高于其他竞争者，缺乏有效竞争约束。由于掌握大量制剂专利，拜耳和孟山都非选择性除草剂在中国市场利润率远高于行业平均水平，说明双方在该相关市场具有较强控制力。自 2016 年 7 月 1 日起，中国禁止销售和使用非选择性除草剂百草枯，作为仅余两种非选择性除草剂草铵膦（拜耳）和草甘膦（孟山都）的重要创研者和主要供应商，拜耳将同时拥有上述两种产品，市场控制力进一步增强，具有排除、限制竞争的效果。

（2）将减少中国非选择性除草剂市场竞争。拜耳是中国非选择性除草剂市场重要竞争者，其主打产品草铵膦在百草枯被禁止使用后成为孟山都草甘膦唯一替代产品。近年来，随着草铵膦产品逐步推广，拜耳在中国非选择性除草剂市场份额快速增长，成长为排名第 3 位的竞争者。从长远和动态分析，拜耳是孟山都的重要竞争约束。因此，本项集中将实质性减少中国非选择性除草剂市场竞争。

（3）拜耳有动机和能力围绕非选择性除草剂从事种子、性状、农化产品捆绑销售行为。拜耳和孟山都同为全球种子市场重要竞争者，已将农化产品（如非选择性除草剂）优势植入种子和性状研发中，开发了大量性状专利。证据表明，拜耳和孟山都已在部分国家推行将种子、性状、农化产品捆绑销售的模式，采购其包含特定性状种子的农户只能使用配套非选择性除草剂等农化产品才能达到抗除草剂、抗杀虫剂、高产等效果，其他农化产品作用较弱。此销售模式显著提高相关市场竞争成本，具有排除、限制竞争效果。本交易完成后，拜耳在中国非选择性除草剂市场力量进一步增强，围绕非选择性除草剂从事相关捆绑销售等排除、限制竞争行为的能力进一步强化。

（4）中国非选择性除草剂市场短期内不会出现新的有效竞争者。非选择性除草剂市场竞争是资金、技术和研发能力的综合竞争。由于新活性成分筛选成功率日益下降、研发成本日益增加、环保标准要求越来越高，近年来新产品上市难度不断加大、周期不断延长。草甘膦和草铵膦产品推出四十年来，市场上一直未出现新的有效替代产品。因此，相关市场短期不会出现实力相当的新进入者，难以形成有效竞争约束。

2. 此项集中在中国长日照洋葱种子市场具有排除、限制竞争效果

（1）将进一步增强拜耳在中国长日照洋葱种子市场的支配地位。2016年，拜耳在中国长日照洋葱种子市场份额为45% –50%，孟山都市场份额为10% –15%，双方合计市场份额高达60%以上。中国长日照洋葱种子市场结构比较集中，前4位竞争者占据80%以上市场份额。集中前，该市场的赫芬达尔—赫希曼指数（以下简称HHI指数）为3 178，集中后指数为4 484，集中产生的HHI增量为1 306，属高度集中市场。该结果显示，本项集中将进一步增强拜耳在中国长日照洋葱种子市场的支配地位，具有排除、限制竞争的效果。

（2）拜耳可能从事涨价等单边排除、限制竞争行为。拜耳和孟山都是中国长日照洋葱种子市场重要竞争者，近年来，集中双方市场份额稳中有增，且利润率一直远高于行业平均水平，说明市场对集中双方产品需求旺盛。拜耳有动机和能力从事涨价等单边排除、限制竞争行为，损害农户等下游客户的利益。

（3）中国长日照洋葱种子市场短期内不会出现新的有效竞争者。蔬菜种子研发周期较长，需经过杂交、选育、评估、测试、试种、商业化等多个环节，开发一个成熟品种需耗时6－10年，需要依赖庞大的种子资源库和专业研发队伍，而且研发连续性较强，需要持续性投入。因此，相关市场短期内不会出现实力相当的新进入者，难以形成有效竞争约束。

3. 此项集中在中国经切削加工销售胡萝卜种子市场具有排除、限制竞争效果

（1）将进一步增强拜耳在中国经切削加工销售胡萝卜种子市场的支配地位。2016年，拜耳在中国经切削加工销售胡萝卜种子市场份额为45%－50%，孟山都市场份额为15%－20%，双方合计市场份额高达60%以上。中国经切削加工销售胡萝卜种子市场结构比较集中，前3名竞争者占据83%市场份额。集中前，该市场HHI指数为3 175，集中后指数为4 710，集中产生的HHI增量为1 535，属高度集中市场。该结果显示，本项集中将进一步增强拜耳在中国经切削加工销售胡萝卜种子市场的支配地位，具有排除、限制竞争的效果。

（2）拜耳可能从事涨价等单边排除、限制竞争行为。拜耳和孟山都是中国经切削加工销售胡萝卜种子市场重要竞争者，近年来双方市场份额稳中有增，且利润率一直远高于行业平均水平，说明市场对双方产品需求旺盛。拜耳有能力和动机从事涨价等单边排除、限制竞争行为，损害农户等下游客户利益。

（3）中国经切削加工销售胡萝卜种子市场短期内不会出现新的有效竞争者。如前所述，蔬菜种子研发周期长、技术要求高、投入大，如拜耳和孟山都在胡萝卜种子领域年均研发投入为数千万人民币。相关市场短期不会出现实力相当的新进入者，难以形成有效竞争约束。

4. 此项集中在中国大果番茄种子市场可能具有排除、限制竞争效果

（1）将进一步增强拜耳对中国大果番茄种子市场的控制力。2016年，孟山都在中国大果番茄种子市场份额为10%－20%，远高于其他竞争者，是市场领先者，利润率亦远高于行业平均水平，说明其在该市场竞争约束较少。拜耳是该市场重要竞争者，利润率始终维持高位且市场份额稳定增长，发展

潜力较大。本项集中将导致中国大果番茄种子市场力量进一步集中，拜耳的领先地位得到巩固，市场控制力增强，可能具有排除、限制竞争的效果。

（2）中国番茄种子市场短期内不会出现新的有效竞争者。如前所述，蔬菜种子研发周期长、技术要求高、投入大，拜耳和孟山都在番茄种子领域年均研发投入高达数亿元人民币。相关市场短期内不会出现实力相当的新进入者，难以形成有效竞争约束。

（3）将减少中国番茄种子市场竞争。孟山都和拜耳同为全球和中国番茄种子市场重要竞争者，研发投入大、产品储备充足，具备根据市场需求快速推出新产品的能力。特别是考虑到拜耳是全球番茄种子市场最重要竞争者之一，其在中国市场的潜力尚未得到充分体现，发展潜力较大，是孟山都重要潜在竞争约束。因此，本项集中将进一步减少中国番茄种子市场竞争和潜在竞争约束。

5. 此项集中在全球玉米、大豆、棉花、油菜性状市场具有排除、限制竞争效果

（1）将进一步增强拜耳在玉米、大豆、棉花、油菜性状市场的支配地位。玉米性状市场。2016 年，孟山都在全球玉米性状市场份额为 55% –60%，拜耳市场份额为 0% –5%，双方合计市场份额为 55% –65%。全球玉米性状市场结构高度集中，市场前 4 位竞争者占据 95% 市场份额。集中前，该市场 HHI 指数为 4 127，集中后指数为 4 322，集中产生的 HHI 增量为 195，属高度集中市场。该结果显示，本项集中将进一步增强拜耳在全球玉米性状市场的支配地位，具有排除、限制竞争的效果。

大豆性状市场。2016 年，孟山都在全球大豆性状市场份额为 55% –60%，拜耳市场份额为 0% –5%，双方合计市场份额为 55% –65%。全球大豆性状市场结构高度集中，市场前 4 位竞争者占据 90% 以上市场份额。集中前，该市场 HHI 指数为 3 969，集中后指数为 4 441，集中产生的 HHI 增量为 472，属高度集中市场。该结果显示，本项集中将进一步增强拜耳在全球大豆性状市场的支配地位，具有排除、限制竞争的效果。

棉花性状市场。2016 年，孟山都在全球棉花性状市场份额为 55% –

60%，拜耳市场份额为15%－20%，双方合计市场份额为70%－80%。全球棉花性状市场结构高度集中，市场前3位竞争者占据80%以上市场份额。集中前，该市场HHI指数为3 531，集中后指数为5 461，集中产生的HHI增量为1 930，属高度集中市场。该结果显示，本项集中将进一步增强拜耳在全球棉花性状市场的支配地位，具有排除、限制竞争的效果。

油菜性状市场。2016年，孟山都在全球油菜性状市场份额为35%－40%，拜耳市场份额为50%－55%，双方合计市场份额为90%－95%。全球油菜性状市场结构高度集中，市场前2位竞争者占据90%以上市场份额。集中前，该市场HHI指数为4 289，集中后指数为8 359，集中产生的HHI增量为4 070，属高度集中市场。该结果显示，本项集中将进一步增强拜耳在全球油菜性状市场的支配地位，具有排除、限制竞争的效果。

（2）可能对玉米、大豆、棉花、油菜性状市场技术进步产生负面影响。从全球范围看，种植包含转基因性状的玉米、大豆、棉花、油菜已成为主流趋势。性状对全球农业发展具有重要意义，相关涉农企业纷纷投入大量资源进行研发。为进一步占据发展先机，拜耳和孟山都在相关性状研发领域投入大量资金，年均研发投入高达数亿人民币。集中前，拜耳和孟山都是相关性状研发的重要竞争者。集中后，由于研发竞争者数量减少，竞争动力进一步下降，拜耳可能减少创新投入、延缓新产品上市速度，从而对该市场技术进步产生不利影响。

（3）将进一步削弱买方议价能力，可能导致产品价格上涨。由于性状供应商数量有限、市场集中度较高，集中前农户等买方已在价格谈判中处于不利地位。集中后，性状市场集中度进一步提高，拜耳对该相关市场控制力进一步增强，农户等买方的议价能力被进一步削弱，可能导致性状许可费上涨。

（4）玉米、大豆、棉花、油菜性状市场短期内不会出现新的有效竞争者。由于玉米、大豆、棉花、油菜性状研发周期长、技术要求高、投入大，准入门槛很高，近年来相关性状市场竞争者和市场份额情况都比较稳定，基本没有新的市场进入者。因此，相关市场短期内不会出现实力相当的新进入者，难以形成有效竞争约束。

6. 此项集中在全球数字农业市场可能具有排除、限制竞争效果

（1）将进一步增强拜耳对全球数字农业市场的控制力。全球数字农业市场处于起步阶段，竞争者和潜在竞争者数量有限，仅孟山都、拜耳等少数大型跨国涉农企业有能力开展该业务。目前，孟山都的数字农业平台覆盖农地面积已达数亿亩，是该领域的领先者。拜耳的数字农业覆盖农地也达数千万亩，考虑到其在农业投入品、农业研发领域具备较强力量，是该领域重要竞争者。交易完成后，拜耳将结合双方市场力量，进一步增强对全球数字农业市场的控制力，可能具有排除、限制竞争的效果。

（2）可能增加后来者进入市场的难度。根据孟山都将“现代农业打造成类似于亚马逊网站一样的一站式产品和服务平台”的目标，数字农业将涵盖所有农业投入品，打通所有农业生产环节。孟山都通过收购初步构建了数字农业发展平台、积累了大量应用专利，具有先发优势，是事实上的领先者。拜耳在数十个国家已发布数字农业解决方案，并计划于2018年推出数字农业初代系统。与此同时，其他竞争者数字农业业务多处于起步阶段。拜耳将结合双方优势，进一步巩固领先地位，可能通过提高准入门槛、设置技术壁垒等方式增加市场进入难度。

（3）可能增加拜耳利用数字农业平台实施捆绑、搭售行为的风险。数字农业涵盖所有农业投入品、打通所有农业生产环节的特点为数字农业平台掌控者实施捆绑、搭售行为创造了有利条件。证据表明，孟山都和拜耳已把数字农业视为未来商业策略的基础，计划把种子、作物保护产品与数字农业结合起来。集中完成后，拜耳利用数字农业平台通过捆绑、搭售行为推广本公司产品并排挤其他竞争者的动机和能力可能增强。

（4）可能对数字农业创新带来不利影响。集中前，孟山都和拜耳分别为数字农业市场重要的创新力量，研发投入大、创新能力强。集中完成后，拜耳可能减少创新投入，从而对技术进步产生不利影响。同时，集中也可能增加拜耳通过提高技术门槛阻碍市场创新的风险。

（五）审查决定

鉴于此项经营者集中在中国非选择性除草剂市场，中国长日照洋葱种子、

经切削加工销售胡萝卜种子、大果番茄种子等蔬菜种子市场，全球玉米、大豆、棉花、油菜性状市场及数字农业市场，具有或可能具有排除、限制竞争效果，根据申报方向商务部提交的限制性条件建议最终稿，商务部决定附加限制性条件批准此项集中，要求拜耳、孟山都及集中后实体履行如下义务：

（1）在全球范围内剥离拜耳的蔬菜种子业务，剥离内容包括相关设施、人员、知识产权（包括专利、专有技术及商标）及其他有形与无形资产。

（2）在全球范围内剥离拜耳的非选择性除草剂业务（草铵膦业务），剥离内容包括相关设施、人员、知识产权（包括专利、专有技术及商标）及其他有形与无形资产。

（3）在全球范围内剥离拜耳的玉米、大豆、棉花、油菜性状业务，剥离内容包括相关设施、人员、知识产权（包括专利、专有技术及商标）及其他有形与无形资产。

（4）在拜耳、孟山都及集中后实体的商业化数字农业产品进入中国市场之日起5年内，基于公平、合理、无歧视条款，允许中国所有农业软件应用程序开发者将其数字农业软件应用程序连接到拜耳、孟山都及集中后实体在中国应用的数字农业平台，允许中国所有用户注册使用拜耳、孟山都及集中后实体的数字农业产品或应用程序。

三、解除或变更限制性条件的案件

案件1：变更希捷科技公司收购三星电子有限公司硬盘驱动器业务限制性条件[1]

（一）背景

2011年12月12日，商务部发布2011年第90号公告，附条件批准希捷科技公司（以下简称希捷）收购三星电子有限公司的硬盘驱动器业务（以下

[1] 案件来源：商务部公告［2015］第43号。

简称三星硬盘)。2013 年 5 月，希捷提出解除 2011 年第 90 号公告第（一）、（二）项义务的申请。

（二）公告执行情况

商务部对希捷履行义务的情况进行了评估。评估认为，希捷按照 2011 年第 90 号公告的要求，为履行义务制定了详细的操作方案，根据商务部要求委任监督受托人进行了监督，并充分配合监督受托人工作，定期向监督受托人报告。执行期间，希捷履行了公告要求的各项义务，商务部未收到关于其违反公告行为的举报。

（三）竞争分析

依据《反垄断法》《关于经营者集中附加限制性条件的规定（试行)》以及 2011 年第 90 号公告的要求，商务部重点评估了解除限制性条件对市场竞争状况的影响。

1. 市场竞争状况分析

（1）在便携式应用领域，固态硬盘对传统硬盘的竞争约束增强。调查发现，在便携式应用领域，固态硬盘对传统硬盘的竞争约束比 2011 年底显著增强，预计在未来，固态硬盘在该领域的竞争约束将继续增强。第一，数据显示，自 2011 年底公告发布以来，固态硬盘价格下降，出货量逐步增加，其中便携式应用领域增长尤为显著。独立第三方分析显示便携式应用领域的产品毛利率低于其他领域，侧面证实了固态硬盘对该领域形成更大的竞争约束。第二，近年来，各主要原始设备生产商在便携式应用领域使用固态硬盘的份额不断增加。截至 2014 年，苹果固态硬盘使用份额达到 60%，联想、戴尔、惠普等在 10% 到 20% 之间。各厂商的官方网站显示，大部分笔记本电脑提供固态硬盘作为配置升级选项。第三，有关研究机构预测固态硬盘市场呈增长趋势，且增长速度超过各方预期。

（2）传统硬盘行业过剩产能增加。调查发现，2011 年泰国洪灾后，硬盘企业增加了产能，但市场需求并未显著增加。目前数据显示，各传统硬盘供应商产能利用率约为 80%，过剩产能比公告发布前有明显增加。在固态硬盘不断取代传统硬盘的趋势下，传统硬盘供应商的过剩产能会进一步增加。

（3）传统硬盘市场竞争格局变化不大。2012 年以来，传统硬盘市场竞争格局变化不大，市场上竞争者仍然是希捷、西部数据、东芝、日立存储和三星硬盘五家。在整体传统硬盘市场上，希捷市场份额约为30%，是市场上的重要竞争者。同时，希捷在台式机应用和企业级应用领域市场实力较强，市场份额超过40%，居第一位。

（4）希捷和三星硬盘重叠有限，三星硬盘市场实力较弱。三星硬盘主要销售便携式应用硬盘产品，和希捷仅在便携式应用领域存在重叠，受固态硬盘竞争约束更大。在便携式应用市场上，希捷和三星硬盘合并市场份额约26%，与市场上其他竞争者相当。2014 年三星硬盘在整体传统硬盘市场中的份额约为6.5%，市场份额最低，其提供产品类型有限，业务规模较小，还需要支付品牌许可费用，外部零件、组装和审计等方面的负担较重，盈利能力和竞争力较弱。

2. 评估结论

根据上述市场竞争状况分析，商务部认为：

第一，市场竞争状况分析显示可以考虑解除部分限制性条件：在便携式应用领域，固态硬盘对传统硬盘的竞争约束明显增强；传统硬盘市场过剩产能提高，降低了竞争者单独或共同限制竞争的可能性；希捷和三星硬盘重叠有限，三星硬盘市场实力较弱。

第二，解除全部限制性条件仍可能对市场产生限制竞争影响：传统硬盘市场竞争格局变化不大；希捷仍是市场上的重要竞争者，在各个细分市场均拥有较强实力；整合三星硬盘后希捷在便携式应用领域的市场实力将进一步增强。

综上，解除 2011 年第 90 号公告第（一）、（二）项义务不会对市场竞争产生实质不利影响，并可以使希捷节省生产、研发成本。同时，要求希捷继续履行 2011 年第 90 号公告规定的其他尚未履行完毕的义务，可以减少完全集中可能产生的限制竞争影响。

（四）审查决定

经评估，商务部认为，希捷提交的承诺方案能够减少对竞争的不利影响。

希捷应当履行的主要义务如下：

（1）希捷不得实质性改变此前的商业模式，强制或变相强制客户从该公司排他性地采购其硬盘产品。

（2）希捷不得迫使东电化排他性地向希捷或任何受希捷控制的其他公司供应硬盘磁头，或限制东电化向其他硬盘生产商供应磁头的数量。

（3）希捷将以近年一贯的速度，继续在创新领域投入研发资金，以确保给客户带来更多创新性产品和解决方案。

上述义务自公告发布之日起 2 年终止。如果希捷能够提供充分证据证明市场状况发生显著变化，希捷可在 2 年期限届满前向商务部提出解除有关义务的申请。

案件 2：变更西部数据收购日立存储经营者集中限制性条件[1]

（一）背景

2012 年 3 月 2 日，商务部发布 2012 年第 9 号公告，附条件批准西部数据收购日立存储。2014 年 3 月，西部数据提出解除 2012 年第 9 号公告第（一）、（二）项义务的申请。因其当时有两项行为涉嫌违反公告正在被立案调查，该申请未予受理。2015 年 1 月 30 日，在对西部数据违反公告行为处理完毕后，商务部正式受理并启动了对其申请的评估工作。

（二）公告执行情况

商务部对西部数据履行义务的情况进行了评估。评估认为，西部数据按照 2012 年第 9 号公告要求，为履行义务制定了详细的操作方案，根据商务部要求委任监督受托人进行了监督，并充分配合监督受托人工作，定期向监督受托人报告。执行期间，商务部对西部数据两项违反公告行为进行了行政处罚，西部数据按照《行政处罚决定书》的要求缴纳了罚款，并按时采取了整改措施。除此之外，西部数据履行了公告要求的各项义务，商务部未收到关

---

〔1〕 案件来源：商务部公告［2015］第 41 号。

于其违反公告行为的举报。

（三）竞争分析

1. 市场竞争状况分析

（1）在便携式应用和企业级应用领域，固态硬盘对传统硬盘的竞争约束增强。调查发现，在便携式应用领域，固态硬盘对传统硬盘的竞争约束比2011年底显著增强；在企业级应用领域也开始形成竞争约束。预计在未来，固态硬盘在该两领域的竞争约束都将继续增强。第一，数据显示，自2012年初公告发布以来，固态硬盘价格下降，出货量增加，其中便携式应用领域和企业级应用领域增长尤为显著。独立第三方分析显示便携式应用领域和企业级应用领域的产品毛利率低于其他领域，侧面证实了固态硬盘对该两领域形成更大的竞争约束。第二，近年来，各主要原始设备生产商在便携式应用领域使用固态硬盘的份额不断增加。截至2014年，苹果固态硬盘使用份额达到60%，联想、戴尔、惠普等在10%到20%之间。各厂商的官方网站显示，大部分笔记本电脑提供固态硬盘作为配置升级选项。第三，各主要固态硬盘生产商在企业级应用领域不断加大高性能高容量企业级硬盘研发力度。行业报告预测，在未来几年间，该领域固态硬盘产能持续增长，市场份额将不断扩大。第四，有关研究机构预测固态硬盘市场呈增长趋势，且增长速度超过各方预期。

（2）传统硬盘行业过剩产能增加。调查发现，2011年泰国洪灾后，硬盘企业增加了产能，但市场需求并未显著增加。目前数据显示，各传统硬盘供应商产能利用率约为80%，过剩产能比公告发布前有明显增加。在固态硬盘不断取代传统硬盘的趋势下，传统硬盘供应商的过剩产能会进一步增加。

（3）西部数据和日立存储仍然是硬盘市场的重要竞争者，特别是在便携式应用领域实力较强。2012年以来，传统硬盘市场竞争格局变化不大，市场上竞争者仍然是希捷、西部数据、东芝、日立存储和三星硬盘五家。其中，西部数据和日立存储市场实力较强，在整体传统硬盘市场上，两家合并市场份额为47%；在传统便携式应用市场上，两家合并市场份额达到50%。

（4）分持义务限制了西部数据和日立存储充分参与竞争。西部数据和日立存储均不能提供全系列产品，由于履行分持义务，不能整合双方的产品系列，也不利于客户采购。同时，西部数据称，解除保持独立限制性条件将会极大地降低生产成本，减少生产、采购方面的重复支出以及间接成本，使其可以更加充分地参与市场竞争。

2. 评估结论

根据上述市场竞争状况分析，商务部认为：

第一，市场竞争状况分析显示可以考虑解除部分限制性条件：在便携式应用和企业级应用领域，固态硬盘对传统硬盘的竞争约束明显增强；传统硬盘市场过剩产能提高，降低了竞争者单独或共同限制竞争的可能性；上述市场竞争状况的变化，降低了继续维持全部限制性条件的必要性。西部数据和日立存储均不能提供全系列硬盘产品，且生产和研发相互独立，增加了成本，不利于研发，不利于其充分参与竞争，也不利于客户采购。

第二，解除全部限制性条件仍可能对市场产生限制竞争影响：传统硬盘市场竞争格局变化不大，西部数据和日立存储均是市场上的主要竞争者，实力较强；完全解除条件可能降低原始设备制造商在招投标和竞争比价中的议价能力，提高采购成本，并可能最终传导给消费者；固态硬盘的竞争约束，目前还不足以消除完全集中可能产生的限制竞争影响。

综上，解除生产、研发等方面的保持独立义务，继续保持品牌和销售独立，可以使西部数据节省成本，且提供全系列硬盘产品，全面参与竞争，有利于客户采购。同时，在市场上继续保持两个独立的销售团队和两个独立品牌间的竞争，可以减少完全集中可能产生的限制竞争影响。

（四）审查决定

经评估，商务部认为，西部数据提交的最终解决方案，能够减少对竞争的不利影响。商务部同意变更 2012 年第 9 号公告所附限制性条件，西部数据应当履行以下义务：

第一，西部数据应当继续保持西部数据和 HGST 的销售和品牌独立。为保持西部数据和 HGST 销售和品牌独立，确保双方之间的有效竞争，西部数据承诺采取以下措施：

（1）西部数据承诺维持西部数据销售团队，该西部数据销售团队向客户销售西部数据现有或将来品牌项下的硬盘及其他存储产品。

（2）西部数据承诺维持 HGST 销售团队，HGST 销售团队向客户销售现有的 TRAVELSTAR、ULTRASTAR 品牌以及 HGST 将来可能创设的品牌项下的硬盘及其他存储产品。

（3）西部数据销售团队和 HGST 销售团队可以向客户销售整合后的公司生产的完整系列的存储产品，包括台式电脑、便携式应用、高容量企业级和高性能企业级解决方案所需的产品。

（4）西部数据将设立可操作、可核查的流程和程序，确保两个销售团队独立运营，并提供两组不同品牌下的产品。西部数据将在两家销售团队之间建立防火墙，确保双方不会交换竞争性信息。

（5）西部数据销售团队和 HGST 销售团队位于不同的地理位置，且不会于同一处设施进行联合。

（6）西部数据承诺维持一名监督西部数据销售团队的副总裁和另一名监督 HGST 销售团队的副总裁。两名副总裁均将向销售高级副总裁汇报，后者将分别为西部数据和 HGST 销售团队设定销售目标。在不损害销售和品牌独立的前提下，每名销售副总裁均有权对聘用或解雇其销售团队作出独立的决定，并有权重组其销售团队以应对市场需求或客户需要。

（7）西部数据销售团队和 HGST 销售团队的成员分别接触客户，分别向客户提交业务竞标，并独立决定销售的产品及其价格。

（8）西部数据销售团队和 HGST 销售团队不会就销售促销活动和项目开展合作。

第二，西部数据不得实质性改变此前的商业模式，强制或变相强制客户从该公司排他性地采购其硬盘产品。

第三，西部数据将以近年一贯的速度，继续在创新领域投入研发资金，以确保给客户带来更多创新性产品和解决方案。

西部数据应制定详细的操作方案确保有关承诺的执行，并接受商务部和监督受托人的监督。

上述义务自公告发布之日起 2 年终止。如果西部数据能够提供充分证据证明市场状况发生显著变化，西部数据可在 2 年期限届满前向商务部提出解除有关义务的申请。

案件 3：解除谷歌收购摩托罗拉案部分义务[1]

（一）背景情况

2012 年 5 月 19 日，商务部发布 2012 年第 25 号公告，附条件批准谷歌收购摩托罗拉移动公司（以下简称摩托罗拉移动），要求谷歌履行如下义务：

（1）谷歌将在免费和开放的基础上许可安卓平台，与目前的商业做法一致。

（2）谷歌应当在安卓平台方面以非歧视的方式对待所有原始设备制造商。

（3）本次交易后，谷歌应当继续遵守摩托罗拉移动在摩托罗拉移动专利方面现有的公平、合理和非歧视（FRAND）义务。

（4）根据商务部《关于实施经营者集中资产或业务剥离的暂行规定》（商务部公告 2010 年第 41 号），谷歌委托独立的监督受托人对谷歌履行上述义务的情况进行监督。

根据公告要求，第（1）项和第（2）项义务自商务部决定之日起 5 年内有效。如果市场状况或市场竞争发生变化，则谷歌可以向商务部申请变更或解除上述两项义务。如果谷歌不再控制摩托罗拉移动，则上述两项义务失效。

（二）当事人申请

在联想集团有限公司（以下简称联想）收购摩托罗拉移动案的审查过程中，谷歌表示将继续遵守上述第（1）项义务并将申请解除第（2）项义务。2014 年 12 月 1 日，谷歌向商务部提出申请称，2014 年 10 月 30 日，联想完成对摩托罗拉移动的收购，谷歌不再控制摩托罗拉移动，根据商务部 2012 年第 25 号公告，申请确认解除 25 号公告中的第（2）项义务。

---

〔1〕 案件来源：商务部公告［2015］第 2 号。

（三）审查决定

经审查，2014 年 1 月 29 日，联想和谷歌签署《收购协议》，联想收购谷歌持有的摩托罗拉移动 100% 股权。3 月 26 日，商务部收到联想收购摩托罗拉移动经营者集中反垄断申报。谷歌出售摩托罗拉移动 100% 股权后，不再生产智能移动设备，但保留摩托罗拉移动的通信技术专利。10 月 16 日，商务部作出不予禁止联想收购谷歌持有的摩托罗拉移动 100% 股权案的审查决定。10 月 30 日，联想发布公告称已完成对摩托罗拉移动的收购。基于上述事实，根据商务部 2012 年第 25 号公告，商务部决定同意谷歌申请，确认商务部 2012 年第 25 号公告第（2）项义务解除，其余内容继续有效。

案件 4：解除沃尔玛收购纽海控股 33.6% 股权经营者集中限制性条件〔1〕

（一）背景

2012 年 8 月 13 日，商务部发布 2012 年第 49 号公告，附条件批准沃尔玛公司收购纽海控股有限公司 33.6% 的股权，要求沃尔玛公司履行如下义务：第一，沃尔玛公司间接控股的纽海信息技术（上海）有限公司（以下简称纽海上海）对上海益实多电子商务有限公司（以下简称益实多）持有的 1 号店网上购物平台的收购，仅限于利用自身网络平台直接从事商品销售的部分；第二，在未获得增值电信业务许可的情况下，纽海上海在此次收购后不得利用自身网络平台为其他交易方提供网络服务；第三，本次交易完成后，沃尔玛公司不得通过 VIE 架构从事之前由益实多运营的增值电信业务。2015 年 7 月，沃尔玛公司提出解除 2012 年第 49 号公告所附加的限制性条件的申请。

（二）公告执行情况

商务部对沃尔玛公司履行 2012 年第 49 号公告义务的情况进行了监督检

〔1〕 案件来源：商务部公告［2016］第 23 号。

查和评估。在执行期间，沃尔玛公司成立了特别委员会，对公司运营情况进行合规性监督和审查；保持1号店网上直销业务与增值电信业务独立运营；定期向商务部提交书面报告，说明履行义务情况。经监督检查，商务部未发现沃尔玛公司利用所获得的1号店网络平台为其他交易方提供网络服务，未发现沃尔玛公司通过VIE架构从事益实多之前运营的增值电信业务，未收到关于沃尔玛公司违反2012年第49号公告的举报。商务部评估认为，在执行期间，沃尔玛公司履行了2012年第49号公告要求的各项义务。

（三）竞争分析

公告发布后，特别是2014年以来，中国增值电信业务市场准入门槛不断降低，有利于新竞争者进入。2015年6月19日，工业和信息化部发布《关于放开在线数据处理与交易处理业务（经营类电子商务）外资股比限制的通告》，规定在全国范围内放开在线数据处理与交易处理业务（经营类电子商务）的外资股比限制，外资持股比例可至100%。该政策有利于更多竞争者进入增值电信业务市场。另一方面，在公告实施期间，中国网上零售行业市场规模不断扩大，保持了较快增长速度。相关市场内的主要竞争者发展较快，并建立了服务于网上零售的仓储配送系统和供货渠道，市场影响和竞争力进一步增强；部分竞争者已全面开展网上超市业务，在商品品类、配送地域、供应链管理等方面获得了较大提升，与1号店业务进一步同质化，相关市场竞争更加激烈。在2012年之前，1号店在超市品类的电商领域发展速度较快；在公告实施期间，1号店的优势逐渐消失，销售额增长趋势逐渐放缓。第三方机构的统计数据显示，在公告实施期间，当事方控制的1号店业务市场份额无实质增长，其发展速度落后于主要竞争者。评估认为，相关市场竞争状况已发生实质性变化，解除2012年第49号公告附加的限制性条件难以对相关市场的竞争产生排除、限制影响。

（四）审查决定

商务部决定解除2012年第49号公告附加的限制性条件。

案件5：解除汉高香港与天德化工组建合营企业经营者集中限制性条件[1]

（一）背景

2012年2月9日，商务部发布2012年第6号公告，附条件批准汉高香港与天德化工组建合营企业的交易，要求交易双方履行如下义务：第一，天德化工应基于公允、合理和不歧视的原则，向下游所有客户供应氰乙酸乙酯。包括：不得以不合理的高价销售产品，不得给予潍坊德高更优惠的供货条件，不得与汉高香港和潍坊德高沟通竞争性信息等。第二，自审查决定生效之日起每年或应商务部要求，交易双方及时向商务部汇报其履行上述承诺的情况。第三，交易双方应根据商务部相关规定，委托独立的监督受托人，对交易双方履行上述义务的情况进行监督。2017年7月，汉高香港与天德化工提出解除2012年第6号公告附加的限制性条件的申请。

（二）公告执行情况

根据交易双方履行义务情况的报告以及监督受托人的工作报告，在执行期间，天德化工组建了内部审核小组，交易双方制定并落实了相关内部控制制度，防止沟通竞争性信息等；交易双方定期提交书面报告，说明履行义务情况；经商务部批准，交易双方委托了独立的监督受托人，监督其履行义务情况。经监督检查，商务部未发现天德化工以不合理的高价销售氰乙酸乙酯产品，未发现天德化工给予潍坊德高更优惠的供货条件，未发现天德化工与汉高香港和潍坊德高沟通竞争性信息等，也未收到关于交易双方违反2012年第6号公告的举报。商务部评估认为，在执行期间，汉高香港和天德化工履行了2012年第6号公告要求的各项义务。

（三）竞争分析

汉高香港向天德化工转让合营企业（德高投资控股有限公司，以下简称

〔1〕 案件来源：商务部公告［2018］第16号。

德高控股）45%股权的交易已于2017年9月28日完成交割。交割前，德高控股由汉高香港与天德化工共同控制；交割后，德高控股由天德化工单独控制，成为天德化工的全资子公司。本案集中交易方已经发生重大变化，继续实施2012年第6号公告附加的限制性条件已不可能。

目前，天德化工仍是氰乙酸乙酯市场两大供应商之一，但其市场份额不断下降，市场控制力减弱。合营企业组建以来，氰基丙烯酸酯单体市场竞争日益激烈，原有市场竞争者不断扩充产能，新的竞争者进入市场，产品价格大幅下降。天德化工单独控制德高控股后，将继续参与氰基丙烯酸酯单体市场的竞争。解除限制性条件难以产生排除、限制相关市场竞争的效果。

（四）审查决定

商务部决定解除2012年第6号公告附加的限制性条件。

案件6：解除联发科技股份有限公司吸收合并开曼晨星半导体公司经营者集中限制性条件[1]

（一）背景

2013年8月27日，商务部发布《公告》附条件批准联发科技吸收合并开曼晨星半导体公司（以下简称开曼晨星），要求联发科技、开曼晨星和晨星台湾履行相关义务。2016年9月，联发科技和晨星台湾（以下合称当事方）提出解除《公告》附加的限制性条件的申请。2017年11月，当事方补充提交了新的理由和证据。

（二）《公告》执行情况

根据当事方履行义务情况的报告以及监督受托人的监督工作报告，在执行期间，经商务部批准，当事方委托了独立的监督受托人监督其履行义务情况并定期提交书面报告。监督受托人通过审阅当事方提交的各类报告、现场核查及访谈、对中国大陆主要电视机厂商进行书面问卷调查或访谈等方式对

---

〔1〕案件来源：商务部公告［2018］第21号。

当事方履行义务的情况进行监督核实，并按季度提交监督工作报告。经调查核实，目前没有证据证明当事方存在违反《公告》行为。商务部综合评估认为，在《公告》执行期间，当事方履行了《公告》规定的各项义务。

（三）竞争分析

商务部认为，相关市场竞争状况已发生较大变化，解除限制性条件难以对市场竞争产生排除、限制的影响。

1. 当事方市场份额显著下降

根据《公告》，在中国液晶电视主控芯片市场，开曼晨星的市场份额为65%，联发科技的市场份额为15%，合计市场份额为80%。2013年以来，联发科技和晨星台湾市场份额持续下降。根据独立第三方数据，2017年上半年，在中国液晶电视主控芯片市场，晨星台湾市场份额约40%－45%，联发科技市场份额约5%－10%，合计低于50%，市场份额明显下降。

2. 新的竞争者进入相关市场

根据《公告》，在中国液晶电视主控芯片市场上，除联发科技和开曼晨星之外，其他市场参与者市场份额较小，新进入者不多。2013年以来，锐迪科、晶晨、海思陆续进入相关市场，联咏及瑞昱市场份额也不断上升，对当事方形成有效的竞争约束。根据独立第三方数据，2017年上半年，瑞昱、锐迪科、三星、联咏4家竞争者市场份额均约5%－10%，超过联发科技。此外，海思、晶晨也对联发科技形成一定竞争约束。

3. 下游电视机厂商对当事方依赖程度明显下降

根据《公告》，中国大陆六大电视机厂商均把联发科技和开曼晨星作为主要芯片供应商，对联发科技和开曼晨星存在一定依赖。2013年以来，随着市场新进入者的增加，中国电视机厂商与其他芯片供应商合作增多，近几年纷纷将国内数家芯片企业纳入其供应商体系，对联发科技和晨星台湾的依赖程度明显降低。

4. 解除限制性条件可减少当事方重复投资和研发成本

当事方提出，由于限制性条件要求联发科技与晨星台湾承诺分别对电视芯片产品持续投入研发费用，开发相似竞争产品，导致双方对一些技术进行重复投资。解除限制性条件可减少当事方重复投资，降低研发成本。

5.《公告》中考察的行业特征进一步显现

根据《公告》，商务部深入考察了相关产品所处的行业状况，认为液晶电视主控芯片所处行业的特征和供求变化情况，在一定程度上弱化了此项集中对竞争产生的不利影响。一是液晶电视主控芯片市场竞争格局不稳定。二是本交易为其他市场参与者提供了成长机会。近年来，《公告》中所考察的行业特征及发展趋势进一步显现。第一，智能电视芯片的推广进程日益加快，电视芯片与手机芯片、电脑芯片的边界进一步模糊。第二，交易后，中国大陆电视机厂商开始寻求其他竞争者作为供货商，数家新的竞争者成功进入该市场。

（四）审查决定

商务部决定解除《公告》附加的限制性条件。

四、未依法申报的处罚案件

案件1：紫光集团有限公司收购锐迪科微电子公司案[1]

（一）立案和调查程序

2014年8月12日，商务部根据《反垄断法》和《未依法申报经营者集中调查处理暂行办法》（以下简称《暂行办法》）的规定，对紫光集团有限公司（以下简称紫光集团）收购锐迪科微电子公司（以下简称锐迪科）涉嫌未依法申报事立案调查。

（二）违法事实及依据

2013年11月11日，紫光集团与锐迪科签署收购协议，以总价9.07亿美元收购锐迪科的全部股份。2014年7月18日，紫光集团完成上述收购。紫光集团2013年中国和全球营业额均为35.53亿元人民币，锐迪科2013年中国和全球营业额分别为20.63亿元人民币、21.38亿元人民币。

---

〔1〕案件来源：商法函［2014］第788号。

上述查明的事实表明：第一，紫光集团收购锐迪科属于《反垄断法》第20条规定的经营者集中，且达到了《国务院关于经营者集中申报标准的规定》第3条规定的申报标准。第二，收购行为已经实施，但紫光集团未在实施前向商务部申报，违反了《反垄断法》第21条“经营者集中达到国务院规定的申报标准的，经营者应当事先向国务院反垄断执法机构申报，未申报的不得实施集中”的规定。

（三）竞争评估

商务部对紫光集团收购锐迪科对市场竞争的影响进行了评估。评估认为，该项经营者集中不会产生排除、限制竞争的影响。

（四）处罚决定

基于上述调查和评估结论，商务部决定对紫光集团处以30万元人民币罚款。

案件2：福建省电子信息（集团）有限责任公司收购深圳市中诺通讯有限公司案[1]

（一）立案和调查程序

2014年12月15日，商务部根据《反垄断法》和《未依法申报经营者集中调查处理暂行办法》，对福建省电子信息（集团）有限责任公司（以下简称福建电子）收购深圳市中诺通讯有限公司（以下简称中诺通讯）35%股权涉嫌未依法申报进行立案调查。

（二）违法事实及依据

2014年7月16日，福建电子与中诺通讯部分股东签订股权转让协议，以2.8亿元人民币收购中诺通讯35%股权，但实施收购前未向商务部申报。7月31日，福建电子间接控股的福建福日电子股份有限公司（以下简称福日电子）与中诺通讯股东签署协议，通过非公开发行股份向中诺通讯全体股东购

〔1〕案件来源：商法函［2015］第668号。

买中诺通讯100%股权。8月12日，福日电子就其收购中诺通讯100%股权交易向商务部进行申报。该案在商务部网站公示期间，第三方提出福建电子已于7月获得中诺通讯的控制权，涉嫌未依法申报经营者集中。

2013年，福建电子中国营业额：（略）；中诺通讯中国营业额：（略）。

上述查明的事实表明：福建电子收购中诺通讯属于《反垄断法》第20条规定的经营者集中，且达到了《国务院关于经营者集中申报标准的规定》第3条规定的申报标准；收购行为已经实施，但福建电子未在实施前向商务部申报，违反了《反垄断法》第21条"经营者集中达到国务院规定的申报标准的，经营者应当事先向国务院反垄断执法机构申报，未申报的不得实施集中"的规定。

（三）竞争评估

商务部对福建电子收购中诺通讯35%股权对市场竞争的影响进行了评估。评估认为，该项经营者集中不会产生排除、限制竞争的影响。

（四）处罚决定

基于上述调查和评估结论，考虑到福建电子间接控股的福日电子收购中诺通讯100%股权主动向商务部进行了申报，商务部决定对福建电子处以15万元人民币罚款的行政处罚。

案件3：上海复星医药产业发展有限公司收购苏州二叶制药有限公司案[1]

（一）立案和调查程序

2015年3月16日，商务部根据《反垄断法》和《未依法申报经营者集中调查处理暂行办法》（以下简称《暂行办法》），对上海复星医药产业发展有限公司（以下简称上海复星）收购苏州二叶制药有限公司（以下简称二叶制药）35%股权涉嫌未依法申报案立案调查。

（二）违法事实及依据

上海复星的母公司上海复星医药（集团）股份有限公司（以下简称复星

[1] 案件来源：商法函［2015］第669号。

医药）计划收购二叶制药65%股权，其中35%通过上海复星向二叶制药中方股东收购，30%通过复星医药境外子公司向二叶制药外方股东收购。2014年12月，复星医药就收购二叶制药65%股权与商务部商谈。商谈期间，上海复星未经批准完成了35%的股权转让，涉嫌未依法申报。

2013年，上海复星中国境内营业额：（略）；二叶制药中国境内营业额：（略）。

上述查明的事实表明：上海复星收购二叶制药35%股权属于《反垄断法》第20条规定的经营者集中，且达到了《国务院关于经营者集中申报标准的规定》第3条规定的申报标准；收购行为已经实施，但上海复星未在实施前向商务部申报，违反了《反垄断法》第21条“经营者集中达到国务院规定的申报标准的，经营者应当事先向国务院反垄断执法机构申报，未申报的不得实施集中”的规定。

（三）竞争评估

商务部对上海复星收购二叶制药35%股权对市场竞争的影响进行了评估。评估认为，该项经营者集中不会产生排除、限制竞争的影响。

（四）处罚决定

基于上述调查和评估结论，考虑到上海复星的母公司复星医药收购二叶制药65%股权主动向商务部进行了申报，但在与商务部商谈期间，上海复星未经批准即完成对二叶制药35%股权的收购，商务部决定对上海复星处以20万元人民币罚款的行政处罚。

案件4：南京南车浦镇车辆有限公司、庞巴迪运输集团瑞典有限公司设立合营企业案[1]

（一）立案和调查程序

2015年3月3日，商务部根据《反垄断法》和《未依法申报经营者集中

〔1〕案件来源：商法函〔2015〕第670号。

调查处理暂行办法》（以下简称《暂行办法》），对南车南京浦镇车辆有限公司（以下简称南车浦镇）与庞巴迪运输集团瑞典有限公司（以下简称庞巴迪瑞典）设立合营企业涉嫌未依法申报进行立案调查。

（二）违法事实及依据

2014 年 11 月 3 日，南车浦镇与庞巴迪瑞典签署合资协议，拟设立合营企业生产单轨车辆和全自动旅客捷运系统车辆。双方分别出资 1.25 亿元人民币，各自持有合营企业 50% 的股权，并委派了相应董事和管理人员。合营企业于 11 月 11 日取得营业执照。2014 年 12 月 29 日，交易双方主动向商务部来函，称合营企业已领取营业执照，可能违反经营者集中申报的相关规定，希望通过补报进行纠正。

2013 年，南车浦镇中国境内营业额及全球营业额：（略）；庞巴迪瑞典中国境内营业额及全球营业额：（略）。

上述查明的事实表明：南车浦镇与庞巴迪瑞典设立合营企业属于《反垄断法》第 20 条规定的经营者集中，且达到了《国务院关于经营者集中申报标准的规定》第 3 条规定的申报标准；合营企业已设立，但交易双方未在实施前向商务部申报，违反了《反垄断法》第 21 条“经营者集中达到国务院规定的申报标准的，经营者应当事先向国务院反垄断执法机构申报，未申报的不得实施集中”的规定。

（三）竞争评估

商务部对南车浦镇与庞巴迪瑞典设立合营企业对市场竞争的影响进行了评估。评估认为，该项经营者集中不会产生排除、限制竞争的影响。

（四）处罚决定

基于上述调查和评估结论，考虑到南车浦镇和庞巴迪瑞典在设立合营企业后主动向商务部进行了补报，且能积极配合商务部调查工作，商务部决定对南车浦镇和庞巴迪瑞典分别处以 15 万元人民币罚款的行政处罚。

案件5：百视通新媒体股份有限公司、微软公司设立合营企业案[1]

（一）立案和调查程序

2015年1月6日，商务部根据《反垄断法》和《未依法申报经营者集中调查处理暂行办法》（以下简称《暂行办法》），对百视通新媒体股份有限公司（以下简称百视通）与微软公司（以下简称微软）设立合营企业上海百家合信息技术发展有限公司（以下简称百家合）涉嫌未依法申报进行立案调查。

（二）违法事实及依据

2013年9月17日，百视通与微软在上海签署合资合同，在上海自贸试验区设立合营企业百家合。2013年10月1日，合营企业注册成立，其中百视通持股51%，微软持股49%。合营企业负责设计、开发、生产和销售游戏娱乐应用软件，主要用于微软的XboxOne设备。2014年6月，商务部收到举报称本交易涉嫌未依法申报。

2012年，百视通中国境内营业额：（略）；微软中国境内营业额：（略）。

上述查明的事实表明：百视通与微软设立合营企业属于《反垄断法》第20条规定的经营者集中，且达到了《国务院关于经营者集中申报标准的规定》第3条规定的申报标准；合营企业已设立，但交易双方未在实施前向商务部申报，违反了《反垄断法》第21条"经营者集中达到国务院规定的申报标准的，经营者应当事先向国务院反垄断执法机构申报，未申报的不得实施集中"的规定。

（三）竞争评估

商务部对百视通与微软设立合营企业对市场竞争的影响进行了评估。评估认为，该项经营者集中不会产生排除、限制竞争的影响。

（四）处罚决定

基于上述调查和评估结论，考虑到百视通和微软在被举报后进行了补报，

[1] 案件来源：商法函［2015］第671号。

且能积极配合商务部调查工作，商务部决定对百视通和微软分别处以20万元人民币罚款的行政处罚。

案件6：大得控股有限公司收购吉林四长制药有限公司[1]

（一）立案和调查程序

根据《反垄断法》和《未依法申报经营者集中调查处理暂行办法》（以下简称《暂行办法》），商务部对大得控股有限公司（以下简称大得控股）收购吉林四长制药有限公司（以下简称吉林四长）50%股权涉嫌未依法申报进行立案调查。根据调查情况，商务部依法向大得控股告知了作出行政处罚的事实、理由、依据及依法享有的权利，大得控股未提出陈述和申辩。本案现已调查、审理终结。

（二）基本情况

2011年7月，大得控股通过子公司山东步长制药股份有限公司与四环医药子公司西马巴斯特投资有限公司签订协议，收购吉林四长50%股权。交易分19%、31%两步，其中，19%股权转让于2011年11月完成工商变更登记，31%股权转让于2015年1月完成工商变更登记。

（三）违法事实和依据

1. 本案构成未依法申报而实施的经营者集中

大得控股收购吉林四长50%股权，符合《反垄断法》第20条的规定，属于经营者集中。按照经营者集中申报的计算标准，大得控股和吉林四长2014年中国境内的营业额均超过4亿元人民币，且合计超过20亿元人民币，达到了《国务院关于经营者集中申报标准的规定》第3条规定的申报标准，属于应当申报的情形。2015年1月，股权转让完成工商变更登记，在此之前未向商务部申报，违反了《反垄断法》第21条，构成未依法申报的经营者集中。

2. 本案不具有排除、限制竞争的效果

商务部对大得控股收购吉林四长50%股权对市场竞争的影响进行了评估。

[1] 案件来源：商法函［2016］第173号。

评估认为，该项经营者集中不会产生排除、限制竞争的影响。

（四）行政处罚依据和决定

基于上述调查情况和评估结论，考虑到大得控股收购吉林四长50%股权后主动向商务部进行了补报，且能积极配合商务部调查工作，商务部决定对大得控股处以15万元人民币罚款的行政处罚。

案件7：新誉集团有限公司与庞巴迪运输集团瑞典有限公设立合营企业案[1]

（一）立案和调查程序

根据《反垄断法》和《未依法申报经营者集中调查处理暂行办法》（以下简称《暂行办法》），商务部对新誉集团有限公司（以下简称新誉集团）与庞巴迪运输集团瑞典有限公司（以下简称庞巴迪瑞典）设立合营企业涉嫌未依法申报进行立案调查。商务部依法向当事双方告知了作出行政处罚的事实、理由、依据及依法享有的权利，当事双方未提出陈述和申辩。本案现已调查、审理终结。

（二）基本情况

2015年2月5日，新誉集团与庞巴迪瑞典签署协议，拟设立合营企业从事城市轨道交通信号系统业务和有轨电车信号系统业务。双方分别持有合营企业50%股权，并委派了相应董事和管理人员。合营企业于6月11日取得营业执照。

（三）违法事实和依据

1. 本案构成未依法申报而实施的经营者集中

新誉集团与庞巴迪瑞典设立合营企业，符合《反垄断法》第20条的规定，属于经营者集中。按照经营者集中申报计算标准，新誉集团和庞巴迪瑞典2014年在中国境内的营业额均超过4亿元人民币，且合计超过20亿元人民

〔1〕案件来源：商法函［2016］第174号。

币，达到了《国务院关于经营者集中申报标准的规定》第 3 条规定的申报标准，属于应当申报的情形。2015 年 6 月 11 日，合营企业取得营业执照，在此之前未向商务部申报，违反了《反垄断法》第 21 条，构成未依法申报的经营者集中。

2. 本案不具有排除、限制竞争的效果

商务部对新誉集团与庞巴迪瑞典设立合营企业对市场竞争的影响进行了评估。评估认为，该项经营者集中不会产生排除、限制竞争的影响。

（四）行政处罚依据和决定

基于上述调查情况和评估结论，考虑到该项交易未依法申报是由于合营企业急于参与某地铁项目投标，交易双方主观故意明显；并且，交易一方庞巴迪瑞典此前因未依法申报接受过行政处罚，此次系再次违法，商务部决定对新誉集团处以 30 万元罚款的行政处罚，对庞巴迪瑞典处以 40 万元罚款的行政处罚。

案件 8：北京北车投资有限责任公司与株式会社日立制作所设立合营企业案〔1〕

（一）立案和调查程序

根据《反垄断法》和《未依法申报经营者集中调查处理暂行办法》（以下简称《暂行办法》），商务部对北京北车投资有限责任公司（以下简称北京北车）与株式会社日立制作所（以下简称日立制作所）设立合营企业涉嫌未依法申报进行立案调查。商务部依法向当事双方告知了作出行政处罚的事实、理由、依据及依法享有的权利。本案现已调查、审理终结。

（二）基本情况

2013 年 3 月 15 日，北京北车与日立制作所及其子公司日立（中国）有限公司（以下简称日立中国）签署协议，拟设立合营企业从事轨道交通信号系

〔1〕 案件来源：商法函〔2016〕第 175 号。

统业务。北京北车、日立制作所和日立中国分别持股51%、39%和10%，并委派了相应董事和管理人员。2014年3月28日，合营企业取得营业执照。

（三）违法事实和依据

1. 本案构成未依法申报而实施的经营者集中

北京北车与日立制作所设立合营企业，符合《反垄断法》第20条的规定，属于经营者集中。按照经营者集中申报的计算标准，北京北车和日立制作所2013年在中国境内的营业额均超过4亿元人民币，且合计超过20亿元人民币，达到了《国务院关于经营者集中申报标准的规定》第3条规定的申报标准，属于应当申报的情形。2014年3月28日，合营企业取得营业执照，在此之前未向商务部申报，违反了《反垄断法》第21条，构成未依法申报的经营者集中。

2. 本案不具有排除、限制竞争的效果

商务部对北京北车与日立制作所设立合营企业对市场竞争的影响进行了评估。评估认为，该项经营者集中不会产生排除、限制竞争的影响。

（四）行政处罚依据和决定

基于上述调查情况和评估结论，考虑到合营企业设立后，北京北车与日立制作所主动向商务部进行了补报，且能积极配合商务部调查工作，商务部决定对北京北车和日立制作所分别处以15万元人民币罚款的行政处罚。

案件9：佳能株式会社收购东芝医疗系统株式会社案[1]

（一）立案和调查程序

根据《反垄断法》《未依法申报经营者集中调查处理暂行办法》（以下简称《暂行办法》）和举报，商务部于2016年10月21日依法对佳能株式会社（以下简称佳能）收购东芝医疗系统株式会社（以下简称东芝医疗）全部股权涉嫌未依法申报案立案调查。调查期间，商务部多次约谈佳能，要求提交

〔1〕 案件来源：商法函［2016］第965号。

相关文件资料，充分听取了佳能的意见。

经查，佳能收购东芝医疗构成未依法申报违法实施的经营者集中，但不具有排除、限制竞争的效果。商务部按照《行政处罚法》《商务部行政处罚实施办法（试行）》的规定，向佳能送达了《商务部行政处罚告知书》，告知其拟作出行政处罚决定的事实、理由、依据、处罚内容，以及其依法享有的陈述权、申辩权和听证权。佳能书面向商务部表示没有陈述、申辩意见，不要求举行听证。本案现已调查、审理终结。

（二）基本情况

东芝为解决财务困境，欲出售其持有的东芝医疗100%股权。2016年3月9日，佳能获得此交易的排他谈判权。相关当事方作了如下交易前准备工作：2016年3月8日，三位自然人成立特殊目的公司MS Holding（简称M公司）。3月15日，东芝将东芝医疗全部已发行的普通股转化成三类股权：（1）有投票权的20股（A类股）；（2）无投票权的1股（B类股）；（3）100份认股权证（有权购买普通股）。

2016年3月17日，M公司与东芝签署协议，购买东芝医疗有投票权的20股A类股（交易对价：略）；佳能与东芝签署《股份等转让合同》，购买东芝医疗无投票权的1股B类股（交易对价：略）和100份认股权证（交易对价：略）。当日，上述协议即履行完毕。（以下称步骤一，目前已经实施完毕）

根据《股份等转让合同》的约定，在获得包括中国在内的各司法辖区的反垄断批准后，佳能行使新股预约权（支付对价为100日元，约合人民币5.76元），将认股权证转化为有表决权的普通股；东芝医疗将从M公司和佳能分别回购A类和B类股并予注销。至此，佳能将完成收购东芝医疗100%股权。（以下称步骤二，目前尚未实施）

（三）违法事实及理由

1. 本案构成未依法申报违法实施的经营者集中

本案所涉交易系佳能收购东芝医疗全部股权。本交易虽然分为两个步骤实施，但两个步骤紧密关联，均是佳能取得东芝医疗全部股权不可分割的组成部分，构成《反垄断法》第20条规定的经营者集中。佳能和东芝医疗2015

年度在中国境内的营业额均超过4亿元人民币，且合计超过20亿元人民币，达到了《国务院关于经营者集中申报标准的规定》第3条规定的申报标准。2016年3月17日，步骤一已实施完毕，即东芝医疗的全部股份和新股预约权均已经转移完毕，与之对应的全部价款也已支付完毕。尽管经营者集中尚未实施完成，但在向商务部申报前，已经开始实施，违反《反垄断法》第21条，构成未依法申报违法实施的经营者集中。

2. 本案不具有排除、限制竞争的效果

商务部对佳能收购东芝医疗全部股权对市场竞争的影响进行了评估。评估认为，该项经营者集中不会产生排除、限制竞争的影响。

（四）行政处罚依据和决定

基于调查情况和评估结论，同时考虑到如下因素：第一，本案系举报案件，但佳能和东芝约定在实施步骤二前应取得包括中国在内的司法辖区执法机构的批准，且事后确实进行了申报；第二，当事方分步骤实施交易的直接目的是使东芝尽快拿到全部价款以渡过财务危机，但这也表明当事方明知负有申报义务而故意规避以推迟履行申报义务；第三，本案经营者集中虽已开始实施，但尚未最终实施完成，商务部决定对佳能处以30万元人民币罚款的行政处罚。

案件10：中山大洋电机股份有限公司收购北京佩特来电器有限公司案[1]

（一）立案和调查程序

根据《反垄断法》和《未依法申报经营者集中调查处理暂行办法》（以下简称《暂行办法》），商务部对中山大洋电机股份有限公司（以下简称中山大洋）收购北京佩特来电器有限公司（以下简称北京佩特来）股权涉嫌未依法申报实施经营者集中进行立案调查。根据调查情况，商务部依法向中山大

〔1〕 案件来源：商法函［2016］第681号。

洋告知了作出行政处罚的事实、理由、依据及依法享有的权利，中山大洋未提出陈述和申辩。本案现已调查、审理终结。

（二）基本情况

2014年1月6日，中山大洋分别与北京佩特来的主要股东美国佩特来电器（中国）控股有限公司（持股52%，交易后退出）、沧州帝威投资股份有限公司（持股22.83%，交易后仍持股5.12%）、北京京瑞竹科技有限公司（持股3.05%，交易后退出）签署股权转让协议，收购后者所持有的北京佩特来股权。交易完成后，中山大洋共持有北京佩特来约77.77%的股权（其中5%系通过其子公司间接持有），并在董事会获得多数席位。2014年1月26日、2014年10月10日，当事人分别完成了有关工商变更登记手续，取得变更后的《企业法人营业执照》。

（三）违法事实

1. 本案构成未依法申报而实施的经营者集中

中山大洋收购北京佩特来股权，符合《反垄断法》第20条的规定，属于经营者集中。按照经营者集中申报的计算标准，中山大洋和北京佩特来2013年中国境内的营业额均超过4亿元人民币，且合计超过20亿元人民币，达到了《国务院关于经营者集中申报标准的规定》第3条规定的申报标准，属于应当申报的情形。2014年1月、10月，股权转让完成工商变更登记，在此之前未向商务部申报，违反了《反垄断法》第21条，构成未依法申报而实施的经营者集中。

2. 本案不具有排除、限制竞争的效果

商务部对中山大洋收购北京佩特来股权对市场竞争的影响进行了评估。评估认为，该项经营者集中不会产生排除、限制竞争的影响。

（四）行政处罚依据和决定

基于上述调查情况和评估结论，考虑到中山大洋收购北京佩特来股权后主动向商务部进行了补报，且能积极配合商务部调查工作，商务部决定对中山大洋处以15万元人民币罚款的行政处罚。

案件11：大陆汽车投资（上海）有限公司与华域汽车系统股份有限公司设立合营企业案[1]

（一）立案和调查程序

根据《反垄断法》和《未依法申报经营者集中调查处理暂行办法》（以下简称《暂行办法》），商务部对大陆汽车投资（上海）有限公司（以下简称大陆汽车）与华域汽车系统股份有限公司（以下简称华域汽车）设立合营企业涉嫌未依法申报实施经营者集中进行立案调查。根据调查情况，商务部依法向大陆汽车和华域汽车告知了作出行政处罚的事实、理由、依据及依法享有的权利，大陆汽车和华域汽车未提出陈述和申辩。本案现已调查、审理终结。

（二）基本情况

2015年5月12日，大陆汽车和华域汽车签署《华域大陆汽车制动系统（重庆）有限公司合资合同》，拟设立华域大陆汽车制动系统（重庆）有限公司（简称华域大陆汽车重庆公司），该公司拟生产汽车制动系统、真空助力系统等产品。双方各出资1亿元人民币，分别持股50%。合营企业于5月29日取得营业执照，完成了工商注册登记手续。

（三）违法事实

1. 本案构成未依法申报而实施的经营者集中

大陆汽车和华域汽车设立合营企业，符合《反垄断法》第20条的规定，属于经营者集中。按照经营者集中申报的计算标准，大陆汽车和华域汽车2014年在中国境内的营业额均超过4亿元人民币，且合计超过20亿元人民币，达到了《国务院关于经营者集中申报标准的规定》第3条规定的申报标准，属于应当申报的情形。合营企业于2015年5月取得营业执照，完成了工商注册登记手续，在此之前未向商务部申报，违反了《反垄断法》第21条，构成未依法申报而实施的经营者集中。

---

〔1〕案件来源：商法函［2016］第682号。

2. 本案不具有排除、限制竞争的效果

商务部对大陆汽车与华域汽车设立合营企业对市场竞争的影响进行了评估。评估认为，该项经营者集中不会产生排除、限制竞争的影响。

（四）行政处罚依据和决定

基于上述调查情况和评估结论，考虑到交易双方虽主动向商务部进行了补报，但在递交申报资料时未披露其已实施完成的事实；并且交易双方明知其设立合营企业依法应当申报并已着手准备申报事宜，但仍然未经申报实施经营者集中，商务部决定对大陆汽车和华域汽车各处以20万元人民币罚款的行政处罚。

案件12：康明斯（中国）投资有限公司与襄阳康豪机电工程有限公司设立合营企业案〔1〕

（一）立案和调查程序

根据《反垄断法》《未依法申报经营者集中调查处理暂行办法》（以下简称《暂行办法》），商务部于2016年1月20日依法对康明斯（中国）投资有限公司（以下简称康明斯中国）与襄阳康豪机电工程有限公司（以下简称康豪）设立合营企业涉嫌未依法申报立案调查。

经查，康明斯中国和康豪设立合营企业构成未依法申报违法实施的经营者集中，但不具有排除、限制竞争的效果。商务部按照《行政处罚法》《商务部行政处罚实施办法（试行）》的规定，向康明斯中国和康豪送达了《商务部行政处罚告知书》，告知其拟作出行政处罚决定的事实、理由、依据、处罚内容，以及其依法享有的陈述权、申辩权和听证权。康明斯中国和康豪方面向商务部表示没有异议。本案现已调查、审理终结。

（二）基本情况

2011年12月7日，康明斯中国和康豪签署合资合同，约定以现金出资方式共同设立合营企业康明斯中国，各占50%股比。2012年2月6日，合营企

〔1〕案件来源：商法函〔2017〕第6号。

业取得湖北省商务厅颁发的外商投资企业批准证书；2012 年 3 月 23 日，合营企业取得营业执照。在合营企业成立后，康豪将其此前经营的中低功率段柴油发电机组动力单元的集成和销售业务转让给了合营企业，康豪不再从事该类业务。2015 年 6 月 23 日，康明斯中国和康豪主动向商务部提交材料，称其设立合营企业可能涉嫌未依法申报违法实施经营者集中。

（三）违法事实及理由

1. 本案构成未依法申报违法实施的经营者集中

康明斯中国和康豪设立合营企业，符合《反垄断法》第 20 条的规定，属于经营者集中。康明斯中国和康豪 2010 年在中国境内的营业额均超过 4 亿人民币，且合计超过 20 亿元人民币，达到了《国务院关于经营者集中申报标准的规定》第 3 条规定的申报标准，属于应当申报的情形。合营企业于 2012 年 2 月取得外商投资企业批准证书；同年 3 月取得营业执照，完成了工商登记手续，在此之前未向商务部申报，违反了《反垄断法》第 21 条，构成未依法申报违法实施的经营者集中。

2. 本案不具有排除、限制竞争的效果

商务部对康明斯中国和康豪设立合营企业对市场竞争的影响进行了评估。评估认为，该项经营者集中不会产生排除、限制竞争的影响。

（四）行政处罚依据和决定

基于调查情况和评估结论，考虑到当时双方设立合营企业后主动向商务部进行了补报，且能积极配合商务部调查工作，商务部决定对康明斯中国和康豪各处以 15 万元人民币罚款的行政处罚。

案件 13：韩国奥瑟亚株式会社收购德山马来西亚公司全部股权案[1]

（一）立案和调查程序

根据《反垄断法》《未依法申报经营者集中调查处理暂行办法》（以下简

〔1〕 案件来源：商法函［2017］第 171 号。

称《暂行办法》)，商务部于 2017 年 1 月 10 日依法对韩国奥瑟亚株式会社（简称韩国奥瑟亚）收购德山马来西亚公司（简称德山马来西亚）全部股权涉嫌未依法申报案立案调查。

经查，韩国奥瑟亚收购德山马来西亚全部股权构成未依法申报违法实施的经营者集中，但不具有排除、限制竞争的效果。商务部按照《行政处罚法》《商务部行政处罚实施办法（试行）》的规定，向韩国奥瑟亚送达了《商务部行政处罚告知书》，告知其拟作出行政处罚决定的事实、理由、依据和处罚内容，以及其依法享有的陈述权、申辩权和听证权。韩国奥瑟亚书面向商务部表示没有异议。本案现已调查、审理终结。

（二）基本情况

本交易为股权收购。根据 2016 年 9 月 29 日并购双方及关联企业签署的三份股权认购协议，收购分三个步骤：一是德山马来西亚向韩国奥瑟亚新发行 50 000 000 股普通股，约占目标公司全部股权的 16.5%，上述交易于 2016 年 10 月 7 日完成股权变更手续。二是德山马来西亚向韩国奥瑟亚新发行 210 000 000 股普通股，交易后韩国奥瑟亚将持有德山马来西亚 50.7% 的股份，计划交易时间为 2017 年 3 月 31 日。三是韩国奥瑟亚向日本德山购买其持有的 252 356 839 股德山马来西亚普通股，该收购完成后，韩国奥瑟亚将拥有德山马来西亚 100% 的股权，计划交易时间为 2017 年 3 月 31 日。上述交易金额总计 2 亿美元。

（三）违法事实及理由

1. 本案构成未依法申报违法实施的经营者集中

韩国奥瑟亚收购德山马来西亚全部股权，是分步骤实施的一揽子交易，各项交易间相互依存，交易目的一致，且最终由同一经营者取得控制权，构成《反垄断法》第 20 条规定的经营者集中。韩国奥瑟亚和德山马来西亚 2015 年度在中国境内营业额均超过 4 亿元，且合计超过 20 亿元，达到了《国务院关于经营者集中申报标准的规定》第 3 条规定的申报标准，属于应当申报的情形。2016 年 10 月 7 日，韩国奥瑟亚完成收购德山马来西亚 16.5% 的股权的交易并完成股权变更登记手续，在此之前未向商务部申报，根据《反垄断法》第 21 条，构成未依法申报违法实施的经营者集中。

2. 本案不具有排除、限制竞争的效果

商务部对韩国奥瑟亚收购德山马来西亚全部股权对市场竞争的影响进行了评估。评估认为，该项经营者集中不会产生排除、限制竞争的影响。

（四）行政处罚依据和决定

基于调查情况和评估结论，考虑到韩国奥瑟亚在交易的第二步骤前主动向商务部进行了申报，且能积极配合商务部调查工作，商务部决定对韩国奥瑟亚处以15万元罚款的行政处罚。

案件14：广东省广晟香港控股有限公司收购澳大利亚泛澳有限公司全部股权案〔1〕

（一）立案和调查程序

根据《反垄断法》《未依法申报经营者集中调查处理暂行办法》（以下简称《暂行办法》），商务部于2016年1月26日依法对广东省广晟香港控股有限公司（简称广晟香港）收购澳大利亚泛澳有限公司（简称澳大利亚泛澳）全部股权涉嫌未依法申报经营者集中案立案调查。

经查，广晟香港收购澳大利亚泛澳全部股权构成未依法申报违法实施的经营者集中，但不具有排除、限制竞争的效果。商务部按照《行政处罚法》《商务部行政处罚实施办法（试行）》的规定，向广晟香港送达了《商务部行政处罚告知书》，告知其拟作出行政处罚决定的事实、理由、依据和处罚内容，以及其依法享有的陈述权、申辩权和听证权。广晟香港书面向商务部表示没有异议。本案现已调查、审理终结。

（二）基本情况

本交易为场外公开要约收购。2015年3月30日，广晟香港向澳大利亚泛澳提出场外要约收购，2015年5月8日，广晟香港与澳大利亚泛澳签署《广晟泛澳关于推荐报价之协议》，2015年7月20日，广晟香港完成收购澳大利

〔1〕案件来源：商法函［2017］第205号。

亚泛澳 100% 股权，交易金额为 7.41 亿美元，约合人民币 45.3 亿元。

（三）违法事实及理由

1. 本案构成未依法申报违法实施的经营者集中

广晟香港收购澳大利亚泛澳全部股权，符合《反垄断法》第 20 条第 2 款“经营者通过取得股权或者资产的方式取得对其他经营者的控制权”，属于经营者集中。广晟香港和澳大利亚泛澳 2014 年在中国境内的营业额达到了《国务院关于经营者集中申报标准的规定》第 3 条规定的申报标准，属于应当申报的情形。2015 年 7 月 20 日，广晟香港完成收购澳大利亚泛澳 100% 股权，在此之前未向商务部申报，根据《反垄断法》第 21 条，构成未依法申报违法实施的经营者集中。

2. 本案不具有排除、限制竞争的效果

商务部对广晟香港收购澳大利亚泛澳全部股权对市场竞争的影响进行了评估。评估认为，该项经营者集中不会产生排除、限制竞争的影响。

（四）行政处罚依据和决定

基于调查情况和评估结论，考虑到广晟香港在交易完成后主动向商务部进行了补报，在申报材料中承认集中已实施完成的事实并积极配合商务部调查工作，商务部决定对广晟香港处以 15 万元罚款的行政处罚。

案件 15：美年大健康、天亿资管和维途投资收购慈铭体检股权案[1]

（一）立案和调查程序

根据《反垄断法》《未依法申报经营者集中调查处理暂行办法》（以下简称《暂行办法》）和相关举报，商务部于 2016 年 7 月 25 日依法对美年大健康产业（集团）有限公司（简称美年大健康）、上海天亿资产管理有限公司（简称天亿资管）、上海维途投资中心（简称维途投资）先后收购慈铭健康体

〔1〕 案件来源：商法函［2017］第 206 号。

检管理集团有限公司（简称慈铭体检）股权涉嫌未依法申报经营者集中案立案调查。

经查，美年大健康、天亿资管和维途投资（以下统称美年大健康及其关联企业）收购慈铭体检股权构成未依法申报违法实施的经营者集中，但不具有排除、限制竞争的效果。商务部按照《行政处罚法》《商务部行政处罚实施办法（试行）》的规定，向美年大健康送达了《商务部行政处罚告知书》，告知其拟作出行政处罚决定的事实、理由、依据和处罚内容，以及其依法享有的陈述权、申辩权和听证权。美年大健康书面向商务部表示没有异议。本案现已调查、审理终结。

（二）基本情况

2014年11月，美年大健康与慈铭体检全体股东签署《关于慈铭健康体检管理集团股份有限公司之股份转让协议》（简称《股份转让协议》），约定美年大健康分步收购慈铭体检100%股份。2014年12月，美年大健康、慈铭体检股东、深圳前海瑞联二号投资中心（简称瑞联二号）等签订《〈股份转让协议〉的修订协议》，瑞联二号收购慈铭体检27.78%股份。2015年2月，瑞联二号与美年大健康签订股份转让协议，美年大健康从瑞联二号收购慈铭体检27.78%股份并完成股权变更登记。2015年11月，天亿资管与慈铭体检股东、美年大健康等签订《〈股份转让协议〉的补充协议》，天亿资管受让慈铭体检68.4%股份并完成股权变更登记。2016年4月，天亿资管将慈铭体检36.11%股权转让给维途投资并完成工商变更登记。2016年5月，美年健康与慈铭体检全体股东（除美年大健康外）签署协议，拟购买慈铭体检72.22%股份，交易完成后，美年健康及其子公司美年大健康将合计持有慈铭体检100%股份，该项交易尚未实施，并主动申报。

（三）违法事实及理由

1. 本案构成未依法申报违法实施的经营者集中

美年大健康收购慈铭体检27.78%股份，天亿资管收购慈铭体检68.4%股份，维途投资从天亿资管收购慈铭体检36.11%股份，以及美年健康收购慈铭体检72.22%股份是由多个关联方参与、分步骤实施的一揽子交易，各项交易依次展开和履行，交易间相互依存且交易目的一致，最终由同一经营者及关联方取得控制权，符合《反垄断法》第 20 条第 2 款的规定，属于一项经营者集中。美年大健康和慈铭体检 2014 年在中国境内的营业额达到了《国务院关于经营者集中申报标准的规定》第 3 条规定的申报标准，属于应当申报的情形。美年大健康收购慈铭体检 27.78% 股份、天亿资管收购慈铭体检 68.4% 股份、维途投资收购慈铭体检 36.11% 股份已经实施，但在实施之前未向商务部申报，根据《反垄断法》第 21 条，构成未依法申报违法实施的经营者集中。

2. 本案不具有排除、限制竞争的效果

商务部对美年大健康及其关联企业收购慈铭体检股权对市场竞争的影响进行了评估。评估认为，该项经营者集中不会产生排除、限制竞争的影响。

（四）行政处罚依据和决定

基于调查情况和评估结论，并考虑以下因素：第一，在本案的经营者集中过程中，美年大健康及其实际控制人对交易过程发挥主导作用，美年大健康是签署《股份转让协议》约定收购慈铭体检 100% 股份的主体，同时在交易过程的各步骤担任了签约方、交易受益方、控制权取得方以及知情者；天亿资管和维途投资根据美年大健康的指定，过渡性购买和持有慈铭体检股份；美年健康在《股份转让协议》签署时尚不存在。第二，本案为第三方举报案件。第三，美年大健康及其关联企业在调查过程中能够配合调查，美年健康收购慈铭体检 72.22% 股权的交易尚未实施，且美年健康进行了主动申报。商务部决定对美年大健康处以 30 万元罚款的行政处罚。

案件 16：芜湖建投、奇瑞新能源和安川电机设立合营企业案[1]

（一）立案和调查程序

根据《反垄断法》《未依法申报经营者集中调查处理暂行办法》（以下简称《暂行办法》），商务部于 2016 年 11 月 18 日依法对芜湖市建设投资有限公

〔1〕 案件来源：商法函［2017］第 408 号。

司（简称芜湖建投）、奇瑞新能源汽车技术有限公司（简称奇瑞新能源）和株式会社安川电机（简称安川电机）设立合营企业涉嫌未依法申报案进行立案调查。

经查，芜湖建投、奇瑞新能源和安川电机设立合营企业构成未依法申报违法实施的经营者集中，但不具有排除、限制竞争的效果。商务部按照《行政处罚法》《商务部行政处罚实施办法（试行）》的规定，向上述三家企业送达了《商务部行政处罚告知书》，告知其拟作出行政处罚决定的事实、理由、依据和处罚内容，以及其依法享有的陈述权、申辩权和听证权。芜湖建投、奇瑞新能源和安川电机书面向商务部表示没有异议。本案现已调查、审理终结。

（二）基本情况

芜湖建投、奇瑞新能源和安川电机于2016年4月15日签署合资合同，按15：45：40的股权比例以现金出资的方式共同设立奇瑞安川电驱动系统有限公司。合营企业将主要从事新能源汽车用电机及控制器的研发与生产、加工、销售。2016年9月23日，合营企业取得营业执照。

（三）违法事实及理由

1. 本案构成未依法申报违法实施的经营者集中

芜湖建投、奇瑞新能源和安川电机设立合营企业，符合《反垄断法》第20条第3款“经营者通过合同等方式取得对其他经营者的控制权或者能够对其他经营者施加决定性影响”，属于经营者集中。奇瑞新能源是芜湖建投的控股子公司，芜湖建投和安川电机2015年度在中国境内的营业额均超过4亿元，且合计超过20亿元，达到了《国务院关于经营者集中申报标准的规定》第3条规定的申报标准，属于应当申报的情形。合营企业于2016年9月23日取得营业执照，在此之前未向商务部申报，根据《反垄断法》第21条，构成未依法申报违法实施的经营者集中。

2. 本案不具有排除、限制竞争的效果

商务部对芜湖建投、奇瑞新能源和安川电机设立合营企业对市场竞争的影响进行了评估。评估认为，该项经营者集中不会产生排除、限制竞争的影响。

（四）行政处罚依据和决定

基于调查情况和评估结论，考虑到交易各方在交易实施后主动进行了补报，承认违法并能够积极配合调查，并且目前交易项目已暂停，合营企业尚未开始生产经营活动，商务部决定对芜湖建投、奇瑞新能源和安川电机各处以15万元人民币罚款的行政处罚。

案件17：斯维策亚洲私人有限公司与滨海县滨海港投资开发有限公司新设合营企业案〔1〕

（一）立案和调查程序

根据《反垄断法》《未依法申报经营者集中调查处理暂行办法》（简称《暂行办法》），商务部于2016年10月27日依法对斯维策亚洲私人有限公司（简称斯维策亚洲）与滨海县滨海港投资开发有限公司（简称滨海港投资）新设合营企业涉嫌未依法申报案进行立案调查。

经查，斯维策亚洲与滨海港投资新设合营企业构成未依法申报违法实施的经营者集中，但不具有排除、限制竞争的效果。商务部按照《行政处罚法》《商务部行政处罚实施办法（试行）》的规定，向斯维策亚洲与滨海港投资送达了《商务部行政处罚告知书》，告知其拟作出行政处罚决定的事实、理由、依据和处罚内容，以及其依法享有的陈述权、申辩权和听证权。斯维策亚洲与滨海港投资书面向商务部表示没有异议。本案现已调查、审理终结。

（二）基本情况

本交易为设立合营企业。2015年10月15日，斯维策亚洲和滨海港投资签署《江苏滨海马士基拖轮有限公司合资合同》，双方共同出资500万元设立合营企业江苏滨海马士基拖轮有限公司，其中滨海港投资占股51%，斯维策亚洲占股49%。2015年11月30日合营企业取得营业执照。

（三）违法事实及理由

---

〔1〕案件来源：商法函［2017］第410号。

1. 本案构成未依法申报违法实施的经营者集中

斯维策亚洲和滨海港投资设立合营企业，符合《反垄断法》第 20 条第 3 款“经营者通过合同等方式取得对其他经营者的控制权或者能够对其他经营者施加决定性影响”，属于经营者集中。根据《经营者集中申报办法》，认定马士基集团为斯维策亚洲的关联企业、中交建为滨海港投资的关联企业。斯维策亚洲及其关联企业 2014 年度在中国境内的营业额超过 4 亿元，滨海港投资及其关联企业 2014 年度在中国境内的营业额也超过 4 亿元，且合计超过 20 亿元，达到了《国务院关于经营者集中申报标准的规定》第 3 条规定的申报标准，属于应当申报的情形。合营企业于 2015 年 11 月 30 日取得营业执照，在此之前未向商务部申报，根据《反垄断法》第 21 条，构成未依法申报违法实施的经营者集中。

2. 本案不具有排除、限制竞争的效果

商务部对斯维策亚洲与滨海港投资新设合营企业对市场竞争的影响进行了评估。评估认为，该项经营者集中不会产生排除、限制竞争的影响。

（四）行政处罚依据和决定

基于调查情况和评估结论，考虑到斯维策亚洲与滨海港投资意识到集中可能涉嫌构成未依法申报后主动书面向商务部咨询，在调查过程中，当事人承认违法并能够配合调查。商务部决定对斯维策亚洲和滨海港投资各处以 15 万元人民币罚款的行政处罚。

案件 18：广汇宝信汽车集团有限公司及其子公司北京燕宝汽车服务有限公司收购四川港宏企业管理有限公司案[1]

（一）立案和调查程序

2017 年 5 月 22 日，商务部根据《反垄断法》和《未依法申报经营者集

〔1〕案件来源：商法函〔2018〕第 12 号。

中调查处理暂行办法》（简称《暂行办法》），对广汇宝信汽车集团有限公司（简称广汇宝信）及其子公司北京燕宝汽车服务有限公司（简称北京燕宝）收购四川港宏企业管理有限公司（简称四川港宏）100%股权涉嫌未依法申报案进行立案调查。

经查，广汇宝信及其子公司北京燕宝收购四川港宏100%股权构成未依法申报违法实施的经营者集中，但不具有排除、限制竞争的效果。商务部按照《中华人民共和国行政处罚法》《商务部行政处罚实施办法（试行）》的规定，向广汇宝信、北京燕宝送达了《商务部行政处罚告知书》，告知其拟作出行政处罚决定的事实、理由、依据和处罚内容，以及其依法享有的陈述权、申辩权和听证权。广汇宝信和北京燕宝书面向商务部表示没有异议。本案现已调查、审理终结。

（二）基本情况

2016年10月26日，广汇宝信和北京燕宝与四川港宏的日方股东伊藤忠商事株式会社（简称伊藤忠日本）和伊藤忠（中国）集团有限公司（简称伊藤忠中国）签订股权转让协议，由广汇宝信收购伊藤忠日本所持25%股权，北京燕宝收购伊藤忠中国所持24%股权。同日，北京燕宝与四川港宏的中方股东四川港宏投资控股集团有限公司签订股权转让协议，收购四川港宏51%股权。交易完成后，广汇宝信持股25%，北京燕宝持股75%，取得四川港宏控制权。

（三）违法事实及理由

1. 本案构成未依法申报违法实施的经营者集中

广汇宝信及其子公司北京燕宝收购四川港宏100%股权，符合《反垄断法》第20条第2款“经营者通过取得股权或者资产的方式取得对其他经营者的控制权”，属于经营者集中。集中双方的营业额达到了《国务院关于经营者集中申报标准的规定》第3条规定的申报标准，属于应当申报的情形。

2016年10月26日，交易各方签署股权转让协议。2016年11月20日，收购方取得四川港宏经营管理权。2017年1月17日，完成四川港宏49%股权的变更登记，董事会部分改组。实施以上行为，交易各方均未向商务部申报，违反了《反垄断法》第21条，构成未依法申报违法实施经营者集中。

2. 本案不具有排除、限制竞争的效果

商务部评估了广汇宝信及其子公司北京燕宝收购四川港宏100%股权对市场竞争的影响。评估认为，该项经营者集中不会产生排除、限制竞争的影响。

（四）行政处罚依据和决定

基于调查情况和评估结论，商务部决定对广汇宝信和北京燕宝各处以30万元人民币罚款的行政处罚。作出上述处罚的考量因素包括：①广汇宝信及其母公司广汇汽车此前进行过数次经营者集中申报，广汇宝信和北京燕宝均知晓经营者集中申报义务。②申报前，广汇宝信和北京燕宝收购四川港宏49%股权交易已经实施，主观故意明显。③调查过程中，收购方承认违法并能够配合调查。④本案虽已开始实施，但在申报之前尚未全部完成。

案件19：益海嘉里投资有限公司、希杰第一制糖株式会社设立合营企业案〔1〕

（一）立案和调查程序

根据《反垄断法》《未依法申报经营者集中调查处理暂行办法》（简称《暂行办法》），商务部于2016年12月29日依法对益海嘉里投资有限公司（简称益海嘉里）、希杰第一制糖株式会社（简称希杰第一制糖）设立合营企业涉嫌未依法申报违法实施经营者集中案进行立案调查。

经查，益海嘉里和希杰第一制糖设立合营企业构成未依法申报违法实施的经营者集中，但不具有排除、限制竞争的效果。商务部按照《行政处罚法》《商务部行政处罚实施办法（试行）》的规定，向益海嘉里和希杰第一制糖送达了《商务部行政处罚告知书》，告知其拟作出行政处罚决定的事实、理由、

〔1〕 案件来源：商法函［2018］第32号。

依据、处罚内容，以及其依法享有的陈述权、申辩权和听证权。益海嘉里和希杰第一制糖向商务部表示没有陈述、申辩意见，不要求举行听证。本案现已调查、审理终结。

（二）基本情况

2011 年 10 月 24 日，益海嘉里与希杰第一制糖签署《外商投资合同》，成立益海希杰（昆山）食品有限公司，双方分别持有 50% 股权，共同控制合营企业。2011 年 12 月 29 日，合营企业取得营业执照。合营企业主要在中国境内从事自发粉、预拌粉生产销售业务，其中，合营企业的自发粉自 2014 年开始生产销售，预拌粉自 2013 年开始生产销售。

（三）违法事实及理由

1. 本案构成未依法申报违法实施的经营者集中

益海嘉里和希杰第一制糖设立合营企业，符合《反垄断法》第 20 条第 3 项“经营者通过合同等方式取得对其他经营者的控制权或者对其他经营者施加决定性影响”，属于经营者集中。合营双方的营业额达到了《国务院关于经营者集中申报标准的规定》第 3 条规定的申报标准，属于应当申报的情形。2011 年 12 月 29 日，合营企业取得营业执照，在此之前未向商务部申报，违反了《反垄断法》第 21 条，构成未依法申报违法实施的经营者集中。

2. 该案不具有排除、限制竞争的效果

商务部对该经营者集中对竞争产生的影响进行了充分调查和评估，认为不具有排除、限制竞争的效果。

（四）行政处罚依据和决定

基于调查情况和评估结论，同时考虑到益海嘉里和希杰第一制糖主动向商务部报告其已完成的交易可能涉嫌未依法申报，在调查过程中能够配合调查，商务部决定对益海嘉里和希杰第一制糖各处以 15 万元人民币罚款的行政处罚。

案件20：山东太阳控股集团有限公司收购万国纸业太阳白卡纸有限公司、山东国际纸业太阳纸板有限公司、山东万国太阳食品包装材料有限公司部分股权案[1]

（一）立案和调查程序

根据《反垄断法》《未依法申报经营者集中调查处理暂行办法》（简称《暂行办法》），商务部于2017年2月17日依法对山东太阳控股集团有限公司（简称太阳控股）收购万国纸业太阳白卡纸有限公司（简称万国太阳）、山东国际纸业太阳纸板有限公司（简称国际太阳）、山东万国太阳食品包装材料有限公司（简称万国食品）部分股权涉嫌未依法申报违法实施经营者集中案进行立案调查。

经查，太阳控股收购万国太阳、国际太阳和万国食品部分股权构成未依法申报违法实施的经营者集中，但不具有排除、限制竞争的效果。商务部按照《行政处罚法》《商务部行政处罚实施办法（试行）》的规定，向太阳控股送达了《商务部行政处罚告知书》，告知其拟作出行政处罚决定的事实、理由、依据、处罚内容，以及其依法享有的陈述权、申辩权和听证权。太阳控股向商务部表示没有陈述、申辩意见，不要求举行听证。本案现已调查、审理终结。

（二）基本情况

2015年10月7日，太阳控股和英特耐投资签署股权转让协议，约定太阳控股出资收购英特耐投资持有的万国太阳、国际太阳、万国食品各55%股权。交易后，太阳控股分别持有三家目标公司100%股权。2015年12月3日，上述交易完成股权登记变更手续。

（三）违法事实及理由

1. 本案构成未依法申报违法实施的经营者集中

太阳控股收购万国太阳、国际太阳、万国食品部分股权，符合《反垄断

[1] 案件来源：商法函［2018］第33号。

法》第 20 条第 2 项“经营者通过取得股权或者资产的方式取得对其他经营者的控制权”，属于经营者集中。参与集中的经营者的营业额达到了《国务院关于经营者集中申报标准的规定》第 3 条规定的申报标准，属于应当申报的情形。

2015 年 10 月 22 日，太阳控股向商务部申报经营者集中，后因申报文件、资料不符合法定要求被退回。2015 年 12 月 3 日，目标公司完成股权变更手续。2016 年 11 月 4 日，太阳控股重新向商务部提交申报文件、资料。太阳控股在初次申报文件资料被退回后、重新申报前，实施了经营者集中，违反了《反垄断法》第 21 条的规定，属于未依法申报违法实施经营者集中的行为。

2. 该案不具有排除、限制竞争的效果

商务部就太阳控股收购万国太阳、国际太阳、万国食品部分股权对市场竞争的影响进行了评估。评估认为，该项经营者集中不会产生排除、限制竞争的影响。

（四）行政处罚依据和决定

基于调查情况和评估结论，同时考虑到：第一，太阳控股初次申报文件资料因不符合法定要求被退回后、重新申报前，便实施了经营者集中，明知负有申报义务并了解申报的相关规定和程序，主观故意明显；第二，太阳控股重新提交申报文件、资料后，在调查过程中承认违法并能够配合调查，商务部决定对太阳控股处以 30 万元人民币罚款的行政处罚。

案件 21：青岛港招商局国际集装箱码头有限公司、青岛港（集团）有限公司设立合营企业案[1]

（一）立案和调查程序

根据《反垄断法》《未依法申报经营者集中调查处理暂行办法》（简称《暂行办法》），商务部于 2017 年 8 月 9 日依法对青岛港招商局国际集装箱码

〔1〕 案件来源：商法函［2018］第 129 号。

头有限公司（简称招商局青岛）、青岛港（集团）有限公司（简称青岛港集团）设立合营企业涉嫌未依法申报违法实施经营者集中案进行立案调查。

经查，招商局青岛和青岛港集团设立合营企业构成未依法申报违法实施的经营者集中，但不具有排除、限制竞争的效果。商务部按照《行政处罚法》《商务部行政处罚实施办法（试行）》的规定，向招商局青岛和青岛港集团送达了《商务部行政处罚告知书》，告知其拟作出行政处罚决定的事实、理由、依据、处罚内容，以及其依法享有的陈述权、申辩权和要求听证权。招商局青岛和青岛港集团在规定期限内没有提出陈述、申辩意见或要求举行听证。本案现已调查、审理终结。

（二）基本情况

2010年6月5日，招商局青岛和青岛港集团签署合资协议，共同设立青岛前湾西港联合码头有限责任公司（简称西联），招商局青岛持股49%；青岛港集团持股51%。2010年6月9日，西联正式成立并取得营业执照。西联主营业务为散杂货码头装卸及配套服务。

（三）违法事实及理由

1. 本案构成未依法申报违法实施的经营者集中

交易双方招商局青岛和青岛港集团共同设立合营企业西联，并分别持股49%和51%，对该合营企业形成共同控制，属于《反垄断法》第20条第3项规定的经营者集中，即经营者通过合同等方式取得对其他经营者的控制权或者能够对其他经营者施加决定性影响。该项经营者集中达到了《国务院关于经营者集中申报标准的规定》第3条规定的申报标准，属于应当申报的情形。

2010年6月5日，招商局青岛和青岛港集团签署合资协议设立合营企业。2010年6月9日，合营企业取得营业执照，在此之前未向商务部申报，违反了《反垄断法》第21条，构成未依法申报的经营者集中。

2. 本案不具有排除、限制竞争的效果

商务部就招商局青岛和青岛港集团设立合营企业对市场竞争的影响进行了评估。评估认为，该项经营者集中不会产生排除、限制竞争的影响。

（四）行政处罚依据和决定

基于上述调查情况和评估结论，同时考虑到招商局青岛和青岛港集团在调查过程中能够积极配合调查等因素，商务部决定对招商局青岛和青岛港集团各处以20万元人民币罚款的行政处罚。

案件22：青岛港招商局国际集装箱码头有限公司、青岛新前湾集装箱码头有限责任公司设立合营企业案[1]

（一）立案和调查程序

根据《反垄断法》《未依法申报经营者集中调查处理暂行办法》（简称《暂行办法》），商务部于2017年8月9日依法对青岛港招商局国际集装箱码头有限公司（简称招商局青岛）、青岛新前湾集装箱码头有限责任公司（简称青岛新前湾）设立合营企业涉嫌未依法申报违法实施经营者集中案进行立案调查。

经查，招商局青岛和青岛新前湾设立合营企业构成未依法申报违法实施的经营者集中，但不具有排除、限制竞争的效果。商务部按照《行政处罚法》《商务部行政处罚实施办法（试行）》的规定，向招商局青岛和青岛新前湾送达了《商务部行政处罚告知书》，告知其拟作出行政处罚决定的事实、理由、依据、处罚内容，以及其依法享有的陈述权、申辩权和要求听证权。招商局青岛和青岛新前湾在规定期限内没有提出陈述、申辩意见或要求举行听证。本案现已调查、审理终结。

（二）基本情况

2009年12月18日，招商局青岛和青岛新前湾签署合资协议，成立青岛前湾联合集装箱码头有限责任公司（简称青岛前联），双方各持有50%股权，形成共同控制。同日，青岛前联取得营业执照。青岛前联主营集装箱码头装卸及配套服务。

（三）违法事实及理由

1. 本案构成未依法申报违法实施的经营者集中

交易双方招商局青岛和青岛新前湾共同设立合营企业青岛前联，各持股

〔1〕 案件来源：商法函［2018］第130号。

50%，对该合营企业形成共同控制，属于《反垄断法》第20条第3项规定的经营者集中，即经营者通过合同等方式取得对其他经营者的控制权或者能够对其他经营者施加决定性影响。该项经营者集中达到了《国务院关于经营者集中申报标准的规定》第3条规定的申报标准，属于应当申报的情形。

2009年12月18日，招商局青岛和青岛新前湾签署合资协议设立合营企业，同日合营企业取得营业执照，在此之前未向商务部申报，违反了《反垄断法》第21条，构成未依法申报的经营者集中。

2. 本案不具有排除、限制竞争的效果

商务部就招商局青岛和青岛新前湾设立合营企业对市场竞争的影响进行了评估。评估认为，该项经营者集中不会产生排除、限制竞争的影响。

（四）行政处罚依据和决定

基于上述调查情况和评估结论，同时考虑到招商局青岛和青岛新前湾在调查过程中能够积极配合调查等因素，商务部决定对招商局青岛和青岛新前湾各处以20万元人民币罚款的行政处罚。

第四章　滥用行政权力排除、限制竞争

总体情况

《反垄断法》实施以来，执法机构处理的滥用行政权力排除、限制竞争案件，按照地域及涉案行为划分，大致情况如下：

地区	省份	第 32 条	第 33 条	第 34 条	第 35 条	第 36 条	第 37 条
华北	北京市	4					1
	天津市	1					1
	河北省	1					1
	山西省	1	1				
	内蒙古自治区	1				1	
东北	辽宁省	2					
	吉林省	1					
	黑龙江省	1					1
华东	上海市	1				1	
	江苏省	2					
	浙江省	1	1	1			
	安徽省	2		1			
华东	福建省	1					
	江西省		2				
	山东省	3	1				

续表

地区	省份	第 32 条	第 33 条	第 34 条	第 35 条	第 36 条	第 37 条
中南	河南省	2					
	湖北省	2					
	湖南省	2					1
	广东省						
	广西壮族自治区	2					
	海南省	1					
西南	重庆市			2			
	四川省	4	1				
	贵州省						
	云南省		1			1	
	西藏自治区						
西北	陕西省	1		1			
	甘肃省	5					
	青海省	3					
	宁夏回族自治区	1					
	新疆维吾尔自治区	1					

（行政执法案件的地区与类型分布）

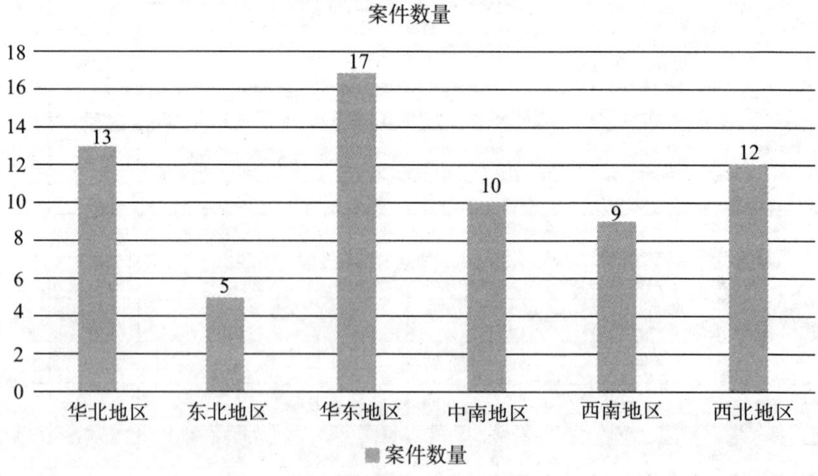

（各地区行政执法案件数量）

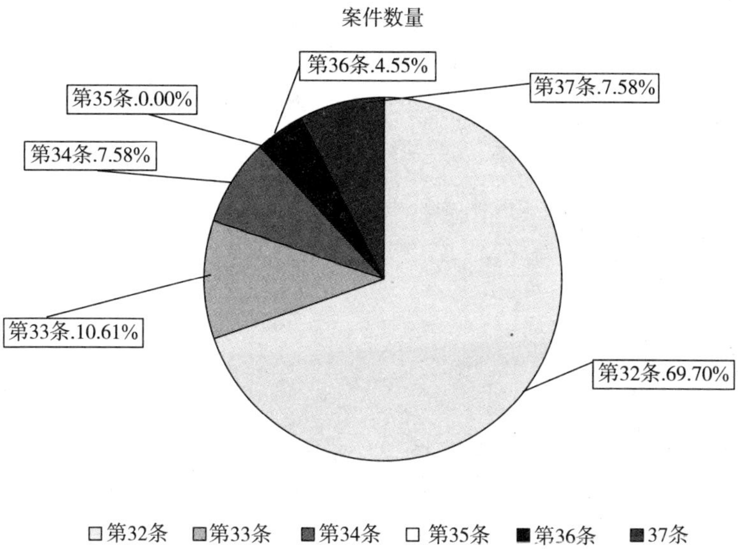

（违反《反垄断法》各条规定的案件数量）

需要说明的是，这里的行为分类并不完全准确，而是按照最相近原则归类。大多滥用行政权力排除、限制竞争行为，都以行政主体发布抽象性文件为外在形式，进而可能违反《反垄断法》第 37 条，同时在限制竞争的具体内容上，又可能违反《反垄断法》第 32 条至第 36 条的规定。所以严格来说，《反垄断法》第 37 条与第 32 条至第 36 条之间不是并列关系，而是一个从外在形式，一个从具体内容的角度，分别界定了滥用行政权力排除、限制竞争行为的表现方式。基于这种关联，我们在对滥用行政权力排除、限制竞争行为进行分类时，主要做法是，如果能从限制竞争的具体内容角度进行甄别，尽量归入《反垄断法》第 32 条至第 36 条之中，对那些无法被第 32 条至第 36 条包含，或涉案行为具有综合性（如同时涉及反垄断法和价格法），而又存在抽象文件的外在形式时，则单独归为《反垄断法》第 37 条。

本次收集案件的截止时间为 2018 年 6 月底。我们共收集了 66 个行政执法案件，其中，经发改系统处理的案件有 33 件，经工商系统处理的有 31 件，经国家市场监督管理总局处理的有 1 个案件。从上表中可以看到，华北地区涉及 13 起案件，东北地区涉及 5 件，华东地区 17 件，中南地区 10 件，西南地区9件，西北地区12件；并且多数案件为违反《反垄断法》第32条的行政性限定交易的类型，其次为违反第33条（妨碍商品自由流通）、第37条（抽象性限制竞争）的类型，违反第34条（排斥或限制外地经营者参加本地招投标）次之，违反第36条（强制经营者从事垄断行为）的案件也有所涉及，但违反第35条（排斥或限制外地经营者在本地投资或设立分支机构）的案件目前尚未出现执法情况。

一、行政性限定交易

案件1：国家市场监督管理总局建议纠正内蒙古公安厅排除、限制竞争行为〔1〕

（一）基本案情

2018年6月22日，国家市场监管总局办公厅发布了《关于建议纠正内蒙古自治区公安厅滥用行政权力排除限制竞争有关行为的函》（市监价监函〔2018〕412号）。

函件表明，2013年3月，内蒙古自治区公安厅（以下简称内蒙古公安厅）与内蒙古恭安金丰网络印章科技有限责任公司（以下简称金丰公司）签订了《新型防伪印章治安管理信息系统建设合同》，约定由金丰公司提供经公安部检测合格的新型防伪印章治安管理信息系统软件，统一负责全区印章治安管理信息系统（以下简称印章系统）的升级改造和整合联网，并由金丰公司向全区所有的刻章企业供应符合国家有关技术标准的章材和芯片；内蒙古公安厅为印章系统提供场地、环境以及政策支持，协调自治区有关部门和盟市治安管理部门，为系统建设、运行、推广、维护提供必要条件。

2013年4月23日，内蒙古公安厅向各盟市公安局下发了《全区印章治安

〔1〕 案件来源：国家市场监督管理总局网站，http://samr.saic.gov.cn/xw/yw/wjfb/201806/t20180622_274726.html.

管理信息系统整合联网及推广使用新型防伪印章实施方案》（内公办〔2013〕60号，以下简称60号文），决定按照“统一领导、统一规划、统一标准、统一建设”原则，对全区印章系统进行升级改造和整合联网，明确规定“依照政府采购程序，金丰公司为全区新型防伪印章系统建设项目中标单位，负责新型防伪印章系统软件的开发建设”，要求“各地积极支持配合金丰公司建设维护全区印章系统管理平台，杜绝自行其是、各自为政”。但经调查发现，选择金丰公司作为印章系统建设单位，并未履行任何招投标程序。

“60号文”出台后，内蒙古公安厅多次要求各盟市公安局尽快落实文件要求，卸载正在使用并经公安部检测通过的系统软件，安装使用金丰公司的系统软件，并要求全区刻章企业统一向金丰公司采购符合国家有关技术标准的章材、芯片以及配套硬件设备等。2017年1月6日，内蒙古公安厅再次向各盟市公安局下发《关于落实自治区党委巡视组意见强力推动印章系统建设的通知》（内公网传〔2017〕260号），要求“对于已完成金丰系统安装调试却仍在使用旧系统运行的盟市，要切实采取措施，淘汰旧系统，启用新系统；对于至今尚未安装金丰系统的盟市，要迅速采取制定贯彻落实措施，明确责任部门、责任人，抓紧时间落实”。在内蒙古公安厅的督促下，截至目前，除包头市外，其他11个盟市均已安装金丰公司的系统软件，或者由原系统软件供应商与金丰公司共同建设。

（二）处理决定

国家市场监督管理总局认为，内蒙古自治区公安厅上述做法排除和限制了印章治安管理信息系统软件市场以及刻章设备、章材市场的竞争，侵犯了各盟市公安机关和刻章企业的自主选择权，人为增加了企业刻章生产成本，不合理地推高了印章价格。相关行为违反了《反垄断法》第8条的规定，属于《反垄断法》第32条所列“限定或者变相限定单位或者个人经营、购买、使用其指定的经营者提供的商品”的行为和第37条所列“制定含有排除、限制竞争内容的规定”的行为。

在调查结束后，国家市场监督管理总局向内蒙古自治区公安厅反馈了案件定性依据和结论，以及相关整改建议，包括：废止“60号文”排除限制竞争的相关规定；撤销与金丰公司签订的《新型防伪印章治安管理信息系统建设合同》；停止滥用行政权力，强迫各盟市公安机关安装金丰公司系统软件、卸载已有系统软件，强迫刻章企业向金丰公司购买章材和刻章设备的行为等。

内蒙古自治区公安厅表示完全接受并积极整改，但未向国家市场监督管理总局报送具体的整改方案，也未开展实质性整改工作。因此，国家市场监督管理总局依据《反垄断法》第51条关于“反垄断执法机构可以向有关上级机关提出依法处理的建议”的规定，建议内蒙古自治区政府责令公安厅改正相关行为。

案件2：国家发改委、四川省发改委纠正成都市国资委滥用行政权力排除、限制竞争行为[1]

（一）基本案情

2017年，国家发展和改革委会同四川省发展和改革委员会，对成都市国有资产监督管理委员会（以下简称成都市国资委）涉嫌滥用行政权力排除、限制竞争的行为展开调查。调查发现，成都市国资委组织召开专题协调会并印发会议纪要，要求市属国有企业及其所属全资、控股子（分）公司，在价格和服务同等条件下优先选择当地国有企业提供的保险服务。

（二）处理决定

调查机构认为，成都市国资委上述做法实际是利用行政权力，“变相限定”市属国有企业购买其指定经营者提供的服务，排除限制了其他保险企业参与公平竞争的权利，违反了《反垄断法》第32条的规定，构成滥用行政权力排除、限制竞争的行为。

成都市国资委认识到相关行为涉嫌违反《反垄断法》，立即整改，主动发

〔1〕 案件来源：四川省发展和改革委员会网站，http://www.scdrc.gov.cn/sfgw/jgjb/2017－07/14/content_8f6f22d6262e4153a80941640ac31372.shtml.

文废止会议纪要，表示在今后的工作中要认真落实《国务院关于在市场体系建设中建立公平竞争审查制度的意见》（国发〔2016〕34 号）的要求，加快推进公平竞争审查工作，清理存量文件，审查增量文件，避免类似问题再度发生。

案件3：北京市发改委纠正北京住房公积金管理中心滥用行政权力排除、限制竞争行为〔1〕

（一）基本案情

北京市发改委对北京住房公积金管理中心开展了反垄断调查。经查发现，北京住房公积金管理中心（以下简称管理中心）2016 年 9 月 20 日在外网上发布《北京住房公积金管理中心关于公开选用评估机构的通知》。在规定时限内报名并提交材料的评估公司共有九家。9 月 28 日，管理中心组织召开评审会议，根据投票结果，选用了其中六家评估公司，并出台了 28 号文件，规定二手房公积金贷款评估收费的最高收费标准为每件 600 元，并指定上述六家评估公司开展此项业务。

（二）处理决定

二手房公积金贷款评估收费属于市场调节价，其价格应该由经营者自主制定。北京住房公积金管理中心制定 28 号文件规定二手房评估费最高收费标准为每件 600 元及指定六家评估机构的行为，涉嫌违反《反垄断法》第 8 条和第 32 条的规定，损害了消费者和其他经营者的利益。

在对管理中心开展反垄断调查后，管理中心主动整改。2017 年 10 月 26 日发布《北京住房公积金管理中心关于二手房评估费有关问题的通知》，废止了 28 号文件第 5 条“二手房评估费的最高收费标准从 1 500 元/件下调为 600 元/件”的规定。2017 年 12 月 28 日发布《北京住房公积金管理中心关于二手

〔1〕 案件来源：北京市发展和改革委员会网站，http://fgw.beijing.gov.cn/zwxx/gzdt/201801/t12213719.htm.

房评估机构选用有关问题的通知》，规定“进一步放开认可的评估机构范围”等。

案件4：北京市发改委纠正中国证券业协会滥用行政权力排除、限制竞争行为〔1〕

（一）基本案情

根据举报，北京市发改委对中国证券业协会组织证券业从业人员资格考试的行为进行了调查。经查，中国证券业协会指定网银在线（北京）科技有限公司运营的“京东支付”平台作为其唯一的考试费收取平台。考生报名该考试必须通过该平台缴纳考试费。且通过该平台缴费，必须先注册，填写个人信息并绑定银行卡，成为该支付平台的用户。

（二）处理决定

调查机构认为，协会仅为考生提供“京东支付”这一唯一的报名费用支付工具，使得作为消费者的考生必须与“京东支付”之间形成资金支付结算服务关系，没有选择地注册成为“京东支付”的用户，破坏了提供资金支付结算服务的经营者之间的公平竞争环境，损害了消费者和其他经营者的利益。该行为涉嫌违反《反垄断法》第32条的规定。

在调查过程中，中国证券业协会对其在证券业从业人员资格考试中的上述做法涉嫌排除、限制竞争的问题有了充分的认识，并于2017年12月12日主动作出如下整改承诺：①采用第三方支付综合平台服务，综合平台包含支付宝、微信、银联等多种支付渠道，供考生选择。②在有条件的地区增加现场报名方式，供考生现场报名、缴费。以上工作完成时间为2018年3月31日之前。

---

〔1〕 案件来源：北京市发展和改革委员会网站，http://fgw.beijing.gov.cn/zwxx/gzdt/201712/t12104757.htm.

案件5：天津市发改委纠正天津市人力社保局医保支付工作中妨碍医药市场竞争的行为〔1〕

（一）基本案情

2017年，据部分医药生产企业反映，天津市人力社保局在2017年发布的《关于公示信息采集与医保支付衔接专家评议药品结果有关问题的通知》（津人社办发〔2017〕131号）、《关于公示进一步做好药品信息采集与医保支付衔接专家评议结果的通知》（津人社办发〔2017〕165号）中未将部分药品生产厂家生产的属于《国家基本医疗保险、工伤保险和生育保险药品目录》的药品纳入天津市医保支付范围，降低了天津市各级、各类医疗机构采购、使用这部分药品的潜在可能性，妨碍了天津市医疗药品市场的充分竞争。

（二）处理决定

2017年11月18日，天津市发改委约谈了天津市人力社保局。天津市人力社保局于2017年12月11日印发了《市人力社保局关于对接2017版国家目录有关问题的通知》（津人社办发〔2017〕321号），规定在今后的医保支付中严格按照国家有关规定执行，对于《2017版国家药品目录》中符合国家药品目录《凡例》要求的，均列入医保支付范围，企业可自愿填报药品信息后，自由进入天津市医疗药品市场。

案件6：天津市发改委纠正天津市城乡建设委员会散装水泥管理方面滥用行政权力排除、限制竞争行为〔2〕

（一）基本案情

2017年11月，天津市发改委对天津市城乡建设委员会（简称天津市建

〔1〕 案件来源：天津市红桥区人民政府网站，http://www.pub.tjhqqzf.gov.cn/zwgk/system/2017/12/29/010224957.shtml.

〔2〕 案件来源：天津市红桥区人民政府网站，http://www.tjhqqzf.gov.cn/zwgk/system/2017/12/20/010223697.shtml.

委）的散装水泥管理行为进行了反垄断执法调查。调查发现，2005年以来，天津市建委发布的建材〔2005〕642号、建质安〔2006〕494号、建质安〔2008〕298号、建质安〔2010〕431号等一系列文件要求“市发展散装水泥管理中心负责组织专家组，对进市的旋窑水泥生产企业进行审核，并公布‘旋窑水泥生产企业名录’供使用单位选用”，同时要求天津市混凝土生产企业“必须选用经审核通过的《旋窑水泥生产企业名录》内企业生产的水泥”。天津市建委所属市发展散装水泥管理中心自2006年至2017年第二季度，持续存在向社会公开《旋窑水泥生产企业名录》的行为。

（二）处理决定

天津市发改委认为，上述行为违反了《反垄断法》第32条的规定。天津市建委承认其相关做法与《反垄断法》的规定不符，对调查工作积极配合，立即进行整改，主动发文废止有关文件，表示在今后的工作中要认真落实《国务院关于在市场体系建设中建立公平竞争审查制度的意见》（国发〔2016〕34号）的要求，加快推进公平竞争审查工作，清理存量文件，审查增量文件，避免类似问题再度发生。

案件7：内蒙古发改委纠正包头市住房保障和房屋管理局滥用行政权力排除、限制竞争行为[1]

（一）基本案情

内蒙古自治区发改委价格监督检查与反垄断局在进行涉企收费检查时发现，包头市住房保障和房屋管理局涉嫌滥用行政权力排除、限制包头市物业招投标市场竞争。经调查，包头市住房保障和房屋管理局于2016年7月1日与包头市公共资源交易中心签订《关于住宅物业前期物业管理招投标项目进驻包头市公共资源交易中心交易的合作框架协议》，约定由包头市公共资源交

〔1〕案件来源：内蒙古发展和改革委员会网站，http://www.nmgfgw.gov.cn/fggz/jgjdj/201801/t20180109_144308.html.

易中心为包头市的住宅前期物业管理招投标提供平台，并约定了价款收取方式和收取标准。2016 年 7 月 3 日，包头市物业管理处向包头市各物业服务企业和房地产开发企业下发通知，要求包头市所有的住宅前期物业管理招标项目纳入包头市公共资源交易中心进行交易。

（二）处理决定

在调查过程中，包头市住房保障和房屋管理局认识到上述做法与《反垄断法》的规定不相符，立即按要求进行了整改，于 2017 年 7 月 1 日发出了《关于不再将住宅物业前期物业招投标纳入包头市公共资源交易中心的函》的通告，纠正了指定住宅前期物业的招投标交易场所的行为。

案件 8：湖南省发改委纠正江永县人民政府滥用行政权力排除、限制竞争行为〔1〕

（一）基本案情

2015 年 9 月，湖南省发改委就有关企业反映江永县人民政府在混凝土建设项目审批中涉嫌滥用行政权力排除、限制竞争行为进行了反垄断调查。经查，江永县人民政府存在以下违反《反垄断法》的行为：杭州华江建材有限公司法人代表以绥宁县绿城混凝土有限公司名义与江永县人民政府签订《江永县混凝土搅拌项目合同书》，约定政府六年内不再审批同类企业，期限从政府出台城市禁止混凝土现场搅拌文件时间开始计算；其他公司申请时，县住建局以县人民政府有六年内不再审批同类企业的约定为由，未受理该企业的创立申请。

（二）处理决定

湖北省发改委认为，江永县人民政府与绥宁县绿城混凝土有限公司签订的合同条款具有明显的排他性，且县住建局依据县人民政府与绥宁县绿城混

〔1〕 案件来源：湖南省发展和改革委员会网站，http://fgw.hunan.gov.cn/ztzl/jgjgyfldzl/201601/t20160118_2908350.html.

凝土有限公司签订的合同拒绝审批其他生产经营者的市场准入申请，违反《反垄断法》第32条的规定，属于滥用行政权力排除、限制竞争的违法行为。江永县人民政府也认识到其行为属于违法行为，向湖南省发改委提交了整改报告，按要求进行了认真整改，并采取措施消除不良影响和后果。

案件9：青海省发改委价格监督检查与反垄断局纠正西宁市公路运输管理处滥用行政权力排除限制竞争行为[1]

（一）基本案情

2016年，青海省价格监督检查与反垄断局依法对西宁市公路运输管理处在办理道路运输从业资格证更换IC卡业务时，涉嫌滥用行政权力排除、限制竞争的行为进行了调查。调查显示，西宁市公路运输管理处在办理道路运输从业资格证更换IC卡业务时，要求来此办理换卡的人员提供照片（包括电子版），提供的照片必须在其指定的昆仑照相馆和丽达数码照相馆拍摄，在办理换卡业务时必须提供上述两家照相馆的小票，没有小票的不予办卡，且来此办卡人员提供的符合规格的照片不予接受。

（二）处理决定

青海省价格监督检查与反垄断局认为，上述行为排除和限制了西宁地区其他从事合法营业照相行业的竞争，并对办理道路运输从业资格证更换IC卡业务的驾驶员通过其他方式获取的符合规格的照片进行了排除。对照相行业的竞争和办理换卡人员通过其他方式获取照片的自主选择权造成了损害。违反了《反垄断法》第8条的规定，属于第32条所列“限定或者变相限定单位或者个人经营、购买、使用其指定的经营者提供的商品”的行为。根据《反垄断法》第51条的规定，青海省价格监督检查与反垄断局向西宁市公路运输

〔1〕案件来源：青海省发展和改革委员会网站，http://www.qhfgw.gov.cn/jgjg/scjg/201612/t20161229_674276.shtml.

管理处提出了整改建议：责令西宁市公路运输管理处改正相关行为，切实维护照相行业公平竞争的市场秩序。

案件10：上海市商务委主动纠正限制竞争行为创造公平有序的市场环境[1]

（一）基本案情

2018年，上海市商务委通过学习比对《反垄断法》和《国务院关于在市场体系建设中建立公平竞争审查制度的意见》的相关规定，对有关工作中可能存在的限制竞争行为主动予以纠正。根据商务部原“各地商务主管部门应指定有资质的法定中介机构出具年度财务审计报告”的规定，上海市商务委在2016年度典当行年审工作中继续沿用指定会计师事务所开展审计业务（《上海市商务委关于开展2016年度典当行年审工作的通知》，沪商服务［2017］3号）。

（二）处理决定

经与上海市发改委沟通，商务委认识到此做法与《反垄断法》有关要求不符。对此，上海市商务委废止2016年相关通知文件，并在2017年度年审中不再沿用指定会计师事务所做法，采用公开征选方式产生会计师事务所。目前，公开征选2017年度年审会计师事务所工作已完成。

案件11：湖北省物价局纠正武汉市江夏区公安分局滥用行政权力排除、限制竞争行为[2]

（一）基本案情

2017年7月，根据群众举报，经湖北省物价局调查核实，武汉市江夏区

〔1〕案件来源：国家发展和改革委员会网站，http://jjs.ndrc.gov.cn/gzdt/201801/t20180119_874513.html.

〔2〕案件来源：湖北省物价局网站，http://www.hbpic.gov.cn/jgggfw/jdjc/fjgld/201712/t20171201_31731.html.

公安分局在区政务公开网上发布“印章刻字”服务指南，要求申请人凭印章信息卡到指定刻章店（曾松刻字店）刻章。

（二）处理决定

湖北省物价局认为，武汉市江夏区公安分局的行为违反了《反垄断法》的相关规定，属于滥用行政权力，排除、限制竞争的行为。经省物价局提出整改建议后，江夏区公安分局立即按要求进行整改，及时删除了区政务公开网站上公布的《机构印章刻制许可办理指南》，公布了《公章刻制业特种行业许可办理指南》，并承诺迅速整改因资质原因造成的印章刻制独家经营的问题。

案件12：江苏省物价局依法纠正连云港市车管所滥用行政权力排除、限制竞争行为[1]

（一）基本案情

2017年5月，江苏省物价局依法对连云港市公安局交通警察支队车辆管理所在货车登记管理中滥用行政权力排除、限制竞争的行为进行了调查。调查发现，连云港市车管所利用其连云港市行政辖区内机动车登记管理的职权，设置没有法律法规依据的审批程序，变相限制车主购买其指定的经营者提供的服务。据调查，连云港市车管所作为机动车登记主管部门，通过在货车登记领取号牌流程中，违规设置交费放大牌号的前置条件，客观造成相关机动车所有人向特定企业购买放大牌号服务的结果。

（二）处理决定

调查机构认为，上述行为排除、限制了市场竞争，涉嫌违反《反垄断法》第32条的规定。在调查过程中，连云港市车管所充分认识到其行为可能对相关市场竞争造成损害，根据执法部门的意见，及时进行了整改。目前，连云

〔1〕案件来源：国家发展和改革委员会网站，http://jjs.ndrc.gov.cn/gzdt/201712/t20171220_871151.html.

港市车管所已对货车登记业务流程予以规范，公示机动车查验相关事项，明确领取牌照不再要求提供放大号牌的收费票据。

案件13：安徽省物价局纠正涡阳县人民政府滥用行政权力排除、限制竞争行为[1]

（一）基本案情

经国家发展和改革委员会同意，安徽省物价局于2017年8月10日至12日对涡阳县人民政府开展了反垄断调查，查明涡阳县人民政府下发的《关于涡阳县雉河项目管理有限公司项目招标代理有关事宜的通知》（涡政办秘〔2017〕14号），存在指定招标代理公司的规定。

（二）处理决定

安徽省物价局认为，该行为违反了《反垄断法》第32条的规定，构成滥用行政权力排除、限制竞争行为。

在安徽省物价局开展调查期间，涡阳县人民政府高度重视，于2017年8月10日下发了《涡阳县人民政府办公室关于撤销涡政办秘〔2017〕14号文件的通知》（涡政办秘〔2017〕110号），并在门户网站予以公示，主动纠正了滥用行政权力排除、限制竞争行为。同时向安徽省物价局提交了《承诺函》，表示将按照国务院、省政府关于在市场体系中建立公平竞争审查制度的要求，对已出台的政策进行梳理审查，切实规范政府行为，维护市场公平竞争，避免类似情况再次发生。安徽省物价局决定："鉴于你单位能及时、主动整改，积极消除滥用行政权力排除、限制竞争行为的影响，经国家发展和改革委员会同意，我局决定不再向你单位的上级机关提出依法处理的建议，并结束调查。"

〔1〕案件来源：皖价结论〔2017〕1号。

案件14：河北省物价局纠正河北省蔚县人民政府农机购置补贴工作中滥用行政权力排除、限制竞争行为[1]

（一）基本案情

2017年，河北省物价局在调查过程中发现蔚县农牧局2017年6月1日代政府起草下发的《蔚县2017年农业机械购置补贴实施方案》（蔚政办字〔2017〕44号）明确规定“对于农民筹资难的问题，继续按我县邮政银行、信用联社、财政局协商沟通的通过邮政银行办理补贴额度内的贷款业务”。这项规定在客观上完全排除了蔚县域内其他金融机构之间此项业务的竞争，剥夺了购机农民自主选择门槛低、服务好、价格低的金融机构进行农机贷款的权利，损害了当地其他金融机构和购买农机需要贷款农民的利益。同时这项规定违反了《关于在市场体系建设中建立公平竞争审查制度的意见》和《反垄断法》的有关规定。

（二）处理决定

蔚县人民政府于2017年11月23日下发《关于修改蔚政办字〔2017〕44号文的通知》（蔚政办函〔2017〕44号），对文件中涉及排除、限制竞争的有关条款内容进行了修改，将蔚政办字〔2017〕44号第三项第一条中“对于农民筹资难的问题，继续按我县邮政银行、信用社、财政局协商沟通的通过邮政银行办理补贴额度内的贷款业务，以有效缓解农民筹资压力，同时鼓励农民自主议价”修改为：“为解决购机用户资质不足、融资难的问题，农户可到金融机构咨询，筛选门槛低、手续便利、利率合适的机构自主办理贷款业务”。

---

〔1〕 案件来源：河北省物价局网站，http://www.hebwj.gov.cn/News.aspx? sole=20171212095135953.

案件15：黑龙江省物价局纠正部分市（县）滥用行政权力排除、限制竞争行为[1]

（一）基本案情

2017年1月，黑龙江省物价局对全省市（地）、县的燃气管道入户安装市场相关情况进行了调查摸底，发现牡丹江市城乡建设局等三部门、绥芬河市人民政府、甘南县人民政府、肇源县人民政府涉嫌存在滥用行政权力排除限制竞争行为。经国家发展和改革委员会同意，黑龙江省物价局于2017年7月开始开展了调查。经查证，上述市（县）人民政府、部门分别以特许经营协议、政府常务会会议纪要和政策性文件等形式，限定了建设开发单位只能与燃气企业签订协议，由燃气企业对管道燃气入户安装工程进行设计、安装，剥夺了建设开发单位自主选择的权利，以及其他具有燃气管道建设资质的公司的公平竞争权。

（二）处理决定

调查机构认为，上述部门的做法排除和限制了相关市场的竞争，违反了《反垄断法》第32条的规定，让本应开放的天然气入户安装市场形成了独家垄断经营的格局，房地产开发企业无法择“价”选择，更无法择“优”选择施工单位，不利于安全领域新技术的开发和应用，阻碍了相关市场的正常竞争和健康有序发展。经调查后，牡丹江市，绥芬河市，肇源县，甘南县人民政府立即采取了整改措施，积极消除滥用行政权力排除、限制竞争行为的影响，黑龙江省物价局决定不再向其上级机关提出依法处理的建议，并结束调查。

〔1〕案件来源：黑龙江省物价监督管理局网站，http://www.hpin.gov.cn/gzdt/2017/12/7271.htm.

案件16：辽宁省物价局纠正锦州市商务局滥用行政权力排除、限制竞争行为[1]

（一）基本案情

2017年年初，辽宁省物价局派出调查组对锦州市商务局（由锦州市服务委员会和锦州外经贸局2016年2月5日合并成立）涉嫌滥用行政权力排除、限制竞争的行为展开调查。调查发现，2014年8月18日锦州市服务业委员会下发《关于重新确定审计验资机构的通知》（锦服发〔2014〕45号），要求锦州市内典当企业在办理变更行政许可事项过程中，明确指定由锦州渤海会计师事务所、辽宁博宇麒会计师事务所进行审计方可变更。

（二）处理决定

调查组认为上述做法违反了《反垄断法》第32条“行政机关和法律、法规授权的具有管理公共事务职能的组织不得滥用行政权力，限定或者变相限定单位或者个人经营、购买、使用其指定的经营者提供的商品”的规定，构成滥用行政权力排除、限制竞争的行为。锦州市商务局立即整改，主动下发《锦州市商务局关于拍卖典当企业审计验资有关工作的通知》（锦商务发〔2017〕21号）废止锦服发〔2014〕45号文件，并于2017年8月14日在其官网公开取消指定行为，放开所有典当企业审计市场，让企业自行选择审计单位。同时，锦州市商务局表示在今后的工作中将认真贯彻落实《国务院关于在市场体系建设中建立公平竞争审查制度的意见》的要求，严格审查增量政策，有序清理存量政策，避免类似问题再度发生。

〔1〕 案件来源：辽宁省物价局网站，http://www.lnprice.gov.cn/wjweb/price/DetailList.aspx? ID=7191e2ae－efe2－4b92－a960－6b70e2a5fc57.

案件17：辽宁省物价局纠正锦州市古塔区卫生监督所滥用行政权力排除、限制竞争行为〔1〕

（一）基本案情

2017年年初，辽宁省物价局对锦州市古塔区卫生监督所涉嫌滥用行政权力排除限制竞争的行为展开调查。经查，锦州市古塔区卫生监督所指定古塔区内从事公共卫生服务等人员购买锦州市古塔区疾病预防控制中心提供的预防性健康体检服务，排除、限制了当地医疗机构体检市场的竞争，剥夺了健康从业人员体检时对医疗机构的选择权。

（二）处理决定

调查组认为，上述做法违反了《反垄断法》第32条“行政机关和法律、法规授权的具有管理公共事务职能的组织不得滥用行政权力，限定或者变相限定单位或者个人经营、购买、使用其指定的经营者提供的商品”的规定，构成了滥用行政权力排除、限制竞争的行为。调查后，锦州市古塔区卫生监督所认识到其行为违反了《反垄断法》的有关规定，立即进行了整改，并公布了《关于放开预防性健康体检市场的通知》，告知古塔区医疗机构和公共场所从业单位均可承担预防性健康体检业务。

案件18：海南省物价局纠正琼海市交通运输局调度运砂车辆中滥用行政权力排除、限制竞争行为〔2〕

（一）基本案情

2017年7月和12月，海南省物价局对琼海市万泉河河道疏浚采砂的河砂

---

〔1〕案件来源：辽宁省物价局网站，http://www.lnprice.gov.cn/wjweb/price/DetailList.aspx? ID = 021e4abd-86d7-482c-bcbf-ae443dfcf157.

〔2〕案件来源：海南省物价局海南价格网网站，http://www.hainwj.gov.cn/zhuzhan/gljgjc/20180307/58147.html.

销售价格和运输管理情况进行调查。经查，琼海市交通运输局在对重点项目、混凝土搅拌站等从疏浚河砂开采码头直接销售的购砂企业调度运砂车辆时，只安排该局管理的专用运砂车辆运砂，不允许其他社会车辆参与运砂，购砂企业也不能使用自备车辆运砂。并指定了某运输公司作为运砂车辆运费结算企业，且该公司还规定了河砂运费统一价格。

（二）处理决定

海南省物价局调查组认为，琼海市交通运输局上述相关行为违反了《反垄断法》第8条“行政机关和法律、法规授权的具有管理公共事务职能的组织不得滥用行政权力，排除、限制竞争”的规定，属于第32条所列“限定或变相限定单位或个人经营、购买、使用其指定的经营者提供的商品”的行为。调查后，该局主动进行整改。成立了整改工作领导小组，解除了对从码头直接购买河砂的企业使用运砂车辆的限制。

案件19：山西省价监局纠正大同市金融办等部门特种设备责任险行政垄断案〔1〕

（一）基本案情

2017年11月，山西省价监局在工作中发现，大同市政府金融办公室、大同市质量技术监督局和中国人寿财产保险股份有限公司大同市中心支公司于2015年11月3日，联合下发了《关于在全市开展电梯及其他特种设备安全责任保险工作的意见》（同政金发〔2015〕26号）文件，指定中国人寿财产保险股份有限公司大同市中心支公司为大同市电梯及其他特种设备安全责任保险的实施主体，文件中明确制定了保费方案、保费计算表、免赔额设定。

（二）处理决定

山西省价监局认为该行为属于滥用行政权力排除、限制市场竞争行为。

〔1〕案件来源：山西省发展和改革委员会网站，http://www.sxdrc.gov.cn/xxlm/jjyfld/201712/t20171227_182263.htm.

省价监局及时对大同市政府金融办公室等单位进行检查，执法人员向大同市各相关单位依法取证的同时，大力宣传《反垄断法》和《国务院关于在市场体系建设中建立公平竞争审查制度的意见》等竞争法规政策，提出整改意见。通过反垄断调查和竞争政策宣讲，大同市政府金融办公室、大同市质量技术监督局充分认识到其行政行为的违法性，于 2017 年 11 月 28 日联合下文废止了违规文件，纠正了违法行为。

案件 20：国家发改委纠正安徽省蚌埠市卫计委滥用行政权力排除、限制竞争行为[1]

（一）基本案情

2015 年 3 月，蚌埠市卫计委等六部门印发《蚌埠市公立医疗卫生机构药品耗材设备集中采购实施办法（暂行）》，成立蚌埠市公立医疗卫生机构药品、耗材及设备集中采购工作办公室（以下简称采购办公室）和全市公立医疗机构采购联合体（以下简称采购联合体）。其中，采购办公室设在蚌埠市卫计委；采购联合体由全市九十四家公立医疗机构组成（其中一家为精神病医院）。

4 –5 月份，蚌埠市卫计委分三次发布公告，进行药品采购。其中一次为单品种带量采购；两次为打包带量采购（精神病医院未参加打包带量采购）。基本情况如下：

第一，2015 年 4 月 10 日，发布《蚌埠市公立医疗机构临床用药单品种带量采购询价公告》（皖 C –2015 –CG –X –111，以下简称 111 号询价公告），对 30 种确定品种、规格、剂型和生产厂家的药品进行询价，采购总金额 1.004 亿元。公告中规定投标人资格为“在本次单品种带量采购范围内的生产企业”，要求“单品种让利幅度不得低于 25%（与省中标价相比下降至少 25%）”。4 月 21 日和 22 日，采购办公室分两次，对 18 个生产企业共 21 种

〔1〕 案件来源：发改办价监［2015］2175 号。

药品接受25%降价幅度的情况进行了公示。蚌埠市卫计委表示，对未成交的9个品种，目前已经选择了替代性品种，并在两次打包带量采购中予以解决。

第二，2015年4月10日，发布市区组竞争性磋商公告（皖C－2015－CG－C－112项目，以下简称112号公告），对三十三家市区医院使用2619种药品进行打包带量采购，采购总金额2.78亿元。公告要求投标供应商整体打包报价，并规定选取“十家供应商（市内五家，市外五家）”中标。调查显示，共有十二家药品配送企业参与投标。4月21日，采购办公室发布公示，确定了十家中标企业名单。

第三，2015年5月22日，发布三县组竞争性磋商公告（皖C－2015－CG－C－168项目，以下简称168号公告），蚌埠市怀远、五河和古镇三县共六十家公立卫生医疗机构对2850种确定品种、规格、剂型和生产厂家的药品进行打包带量采购，采购总金额2.9亿元。168号公告也要求投标供应商整体打包报价，规定选取十二家成交配送企业数量中标（其中本市企业六家，市外企业六家）。共有十八家药品配送企业参与投标。6月2日，采购办公室确定十二家中标企业名单。

（二）处理决定

按照蚌埠市卫计委等六部门下发的《蚌埠市公立医疗卫生机构药品耗材设备集中采购实施办法（暂行）》，“集中采购工作机构设在市卫生计生委，名称为蚌埠市公立医疗卫生机构药品、耗材及设备集中采购工作办公室。主要承担药品、耗材及设备集中采购工作的具体实施和日常管理工作。”在111号询价文件和112号招标文件中，均明确表示“安徽冲锋信息技术有限公司受蚌埠市卫生和计划生育委员会委托”，开展相关招标采购工作。在168号招标文件中虽然调整为“受蚌埠市公立医疗机构药品带量采购联合体委托”，但之后两次发布有关澄清公告均是以蚌埠市卫计委名义发布。因此，蚌埠市卫计委在药品集中采购中，履行了有关管理和监督指导职责，也直接参与了相关工作。经研究，国家发改委认为，上述药品集中采购中的部分做法，违反了《反垄断法》相关规定，排除和限制了相关市场竞争。

1. 在111号询价中指定有关药品的具体生产企业，排除和限制了同种药品不同生产企业之间的竞争

蚌埠市卫计委在111号询价单品种带量采购目录中，不仅确定了30种药品的品种，而且还直接确定了每种品种的规格、剂型和生产企业。调查中蚌埠市卫计委表示，30种药品中除葛兰素史克公司生产的注射用头孢呋辛为进口药外，其余29种均非独家生产药品；在安徽省卫计委等部门制定的《安徽省基本医疗保险药品限价（医保支付参考价）目录》（卫药秘［2015］83号）中查询注射用头孢呋辛，除葛兰素史克公司外，还有其他八家企业生产同种剂型药物。因此，30种药品均有相应的替代性产品，相关生产企业之间为竞争关系。

在单品种采购中，应当充分保证和促进同种药品不同生产企业之间的竞争。蚌埠市卫计委在111号询价中，直接确定有关药品的具体生产企业，排除和限制了同种药品不同生产企业之间的竞争，不利于通过市场竞争形成合理价格，违反了《反垄断法》第32条“行政机关和法律、法规授权的具有管理公共事务职能的组织不得滥用行政权力，限定或者变相限定单位或者个人经营、购买、使用其指定的经营者提供的商品”和第37条“行政机关不得滥用行政权力，制定含有排除、限制竞争内容的规定”要求。

2. 在112号和168号招标中对外地经营者设置歧视性资质要求，限制外地经营者参加本地的招标投标活动

虽然112和168号公告是以“竞争性磋商”名义发布，但属于以公告的方式，邀请不特定的法人或者其他组织投标，实质上是招标行为。112号公告中，要求“市外投标企业2014年销售额不低于20亿元人民币，本市企业2014年销售额不低于4 000万元人民币”，对本地和外地经营者的规模要求相差50倍。168号公告中，要求“市外投标企业年销售额（不含税）不低于5亿元人民币，本市企业年销售额（不含税）不低于2 000万元人民币”，对本地和外地经营者的规模要求相差25倍。同时，在外地和本地相关经营者数量明显存在巨大差别的情况下，两次招标均明确规定外地和本地同样数量的经营者中标，保护本地相关经营者的意图明显。相关做法排除了外地潜在投

标者，不利于促进相关市场充分竞争，控制药品虚高价格，涉嫌违反《反垄断法》第34条“行政机关和法律、法规授权的具有管理公共事务职能的组织不得滥用行政权力，以设定歧视性资质要求、评审标准或者不依法发布信息等方式，排斥或者限制外地经营者参加本地的招标投标活动”和第37条“行政机关不得滥用行政权力，制定含有排除、限制竞争内容的规定”要求。

为促进药品集中采购中的公平竞争，国家发改委建议安徽省人民政府办公厅责令蚌埠市卫计委切实采取措施，纠正违反《反垄断法》的有关行为，并对本省药品集中采购中是否还存在其他违反《反垄断法》排除限制竞争行为，从总体上予以清理和规范。具体包括：在药品集中采购中不得对本地和外地经营者设定歧视性的资质要求和评审标准，不得对本地和外地经营者中标的数量进行限定；对可以形成市场竞争的药品，在采购中不得指定具体的药品生产企业；采取必要措施，消除之前药品集中采购中排除限制竞争行为的后果。

案件21：国家发改委纠正福建省能监办、住建厅滥用行政权力排除、限制竞争行为[1]

（一）基本案情

2017年，国家发改委对福建省能监办、住建厅开展反垄断调查。调查后，福建省能监办、住建厅二部门发布的《关于印发〈福建省新建住宅小区供配电设施建设与运行维护监督管理暂行办法〉的通知》中第二章第10条“过渡期结束后，新建住宅小区配电设施由供电企业统一组织建设。过渡期限及目标模式，视国家、本省政策以及过渡期内建设和管理情况确定”，涉嫌存在滥用行政权力排除、限制竞争情形。

〔1〕 案件来源：国家发展和改革委员会网站，http://jjs.ndrc.gov.cn/gzdt/201801/t20180115_873891.html.

（二）处理决定

国家发改委认为，涉案通知中的内容违反了《反垄断法》的相关规定，构成滥用行政权力排除、限制竞争的行为。调查后，福建省能监办、住建厅根据国家发改委关于清理纠正各地新件住宅小区供配电设施方面出台的“统一收费、统一建设”政策精神和福建省公平竞争审查工作厅际联席会议第一联络员会议的工作要求，将上述条款予以删除废止。

案件22：国家发改委纠正山东省交通运输厅滥用行政权力排除、限制竞争行为[1]

（一）基本案情

2006年11月，山东省交通运输厅与山东九通物联网科技有限公司（以下称九通公司）签订《山东省道路运营客车运营与安全监控系统建设、维护和信息服务合同》，委托九通公司建设该监控系统，合同有效期为10年（2006年1月1日－2015年12月31日），并约定“合同有效期内，山东省道路营运客车经营与安全监控系统是为甲方（即山东省交通运输厅）提供监控信息服务的唯一系统。”

此后，山东省交通运输厅多次印发有关文件，要求全省“两客一危”车辆、重型载货汽车和半挂牵引车必须直接接入九通公司建设的监控系统平台，并对进入山东省市场的卫星定位终端的型号和价格提出要求。主要文件包括：

2011年9月20日，山东省交通运输厅下发《关于加快推进“两客一危”车辆卫星定位装置安装入网工作的通知》（鲁交运［2011］32号），规定“我省要求车载卫星定位装置通过统一接入省技术服务平台的方式，进入全国联网联控系统”。“根据历史沿革，省技术服务平台技术支持单位是山东九通物联网科技有限公司。”

2013年6月9日和9月18日，山东省交通运输厅先后下发《关于转发

〔1〕 案件来源：发改办价监［2015］501号。

〈交通运输部关于加快推进“重点运输过程监控管理服务示范系统工程”实施工作的通知〉的通知》（鲁交运［2013］18号）和《关于进一步做好“重点运输过程监控管理服务示范系统工程”实施工作的通知》（鲁运［2013］65号），明确要求“重型载货汽车和半挂牵引车安装或加装的北斗双模车载终端应直接接入山东省北斗货运动态信息平台，并由其将数据传送至全国道路货运车辆公共监管与服务平台”。“山东省九通物联网科技有限公司作为我省北斗货运动态信息平台技术支持单位，应加快货运平台应用开发工作。”

2014年5月21日，山东省交通运输厅、公安厅、安全生产监督管理局联合下发《关于转发交通运输部等三部局〈道路运输车辆动态监督管理办法〉的通知》（鲁交运［2014］21号），再次明确要求“‘两客一危’车辆安装的北斗卫星定位终端应直接接入省技术服务平台，省技术服务平台将数据上传至全国重点营运车辆联网联控系统。重型载货汽车和半挂牵引车安装的北斗卫星定位终端应直接接入省货运平台，省货运平台将数据上传至全国道路货运车辆公共监管与服务平台，并接收全国道路货运车辆公共监管与服务平台转发的相关信息。对未按照要求安装卫星定位终端，或者已安装终端但未能在省技术服务平台正常显示的车辆，不予发放或者审验《道路运输证》”。对于进入山东省的北斗卫星定位终端，需“报送省技术服务平台调试。省技术服务平台按照公开透明的原则，根据相关标准对终端进行调试，向社会公布符合标准要求的终端型号”。“终端价格（含安装费）不得高于交通运输部北斗示范工程招标中标价格”，并列明了有关价格标准。其中，“两客一危”车辆终端价格为2 178元/台，重型载货汽车和半挂牵引车终端为2 588元/台，3G视频（含一个摄像头）终端为5 870元/台。

（二）处理决定

执法机构认为，山东省交通运输厅的上述做法，违反了《反垄断法》第8条“行政机关和法律、法规授权的具有管理公共事务职能的组织不得滥用行政权力，排除、限制竞争”的规定。其中，要求相关车辆必须直接接入九通公司建设的监控平台的做法，排除和限制了山东省监控平台市场的竞争，属于《反垄断法》第 32 条所列“限定或者变相限定单位或者个人经营、购买、使用其指定的经营者提供的商品”的行为；要求已通过交通运输部标准符合性审查的卫星定位终端，需再次经过九通公司调试后才能进入山东省市场，以及公布交通运输部北斗示范工程招标中标价格作为最高限价的做法，排除和限制了山东省卫星定位终端市场的竞争，属于《反垄断法》第 37 条所列“制定含有排除、限制竞争内容的规定”的行为。主要理由如下：

1. 道路运输企业在监控平台和车载终端上拥有自主选择权

2011 年 4 月，交通运输部下发《关于认真贯彻〈道路运输车辆卫星定位系统平台技术要求〉和〈道路运输车辆卫星系统车载终端技术要求〉两项标准的通知》（交运发［2011］158 号），要求“从 2011 年 7 月 1 日起，所有新安装的车载终端必须接入符合技术要求的系统平台”，并明确“建立系统平台和车载终端标准符合性审查制度，并委托中国交通通信信息中心作为技术支持单位，组织开展系统平台和车载终端的标准符合性审查工作”“未建立系统平台的交通运输部门和道路运输企业应根据公告，选择符合技术标准的卫星定位系统平台服务运营商”“道路运输企业在为运输车辆安装车载终端时，应选择公告中的产品”。

2014 年 1 月，交通运输部、公安部、国家安全生产监督管理总局公布《道路运输车辆动态监督管理办法》（5 号令），进一步明确“对通过标准符合性技术审查的系统平台和车载终端，由交通运输部发布公告”“道路旅客运输企业、道路危险货物运输企业和拥有 50 辆及以上重型载货汽车或者牵引车的道路货物运输企业应当按照标准建设道路运输车辆动态监控平台，或者使用符合条件的社会化卫星定位系统监控平台。”

2014 年 6 月，交通运输部、公安部、国家安全监管总局印发《关于认真贯彻落实〈道路运输车辆动态监管管理办法〉的通知》（交运发［2014］117 号），明确规定“各级交通运输、公安、安全监管部门不得为道路运输经营者指定卫星定位装置厂家及产品，不得要求重复安装卫星定位装置，不得通过行政手段指定提供社会化卫星定位系统监控平台的服务商，不得要求服务商层层备案。”

因此，道路运输企业在监控平台和车载终端上具有自主选择权：对于监控平台，道路运输企业可以选择自建平台，也可以使用其他经营者建立的社会化监控平台；对于车载终端，道路运输企业可以在交通运输部公告的符合技术标准的型号范围内自主选择。2012年以来，交通运输部已多次发布公告，共公布符合技术规范的北斗/GPS双模车载终端444种；符合技术要求的监控平台425个，其中经营性企业监控平台374个。

2. 山东省交通运输厅的相关做法排除和限制了监控平台和车载终端市场的竞争，并导致相关费用水平过高

一是完全排除了监控平台市场的竞争，导致平台服务费标准过高。山东省交通运输厅多次下发文件，强制要求“两客一危”车辆、重型载货汽车和半挂牵引车安装的卫星定位终端，必须直接接入九通公司建设的监控平台，再由其转接至交通运输部建设的监控平台，剥夺了企业自主选择监控平台的权利，完全排除了监控平台之间的市场竞争。缺乏市场竞争使得平台服务费标准居高不下。据调查，九通公司向接入平台的道路运输企业收取平台服务费标准为客运车辆360元/年/车、危险品运输车辆600元/年/车、货物运输车辆600元/年/车（交一年免一年）。调查取得的有关证据显示，这一标准明显高于其他平台在其他省份的收费标准。

二是严重削弱了车载终端市场的竞争，并不合理地推高了车载终端在山东市场上的销售价格。按照山东省交通运输厅的有关规定，相关车载终端必须再次经过九通公司的调试，并由山东省交通运输厅公示后，才能在山东省市场销售。截至目前，山东省交通运输厅只发布3批公告，公布22个通过调试的产品型号，仅为交通运输部公布符合技术规范产品数量的5%，导致山东市场上的车载终端型号数量明显减少，严重削弱了终端产品之间的竞争，为以较高价格销售终端提供了前提条件。同时，山东省交通运输厅又公布交通运输部北斗示范工程招标中标价格，将其作为车载终端的最高限价。据调查，该招标时间为2012年。目前，相关市场已经发生明显变化，车载终端生产厂家与生产数量均大幅增加，市场竞争更加激烈，产品价格大幅下降。因此，

该价格已不能作为目前定价的依据。山东省交通运输厅公布这一价格后，致使省内终端设备销售商以此为基础制定价格，不合理地推高了终端设备的价格水平。从对山东省济南市部分终端设备安装点的调查情况看，大多数重型载货汽车和半挂牵引车终端是以 2 580 元/台的价格进行销售，远高于其他省份销售的终端价格。

为恢复公平竞争的市场秩序，保障有关经营者的合法权益，国家发改委建议山东省交通运输厅作出如下整改：

第一，全面放开“两客一危”车辆、重型载货汽车和半挂牵引车的监控平台接入，允许道路运输经营者自主选择接入通过交通运输部技术规范性审查的平台。

第二，放开终端设备进入山东省市场的限制，允许道路运输经营者自主选择购买安装通过交通运输部技术规范性审查的终端设备。对于安装质量合格的终端设备，允许其接入相关监控平台。

第三，废止《关于转发交通运输部等三部局〈道路运输车辆动态监督管理办法〉的通知》（鲁交运〔2014〕21 号）中关于“终端价格（含安装费）不得高于交通运输部北斗示范工程招标中标价格”的规定，促进由市场竞争形成价格。

案件 23：四川省发改委纠正江安县卫计局滥用行政权力排除、限制竞争行为[1]

（一）基本案情

2017 年，四川省发改委对江安县卫生和计划生育局（以下简称江安卫计局）涉嫌滥用行政权力排除、限制竞争的行为展开调查。调查发现，江安卫计局在组织该县公立医疗机构药品、耗材采购遴选和竞争性谈判过程中，一

〔1〕 案件来源：四川省发展和改革委员会网站，http://www.scdrc.gov.cn/sfgw/gzdt2/2017-08/29/content_4c84f08bc50f48509118fc3a9bcf3398.shtml.

是以业主的身份遴选县级公立医院药品耗材配送企业，二是通过竞争性谈判为全县乡镇医疗机构药品耗材的配送选定唯一一家配送企业，且上述配送企业并不能完全满足全县公立医疗机构药品耗材的配送需求，并被相关单位收回了 GSP 证书。江安卫计局上述做法实际虽未直接通过行政手段的方式强制确定配送企业，但该局通过其行政机关的影响力，主导并实施了此次遴选和谈判，不论是分区轮换配送还是竞争性谈判的三选一，均人为划定了经营范围，剥夺了江安县公立医疗机构的自主选择权，排除、限制了当地药品经营配送市场的竞争。

（二）处理决定

执法机构认为，江安县卫计局上述行为违反了《反垄断法》第 32 条和第 37 条的规定。江安卫计局认识到其相关行为涉嫌违反《反垄断法》，迅速整改，主动发文纠正前述行为，消除影响，并表示在今后的工作中要认真落实《国务院关于在市场体系建设中建立公平竞争审查制度的意见》（国发〔2016〕34 号）的要求，加快推进公平竞争审查工作，清理存量文件，审查增量文件，避免类似问题再度发生。

案件 24：国家发改委会同北京市发改委纠正北京市住建委在混凝土行业管理中滥用行政权力排除、限制竞争行为[1]

（一）基本案情

2016 年，国家发改委会同北京市发改委对北京市城乡和住房建设委员会（以下简称北京市住建委）在混凝土行业管理中，涉嫌滥用行政权力排除、限制竞争行为进行了调查。查明北京市住建委在混凝土行业管理中，出台质量控制价政策，组织行业内经营者达成以执行质量控制价为主要内容的自律准

〔1〕 案件来源：国家发展和改革委员会网站，http://jjs.ndrc.gov.cn/gzdt/201612/t20161229_833264.html.

则，并监督协调保障准则实施，已经超出了预警需要和合理限度，干预了经营者自主定价权，限制了混凝土市场竞争。

（二）处理决定

调查机构认为上述内容违反了《反垄断法》第八条的规定，属于第 32 条和第 37 条所列的行为。在国家发改委调查后，北京市住建委表示将积极进行整改，对已经发布的管理制度、政策措施等进行清查，对涉嫌垄断的政策措施坚决进行纠正。2016 年 10 月 19 日，北京市住建委下发了《关于进一步加强预拌混凝土质量管理的通知》（京建法［2016］14 号），文中明确废止京建法〔2014〕24 号文，并要求预拌混凝土生产企业不得以排挤竞争对手为目的，以低于成本的价格销售预拌混凝土。国家发改委将会同北京市发改委督促北京市住建委落实整改措施，将相关政策恢复到价格预警本意。

案件 25：河南省发改委纠正洛宁县农业局等单位滥用行政权力排除、限制竞争行为[1]

（一）基本案情

2017 年 9 月，河南省发改委对洛宁县农业局等单位开展反垄断调查。经调查发现洛宁县农业局、洛宁县财政局、洛宁县扶贫开发办公室、洛宁县人民政府金融服务办公室联合下发了《关于印发〈洛宁县开展农业保险就业扶贫工作实施方案〉的通知》，要求对洛宁县全县范围内小麦实现应保尽保。在使用中央财政农业保险保险费补贴的过程中，洛宁县农业局等单位没有建立健全补贴险种经办机构评选、考核等相关制度，也未按照公平、公正、公开和优胜劣汰的原则，通过招标等方式确定符合条件的经办机构，直接指定了中原农险作为全县唯一的小麦承保机构。

（二）处理决定

河南省发改委认为，洛宁县农业局等单位的上述行为涉嫌违反《反垄断

〔1〕 案件来源：河南省发展和改革委员会网站，http://www.hndrc.gov.cn/ar/20180129000002.htm.

法》的有关规定，属于滥用行政权力排除、限制竞争的行为。调查后，洛宁县农业局等单位及时认识到其行为涉嫌违反相关法律法规与有关政策，积极配合调查组的调查工作，及时主动报送《洛宁县农业局、洛宁县财政局、洛宁县扶贫开发办公室、洛宁县金融服务办公室关于〈洛宁县开展农业保险就业扶贫工作实施方案的通知〉有关问题的整改报告》，明确了具体整改措施并承诺限时整改。

案件26：河南省发改委纠正汝州市人民政府滥用行政权力排除、限制竞争行为〔1〕

（一）基本案情

2016年，河南省发改委对汝州市燃气工程涉嫌滥用行政权力排除限制竞争开展调查。经查，汝州市人民政府在2016年7月下发的《关于汝州市燃气工程配套费和初安装费收取问题的批复》指定汝州燃气企业为庭院管网、户内设施建设的设计施工企业，并制定收费标准。

（二）处理决定

河南省发改委认为，汝州市人民政府的上述行为违背了《河南省燃气管理办法》及《国家计委、财政部关于全面整顿住房建设收费取消部分收费项目的通知》的相关规定和改革精神，影响了相关市场公平竞争。涉嫌违反《反垄断法》的相关规定，属于滥用行政权力、排除限制竞争的行为。调查后，汝州市人民政府及时认识到其行为涉嫌违反相关法律法规与有关政策，主动递交了《汝州市人民政府关于汝州市燃气初装费有关问题的整改报告》，明确了具体整改措施，承诺整改时限，并将《关于汝州市燃气工程配套费和初安装费收取问题的批复》文件予以废止，消除了限制影响市场主体公平竞争的社会后果，规范了行政行为。

〔1〕 案件来源：河南省发展和改革委员会网站，http://www.hndrc.gov.cn/ar/20180129000001.htm.

案件27：四川省发改委纠正都江堰市财政局滥用行政权力排除、限制竞争行为[1]

（一）基本案情

根据举报，在国家发展和改革委员会指导下，四川省发展和改革委员会对都江堰市财政局涉嫌滥用行政权力排除、限制竞争的行为展开调查。调查发现，都江堰市财政局于2016年组织协调都江堰市国有平台公司都江堰市工业集中发展建设投资有限责任公司（以下简称工投公司）与金祥保险销售有限公司开展战略合作，并提出由市建设局、教育局、青－都局、人社局（医保局）、交通局、农林局、卫计局等市级相关部门全力配合，协调都江堰市域内相关单位积极参与支持金祥保险公司的业务发展。对双方共同参与合作的保险业务，金祥保险公司向工投公司支付一定的服务报酬。

（二）处理决定

调查机构认为，都江堰市财政局上述做法实际是利用行政权力，排除限制了保险代理市场的竞争，妨碍了都江堰市各行政机关、各市属国有企业及医疗卫生机构等域内相关单位和企业在购买保险代理上的自主选择权，违反了《反垄断法》第32条及第37条的规定。

四川省发展和改革委员会向都江堰市人民政府发出《行政执法建议书》（川发改价检建〔2017〕1号），都江堰市人民政府立即召集有关部门研究与金祥保险合作的整改事宜，要求市财政局向工投公司下发终止协议的整改通知，解除两家公司的上述合作关系，妥善处理相关违法所得。

〔1〕 案件来源：四川省发展和改革委员会网站，http://www.scdrc.gov.cn/sfgw/jgjb/2017－12/28/content_0ecf19ec9f1d4fd9980d3c361a9d58a8.shtml.

案件28：四川省发改委纠正资中县住房和城乡规划建设局滥用行政权力排除、限制竞争行为[1]

（一）基本案情

2016年初，四川省发改委接到群众举报，反映资中县华润燃气有限公司（以下简称资中华润燃气）强制要求其供区范围内的居民用户，必须将户内燃气设施改造工程交由该公司承接，否则不予通气。为此，四川省发改委成立调查组赴资中县展开调查。经核实，事情的起因源于资中县住房和城乡规划建设局（以下简称资中县住建局）2013年印发的《关于规范城区燃气用户户内燃气设施改造管理的通知》，这一规范性文件以用气安全为由，指定该县居民用户户内燃气设施安装改造必须全部由资中华润燃气统一实施，由用户承担改造费用。

（二）处理决定

调查组认为，资中县住建局的行为，一方面破坏了公平的市场交易规则；另一方面，助长了当地燃气公司利用其市场支配地位谋取不合理高价的动机。该行为违反了《反垄断法》第32条和第37条的规定，即行政机关不得滥用行政权力制定含有排除、限制竞争内容的规定，或限定消费者购买使用其指定的经营者提供的商品，属于行政性垄断行为。资中县住建局根据四川省发改委的处理意见，在规定期限内以另行下文的方式，对2013年《关于规范城区燃气用户户内燃气设施改造管理的通知》文件予以了废止。

---

〔1〕 案件来源：四川省发展和改革委员会网站，http://www.scdrc.gov.cn/sfgw/gzdt2/2016－12/15/content_1011069.shtml.

案件29：甘肃省发改委纠正甘肃省道路运输管理局滥用行政权力排除、限制竞争行为〔1〕

（一）基本案情

2015年，甘肃省发改委对甘肃省道路运输管理局在建设和运营道路运输车辆动态信息公共监控平台、安装车载终端的过程进行了调查。经查，甘肃省道路运输管理局存在以下违反《反垄断法》的行为：要求"在全省部署应用中寰卫星导航通信有限公司的'北斗物流云综合服务平台'"；要求相关车辆接入中寰公司建设的监控平台和指定由中寰公司安装卫星定位车载终端；在备忘录中约定北斗兼容车载终端及物流显控终端价格不超过2 600元/套价格水平的做法，导致甘肃中寰卫星导航通信有限公司将此价格作为"甘肃省运管局制定的指导价格"向车主广而告之并以此价格销售。

（二）处理决定

甘肃省发改委认为，省道路运输管理局等单位的上述做法，排除和限制了部分区域市场监控平台和卫星定位终端的竞争以及排除和限制了部分区域市场卫星定位终端价格的竞争，导致此销售价格成为我省部分市（州）车载卫星定位终端的唯一垄断高价。该行为违反了《反垄断法》第8条的规定，构成第37条所列"制定含有排除、限制竞争内容的规定"的行为以及第32条所列"限定或者变相限定单位或者个人经营、购买、使用其指定的经营者提供的商品"的行为。

为恢复公平竞争的市场秩序，保障有关经营者的合法权益，甘肃省发改委对甘肃省道路运输管理局提出如下整改建议：第一，依照交通运输部、公安部、国家安全生产监管总局2014年第5号令的规定，由道路运输管理机构负责建设和维护道路运输车辆动态信息公共服务平台。按照交运发〔2014〕

---

〔1〕案件来源：甘肃省发展和改革委员会网站，http://www.gsdrc.gov.cn/content/2015-12-01/33571.html.

117号文件要求，全面放开重型载货汽车和半挂牵引车的监控平台建设，并允许道路运输经营者自主选择接入通过交通运输部技术规范性审查的监控平台或公共服务平台。第二，放开终端设备进入我省市场的限制，允许道路运输经营者自主选择购买安装通过交通运输部技术规范性审查的终端设备。对于安装质量合格的终端设备，允许其接入相关监控平台。第三，促进由市场竞争形成价格，取消约定的北斗兼容车载终端及物流显控终端限定价格。第四，督促各市（州）运管部门按上述意见予以整改。

案件30：甘肃省发改委纠正白银市住建局滥用行政权力排除、限制竞争行为[1]

（一）基本案情

2017年，甘肃省发改委对白银市住建局进行调查。经查，白银市住乡建局在下发的《白银市住房和城乡建设局关于印发甘肃省建筑工程质量安全监管信息系统白银市县模块建设实施方案的通知》（以下简称“通知”）中存在如下问题：监管信息系统由移动白银分公司代建，变相指定了网络运营商，还允许该分公司设置端口接入密码等技术壁垒，致使建筑施工企业不得不与中国移动白银公司签订《互联网专线接入合同》，并每年支付7 000元专线接入费；规定了可选型号和参数要求，实际特指一家名为海康威视的产品，属于变相指定设备供应商。

（二）处理决定

甘肃省发改委调查组认为，白银市住建局上述做法违反了《反垄断法》第32条和第37条规定，属于滥用行政权力，排除、限制竞争行为。

为恢复公平竞争的市场秩序，保障有关经营者和建筑施工企业的合法权益，甘肃省发改委建议白银市政府责令白银市住房和城乡建设局立即纠正违

---

〔1〕 案件来源：甘肃省发展和改革委员会网站，http://www.gsdrc.gov.cn/content/2017－12/40566.html.

反《反垄断法》及收费管理政策规定（中办发［1993］18号）的有关行为。具体包括：纠正指定网络运营商和设备供应商的行为，修改“通知”中滥用行政权力，排除、限制竞争的相关条款，在其官方网站重新公开发布并告知县（区）建设局和相关企业；取消“通知”中没有法律法规依据设置的行政审批前置条件，纠正扩大安装范围变相增加企业负担及允许第三方借用电子政务平台乱收费的行为；采取必要措施，消除之前视频监控系统安装过程中因滥用行政权力，排除、限制竞争行为造成的后果。

案件31：甘肃省发改委纠正酒泉市肃州区房地产管理局及其下属物业管理行业协会涉嫌滥用行政权力排除、限制竞争行为[1]

（一）基本案情

根据举报线索，甘肃省发改委依法对酒泉市肃州区房地产管理局及其下属物业管理行业协会涉嫌滥用行政权力排除限制竞争的行为进行了调查。调查发现，2013年12月9日，肃州区房地产管理局召集物业管理行业协会及38家会员单位召开会议，研究讨论相关物业收费等议题，会后以协会名义发布了《关于规范物业服务相关费用收费标准的通知》（酒肃物协发〔2013〕07号），对各物业企业收取装修保证金、装修垃圾清运费、装修材料电梯使用费、装修人员出入证件工本费等8项收费作了规定。

（二）处理决定

甘肃省发改委认为，该局及其下属协会的上述行为违反了《反垄断法》的相关规定，一定程度上排除和限制了当地物业服务领域的竞争，不利于各物业企业提升服务品质，也损害了消费者的权益。

〔1〕案件来源：甘肃省发展和改革委员会网站，http://www.gsdrc.gov.cn/content/2018－04/41175.html.

甘肃省发改委于2017年12月23日对肃州区房管局、肃州区物业管理协会进行了约谈，责成其立即整改并废止有关文件。肃州区房管局进行了相应的整改。具体整改情况为：一是责令肃州区物业协会废止了酒肃物协发〔2013〕07号文件；二是组织物业协会和物业企业认真学习了《反垄断法》《物权法》《价格法》《甘肃省物业服务收费管理办法》等法律法规；三是肃州区房地产管理局对文件废止后的落实情况进行了集中检查。

案件32：新疆维吾尔自治区发改委纠正塔城地区卫计委滥用行政权力排除、限制竞争行为〔1〕

（一）基本案情

2017年3月，新疆维吾尔自治区发改委价检局依法对塔城地区卫计委在公立医院药品进销管理中的行政垄断行为开展调查。经查，塔城地区卫计委及其九家公立医院与国药集团新疆新特药业有限公司、国药控股新疆塔城药业有限公司签订《药事服务合作协议》，确定上述两家药品流通企业为塔城地区各级公立医院药品和耗材的优先供应商。

（二）处理决定

调查组认定，塔城地区卫计委该项行政行为违反了《反垄断法》第32条和第37条的规定，构成滥用行政权力排除、限制竞争的行为。调查后，塔城地区卫计委充分认识到其行政行为违反相关法律法规，于2017年3月22日废止了与两家药品配送企业签订的《药事服务合作协议》，对其违法行为进行了自行纠正。

〔1〕案件来源：新疆维吾尔自治区发展和改革委员会网站，http://www.xjdrc.gov.cn/info/10516/11740.htm.

案件33：青海省发改委纠正青海省人力资源和社会保障厅省金保工程管理办公室在医疗保险业务中滥用行政权力排除、限制竞争行为[1]

（一）基本案情

2017年，青海省发展和改革委员会对青海省人力资源和社会保障厅省金保工程管理办公室（以下简称青海省金保办）在“金保工程”中的医疗保险业务进行了调查，查明青海省金保办在医疗保险业务中，存在涉嫌滥用行政权力，排除、限制竞争和固定医保专线价格的垄断行为，具体包括：统一规定社会保障卡读卡器品牌、型号、价格，指定购买地点；协调运营商对全省医保专线统一市场定价。

（二）处理决定

青海省发展和改革委员会认为，青海省金保办干预了经营者自主定价权，限制了读卡器市场和网络专线市场竞争，违反了《反垄断法》第8条的规定，属于第32条，第37条所列的行为。在青海省发展和改革委员会调查后，青海省人力资源和社会保障厅相关领导对问题高度重视，会同省金保办对统一社会保障卡读卡器，协调运营商统一定价，达成并实施价格垄断协议，与《反垄断法》相关规定不符的问题进行研究，表示将积极整改，对已经发布的管理制度、政策措施等进行清查，对涉嫌垄断的政策措施坚决予以纠正。

---

〔1〕案件来源：青海省发展和改革委员会网站，http://www.qhfgw.gov.cn/gzdt/fgwxx/201709/t20170904_702118.shtml.

案件34：甘肃省发改委纠正兰州市安全生产监督管理局涉嫌滥用行政权力排除、限制竞争行为[1]

（一）基本案情

甘肃省发改委派出调查组对兰州市安全生产监督管理局（以下简称兰州市安监局）在职业病危害防治工作中涉嫌排除限制竞争的问题进行了调查。调查发现，2016年6月，为推进职业病危害防治评估工作，兰州市安监局在其官方网站上公布了“在兰州开展职业卫生技术服务机构名单”，共计15家服务机构。但据了解，截止调查时全国取得甲级资质的此类服务机构共有88家、在甘肃省取得乙级资质的机构共有9家。按照国家安监总局第50号令“取得甲、乙、丙级资质的职业卫生技术服务机构，可以根据认可的业务范围从事相关工作”的规定，这97家机构均有资格在兰州开展职业病危害防治评估。但兰州市安监局只将“了解到的在兰开展过相关工作且有资质的机构”名单予以公布，而未公布其他有资质的机构名单，这种做法不仅使企业在主观上认为兰州市安监局指定了评估机构，也在客观上也造成了兰州地区职业卫生技术服务领域的竞争不充分，在一定程度上排除、限制了竞争。

（二）处理决定

兰州市安监局的上述做法违背了《国家安全生产监督管理总局令第50号》关于职业卫生技术服务机构资质业务范围的相关要求，涉嫌违反《反垄断法》和《国务院关于在市场体系建设中建立公平竞争审查制度的意见》的相关规定，一定程度上排除、限制了相关领域的市场竞争。兰州市安全生产监督管理局作出了如下整改：一是对甘肃省内的所有乙级职业卫生技术服务机构名单进行了公布；二是鉴于甲级职业卫生技术服务机构由国家安监总局审批和公布，该局在其网站上公布了网址链接供企业查询选择。问题得到整

〔1〕 案件来源：甘肃省发展和改革委员会网站，http://www.gsdrc.gov.cn/content/2017－12－12/40559.html.

改后，相关企业有了更多的选择空间，相关市场竞争更为充分。

案件35：青海省发改委价格监督检查与反垄断局纠正省环保厅滥用行政权力排除、限制竞争行为〔1〕

（一）基本案情

2017年，青海省价格监督检查与反垄断局对青海省环境保护厅涉企收费情况进行了检查。经查，该厅环境监测和监察处（以下简称省环保厅监测处）在对社会环境监测机构进行业务监管时，存在涉嫌滥用行政权力，排除、限制竞争的垄断行为。

（二）处理决定

青海省价格监督检查与反垄断局认为，省环保厅环境监测处发布收费标准供社会环境监测机构参考执行的行为违反了《反垄断法》第8条的规定，属于第32条和第37条所列的行为。在省价格监督检查与反垄断局调查后，省环境保护厅相关领导对问题高度重视，会同环境监测和监察处对违反《反垄断法》相关规定不符的问题进行研究，表示将积极整改，对已经发布的政策措施等进行清查，对涉嫌垄断的政策措施坚决予以纠正。

案件36：浙江省物价局纠正丽水市建设工程造价管理处滥用行政权力排除、限制竞争行为〔2〕

（一）基本案情

2017年8月，浙江省物价局对于丽水市建设工程造价管理处及工程咨询

〔1〕案件来源：甘肃省发展和改革委员会网站，http://www.qhfgw.gov.cn/gzdt/tzgg/201712/t20171215_715061.shtml.

〔2〕案件来源：国家发展和改革委员会网站，http://jjs.ndrc.gov.cn/gzdt/201712/t20171225_871536.html.

市场进行调查。经查，2013 年丽水市人民政府曾印发文件要求“非财政出资的国有投资工程建设项目和限额以下的房建市政类政府性投资小额项目，其工程量清单和招标控制价由建设部门工程造价管理机构负责委托市造价管理协会审核。审核费用由建设单位承担。”此规定已随文件于后来废止，然而自2013 年文件出台后，丽水市建设工程造价管理处一直委托（指定）丽水市造价协会进行该市行政区域内所有工程量清单和招标控制价审核的工程咨询工作。

（二）处理决定

浙江省物价局认为，上述行为违反了《反垄断法》第 32 条和第 37 条的规定，属于滥用行政权力排除、限制竞争的行为。调查后，丽水市建设工程造价管理处针对存在的问题进行了整改，停止了指定丽水市造价协会的审核工作，并全面停止了小额项目工程量清单和招标控制价审核服务收费。同时，丽水市造价协会将招标控制价审核项目费用全部上交丽水市财政。

案件 37：江苏省物价局纠正江苏省质监局滥用行政权力排除、限制竞争行为[1]

（一）基本案情

江苏省质监局在全省推行电梯责任保险的过程中，于 2014 年 1 月 26 日印发《关于贯彻落实〈省政府办公厅关于推行电梯责任保险的实施意见〉的通知》，选择保险中介机构组织招标电梯责任保险承保企业，保险中介机构据此向中标保险企业收取总保费 7.5% 的保险经纪费、招标代理服务费、履约管理费。省质监局下属的电梯检验机构对中标保险企业开展的电梯责任保险业务，按比例缴纳一定保费，对其他保险企业开展电梯责任保险业务的，不参与投保。

〔1〕 案件来源：国家发展和改革委员会网站，http://jjs.ndrc.gov.cn/gzdt/201712/t20171220_871152.html.

（二）处理决定

省质监局认识到，其有关行为涉嫌滥用行政权力排除、限制竞争，违反《反垄断法》的相关规定。在省物价部门指导下，省质监局自 2017 年下半年起，对照《反垄断法》，对推行电梯责任保险工作中存在的问题积极进行自查整改。一是废止原有工作方案，联合省保监局共同出台新的指导意见，并征求省物价部门公平竞争审查意见；二是支持各保险企业按照公平竞争原则，平等参与电梯责任保险业务，自主开展电梯保险工作；三是鼓励电梯使用单位、维保单位以及检验机构平等参与，自愿单独或共同投保电梯责任险。新的电梯责任保险方案于 2018 年 1 月 1 日起开始实施。

案件 38：山东省物价局纠正潍坊市住房城乡建设局、财政局、发展改革委滥用行政权力排除、限制竞争行为〔1〕

（一）基本案情

根据反映，潍坊市住房城乡建设局、财政局、发展改革委联合制定的《关于新建住宅小区供电设施配套建设费收取有关问题的通知》（潍建发〔2016〕14 号，以下简称 14 号文件）存在涉嫌滥用行政权力排除、限制竞争的问题。调查发现，14 号文件规定供电设施配套费由供电企业直接向建设单位收取，并明确了收费标准。

新建住宅小区供电设施建设施工，应由小区建设单位按照国家招投标的规定，自主选择。但 14 号文件要求，新建住宅小区的供电设施由专业经营单位统一建设、统一施工、统一收费，其费用由小区建设单位缴纳，剥夺了小区建设单位选择供电设施建设单位的权利。

（二）处理决定

山东省物价局认为，相关行为涉嫌违反《反垄断法》第 8 条的规定，属

〔1〕案件来源：国家发展和改革委员会网站，http://jjs.ndrc.gov.cn/gzdt/201801/t20180102_872909.html.

于第37条所列“制定含有排除、限制竞争内容的规定”行为。调查过程中，潍坊市住房城乡建设局、财政局、发展改革委三部门及时认识到14号文件存在涉嫌排除、限制竞争的问题，于2017年3月29日联合印发《关于停止执行〈新建住宅小区供电设施配套建设费收取有关问题的通知〉的通知》（潍建发〔2017〕4号），废止了14号文件，对其滥用行政权力排除、限制竞争的行为进行了纠正。

案件39：吉林省物价局纠正白山市综治委与白山市卫计委滥用行政权力排除、限制竞争行为〔1〕

（一）基本案情

2017年10月，吉林省物价局对白山市综治委、白山市卫计委开展反垄断调查。经查，2015年9月至2016年3月，白山市综治委、白山市卫计委相继4次印发文件，限定江泰保险经纪股份有限公司作为白山市医疗责任保险统保工作的经纪公司。

（二）处理决定

调查组认为，白山市综治委、白山市卫计委的上述行为违反了《反垄断法》第8条“行政机关和法律、法规授权的具有管理公共事务职能的组织不得滥用行政权力，排除、限制竞争”的规定，属于第32条所列“限定或者变相限定单位或者个人经营、购买、使用其指定的经营者提供的商品”行为和第37条所列“制定含有排除、限制竞争内容的规定”行为。调查后，吉林省物价局提出整改意见，白山市政府责成白山市综治委、白山市卫计委进行了整改，废止了排除、限制竞争的相关文件规定。

---

〔1〕案件来源：吉林省物价局网站，http://wjj.jl.gov.cn/jcjfjg_67245/jgjc/jgjc/201801/t20180126_3660508.html.

案件40：陕西省物价局纠正西安市房管局滥用行政权力排除、限制竞争行为[1]

（一）基本案情

2017年，根据举报线索，陕西省物价局依法对西安市住房保障和房屋管理局（以下简称西安市房管局）进行了调查。经查西安市房管局存在以下违法《反垄断法》的行为：①经招标、评标、公示，于2017年4月建立“西安市房屋维修资金使用项目专业维修单位备选库”；②对使用房屋专项维修资金的房屋维修工程项目，向西安市行政区域内的业主委员会、物业服务企业推荐备选库内二十五家维修企业实施房屋维修工程。

（二）处理决定

陕西省物价局认为，西安市房管局的相关行政行为，对使用房屋维修资金项目的西安市行政区域内的业主委员会、物业服务企业变相限定选择房屋维修企业的权利，对备选库内外房屋维修企业之间的竞争造成消极影响，违反了《反垄断法》第32条和第37条的规定，构成滥用行政权力排除、限制竞争行为。

案件41：湖北省物价局纠正黄冈市国土资源局滥用行政权力排除、限制竞争行为[2]

（一）基本案情

2017年来，在国家发展改革委价监局的指导下，湖北省物价局坚决纠正滥用行政权力排除限制竞争行为，维护公平竞争市场环境。经湖北省物价局

---

〔1〕案件来源：陕西省人民政府网站，http://www.shaanxi.gov.cn/sxxw/xwtt/bm/99446.htm.

〔2〕案件来源：湖北省物价局网站，http://www.hbpic.gov.cn/jgggfw/jdjc/fjgld/201712/t20171201_31731.html.

检查发现，黄冈市国土资源局在国有建设用地使用权网上挂牌出让公告中，规定“竞买人应在中国农业银行黄冈市范围内的任一网点申请成为网银客户，通过农行网银系统，在交纳保证金截止时间前一次性将竞买保证金汇入黄冈市财政局专户”。

（二）处理决定

湖北省物价局认为，黄冈市国土资源局的行为违反了《反垄断法》的相关规定，属于滥用行政权力，排除、限制竞争的行为。经湖北省物价局提出整改建议后，黄冈市国土资源局及时更改了土地出让公告中的有关内容，并下发了《黄冈市国土资源局关于在国土资源行政活动中维护公平竞争、防止垄断的通知》，避免类似问题再度发生。

案件42：广西壮族自治区物价局纠正道路运输管理局滥用行政权力排除、限制竞争行为[1]

（一）基本案情

根据机动车驾培机构经营者的投诉举报，广西壮族自治区物价局调查核实：2012年5月以来，广西壮族自治区道路运输管理局（以下简称自治区运管局）在推广使用机动车驾驶员计时培训管理系统工作中，多次印发有关文件，要求全区各市驾培机构安装系统车载硬件设备的车辆，使用同一套计时培训监控系统，不允许再委托建设第二套计时培训监控系统。

（二）处理决定

广西壮族自治区物价局认为，自治区运管局上述做法实际是利用行政权力，排除、限制了其他计时培训系统运营商参与公平竞争的权利，其行为违反了《反垄断法》第8条的规定，属于第32条所列行为，构成滥用行政权力，排除、限制竞争的行为。经自治区物价局提出整改建议后，自治区运管

〔1〕 案件来源：广西省发展和改革委员会网站，http://www.gxdrc.gov.cn/xsjg/ecjg/zzqjgjdjcfj/jdjc_39111/201709/t20170908_744458.html.

局立即按要求作出整改，自行发文废止3个文件中与现行规定不一致的条款，实行机动车驾驶员培训机构自主选择符合《技术规范》要求的计时终端设备和计时培训平台，并予以接入对应的道路运输管理机构驾驶培训监管服务平台。同时，要求各市道路运输管理机构对照相关规定和停止执行的条款，认真检查所印发的有关计时培训管理文件，凡与相关规定不一致的条款要及时纠正并停止执行，避免类似问题再度发生。

案件43：广西壮族自治区物价局联合百色市物价局纠正房产管理局滥用行政权力排除、限制竞争行为〔1〕

（一）基本案情

根据2017年涉企收费专项检查工作安排，自治区物价局与百色市物价局联合检查组对百色市物业管理行业协会执行价格政策情况进行检查。经查，百色市房产管理局通过印发《关于实施〈前期物业管理招标管理暂行办法〉有关具体事项的通知》（以下简称《通知》），规定百色市的物业管理招标工作事务由百色市物业管理行业协会承担物业管理招标代理工作。

（二）处理决定

百色市物价局认为，百色市房产管理局的行为剥夺了物业建设企业在前期物业管理招标投标上的自主选择权，排除、限制了其他招标代理机构参与公平竞争的权利，涉嫌违反《反垄断法》第32条的规定，构成滥用行政权力排除、限制竞争的行为。经百色市物价局的初步约谈，百色市房产管理局认识到其涉嫌违反《反垄断法》的相关规定，立即主动发文废止了《通知》，表示将认真贯彻落实《广西壮族自治区人民政府关于在市场体系建设中建立公平竞争审查制度的实施意见》（桂政发〔2016〕58号）精神，切实做好本部门公平竞争审查工作，积极清理存量文件，严格审查增量政策，避免类似

〔1〕案件来源：广西省发展和改革委员会网站，http://www.gxdrc.gov.cn/xsjg/ecjg/zzqjgjdjcfj/jdjc_39111/201712/t20171208_750957.html.

问题再度发生。

案件44：山东省工商局纠正山东省某市建委滥用行政权力排除、限制竞争行为[1]

（一）基本案情

2018年，山东省工商局对某市建委在强推新建住宅建筑必须安装太阳能热水系统过程中，涉嫌滥用行政权力排除、限制竞争的行为进行调查。经查，某市建委存在以下违反《反垄断法》的行为：规定该太阳能系统应用产品原则上从太阳能协会确定的二十四家全市高层建筑太阳能热水系统推荐产品中选取；要求市太阳能行业协会联合所有具备资质的太阳能企业签署协议价倡议书，不得擅自降低协议价，要求每台太阳能热水系统产品单价不得低于3 000元。

（二）处理决定

山东省工商局认为，该市建委作为市行政区域内主管建设的行政机关，在无明确法律依据的情况下，通过印发文件的方式要求高层建筑太阳能热水系统应用产品从太阳能协会推荐的入围企业中选取，限制了相关太阳能企业在全市高层建筑领域的公平竞争，其行为涉嫌违反《反垄断法》第37条及《工商行政管理机关制止滥用行政权力排除、限制竞争行为的规定》第4条的规定，构成行政机关滥用行政权力限制竞争行为。

调查后，该市建委及时认识到上述文件存在涉嫌排除、限制竞争行为的问题，于2018年2月24日发布新文件，同时废止了涉案有关文件。后根据反垄断执法机构职责分工，省工商局将本案涉嫌的价格垄断问题移送相关部门处理。

---

〔1〕 案件来源：中国工商报网网站，http://www.cicn.com.cn/zggsb/2018－04/24/cms106334article.shtml.

案件45：湖南省工商局纠正省经信委滥用行政权力排除、限制竞争行为〔1〕

（一）基本案情

2018年，湖南省工商局对省经信委在电网非统调电源发电数据采集工作中，涉嫌滥用行政权力排除、限制竞争的行为进行调查。经查，湖南省经信委存在以下违反《反垄断法》的行为：全省绝大部分市州经信部门就开展电网非统调电源发电数据采集工作制发的文件涉及市场主体经济活动，是相继于2017年4月以后新制发的增量文件，均未按规定进行公平竞争审查；其中8个市州经信部门制发的文件或者要求各电站统一设备生产厂商和型号，或者要求分区域进行，或者限定供应商数量等。

（二）处理决定

湖南省工商局认为，省经信委的上述行为，排除、限制了竞争，涉违反《反垄断法》第32条和第37条和公平竞争审查标准规定，构成滥行政权力排除、限制竞争行为。调查后，相关部门已经撤销有关文件省经信部门文件补审、工商和市场监管部门案件核查工作正在进行中。

案件46：宁夏回族自治区工商局纠正银川市环保局滥用行政权力排除、限制竞争行为〔2〕

（一）基本案情

2017年，宁夏回族自治区工商局对银川市环保局在污染源自动监控设施

〔1〕案件来源：中国工商报网网站，http://www.cicn.com.cn/zggsb/2018－04/1…00article.shtml.

〔2〕案件来源：国家工商行政管理总局反垄断与反不正当竞争执法… http://home.saic.gov.cn/fldyfbzdjz/dxal/201712/t20171215_271221.html.

第三方运营管理交接工作中，涉嫌滥用行政权力排除限制竞争的行为进行调查。经查，银川市环保局在其印发的有关《通知》中存在以下违反《反垄断法》的行为：要求污染源企业必须接受中标单位运营服务；要求企业就设备关键零部件的维修、更换服务相关事宜与中标单位另行协商。银川市环保局辩称：当事人要求企业与中标单位签订的系政府采购第三方服务，符合国家“大力推广政府从第三方购买专业服务”的规定；《通知》并未强制要求企业必须接受中标单位的设备关键零部件的维修、更换服务。

（二）处理决定

执法机构调查认为，银川市环保局要求企业必须接受中标单位运营服务的做法，违反了《反垄断法》第 32 条和第 37 条规定，剥夺了企业自主选择自运行或其他运营经营者的权力，具有排除、限制竞争效果。同时，其要求企业就设备关键零部件的维修、更换服务相关事宜与中标单位另行协商的做法，属于在相关市场经营者进入较容易、竞争较为充分的市场中，滥用行政权力变相限定行为，违反了《反垄断法》第 32 条和第 37 条规定，构成滥用行政权力排除、限制竞争行为。

调查后，银川市环保局对《通知》内容进行了变更，删除了《通知》中碍公平竞争审查制度建立的相关内容，并将清理结果函复宁夏回族自治区商局。

案件 47：陕西省物价局纠正西安市国土局滥用行政权力排除、限制竞争行为[1]

一）基本案情

8 年，陕西省物价局依法对西安市国土局指定特定测绘机构实施土地产测绘，涉嫌滥用行政权力排除、限制竞争的行为进行了调查。调

[1] 案件来源：陕西省物价局网站，http://www.snprice.gov.cn/newstyle/pub_newsshow.asp? id=…hid = 100001.

查显示，西安市国土局为规范全市不动产权籍调查工作，于2018年1月31日印发了《西安市不动产权籍调查工作方案（试行）》（市国土发〔2018〕36号），限定“西安市城六区和开发区主要由西安地籍不动产勘察测绘有限责任公司和西安市房产测量事务所两家单位承担权籍调查工作；五区二县由所在区县不动产权籍调查中心确认的调查机构承担”。

（二）处理决定

执法机构认为，该行政行为人为地划分了西安市土地测绘、房产测绘市场授予特定经营者特许经营权，剥夺了委托土地测绘、房产测绘当事人的自主选择权，排除和限制了具备不动产测绘资质机构在土地测绘、房产测绘市场的相互竞争，属于滥用行政权力，排除、限制竞争行为，违反了《反垄断法》第32条和第37条的规定，违反了《国务院关于在市场体系建设中建立公平竞争审查制度的意见》和《陕西省人民政府关于在市场体系建设中建立公平竞争审查制度的实施意见》《陕西省优化营商环境条例》相关要求。

经国家发展和改革委员会依法审核同意，根据《反垄断法》第51条的规定，省物价局依法建议西安市人民政府责令西安市国土局纠正相关违法行为。

收到省物价局执法建议函后，西安市人民政府立即责令西安市国土局对省物价局指出的滥用行政权力排除、限制竞争行为进行认真排查，逐一整改。该行政行为虽有历史形成的客观原因，但是由于不符合现行法规，西安市国土局迅速采取具体整改措施：一是撤销《西安市不动产权籍调查工作方案（试行）》，放开西安市不动产测绘市场；二是立即启动西安市不动产测绘相关实施细则的制定工作；三是加强不动产权籍测绘成果审核工作；四是建立不动产测绘从业单位诚信评价管理机制。同时，西安市物价局下发通知，明确房产测绘收费退出政府定价目录，实行市场调节价，由具有测绘资质的机构和委托房产测绘的房产权利人双方协商议定。这些措施必将有效促进房产测绘市场健康有序发展。

二、妨碍商品自由流通

案件48：江西省发改委纠正上饶市广丰区人民政府办公室滥用行政权力排除、限制竞争行为〔1〕

（一）基本案情

2017年12月，江西省发改革委对上饶市广丰区人民政府办公室开展反垄断调查。经查，2017年5月，上饶市广丰区人民政府办公室印发了《加强建筑业和房地产业税收管理实施细则》，要求上饶市外建筑企业到本区承接工程造价300万元以上的房屋建筑、市政基础、水利水电、交通工程等项目的，原则上应该在本区设立具有独立法人资格的子公司。对上饶市外建筑企业在本区设立具有独立法人资格的子公司在项目完工税收清算后，给予一定的财政奖励。

（二）处理决定

江西省发改委认为，该办公室的相关行为违反了《反垄断法》第八条的规定，属于第33条第4项所列“设置关卡或者采取其他手段，阻碍外地商品进入或者本地商品运出”行为和第37条所列“制定含有排除、限制竞争内容的规定”行为。调查后，该办公室认识到上述行为涉嫌违反《反垄断法》的有关规定，立即进行了整改。主动将《加强建筑业和房地产业税收管理实施细则》从网站上撤下，消除负面影响，并发布了新的文件，废止了原文件中涉及排除、限制竞争的有关内容，删除了原文件中的第5条、第6条和第7条。

〔1〕 案件来源：江西省发展和改革委员会网站，http://www.jxdpc.gov.cn/departmentsite/jjj/tztg_jajj/gztz/201801/t20180105_215003.htm.

案件49：江西省发改委纠正鄱阳县城市管理局滥用行政权力排除、限制竞争行为[1]

（一）基本案情

2017年12月，江西省发改委对鄱阳县城管局开展反垄断调查。经查，2017年11月，鄱阳县城市管理局发布了《鄱阳县中心城区建筑垃圾和工程渣土运输企业准入公告》，其中明确准入条件之一为：在鄱阳县内注册，具有合法有效的《道路运输经营许可证》《营业执照》的法人企业，直接将域外有关企业排除在竞争之外。

（二）处理决定

江西省发改委认为，鄱阳县城管局的上述做法违反了《反垄断法》第8条的规定，属于第33条第4项所列“设置关卡或者采取其他手段，阻碍外地商品进入或者本地商品运出”行为和第37条所列“制定含有排除、限制竞争内容的规定”行为。调查后，鄱阳县城管局认识到上述行为涉嫌违反《反垄断法》的有关规定，立即进行了整改。主动从官方网站上撤回原公告，消除负面影响，并对外发布了新公告，将原公告中准入条件之一“必须在鄱阳县内注册的法人企业”，修改为“在中华人民共和国依法注册”。

案件50：山东省物价局纠正枣庄市质量技术监督局滥用行政权力排除、限制竞争行为[2]

（一）基本案情

2017年，山东省物价局在涉企收费专项调查工作中发现，安泰检验中心

[1] 案件来源：江西省发展和改革委员会网站，http://www.jxdpc.gov.cn/departmentsite/jjj/tztg_jajj/gztz/201801/t20180105_215002.htm.

[2] 案件来源：国家发展和改革委员会网站，http://jjs.ndrc.gov.cn/gzdt/201801/t20180102_872910.html.

于2017年3月7日向枣庄市质量技术监督局特监科提交了特种设备定期检验告知书，告知书中提到安泰检验中心是兖矿集团直属二级单位，对集团所属企业兖矿化工进行定期检验。枣庄市质监局特监科工作人员没有对安泰检验中心资质进行细致审查，便先入为主地认为该中心属自检机构，并与山东省特种设备检验研究院枣庄分院商议后，以不符合特种设备安全监察要求的名义下发了《关于山东省安泰化工压力容器检验中心在我市开展压力容器和压力管道定期检验工作的函》，限制安泰检验中心在枣庄市开展检验业务，并由山东省特种设备检验研究院枣庄分院到兖矿化工进行检验工作。

（二）处理决定

山东省物价局认为，该局上述做法违反了《反垄断法》第32条和第33条第4项不得滥用行政权力，实施“设置关卡或者采取其他手段，阻碍外地商品进入或者本地商品运出”的规定，涉嫌滥用行政权力排除、限制竞争。在调查过程中，枣庄市质监局于当日进行了整改。一是立即向区（市）下属单位下发《关于进一步规范质量技术监督检验检测工作有关事项的通知》；二是作出整改承诺，保证不以任何名义实行行业垄断或地方保护；三是主动与安泰检验中心沟通交流，并对之前工作中的不当表示歉意。

案件51：云南省物价局纠正云南省迪庆藏族自治州人民政府滥用行政权力排除、限制竞争行为〔1〕

（一）基本案情

根据举报，云南省物价局派出调查组对迪庆藏族自治州人民政府在盐业管理中的问题进行了调查。调查发现，迪庆藏族自治州人民政府办公室于2017年6月9日下发《关于认真做好盐业体制改革过渡时期有关工作的通知》文件，明确“在没有正式制定出台我州盐业体制改革意见之前，仍然按照当

〔1〕 案件来源：云南省物价局网站，http://www.yndpc.yn.gov.cn/content.aspx?id=171199159823.

前的供应渠道、批发（销售）方式进行规范供应和销售，暂不允许外省食盐流入我州境内进行批发、零售”。

（二）处理决定

调查机构认为上述做法违背了《国务院关于印发盐业体制改革方案的通知》及《云南省人民政府办公厅关于印发云南省盐业体制改革实施方案的通知》等相关盐改精神，违反了《反垄断法》和《国务院关于在市场体系建设中建立公平竞争审查制度的意见》（国发〔2016〕34号）的相关规定，属于滥用行政权力排除、限制竞争的行为。调查组指出存在问题后，迪庆州人民政府立即进行了整改，于8月11日下发了《迪庆藏族自治州人民政府办公室关于停止执行我州盐业体制改革过渡时期有关工作的通知》，对其滥用行政权力排除、限制竞争的行为进行了纠正，消除了影响；同时承诺，将组织全州各政府部门认真学习《反垄断法》及国发〔2016〕34号文件精神，推进公平竞争审查工作，避免类似问题再度发生。

案件52：重庆市物价局纠正黔江区发展和改革委员会滥用行政权力排除、限制竞争行为[1]

（一）基本案情

根据国家发展和改革委员会价监局工作部署，重庆市物价局在对重庆市相关部门出台的政策措施文件进行清理中，发现黔江区发展和改革委员会于2017年11月17日印发的《关于建立重庆市黔江区国有投资非必须招标工程建设项目预选承包商库的通知》（黔江发改委发〔2017〕132号）中有关内容涉嫌滥用行政权力，排除、限制竞争以及妨碍公平竞争，据此，重庆市物价局展开调查。经查，黔江区发展和改革委员会依据市政府办公厅《关于进一步规范国有投资项目招标投标活动的通知》（渝府办发〔2016〕275号）要求，制定出台了《关于建立重庆市黔江区国有投资非必须招标工程建设项目

〔1〕案件来源：重庆市物价局网站，http://www.cqpn.gov.cn/gpxjzsc/58657.htm.

预选承包商库的通知》，该文件部分内容设置了歧视性的资质要求，产生了排除、限制竞争的行为。

（二）处理决定

黔江区发展和改革委员会在调查中认识到黔江发改委发〔2017〕132号文件有关内容存在排除、限制竞争的行为，于2017年12月28日印发《重庆市黔江区发展和改革委员会关于废止〈重庆市黔江区发展和改革委员会关于建立重庆市黔江区国有投资非必须招标工程建设项目预选承包商库的通知〉的通知》（黔江发改委发〔2017〕144号），主动予以纠正。

案件53：浙江省物价局纠正台州市住建局滥用行政权力排除、限制竞争行为〔1〕

（一）基本案情

2017年，浙江省物价局对台州市住建局及工程勘察市场进行了反垄断调查。经查，2014年9月，台州市住建局制定出台了《关于进一步加强工程勘察市场管理的通知》，要求具有“工程勘察综合资质”和“工程勘察专业资质甲级”的本地和外地工程勘察企业在台州市行政区域范围内承接相关业务时均必须在台州市设立土工实验室，因台州本地工程勘察企业在注册成立时已经根据住建部有关要求设立了土工实验室，故该规定实质上是强制要求具备同业竞争资格的外地工程勘察企业进入台州市场时必须重新设置土工实验室，对外地工程勘察企业采取歧视性技术措施。

（二）处理决定

调查组认为，上述规定违反了《反垄断法》第33条和第37条规定，属于滥用行政权力排除、限制竞争的行为。调查后，台州市住建局针对存在的问题进行了整改，制定下发《关于清理有关行政规范性文件的通知》，废除了

〔1〕 案件来源：国家发展和改革委员会网站，http://jjs.ndrc.gov.cn/gzdt/201712/t20171225_871535.html.

必须在当地设立土工实验室的规定，并将整改情况在其官网上进行了公示。

案件54：山西省价监局纠正太原市住房和城乡建设委员会滥用行政权力排除、限制竞争行为[1]

（一）基本案情

2017年12月，省价监局对太原市住房和城乡建设委员会在施工图审查管理中的行为进行了调查。发现该单位于2016年2月3日下发《太原市住建委关于进一步规范施工图审查工作的通知》，通知中存在第3条“建设单位可自主选择审查机构，但选择的审查机构必须是在本市注册”、第4条“执行物价主管部门规定的收费标准”、第7条第4项“外省、市勘察设计单位是否在‘山西省建筑市场监管与诚信信息一体化平台’办理了入晋信息登记”等内容，涉嫌滥用行政权力排除、限制竞争行为。

（二）处理决定

调查机构认为，上述规定实际是利用行政权力，排除和限制了外地图审机构在太原市开展业务的权利，同时变相干预了实行市场调节价的商品和服务价格。其行为违反了《反垄断法》第8条的规定，属于第32条及第37条所列行为，同时违反了《国务院关于在市场体系建设中建立公平竞争审查制度的意见》的相关规定，构成滥用行政权力排除、限制竞争的行为。省价监局指出该问题后，太原市住房和城乡建设委员会立即进行了整改，于2017年12月26日下发《关于修改〈太原市住建委关于进一步规范施工图审查工作的通知〉中部分条款的通知》，表示在今后的工作中推进公平竞争自我审查工作，清理存量文件，审查增量文件，避免类似问题再度发生。

---

〔1〕 案件来源：山西省发展和改革委员会网站，http://www.sxdrc.gov.cn/xxlm/jjyfld/201712/t20171227_182264.htm.

三、排斥或者限制外地经营者参加本地招投标

案件55：国家发改委纠正四川、浙江省计划生育委员会在药品集中采购中违反《反垄断法》排除、限制竞争行为案[1]

（一）基本案情

2015年，国家发改委分别对四川、浙江两省卫生和计划生育委员会进行了调查，两地卫计委在药品集中采购中，涉嫌违反《反垄断法》，构成滥用行政权力排除、限制竞争行为。四川省卫计委2013至2015年印发相关条例，妨碍了商品在地区间的自由流通，破坏了外地和本地企业之间的公平竞争。浙江省卫计委在2014年度两批药品集中采购中，实施地方保护和指定交易，排除和限制了相关市场竞争。

（二）处理决定

调查机构认为，两地分别违反了《反垄断法》第33条第4项和第34条的规定。调查后，四川、浙江省卫计委立即采取措施进行整改。四川省卫计委重新发布了2015年药品集中分类采购实施方案（征求意见稿），取消涉及地方保护的规定；允许2014年未挂网的药品生产企业参加2015年药品招标采购，并将在2015年实施方案公布执行后，立即对2013年药品阳光采购管理办法进行修订，删除采购本省药品占比的考核要求。浙江省卫计委将在招标标期结束后（2016年5月20日），开展新一轮药品集中采购，纠正限制投标企业和投标产品以及对外省企业设置歧视性指标的做法。国家发展和改革委员会同有关部门，督促两省落实整改措施，保障公平竞争的市场秩序。

〔1〕 案件来源：国家发展和改革委员会网站，http://jjs.ndrc.gov.cn/gzdt/201511/t20151102_757331.html.

案件56：安徽省物价局纠正芜湖市药品医用耗材管理中心滥用行政权力排除、限制竞争行为[1]

（一）基本案情

经国家发展和改革委员会同意，安徽省物价局于2017年9月6日-8日对芜湖市药品医用耗材管理中心开展了反垄断调查，发现芜湖市药品医用耗材管理中心2017年8月16日在芜湖市公共资源交易中心网站发布的《招标公告》及其所依据的《芜湖市公立医院药品集中配送企业公开遴选方案》，存在强制要求中标人6个月内在本地注册全资子公司或控股子公司的条款。该条款人为设定了对外地企业的歧视性资质要求，加重了外地企业的履约成本，可能会迫使部分外地企业因无法满足条件而放弃参加竞标。

（二）处理决定

安徽省物价局认定，该管理中心的上述行为违反了《反垄断法》第34条“行政机关和法律、法规授权的具有管理公共事务职能的组织不得滥用行政权力，以设定歧视性资质要求、评审标准或者不依法发布信息等方式，排斥或者限制外地经营者参加本地的招标投标活动”的规定，构成滥用行政权力排除、限制竞争行为。

在安徽省物价局开展调查后，管理中心于2017年9月30日分别在芜湖市公共资源交易中心网站和芜湖市药品医用耗材管理中心网站发布《芜湖市公立医院药品集中配送企业公开遴选澄清公告》，删除了相关滥用行政权力排除、限制竞争行为条款。2017年10月12日，管理中心向安徽省物价局报送了《关于芜湖市公立医院药品集中配送企业遴选相关情况的报告》（芜药管〔2017〕112号），承诺将按照国务院、省政府关于在市场体系中建立公平竞争审查制度的要求，在草拟、出台相关政策时，做好公平竞争审查工作，审查合格后再实施，避免类似问题再度发生。因此安徽省物价局决定：“鉴于你单

〔1〕 案件来源：皖价结论〔2017〕2号。

位能及时、主动整改，积极消除滥用行政权力排除、限制竞争行为的影响，经发展和改革委员会同意，我局决定不再向你单位的上级机关提出依法处理的建议，并结束调查。”

案件57：重庆市物价局纠正永川区公共资源综合交易管理办公室滥用行政权力排除、限制竞争行为〔1〕

（一）基本案情

2017年年初，根据国家发展和改革委员会价监局工作部署，重庆市物价局对工程项目招投标领域的政策措施文件进行梳理，发现永川区公共资源综合交易管理办公室在“重庆市招标投标综合网”上发布《关于印发重庆市永川区工程建设项目抽签定标企业名录管理暂行办法的通知》（永公管办发〔2015〕19号）、《重庆市永川区工程建设项目抽签定标企业名录管理暂行办法》两文件有关内容涉嫌滥用行政权力排除、限制竞争行为。2017年4月，重庆市物价局对其开展滥用行政权力排除、限制竞争行为反垄断调查。

（二）处理决定

经查，永川区公共资源综合交易管理办公室通过学习《反垄断法》和《国务院关于在市场体系建设中建立公平竞争审查制度的意见》（国发〔2016〕34号）等政策法规，认识到《关于印发重庆市永川区工程建设项目抽签定标企业名录管理暂行办法的通知》（永公管办发〔2015〕19号）、《重庆市永川区工程建设项目抽签定标企业名录管理暂行办法》有关内容存在排除、限制竞争行为，已于2017年3月28日主动废止了《关于印发重庆市永川区工程建设项目抽签定标企业名录管理暂行办法的通知》（永公管办发〔2015〕19号）、《重庆市永川区工程建设项目抽签定标企业名录管理暂行办法》。

---

〔1〕 案件来源：重庆市物价局网站，http://www.cqpn.gov.cn/gpxjzsc/58532.htm.

案件58：陕西省物价局纠正延安市卫计局滥用行政权力排除、限制竞争行为[1]

（一）基本案情

2017年2月，陕西省物价局在落实公平竞争审查制度工作中发现，延安市卫计局在推动公立医院药品耗材集中采购工作中制定的《遴选管理办法》对药品配送企业申报条件设置了市外市内歧视性资质要求。

（二）处理决定

陕西省物价局认为，《遴选管理办法》有关条款违反了《反垄断法》第34条、第35条和第37条的相关规定。陕西省物价局对延安市卫计局药品耗材集中采购工作中存在的滥用行政权力排除、限制竞争行为介入调查后，延安市卫计局充分认识到其行政行为违反了《反垄断法》和公平竞争审查制度的相关规定，积极采取措施，对《遴选管理办法》涉及违反公平竞争法规的条款及时废止，将本地企业与外地企业的申报条件予以统一。

四、强制经营者从事垄断行为

案件59：国家发改委、上海市发改委纠正上海市交通委在黄浦江游览行业管理中滥用行政权力排除、限制竞争行为[2]

（一）基本案情

2016年，国家发展和改革委员会同上海市发改委，对上海市交通委在黄浦江游览行业管理中滥用行政权力排除、限制竞争的行为进行了调查。调查

〔1〕案件来源：延安市物价局网站，http://wjj.yanan.gov.cn/?thread-3650-1.html.

〔2〕案件来源：国家发展和改革委员会网站，http://jjs.ndrc.gov.cn/gzdt/201612/t20161229_833265.html.

发现，2009年以来，黄浦江游览行业有关游船企业达成并实施了固定或者变更服务价格的协议，上海市交通委（原上海市交港局）作为黄浦江游览行业主管部门，在游船企业达成并实施上述价格垄断协议的过程中的具体行为包括：一是引导游船企业参加以统一价格为重要内容的公共平台。二是组织指导经营者达成具体的价格垄断协议，监督保障价格垄断协议执行。主要表现为直接组织企业开会讨论票价；参加行业协会牵头组织的会议，对企业遵守自律公约提出具体要求；通过游船服务价格备案制度，指导行业协会协调价格。三是监督保障价格垄断协议执行。

（二）处理决定

在国家发展和改革委员会调查后，上海市交通委认识到其上述做法与《反垄断法》的规定不相符，立即提出将采取以下整改措施：一是规范游船票价管理，明确各类型船票价格由游船企业自主决定，不再要求协会协调价格，不再接受行业协会票价调整申请，避免同一类型游船产品实行统一价格。二是规范公共平台管理，明确公共平台代理功能仅限于根据企业自主制定的船票价格进行售票，游船企业可自主选择是否参加平台。

案件60：内蒙古发改委纠正乌海市住房和城乡建设委员会滥用行政权力排除、限制竞争行为〔1〕

（一）基本案情

内蒙古自治区发改委价格监督检查与反垄断局在进行涉企收费检查时发现，乌海市住房和城乡建设委员会涉嫌滥用行政权力排除、限制乌海市房地产测绘市场竞争。经调查，乌海市住房和城乡建设委员会先后于2012年和2013年下发《关于成立乌海市房产测绘中心的通知》（乌建委政字〔2012〕51号）和《关于进一步规范全市房屋产权产籍测绘的通知》（乌建委政字

〔1〕 案件来源：内蒙古发展和改革委员会网站，http://www.nmgfgw.gov.cn/fggz/jgjdj/201801/t20180109_144309.html.

〔2013〕19号)，明确并重申，自2012年4月1日起，乌海市所有房产测绘业务由乌海市房产测绘中心完成，其它房产测绘机构不得再从事房产测绘业务。

（二）处理决定

在调查过程中，乌海市住房和城乡建设委员会认识到上述做法与《反垄断法》的规定不相符，将立即按要求进行整改，于8月4日发布了《乌海市住房和城乡建设委员会关于开放房地产测绘市场的通知》，纠正了指定房产测绘机构的行为，废止了《关于成立乌海市房产测绘中心的通知》（乌建委政字〔2012〕51号）和《关于进一步规范全市房屋产权产籍测绘的通知》（乌建委政字〔2013〕19号)，市住建委将对房产测绘成果无偿审核，不再指定房产测绘机构。

案件61：云南省发改委纠正云南省通信管理局滥用行政权力排除、限制竞争行为〔1〕

（一）基本案情

2014年，国家发展和改革委员会指导云南省发展和改革委员会，对云南省通信管理局组织电信运营商达成价格垄断协议，涉嫌滥用行政权力排除、限制相关市场竞争进行了调查。调查发现，云南省通信管理局存在以下违反《反垄断法》的行为：云南省通信管理局牵头组织四家电信运营达成《云南基础电信运营企业规范各类赠送活动的协议》（以下简称《协议》)，对电信运营企业各类赠送活动的范围、幅度、频次等进行约定；通过下发整改通知书等手段，对《协议》予以强制执行。

（二）处理决定

调查机构认为，由于四家电信运营商是电信市场上的主要经营者，相互之间为直接竞争关系。各电信运营商在市场营销中对消费者给予话费、充值

〔1〕案件来源：国家发展和改革委员会网站，http://jjs.ndrc.gov.cn/gzdt/201506/t20150602_694801.html.

卡等礼品赠送，直接影响到产品最终价格，是开展市场竞争的重要手段。云南省通信管理局的上述做法，实质上是要求电信运营商就相关问题达成垄断协议，排除和限制了相关市场竞争。因此违反了《反垄断法》第8条的规定，属于第36条所列“滥用行政权力，强制经营者从事本法规定的垄断行为”的行为。调查后，云南省发展和改革委员会已督促云南省通信管理局进行整改，停止相关做法，恢复了公平竞争的市场秩序。同时，云南省发展和改革委员会依法对参与垄断协议的四家电信运营商进行了处罚。

五、抽象限制竞争行为

案件62：北京市发改委纠正北京市朝阳区农村工作委员会滥用行政权力排除、限制竞争行为[1]

（一）基本案情

北京市发改委在搜集行政垄断案件线索时发现，北京市朝阳区农村工作委员会制定的《朝阳区农村地区产业发展指导目录（2016年版）》（朝政农发〔2016〕30号，以下简称30号文件）存在滥用行政权力排除、限制竞争的嫌疑。经调查发现，30号文件对朝阳区农村地区拟建产业项目设定了产业项目集体收益的最低标准，要求各地区办事处、乡政府引入的产业项目的集体收益不得低于该最低标准。

（二）处理决定

调查机构认为，农村地区拟建产业项目的集体收益，不在政府定价目录内，属于市场调节，应由供需双方协商而定。北京市朝阳区农村工作委员会对产业项目的集体收益做出最低规定，限制了产业用地供给方之间的竞争。其相关行为涉嫌违反《反垄断法》第8条“行政机关和法律、法规授权的具

〔1〕 案件来源：北京市发展和改革委员会网站，http://fgw.beijing.gov.cn/zwxx/gzdt/201712/t12104758.htm.

有管理公共事务职能的组织不得滥用行政权力，排除、限制竞争”的规定，属于第37条所列的“制定含有排除、限制竞争内容的规定”行为。调查过程中，北京市朝阳区农村工作委员会于2017年12月22日印发《关于农村地区产业发展指导目录有关问题的通知》（朝政农发〔2017〕48号），主动废止了30号文件中第四部分第八条“收益贡献”的相关规定，对其滥用行政权力排除、限制竞争的行为进行了纠正。

案件63：甘肃省发改委纠正庆阳市西峰区政府违反公平竞争审查制度及滥用行政权力排除、限制竞争行为[1]

（一）基本案情

根据国家有关部门批转的群众投诉举报，甘肃省发改委对庆阳市西峰区政府于2017年10月30日发布《庆阳市西峰区人民政府关于印发庆阳市西峰城区集中供热管理办法（试行）》（区政府发［2017］261号，以下简称《办法》）等相关行为进行了调查。调查发现，庆阳市西峰区政府在《办法》出台前后，对原西峰城区分散燃煤锅炉进行了大规模拆除，并要求用热单位和住宅小区（楼）对自有老旧二级供热管网进行改造后接入集中供热的一级供热管网换热站。导致2017年－2018年供暖期西峰城区90%以上的热用户，须靠庆阳市西峰城区供热有限责任公司提供集中供热，使得该公司实际获得了西峰城区供热市场的绝对支配地位。期间，西峰区居民大量投诉举报供热管网改造、热分户计量装置安装过程中存在乱收费行为，并反映进入冬季无法取暖的问题。调查还发现，西峰区政府的《办法》从制定和出台程序上，违反了公平竞争审查制度中“未进行公平竞争审查或者违反公平竞争审查标准的政策措施，一律不得出台”的规定。

（二）处理决定

为维护公平竞争的市场秩序，保障消费者、经营者的合法权益，甘肃

〔1〕案件来源：甘肃省发展和改革委员会网站，http://www.gsdrc.gov.cn/content/2018－04/41208.html.

省发改委建议庆阳市西峰区政府作出如下整改：依照《公平竞争审查制度实施细则（暂行）》第22条的规定，对已发布的《办法》立即公开停止执行，调整相关内容并履行公平竞争审查程序后重新发布；立即整改纠正违反《反垄断法》的相关规定和行为；清理废除违反《价格法》和有关价格政策的规定。

案件64：张家界市发改委、张家界市旅游外事委纠正滥用行政权力排除、限制竞争行为[1]

（一）基本案情

按照公平竞争审查工作要求，湖南省各级政府及相关部门开展了增量文件审查和存量文件清理工作，确保政府相关行为符合《反垄断法》和公平竞争审查制度的规定，防止滥用行政权力制定含有排除、限制竞争内容的政策措施。张家界市发改委自查发现，张家界市发改委、张家界市旅游外事委制定发布的《关于发布张家界市旅行社地接本地组团报价基础价格指导标准和作价办法的通知》，对属于市场调节价的旅行社组团报价进行了干预，限制了旅行社的定价权，违反公平竞争审查相关规定，涉嫌滥用行政权力排除、限制竞争。

（二）处理结果

在湖南省价监局的指导下，张家界市发改委、张家界市旅游外事委下发《关于废止〈关于发布张家界市旅行社地接本地组团报价基础价格指导标准和作价办法的通知〉的通知》，主动废止了排除、限制竞争的规定。

---

〔1〕 案件来源：湖南省发展和改革委员会网站，http://fgw.hunan.gov.cn/ztzl/jgjgyfldzl/201712/t20171215_4901367.html.

案件65：河北省物价局纠正河北省蔚县人民政府政策性农业保险工作中滥用行政权力排除、限制竞争行为[1]

（一）基本案情

2017年，河北省物价局在清理存量的工作中发现，人保财险蔚县支公司2017年4月21日代政府起草的《关于继续深入开展政策性农业保险工作的通知》（蔚政办字〔2017〕26号）中明确规定，"人保财险蔚县支公司要做好引领、示范工作，其他保险主体，要达到有专门农业保险机构、有覆盖乡镇的专门'三农'服务部、有专门的'三农'服务车辆，方可办理农险业务"。

（二）处理决定

河北省物价局认为，设置准入门槛应该是针对所有参与竞争的保险机构，而不是针对某些特定机构。此项规定不利于其他保险机构针对政策性农保业务展开竞争，提升服务质量，提供质优价廉产品，对参保农户选择保险机构起到误导作用，损害了其他保险机构和农民的利益。同时，这项规定违反了《关于在市场体系建设中建立公平竞争审查制度的意见》和《反垄断法》的有关规定。蔚县人民政府经过研究，于2017年11月23日下发《关于修改蔚政办字〔2017〕26号文的通知》，对文件中涉及的排除、限制竞争的有关条款内容进行了修改，决定今后政府出台的文件都必须要进行公平竞争审查，同时立刻在全县行政机关开展存量清理，存在妨碍市场主体竞争的规定一律废除，保护统一开放、竞争有序的市场环境，避免类似问题再次发生。

---

〔1〕 案件来源：河北省物价局网站，http://www.hebwj.gov.cn/News.aspx? sole=20171212095135953.

案件66：黑龙江省物价局纠正龙江县政府滥用行政权力排除、限制竞争行为[1]

（一）基本案情

黑龙江省物价局于2016年12月对龙江县人民政府、龙江县住建部门及天然气入户安装相关企业开展了调查。经查证，2013年11月12日，龙江县人民政府在《龙江县人民政府关于中普燃气〔2013〕25号文件的批复》（龙政函〔2013〕104号）中规定了龙江县天然气入户安装的服务内容和收费标准，指定了中普燃气公司为居民及棚改回迁房用户天然气入户安装收费单位和施工负责单位。2016年8月16日，龙江县住房和城乡规划建设局城市建设管理处向某家自主选择天然气入户安装施工单位的房地产开发企业下发了通知（龙城建字〔2013〕92号），称“按照龙政函〔2013〕104号文件要求，县内所有楼房的内网外网铺设、室内管道安装、初装费的收取均由龙江县中普燃气管道工程有限责任公司负责”。

（二）处理决定

调查机构认为，龙江县人民政府的文件批复直接剥夺了房地产开发企业对燃气管道建设单位的自由选择权，以及其他具有燃气管道建设资质的公司的公平竞争权，排除和限制了相关市场的竞争，构成《反垄断法》第37条规定的情形。龙江县人民政府主动整改，2016年12月30日，龙江县人民政府办公室下发了《关于放开天然气供气工程安装市场的通知》（龙政办发〔2016〕118号），并废止了住建部门原有的相关文件，同时向黑龙江省物价局报送了《关于龙江县天然气入户安装市场整改的报告》。

---

〔1〕 案件来源：黑龙江省物价监督管理局网站，http://www.hpin.gov.cn/gzdt/2017/01/5984.htm.